아리스토텔레스

토피카

- 토포스에 관한 논구

TOPIKA

아리스토텔레스

토피카

– 토포스에 관한 논구

TOPIKA

아리스토텔레스 지음 · 김재홍 옮김/해설

서광사

아리스토텔레스

토피카

–토포스에 관한 논구

아리스토텔레스 지음 · 김재홍 옮김/해설

펴낸이 | 이숙
펴낸곳 | 도서출판 서광사
출판등록일 | 1977. 6. 30.
출판등록번호 | 제 406-2006-000010호

(10881) 경기도 파주시 회동길 77-12 (문발동)
대표전화 (031) 955-4331 팩시밀리 (031) 955-4336
E-mail: phil6161@chol.com
http://www.seokwangsa.co.kr | http://www.seokwangsa.kr

제1판 제1쇄 펴낸날 — 2021년 11월 30일

ISBN 978-89-306-0642-4 93160

머리말

고전학자가 고전을 번역하고 주석을 펼치는 작업은 지루하고 힘든 일이다. 아리스토텔레스 이후 역사적으로 제대로 대접받지 못했던 『토피카』에 관한 한, 아리스토텔레스 독자들에게 뛰어난 가르침과 지적 영감을 심어 준 자크 브룅슈빅(1929-2010년)은 『토피카』 전반부(제1권-제4권)에 대한 번역과 주석을 1967년에 출판하고, 세상을 떠나기 삼 년 전인 2007년에 두 번째 권(제5권-제8권)을 무려 40년이란 간격을 두고 비로소 세상에 내놓은 바 있다. 『토피카』에 대한, 브룅슈빅의 일생을 통해 끊이지 않았던 지적 열정은 어설픈 고전학자들에게 훌륭한 본보기가 되지 않을 수 없다. 한 작품을 놓고 일생에 걸쳐 정성 어린 번역과 주석을 달았던 브룅슈빅의 학문적 열정은 그 어떤 것에도 비견할 수 없는 최고의 아름다움으로 평가받을 만하다.

이 책의 최초 번역본이 출간된 것은 1998년이었다. 벌써 20여 년이 지났다. 그 후 고전 철학을 공부하는 동학들로부터 격려와 의미 있는 비판과 충고를 들었고 많은 것을 배웠다. 나로서는 최종본일 수밖에 없는 이번 판에서는 기존의 오역을 수정하고, 전문가들의 지적을 받아들여 불필요한 인위적 기호를 과감하게 줄여서 가독성을 높이려 시도했다. 원문에서 생략된 부분을 번역문에 그대로 노정하여 되살림으로써 번역 자체가 번역자 자신의 고전 해석의 관점을 담고 있다는 점을 분명하게 드러냈다.

『토피카』를 처음 번역하던 시절과 학위 논문을 쓰던 때와는 '변증술의 학문 방법론의 역할'에 대한 나의 철학적 입장이 조금 바뀌었다. 어떻게 바뀌었는지를 설명하려면 꽤 긴 지면이 필요할 테지만, 나는 그 점을 따로 떼어내서 정리하지 않았고, 변화된 입장과 관점을 번역과 주석, '해제'에서 자연스럽게 스며들도록 했다.

> "외톨이로 사는 삶은 힘겹다. 혼자서는 연속적으로 활동하기 쉽지 않으나, 다른 사람과 함께하고 또 타인과 관계 맺으면서라면 쉽기 때문이다."

『니코마코스 윤리학』(1170a5-8)에 나오는 말이다.

일일이 기록하지 못할 만큼 많은 분들의 도움과 사랑이 없었더라면 이 책은 나올 수 없었을 것이다. 무엇보다 그리스 로마 원전을 연구하는 정암학당 측에 감사를 드린다. 어려운 여건 속에서도 꾸준히 고전학을 연구하며 동학의 길을 걷는 연구원들께 깊은 애정을 보낸다. 이분들과 함께 나누는 학문적 '필리아'와 지적 자극이 없었더라면 이 작업은 언제 빛을 볼지 몰랐을 것이고, 더 긴 시간을 기다려야만 했을 것이다.

철학 공부를 시작하던 그 시절부터 여태껏 비판적 충고를 아끼지 않았던 동료 철학자들의 호의를 늘 마음의 빚으로 새기고 있다. '둘이 함께 가면 사유에 있어서나 행위에 있어서 더 강해진다'는 말을 늘 기억하면서, 아리스토텔레스의 '변증술의 학문 방법론의 역할'에 관한 박사학위 논문을 준비하던 독일의 보쿰과 영국 런던의 도서관에서, 또 『토피카』에 관련된 오래된 자료를 찾아 열심히 읽었던 캐나다 토론토대학에서(2000년) '동업자의 정신'으로 날카로운 비판을 서슴없이 해준, 고전을 공부하는 학형(學兄)들께 마음속 깊은 곳에서 우러나오는 감사의 마음을 전한다.

이 책의 주제인 변증술의 짝패(antistrophos, 1354a1)이면서, 곁가지

(paraphues ti, 1356a25)이자 어떤 부분(morion ti, 1356a30)인 수사술(레토리케)을 논의하는 『수사학』에 대한 '제대로 된' 번역과 주석이 아직 없는 우리의 형편은 참으로 딱하다. 그래서 나는 『토피카』를 서광사의 "헬라스 고전 시리즈"로 새로 출판하면서 『수사학』에 대한 번역본도 계속해서 서광사를 통해 세상에 내놓기로 마음먹었다. 그 작업에 몰두할 시간(diatribē)과 여가(scholē)가 주어지기만을 바랄 뿐이다.

이 책이 나오기까지 고전에 대한 깊은 애정으로 관심을 기울여 주신 이숙 사장님과 좋은 책으로 완성도를 높여 주시느라 수고를 아끼지 않은 서광사 편집부 선생님들께도 고마움을 전한다.

언제나 그 즈음이 되어 어머님을 그리는 이른 새벽에 이 글을 마무리한다.

2020년 초가을 서늘한 기운을 느끼던 날

일러두기

1. 이 책은 아리스토텔레스의 *Topika*(*Topica*, 라틴어)를 우리말로 옮기고, 풀이한 것이다. 옮긴이가 대본으로 삼은 헬라스어 원전 텍스트는 벡커판을 따르는 로스의 비판본(옥스퍼드판)과 1967년 브룅슈빅판(제1권-제4권)과 2007년 브룅슈빅판(제5권-제8권)이다. 필요한 경우 옮긴이의 해석 관점에 따라 상호 참조하여 알맞은 것을 취사선택했는데, 주로 브룅슈빅판의 견해를 받아들였다. 여러 가지 다른 사본들을 바탕으로 하여 텍스트 간 차이가 있을 때는 옮긴이의 관점과 해석에 따랐으며, 이 점은 각주에서 적절히 밝혀 놓았다.

* *Aristote, Topiques* Tome I Livres I-IV Texte établi et traduit par J. Brunschwig, Les Belles Lettres, Paris, 1967.
* *Aristote, Topiques* Tome II Livres V-VIII Texte établi et traduit par J. Brunschwig, Les Belles Lettres, Paris, 2007.
* *Aristotelis Opera*, I. Bekker, vols. I, Berlin, 1831. ed. by O. Gigon, Berlin, 1960.
* *Aristotelis Topica et Sophistici Elenchi*. Recognovit brevique adnotatione critica instruxit W. D. Ross, Oxonii, 1958.
* Aristotle, *Topica*, by Forster, E. S., The Loeb Classical Library, Harvard University Press, 1960.

번역본으로는 포스터, 피카드-케임브리지, 브룅슈빅, 체클(Hans Günter Zekl, 1997), 바그너와 랍(Tim Wagner und Christof Rapp, 2004)판을 참조했다. 많은 부분에서 고대의 아프로디시아스의 알렉산드로스의 주해서, 현대의 베르데니우스와 브룅슈빅 주석의 도움을 받았다. 특히 제1권과 제8권은 R. 스미스의 번역과 주석(1997)을 참조하였다. 이 책을 번역하는 데 사용된 아리스토텔레스 텍스트와 참고 문헌은 이 책의 끝부분에 수록되어 있다. 특히 옮긴이의 풀어씀이나 설명에서 저자 이름만을 밝힌 저서는 참고 문헌의 자료에 기초한다.

2. 아리스토텔레스 저작을 표시하는 관례에 따라, 벡커(베를린판)의 텍스트 표시를 사용했다. 이를테면 100a8은 '벡커판 100쪽 왼쪽 난(欄: column) 8행'을 표시한다. b는 오른쪽 난을 가리킨다. 『토피카』 제1권 제2장(Topica, A 2)을 보다 정확히 오늘날의 언어적 용법으로 표시하면 '제1장 2번째 항목'이 된다. 아리스토텔레스 저작의 편집자에 따라서는 다른 장(章)과 절의 구분을 사용하기도 한다. 그렇기에 편집 판본에 따라서 장의 구분이 일치하지 않는 경우도 있을 수 있다. 본문의 단락 구분은 옮긴이의 내용 이해를 반영한 결과로 원래 텍스트의 단락 구분과 일치하지 않는다.

3. 각 장의 소제목은 옮긴이가 해석에 맞춰 임의로 붙인 것이다.

4. 원칙적으로 헬라스어 원전에 충실하게 옮기되, 우리말로 매끄럽지 않을 경우에는 어느 정도 의역을 가해 번역했다. 옮긴이가 해석에 맞춰 옮기면서 우리말로도 가능한 한 맥락이 연결될 수 있도록 노력했다.

5. 원문에 생략된 말이나 본문에 나와 있지 않은 말들 때문에 원문만으로 충분한 의미가 전달되지 않는다고 판단될 경우에는 옮긴이가 [ ] 기호를 사용하여 원문을 이해하는 데 도움이 될 수 있는 방향으로 의미를 보충했다. 혹은 원어에 대한 부가적 설명을 담고 있다. 나아가 다른 풀어쓰기가 요청되는 경우에는 각주에서 논의했다. 우리에게 익숙한 철학 용어로 된 헬라스어라든가 혹은 원문에 괄호 표시된 말의 번역은 ( )로 표시했다. 따라서 원문으로 읽어도 무방하다. [[ ]]는 원문의 삭제를 표시한다. 〈 〉는 가장 근접하게 치환될 수 있는 번역어를 표시하며, 동치어로 보면 된다. 독해하는 데 방해가 되지 않는 한에서 원문에 생략된 표현은

기호 표시를 하지 않은 채 원문에 삽입해서 읽으면서 우리말로 옮겼다.

6. ē와 ō는 헬라스어 장모음 에타(eta)와 오메가(omega)를 표시한다. χ는 로마자로 ch로, υ는 u로 표기하며, 헬라스어의 우리말 표기는 원음에 가깝게 표기하고, υ는 일관적으로 '위'로 읽어서 Phusis는 '퓌시스'로 표기했다. 후대의 이오타시즘(iōtakismos)은 따르지 않는다. Iota subscript(hupogegrammenē)를 밖으로 드러내 표기하지 않았다.

7. 필사본에 대한 언급은 문헌학적으로 중요한 것이다. 이 번역본에서는 간략히 처리했으며, 문제가 될 수 있는 몇몇 대목에서만 소개했다. 주요 필사본은 다음과 같다.

A = Vaticanus Urbinas gr. 35, 9세기 혹은 10세기 초엽(901년경)

B = Venetus Marcianus gr. 201, 955년경

C = Parisinus Coislinianus 330, 11세기

D = Parisinus gr. 1843, 13세기

M = Neo-Eboracensis Pierpont Morgan Library 758, 11세기(100a18-115a9, 120a30-b28 부분은 빠짐)

P = Vaticanus gr. 207, 13세기

V = Vaticanus Barberinianus gr. 87, 10세기

W = Vaticanus gr. 244, 13세기

차례

1권

변증술적 탐구 방법에 대한 총설

제1장 이 논고의 목표와 대상

이 논고[1]의 목표는 제기된 온갖 문제[2]에 대해 일반적으로 그렇다고 생 100a18

1 '논고'('연구', '임무')에 해당하는 원어는 pragmateia이다. 이 말은 '주제를 탐구하는 활동 과정 및 이러한 탐구의 결과를 제시하는 기록된 저작을 탐구하는 활동'을 의미한다. theōria(연구), methodos(탐구 방법)와 치환될 수 있는 말이다. 『토피카』란 작품은 청강생 앞에서 행해진 일련의 강의 주제를 모아 정리한 것으로 판단된다. 이 점은 『토피카』의 부록 내지는 마지막 권으로 보이는 『소피스트적 논박에 대하여』 마무리 대목에서 명시적으로 드러난다. "이 탐구 방법이 그런대로 만족할 만한 상태에 있다고 여러분의 입장에서 생각된다면, 여러분 모두에게, 즉 청강생들에게 남겨진 일은 우리의 탐구 방법으로 아직 남아 있는 사안에 대해서는 용서하고, 또 거기서 발견되고 있는 사안에 대해서는 깊은 감사의 마음을 가져주는 일일 것이다."(184b3-8 참조)

2 전승하는 사본마다 통일성이 없어서, 브룅슈빅(1967)은 '문제'(problēmatos)라는 말이 아프로디시아스의 알렉산드로스의 주석(5쪽 20행)에는 없다는 점을 들어 삭제할 것을 제안한다. 그러나 아프로디시아스의 알렉산드로스의 주석 7쪽 1행, 85쪽 7행, 88쪽 19행에는 '제기된 모든 문제'라고 명시적으로 나와 있다. 88쪽 19행에는 오히려 '모든'이 빠져 있다. 변증술적 문제는 기술적인 의미로 사용될 때에는 'poteron … ē ou'(…인지 … 아닌지)의 형식의 물음을 취한다. '문제'라는 말이 빠진 상태로 '모든 제기되는 사항' 정도로 옮겨도 아무런 지장을 받지 않는다. '변증술적 문제'에

각되는 것〈통념〉으로부터[3] 추론할 수 있는,[4] 또 우리 자신이 하나의 논의[5]를 지지하려는[6] 경우에 모순되는 그 어떤 것도 말하지 않는 탐구의 길[7]을 발견하는 것이다.[8] 그래서 먼저 추론이란 무엇인지, 그리고 그 종

대한 기술적인 사용에 대해서는 제1권 제11장 논의 참조.

3 원어로는 ex endoxōn이다. 엔독사에 대한 설명은 아래의 주 18 참조.

4 sullogizesthai에 대해서는 아래의 주 11 참조.

5 원어로는 logos이다. 쉴로기스모스를 주 11에서 설명한 바와 같이 이해했으므로 이 말은 '명제'가 아니라 하나의 '추리' 형식 내지는 '논의'로 이해해야 한다. 특히 이 논고의 주제인 질문과 답변을 통한 문답법적 논의를 말한다. 적대적 관계에 있는 둘 간에 이루어지는 문답의 실천적 행위라는 측면에서는 우리말 어감으로는 '토론', '논쟁'이 더 어울릴 수 있다.

6 원어로는 logon hupechontes이다. 논리적 사항에 관련된 아리스토텔레스의 용어가 그렇듯이 이 말도 법률적 용어로 '(심판, 징벌, 설명의 요구 따위를) 당한다 혹은 겪는다'는 동사이다. 좀 더 원어에 가깝게 의역하면, '(우리 자신이) 논의에 따르게 될 때' 내지는 우리 자신이 '논의에 내맡겨져 있을 때', '논의를 떠맡을 때'로 새겨질 수 있다. 문답을 통한 변증술적 논의 과정에서 질문에 답하는 사람이 자신의 입장을 바꾸지 않고 지키려 하는 상황을 염두에 두면 이해가 빠르겠다.

7 원어로는 methodos(탐구하는 일)이다. 이 말은 어원적으로 뭔가를 찾아 '길(hodos)을 따라가는(meta)' 것이다. 이 말에서 영어의 method(방법)가 나왔다. 앞서 주 1에서 설명한 pragmateia와 교환될 수 있는 말이다. R. 스미스(R. Smith, 1997)는 이 말이 '실제로 무엇인가를 행할 수 있도록 가르치는 일련의 학과'와 '그런 학과를 포함하는 일련의 책'을 의미한다고 주석한다(41-42쪽). '연구'(theōria)는 이미 알려진 주제나 주어진 주제에 대한 이해를 위해 탐구하는 이론적 활동을 말한다. 따라서 제작적, 실천적 활동과 대조된다. '연구'와 '탐구'는 하나의 짝으로 늘 함께 따라붙으며 사용된다(『동물의 부분들에 대하여』 제1권 1장 639a1, 『자연학』 제1권 제1장 184a10-12, 『니코마코스 윤리학』 제1권 제1장 1094a1, 『분석론 후서』 제1권 제1장 71a1-2). 밤의 『동물의 부분들에 대하여』 제1권 1장 639a1의 주석 70쪽(D. M. Balme, *Aristotle's De Partibus Animalium* I *and De Generatione Animalium* I, Oxford, 1985)과 레녹스(J. G. Lennox, *De Partibus Animalium* I-IV, Oxford, 2001, pp. 119-120)를 참조.

8 변증술은 '엔독사로부터 연역적으로 추론하는 방법'과 '자신의 주장을 내세우면서

차[9]에는 어떤 것이 있는지를 말해야만 한다. 그렇게 함으로써 변증술적 추론[10]을 파악할 수 있도록 해야만 한다. 우리에게 제시된 논고에서 탐구하는 것은 바로 그 추론이니까.

추론의 본질과 종류; 논증, 변증술적 추론, 쟁론적 추론

추론〈연역〉[11]이란, 거기에서 몇 가지 것이 규정됨으로써 그 규정된 것들 [25]

모순을 범하지 않은 채로 문답법적으로 논의를 수행하는 과정'으로 이루어진다. 전자는 질문자의 역할에 해당하고 후자는 답변자의 역할에 해당한다(해제, '문답법적 추론에서의 질문자와 답변자의 규칙과 역할' 참조). '모순을 범하지 않는'은, 답변자가 자신의 '입론'을 방어하는 데에서의 '정합성'을 의미한다. 변증술이 개별 과학과 구별되는 것이면서, 또 보편적으로 적용 가능한 방법임을 강조하는 첫 문장이다.

9 연역의 여러 가지 형식을 말한다. '차이'뿐 아니라 전문적 용어인 그 '종차'(differentia)까지도 포함하는 말이다.

10 원어로는 ho dialektikos sullogismos로, 기본적으로는 한 쌍의 대화 상대자 간의 '문답을 통한 추론'을 말한다.

11 여기서 '추론하다'(sullogizesthai)와 '추론'(연역, sullogismos)으로 번역되는 말은 원칙적으로 『분석론 전서』에서 개진된 고전적이면서도 형식화된 정의에 따라서 이해될 수 있다. "거기에서 무언가가 규정(놓이게)된다면, 이 규정된 것들과 다른 무언가가 이것들이 있음에 의해서(tō tauta einai) 필연적으로 따라 나오는 논의(로고스)이다."(제1권 제1장 24b18-20) 이 정의 뒷부분에 나오는, 문법적으로 여격(dative)을 취하는 tō tauta einai는 여러 가지로 옮겨진다. 즉 '이것들이 그 경우라는 것으로부터'(바그너와 랍), 'because of their being so', 'because these things are so'(R. Smith, G. Striker), 'from their being so'(A. J. Jenkinson), 'in virtue of exactly these'(M. Frede, 1987, p. 116) 등이다. 이 정의를 본문에서 바로 이어지는 100a25-27의 쉴로기스모스의 그것과 비교해 보라. 이 쉴로기스모스의 정의는 이 말의 '넓은 의미'에서 표준적으로 규정된 것이다. 『분석론 전서』의 쉴로기스모스의 정의는 현대 논리학에서 말하는 연역(deduction)의 규정('Y와 Z가 참일 때 X가 거짓이라는 것이 불가능하다면, X가 Y와 Z로부터 필연적으로 따라 나온다')과 정확히 일치한다. 그렇다면 쉴로기스모스는 현대의 논리학적 기준에 따르면 '연역적으로 타당한 논증'(a deductively valid argument)에 정확히 해당한다. 단, 아리스토텔레스에게서 전제와

100a

결론은 달라야만 하기 때문에(제8권 제11장) 'A로부터 A'와 같은 직접 추리는 배제한다. 게다가 '필연적으로 따라 나오는'(ex anangkēs sumbainein)이란 표현은 현대 논리학의 논증(argument)에서 '논리적 필연성', '타당성'을 확보해 주는 것으로 이해된다. 즉, '필연적으로'란 '전제들이 참이면 그 결론이 거짓이라는 것이 불가능하다'는 것이다. 그러므로 주어진 전제로부터 결론이 필연적으로 따라 나온다. 일반적으로 ex anangkē가 쉴로기스모스보다 더 외연이 넓다. 그러나 『분석론 전서』는 흔히 형식화된 추론 형식인 '정언 삼단논법'(categorical syllogism)으로 번역되는 쉴로기스모스란 말의 '좁은 의미'를 그 탐구 영역으로 하고 있다. 아리스토텔레스는 그곳에서 모든 타당한 논증은 매개념의 위치에 따른 어떤 유형의 추론 형식들 중 하나로 분석될 수 있음을 확립하고자 노력하였다. 그는 이 형식들을 '격들(figures)에서의 추론'이라고 부른다. 그리고 그는 모든 타당한 논증은 하나의 쉴로기스모스로 '환원'될 수 있음을 주장한다. 물론 오늘날 대학의 논리학 시간에 '아리스토텔레스의 삼단논법'이라고 가르치는 'A=B, B=C, 그러므로 A=C'와 같은 구성적 추론 형식을 다루고 있지는 않다. 이는 아리스토텔레스의 논리학에 대한 오해에서 비롯되었을 뿐이다. 아리스토텔레스 주석자들은 '규정된 것들'(tethentōn, keimenōn)이란 복수 표현에 주목해서 직접추리와 같은 것은 배제된다고 생각해 왔다. 그래서 적어도 두 개 이상의 전제들로부터 쉴로기스모스가 성립되는 것으로 보았다(『분석론 전서』 제1권 제23장 41a17-20, 제27장 43b35, 제2권 제18장 66a17-18). 하지만 『토피카』에는 꼭 두 개의 전제와 세 개의 명사(名辭)가 있어야만 한다는 언급은 전혀 나오지 않는다. 또 격과 식을 갖는 추론에 대해서도 아무런 언급이 없다. 이는 아마도 『토피카』가 '격과 식의 추론'을 발견하기 이전에 쓰였기 때문일 것이다. 『분석론 전서』 제1권 제23장 40b35-36, 제2권 제2장 53b16-20에서는 직접추리를 명확히 배제하고 있다. 그러나 아리스토텔레스는 『분석론 전서』에서 '전칭 부정 판단'(E 명제)의 환위 추리를 사용하고 있으며, 『토피카』 제2권-제7권에서도 하나의 전제를 갖는 많은 추론 형식을 사용하고 있다. 또 그는 연역과 귀납이라는 추리 형식을 문답을 통한 변증술적 논의에 포함시키고 있다(제1권 제12장 105a10-19 참조). 이런 측면에서 보면 아리스토텔레스에게는 '쉴로기스모스들이 아닌 타당한 논증'에 대한 별도의 용어는 없다(R. 스미스, 43쪽 참조). 어쨌거나 『토피카』에서는 『분석론 전서』보다 더 일반적이고 넓은 의미로 그 말을 사용하고 있다. 『토피카』에서의 쉴로기스모스는 '묻고 답하는' 논의 과정 가운데 상대방의 주장에 모순되는 주장을 이끌어 내든가, 혹은 상대방의 전제들로부터 명백한 자기모순을 이끌어 내는 '추론' 방식을 의미한다. 따라서 쉴로기스모스에 관련된 『분석론 후서』에서의 논의까지 고려해 보면 이 말은 '연역 추론' 내지는 '연역'으로 번역될 수 있

과 다른 무언가가 필연적으로 그 규정된 것들[12]을 통해 따라 나오는 논의이다. 그런데 (가) 추론이 참이고 제일의 것[13]들로부터 성립되는 경우이거나, 혹은 몇 개의 제일의 것들과 참인 것들을 통해 이것들에 대한 앎의 출발점(아르케)[14]을 획득하는 그런 것들로부터 성립하는 경우에, 그것은 **논증**[15]이다. (나) 반면에, 통념으로부터 출발해서 추론하는 것을 **변증술적** [30]

다. 『토피카』에서의 이 말은 '연역'을 포함하는 넓은 의미의 '추론'이란 의미로 사용되고 있다는 점을 기억해 두기로 하자. 이 밖에도 '쉴로기스모스'의 정의는 『수사학』 1356b16-18, 『분석론 후서』 76a38, 91b5, 『소피스트적 논박에 대하여』 164b27-165a2, 168a21-22 등에서도 언급되고 있다. 쉴로기스모스에 연관된 문제에 관해서는, 김재홍, "아리스토텔레스의 술어 이론과 쉴로기스모스의 연관성—쉴로기스모스의 학문적 해명", 『철학논집』 제24집, 2011, 141-176쪽 참조.

12 여기서 '규정된'이라고 번역된 말의 원어는 tethentōn, keimenōn이다. 아리스토텔레스는 흔히 논의의 전제에 대해 tithenai(놓다), keisthai(tithenai 동사의 완료 수동) 동사를 사용한다. 그 논리적 의미는 '논의의 전제로서 받아들여진, 놓인, 세워진 것들', '그것들로부터 필연적으로 따라 나오기 위해 주어진 것들' 정도로 새겨질 수 있다. 이 정의에서 "규정된 것들(놓인 것들)을 통해서"(dia tōn keimenōn)란, '그 결론이 그 전제들을 바탕으로 나온다는 것'과 '그 전제들이 그 결론을 위해 충분하다'는 것을 의미한다. 그러니까 그 밖의 다른 그 어떤 '잉여의 명사'(exōthen horos)도 필요하지 않다는 말이겠다. tithenai 동사는 『토피카』에서 질문자가 제시한 전제를 '인정하다' 혹은 '승인하다'란 의미로 사용되고 있다. 이 말의 복수적 표현을 주목하면 직접추리를 하기 위한 '단칭 전제명제'는 배제된다는 것을 알 수 있다.

13 논증(apodeixis)을 구성하는 '아르케'(원리, 제일원리, 출발점)의 본질과 조건에 관한 논의에 대해서는 『분석론 후서』 제1권 제2장 71b16 아래 참조. 특히 제일원리의 여섯 가지 조건에 관해서는 71b20-22 참조. 그 밖에도 '논증'의 본질에 관해서는 『분석론 후서』 제1권 제6장 74b25 아래 참조. 김재홍, "학문방법론으로서의 '논증' 이론의 역할과 기능—〈아르카이〉에 대한 학적 분석", 『대동철학』 61집, 2012, 337-367쪽 참조.

14 아르케(출발점, 원리, 제일원리)에 대해서는 『분석론 후서』 제1권 제10장 76a31 아래 참조.

15 논증(아포데잌시스)은 『분석론 후서』 전체의 논의 주제이다. 아리스토텔레스는 『토피카』에서 간헐적으로 아포데잌시스를 비기술적 의미로, 즉 『분석론 후서』에서의

100b18 **추론**이라고 한다. 그러나 **참이고 제일의 것들**은 다른 어떤 것들을 통해서가 아니라, 그것들 자체를 통해서 그 확실성을 갖는 것이지만(학문적 지식의 출발점들에서는 그것들이 '왜 그러한지'[16]를 그 이상으로 탐구할 필요가 없으며, 오히려 출발점들 각각이 그 자체로서 확실성이 있으면 되니까),[17] 이와 달리 **엔독사**[18]는 (a) 모든 사람에게 혹은 (b) 대다수의 사람에게 그렇

의미로 사용하지 않는 경우가 있다.

16 원어로는 to dia ti(무엇 때문이라는 것)이다.

17 출발점(제일원리)인 명제들은 그 자체로서 자명한 진리(self-evident truth)를 갖는다는 것이다. 다른 명제들과의 '정합성'에 의존해서 '정당화'할 필요가 없다는 것이다.

18 '일반적으로 그렇다고 생각되는 것', 즉 '통념'(通念). 엔독사를 논의하는 아래의 104a8-37 참조. 아마도 아리스토텔레스가 엔독사란 말을 맨 처음으로 '명제'(proposition) 차원에서 사용하는 것으로 파악된다. 전문적인 철학적 의미를 내포하는 '엔독사'에 대한 적절한 선이해가 아리스토텔레스의 문답법적 논의인 변증술을 이해하는 중요한 열쇠가 된다. 엔독사의 형용사는 endoxos('좋은 평판을 받는', '정평을 받는') 이다. 이 말은 도시와 사람, 공적인 중요한 행위에 대해서 사용될 수 있다(크세노폰). 역사에서의 어떤 역할 때문에, 또 부와 고귀함, 외적인 좋음과 권력으로 말미암아 사람들은 명성을 획득할 수 있다. 플라톤은 소피스트를 "부유하고 평판이 자자한 젊은이들(neōn plousiōn kai endoxōn)의 사냥하는 기술"로서 정의하고 있다(『소피스테스』 223b5). 아리스토텔레스의 경우에 특정한 인간 집단에 관련해서, 예를 들면 대부분의 사람들, 전문가 사회, 좋은 평판을 받는 사람들에 의해서 특정한 주장이 받아들여질 때, 임의의 '하나의 주장(견해)은 좋은 평판을 받는다(endoxos)'라고 말할 수 있다. 이런 의미에서 엔독사는 명제적 성격을 지닌다. 일상적인 의미에서 doxa는 '평판'을 의미한다. 그러나 한 가지 기억해 둬야 할 사항은 엔독사를 플라톤적인 의미에서의 지식(epistēmē)에 대응하는 '판단, 믿음, 의견'을 의미하는 doxa의 의미로 해석해서는 안 된다는 점이다. 나는 이 책에서 엔독사를 풀어서 번역하지 않는 경우에는 대개 '통념'으로 번역하였다. 경우에 따라 '일반적으로 그렇다고 생각되는 것', '일반적으로 받아들여지는 주장 및 생각'으로 풀어서 옮겼다. 기본적으로 이 말은 'dokein'(기대하다, 생각하다, 견해를 갖다) 동사에 그 의미상의 뿌리를 두고 있다. 바그너와 랍(2004)은 endoxa(단수로는 endoxon)를 '인정된 견해'(anerkannte Meinung)로 옮기며, 다수로 구성된 집단의 사람들에게 인정받는 주장으로서, '인정받으며 받아들여질 수 있는 문장'(akzeptable Sätze)으로 해석한다(268-269쪽). 즉 엔독사는 독립

다고 생각되는 것, 혹은 (c) 지혜로운 사람들에게 그렇다고 생각되는 것이지만—요컨대 (c1) 그들 모두에게 혹은 (c2) 그 대다수에게 혹은 (c3) 가장 유명하고 평판이 높은 지혜로운 사람들에게 그렇다고 생각되는 것[19]이다.

그러나 (다) **쟁론적 추론**[20]은 '일반적으로 그렇다고 생각되는 것'〈통념〉

적으로 그 참이 보장되기 때문이 아니라 다수로 구성된 집단의 사람들에게 인정받기 때문에 주어진 주장들로서 '문장'이라는 것이다. 반즈(J. Barnes, 1980)는 '평판받는 견해들'(reputable opinions)로 옮긴다. 파이트(P. Fait, 1998)는 『토피카』에서 '엔독사이다'란 말은 일종의 '참으로 보인다'는 것으로 가장 잘 해석된다고 주장한다. 한편 브룅슈빅은 1967년에 간행된 번역 주석서에서는 엔독사를 idées admises(승인된 견해들)로 옮기거나, 혹은 endoxal이라는 새 조어를 만들어서 엔독사에 대한 번역어로 사용하기도 했다(113-114쪽 주석 3). 2007년에 출간된 책에서는 idées autorisées('권위를 갖는 견해들') 혹은 idées qui font autorité('권위 있는 견해들')로 해석하고 있다. 더 자세한 논의는 브룅슈빅(2007)의 280쪽 주석 2 참조. 다른 측면에서 리브(C. D. C. Reeve, 1998)는 엔독사를 '심각하게 문제가 없는 믿음들'로, 라인하르트(T. Reinhardt, 2015)는 해당하는 영역에서 다른 엔독사들과 논리적 정합성을 갖는 '일치하는 믿음들'로 '참으로 보이는 것'으로 이해한다. 이런 점으로 미루어 보면 이 단어의 정확한 번역이 얼마나 어려운지 짐작할 수 있다. 엔독사에 관해서는 번역자마다 조금씩 다른 여러 가지 번역어를 채택하는데, 그것을 종합적으로 정리하고 있는 브워다르치크(Marta Wlodarczyk)의 논문 각주 4 참조(Aristotelian Dialectic and the Discovery of Truth, *Oxford Studies in Ancient Philosophy*, Vol. 18, summer 2000, pp. 153-210). 엔독사를 논의하는 다음 논문들을 참조. J. Barnes, Aristotle and the Methods of Ethics, *Revue Internationale de Philosophie* 34, 1980, pp. 490-511; Paolo Fait, Endoxa e consenso: per la distinzione dei due concetti in Aristotele, *Annali dell'Istituto Italiano per gli Studi Storici* 15, 1998, pp. 15-48; C. D. C. Reeve, Dialectic and Philosophy in Aristotle, in J. Gentzler(ed.), *Method in Ancient Philosophy*, Oxford, 1998, pp. 227-252; T. Reinhardt, On Endoxa In Aristotle's *Topics*, *Rheinisches Museum für Philologie*, Neue Folge, 158. Bd., H. 3/4, 2015, pp. 225-246.

19 원어로는 ta dokounta이다.

20 원어로는 eristikos sullogismos이다.

으로 보이지만 실상은 그렇지 않은 것으로부터 추론하는 것이며, 또 일반적으로 그렇다고 생각되는 것으로부터 하든지 혹은 일반적으로 그렇다고 생각되는 것으로 보이는 것으로부터 하든지 간에 [단지 추론인 것처럼 보이는 것뿐이다.][21] 일반적으로 그렇다고 생각되는 것으로 보이는 모든 것이 실제로 일반적으로 그렇다고 생각되는 것은 아니니까. 왜냐하면 쟁론적 논의의 출발점에 관련해서는 실제로 그렇게 보이는 것처럼, 언급된 것들을 일반적으로 그렇다고 생각되는 것이라고 말하지만 그 어느 것도 표면적인 표상[22]만을 가질 뿐, 완전히 그렇게 보이는 것은 아니기 때문이다. (왜냐하면 사소한 것이라도 알아낼 수 있는 사람들에게는 그 쟁론적 논의들 안에서 거짓의 본성이 당장에, 또 대부분의 경우에 아주 명백하기 때문이

---

21 "단지 …뿐이다"는 옮긴이가 해석상 덧붙인 것이다. 일반적으로 그렇다고 생각되는 것으로 보이는 것으로부터의 추론은 '뿔을 가진 사람의 역설'(ho keratinēs logos)과 같은 것이다. 즉 '당신은 잃어버리지 않은 것을 여전히 가지고 있습니까? 예. 그런데 당신은 뿔을 잃어버리지 않았습니다. 그러므로 당신은 여전히 뿔을 가지고 있습니다'(디오게네스 라에르티오스, 『유명한 철학자들의 생애와 사상』 제7권 82).

22 원어로는 epipolaion … phantasian이다. 『분석론 후서』 제1권 제10장 76b17, 『감각과 감각되는 것에 대하여』(*peri aisthēseōs kai aisthētōn*) 제2장 439b7(표면의 색의 현상, hē phantasia tēs chroas)을 참조. 물체를 둘러싸고 있는 색과 같은 표상(현상, phantasia)은 '직접 눈으로 볼 수 있는 거짓'(to euthus phianomenon [phaneron] pseudos)이어서 그 거짓임을 즉각적으로 볼 수 있다. 따라서 여기서 그 말은 '명백하다'는 의미로 사용되고 있다. 『분석론 후서』 제1권 제10장 76b17-18에서는 phaneron과 dēlon이 대비되어 사용되고 있는데, 전자는 감각적 지각을 통한 '명백함'을 의미하고 후자는 생각에서의 '명확성'을 의미한다. 바이츠(1848)도 이 점을 지적하고 있다(Vol. 2, pp. 326-327). 그러나 아리스토텔레스는 종종 이 구별을 무시한다. 허비(1962)가 조사한 바에 따르면 phaneron hoti는 『토피카』에서는 드물게 사용되고, 후기로 추정되는 제8권에는 5번, 제9권에 해당하는 『소피스트적 논박에 대하여』에서는 18번이 사용되고, 나머지에서는 dēlon hoti가 주로 사용되고 있다. 특이하게도 제5권은 이 두 말이 전혀 사용되고 있지 않다. 다른 저작에서는 이 두 말이 대체적으로 균형적으로 사용되고 있다(73쪽).

다.)[23] 그래서 방금 언급한 쟁론적 추론 중에서, 앞엣것은 실제로[24] 추론이 101a
라고 부를 만하지만, 남은 다른 것은 쟁론적 추론이긴 하지만, 실상은 추론이 아니다. 그것은 추론하고 있는 것처럼 보이지만, 추론하고 있는 것이 아니니까.[25]

오류 추론

게다가 (라) 앞에서 말한 모든 추론 이외에도, 이를테면 기하학이나 그와 동일한 부류의 학문에서 찾아볼 수 있는 것처럼, 어떤 개별 학문에만 고유한 것들에서 생겨난 오류 추론들이 있다. 왜냐하면 이런 유형의 추리 방식은 앞에서 말한 추론들과는 다른 것으로 여겨지기 때문이다. 즉 잘못된 도형을 그리는 사람은 참이고 최초인 것들로부터도 또 일반적으로 그렇게 생각되는 것으로부터도 추론하지 않는다.[26] 이것은 앞에서 규정한 추론의 정의에 포섭되지 않으니까. 사실상 그러한 논의는 모든 사람에게 그렇다고 생각되는 것, 혹은 대다수의 사람에게 그렇다고 생각되는 것을 다루는 것도 아니고, 지혜로운 사람들에게 그렇다고 생각되는 것, 또 이들 모두에게 혹은 대다수의 지혜로운 사람에게 혹은 가장 평판이 높은 지혜

---

23 R. 스미스에 따라 괄호에 넣었다.

24 원어로는 kai이다. 이 말은 '또한', '그리고'가 아니라 101a3의 sullogismos d' ou(실상은 추론이 아니다)에 대조되는 '실제로', '정말로'란 의미로 사용되고 있다(독일어의 '…이긴 하지만, …은 아니다'[wohl… nicht …]의 용법과 유사하다).

25 아리스토텔레스는 이러한 추론 형식, 외견상의 논박을 『소피스트적 논박에 대하여』에서 논의하고 있다.

26 '잘못된 도형을 그리는 사람'과 '쟁론적 추론을 하는 사람'의 구별에 대해서는 『소피스트적 논박에 대하여』 171b34-172a2 참조. 문답을 통한 변증술적 논의에 관련해서 '잘못된 도형을 그리는 사람'에 대한 언급은 『토피카』 제8권 제1장 '변증술적 논의에서 물음의 방법'에도 나온다.

로운 사람에게서 그렇다고 생각되는 것을 다루는 것도 아니며, 오히려 해당하는 학문에 고유한 가정에서, 그러나 참이지 않은 전제들로부터 추론해 나가는 것이니까 말이다. 왜냐하면 그는 마땅히 그려야 하는 방식대로 반원을 그리지 않거나 혹은 마땅히 이을 수 없는 방식으로 어떤 선분을 그음으로써 오류 추론을 만들어 내기 때문이다.

그렇기에 앞서 언급한 것들이 추론의 여러 가지 종류에 대한 개략적인 파악이라고 해 두자. 일반적으로 말해 이미 앞에서 말한 것과 앞으로 말하게 될 모든 것들에 관련해서 이런 정도만이 우리에 의해 규정된 것이라고 해 두자. 이런 이유로 우리는 그것들 중 어느 종류에 대해서도 엄밀한 설명[27]을 주는 것을 선택하지 않고, 그것들에 대해 개략적으로 기술해 나가기를 바라는 것이며, 당면한 탐구에서는 그것들 각각을 어떤 방식으로 인식하는 것이 가능하다면 그것으로 전적으로 충분하다고 생각하는 것이다.

제2장 이 논고의 세 가지 유용성에 대해

지금까지 말해 왔던 것에 이어서, 이 논고가 얼마만큼의 또 어떤 것에 유용한지를 말해야 할 것이다. 이 논고는 세 가지의 것에 대해 유용한데, 즉 훈련[28]을 위해, 다중과의 토론[29]을 위해, 철학적 학문을 위해 유용

---

27 '엄밀한 설명을'(ton akribē logon)은 앞서 '개략적으로 파악함'(hōs tupō perilabein)과 대조되어 사용되었다. 그 밖에도 후자의 용례에 대해서는 101a22, 103a1, 103a7, 105b19 등 참조. 주제가 허용하는 만큼의 정확성(akribeia)을 추구하는 방법에 대해서는 『니코마코스 윤리학』 제1권 제3장의 논의 참조.

28 원어로는 gumnasia인데, 이 말은 토론에 적절한 유형의 훈련(제8권 참조)을 포함한다. 이것은 변증술이 아카데메이아에서의 훈련이었음을 말해 준다.

29 enteuxeis는 '우연한 만남', '조우'를 의미한다. '다중과의 토론'(enteuxeis)은 '사

하다.[30]

(1) 그런데 [지적] 훈련을 위해 유용하다는 것은 사안 그 자체로서 명백하다. 실제로 탐구를 위한 방법을 가지고 있다면, 제기된 사안〈주제〉에 대해 더 쉽게 공격할 수 있을 것[31]이기 때문이다. (2) 또 토론에 대해 유용한 것은, 많은 사람들의 견해를 낱낱이 들어 말한 다음이라면,[32] 우리는 사람

회적 교제의 수단'(『대도덕학』(*Magna Moralia*) 제1권 제28장-제29장 1192b31 아래, 제2권 제3장 1199a18-19)으로도 사용된다. "다중과의 토론에 대해서는 『토피카』에서 우리가 말한 바와 같이"(『수사학』 제1권 제1장 1355a28 참조). 전문가들의 '훈련'을 목적으로 하는 정형화된 문답의 방식이기보다는 보통의 대화 상대자를 두고 하는 문답의 논의를 말한다. 『형이상학』 제4권 제5장 1009a17에서는 '토론의 모든 상대에 대해 동일한 논의 방식(tropos)을 사용해서는 안 된다'라고 말하고 있다. 여기서 논의되는 '다중과 우연히 만나 토론하는 것'은 소크라테스적인 대화 방법을 의미하지는 않는 것처럼 보인다. 그렇다고 해도 어떤 특정한 주제와 무관한 단순한 소일거리로서의 대화 상대자와의 토론이 아니라, 그보다는 한층 더 심각한 사회적, 정치적 그 밖의 어떤 주장을 포함하는 주제에 연관된 토론을 의미하는 것으로 새기는 것이 좋겠다.

30 아래의 101a36-37에서 "게다가 또한 그것은 각각의 학문에 … 위해서도 유용하다"라는 대목이 나오는데, 이는 사실상 유용성이 3가지가 아니라 4가지라는 것으로 해석 가능하다.

31 epicheirein은 문자 그대로 '…에 손을 대다'라는 의미이지만, 질문과 답변을 통한 논의에서는 '(상대방을) 공격하다'라는 의미이다. '공격하다'는 '질문자의 역할을 하다'를 의미한다. 이 논의에서 질문자는 제기된 주장에 대해 '공격하고' 답변자는 그 주장을 '방어하는'(phulattei) 역할을 떠맡는다. 이 게임 속에서 공격자인 질문자는 답변자로부터 모순되는 어떤 견해를 이끌어 내는 것을 목표로 한다. 공격자와 방어자(답변자)의 역할에 관해서는 『토피카』 제8권의 제3장-제4장의 논의 참조. 그렇다고 해서 문답을 통한 변증술이 '공격하고', '방어하는' 것을 그 목표로 한다고 이해해서는 안 된다. 상대가 없으면 스스로 자신에게 질문과 답변을 던지고 또 내놓아야 한다. 오히려 변증술은 '승자와 패자가 없는 논리적 게임'일 수 있다. 어쨌든 변증술은 승리만을 목표로 하는 경쟁술과 다르다는 점을 기억해 두자.

32 번역하기 고약한 구절이다. 분사형인 katērithmēmenoi(매거하다)가 들어간 이 문장을 R. 스미스는 "once we have reckoned up the opinions of the public"(다중의 견해들을 일일이 헤아렸을 때)으로, 브룅슈빅은 "lorsque nous aurons dresse

들을 상대로 다른 사람의 생각으로부터가 아니라 그들 자신의 믿음으로부터, 그들이 적절하게 논하고 있지 않다[33]고 우리에게 생각되는 점에 대해서는 그들 자신의 믿음을 수정하면서[34] 그들과 논할 수 있을 테니까. (3)
[35] 거기다가 또 철학적 성격을 지닌 여러 학문에 대해 유용한 것은, 대립되는 양쪽의 입장에서 생겨난 난제를 풀어나갈[35] 수 있다면, 우리가 각각의 사안에 대해 참과 거짓을 판별하는 것이 손쉬울 수 있을 테니까.

게다가 또한 그것은 각각의 학문[36]에 관련된 사안들 중 제일의 것[37]들을 위해서도 유용하다.[38] 왜냐하면 각 해당하는 학문의 원리들은 모든 것

---

l'inventaire des opinions qui sont celles de la moyenne des gens,"(대중들의 견해들의 목록을 만들었을 경우)으로, 바그너와 랍은 "nachdem wir die Meinungen der Leute gesichtet haben"(다중의 견해를 샅샅이 살펴본 후에)으로 옮긴다.

33 mē kalōs란 말은 언변의 형식에 관련해서 잘못되었다는 것이 아니라, 그 언변의 형식 속에 포함되는 실질적 내용(주장)이 올바르지 못하다는 것을 포함하는 것으로 이해하는 편이 좋을 것이다.

34 원어로는 metabibazontes이다. 이 말은 아리스토텔레스의 변증술에서 기술적인 용어로 사용된다. 이 말은 말 그대로는 '다른 곳으로 나르다', '다른 장소로 가져가다'라는 뜻이지만, 여기서 사용된 metabibazein이란 동사는 상대방을 논파하기 위해서 한 논변 안에 있는 '그 근거(이유)를 바꾸다'의 의미라기보다는 상대방의 의견을 '수정하거나 혹은 바꾸는' 과정을 염두에 두고 쓰인 말이다(『토피카』 제8권 제11장 161a29-36, 『에우데모스 윤리학』 1216b28-35 참조).

35 원어는 diaporēsai이다. 이 기술적인 말은 '변증술의 철학적 기능'을 나타내는 중요한 용어이다. 아리스토텔레스는 으레 철학적 논구의 시작을 아포리아(난제)를 제시하고, 대립되는 견해를 풀어나가는 방식을 취한다. 그의 학문 방법론이 이루어지는 구체적인 과정과 절차에 대해서는 옮긴이의 '해제'를 참조하라. 『형이상학』 제3권에 제시되는 아포리아와 그것을 해결하는 방법이 변증술의 절차와 방법에 연결된다면, 변증술은 그의 철학적 방법으로도 유용한 것일 수 있다.

36 개별 학문을 말한다.

37 포스터, 로스, 브룅슈빅(1967)에 따라 "학문" 다음에 오는 archōn(출발점들)을 빼고 읽었다(AuD 사본 참조).

38 아마 세 번째 유용성의 일부로 생각되지만, 내용상으로는 네 번째로 받아들이는

들 중 제일의 것이므로, 그 학문에 고유한 원리들로부터 원리들 그 자체에 대해 무엇인가를 말한다는 것은 불가능하기 때문이다.[39] 그러한 출발점을 101b 따져 묻는 것은 필연적으로 각각의 것에 관해 일반적으로 그렇다고 생각되는 것(통념)들을 통해야만 하니까. 이것은 변증술에만 특유한, 혹은 적어도 가장 고유한 것이다.[40] 왜냐하면 변증술의 검토적 능력[41]은 모든 탐

것이 옳게 보인다. 『분석론 후서』 제1권에서 개진되는 '논증' 이론 자체가 안고 있는 어떤 난점, 즉 제일원리 자체를 어떻게 확보할 수 있는가, 또 어떤 방법을 통해 제일원리를 발견할 수 있는가에 대한 하나의 답변으로 『토피카』에서 논하고 있는 '변증술적 탐구 방법'이 그 해결책일 수 있음을 말하는 것으로 이해할 수 있다. 그러나 변증술이 어느 정도까지 제일원리를 확보하는 데 기여할 수 있는지는 여전히 논란거리다. 변증술과 학문의 제일원리 발견에 관한 논란에 대해서는 '해제' 참조. 혹자는 이 대목을 나중에 삽입된 것으로 간주한다.

39 『분석론 후서』 제1권 제2장 참조.

40 '특유한'(idion)이란 말은, 변증술만이 '학적 원리'를 탐구하는 유일한 방법이라는 의미가 아니라 학적 원리를 탐구하는 여러 가지 방법들(귀납과 경험을 통한 인식 과정에서 등장하는 감각과 정신의 연관성, 직관에 호소하는 누스 등; 『분석론 후서』 제2권 제19장 참조) 중에서 변증술이 담당하는 학적 역할의 고유한 기능(뒤나미스)을 의미한다. 그래서 베르데니우스는 101b2의 ē malista oikeion을 '혹은 가장 적절하게'(피카드-케임브리지, 포스터)가 아니라, '혹은 적어도'로 해석한다. 또한 그는 oikeios가 idios보다 약한 의미임을 지적하고 있다(베르데니우스, 23쪽). 그러나 '특유한', '가장 적절하게'로 강하게 해석한다면 다른 여타의 방법들보다도 '변증술'만이 원리를 탐구하는 유일한 방법으로 해석될 수 있을 것이다(브륑슈빅[1967], 해당 주석 117쪽 참조). 그러나 나는 계속된 문장에서 '원리들을 향해 나아가는 길'을 가지는 변증술의 비판적 능력 내지는 과정이라는 점에 주목한다. 그래서 나는 변증술이 가지는 여러 가지 학문 방법론적 특성 중에서 원리를 탐구하는 방법으로 그 '학문적 역할'이 어느 정도 자리매김해질 수 있는 것으로 받아들인다. 다시 말해 변증술이 제일원리를 발견하는 데 주된 역할을 할 수 없다고 해도, 최소한 철학적 탐구에서 진리 탐구를 위한 보조적인 도구가 될 수 있는 것으로 해석한다. 이 대목과 관련해서 변증술을 학문의 '제일원리'를 확립하는 방법으로 볼 수 있을 것인지, 그렇지 않은지에 대한 논란이 벌어지고 있다. 버니엣은 '제일원리의 차원에서 앎을 얻기 위해서 우리에게 필요한 것은 더 많은 변증법적 실행, 즉 지적인 습성화(intellectual habituation)'라고 주장한다

구의 출발점[42]에 이르는 길을 가지기 때문이다.[43]

(M. F. Burnyeat, Aristotle on Understanding Knowledge, in E. Berti, 1981, p. 131). 기본적으로 G. E. L. 오웬의 해석을 따르는 어윈은 이 대목을 근거로 '변증술이 학문의 제일원리의 탐구 방법'이라는 강한 입장에 선다(T. H. Irwin, 1988, pp. 66-67). 그는 아리스토텔레스가 애초에 논리적 저작을 쓸 때는 변증술의 역할에 부정적이었지만, 나중에는 제일원리에 대한 변증술의 역할을 다시 해석하기에 이르렀다고 주장한다. 이에 관련해 변증술이 '비판의 기술이기 때문에 모든 분야의 제일원리로의 길을 포함한다'고 해석하는 맥키라한의 논의 참조(R. McKirahan, 1992, pp. 260-261). 어윈의 입장을 거부하는 R. 스미스(1997)는 52-55쪽에서 이 대목이 '출발점 혹은 제일원리(아르케)'를 확립할 수 있는 변증술의 역할에 대한 강한 증거라고 보지 않는다(특히 53쪽). R. 스미스의 입장은 '원리들에 대한 검토'가 변증술의 주된 목적이라는 것이다(R. Smith, Aristotle on the Uses of Dialectic, *Synthese* 96, 1993, pp. 335-358, 특히 pp. 349-354). 앞서 볼튼은 과학적 방법은 변증술이 아니라 경험(empeiria)이라고 주장하면서 과학적 방법과 변증술의 방법은 구별된다고 주장했다(R. Bolton, 1990, pp. 185-236).

41 변증술이 질문과 답변을 통한 지식의 추구라고 한다면, '변증술의 비판적 기술 내지는 과정'으로도 새길 수 있다.

42 '출발점'은 무엇을 가리키는가? 워드는 변증술의 기능을 여러 개별 과학에 공통하는 '하나', '같음', '있음', '반대'와 같은 '술어들의 본질'을 검토하는 것으로 해석한다. 따라서 출발점은 이러한 술어들을 가리키는 것으로 본다. 요컨대 엔독사를 전제로 사용하는 논의의 형식으로서 변증술은 공통의 술어들이나 논리적 원리들에 반대되는 명제를 검사하는 방법이라는 것이다. 이런 측면에서 변증술은 개별 학문의 출발점(원리)의 발견이 아니라 모든 학문에 보편적으로 적용 가능한 철학적 방법일 수 있다(J. K. Ward [2008], pp. 52-54).

43 '길을 가진다'(hodon echei)는 것은 '방법'을 줄 수 있는 것으로 새겨진다. 원문을 다르게 끊어 읽는 R. 스미스의 견해에 대해서는 54-55쪽과 179쪽 참조(R. 스미스, 1997). R. 스미스는 이 문장을 '검토하는 그 능력은 모든 연구(대상)의 출발점에 적용하는 것이기 때문에, 그것은 [원리로] 나아가는 길을 가진다'로 새긴다. 번역상으로는 미세한 차이에 불과하지만, 그는 '원리의 측면에서의 검토술'을 변증술의 주된 목적으로 보고 있다. 다시 말해 '제일원리'의 확보는 변증술 자체의 학적 역할이 아니라는 것이다. 주 38과 주 40에서 밝혔듯이, 나는 '문답을 통한 논의'인 변증술이 전적으로는 아니지만, 어떤 측면에서 학적 원리의 확보와 발견에 이바지할 수 있다고 해석한다

제3장 성취될 수 있는 목표의 한계

우리가 탐구 방법을 완전하게 소유할 수 있게 되는 것은, 우리가 수사술과 의술, 그리고 그것들과 유사한 능력〈기술〉[44]의 경우와 동일한 상태에 있을 때이다. [[이것은 사용 가능한 모든 수단을 사용해서 우리가 원하는 것을 달성한다는 것을 의미한다.]][45] 사실상 연설가는 어떤 방식으로든[46] 청중을 설득할 수 있는 것이 아니며, 또한 의사도 어떤 방식으로든 간에 환자를 치유할 수 있는 것이 아니라, 오히려 사용 가능한 수단 중 무엇 하나라도 빠뜨리지 않은 상태에 있다면, 우리는 그 사람이 충분히 지식을 가지고 있다고 말하는 것이니까 말이다.[47]

('해제' 참조).

44 원문은 dunamis이지만 '기술'과 동일한 의미로 쓰였다.

45 다른 사본에서는 이 문장을 읽고 있지만 알렉산드로스는 읽지 않는다. 브룅슈빅(1967) 역시 이 문장을 삭제한다.

46 모든 상황에서.

47 의술은 건강을 목표로 하고, 수사술은 설득을 목표로 한다. 그렇다고 해서 의사, 수사술가와 연설가가 언제나 그 목적을 달성할 수 있다는 것은 아니다. 그들은 어떤 상황에 직면했더라도 그 경우에 사용 가능한 모든 수단과 방책을 온전하게 이해할 수 있으며, 자신이 원하는 것을 달성할 수 있는 최선의 방책을 선택할 수 있는 능력이 있어야 한다는 말이다. 『수사학』에서도 아리스토텔레스는 수사술이 할 일은 설득이기보다는 설득 수단을 찾아내는 것이며, 의술이 할 일은 환자의 질병을 치유해서 건강하게 만드는 것이 아니라 환자를 최대한 건강하게 만드는 것이라고 말하고 있다. 이 점은 문답을 통한 변증술과 다른 기술의 경우에서도 마찬가지이다(『수사학』 제1권 제1장 1355b9-15).

101b

제4장 변증술적 논의의 주제와 구성 요소

명제와 문제; 정의, 고유속성, 유, 부수성

그렇기에 먼저 이 탐구 방법이 어떤 것으로부터 이루어지는지를 살펴봐야만 한다. 그래서 만일 (가) 변증술의 논의가 얼마만큼의, 어떤 종류의 사안과 관련해서, 어떤 요소들로 이루어지는지,[48] 그리고 (나) 어떻게 이것들을 어떻게 다룰 수 있을지를[49] 충분히 파악할 수 있게 된다면, 우리에게 제기된 과제를 만족스럽게 성취할 수 있을 것이다. 문답을 통한 변증술적 논의를 구성하는 재료[구성 요소]와 추론이 관계하는 것[추론의 주제]은 수적으로도 같고 또 그 성질도 동일하다.[50] 왜냐하면 이 논의는 전제명제[51]들로부터 구성되는 것이지만, 반면에 추론이 관계하는 주제는 문제[52]

---

48 변증술의 '문제'들과 '전제'(명제)들에 대해서는 제1권 제4장-제11장에서 논하고 있다.

49 원어로는 euporein('많이 가지고 있다')이다. 맥락상 '많은 논의를 가지고 있다'라기보다는 '어떻게 대처해야 하는지를 안다'는 의미로 새기는 편이 좋을 성싶다(R. 스미스, 주석 56쪽 참조).

50 전제는 문제로 바뀌어질 수 있다. 역도 마찬가지다. 문제와 명제는 말해지는 방식에서 차이가 난다. 아래의 101b28-36 참조.

51 '전제명제'라고 번역한 원어는 protasis('앞서 제시된 것', 동사 proteinein은 '내뻗다', '내놓다'를 의미한다)로서 논의의 '전제'(premiss)로 번역할 수 있다(브룅슈빅 [1967], R. 스미스). 오늘날 명제(proposition)란 말의 유래인 라틴어 propositio는 protasis의 직접 번역어이다. 논의의 구성 요소이다. 여기서 그 말은 추론의 '전제'라기보다는 변증가가 질문의 형태로 상대방에게 제기하고, 상대가 승인한다면 자신의 논의를 확립시켜 주는 '주장'을 의미한다. '명제'로도 옮길 수 있다. 문답을 행하는 변증술에서 전제는 답변자에게 질문자가 제시한 물음이다.

52 원어로는 problēma(동사 proballein은 '앞으로 던지다', '앞에 놓다', '방어로서 앞에 내놓는 것', '장애' 등을 의미한다)이다. '문제'는 논의의 주제로 논의되는 대상인 '명제'가 된다. 그것은 질문자에게는 공격하는 대상이 되는 것이고, 답변자에게는 방어해야 하는 대상이 되는 것이다. 그러므로 질문자와 답변자 사이에 상이한 입장을

들이며, 모든 명제와 모든 문제는 고유속성이나 유 또는 부수적인 것[53] 중 하나를 나타내기 때문이다. [종차를 언급하지 않은 것은] 종차는 유에 속하는 것이므로 유와 같은 계열 아래에 놓아야만 하니까.[54]

그러나 고유속성 중 어떤 것은 **'그것이 무엇이라는 것'**〈본질〉[55]을 표시하고, 다른 것은 표시하지 않기 때문에, 고유속성을 말해진 두 개의 부분으로 나누기로 하자. '그것이 무엇이라는 것'〈본질〉을 나타내는 부분을 **정의**[56]라고 부르고, 나머지 부분은 그런 것들에 대해 부여되는 공통의 이름 [20]

취하게 되는 주제인 명제가 곧 문제인 셈이다. 변증술적 '문제들'과 '전제명제'들의 차이점은 아래의 제1권 제10장-제11장에서 논의한다(특히 104b1-5 참조).

53 '동반하는 것', '우연적인 것'으로도 옮길 수 있다.

54 '종차는 유의 성질을 나타낸다.'(제4권 제6장 128a26) '정의'는 종차와 유로 구성된다. 유와 종차의 관계에 대해서는 제4권 제6장 및 제6권에서 논해진다.

55 원어로는 to ti ēn einai이며 여러 가지로 번역된다. 문자적으로 옮기면 the what-it-*was*-to-be이다. das Was-es-heißt-dies-zu-sein(M. Frede & G. Patzig; T. Wagner & C. Rapp), was-es-sein-sollte(Hans Günter Zekl), l'essentiel de l'essence(브륑슈빅) 등으로 옮겨진다. 'X의 정의'가 곧 'X에 대한 the what-it-*was*-to-be'이다. X는 반드시 '존재하는 것'이어야 한다. unicorn(일각수)과 같은 상상적인 것들은 '의미하는 바'는 있으나 '정의'는 가질 수 없다. 우리말로 이 기술적인 어휘를 정확히 번역하기 어렵다. 이것은 아리스토텔레스의 조어로 문법적으로는 philosophical imperfect라고 한다. 여기서 'was'(is)는 시제에 영향받지 않는다. 직역하면 [그것에서] "'있다'는 것은 [본디] 무엇인가" 쯤으로 옮겨지는데, 이 책에서는 간단하게 '그것이 무엇이라는 것'으로 옮기거나 그냥 '본질'로 옮길 것이다. 이와 유사한 표현으로 to ti esti는 '무엇인가'로 구별해 옮기거나 그냥 '본질'로 옮길 것이다. 이 표현들은 다 같이 '본질'을 의미한다.

56 원어로는 horos(경계)이다. 아리스토텔레스의 철학에서 넓은 의미에서 '정의'(定義)로 옮길 수 있는 표현은 logos, horos, horismos('한계를 정하는 것', 동사 horizesthai) 등이 있다. horos와 horismos는 어원적으로 밀접한 연관성을 가진다. logos는 어떤 대상을 가리키는 하나의 onoma(이름)에 대해 '그것이 어떠하다'라고 말로써 규정하는 것이다. 우리말로는 '언어적 표현' 내지는 '설명', '설명식' 등으로 옮길 수 있다. horos(정의)가 한 대상의 '본질적 고유속성'이나 그 대상이 속하는 외연

에 따라서 **고유속성**[57]이라고 부르기로 하자. 앞에서 말한 것으로부터 분명하게 드러난 바는, 방금 이루어진 분류에 따라서 모든 것들에는 정확히 네 개의 것, 즉 고유속성, 정의, 유, 부수성[58] 등이 있다는 것이다. 그러나 이것들 각각을 단독적으로 말할 때[59] 명제 혹은 문제를 말하는 것으로 그 누구도 받아들여서는 안 된다. 오히려 이것들로부터 문제와 명제가 생길 수 있다는 것을 말하는 것이다.

문제와 명제는 말해지는 방식에서 그 차이가 드러난다. 한편으로 '두 발을 가진 육상의 동물은 인간의 정의식인가?' 혹은 '동물은 인간의 유인

일반을 공통적으로 지시하는 경우에 '정의'라고 표현될 수 있다. 한 대상에 대해 언어적으로 'A는 B의 고유속성이다'로 표현될 때 그것은 '정의'이다. 정의식(horismos)은 원칙적으로 더 엄밀하게 학문적 규정을 내리는 경우에 사용되는 말이다. 이 말은 『토피카』에서 '유와 종차'로 이루어진 논리적 표현에서 이루어지는 '정의식'을 가리키는 경우에 사용된다. 학문은 한 대상의 본질('그것이 무엇이라는 것', to ti ēn einai)을 밝히는 작업을 목표로 한다. 그래서 horismos는 대상의 '본질'을 '종차와 최근 유'를 사용해서 언어적으로 'A는 B이다'(예, '인간은 이성적 동물이다')로 단적으로 표현한다. 이 책에서 나는 logos를 '설명' 혹은 '설명식'으로, horismos와 horos는 일반적으로 '정의식'과 '정의'로 각각 옮긴다. 아리스토텔레스의 철학에서, 특히 『토피카』에서 중요한 개념인 '정의'에 대해서는 이 책의 제6권에서 자세히 논의된다.

57 원어로는 idion이다. 보통 영어로는 '속성'(property)으로 옮긴다. 그러나 나는 이 말이 지닌 의미를 그대로 살리기 위해 '속성'이라는 말 대신에, 더 강한 의미를 내포하는, 그 사물에 본디 속하는 '고유속성'으로 옮긴다. 이어지는 제5장에서는 '고유속성'을 그 사물(혹은 한 주어)에 대해 '그것이 무엇이라는 것'(본질)을 보여주지는 않지만 그 사물에만 속하는 것'으로 정의하고 있다(주 73 참조). 고유속성에 대한 본격적 논의는 제5권에서 이루어지고 있다.

58 이 네 개는 고대 후기에 '대상에 대해 말해질 수 있는 것들'로 네 가지의 '술어형식'인 praedicabilia(술어형식)로 불리게 된다. 논리학과 형이상학에서 중요한 개념으로 사용된다. 스콜라 철학에서는 '종차'가 더해져 다섯 개가 된다.

59 원어로는 kath' hauto이다. 이 말은 흔히 플라톤 철학의 경우에 이데아(형상)를 의미하는 '그 자체적으로'로 옮겨지나, 여기서는 비기술적인 의미로 사용되었다.

가?'라는 이러한 방식으로 말한다면 명제가 만들어진다. 다른 한편으로, '두 발을 가진 육상의 동물은 인간의 정의식인가 혹은 그렇지 않은가?'[60] 라고 말한다면 문제가 만들어진다. 다른 경우에서도 마찬가지이다. 따라 [35] 서 당연히 문제와 명제는 수적으로 같다. 왜냐하면 표현 방식을 바꿈으로써[61] 모든 명제에서 문제를 만들어 낼 수 있을 것이기 때문이다.

제5장 네 가지 술어들에 대한 설명

(1) 정의

이제 정의는 무엇인지, 고유속성은 무엇인지, 유는 무엇인지, 부수성은 무엇인지를 말해야만 한다.[62] **정의**는 '그것이 무엇이라는 것', 즉 본질을

---

60 변증술의 전제명제(protasis)는 질문 형식("이것은 그 경우인가?")의 문장으로 주어진다. 전제명제들은 확증을 받기 위해 상대방에게 '내미는 혹은 내놓는'(proteinein) 것이다. 이 말에서 protasis란 말이 나왔다. 이 질문을 선언적 형식으로("이것은 그 경우인가 혹은 아닌가?"[poteron … ē … ou]) 내놓는다면, 하나의 '문제'가 생겨난다. 이러한 질문 방식은 변증술적 물음의 전형적 형식이다. 이러한 외견상의 차이를 넘어서 선언적 형식은 관련된 사실에 관해 반대되는 견해들이 있다는 것을 말한다(『토피카』 제1권 제11장 104b1-17 참조).

61 브룽슈빅은 P사본에 따라 metaballōn을 metalabōn으로 읽는다. 어쨌든 이 두 단어는 'change'란 뜻을 가진다. 따라서 그 의미는 마찬가지이다.

62 이 장에서 논의하는 네 가지 '술어형식'(praedicabilia)과 밀접하게 관련을 맺고 있는 포르퓌리오스(Porphyrios)의 『이사고게』(*Eisagōgē*['논리학 입문'], *Quinque Voces*['다섯 가지 술어들'])는 유, 종, 종차, 고유속성, 부수성 등의 의미를 명확히 밝힘으로써 아리스토텔레스의 논리학 텍스트를 이해하려는 학생들에게 도움을 주려는 목적으로 쓰인, 『범주들』(카테고리아이)에 대한 일종의 입문서이다(A. Gellius, XVI. viii 1). 『이사고게』에서는 종(eidos)과 종차(diaphora)가 덧붙여지는 대신에 정의(horos, horismos)가 빠져 있다. 중세 초기에 가장 널리 사용됐던 논리학 교과서이다.

나타내는 설명식이다.[63] 정의는 이름〈명사(名辭)〉[64] 대신에 설명식이 주어
102a 진 것도, 혹은 하나의 설명식 대신에 다른 설명식이 주어진 것도 있다(또
한 설명식에 의해 나타내진 무언가가 정의될 수도 있으니까).[65] 그러나 어떠한 방식으로든지 이름을 가지고 설명식을 제시하는 사람들은 그 사물(프라그마)의 정의식을 제시하고 있지 않다는 것은 분명하다. 모든 정의식은 어떤 종류의 설명식이니까. 그렇지만 예를 들면 '아름다운 것은 어울리는 것이다'[66]와 같은 그런 설명 또한 **정의적**이라고 해둬야만 한다.[67] 마찬가지로 '감각과 지식은 동일한 것인가 혹은 다른 것인가'[68]라는 질문도 정의적이어야만 한다. 왜냐하면 우리가 정의식을 다루는 한, 그것들이 '동일한 것인지 혹은 다른 것인지'[69]를 토론하는 데 가장 많은 부분을 보내기 때문이다.

---

63 정의에 대해서는 주 56 참조. 설명식(logos)은 한편으로 기술, 설명, 형식적으로 느슨한 종류의 정의를 나타내기도 하고, 달리 '하얀 사람', '두 발을 가진 동물', '소크라테스는 앉아 있다'와 같이 의미상에서 여러 부분으로 구성된 것을 나타내기도 한다. 한 명사(term, 名辭)의 정의가 하나의 이름 대신에 주어진다면 여러 단어가 하나의 이름 대신에 사용된다. 아래에서 드러나듯이, 한 단어의 정의가 거부된다면, 정의는 항시 logos이어야만 한다(바그너와 랍, 277쪽 해당 주석 및 아래의 주 65 참조).

64 원어로는 onoma이다.

65 이름('인간')에 의해 제시된 정의 대상에 대해 어떤 설명식('두 발을 가진 육상의 동물')으로 정의하는 경우와 설명식('육상의 동물')에 의해 제시된 정의 대상에 대해 이와 다른 설명식('지상에 사는 감각을 지닌 혼을 가진 존재')으로 정의하는 경우가 있다는 것이다.

66 플라톤의 『대 히피아스』(*Hippias Meizōn*) 290c 아래와 293e 아래 참조.

67 개별적인 명사들이 올바른 정의를 나타내고 있지는 못하지만, 대체로 정의의 기능을 수행하고 있다면 '정의적'이라고 말할 수 있다. 즉 '정의와 비슷한' 것이다. 한 단어로 된 정의는 '지식은 지각이다', '덕은 지식이다'와 같은 것이다.

68 이 물음은 플라톤의 『테아이테토스』에서 논하는 주제이다.

69 아래의 제7장에서 '같음'(동일함)에 관해 논하고 있다.

한마디로 말하자면, 정의식과 같은 동일한 탐구 방법에 포섭되는 모든 것들을 '정의적'[70]이라고 부르도록 하자. 방금 앞에서 말해진 모든 것들이 이러한 부류의 것들이라는 것은 그것들 자체로부터[71] 분명하다. 왜냐하면 두 개의 것들이 동일한 것인지 혹은 다른 것인지를 논의할 수 있다면, 우리는 같은 동일한 방식으로 정의식에 대해 공격하는 것에도 충분한 논의를 펼칠 수 있을 것이기 때문이다(그것들이 동일한 것이 아니라는 것을 보인다면, 제안된 정의식을 파기한 것이 될 테니까). 어쨌든 지금 말한 것을 뒤집을 수는 없다. 동일하다는 것을 보이는 것만으로 정의를 확립하기에는 충분하지 않기 때문이다. 그러나 정의를 파기하는 데는 그것들이 동일하지 않다는 것을 보여주는 것으로 충분하다.

(2) 고유속성

고유속성이란 [그 사물 혹은 하나의 주어에 대해] '그것이 무엇이라는 것'〈본질〉을 보여주지는 않지만 그 사물에만 속하고, 즉[72] 바꾸어도〈환위해도〉 그것의 술어가 될 수 있는[73] 것이다. 예를 들면 '읽고 쓰는 지

70 102a5의 '정의적'과는 다르지만, 102b34에서의 '정의적'과 유사하게 사용되었다. 102b34에서 '정의적'은 정의의 판단에 이바지하는 무언가를 의미한다.

71 '아름다운 것은 어울리는 것이다'와 '감각과 지식은 동일한 것인가 혹은 다른 것인가.'

72 조나단 반즈는 kai(그리고)를 '즉'으로 옮긴다. 그 이유는 '환위해도(바꾸어도) 그것의 술어가 되는'이 '그 사물에만 속하고'를 설명하기 때문이라는 것이다(J. Barnes, Property in Aristotle's Topics, in *Archiv für Geschichte der Philosophie* 52, 1970, p. 137).

73 'A는 B의 고유속성이다'(A is unique property of B)와 'A는 B와 교환해도(환위해도) 그것의 술어가 된다'(A counterpredicates with B, 즉 'A는 B와 환위 가능하다')는 동치이다. 반즈는 antikatēgoreitai를 교환해도 술어가 되는(counterpredicated)으로 번역한다. 그는, 예를 들면 to A antikatēgoreitai tou B라는 문장을 'A는

식[74]을 배울 수 있다'는 것은 인간의 고유속성이다. 어떤 것이 인간이라면 읽고 쓰는 지식을 배울 수 있고, 또 만일 읽고 쓰는 지식을 배울 수 있다면 인간이기 때문이다. 다른 것에도 속할 수 있는 것을 고유속성이라고 누구도 말할 수 없을 테니까. 설령 '잠자기'가 어떤 시점에서 이따금 단지 인간에게만 속한다고 할지라도, '잠자기'를 인간에게 고유한 것이라고 말할 수는 없기 때문이다. 그러므로 이러한 어떤 것을 고유속성이라고 말할 수 있다고 해도, 그것은 무조건적으로 그런 것이 아니며, 어떤 시점에서 혹은 무엇에 대한 관계에서 고유한 것이라고 말해지는 것이다. 왜냐하면 '오른쪽에 있음'은 어떤 시점에 고유한 것이지만, '두 발'은 무엇에 대한 관계에

교환해도 B의 술어가 된다'(A is counterpredicated of B)로 옮긴다. 이 문장의 의미는 기호적으로 분석해 보면 $(x)(Ax \leftrightarrow Bx)$가 된다. 이것은 $(x)(Ax \rightarrow Bx)$ & $(x)(Bx \rightarrow Ax)$와 동치이다. 즉 상호 간에 서로를 '수반'(entailment)한다는 것이다(J. Barnes, 1970). '교환해도 그것의 술어가 되는'(antikatēgoreisthai)이란 구절을 브룅슈빅(1967)의 해석에 따르면, 다음과 같이 구체적으로 이해할 수 있다. 즉 교환한다는 것은 동일한 구체적인 사물(프라그마; 사실상의 주어)에 대해 술어가 되는 두 개의 술어들을 상호 교환해서 그 위치를 바꾸는 것이다. 예를 들면 X라고 불리는 모든 구체적인 사물에 대해, '만일 X가 S라면 X는 P이고, X가 P라면 X는 S일 때', 그때 P(술어)는 S(주어)의 고유속성이 된다. 원문에서 예로 들고 있듯이, '인간'이 S(구체적 사물, 즉 기체[基體, hupokeimenon]의 문법적인 주어)이고, '읽고 쓰는 지식을 배우는 것'이 P라고 하면, S도 P도 동시에 기체(X)의 술어이고, 또한 'S는 P이다', 'P는 S이다'라고 말할 수 있으며 S와 P는 서로 교환할 수 있다. 브룅슈빅은 문법적 주어를 'tinos'로, 구체적인 주어를 'tou pragmatos'로 표시하고 있다(브룅슈빅[1967], 122쪽 주석 1; 『토피카』 제1권 제8장 103b7-8 참조). 이 점을 앞서의 반즈의 방식에 따라 기호적으로 풀어 정리해 보면 다음과 같다. 'A가 B의 고유속성이다[I(A, B)]'의 기호적 정의는 $I(A, B) = df \sim E(A, B)$ & $(x)(Ax \rightarrow Bx)$ & $(x)(Bx \rightarrow Ax)$가 된다. 여기서 E(A, B)는 'A는 B의 본질을 나타낸다'이고, ~E(A, B)는 'A는 B의 본질을 나타내지 못한다'는 것의 기호적 간략화이다.

74 grammatikē는 흔히 '문법'으로 옮겨지나 '구술된 것을 받아쓰는 지식'이며 '독서하는 지식'이다. 즉 '읽고 쓰는 지식'이다(『토피카』 제6권 제5장 142b31-32).

서 고유하다고 말해지기 때문이다. 예를 들면 말과 개와의 관계에서 두 발이 인간에게 고유한 경우가 그렇다. 다른 것에 속할 수 있는 그 어떤 것도 바꾸어서〈환위해서〉 술어에 부과될 수 없다는 것은 명백하다. 어떤 것이 자고 있다고 해서, 그것이 인간이라는 것이 필연적으로 따라 나오지는 않기 때문이다.

(3) 유

유[75]는 종적으로 차이를 드러내는 다수의 것들에 대해 '그것이 무엇인가'〈본질〉라는 점에서 술어가 되는 것이다. '그것이 무엇인가라는 점에서 술어가 되는 것'은, 문제되고 있는 것이 '무엇인가'라고 물었을 때 답변으로서 주어지는 데 적합할 수 있는 그런 것들이라고 말해 두기로 하자. 예를 들면 인간의 경우에 '무엇인가'라고 물었을 때, '동물이다'라고 답하는 것이 적합하다. '하나의 것이 다른 것과 동일한 유 안에 있는지 혹은 다른 유 안에 있는지' 하는 질문도 유적[76] 질문이다. 이러한 질문도 유의 탐구 방법과 동일한 탐구 방법에 포섭되는 것이니까.[77] '동물'은 인간의 유이며, 마찬가지로 소(牛)의 유라고 논한다면, 우리는 그것들을 동일한 유에 포섭시키려고 논의한 것이 될 것이다. 그러나 그것이 한쪽 것의 유이기는 102b
하지만, 다른 쪽 것의 유가 아니라는 것을 보이고자 한다면, 이것들이 동일한 유 안에 있지 않다는 것을 논하게 될 것이다.

---

75 유에 관해서는 제1권 제18장 108b23과 제4권 제6장 128a20 참조.

76 genikon(유적)은 '유와 비슷한'이다. 102a9와 102b34에서 '정의적'(horikon)과 유비적으로 사용됐다.

77 103a2-3 참조.

102b

(4) 부수성

부수성[78]은 (1) 이것들 중 어느 것도 아닌, 즉 정의도 고유속성도 유도 아니지만, 해당하는 사물에 속하는 것이다. 또 부수성은 (2) 그것이 무엇이 되었든 하나의 동일한 것[79]에 속하거나 속하지 않는 것이 가능할 수 있다.[80] 예를 들면 '앉아 있음'은 어떤 동일한 것에 속하거나 속하지 않는 것이 가능하다. '흼'의 경우도 마찬가지이다. 동일한 것이 때로는 희고, 때로는 희지 않더라도 아무런 지장이 없으니까.

그러나 부수성에 대한 정의식 (1)과 (2) 중에서 두 번째 것이 더 낫다. 첫 번째 정의식이 말해질 때, 누군가가 그것을 이해하고자 한다면 정의가 무엇인지, 유가 무엇인지, 또 고유속성이 무엇인지를 필연적으로 미리 알아야만 하지만, 이와 달리 두 번째 것은 그 자체로〈단독으로〉 말해진 것이 도대체 무엇인지를 알기 위해서는 그것만으로 충분하기 때문이다.

---

78 원어 sumbebēkos는 sumbainein(일어나다, 동반하다)의 완료 분사이다. '부수성'(동반하는 것)은 두 가지의 의미로 구별되어 사용된다. 하나는 엄밀한 의미에서의 부수성으로 '우연적 속성'을, 즉 분리될 수 있는 비본질적 속성을 의미하고, 다른 하나는 일반적 의미에서 실체와의 관계에서 분리될 수 없는 특수한 성질(예를 들면 질, 양, 색, 크기와 같은 범주들)을 추상화한 속성을 말한다. 이것은 전자의 '우연적 속성'에 대해 한 사물의 본질적 속성을 말하는 '필연적 속성'으로 이해할 수 있다. 부수성에 관한 좀 더 자세한 논의는 『형이상학』 제5권 제30장, 『분석론 후서』 제1권 제6장 75a18 아래 참조. 『형이상학』에서 사용된 sumbebēkos의 용례가 잘 정리되어 있는 김진성 번역의 『형이상학』(이제이북스, 2007) '찾아보기' 771쪽은 유용한 정보를 준다.

79 '하나의 특정한 것'을 의미한다.

80 우연적 속성(부수성)은 일시적인 속성이다. 'A는 X의 우연적 속성이다' = A는 어떤 때에 X에 속하지만 다른 때는 아니다. (1) A는 X의 우연적 속성이다 = A는 X에 속하지만, 필연적으로는 속하지 않는다. '항상'과 '때로는'은 '모든 것에 대해서'와 '약간의 것에 대해서'를 의미할 수 있다. (2) A는 B의 우연적 속성이다 = 어떤 A들은 X들이고, 어떤 A들은 B들이 아니다.

또 상호 비교[81]도 어떤 방식으로든 부수하는 것의 관점에서 말해지는 것은 부수성에 포함해서 생각할 수 있어야 한다. 예를 들면 '아름다운 것과 유익한 것 중 어느 것이 더 바람직한 것일까'라든가, '덕에 따르는 삶과 향락에 따르는 삶 중 어느 쪽이 더 즐거운 것일까', 혹은 그 밖에도 비슷한 방식으로 말해지는 것이 있다면 그 경우에도 또한 그렇다. 왜냐하면 이와 같은 것들의 모든 경우에 그 술어가 두 개의 것 가운데 어느 것에 더 부수하고 있는가에 대한 탐구가 생겨나기 때문이다.

이것들로부터 분명해지는 것은, 부수성이 어느 때에 혹은 무엇인가에 대해[82] 고유속성이 되는 것은 아무런 지장을 받지 않는다는 점이다.[83] 예를 들면 '앉아 있음'은 부수성이지만, 그 사람 한 사람만이 앉아 있을 때, 그때는 그 사람에게 일시적인 고유속성이 될 테지만, 한 사람만이 앉아 있지 않고 [여러 사람이 앉아 있을 경우에도] 앉아 있지 않은 사람들에 대해서는 앉아 있는 것이 관계적인 고유속성이 될 것이기 때문이다.[84] 따라서 다른 무엇인가에 대해 또 어느 때에 부수성이 고유속성이 되는 것은 아무런 지장을 받지 않는다. 그러나 무조건적으로는 고유속성이 될 수 없다.

---

81 『토피카』 제3권 제1장-제3장 참조.

82 '무엇인가에 대해'(관계적으로)와 '어느 때에'에 해당하는 원어는 각각 pros ti와 pote이다.

83 바로 앞의 102a24-28 참조.

84 앞서 논의한 고유속성에 대한 정의와 비교해 보라. 과연 이 경우에 환위해서도 술어가 될 수 있는 것일까?

102b

제6장 네 가지 술어들을 구별해서 취급할 수 있는 여지에 대해

고유속성과 유 그리고 부수성에 대해 말할 수 있는 모든 것은 또한 정의식에 대해서도 적절하게 말할 수 있다는 것을 우리는 잊지 말아야만 한다. 왜냐하면 앞서 말했던 고유속성의 경우에서처럼, 단지 정의식 아래에 포섭되는 것[85]에만 해당되는 것이 아니라든가, 혹은 정의식 안에서 제시된 것이 유가 아니라는 것이나, 혹은 (바로 이것[86]은 부수성의 경우에도 말할 수 있는 것이지만) 설명식 안에서 말해지고 있는 것들 중 무엇인가가 정의되는 것에 속하지 않는 것을 나타내 보인다면 우리는 정의식을 파기한 셈이 될 것이다. 따라서 앞서 주어진 설명에 따르면,[87] 우리가 이제 막 열거했던 모든 것은 어떤 의미에서 '정의적'일 것이다.

하지만 이런 이유로 우리는 모든 것에 대해 하나의 보편적인 방법을 찾지 않아야만 한다. 이것을 발견하는 일은 쉽지도 않고, 설령 발견된다고 하더라도 현재 당면한 이 논구에 대해 아주 불명료해서 유용하지도 않게 될 것이기 때문이다. 이에 반해 우리가 구분했던 각각의 유[88]에 따르는 고

---

85 '정의의 대상이 되는 것'. 브룅슈빅은 tō 대신 to로 읽는다. 그러면 "정의식에 포함된 내용(속성)"으로 옮길 수 있다.

86 hoper kai에서 kai는 강조의 의미로 사용되었다. 이 경우에 kai는 종속절의 내용이 주절의 내용과 일치한다는 사실을 강조하고 있다. 독일어의 '사실 틀림없이'(denn auch) 용법을 고려하라. 이와 같은 용례는 『토피카』에서 120b31, 148a4에서의 hoion kai, 121b36, 145a15, 36에서의 kathaper kai, 102b32의 hoper kai, 152a27, 154a13, 159b30에서의 dio kai 등을 들 수 있다. 이와 동일한 용법의 kai는 지시대명사 뒤에서도 나타난다. 이를테면 148a21의 toutous kai와 148a27의 touto kai가 그렇다(베르데니우스, Notes on the Topics, p. 23 참조).

87 제1권 제5장 102a9-10. 이 밖에도 제6권 제1장 139a24-b5, 제7권 155a7-17 참조.

유한 탐구 방법을 제시할 수 있다면, 각각의 것들에 고유한 것들로부터
현재 당면한 과제에 대한 상세한 서술을 쉽게 해낼 수 있을 것이다. 따라 103a
서 앞서 말한 바처럼[89] 우리의 과제를 개략적으로 구분해야만 하고, 또 이 구분으로 남겨진 것들에 대해서는 각각의 구분에 가장 고유한⟨적합한⟩ 것들을 '정의적인 것' 혹은 '유적인 것'⟨유와 비슷한⟩이라고 부르면서 앞의 구분에 할당해 주어야만 한다. 지금까지 언급한 것들 거의 전부는 각각의 구분에 할당되어 있다.[90]

제7장[91] '같음'의 여러 가지 의미; 수에서, 종에서, 유에서

그러나 무엇보다도 먼저 '같음'⟨동일함⟩에 대해 얼마나 많은 방식으로 말해지고 있는지를 규정해야만 한다.[92] '같음'은 개략적으로 파악해 본다

---

88 정의, 고유속성, 유, 부수성을 말한다.

89 제1권 제1장 101a18-24.

90 예를 들면 '같은 것인가 다른 것인가'를 묻는 것은 정의적인 것과, '같은 유인가 다른 유인가'는 유적인 것과, '어떤 때인가', '무엇과의 관계인가'는 고유속성의 탐구와 관계되며, '부수성에 따른 비교'는 부수성의 탐구로 분류된다. 어떤 주석가들은 본문의 흐름과 어울리지 않는 마지막 대목을 나중에 덧붙인 것으로 보고 있다. R. 스미스는 『토피카』와 특히 『분석론 전서』와의 명백한 차이를 화해시킬 의도를 가지고 그렇게 했다고 보고 있다(68쪽).

91 골케(P. Gohlke) 같은 학자는 제1권 제7장(103b1)까지를 '쉴로기스모스'가 언급되는 까닭에 나중에 삽입된 것으로 간주한다.

92 어떻게 '동일성'의 주제가 이 맥락과 연결되는가? 왜 그것이 우선적으로 취급되어야 하는가? 이른바 '술어형식'(praedicabilia)에 대한 설명에서, '무엇보다도 특히' '정의'와 '유'의 경우에서 '같은지 다른지'의 중요성을 언급하는 것으로 이해된다. 아리스토텔레스는 '정의'와 '정의된 것'이 같은지 다른지 하는 문제를 특별히 중요한 것으로 보고 여러 번 강조하고 있다(102a7-9). 제1권 제5장 102a10-17, 36-b3, 102b20-26

면 세 가지 방식[93]으로 나누어지는 것으로 생각할 수 있다. 즉 우리는 '같다는 것'을 '수에서', '종에서' 혹은 '유에서' 같다고 부르는 데 익숙해져 있다.[94] 수에서 같다는 것은 다수의 이름을 가지고 있더라도 그 사물(프라그마)이 하나인 것을 말한다.[95] 예를 들면 '외투'와 '겉옷'의 경우가 그렇다. 종에서 같다는 것은 다수의 것이지만 종적으로[96] 차이가 없는 것을 말한다. 한 인간이 한 인간과 같다거나 하나의 말(馬)이 하나의 말과 같다는 경우가 그렇다. 동일한 종 안에 포섭되는 그런 것들은 종에서 같다고 말할 수 있으니까. 마찬가지로 동일한 유 아래에 포섭되는 것들도 유에서 같다고 말해진다. 이를테면 말이 인간과 같다고[97] 말해지는 경우가 그렇다.

참조. '사물들이 같은지 다른지'를 다루는 논의는 제7권 제1장에 가서야 행해진다. 여기서는 '같음'의 유형만을 이야기할 뿐이다.

93 제7권 제1장 152b30-33 참조.

94 103a6-14에서 아리스토텔레스는 '같음'(tauton)의 여러 가지 의미를 구별하고 있다. 이른바 '철학 개념어 사전'으로 간주되는 『형이상학』 제5권 제9장에서의 '같음'에 대한 논의 참조. 현대적 의미에서는 수적인 동일성만이 문제되지만, 아리스토텔레스는 동일한 종과 유 아래 포섭되는 것들의 동일성을 문제 삼는다. 아리스토텔레스는 '같음'을 일종의 '하나'(hen) 혹은 '단일성'으로 이해한다. 그래서 '같음'과 '하나'는 서로 대치 가능하다. "같음은 일종의 단일성이다". '하나'에 적용되는 의미만큼 '같음'에도 여러 가지 의미가 있다(『형이상학』 1018a5-8). '하나'의 의미를 구분하는 『형이상학』 제5권 제6장의 논의 참조.

95 아마도 아리스토텔레스는 수에서의 같음을 '표현' 간의 관계로 나타내려고 했던 것처럼 보이지만, 수에서 같음(동일성, tauton, identity)이 가장 분명하게 드러나는 예는 두 개의 고유명사가 한 개별자를 지시하는 경우로 생각된다. '김진식'과 '김남우'로 알려진 '한 사람'(키케로의 『투스쿨룸 대화』 및 김재홍과 더불어 브루노 스넬의 『정신의 발견』을 번역한 사람)의 경우에서처럼. '같음'의 정의를 형식화하면 이렇다. (i) 'M'은 M의 이름이다. (ii) 'N'은 N의 이름이다. (iii) 'M' ≠ 'N'. (iv) 'M'과 'N'은 하나의 것을 지시한다. (iv)는, 즉 (iv)* 'M'과 'N'은 공지시사적인 것이다.

96 원어 kata to eidos는 '외견상'으로도 이해된다(『형이상학』 제5권 제6장 1016a18-19 참조).

그러나 동일한 샘에서 솟아나는 물은 같다고 말하면서도 앞에서 말한 방식과는 다른 어떤 차이(종차, 디아포라)를 가진다고 생각할 수 있을 것이다. 그렇지만, 이렇게 말한 물의 경우도 어떤 방식에서 하나의 종에 따라서 같다고 말할 수 있는 것들과 동일한 부류로 자리매김해 두자. 이렇게 말한 모든 것들은 서로 동족적이고 닮은 것[98]처럼 보이기 때문이다. 왜냐하면 물이 모든 물과 어떤 유사성을 가지고 있으므로 종에서 같다고 말하는 데 대해, 동일한 샘에서 나온 물은 그 유사성이 더 강하다는 점에서만 다른 물과 차이가 있기 때문이다.[99] 이런 이유로 우리는 이 경우를 어떤 방식에서 하나의 종에서 같다고 말해지는 것들로부터 따로 떼어내지 않는 것이다.

수에서 하나인 것이 모든 사람에게 가장 논란의 여지 없이 '같다'라고 말할 수 있는 것으로 받아들여진다. 그러나 이것조차도 여러 가지 방식으로 표시되는 것이 습관적인 일이다. 그러나 가장 엄밀한 의미로 또 제일의 방식으로 [표시되는 것은] 이름 혹은 정의에서 '같다는 것'을 나타내는 경우이다. 예를 들면 '겉옷'이 '외투'와 같다거나, '두 발을 가진 육상의 동물'이 '인간'과 같다고 말할 수 있는 경우처럼.

---

97 동물이라는 점에서.

98 원어로는 suggenē kai paraplēsia allēlois(서로 같은 종류[동류]이고 닮은 것)이다.

99 알렉산드로스는 모든 인간이 공유하는 유사성과 쌍둥이(didumos)가 공유하는 유사성을 예로 들고 있다(59쪽 17행). 하지만 물의 예든지, 쌍둥이 예는 뭔가 불편한 결론을 가져오는 듯하다. 어쨌거나 아리스토텔레스가 염두에 두고 있었던 것은 셀 수 없는 '물질 명사'가 아니라, '인간'이나 '말'과 같은 셀 수 있는 개별적 실체들이다(『범주들』(카테고리아이) 제5장). 실체의 조건 중 중요한 것은 '하나임'과 분리 불가능성인 '독립성'이니까. 하지만 두 통의 물은 한 곳으로 모이면 한 통이 되며 여전히 '같은' 물이다. 여기서의 같음을 어떻게 이해할 수 있을까? 이에 대해서는 R. 스미스, 70쪽 참조.

103a

두 번째 방식으로는 고유속성에서 같다는 것을 나타내는 경우이다. 예를 들면 '지식을 받아들일 수 있는 것'은 '인간'과 같다고 하거나 혹은 '본성상 위쪽으로 올라가는 것'은 '불'과 같다고 하는 경우처럼.

세 번째 방식으로는 부수성을 근거로 나타내는 경우이다. 예를 들면 '앉아 있는 사람' 혹은 '교양 있는 사람'[100]이 '소크라테스'와 같다고 하는 경우가 그렇다. 이 모든 경우는 수라는 점에서 하나의 것을 나타내기를 바라기 때문이다.

(그리고 방금 말한 것[101]이 참이라는 것은 호칭의 방식을 바꾸는 사람들의 경우로부터 가장 잘 이해될 수 있을 것이다. 왜냐하면 우리가 누군가[노예]에게, 앉아 있는 사람 중에[102] 누군가를 이름을 사용해서[103] 부르도록 지시한 경우에, 우리가 지시하고 있던 상대방[노예]이 때마침 그 사람을 알지 못할 때에는, 그 사람의 부수성['앉아 있다고 하는 것']으로부터 하는 편이 더 잘 이해하기 쉽다고 생각하고 호칭을 바꿔 부르는 일이 자주 일어나기 때문이다. 그래서 우리가 '앉아 있는 사람' 혹은 '대화하는 사람'을 우리 쪽으로 부르도록 지시를 내리는데, 이것은 확실히 그 이름에 따라서도, 부수성에 따라서도 같은 것을 표시한다고 믿기 때문에 그렇게 하는 것이다.)[104]

---

100 mousikos는 일차적으로는 '음악적인'을 의미하지만, '시가에 능한 사람'이나 '인문 교양이 뛰어난 사람'을 의미할 수 있다.

101 바로 앞의 부수적 표현에 의한 동일성이 언급된 곳.

102 브룅슈빅(1967)은 소유격인 tina tōn kathēmenōn을 목적격인 tina ton kathēmenon(앉아 있는 사람 누군가를)으로 읽는다.

103 그가 앉아 있다고 말하지는 않고.

104 이 대목은 누군가가 마지막 경우에 대해 이의를 제기해서 아리스토텔레스가 다시 예를 들어 답변한 것으로 보인다. '두 개의 표현이 의미의 변화 없이 서로 치환할 수 있다면 두 개의 표현은 같다'는 원리를 암묵적으로 전제하고 있다. 이 원리는 독일의 현대 수리 논리 철학자인 프레게(G. Frege)의 '의미와 지시체'를 떠올리게 해준다.

제8장 네 가지 술어들의 구분에 대한 두 가지 확신 방식

이렇게 해서 앞에서 말한 것처럼[105] '같음'을 세 가지로 나누고자 한다. 103b

그러나 한편 문답법적 논의가 앞서 말한 것들[106]로부터 그것들을 통해서, 그것들을 대상으로[107] 해서 이루어지고 있다는 확신[108]을 얻게 되는 하나의 방식은 귀납[109]을 통해서이다. 왜냐하면 누군가가 명제와 문제 하나하나를 면밀히 검토한다면, 그것들이 정의에서 생겨나거나, 고유속성에서 생겨나거나, 유에서 생겨나거나, 부수성에서 생겨난다는 것이 명백해질 것이기 때문이다.[110]

그러나 이에 대한 다른 방식의 확신은 **추론**(쉴로기스모스)을 통한 것이다.[111] 왜냐하면 무언가(A, 사물, 주어)에 대해 술어가 되는 모든 것[112](B)

---

105 『토피카』 제1권 제7장 103a7 참조.

106 '앞서 말한 것들'이란 제4장에서 서술된 네 개의 항목, 즉 제5장에 들어 좀 더 부연해서 설명하고 있는 정의, 고유속성, 유 및 부수성을 가리킨다. 이 네 가지 '술어형식'은 논의를 구성하는 전제가 되는 것이다.

107 여기서 pros는 peri(관련해서)를 의미한다.

108 원어로는 pistis(입증, 확증)이다.

109 여기서 귀납(epagōgē)은 『분석론 후서』 제2권 제19장을 포함해서 『분석론 전서』 제2권 제23장, 『토피카』 제1권 제12장(105a13-14)과 제18장, 제8권 제2장 등 여러 저서에서 서술하고 있는바 '개별적인 사실들을 일반화하는 추론의 절차'라기보다는, **주어진 일반적 명제를 여러 가지 사례들을 고려하여 검증하는 절차**(알렉산드로스)이다(101b17-28). 『수사학』 1357a15-16에서는 사례들을 열거하는 방법을 '귀납'이라고 규정하고 있으며, 이와 같은 예증 추론을 귀납으로 보고 그 구체적인 절차에 대한 예를 1357b25-35에서 거론하고 있다.

110 여기서 종차는 빠져 있다. 종차는 바로 이어지는 103b15에 가면 나타난다.

111 아래의 설명을 보면, 여기서 언급되는 추론(쉴로기스모스)은 좁은 의미에서의, 즉 『분석론 전서』에서 논의되는 3 명사와 2 정언명제를 포함하는 '추론'이 아니라 일반적인 '연역적 추론 형식'을 가리킨다. 다시 말하여 일단 발견된 일반적 사실들을 분류하는 작업으로서, 플라톤의 후기 저작에서 보이는 플라톤의 '변증술'의 한 방법으로

103b

은 필연적으로 그 사물(A)과 환위해서 술어가 되든가 혹은 술어가 되지 않아야만 하기 때문이다. 그리고 그것이 환위해서 술어가 되면, 그것은 정의이든가 고유속성일 것이다(그것이 '무엇이라는 것'〈본질〉을 나타낸다면 '정의'이고, 나타내지 않는다면 '고유속성'이니까. 그것이, 즉 환위해서 술어가 되지만 본질을 나타내지 않는 것은 고유속성이었으니까.[113]) 그러나 해당하는 사물에 대해 환위해서 술어가 되지 않는다면, 그것은 '밑에 놓여 있는 것'[114]을 규정하는 정의식 안에서 말해지는 것들 중의 하나이든가 혹은 그렇지 않은 것이다. 그리고 만일 그것이 정의식 안에서 말해지는 것들 중의 하나라면, 그것은 유이든가 혹은 종차일 것이다.[115] 정의식은 유와 종차로

서 유와 종개념에 따른 나눔(diairesis)의 작업을 연상케 한다. 그래서 골케 같은 학자는 제8장의 이 대목을 삼단논법 발견 이전의 쉴로기스모스가 무엇인지를 짐작하게 하는 자료로서 논리학 이론의 발전 과정을 이해하는 데 중요한 전거로 간주한다(P. Gohlke, pp. 325-326). 아닌 게 아니라 앞의 귀납에 대한 언급과 여기서의 추론에 대한 언급을 대조해 보면, 『분석론 후서』 제2권 제19장을 비롯한 '귀납'에 대한 세련된 이론이 성립하기 이전의 원초적 모습으로서의 귀납(에파고게)을, 한편으로 쉴로기스모스 이론이 정교화되어 『분석론 전서』와 같은 형식화된 삼단논법으로 발전하기 이전의 추론에 대한 규정을 엿볼 수 있게 한다.

112 오식(誤植)으로 보이지만, 로스의 ti 대신에 to로 읽는다. 『토피카』 제1권 제5장 102a18 참조.

113 『토피카』 제1권 제5장 102a18-19 참조.

114 hupokeimenon(기체)은 명제 형식에서 '주어'로 표현된다.

115 이상의 논의를 정리해 보면 이렇게 된다. 술어들은 (1) 환위해서 술어가 되는 것과 (2) 환위해서 술어가 되지 않는 것으로 구분된다. (1.1) 본질을 나타내면 정의이고, (1.2) 본질을 나타내지 못하면 고유속성이다. (2.1) 정의 안에 있으면 유이든가 종차이고, (2.2) 정의 안에 있지 않으면 부수성이다. 이런 식으로 네 가지 술어에 대응하는 네 가지 부류가 생겨난다.

	환위해서 술어가 된다	환위해서 술어가 되지 않는다
본질을 나타낸다	정의	유 혹은 종차
본질을 나타내지 못한다	고유속성	부수성

이루어지는 것이니까.[116] 이와 달리 정의식 안에서 말해지는 것들 중의 하나가 아니라면, 그것이 부수성이라는 것은 분명하다. 왜냐하면 부수성은 정의도, 고유속성도, 유도 아니지만[117] 해당하는 그 사물[주어]에 속하는 것이라고 말했기[118] 때문이다.

제9장 10개의 범주와 술어들과의 관계

이제 이것들 다음으로, 앞서 언급되었던 네 가지 것이 속해 있는 '술어들의 유'〈카테고리〉들[119]을 구별해야만 한다. 이것들은 숫자상 열 개이다. [20]

제8장 논의의 자세한 분석과 해석에서의 문제점에 대해서는 Marja-Liisa Kakkuri-Knuuttila & Miira Tuominen, Aristotle on the Role of the Predicables in Dialectical Disputations, *Oxford Studies in Ancient Philosophy* 43, 2012, pp. 55-83 참조.

116 최근류(genus proximum)와 종차(differentia specifica)로 구성되는 아리스토텔레스의 정의의 표준적 형식이다.

117 벡커판과는 달리 보에티우스 사본 C에는 idion 뒤에 estin이 빠져 있다. 이 대목은 102b4-5와 유사한 어구로 구성되어 있어서 그 대목의 반복으로 보아 estin을 생략하기도 한다(브륑슈빅, 1967).

118 『토피카』 제1권 제5장 102b4-5.

119 '술어들의 유들'(ta genē tōn katēgoriōn)에 대해서는 『토피카』 제7권 152b2 참조. katēgoria는 법률적 용어로 '고발'이란 의미이다. 아리스토텔레스의 논리적 저작에서는 이 뜻은 완전히 무시해도 좋다. 아마도 이 장은 제7권이 삽입되었던 시점에 제7권과 더불어 『토피카』에 처음으로 삽입되었을 것으로 추정된다. 이 대목이 『범주들』(카테고리아이)(제4장 1b25-27)과 마찬가지로 열 개의 카테고리(범주)들이 열거되는 유일한 곳이다. 그러나 후기 저작으로 보이는 『자연학』 제5권 제1장 225b5 아래에서는 범주의 수가 여덟 가지로 축소되어 나타나는 것으로 보아, 이 장은 비교적 초기의 저작으로 간주될 수 있을 것이다. '여러 가지 류'는 제1권 제9장 103b20, 25, 39에서는 카테고리아로 불린다. 그 밖에도 카테고리아의 수가 여덟 가지로 열거되는 대목

103b

즉 '무엇인가'〈실체/본질〉, '얼마인가'〈양〉, '어떠한가'〈성질〉, '무언가에 대해'〈관계〉, '어디인가'〈장소〉, '언제'〈시간〉, '놓여 있는 모양', '가지고 있음'〈소유〉, '행함'〈능동〉, '겪음'〈수동〉 등이다.[120] 부수성, 유, 고유속성 그리고 정의식은 항시 이 술어(카테고리아이)들 중의 하나 안에 있을 것이다. 왜냐하면 이것들을 통해서 만들어진 모든 전제명제(프로타시스)는 실체나 양, 혹은 성질이나 다른 술어들 중 어떤 것을 나타내기 때문이다.

이것들로부터 분명해지는 것은, '무엇인가'를 나타내는 사람은 때로는 실체를, 때로는 질을, 때로는 다른 술어들 중 어떤 것을 나타낸다는 점이다. 실제로 인간이 눈앞에 있어서 그 눈앞에 있는 것을 '인간'이라거나 '동물'이라고 말하는 경우, 그는 '무엇인가'를 말하고 또 실체(우시아)를 나타내고 있기 때문이다. 그러나 흰색이 눈앞에 있어서 그 눈앞에 있는 것을 희다 혹은 색깔이라고 말할 경우, 그는 '무엇인가'를 말하고 또 '성질'을 나타내고 있다. 또한 마찬가지로 1페이퀴스[121] 크기만 한 것이 눈앞에 있어서 그 눈앞에 있는 것을 1페이퀴스 큰 것이라고 말하는 경우, 그는 '무엇인가'를 말하고 또 '양'을 나타내는 것이다. 다른 술어들의 경우에서도 이와 마찬가지이다. 왜냐하면 이것들 각각은 해당하는 것에 대해 그 자체

은 『형이상학』 제11권 제12장 1068a8, 『분석론 후서』 제1권 제22장 83a21, b16, 여섯 가지로 열거되는 곳은 『형이상학』 제7권 제4장 1029b24, 『자연학』 제1권 제7장 190a34, 『니코마코스 윤리학』 제1권 제6장 1096a23, 『에우데모스 윤리학』 제1권 제8장 1217b28, 다섯 가지로 열거되는 대목은 『형이상학』 제6권 제2장 1026a36, 『수사학』 제2권 제7장 1385b5, 심지어 네 가지로 열거되는 대목은 『생성과 소멸에 대하여』 제1권 제3장 317b9, 『형이상학』 제7권 제7장 1032a15이다.

120 카테고리아들의 '문자적 의미'(무엇인가, 얼마인가, …)는 하나의 주어(사물)에 대해 물어질 수 있는 물음으로부터 생겨난 카테고리아의 '기원'을 보여준다. 여기서 이야기되는 카테고리들은 존재적 개입이 빠져 있다.

121 팔꿈치에서 가운뎃손가락 끝까지 정도의 길이 단위(cubit), 약 45-50㎝.

가 말해지는 경우이든, 그것에 대해 그 유가 말해지는 경우이든 '무엇인가'를 나타내는 것이지만, 다른 것에 대해 말해지는 경우에는 '무엇인가'를 나타내는 것이 아니라, 양이나 성질 혹은 다른 술어〈카테고리〉들 중의 하나를 나타내기 때문이다.

따라서 논의가 그것들에 관해 행해지고 또 논의를 구성하는 것[요소]들 104a
을 이렇게 말한 것이고, 또 이만큼의 숫자가 있다는 것이다.[122] 그러나 우리가 어떻게 그것들을 획득할 수 있을지, 또 무엇을 통해서 우리가 논의의 수단을 충분하게 취급할 수 있게 되는지는 이것들에 이어서 나중에 말해야만 한다.[123]

제10장 변증술적 전제명제들

그래서 먼저 변증술적 전제명제(프로타시스)는 무엇이고 또 변증술적 문제(프로블레마)는 무엇인지를 규정해 보자. 모든 명제와 모든 문제가 변증술적인 것으로 간주되는 것은 아닐 테니까. 왜냐하면 지성(누스)을 [5]
가진 사람[124]이라면 아무도 생각할 수 없는 것을 명제〈전제〉로 제기할 수 없을 것이며, 또한 모든 사람에게 혹은 대다수의 사람에게 명백한 것을 문

---

122 제4장에서 논의했던 네 가지 종류의 술어들(정의, 고유속성, 유, 부수성)을 말한다.
123 이 절은 이 장의 결론일 뿐만 아니라, 제4장에서 제9장까지의 요약이기도 하다. 요컨대 '논의(로고스)'는 10개의 카테고리아에 대해서라기보다는 술어에 대한 논의이다(제4장 처음 부분을 참조). '어떻게 그것들을 획득할 수 있을지'(pōs lēpsometha)에 관해서는 이어지는 다음 장(제10장)에서 설명하고 있으며, '무엇을 통해서 우리가 논의의 수단을 충분하게 취급할 수 있게 되는지'(di' hōn euporēsomen)는 제10장 아래에서 논의하게 된다.
124 '올바른 정신을 가진 사람'을 말한다.

제로 내놓는 일은 할 수 없을 것이기 때문이다.[125] 후자는 난제(아포리아)를 가지고 있지 않으며, 전자는 누구도 주장하지 않을 테니까.[126]

변증술적 전제명제는 모든 사람에게서 혹은 대다수의 사람에게서 혹은 지혜로운 사람에게서(다시 말해 지혜로운 사람들 모두에게서 혹은 그 대다수에게서, 가장 저명한 지혜로운 사람에게서)[127] 그렇다고 생각되는 것〈통념〉이 질문의 형식으로[128] 나오는 것으로, 통념에 어긋나지 않는 것이

---

125 논의에 사용되는 전제는 동의를 받아야 한다는 것이다. 또 설령 동의를 받는다고 하더라도 누구나 다 받아들이는 사실이라면 문제로 물을 필요가 없다.

126 아리스토텔레스의 학문 탐구의 출발점은 어떤 주제에 대한 아포리아(난제)를 제시하는 것이고, 철학적 활동은 그 난제를 '풀어가는 것'(diaporein, euporein)임을 기억하자. 아리스토텔레스에게서 '문제의 해결'(euporia)이 곧 '철학함'(philosophein)이다.

127 제1권 제1장 100b21-23의 대목과 거의 비슷하다. ta dokounta가 여기서 endoxon으로 대치되었을 뿐이다.

128 원어는 erōtēsis endoxos이다. 상대방에게 제기되는 변증술의 전제는 (1) '예'와 '아니요'로 답변할 수 있는 문장의 질문 형식이다. 상대방은 그것을 받아들이든가 거부해야만 한다. 변증술의 전제가 일종의 질문 형식으로 제기된다는 점에 대해서는 『분석론 전서』 제1권 제1장 24a24-26, 24b10-12 참조. (2) 질문의 형식과 무관하게 전제는 엔독사로 정의되는 것이고, 그것이 통념과 어긋난다면 paradoxon한 것이다. 엔독사는 통용되는 믿음, 수용되는 견해, 문서로 기록된 견해들, 주목받는 이론들을 포함한다는 점을 이 대목은 다시 명확히 밝혀 주고 있다. 따라서 이 대목을 고려해 보면, '엔독사'는 인간의 평상적인 경험의 한계를 넘어서는 특정한 사람에게만 귀속하는 견해들을 배제하고 있음을 알 수 있다. 다시 말하여 공통의 경험을 나누는 인간 공동 집단에서 돌출하는 특이한 견해를 배제한다. 이에 상응하는 주장이 『니코마코스 윤리학』(1095a27-30)에서는 다음과 같이 말해지고 있다. "지금까지 주장되어 온 견해들을 모두 검토한다는 것은 아마 다소 공허한 일일 것이며, 차라리 가장 널리 퍼져 있는 주도적인 의견들이나 일리가 있어 보이는 의견들만을 검토하는 것으로 충분할 것이다." 『에우데모스 윤리학』 1214b28-1215a2에서는 일반적으로 받아들여지지 않는 '다중의 견해'는 검토할 필요가 없다는 주장을 피력하고 있다. "개중에 행복에 관해 주장하는 모든 견해를 일일이 검토하는 것은 소용없는 일이다. 어린이도 병든 자도 미친

다.[129] 사람들은 많은 사람들이 생각하는 것〈견해, 독사〉과 반대되는 것이 아닌 한, 지혜로운 사람들이 생각하는 것을 인정할 테니까.

이도 다 같이 그것에 대한 생각을 가질 수 있지만, 그것들에 대해서는 지각 있는 사람이라면 누구도 난제를 제기하지 않을 것이다. 그런 사람들에게 필요한 것은 말이 아니라, (어떤 경우는 나이가 드는 성숙할 시간이, 다른 경우는 의학적이나 시민적 교정이 필요하기 때문이다.) … 마찬가지로 (거의 모든 것에 관해 멋대로 말하는) 다중의 견해(tas doxas tōn pollōn; 시정잡배의 견해)도 검토할 필요가 없다. 이 주제에 관해서는 지혜로운 자의 견해들만을 고찰해야만 한다." 아리스토텔레스는 hoi polloi(일반 대중들)와 hoi pleistoi(대다수의 사람)를 명확하게 구분한다. 학문적 활동을 수행하기 위해 변증술에 참여하는 hoi pleistoi에 의해 주장되는 믿음은 엔독사이지만, 일반 대중들에게서의 색다른 견해들은 무시되어야 한다는 것이 아리스토텔레스의 생각이다. hoi polloi는 다중(多衆)을 의미하며, 다소 멸시하는 색채가 그 말 속에 내포되어 있다. 또 『토피카』 제2권 제2장 말미(110a19-22)에서는 "많은 사람들(hoi polloi)이 말하는 것처럼 건강을 만들어 내는 것은 '건강적'이라고 불려질 수 있다. 그러나 당장에 제기된 것[주제]이 건강을 만들어 낼 수 있을지 혹은 그렇지 않을지 하는 것은 더 이상 많은 사람들이 부르는 대로가 아니라 의사가 부르는 대로 명명되어야만 한다"고 말한다. 이에 대한 단적인 예는 『니코마코스 윤리학』 제1권 제5장 1095b16-17에서 '다중과 저속한 사람들(hoi polloi kai phortikōtatoi)은 좋음과 쾌락을 일치시킨다'라고 말하는 구절이다. 또한 아리스토텔레스는 여러 대목에서 의식적으로 hoi polloi와 hoi oligoi(소수의 사람, 전문가; 1098b27-29), hoi polloi와 hoi charientes(교양 있는 사람들; 1095a19), tas doxas tōn pollōn(다중의 견해)과 tas doxas tōn sophōn(지혜로운 자의 견해)을 대조해서 사용하고 있다. 이러한 구분은 이미 소크라테스 이전의 철학자에게서부터 나타나는 뿌리 깊은 전통이다. 플라톤도 두 어휘를 신중하게 사용했다. 그래서 그는 "철저하게 철학적 수련을 받은 소수의 사람들(hoi oligoi)과 철학적 작업과 무관한 다수의 사람들(hoi polloi)"을 구분한다(『제7서한』 341d2-342a1). 플라톤은 경우에 따라 hoi polloi 대신에 hoi alloi anthrōpoi(hoi anthrōpoi; 『파이돈』 85c 참조)나 plēthoi라는 말을 사용하기도 한다. 『파이돈』 83e에서는 올바르게 앎을 사랑하는 자들(hoi dikaiōs philomatheis)과 일반 대중(hoi polloi)을 대조해서 사용한다.

129 역설(paradoxos)을 말한다. 즉 '많은 사람들에 의해 받아들여지는 의견에 반하는 것'은 제외된다.

104a

변증술적 명제에는 일반적으로 그렇다고 생각되는 것과 비슷한 것들, 일반적으로 그렇다고 생각되는 것으로 여겨지는 것에 대한 반대를 부정하는 방식으로 제기된 것들, 또 이미 발견된[130] 학문 내지는 기술에 따르는 그러한 견해들이 있다. 만일 '동일한 지식이 반대되는 것들을 대상으로 한다'[131]는 것이 일반적으로 그렇다고 생각되는 것이라면, '동일한 감각이 반대되는 것들을 대상으로 한다'는 것도 일반적으로 그렇다고 생각되는 것처럼 보일 수 있을 테니까. 또 '글을 읽고 쓰는 지식이 수적으로 하나'라는 것이 통념이라면 '피리 부는 기술도 수적으로 하나'라는 것이 통념이다. 반면에 '글을 읽고 쓰는 기술이 다수라는 것'이 통념이라면 '피리 부는 기술도 다수'라는 것이 통념인 것처럼 보일 것이다. 이 모든 것들은 유사하고 같은 부류인 것처럼 보이니까.

마찬가지로 일반적으로 그렇다고 생각되는 것과 반대되는 것들도 그것을 부정하는 명제의 형식으로 제기된다면 일반적으로 그렇다고 생각되는 것으로 보일 수 있다. 사실상 '친구에게 잘해줘야만 한다'는 것이 통념이라면 '그들에게 나쁘게 대하지 않는 것'도 통념일 테니까. 여기서 통념에 반대된 것은 '친구에게 나쁘게 대하는 것'이고, 한편 애초의 것과 반대된 것을 부정하는 방식으로 제기된 것은 '친구에게 나쁘게 대하지 않아야만 한다'는 것이다.

이와 마찬가지로 '친구에게 잘해줘야만 한다'가 통념이라면 '적들에게는 잘해주지 않아야만 한다'도 통념일 것이다. 이것 역시 반대된 것들의 부정의 형식을 따르고 있다. '적들에게 잘해줘야만 한다'는 것은 ['친구에게 잘해줘야만 한다'는 것의] 반대이기 때문이다. 그 밖의 다른 경우에서

130 혹은 '확립된'.

131 플라톤, 『파이돈』 97d("반대되는 것들에 대한 지식은 같은 것이니까") 참조.

도 마찬가지이다.

또 제기된 명제와 비교해서 반대인 것에 대해 반대인 것을 말하는 명제도 통념으로 보인다. 예를 들면 '친구에게 잘해줘야만 한다'가 통념이라면 '적들에게는 나쁘게 대해야만 한다'도 통념이기 때문이다. '친구에게 잘해줘야만 한다'는 것이 '적들에게 나빠야만 한다'는 것과 반대되는 것처럼 보일 수도 있으나, 그러나 이것이 정말로 그런지 혹은 그렇지 않은지는 반대인 것들에 대해 말하게 되는 곳에서 설명할 것이다.[132]

또 학문 내지는 기술에 따르는 그러한 견해도 변증술적 명제라는 것은 분명하다. 왜냐하면 누구나 이 주제들에 대해 검토한 사람들이 그렇다고 생각하는 것들[133]을 인정할 것이기 때문이다. 예를 들면 의술에 관한 것들에 대해서는 의사의 견해를 인정하고, 또 기하학에 관한 것들에 대해서는 기하학자의 견해를 인정하려는 경우가 그렇다. 그 밖의 것들[134]에서도 이와 마찬가지이다.

제11장 변증술적 문제들

이론적이며 실천적인 주제; 입론(테시스)

변증술적 문제는 무언가를 선택하거나 회피하기 위해 도움이 되는 고 104b
찰의 대상[주제]이거나 또는 진리와 앎(gnōsis)을 획득하기 위해 도움이 되는 고찰의 대상이다.[135] 고찰 대상 그 자체가 직접 도움이 될 수 있는 경

132 『토피카』 제2권 제7장 112b27-113a14 참조.

133 원어로는 ta dokounta(그렇다고 생각되는 것)이다.

134 기술적 지식에 관련된 전문 분야.

135 전자의 고찰 대상은 행위와 실천적 앎과 관련되어 있고, 후자는 이론적 앎과 관

104b

우도 있고, 혹은 그와 같은 종류의 다른 무언가와 협력해서 도움이 될 수도 있는 그런 경우도 있다. 또 이러한 고찰의 대상에 대해서는, 사람들이 어떤 쪽으로도 의견을 갖지 않는 것이 있거나, 혹은 다중이 지혜로운 사람에 대해서[136] 또는 지혜로운 사람들이 다중에 대해 반대되는 의견을 가지고 있거나, 혹은 각각의 양편 그 내부에서 서로 반대되는 의견을 가지는 것도 있다.[137] 그것 자체가 직접적으로 도움이 되지는 않지만, 그런 것들은 협력해서 도움이 되기 때문에.[138]

사실상 여러 가지 문제들 중 몇몇은 그것을[139] 아는 것이 무언가를 선택하고 또 회피하기 위해서 유용하다. 예를 들면 '쾌락은 선택할 만한 것인지 혹은 그렇지 않은지' 하는 질문이 그렇다.[140] 하지만 어떤 문제들은 단

련 맺고 있다. 『형이상학』 제2권 제1장 993b20-25, 제3권 제2장 997a9-b26, 제11권 제1장 1059a25-27 참조. 이 대목은 변증술이 진리 그 자체를 목표로 하는 이론적 학문(자연학)일 뿐만 아니라, 행위를 목표로 하는 실천적 학문(윤리학)에도 기여하는 고찰의 대상(theōrēma)이라는 점을 명확히 밝혀 준다. 나아가 변증술적 문제 자체가 이론적이면서도 실천적이라는 점, 또한 변증술이 다른 무언가 그런 종류의 이론적이며 실천적인 문제를 해결하기 위한 '보조 역할(보조 수단)로서'(hōs sunergon)의 기능을 가진다는 점을 밝혀 주고 있다.

136 로스는 hoi polloi tois sophois ē를 삭제하고 있지만, 브룅슈빅에 따라 삭제하지 않고 읽는다.

137 변증술적 문제는 (1) 두 선택지 어느 쪽도 올바른 것으로 간주되지 않거나, (2), (3) 다중과 전문가(지혜로운 사람)가 서로 상이한 견해를 가지거나, 혹은 (4) 다중 사이에서 그리고 전문가들 사이에서 내적으로 의견이 갈라지는 것 등이다.

138 아리스토텔레스는 당장은 '협력해서 도움이 되는' 구체적인 예를 제시하고 있지 않다. 아래의 105b19-29에서 변증술의 문제들을 '논리적인 것', '자연학적인 것', '윤리적인 것'으로 나누고 있다. "동일한 지식이 반대되는 것을 대상으로 하는가 하지 않는가?" 하는 것은 논리적이다(105b23-24). 이런 문제는 "변증술적이면서 동시에 철학의 대상"이기도 하다(『형이상학』 제3권 제1장 995b20-25, 제4권 제2장 1004a9, b26, 제13권 제4장 1078b25-27 참조).

139 'P인지 아닌지를 아는 것', 즉 '그 답을 아는 것'을 말한다.

지 알기 위해서만 유용하다. 예를 들면 '우주는 영원한지 혹은 그렇지 않은지' 하는 문제가 그렇다. 또 다른 어떤 것들은 그것 자체가 직접적으로[141] 이것들[의 목적, 즉 선택과 회피 및 진리와 앎]의 어느 쪽에도 도움이 되지 않지만, 이러한 종류의 다른 것들과 협력해서 도움이 되는 것이다.[142] 사실상 우리에게는 그 자체로는 알고 싶어 하지 않지만, 다른 것을 목적으로 알고자 하는 많은 것들이 있는데, 그렇게 하는 것은 그것들을 통해서 무언가 다른 것을 알기 위해서 알고 싶다고 생각하는 것이 있기 때문이다.

또한 반대의 추론들이 성립되는 [변증술적] 문제들도 있다(어느 쪽에도 설득적인 논의가 있으므로, 그런지 혹은 그렇지 않은지를 결정하기 어려운 난제가 있으니까). 뿐만 아니라 엄청나게 크기 때문에, 왜 그런가 하는 그 이유를 부여하는 것이 어렵다고 생각되어서, 우리가 그것들에 대해 논의를 내놓지 못하는 문제들도 있다. 예를 들면 '우주가 영원한지 혹은 그렇지 않은지' 하는 문제가 그렇다. 실제로도 그러한 문제들을 탐구할 수 있는 사람들이 있을 테니까.[143]

그래서 문제와 명제는 앞에서 말한 것처럼[144] 규정될 수 있다. 이에 대해서 **입론**(주장; 테시스)이란 철학에서 유명한 어떤 특정한 사람의 통념에 반하는 믿음으로, 예를 들면 안티스테네스가 말하곤 했던 것처럼 '모순을

---

140 변증술적 문제, 즉 문답법적 물음은 일반적으로 poteron … ē ou(… 인지 … 아닌지; Is this the case or not?)의 형식의 물음을 취한다. 문제와 명제의 형식적 차이는 101b28-36에서 언급되었다.

141 브룅슈빅은 104b3을 고려하여 kath' hauta를 읽지 않는다.

142 '감각되는 것은 생성 소멸하는지 아닌지' 하는 문제에 대한 탐구는 '우주는 영원한지 어떤지'를 논하는 데에 도움이 된다. 이 문제에 대해서는 플라톤, 『티마이오스』 28a-c 참조.

143 『천체에 대하여』 제1권 제10장 참조.

144 『토피카』 제1권 제10장의 104a8 아래와 제11장의 104b1 아래.

말한다는 것은 불가능하다'는 것[145]이나, 혹은 헤라클레이토스에 따르면, '만물은 움직인다'고 하는 것,[146] 혹은 멜리소스가 주장하는 것처럼 "있는 것은 하나다"라는 것[147] 등이 그렇다. (왜냐하면 세상 사람들의 일반적인 의견에 반하는 것을 어떤 사람이 표명하든지 그것을 일일이 주목하는 것은 어리석은 일이기 때문이다.) 혹은 세상 사람들의 일반적인 의견에 반하지만 그것에[148] 대해 우리가 논의(설명, 로고스)를 가질 수 있는 것이 입론이다. 예를 들면 소피스트들이 주장한 것처럼 '모든 존재가 반드시 생성되거나 영원하거나 한 것은 아니다'라는 견해가 그렇다. 왜냐하면 교양 있는 사람이 읽고 쓰는 지식을 가진 사람인 것은, 생성됨에 의해서도 영원함에 의해서도

---

145 '모순은 불가능하다.' 『형이상학』 제5권 제29장 1024b32-34, 제8권 제3장 1043b24 참조.

146 헤라클레이토스, 『단편』 22B12, 22B91(Diels & Kranz; 『소크라테스 이전 철학자들의 단편 선집』, 김인곤 외 옮김, 아카넷, 2005). 이 두 단편에 의존해서 이른바 '만물 유전설'이 관용적으로 헤라클레이토스의 주된 사상으로 전해져 내려온다. 물론 이 전통적 사상이 더욱 확고한 것으로 굳어지게 했던 사람은 플라톤과 아리스토텔레스이다. 플라톤은 '모든 것은 나아가며, 아무것도 머물러 있지 않다', '그대는 같은 강에 두 번 발을 들여놓을 수 없다'(플라톤, 『크라튈로스』 402a)라고, 한편 아리스토텔레스는 '모든 것들은 항상 움직인다'(『자연학』 제8권 제3장 253b10)라고 보고하고 있다. 그러나 스토아 철학자 아레이오스 디뒤모스(Areios Didumos)가 헤라클레이토스의 말이라고 전해주는 『단편』 B12가 과연 플라톤과 아리스토텔레스의 '해석된' 보고와 일치하는지는 의문의 여지가 있다(이에 관련된 논의에 관해서는 Kirk, Raven, Schofield, *The Presocratic Philosophers*, Cambridge, 1983, pp. 195-197 참조). 게다가 플라톤은 불분명하게 '어딘가에서'(pou), 아리스토텔레스는 '누군가'(tines)라는 말을 덧붙이고 있다. 이 점에서 이 두 사람의 보고는 얼마든지 '과장된 해석 또는 자의적 해석'일 가능성도 열려 있다.

147 멜리소스, 『단편』 30B1, 30B6(Diels & Kranz). 『소피스트적 논박에 대하여』 제5장 167b13-20, 제6장 168b35, 제28장 181a27 참조.

148 브륑슈빅(1967)은 세상 사람의 의견에 반대되는 견해는 입론(테시스)이지 논의(로고스)가 아니라는 근거로 여러 사본의 enantion을 enantiōn으로 고쳐 읽는다.

아니기 때문이다. 실제로 이 견해가 어떤 사람에게는 그렇다고 생각되지 않더라도 논의〈설명〉를 가지기 때문에 그렇게 생각될 수도 있을 것이다.

그런데 입론도 변증술적 문제이다. 그렇다고 모든 문제가 입론인 것은 아니다. 몇몇의 문제들은 우리가 그것들에 대해 어느 쪽으로도 의견을 갖지 않는 것이니까.[149] 하지만 입론도 문제라는 것은 분명하다. 왜냐하면 이미 말한 것으로부터, 다중이 지혜로운 사람에 대해 입론을 둘러싸고 이의(異議)를 내놓기도 하고, 혹은 [다중과 지혜로운 사람] 양편의 사람들도 그 내부에서 서로에 대해 이의를 내놓는 것은 필연적인 일이기 때문이다. 입론은 통념에 반하는[150] 하나의 믿음[151]이니까. 그러나 실제로는[152] 거의 모든 변증술적 문제들이 입론이라고 불린다. 그러나 어떤 방식으로 말해진다 해도 아무런 차이가 없다. 왜냐하면 새로운 용어를 만들어 내기를 바라서 우리가 그것들을 이런 식으로 구별한 것은 아니며, 이것들 사이에는 실제로 어떤 차이가 있는지를 우리가 간과하지 않도록 그렇게 구별한 것이기 때문이다.

모든 문제와 모든 입론을 고찰해야만 하는 것은 아니다. 고찰해야 할 것은 상대방으로부터 논의〈설명〉를 요구받고 있는 사람이 당혹해할 수 있는 것이지 징벌이나 감각을 필요로 하는 것은 아니다. 왜냐하면 '신들을 공경해야만 하는지 또 부모에게 감사를 표해야만 하는지 하지 않아야만 하는지'를 당혹스럽게 생각하는 사람들은 징벌을 필요로 하고,[153] 또 '눈이

149 이 장의 104b4에서 언급된 바 있다.

150 즉 '일반적으로 그렇다고 생각되는 견해에 반하는'.

151 원어로는 hupolēpsis tis paradoxos이다.

152 베르데니우스는 nun이 '지금, 실은, 그런데'가 아니라 '이론상'(앞서 b29에서는 '모든 문제가 입론인 것은 아니다'라고 말한 바 있다)에 반대되는 것으로서의 '실제적으로'(in practice)라고 지적하고 있다.

153 이런 문제에 대해 당혹스러워하는 사람에게는 논증이 아니라 징벌을 필요로 하

105a

휜지 혹은 희지 않은지' 당혹스럽게 생각하는 사람들은 감각을 필요로 하기 때문이다.[154] 또한 고찰해야 할 것은 그 학적 논증(아포데잌시스)이 가까이 있는 것도 아니고, 너무 멀리 떨어져 있는 것도 아니다. 왜냐하면 전자는 난제를 갖지 않으며, 후자는 변증술적〈문답법적〉 훈련을 위해서 너무 많은 것을 가지기 때문이다.[155]

제12장 변증술적 추론; 귀납과 추론

이러한 것들이 규정되었으므로, 이제 문답을 통한 변증술적 논의(로고스)에는 얼마나 많은 종류가 있는지를 구별해야만 한다. 하나는 **귀납**(에파고게)[156]이고 다른 하나는 **추론**(쉴로기스모스)이다.[157] 추론이 무엇인지는 앞에서 말한 바 있다.[158] 귀납은 개별자들로부터 보편자에 이르는 통

니까.

154 감각 대상의 종류에 대해서는 『혼에 관하여』 제2권 제6장 참조.

155 이 대목은 아포데잌시스(학적 논증)를 구성하는 명제와 변증술적 추론을 구성하는 명제들 간의 차이를 분명하게 밝혀 주고 있다. 『토피카』 제8권 제3장 158a33-37 참조.

156 귀납에 대한 언급에 대해서는 『토피카』 제1권 제18장 108b10-11, 제8권 제1장 156a4-6, 『분석론 후서』 제1권 제1장 71a8-9, 『수사학』 제1권 제2장 1356b14-16 참조.

157 모든 논의는 귀납이거나 추론이라는 언급에 대해서는 『분석론 전서』 제2권 제23장 68b13-14, 『분석론 후서』 제1권 제1장 71a5-11, 『수사학』 제1권 제2장 1356a35-b4, 제2권 제20장 1393a24-25, 『니코마코스 윤리학』 제6권 제3장 1139b27-29 참조.

158 『토피카』 제1장 100a25-27 참조. 이 구절은 『토피카』 제1권이 '쉴로기스모스' 이론을 이미 전제하고 있다는 것을 암시하는 것으로 해석할 수 있다. 그렇다면 『토피카』 제1권은 『분석론』 이후에 쓰인 것으로 추정되거나, 아니면 후에 삽입된 것으로 이해될 수 있다.

로[159]이다.[160] 예를 들면 지식을 가진 키잡이가 최고의 키잡이라면 또 전차를 모는 사람이 마찬가지로 그렇다면, 일반적으로 말해서 각각의 일에 대해 지식을 가진 사람이 가장 뛰어난 사람이다.[161] 귀납은 [추론보다] 더 설득력이 있으며 더 명료하고, 감각에 의해 더 잘 알려지는 것으로 많은 사람에게 공통되는 것이다. 이에 반해서 추론은 더 강제적인 것으로 쟁론에 능한 사람에게 더 효과적이다.

제13장 변증술적 추론을 마무리하기 위한 4가지 도구

그런데 논의가 그것에 대해 이루어지는 것[162]과 논의를 구성하는 것[163]

---

159 원어는 ephodos이다. 이 말을 문자 그대로 옮기면 곧 '상승의 길'이다. 즉 '나아가는 것'이다.

160 "내가 말하는 보편적이라는 것은 하나 이상의 것들에 자연적으로 술어가 되는 것들이고, 개별적이라는 것은 그렇지 않은 것이다. 예를 들어 인간은 보편자이고, 칼리아스는 개별자이다."(『명제론』 제7장 17a39) 여기서의 귀납의 정의는 『분석론 후서』(71a8-9)에서는 "개별적인 것들이 분명하다는 것을 통해서 보편적인 것을 증명함으로써", 『수사학』(1356b13-15)에서는 "많은 유사한 것들을 바탕으로 무언가가 그렇다는 것을 증명하는 것은 거기(『토피카』)에서는 귀납이고…"라고 되어 있다.

161 아티카 지역의 '지식'(epistēmē)이란 말은 외부 세계에 대한 지식 내지는 인식을 표현하는 이오니아 말처럼 단순히 이론적인 측면만이 아니라, 기술자의 숙련을 위해서 필요한 지식과 동시에 능력이라는 실천적인 면을 포괄한다. 따라서 에피스테메라는 말은 '무언가에 정통함'을 의미한다. 소크라테스의 지행합일(知行合一) 사상은 이 말의 근원적 의미를 잘 드러내고 있다고 볼 수 있다. 소크라테스가 기술자의 비유를 통해 자신의 이론을 주장하는 경우에, 기술자는 '(실제적으로) 이해하고, 정통하고 있는'(epistatai) 일을 행하는 것처럼 어떤 특정한 일에 임해서 그 일에 관한 지식이 그 실제 수행을 규정해야만 한다는 점을 소크라테스는 요구한다.

162 변증술적 문제.

163 변증술적 명제로 정의, 고유속성, 유, 부수성 등 네 가지 술어형식으로 구별된다.

의 종류는 앞서 말한 것처럼 규정된 것으로 하자. 그것에 대해서 우리가 그것을 통해서 추론을[164] 충분히 다루기 위한 도구는 네 가지이다. 첫째는 전제명제(프로타시스)를 확보하는 것이고, 둘째는 각각이 얼마나 많은 의미로 말해지는지를[165] 구별할 수 있는 것[능력]이고, 셋째는 종차〈차이〉를 발견하는 것이고, 넷째는 유사성에 대한 검토이다.[166]

이것들 가운데 나중의 세 가지도 어떤 의미에서 전제명제이다. 이것들 각각의 것에 따라서 전제명제를 만들 수 있으니까. 예를 들면 '아름다운 것, 즐거운 것, 유익한 것은 바람직한 것이다', '지식은 잃어버린 뒤 다시 획득하는 것이 가능하지만 감각은 그것이 불가능하다는 점에서 감각은 지식과 다른 것이다', '건강한 것이 건강에 대한 관계는 튼튼한 것이 튼튼함에 대한 관계와 마찬가지다'[167]라는 명제들이 그렇다.[168] 첫 번째 전제명제

---

164 C 사본의 kai tōn epagōgōn을 생략하고 읽었다.

165 원어로는 posachōs legetai이다. 『토피카』 제1권 제15장 106a9(pollachōs legetai), 제18장 108a18(posachōs legetai) 참조. 각각은 '한 어구 혹은 명사(名辭)'를 가리킨다. 아리스토텔레스는 이 두 번째 도구를 제1권 제18장 108a18-37에서 논의한다.

166 제13장의 논의가 제14장-제17장의 논의와 연결되고 있다는 점을 보여준다. 즉 '확보하는'(labein), '구별하는'(dielein), '발견하는'(heurein) 이 세 가지 '능력'을 발휘함으로써 올바른 추론을 구성할 수 있다. 이것들은 추론을 완성하는 능력인 동시에 도구이기도 하다. 그래서 아래 논의에서 이 도구를 올바르게 사용하는 구체적인 방법을 예시함으로써 도구 사용의 올바른 방법론을 지도하고 규제하고 있다.

167 건강과 튼튼함(몸의 좋은 상태; euexia)의 관계에 대해서는 제2권 제8장 113b35-36, 또한 건강을 만들어 내는 의사, 또 튼튼한 몸의 상태를 만들어 내는 체육가와 이 각각에 대응하는 건강과 튼튼한 상태의 관계에 대해서는 제5권 제7장 137a3-7 참조. to hugieinon(건강을 만들어 내는 것), to euektikon(좋은 건강 상태를 만들어 내는 것)의 관계에 대해서는 106a5-9 참조.

168 전제명제는 일반적으로 "하나의 주어에 대해서 하나의 술어를 말하는 것"이다(『소피스트적 논박에 대하여』 169a6-15 참조). 즉 S is P. 그러나 여기서 든 예들은 보다 복잡한 구조를 가진 전제명제들이다.

는 여러 가지 방식으로 말해지는 것에, 두 번째 전제명제는 종차〈차이〉에, 세 번째 전제명제는 유사한 점에 근거하고 있다.

제14장 도구 1 ; 전제명제의 확보

윤리학적, 자연학적, 논리학적 명제들

그런데 전제명제는 전제명제에 관련해서 구별했던 것과 같은 만큼의 방식으로 수집되어야만 한다. 그래서 모든 사람의 견해 혹은 대다수의 사람들의 견해 혹은 지혜로운 사람들의 견해 — 다시 말해 모든 지혜로운 사람들의 견해이거나 혹은 대다수의 지혜로운 사람들의 견해이거나 혹은 가장 저명한 지혜로운 사람들의 견해를, 혹은 외견상의 견해[169]와 반대되는[170] 것[171]이나 학적 기술(technē)에 근거한 견해를 우선 수집할 수 있을 것이 105b
다.[172] (앞서 말한 것처럼,[173] 외견상 일반적으로 그렇다고 생각되는 것과 반대되는 견해를, 그것의 부정의 형태로 명제로서 내놓아야만 한다.)

또한 수집함에서 실제로 일반적으로 그렇다고 생각되는 견해뿐만 아니

---

169 '그렇다고 여겨지는 견해.'

170 로스와 브링슈빅(1967)은 제10장 104a10-12를 염두에 두고 바이츠(Waitz)의 제안대로 부정어를 삽입해서 tas enantias를 tas 〈mē〉 enantias tais … 로 읽는다. 나는 여기서 베르데니우스와 포스터에 좇아 전해진 사본대로 읽었다(ABCD). 브링슈빅(1967)에 좇아 옮기면, '단 외견상의 견해에 어긋나는 것이 아니라면'이 된다.

171 "일반적으로 그렇다고 생각되는 것으로 여겨지는 것에 대한 반대를 부정하는 방식으로 제기된 것들"(104a13-14)로 이해될 수 있다.

172 이 대목은 제1권 제10장에서의 변증술의 명제에 대한 논의와 아주 밀접하게 연관되어 있다.

173 『토피카』 제1권 제10장 104a13-14, 20-33 참조.

라 그것들과 비슷한 견해들을 명제로 내놓는 것도 유용하다. 예를 들면 '동일한 감각이 서로 반대되는 것들을 대상으로 한다'('지식도 역시 반대인 것들을 대상으로 하니까'라는 이유를 대고, 이것을 명제로 제시하는 경우가 그렇다)거나, 또는 "우리가 무언가를 방출함으로써가 아니라 무언가를 받아들임으로써 본다[174]"고 하는 것이 그렇다. 이것은 다른 감각의 경우에도[175] 그렇기 때문이라는 이유를 대고 명제로 제시하는 경우다. 사실상 우리는 무언가를 방출함으로써가 아니라 받아들임으로써 들으며, 또 동일한 방식으로 우리는 맛을 보기 때문이다. 다른 감각의 경우도 이와 마찬가지이다.

게다가 모든 경우에 혹은 많은 경우에 그렇다고 여겨지는 것은 모두, 원리(아르케; 출발점)와 일반적으로 인정된 입론(테시스, 주장)으로서 받아들여야만 한다. 왜냐하면 어떤 경우에 그렇지 않은지를[176] 보지 못하는 사람들[177]이 그것을 주장하기 때문이다.

또한 기록된 논의[178]에서부터도 수집해서, 각각의 유에 대해 그것들을 따로따로 항목을 분리해서 목록을 만들어야만 한다.[179] 이를테면[180] '좋음'

---

174 『혼에 대하여』 제2권 제11장 424a11, 『감각과 감각되는 것에 대하여』 제2장 438a25-26 참조.

175 『혼에 대하여』 제2권 제7장 418b26 참조.

176 포스터와 콜리(Colli)는 epi tinos ouk houtōs echein(혹은 esti)으로 읽는다. 그러나 베르데니우스는 echein(혹은 esti)은 불필요한 것으로 보고 있다. 다시 말해 생략이 가능하다는 것이다. 『생성과 소멸에 대하여』 323b22의 toutōn ontōn houtōs 참조.

177 즉 일반적으로 받아들이는 주장에 대한 예외적인 경우를 알지 못하는 사람들을 말한다.

178 gegrammenōn logōn은 '글로 쓰인 논의들을 모은 매뉴얼'이 아니라 다른 사람이 쓴 '책'을 말하는 것으로 이해된다(브룅슈빅, R. 스미스). 『수사학』 제2권 제22장 1396b3-8 참조.

179 목록(diagraphai)에 대해서는 『에우데모스 윤리학』 제3권 제1장 1228a28 참조.

180 『토피카』 제1권 제15장 107a5 아래 참조.

에 대해 혹은 '동물'에 대해 그렇게 하듯이, 게다가[181] 좋음에 관해서는 '모든 [종류의] 좋음'에 대해 '무엇인지'로부터 시작해서 목록을 만들어야 한다.[182] 각 사람들이 내놓은 견해를 난외(欄外)에 병기해 두는 것도 필요하다.[183] 예를 들면 '엠페도클레스(Empedoklēs)가 물체의 원소를 네 가지로 주장했다'[184]는 것이 그것이다. 어떤 사람은 평판이 높은 사람이 말한 것을 인정할 테니까.

개략적으로 파악해 보자면 명제와 문제에는 세 가지 부분이 있다. 어떤 것은 성품과 관련된〈윤리적〉 명제이고, 또 어떤 것들은 자연과 관련된〈자연학적〉 명제이고, 또 다른 하나는 논리적 명제이다.[185] 다음과 같은 것이

---

181 롤페스(E. Rolfes)를 좇아서 kai를 '게다가, 더구나'로 옮겼다.

182 좋음의 범주에 따른 분류에 대해서는 『니코마코스 윤리학』 제1권 제6장 1096a 23 아래("'좋음'은 '있음'이 이야기되는 만큼이나 여러 가지 방식으로 말해지기 때문에, 즉 '무엇인가'(실체)에서는…") 참조.

183 이어서 엠페도클레스의 주장의 예를 들고 있다는 점에 미루어 특정한 견해를 밝힌 사람이 누구인가 하는 점도 밝혀야 한다는 의미이다. 어떤 특정한 의견을 내놓았을 때, 그것이 변증술적 문제로 채택될 수 있으려면 사람들이 그것을 승인해야만 하는데, 전문가의 의견인지 아닌지 하는 문제도 중요한 고려 사항이기 때문이다. 더구나 일반적으로 사람들은 특정한 분야의 전문가의 권위(kuria)를 신뢰할 테니까(『형이상학』 1010b13-14).

184 『형이상학』 제1권 제4장 985a29-b2 참조.

185 '자연적인 것'은 '이론적인 지혜'를, '윤리적인 것'은 '실천적인 지혜'를 탐구하고, '논리적인 것'은 '논의와 논증에 관련된 탐구'를 의미한다. 아리스토텔레스는 '논리학'(logikē)이란 말을 사용하지 않았다. 그에게 '논리학'은 철학을 위한 하나의 '도구'(organon)에 불과했다. 그가 'logikos'란 말을 사용할 때, 그 말은 '사실적인 것'을 의미하는 phusikos에 대립되는 '개념적인' 또는 '말로서 따지는' 것을 의미한다. "논의에 사용될 수 있는 문제라는 것(logikon problēma)은 그것에 관해 수많은 적절한 논의들을 생겨나게 할 수 있을 것이다."(『토피카』 제5권 제1장 129a29-31) '논리학'이 본격적으로 학문의 자리를 차지하게 된 것은 나중에 스토아 철학에서였다. 스토아학파는 철학을 세 부분, 즉 ēthikon(성품[성격]에 관한 윤리학), phukon(자연학적인

105b

성품과 관련된 명제이다, 예를 들면 '부모와 법이 일치하지 않을 경우 법에 복종하기보다는 부모에게 복종해야만 하는가?' 논리적인 것은 예를 들어 '동일한 지식이 반대되는 것을 대상으로 하는가 하지 않는가?'와 같은 것이고, 자연학적인 것은 예를 들어 '우주는 영원한가 그렇지 않은가?'와 같은 것이다. 문제들도 역시 이와 마찬가지이다.

지금 언급한 것에 대해서 그 각각의 명제가 어떤 것인지를 정의식을 이용해서 제시하는 것은 쉽지 않다. 그러나 귀납을 통해 익숙해짐으로써, 앞서 말한 예증에 따라서 고찰하면서 그것들 각각을 알 수 있도록 시도해야만 한다.[186] 그래서 철학을 위해서는 이것들[명제와 문제]을 진리에 따라서 다루어야 하지만, 의견을 위해서는 이것들을 변증술적인〈문답법적인〉 방식으로 다루어야만 한다.[187]

모든 전제명제를 가능한 한 가장 보편적인 형식으로 확보해서, 하나의

것에 관한 자연학), logikon(논리적 혹은 이론적인 것에 관한 논리학)으로 구분한다(디오게네스 라에르티오스, 제7권 39, 40 참조).

186 『형이상학』 제9권 제6장 1048a35-37("개별적인 것들은 … 귀납을 통해 분명해지며, 모든 것에 대해 정의를 찾아서는 안 된다…") 참조. 학문의 출발점(원리)은 '우리에게 더 알려진 것'으로부터 획득되어야 한다.

187 『형이상학』 제4권 제2장에서 철학과 변증술의 학적 기능에 관한 논의와 그 연관성과 차이를 논하는 대목을 참조. 특히 1004b15-27 참조. 그 밖에도 『니코마코스 윤리학』 제1권 제6장 1096b29 참조. 일반적으로 변증술은 진리 비판적 태도를 가질 수 있지만, 본래의 의미에서 의견과 참으로 증명되지 않은 명제로부터 출발하기 때문에 분석론적인 진리 추구 및 원리의 발견과는 다소 거리가 떨어져 있다. "만일 누군가가 출발점(원리)들을 마주치게 되면, 그 학문(앎)은 더 이상 변증술이나 수사술이 아니라 그가 출발점들을 갖는 그 학문이 될 것이다."(『수사학』 제1권 제2장 1358a25-26) "누군가가 변증술과 이것(수사술)을 능력(기술, dunamis)으로서가 아니라 학문으로서 확립하고자 할수록, 그는 알아차리지 못한 채로 단지 논의가 아닌 어떤 밑에 놓인 사안들을 확립하는 학문으로 넘어감으로써 그것들의 본성을 파괴하고 말 것이다."(『수사학』 제1권 제4장 1359b12-16)

명제를 다수의 명제로 만들어야만 한다. 예를 들면 '대립하는 것들'을 대상으로 하는 것은 동일한 지식이라는 것을 확보하고, 다음으로 '반대되는 것들'을 대상으로 하는 것도, 또 '관계적인 것들'을 대상으로 하는 것도 동일한 지식이라는 것을 확보하는 식으로 만들어야만 한다.[188] 동일한 방식으로 이것들을 또다시 분할이 가능한 한에서 분할해야만 한다. 예를 들면 좋음과 나쁨, 백과 흑, 차가움과 뜨거움을 대상으로 하는 것은 동일한 지식이라는 식으로. 그 밖의 다른 경우들에서도 마찬가지이다.[189]

제15장 도구 2; 다의성을 탐지하는 방법

106a 그렇다면 전제명제에 관련해서는 앞에서 말한 것으로 충분하다. 그러나 어떤 것[명사]이 얼마나 많은 방식으로 말해지는지는, 다른 방식에 따라서[190] 말해지는 것을 가지고 연구하는 것뿐만 아니라, 또한 그렇게 말해지는 것들에 대해서 설명식(로고스)을 제시하도록 시도해야만 한다. 예를 들면 우리는 정의와 용기가 '좋음'이라고 말하는 것과 튼튼한 것과 건강한 것이 '좋음'이라고 말하는 것은, 단지 각각의 다른 의미에서가 아니라, 전자는 그 자체로 그것들이 가지고 있는 어떤 성질에 의해 그런 것이지만, 후자는 무언가를 만들어 낼 수 있는 것에 의해서이지 그 자체로 그것들이 가지고 있는 어떤 성질에 의해서가 아니라고 설명해야만 하는 것이다. 다

---

188 '대립되는 것'들에는 '반대되는 것', '관계적인 것', '가지고 있음과 결여하고 있음', '긍정과 부정(모순대당)' 등 네 종류가 있다. 『범주들』(카테고리아이) 제10장 11b15 아래 참조. 이것들에 대해서는 『토피카』 제5권 제6장에서 논의된다.

189 이 대목과 제8권 제14장 163b32-164a2를 비교하라(R. 스미스).

190 하나의 말이 동명이의적(호모뉘모스)으로 사용된다는 의미이다.

른 경우들에서도 이와 마찬가지이다.

(1) 다른 말로 말해지는 반대로부터

어떤 것이 종(에이도스)에서 다의적으로 말해지고 있는지 혹은 일의적으로 말해지고 있는지는 다음과 같은 수단을 통해 고찰되어야만 한다.

첫째로 반대되는 것에 대해서는 그것들이 종에서 다르건 이름에서 다르건 간에 다의적으로 말해지는지를 검토해야만 한다. 어떤 것들은 이름에서조차 달랐다는 것이 즉각적으로 분명하니까. 예를 들면 '날카로운'〈높은〉에 대해 음성의 경우에는 '무거운'〈낮은〉 것이 반대이고, 물체의 경우에는 '무딘'〈둔한〉 것이 반대이다. 그렇기에 '날카로운'에 반대되는 것이 다의적으로 말해질 수 있다는 것은 분명하다. 그렇다고 하면, '날카로움' 역시 마찬가지이다. 왜냐하면 '무겁다'와 '무디다' 각각에 대응해서 그것의 반대인 것은 다르게 되기 때문이다. 사실상 '날카롭다'는 것이 이 두 가지 각각에 대해 반대라고 해서, 동일한 의미의 '날카롭다'가 '무디다'와 '무겁다'에 대해 반대되는 것은 아닐 것이다.

또 소리의 경우는 '무거운' 것에 대해 '날카로운' 것이 반대이고, 물체의 경우는 '가벼운' 것이 반대이다. 따라서 '무겁다'는 다의적으로 말해진다. 그 반대의 것도 다의적으로 말해지니까. 마찬가지로 동물[191]의 경우에는 '아름다운' 것에 대해 '추한' 것이 반대이고, 집의 경우에는 '아름다운' 것에 대해 '초라한' 것이 반대이다. 따라서 '아름다운 것'은 동명이의적[192]이다.

---

191 원어는 zōon인데, 통상적으로는 생물 혹은 동물을 의미한다. 이 맥락에서는 '초상화나 그림'으로 새겨도 무방하다.

192 '동명이의적'(homōnumon)에 대해서는 『범주들』(카테고리아이) 제1장 1a1-5 참조.

(2) 종의 차이에서의 반대로부터

어떤 경우에는 이름에서는 전혀 차이가 없지만, 종에서는 해당하는 것들에서 그 차이가 즉각적으로 명백하다. 예를 들면 '밝은'과 '어두운'의 경우가 그렇다.[193] 왜냐하면 소리(音)는 '밝다'와 '어둡다'라고 말할 수 있으며, 색도 마찬가지로 그렇게 말할 수 있다. 그렇기에 이름에서는 전혀 차이가 없지만, 종에서는 해당하는 것들에서 그 차이가 즉각적으로 명백하다. 색도 '밝다'라고 말하고 소리도 '밝다'라고 말할 수 있지만 동일한 의미에서 그런 것은 아니니까.

이것은 감각을 통해서도 분명하다. 왜냐하면 동일한 감각이 종에서 동일한 대상을 지각하지만, 소리의 경우에 밝다는 것과 색의 경우에 밝다는 것을 우리는 동일한 감각으로 판별하지 않고, 한쪽은 시각에 의해, 다른 쪽은 청각에 의해 판별하기 때문이다. 맛과 물체에서 '날카로운'과 '무딘'에 대해서도 마찬가지이다. 한쪽은 촉각에 의해, 다른 쪽은 미각에 의해 판별한다. 사실상 이것들도 이름이라는 점에서는 해당하는 것들에 대해서도 그 반대인 것들에 대해서도 전혀 차이가 없다. 왜냐하면 각각의 '날카롭다'에 대해서도 그 반대는 '무디다'이기 때문이다.[194]

(3) 반대가 있는 것과 없는 것으로부터

게다가 한쪽에 대해서는 무언가 반대되는 것이 있지만 다른 쪽에 대해서는 전혀 아무것도 반대되는 것이 없는지를 검토해야만 한다. 예를 들면 마시는 것에서 오는 즐거움에 대해서는 갈증에서 오는 고통이 반대이지

---

193 문자 그대로는 '흰' 것과 '검은' 것을 말한다.

194 예를 들면 '그 맛은 날카롭다'의 반대는 '그 맛은 무디다'이고, '그것은 날카롭다'의 반대는 '그것은 무디다'이다. 따라서 맛의 경우든, 물체의 경우든 '날카롭다'의 반대는 '무디다'이다.

만, 사각형의 대각선을 그 변과 같은 단위로 잴 수 없다[195]는 것을 고찰하
106b 는 것에서 오는 즐거움에 대해서는 반대되는 것이 아무것도 없다. 따라서 '즐거움'은 다의적으로 말해진다. 또 마음속으로 '사랑하는' 것에 대해서는 '미워하는' 것이 반대이지만, 신체적 움직임으로 '사랑하는' 것에[196] 대해서는 반대되는 것이 아무것도 없다. 그렇기에 '사랑하는' 것이 동명이의적임은 분명하다.

(4) 중간적인 것들로부터

게다가 중간에 있는 것들에 관련해서, 한쪽의 반대되는 것들 중간에는 무언가가 있지만, 다른 쪽의 반대되는 것들 중간에는 아무것도 없는지, 혹은 양자에는 무언가 중간적인 것이 있지만 동일한 것은 아닌지를 검토해야만 한다. 예를 들면 색의 경우에 '밝다'〈희다〉와 '어둡다'〈검다〉에는 중간적인 것으로 '어스름한'〈회색의〉이 있지만, 음성의 경우에는 아무것도 없다. 혹은 정말 있다면, 어떤 사람들이 거친〈쉰〉 소리가 중간이라고 주장하는 것처럼, 그것은 '거친'〈쉰〉 것이다. 따라서 '밝다'는 동명이의적이며, '어둡다'도 또한 마찬가지이다. 게다가 '밝은' 것과 '어두운' 것의 경우에서처럼, 한쪽의 반대되는 것들에는 중간인 것이 여럿 있지만, 다른 쪽의 반대되는 것들에는 하나밖에 없는지를 검토해야만 한다. 왜냐하면 색의 경우에는 중간인 것이 많이 있지만, 소리의 경우에는 하나의, '거친' 것이 있

---

195 '같은 단위로 잴 수 없다'(asummetros)는 것은 정수비로 표시할 수 없다는 것이다. 즉 '통약 불가능하다'는 의미이다. 여기서는 정사각형의 대각선과 변의 길이와의 관계를 말한다.

196 원어로는 tō kata tēn sōmatikēn energeian이다. 여기서 '사랑하다'(philein)는 신체적으로 나타내는 직접적인 입맞춤이라든지 포옹과 같은 '사랑의 표시'를 가리킨다. 성교(coitus)를 지칭하는 것은 아니다.

기 때문이다.

(5) 모순적으로 대립하는 것으로부터

또 모순적으로 대립되는 것의 경우에 그것이 다의적으로 말해지는지 검토해야만 한다. 만일 그것이 다의적으로 말해진다면, 그것에 대립하는 것도 다의적으로 말해질 테니까. 예를 들면 '보이지 않는다'는 다의적으로 말해질 수 있는데, '시력을 갖지 않는다'가 하나이고, '시력을 활용하지 않는다'가 다른 하나이다. 만일 이것이 다의적으로 말해질 수 있다면, '본다'는 것 역시 다의적으로 말해지는 것은 필연적이다. 왜냐하면 각각의 '보이지 않는다'에 무언가가 대립되고 있는데, 예를 들어 '시력을 갖지 않는다'에 대해서는 '갖고 있다'가 대립할 것이고, '시력을 활용하지 않는다'에 대해서는 '활용한다'가 대립될 것이기 때문이다.[197]

(6) 결여하고 있음과 가지고 있음으로부터

게다가 결여하고 있음과 가지고 있음[198]에 따라서 말해지는 것들에 대해서도 검토해야 한다. 왜냐하면 이것들 가운데 한쪽이 다의적으로 말해진다면, 남은 다른 쪽도 다의적으로 말해질 것이기 때문이다. 예를 들면 혼이라는 측면과 신체라는 측면에서 '감각함'[199]이 다의적으로 말해진다면 혼이라는 측면과 신체라는 측면에서 '감각할 수 없음'도 다의적으로 말해질 것이다. 지금 언급하고 있는 것들이 결여와 가지고 있음이라는 점에서 대립하고 있다는 것은 분명하다. 왜냐하면 동물이 혼의 측면과 신체적 측면에서 각 종류의 감각을 지니는 것이 자연 본성적이기 때문이다.

---

197 『혼에 대하여』 제3권 제2장 참조.

198 『범주들』(카테고리아이) 제10장 참조.

199 혼의 경우에는 '지성'이 관계하고, 신체의 경우에는 '감정'이 관계한다.

106b

(7) 어형변화로부터

게다가 여러 가지 어형변화[200]에 대해서도 검토해야만 한다. '정의롭게'를 다의적으로 말할 수 있다면, '정의로운'도 다의적으로 말해질 것이기 때문이다('정의롭게'의 각각의 의미에 '정의로운'이 대응하는 것이니까). 예를 들어 '정의롭게'라는 것이 '자신의 의견에 따라서 판단하는' 것[201]과 '마땅히 해야만 하는 방식으로 판단하는' 것을 의미한다면,[202] '정의로운'도 마찬가지이다. 이와 마찬가지로 '건강한'을 다의적으로 말할 수 있다면, '건강적으로'도 다의적으로 말해질 것이다. 예를 들면 '건강을 만들어 내는' 것과 '건강을 유지하는' 것, 또 '건강을 나타내는' 것이 '건강적'이라면, '건강적으로'도 역시 '건강을 만들어 내도록' 혹은 '건강을 유지하도록' 혹은 '건강을 나타내도록'을 의미하는 것으로 말해질 것이다.[203] 그 밖의 다

---

200 원어는 ptōsis이다. 이 말은 본디 명사 및 형용사의 성(性)과 격, 그리고 명사로부터 파생된 형용사, 형용사로부터 파생된 부사, 동사의 시제 등과 같은 어형변화를 의미한다. 여기서는 명사 및 형용사의 어근에서 파생된 부사에 한정되어 있다. 『토피카』 제2권 제9장 114a33-34 참조. 그러나 제4권 제4장 124b에서는 문법적인 격변화가, 제5권 제4장 133b에는 문법적인 유가 그리고 제5권 제7장 136b15-32에는 부사와 격변화가 논의되고 있다.

201 앞서 '정의롭게'(dikaiōs)는 '공정하게'라는 의미이다(156b19 참조). 이어지는 각주를 보라.

202 전자의 정의는 성문법에 기초하지 않는 주관적인 공정성을, 후자는 성문법에 기초하는 객관적인 합법성을 의미하는 것으로 새길 수 있겠다. 아테네의 시민 법정 재판관은 현행법이 확실히 규정하지 않는 경우에는 '최선의 의견에 따라서'(gnōmē tē aristē)(『수사학』 제1권 제15장 1375a29) 혹은 '가장 정의로운 의견에 따라서'(gnōmē tē dikaiotatē; 데모스테네스, 『보이오토스 논박』(*Contra Boeotos*), I, 40)라고 선서하고 재판을 시작한다(브룅슈빅, 133쪽).

203 『형이상학』 제4권 제2장 1003a35-b6 참조. 여기서와 마찬가지로 '건강한'이 말해지는 방식을 구분하고 있다. 다양하게 말해지는 것들은 그 핵심인 하나와의 관계(pros hen)에서, 즉 '건강'과의 관계에서 사용되는 표현이다. '의술적'이란 말도 마찬가지로 '의술'과의 관계에서 사용된다. 아리스토텔레스는 이 논리를 밀고 나가, '있는 것' 역시

른 경우들에 대해서도 마찬가지인데, 해당하는 그 말이 다의적으로 말해질 때에는 그 말에서 어형변화한 것도 다의적으로 말해질 것이고, 또 어 107a 형변화한 것이 다의적으로 말해진다면 원래의 그 말도 다의적으로 말해지는 것이다.

(8) 이름에 따른 술어의 여러 가지 유들로부터

또 그 이름에 따른 술어의 여러 가지 유들(카테고리아이)[204]에 대해서도 그것들이 모든 경우에서 동일한 것인지를 검토해 보아야 한다. 만일 동일하지 않다면 그 표현[205]이 동명이의적이라는 것은 분명하니까. 예를 들면 음식의 경우에 '좋은' 것은 '즐거움을 만들어 낼 수 있는' 것이고, 의술에서 '좋은' 것은 '건강을 만들어 낼 수 있는' 것이다. 한편 혼의 경우에 좋은 것은 이를테면, '절제 있다', '용감하다' 혹은 '정의롭다'와 같은 어떤 성질이다. 인간의 경우에도 마찬가지이다.[206] 때로는 '어느 때'가 좋은 것이다. 예를 들면 '적절한 때'에 [일어나는 것이] 좋은 것이다.[207] '적절한 때에' 일어나는 것이 '좋다'라고 말할 수 있으니까. 가끔씩 '얼마인가(양)' 또한 그렇다. 예를 들면 '적도(適度)에 맞는 것'의 경우가 그렇다. '적도에 맞는' 것[208]은 '좋은' 것이라고 말할 수 있으니까. 따라서 '좋은' 것은 동명이의적이다.[209]

여러 가지 의미를 갖지만 그 모두가 '하나'인 '있음'과의 관계에서 말해진다고 주장한다.

204 『토피카』 제1권 제9장 103b20 참조.

205 원어로는 to legomenon이다. 앞서 '이름에 따른(대응하는)…'에 해당하는 원어는 kata tounoma이다.

206 인간은 정의, 절제, 용기와 같은 덕(아레테)을 가질 수 있다.

207 원어로는 to hen tō kairō [agathon]이다.

208 원어로는 to metrion이다.

209 '좋음'의 다의적 의미에 대한 논의에 대해서는 『니코마코스 윤리학』 제1권 제6장

107a

동일한 방식으로 '밝은'[210] 것도 또한 물체의 경우에 '색'이고, 소리의 경우에는 '듣기 편안한' 것이다. 또 '날카로운' 것도 이것과 아주 흡사하다. 동일한 것이 모든 경우에 마찬가지 방식으로 말해질 수는 없으니까.[211] 왜냐하면 수에 근거해서 음계를 주창하는 사람들의 주장에 따르면[212] '날카로운' 음은 빠른 음이고,[213] 한편 '날카로운' 각은 직각보다 작은 각이고, '날카로운' 단검은 '날카로운 각을 가진' 단검이기 때문이다.[214]

1096a23-29 참조. '있음'과 마찬가지로 '좋음'도 각각의 범주에서 그 의미가 다르다. 이 논의는 플라톤의 '좋음'의 이데아에 대한 비판으로 여겨진다. 여기서는 '좋음'이 여러 범주에 적용될 수 있는 것이므로 그것이 동명이의적임을 지적하는 것으로 해석된다. 이 견해는 『형이상학』에서 더욱 세련되어 체계적으로 논의되고 있다. 『형이상학』에서는 '있음은 여러 가지 방식으로 이야기된다'라는 언급이 빈번하다. 아래의 107a34에는 pollachōs legetai(여러 가지 방식으로 이야기된다)라는 말이 나오는데, 이 점은 제15장의 저술 시기가 다르다는 점을 보여주는 것일 수 있다.

210 '하얀'(leukon)은 동명이의적으로 '밝은'을 의미한다.

211 같은 말이 사용되는 모든 경우에 동일한 의미를 갖지 않는다는 것을 말한다.

212 알렉산드로스는 피타고라스학파 사람들로 본다(106쪽 24-25행). "눈이 천문학에 맞추어졌듯, 귀는 화성적(和聲的) 운동(enarmonios phora)에 맞추어져 있으며, 이 학문들(epistēmai)은 서로 자매 관계에 있는 것들인 것 같으이. 여보게 글라우콘! 피타고라스학파가 [그렇게] 주장하고, 우리도 동의하듯 말일세." 하고 내가 말했네…. "그들은 이들 들려오는 협화음들에 있는 수들을 찾되, 문제들로 올라가지는 않는다네. 즉 어떤 수들이 협화음들이고 어떤 것들이 아닌지를, 그리고 무엇 때문에 각각의 경우가 그러한지를 고찰하는 데까지 나아가지는 않는다네."(플라톤, 『국가』 7권 530d-531c; 박종현 역주, 서광사, 2005)

213 『혼에 대하여』 제2권 제8장 420a30 아래, 『동물의 발생에 대하여』 제5권 제7장 786b7 아래 참조.

214 알렉산드로스는 물체에서의 밝음은 '질', 소리는 '행함'의 범주에 귀속시키고, '날카로움'은 '행함'(빠른 운동), '관계'(직각보다 작은), '질'(어떤 형태)의 범주에 속하는 것으로 이해한다(106-107쪽).

(9) 동일한 이름 아래 포섭되는 유들의 검토로부터

또 동일한 이름 아래 포섭되는 것들의 유에 대해서도, 그 유들이 다르고 서로 간에 포섭 관계가 없는지를 검토해야 한다. 예를 들면 '당나귀'는 동물이면서 기구(器具)인 경우가 그렇다.[215] 왜냐하면 이것들의 이름에 상응하는 설명식은 다르기 때문이다. 하나는 어떤 종류의 동물로 말해질 것이고, 다른 것은 어떤 종류의 기구로 말해질 것이다. 그러나 만일 그 유가 서로 포섭 관계에 있다고 하면, 그 설명식은 필연적으로 다르지 않을 것이다. 예를 들면 갈까마귀의 유가 동물이며 새인 경우가 그렇다. 그렇기에 우리가 갈까마귀는 새라고 말하는 경우에 우리는 또한 그것이 어떤 종류의 동물이라고 말하는 것이다. 따라서 두 유가 갈까마귀에 대해 술어가 되는 것이다.

마찬가지로 또한 갈까마귀는 '날개가 있는 동물'이라고 말하는 경우에 우리는 그것이 새라는 것을 말한다. 그렇기에 이와 같은 방식으로도 두 유가 갈까마귀에 대해 술어가 된다. 또 그것들의 설명식도 술어가 되는 것이다. 그러나 서로 포섭 관계가 없는 유의 경우에서는 이것은 일어나지 않는다. 왜냐하면 우리가 어떤 것을 기구라고 말하는 경우에 동물이라고 말하지 않으며, 또한 어떤 것을 동물이라고 말하는 경우에 기구라고 말하지 않기 때문이다.

(10) 여러 가지 의미로 사용된 유의 반대인 것으로부터

당장에 제기된 말에 대해서 그것의 여러 가지 유는 다르고 또 서로 포

---

215 원어인 onos는 '당나귀'를 뜻하기도 하고 '맷돌', '(물레로 사용되는) 가락', '감아올리는 기계'[권양기; windlass](헤로도토스, 『역사』 제7권 36)를 의미하기도 한다. skeuos는 도구, 가구, 기구, 기계, 일반적인 사물 등을 의미한다(『소피스트적 논박에 대하여』 173b40 아래 참조).

107a

섭 관계가 없는지를 검토해야만 하는 것뿐만 아니라, 그 말의 반대인 것에 대해서도 이 점을 검토해야 한다. 그 반대의 것이 여러 가지 의미로 말해질 수 있다면, 당장에 제기된 말도 그렇다는 것은 분명할 테니까.

(11) 복합어로부터 생겨난 정의로부터

또, 예를 들면 '밝은〈하얀〉 물체'와 '밝은〈하얀〉 소리'[216]와 같은 복합된 것에서 생겨난 정의식에 주목하는 것도 유익하다. 왜냐하면 그 각각의 고유한 것이 제거되면, 동일한 설명식이 남아야만 하기 때문이다. 그러나 이 107b 것은 동명이의적인 경우에서는 일어나지 않는다. 예를 들면 방금 언급한 경우에서가 그렇다. 왜냐하면 한쪽은 '이러이러한 색을 가진 물체'일 것이고, 다른 쪽은 '잘 들리는 소리'일 것이기 때문이다. 그렇기에 '물체'와 '소리'를 제거하면 그 각각에 남게 되는 것은 동일한 것이 아니다. 그러나 각각의 경우에 말할 수 있는 '하얗'이 사실상 동명동의였더라면 동일한 것이 남았을 것이다.[217]

(12) 설명식의 모호성으로부터

그러나 설명식 자체에도 동명이의적인 것이 부수한다는 것을 종종 알아차리지 못하는 수가 있다. 이런 이유로 설명식에 대해서도 검토해야만 한다. 예를 들면 누군가가 '건강을 표시하는 것'과 '건강을 만들어 내는

---

216 원어는 각각 leukon sōma와 leukē phōnē이다.

217 '하얗'이란 말이 공통적으로 사용되었기에 그 말에 부과되었던 음성과 물체를 제거한다면 동일한 말이 남아 있게 된다. 요컨대 그 말이 사실상 동명동의적으로 사용되었더라면 동일한 의미를 가진 말만 남아 있어야 한다. 그러나 남아 있는 말(to leipomenon)이 동일한 의미를 갖지 않는 것은 그 말이 동명이의적으로 사용되었기 때문이라는 것이다. 동명동의(sunōnumon)에 대해서는 『범주들』(카테고리아이) 1a 6-10 참조.

것'을 '건강에 대해 적합한 것'[218]이라고 주장한다면, 우리는 물러서지 않아야만 하고 오히려 각각의 경우에서[219] '적합하다'는 것이 무엇을 의미하는지를 검토해야만 한다. 예를 들면 하나는 '건강을 만들어 낼 정도의 그런 양적인 것'[220]이고, 다른 것은 '신체의 그 상태(헥시스)가 어떤 성질을 표시하는 것과 같은 그러한 것'인지를 검토해야만 한다.

(13) 많고 적음과 유사한 정도로부터

게다가 '더 많이' 혹은 '같음'의 정도에 따라 비교될 수 없는지를 검토해야 한다. 예를 들면 '하얀[밝은] 소리'와 '하얀 옷', 또 '날카로운 맛'과 '날카로운 소리'의 경우가 그렇다. 왜냐하면 이것들은 같은 정도에서 '하얗다'라든지 혹은 '날카롭다'고 말할 수 없으며, 또한 하나의 것이 다른 것보다 많다고도 말할 수 없기 때문이다. 따라서 '하얀'과 '날카로운'은 동명이의적이다. 왜냐하면 동명동의적인 것은 모두 비교 가능하기 때문이다. 실제로 동명동의적인 것들은 같은 정도로 그렇다고 말할 수 있거나, 하나가 더 많이 그렇다고 말해지기 때문이다.[221]

(14) 종차의 검토로부터

그러나 유가 서로 다르고, 서로 종속 관계가 없는 것들에서는 그것들의 종차와 유에서도 다르다.[222] 예를 들면 '동물'과 '지식'의 경우가 그렇다(이

---

218 『토피카』 제6권 제2장 139b21, 제6장 145b8 참조.

219 베르데니우스는 kata를 분배적인 것으로 보아 '두 경우 각각에서'로 해석하고 있다. 『알렉산드로스를 위한 수사학』 1421b15에서 kath' hen hekaston 참조.

220 toiouton을 tosouton으로 읽는다(브륑슈빅).

221 부연해서 설명하면, '동명동의적인 술어가 그 주어에 대해 유사한 방식[의미]으로 혹은 하나가 다른 것보다 더 많은 혹은 큰 정도로 서술된다'는 의미이다.

222 『범주들』(카테고리아이) 제3장 1b16 아래 참조.

것들의 종차들이 다르니까). 그래서 동일한 이름 아래 포섭되는 것들이 유를 달리하고 서로 종속 관계가 없는 유의 종차인지 아닌지를, 예를 들면 소리와 물체의 '날카로운'의 경우를 검토해 보아야 한다. 음성과 음성은 '날카로운' 점에서 구별되고, 마찬가지로 물체와 물체 또한 날카로운 점에서 구별되니까. 따라서 '날카롭다'는 것은 동명이의적이다. 날카로움은 유를 달리하고 서로 종속 관계가 없는 유의 종차이니까.

또, 동일한 이름에 포섭되는 것들 그 자체의 종차가 다른지 어떤지를 검토해야만 한다. 예를 들면 물체의 경우에서의 색과 선율〈곡조〉의 경우에서의 색[音色]을 검토해야 한다. 왜냐하면 물체의 경우에서 색의 종차는 '시각을 확산시키기도 하고 수축시키기도 하는 것'[223]이지만, 선율의 경우에 색은 종차는 그것과 동일한 것이 아니기 때문이다. 따라서 색은 동명이의적이다. 동일한 것들에는 동일한 종차가 있으니까.

게다가 종은 그 어떤 종차도 없기 때문에 동일한 이름에 포섭되는 것들에 대해 그 하나는 종이고 다른 하나는 종차인지 아닌지를, 예를 들면 물체의 경우에 '하양'은 색의 종이고, 소리의 경우에 '하양'은 종차인지를

---

223 원어는 각각 확산(분산; diakritikon), 수축(집약; sugkritikon)이다. 『토피카』 제3권 제5장 119a30-31에서는, 만일 흰색의 설명(로고스)이 "시각을 확산시키는[꿰뚫는] 색이라면, 시각을 더욱 많이 확산시키는 색은 보다 더 희다"고 말해지고 있다. 제7권 제3장 153a38 아래 참조. 한편 『형이상학』 1057b8 아래에서는 흰색은 '확산시키는 색'으로 검은색은 '수축시키는 색'으로 규정되고 있다. 이 정의들은 플라톤의 『티마이오스』 67d-e에서 말해진 시각론과 관련되어 있다. 플라톤에 따르면, 흰색은 물체적인 세밀한 입자에서 생기고 검은색은 반대의 성질을 가진 입자에서 생긴다. 시각의 물체(opsis)—눈에서 나오는 광선과 대상에서 발하는 광선이 결합해서 생긴 물체—의 입자에 관해서는 분해와 압축의 움직임을 한다(45c). 아리스토텔레스의 경우에 보는 경우에 눈이 순수하게 수동적(『토피카』 제1권 제14장 105b6 아래, '무언가를 받아들임으로써 본다')이라는 측면에서는 플라톤의 입장을 그대로 받아들이지 않는다. opsis가 단지 눈을 의미하는 경우도 있다(Bonitz, *Index*, 553b51).

검토해야 한다. 한 음성과 다른 음성은 '하얗다는 점에서' 구별되기 때문이다.

제16장 도구 3; 유사한 유들의 종차에 대한 검토

그렇기에 여러 가지 의미로 말할 수 있는 것에 대해서는 앞에서 말한 것들과 그와 같은 것들을 통해서 검토되어야만 한다. 그에 비해 종차에 대해서는 동일한 유들 안에 있는 서로 비교되는 것들을 서로 비교해 봄으로 108a
써, 이를테면 '정의가 용기와, 또 슬기가 절제와 무엇에 의해 다른지'를 고찰해야만 한다(이것들 모두는 동일한 유에서 나왔으니까[224]). 그리고 너무 많이 동떨어져 있지 않은 유들 사이에서 한쪽에서 다른 쪽의 차이를, 예를 들면 '감각이 지식과 무엇에 의해 다른지'를 고찰해야만 한다. 왜냐하면 많이 떨어져 있는 유들의 경우에서는 그 차이[225]가 아주 명백하기 때문이다.

제17장 도구 4; 유사성의 탐구

다른 유에 속하는 것들의 경우에서 유사성을, 즉 하나의 유에 속하는 어떤 것(A)이 다른 어떤 것(B)에 대해 관계적이라면, 마찬가지로 다른 하나의

---

224 동일한 유는 '덕'(아레테)을 말한다.

225 여기서 '차이'는 '종차'가 아니다. 동일한 유에 포섭되는 것들에서만 '종차'가 만들어질 수 있기 때문이다. '종을 만드는 차이'(eidopoios diaphora)가 종차(specific difference)이니까(『토피카』 제6권 제6장 143b3-10 참조).

108a

유에 속하는 하나의 것(C)이 다른 하나의 것(D)에 대해서도 관계적인지를[226] 검토해야만 한다. (예를 들면 '지식이 지식의 대상에 대해 관계적이라면, 마찬가지로 감각은 감각의 대상[227]에 대해서도 관계적'인지를 검토해야만 한다.) 또, 어떤 것(A)이 다른 어떤 것(B) 안에 있다면, 마찬가지로 다른 유에 속하는 하나의 것(C)이 다른 하나의 것(D) 안에 있는지를 검토해야만 한다. (예를 들면 시력[228]이 눈 안에 있다면 마찬가지로 지성은 혼 안에 있는지, 또 잔잔함이 바다 안에 있다면 마찬가지로 무풍(無風)이 공기 안에 있는지를 고찰해야만 한다.) 많이 떨어져 있는 유들에서 특히 훈련이 필요하다. 나머지 것들의 경우에서는 유사한 것들을 더 쉽게 볼 수 있을 테니까.

또한 동일한 유 안에 있는 것들에 대해서도 무언가 동일한 것[속성]이 그것들 모두에, 이를테면 인간, 말, 개에게 속하는지를 검토해야만 한다. 왜냐하면 그것들에 무언가 동일한 것이 속해 있는 한, 그 점에서 그것들은 유사하기 때문이다.

제18장 다의성, 종차, 유사성에 대한 고찰의 유용성

한 이름의 여러 가지 의미를 검토하는 일의 유용성

그런데 여러 가지 의미로 말해질 수 있다는 것을 검토하는 일은 사물

---

226 다시 말하여, 만일 A가 B에 대해 관계 R을 가지고 있다면, C는 D에 대해 관계 R′을 갖는다. 이 경우에 R과 R′은 모종의 유사성을 가진다(A : B = C : D).

227 '지식의 대상'과 '감각된 대상'은 외부의 대상이 아니라, 각각 '지식의 내용'(epistēton)과 '감각된 내용'(aisthēton)을 의미한다.

228 단순히 인체의 기관으로서의 눈이 아니라, 눈이 지니는 '눈의 능력'이라고 말할 수 있다.

의 명료성을 위해서도(여러 가지 의미로 말해질 수 있는 것이 분명하게 된다면 누군가가 무슨 입론〈주장〉을 하고 있는지를 더 잘 알 수 있을 테니까), 또 이름〈말〉과의 관계에서가 아니라 사안 그 자체에 따라서 추론이 행해지기 위해서도 유용하다. 왜냐하면 여러 가지 의미로 말해진다는 것이 명백하지 않다면 답변자나 질문자나 동일한 것에 대해 생각을 집중시킬 수 없겠지만, 여러 가지 의미로 말해지고 있는지가 밝혀지고 또 답변자가 어떤 의미에 생각을 집중해서 전제를 인정하는지가 밝혀지게 되는 경우, 질문자가 그 의미에 관련해서 자신의 논의를 만들어 내지 못하면 그는 우습게 되었을 것이기 때문이다.

또 그것은 올바르지 못한 추론을 하지 않기 위해서도 다른 사람을 올바르지 못한 추론으로 이끌지 않기 위해서도 유용하다.[229] 왜냐하면 여러 가지 의미로 말해진다는 것을 안다면 우리는 올바르지 못한 추론에 의해 잘못 이끌리지 않을 것이고, 오히려 질문자가 동일한 의미와 관련해서 논의를 만들어 내지 못할 경우에는 우리가 그것을 알아낼 수 있기 때문이다. 그리고 답변자가 여러 가지 의미로 말해진다는 것을 마침 알지 못한다면, 우리 자신이 질문하게 될 때 상대방을 잘못 추론하게 할 수도 있을 것이다. 그러나 이것은 모든 경우에 가능하지 않으며, 오히려 다만 다의적으로 말할 수 있는 것들 중에서 어떤 것은 참이고 어떤 것은 거짓인 경우에만 가능하다.

그렇지만 이런 종류의 추론은 문답을 통한 변증술에 고유한 것이 아니다.[230] 이런 까닭에 문답을 통한 변증술을 행하는 자는 그런 식의 일, 즉

---

229 원어로는 각각 to mē paralogisthēnai 와 to paralogisasthai이다. 직역하면 '잘못 추론할 수도 없고'와 '(다른 사람을) 잘못 추론시킬 수도'이다. '오류에 저항하고 오류를 만들어 내기 위해서도'(R. 스미스 번역).

230 사용된 표현이 가지는 여러 가지 의미들 가운데 단지 하나의 의미만으로 추론을

108a

문제가 되는 사안에 대해 달리 그 이외의 방식으로 문답하는 것이 불가능하지 않은 한, 이름에 대해서 문답하는 것에 빠지지 않도록 항시 주의해야만 하는 것이다.[231]

차이의 발견의 유용성

차이를 발견하는 것은 '같음'과 '다름'에 관한 추론에 대해서만이 아니
108b 라, 각각의 것이 '무엇인가'를 인식하기 위해서도 유용하다.[232] 그런데 같음과 다름에 관한 추론에 대해 유용하다는 것은 명백하다(문제가 되는 사안들 사이에 어떤 차이를 발견하면, 그것들이 같지 않다는 것을 보여준 것이 될 테니까). 또한 차이의 발견은 '무엇인가'를 아는 것에도 유용하다. 그 이유는 우리는 통례적으로 각각의 것의 무엇임(우시아)에 대한 고유한 설명식을 각각이 본래 가지고 있는 차이에 의해 구별하기 때문이다.[233]

유사성에 대한 고찰의 유용성

유사성에 대한 고찰은 귀납적 논의를 위해서도, 가정(휘포테시스)에서 출발하는 추론을 위해서도, 정의식을 내놓기 위해서도 유용하다. 그런데

행하면 쟁론적 추론을 만들어 내는 셈이 된다(100b23-26). 쟁론적 추론은 변증술에 고유한 것이 아니다.

231 '이름(말)에 대해서 문답하는 것'은 소피스트의 일이고 논쟁술의 임무이다. 오류를 만들어 내는 추론은 변증술에 속하지 않는다. 변증술적 논의에서 답변자는 모호한 질문에 대해 답변을 거부하거나, 질문의 명확성을 요구하거나 제시할 수 있다(『토피카』 제8권 제7장 참조). 하지만 이 대목은 소피스트들과의 논의에서는 소피스트적 방법을 사용할 수 있다는 점은 인정하는 듯한 인상을 받는다.

232 이 논의와 연관된 『토피카』 제7권 제1장 참조.

233 '우리가 통례적으로 구별한다'는 말은 '유와 종차'에 의해 정의하는 관행을 학생들에게 다시금 상기시키고 있음을 보여준다.

귀납적 논의에 대해 유용하다는 것은, 유사한 것들에서 그 개개의 것들에 따른 귀납을 통해서 보편적인 것[전제]을 이끌어 내는 것을 우리는 당연하다고 주장하기[234] 때문이다. 왜냐하면 유사한 것들을 알지 못한다면 귀납을 행하는 것은 쉽지 않기 때문이다.[235]

유사성을 검토하는 일이 가정에서 출발하는 추론을 위해서 유용하다는 것은, 유사한 것들 중 그 하나에 대해 어느 때에 있을 법한 일이 일어난다면 또한 나머지 것에 대해서도 마찬가지로 그럴 것이라는 것이 일반적으로 받아들여지기 때문이다. 따라서 우리는 이 유사한 것들 중 어느 것 하나에 대해 논의가 잘 이루어질 수 있다면, 이것들에서 어느 때에 있을 수 있는 것처럼, 또한 현재 문제가 되는 것에 대해서도 마찬가지로 그럴 것이라고 미리 동의를 만들어 두는 것이 된다. 그리고 유사한 한쪽의 것에 대해 그렇다는 것을 보여줬다면,[236] 가정으로부터 문제가 되는 것에 대해서도 그렇다는 것을 보여준 셈이 될 것이다.[237] 왜냐하면 그런 유사한 것들

---

234 '우리는 당연히 주장한다'(axioun, claim a right)는 변증술적 논의에서(특히 제8권) 사용되는 말이다. 답변자가 귀납의 근거가 되는 개별적 경우들을 승인한다면 질문자는 보편적인 것을 승인한 것으로 기대할 수 있다. 그러나 답변자가 거부한다면, 질문자는 반대의 사례를 '요구할 권리를 가진다.' 『토피카』 제8권 제2장 157a34-b33과 제8장 참조(R. 스미스, 102쪽).

235 여기서 말하는 귀납은 많은 유사한 종들로부터 그것들 모두를 포함하는 유로의 일반화이다. '이끌어 내다'('귀납을 행하다'; epagein)란 동사의 용법에 주목하여 '귀납'에 관한 두 관점을 이해해 볼 수 있다. 하나는 개별적 사례를 매거(枚擧)하는, 즉 '산출해 내는' 측면이고, 다른 하나는 보편 명제를 '이끌어 내는' 측면이 그것이다.

236 '전건을 만족하게 이루어 냈다면'이란 의미인데, 좀 더 부연해 설명하자면 '유사한 것들 중 하나에 대해 만족스러운 논의를 이루어 낸다면'이란 의미이다.

237 A와 B가 유사하다면, B에 해당하는 것은 A에도 해당한다('유사한 것은 유사한 것에 대해 참이다'는 가정이고 상대방에게 이것을 미리 동의를 받아 둔다). X가 B에 해당하므로 X는 A에도 해당한다(가정에 근거하여 증명).

의 경우에 그런 것처럼 또한 문제가 되는 경우에서도 그런 것이라는 것을 가정한다면, 우리는 증명(아포데익시스)을 행한 셈이 되기 때문이다.

또 유사성에 대한 고찰이 정의식을 내놓기 위해서 유용한 까닭은, 각각의 것에서 무엇이 동일한 것인지를 볼 수 있다면, 문제로 주어진 것을 정의하는 경우에 어떤 유 안에 넣어야 하는지 당황하는 일은 없을 것이기 때문이다. 공통의 속성들 중 가장 '무엇인가'라는 점에서 술어가 되는 것이 유일 테니까.[238]

마찬가지로 많이 떨어져 있는 것들에서도 유사성에 대한 고찰은 정의식을 내놓기 위해서 유용하다. 예를 들면 '바다에 있는 잔잔함과 공기 중에 있는 무풍은 같다'(어느 것이나 평온함이니까)고 하는 것, 그리고 '선에 있는 점과 수에 있는 단위(하나; 모나스)는 같다'(어느 것이나 출발점이니까)고 하는 것이 그것이다. 그러므로 우리가 모든 것에 공통된 것을 유로서 제시한다면 이상하게 정의를 내리고 있다고 생각되지 않을 것이다. 정의를 내리는 사람들도 거의 대개는 이런 방식으로 정의를 내놓곤 한다. 왜냐하면 그들은 단위는 수의 출발점(아르케)이고 점은 선의 출발점이라고 말하기 때문이다.[239] 그렇기에 그들은 양자에 공통된 것을 유에다 놓는다는 것은 분명하다.[240]

---

238 "유는 종적으로 차이를 드러내는 다수의 것들에 대해 '그것이 무엇인가'〈본질〉라는 점에서 술어가 되는 것이다."(『토피카』 제1권 제5장 102a31-32)

239 점, 선, 평면의 출발점에 대해서는 『토피카』 제6권 제4장 141b19 아래 참조.

240 정리하자면(108b7-31), 유사성에 대한 고찰은 다음의 세 가지의 것에 유용하다. (1) 귀납을 위해, (2) 가정으로부터 출발하는 추론(연역)을 위해, (3) 정의를 확립하기 위해. (1)에 대해서는 제1권 제12장 참조. (2) 만일 A가 'P이다'라는 것을 보일 수 있다면, 또한 B에 대해 '그것이 P이다'라는 것을 증명한 것으로 생각할 수 있다. A와 B는 유사하니까. 이것은 유사한 것들 중 하나가 그렇다면, 다른 것도 또한 그렇다는 통념에 근거하고 있다. 가정(hupothesis)을 미리 동의받는 것에 대해서는 110a37-

그렇기에 추론이 그것을 통해서 만들어지는 도구는 이상의 것들이다. 그러나 앞서 말해진 것[241]에 대해 유용한 여러 가지 토포스[242]들은 다음에 이어진다.

---

b7 참조. (3) (a) 유를 언급해서 구성하는 정의와 (b) 종차를 언급해서 구성하는 정의(103b5 아래)를 사용한다면, (b)와 관련해서는 세 번째 도구(유사한 유들의 종차)가, (a)와 관련해서는 네 번째 도구(유사성의 탐구)가 유용하다. (a)는 유의 정의가 하나의 일반적인 상위 개념 아래로 포섭되는 유사한 것들을 한데로 이끄는 것에 의존하니까. 이에 대해서는 바그너와 랍(2004), 293쪽 참조.

241 제1권 전체에서 언급된 '도구들'을 가리킨다.

242 여기서 이 책 처음으로 등장하는 토포스(topos)란 논의의 출발점(원리)이 되는 '공통의 터'(기반, 장소)를 의미한다. 일반적으로 말하자면 논의를 진전시킬 실마리를 가지고 있는 이야기 터이자, 문답을 통한 논의인 변증술적 탐구에서 공통적으로 따라야만 하는 논의를 구성하는 논리적 형식, 규칙 내지는 방법을 일컫는 말이다. 제2권에서 제7권에 걸쳐서 이야기되는 토포스는 주로 'p가 그 결론을 q로 하는 연역적 논의의 전제가 되는 방식으로, 두 번째로 제시되는 p 명제의 도움을 받아 주어진 q 명제를 발견하는 것'이라고 말할 수 있다. 브룅슈빅은 토포스를 "주어진 결론으로부터 전제를 만드는 장치"로 이해한다(1967, xxxix). 이에 대한 좀 더 자세한 논의는 이 책의 '해제'를 보라. 우리말로 번역하기에 적절한 표현이 없으므로 일단 원어 토포스를 그대로 사용하기로 하겠다. 이 말에서 이 책의 제목 '토피카'(*Topika*)가 유래했다.

2권

부수성의 토포스

제1장 보편적 문제와 부분적 문제, 부수성에 입각한 문제의 난점, 두 가지 잘못

보편적 문제와 부분적 명제

문제들 중에는 보편적인〈전칭인〉 것과 부분적인〈특칭인〉 것이 있다.[1] 108b34
보편적인 문제는 예를 들면 '모든 즐거움은 좋음이다'와 '어떤 즐거움도 좋음이 아니다'와 같은 것이고, 부분적인 문제는 예를 들면 '어떤 즐거움은 좋음이다'와 '어떤 즐거움은 좋음이 아니다'[2]와 같은 것이다. 그런데 보 109a
편적으로 하나의 명제를 확립하거나 뒤엎는 방식은 두 종류의 문제 모두에 공통적이다. 왜냐하면 하나의 술어가 모든 것에 속한다는 것을 보여

1 무규정적인(adioristos) 문제에 대해서는 아래의 제3권 제6장 120a6 아래에서 논의된다. 무규정적인 문제란 '쾌락은 좋다', '쾌락은 좋지 않다'와 같은 것이다. 『분석론 전서』 제1권 제1장 24a17-22에서는 문제(명제)를 보편적(전칭), 부분적(특칭), 무규정적으로 나누고 있다.

2 논리학에서는 이 네 문제를 전칭 긍정 명제(A), 전칭 부정 명제(E), 특칭 긍정 명제(I), 특칭 부정 명제(O)라 한다.

109a

준다⟨증명한다⟩면,[3] 우리는 또한 그것이 어떤 것에 속한다는 것을 보여준 ⟨증명한⟩ 것이 될 것이기 때문이다. 마찬가지로 또한 어떤 것에도 속하지 않는다는 것을 보여줬다⟨증명했다⟩고 하면, 우리는 모든 것에도 속하지 않는다는 것을 보여준 셈이 될 것이다.[4]

그렇기에 먼저 보편적으로 명제를 뒤엎을 수 있는 방식에 대해 말해야만 한다. 그것은 그렇게 뒤엎는 방식이 보편적 문제와 부분적 문제에 대해 공통적이기 때문이며, 이와 동시에 하나의 술어가 무언가에 속한다[긍정]고 하는 것이 속하지 않는다[부정]고 하는 것보다 오히려 입론들(테세이스)을 내놓는 것이기 때문이다. 그래서 이 방식에 좇아 문답을 통해 논의하는 자들은 그 입론들을 뒤엎으려고 하는 것이다.

부수성에 입각한 문제의 난점

그러나 부수성에서 끌어낸 고유한 이름을 환위하는 것[5]은 가장 어렵다.[6]

---

3 'A가 B에 속한다'(huparchein)는 것은 'B가 A이다'를 의미하고 또 동치이다.

4 보편 명제에서 부분 명제를 끌어내는 것을 말한다. 현대 논리학과 다르게 다루어지는 대상이 적어도 하나는 존재한다는 것이 전제되어 있다. 명제의 주어인 S가 공집합이 아니어야 한다는, 다시 말해서 S의 원소가 존재한다는 것은 전통 논리학의 전제이다.

5 원어로는 '환위하는'(antistrephein; conversion)이다. 이에 대해서는 『분석론 전서』 제1권 제3장에서의 '명제의 환위', 『범주들』(카테고리아이) 제7장 6b28 아래, 『명제론』 제13장 22a16, 34, b9 참조. 여기서 '고유한 이름'(oikeios onomasia)은 한 사물에 고유하게 속하는 '술어'(카테고리아)를 가리킨다(바이츠).

6 부수성에서 끌어낸 술어의 예로 아래에서 '흼'과 '정의'의 예를 들고 있다. '소크라테스는 희다' 혹은 '소크라테스는 정의롭다'에서 '희다'와 '정의롭다'는 우연적 속성이다. 흼과 정의란 술어는 소크라테스에게 무조건적으로 속하지 않는다. 그러므로 '흼은 소크라테스이다' 혹은 '정의는 소크라테스이다'로 환위가 불가능하다는 것이 이 논의의 요지이다.

무언가가 보편적으로가 아니라 어떤 점에서 술어가 될 수 있는 것은 단지 부수성의 경우에서만 가능하니까.[7] 왜냐하면 정의, 고유속성, 유에서 이끌어 낸 이름의 경우는 환위되는 것이 필연적이기 때문이다. 예를 들면 '두 발을 가진 뭍살이(陸棲) 동물이 어떤 것에 속한다'면, 환위해서 '어떤 것은 두 발을 가진 뭍살이 동물이다'라고 말하는 것은 참이다. 또한 마찬가지로 유에서 이끌어 낸 이름의 환위도 가능하다. 왜냐하면 '동물임이 어떤 것에 속한다'면 '그것은 동물'이기 때문이다.

고유속성에 대해서도 동일한 것을 말할 수 있다. 글을 읽고 쓰는 기술을 배울 수 있다는 것이 어떤 사람에 속한다면, 그 사람은 글을 읽고 쓰는 기술을 배울 수 있으니까. 왜냐하면 고유속성들 중 어느 것도 어떤 점에 따라서[한정해서] 속하기도 하고 속하지 않기도 하는 것이 아니라, 무조건적으로 속하기도 하고 속하지 않기도 하기 때문이다. 그러나 부수성의 경우에서는 어떤 점에 따라서 속하는 것은 아무런 지장을 받지 않는다. 예를 들면 흼이라든지 정의(正義)가 그렇다. 그러므로 '어떤 사람이 희다 혹은 정의롭다'는 것을 보여주기 위해서 흼과 정의가 그 사람에게 속한다는 것을 보여주는 것은 충분한 것이 못 된다. 왜냐하면 어떤 점에서만 그것이 희고 혹은 정의로운 것에 지나지 않는다고 말해서 논란을 제기할 수 있기 때문이다.[8] 따라서 부수성의 경우에는 환위가 필연적일 수 없다.[9]

---

7 "부수성은 … 하나의 동일한 것에 속하거나 속하지 않는 것이 가능할" 수 있는 것이다.(『토피카』 제1권 제5장 102b6-7)

8 무조건적으로 속하는 것들과 부수적으로 속하는 것들에 대한 논점에 관련된 오류에 관해서는 『소피스트적 논박에 대하여』 166b37-167a21 참조. 어떤 온몸이 검은 '에티오피아인이 흰지 어떤지'를 물어보았을 때, '이'(齒牙)라는 점에서 희다면, '에티오피아인은 검고 동시에 검지 않을 수 있을 것'이라고 답할 수 있을 것이다. 그렇다면 '흼'이 그 사람에게 속한다는 것을 충분히 증명한 것이 못 된다.

9 환위가 반드시 가능하지는 않다는 의미.

109a

두 가지 잘못

또한 문제 안에서 생겨나는 잘못들을 구별해야만 한다. 그것들은 두 가지인데, 즉 거짓 진술을 하거나 혹은 일반적으로 정해진 표현법을 벗어남으로써 생겨난 경우들이다. 왜냐하면 거짓 진술을 하는 사람은 어떤 것에 속하지 않는 것을 속한다고 말해서 잘못을 범하고, 그리고 사물을 다른 부류에 속하는 이름으로, 예를 들면 플라타노스[10]를 인간이라고 부르는 사람은 정해진 이름을 벗어난 것이니까.

제2장[11] 부수적 문제들에 관련된 토포스

(1) 부수적으로 할당된 것이 사실은 부수적이지 않다는 것의 증명

그런데 하나의 토포스는 상대방이 뭔가 다른 방식으로[12] 속하는〈적용되는〉 것을 부수성으로 제시했는지에 주목하는 것이다. 그 잘못은 특히 유에서 일어난다. 예를 들면 어떤 사람이 '하양에 색이 부수적으로 있다'고 말하는 경우가 그렇다. 왜냐하면 색이 하양에 부수적으로 달라붙어 있어서가 아니라, 오히려 색이 하양의 유이기 때문이다.

109b 그런데 명제를 내세우려는 사람은 이름에 따라서도,[13] 예를 들면 '덕〈탁월성〉이 정의(正義)에 부수적으로 딸려 있다'[14]라고 말해서 정의하는 것

---

10 나무 이름인 플라타너스(plane tree).

11 골케는 제2장 전체가 여러 가지 토포스를 제시하고 있다는 점을 지적하고, 이를 미루어 『토피카』의 저작에 적절하지 않은 제4권-제6권보다도 더 후기의 저술로 간주한다.

12 부수성 이외의 술어 방식, 즉 정의, 고유성, 유 등을 말한다.

13 즉 여러 가지 이름으로.

14 '정의는 부수적으로 탁월성이다.'

이 가능할 수 있다. 그러나 종종 분명하게 정의하지 않는 사람의 경우에서도 그가 유를 부수성으로 제시한다는 것은 명백하다. 예를 들면 '하양은 색과 결부될 수 있다'라든지 '걸음은 움직임이다'라고 누군가 주장하는 경우가 그렇다. 사실상 어떤 유에서 유래된 술어도 그 유의 여러 가지 종에 대해 파생어로서(파로뉘모스)[15] 말할 수 있는 것은 아니다. 오히려 모든 유는 그 종에 대해 동명동의적으로 술어가 될 수 있다. 왜냐하면 여러 가지 종들은 그 유의 이름과 정의를 동시에 받아들이기 때문이다. 그렇기에 '하양은 색과 결부된다'고 말한 사람은 색을 유로서 준 것이 아니다. 파생적으로 말한 것이니까. 또한 고유속성으로서 주어진 것도, 정의로서 주어진 것도 아니다. 왜냐하면 정의식과 고유속성은 다른 그 어떤 것에도 속하지 않지만,[16] 하양 이외의 다른 많은 것들 예를 들면 나무, 돌, 인간, 말 등은 색과 결부되었기 때문이다. 그러므로 그가 그것[색과 결부됨]을 부수성으로서 제시하고 있다는 것은 분명하다.

(2) 술어의 주어에 대한 검토

또 다른 토포스는 어떤 것이 모든 것에 속한다든지 혹은 그 어떤 것에도 속하지 않는다고 말해지는 경우에 주목하는 것이다. 그러나 종에 따라서 검토되어야 하고, 무한한 것[개별적인 것]에서[17] 검토하는 것이 아니다. 그 검토는 오히려 길을 따라서[18] 소수의 것에 한정해서 행해져야 하기

---

15 parōnumōs는 『범주들』(카테고리아이) 제1장 1a11-15와 제8장 10a28 아래에서 논의되고 있다. "파로뉘몬하다는 것은 사물(사안)들이 자신들의 이름을 다른 것으로부터 그 어미의 차이를 가지며 이끌어 내는 것을 말한다. 예를 들면 '문법학자'가 '문법'으로부터, '용감한 사람'이 '용감'으로부터 자신의 이름을 끌어내는 것이 그렇다."

16 정의와 고유속성은 그것이 속하는 '것'(대상) 이외에 다른 것에는 속하지 않으니까.

17 『분석론 후서』 제1권 제24장 86a4 참조.

18 방법적으로. '어떤 것으로 향하는 길'을 의미한다.

때문이다. 또 그 검토는 제일차적인 구분들로부터 시작해서, 그다음에 불가분적인 것들에 다다를 때까지 순차적으로 나아가야만 한다. 예를 들면 상대방이 '동일한 지식은 대립하는 것들[19]을 대상으로 삼는다'고 주장했다면, 동일한 지식이 관계적인 것들, 반대되는 것들, 결여와 가지고 있음[20]에 따라 대립하는 것들 그리고 부정에 따라서 말할 수 있는 것[모순적인 술어]들과 관계되는지를 검토해야 한다. 또 이것[21]들에서도 그 문제가 아직 명확해지지 않았다면, 불가분적인 것들에 이를 때까지 다시 더 분할해야 한다. 예를 들면 동일한 지식이 '정의로운 것과 정의롭지 않은 것' 혹은 '두 배의 것과 절반의 것' 혹은 '시력의 결여와 시력을 대상으로 삼는 것' 혹은 '있는 것과 있지 않은 것'에 대해 그런지를 고찰해야 한다. 왜냐하면 이 경우에 어떤 것에 대해 동일한 지식이 속하지 않는다는 것을 보여준다면 우리는 그 문제를 뒤엎게 될 것이기 때문이다. 또 술어가 어떤 것에도 속하지 않는 전칭 부정의 경우도 마찬가지이다.

이 토포스는 명제를 파기하는 것과 확립하는 것을 목적으로 하는 경우에도 전용할[22] 수 있다. 왜냐하면 분할을 한 다음에 그 술어가 모든 경우에 혹은 대부분의 경우에 들어맞는다는 것이 명확하게 된다면, 우리는 상대방에게 보편적으로 타당하다는 것을 인정하도록 요구하거나, 혹은

19 '대립하는 것들'(antikeimena)의 네 가지 분류에 대해서는 『범주들』(카테고리아이) 제10장 11b17 아래, 『형이상학』 제10권 제4장 1055a38 아래, 제7장 1057a33 아래, 『토피카』 제2권 제8장 113b15-114a25, 제5권 제6장 135b7-136a13을 참조.

20 '가지고 있음'(hexis, habitus)은 이를테면, '보는 것'이다. 결여(sterēsis)는 '자연 본성적으로 기대되는 상태의 부재'를 말한다. 즉 '눈멂'이 그렇다.

21 바로 앞에서 언급한 네 가지의 대립되는 것을 말한다.

22 원어로는 antistrephein이다. 여기서 이 말은 논리적인 의미에서의 환위라기보다는 '두 경우에 동일하게 적합할 수 있다(혹은 적용할 수 있다)', 즉 어떤 경우로도 전용(轉用)될 수 있다는 의미로 사용되었다(『토피카』 제2권 제3장 110a28 참조).

어떤 경우에는 그렇지 않은지를 보이기 위한 반론〈반례〉[23]을 제시하도록 요구해야만 하기 때문이다. 만일 상대방이 그 어느 쪽도 하지 않는다면, 아무것도 입론을 펼치지 못한 것이기 때문에[24] 이상한 사람으로 보일 테니까.

(3) 부수성과 그 주어의 정의

또 다른 토포스는 부수성 및 그것에 부수하는 것[주어]의 설명식을 양 [30] 자에 대해 따로따로 내세우거나 혹은 그 둘 중의 하나에 대해서만 내세우는 것이고, 그런 다음 그 설명식에서 무언가 참이지 않은 것이 참인 것으로서 받아들여지지는 않았는지 검토하는 것이다. 예를 들면 '신에게 부정의를 행할 수 있다'고 상대방이 주장한다면 '부정의를 행한다는 것'이 무엇인가라고 묻는 것이 그것이다. 왜냐하면 '자발적으로 해악을 끼치는 것'이 그렇다고 하면, 신이 부정의한 일을 당할 수 없다는 것은 분명하기 때문이다. 사실상 신에게 해악을 끼치는 것이 가능하지 않으니까. 또한 '훌 [35] 륭한 사람은 시샘이 심하다'고 상대방이 주장한다면 시샘이 심한 사람은 누구이고, 시샘이란 무엇인가를 물어야 한다. 예를 들면 시샘이란 '어떤 공정한 사람의 외견상의 성공에 대해 마음이 쓰린 것'이라고 한다면, 훌륭한 사람은 시샘이 심하지 않다는 것은 분명하다. 시샘이 심하다면 나쁜 사람일 테니까. 또 '분개하는 사람이 시샘이 심한 사람'이라고 상대방이 주

23 『수사학』 제2권 제25장 1402a35 아래에서는 『토피카』 제8권 제10장 161a1 아래에서 언급하고 있는 네 종류의 반론하는 절차에 관해서 논의하고 있다. 하나는 상대방 자신의 주장을 직접 공격하는 것이고, 둘째는 그의 주장과 유사한 다른 주장을 내세움으로써, 셋째는 그의 주장과 반대되는 주장을 내세움으로써, 넷째는 다른 저명한 사람들의 주장을 도입함으로써 반론을 제기한다.

24 다시 말하여 논리적 요구에 부응하지 못하고 거부하는 태도를 보인다면 옳지 못하다는 의미이다.

장한다면, 이 사람들[25] 각자는 누구인지를 물어야만 한다. 그렇게 한다면 말해진 바가 참인지 거짓인지가 확실하게 될 테니까. 예를 들면 '좋은 사람들의 성공을 보고 고통스러워하는 사람'은 시샘이 심한 사람이지만, '악한 사람들의 성공을 보고 고통스러워하는 사람'이 분개하는 사람이라고 한다면, 분개하는 사람이 시샘이 심하지 않다는 것은 분명하다. 또 설명 안에서 사용되는 이름 대신에 설명을 취하고, 그리고 뭔가 익숙하게 알려진 것[26]에 이를 때까지 중도에서 멈추지 않아야만 한다. 왜냐하면 많은 경우에 설명 전체가 주어지더라도 탐구되는 사안이 아직 분명하지 않지만, 그 설명 가운데 사용되는 이름들 중 어떤 하나의 이름 대신에 설명이 말해진다면, 탐구되는 것은 명백하게 되기 때문이다.

(4) 문제를 명제로

게다가 다른 토포스는 논의되는 문제를 자기 자신을 위한 명제[전제]로 만들어 반론하는 것이다. 왜냐하면 반론이 입론(테시스)에 대한 공격이 될 것이기 때문이다.[27] 이 토포스는 어떤 하나의 술어가 어떤 것에 속하는데 모든 것에 속하는지, 아니면 어떤 것에도 속하지 않는지에 주목하는 토포스와 거의 동일하지만,[28] 논의의 방식(트로포스)에서는 다르다.

---

25 즉 훌륭한 사람과 분개하는 사람.

26 원어는 '뭔가 익숙하게 알려진 것'(gnōrimos).

27 반론(반례)을 제기하는 것은 어떤 한 주장을 변증술적으로 검토하는 토대를 마련해 준다. '모든 쾌락은 좋은 것이다'라고 상대방이 주장하는 경우, '모든 쾌락이 과연 좋은 것인가?'라고 자신에게 물음을 던져 쾌락을 구별한 다음, '방탕한 자의 쾌락은 좋은 쾌락이 아니다'라는 반론을 제기함으로써 상대방의 주장에 대해 반론을 행한다(알렉산드로스, 146쪽 1-5행 참조).

28 『토피카』 제2권 제2장 109b13 아래 참조. 지금의 경우는 자신이 명제를 만든다는 점에서 109b13 아래에서의 논의와 다르다(알렉산드로스, 145쪽 16행 아래 참조).

(5) 다중의 규정에 대한 거부

게다가 다른 토포스는 어떤 종류의 것을 많은 사람들(多衆; 호이 폴로이)이 부르는 대로 불러야만 하는지, 또 어떤 종류의 것을 그렇게 하지 말아야 하는지를 구별하는 것이다. 왜냐하면 이것은 하나의 명제를 확립하기도 하고 파기하는 데 유용하기 때문이다. 이를테면, 이름이라는 점에서는 많은 사람들과 마찬가지로 사안(프라그마타)을 불러야만 하지만, 이 사안들 중 어떤 것이 그렇고 그렇지 않을지는 더 이상 많은 사람들에 맞춰서는 안 되는 것이다. 이를테면 많은 사람들이 말하는 것처럼 건강을 만들어 내는 것이 '건강적'이라고 불려질 수 있다. 그러나 당장에 제기된 것이 건강을 만들어 낼 수 있을지 혹은 그렇지 않을지 하는 것은 더 이상 많은 사람들이 부르는 대로가 아니라 의사가 부르는 대로 명명되어야만 한다.

제3장 의미의 모호성에 관련된 토포스

(1) 여러 가지 의미 중에서 논의에 가장 적합한 의미를 사용하라

게다가 하나의 말이 여러 가지 의미로 말해지고, 또 그것이 어떤 것에 속하거나 혹은 속하지 않는다는 것이 주장되었을 경우에, 만일 다의적으로 말할 수 있는 것들 중 그 양쪽의 의미를 나타내는 것이 가능하지 않다면 어느 한쪽의 의미를 나타내야만 한다. 이 토포스는 상대방이 의미의 차이를 알아차릴 수 없는 것들의 경우에 유용하다. 왜냐하면 다의적으로 말해진다는 것을 알아차리고 있다면, 상대방은 자신이 물었던 바로 그 의미가 아니라 다른 의미를 근거로 해서 문제를 논한 것이라고 반론할 것이기 때문이다.[29] 이 토포스는 하나의 명제를 확립하기 위해서도 또 뒤엎기 위해서도 전용될 수 있다. 만일 우리가 하나의 명제를 확립하고자 한다면, 양쪽의 의미로 속한다고 나타낼 수 없을 경우에는 한쪽의 의미가 속한다는 것을 보여야 할 것이다. 그러나 뒤엎으려고 한다면 양쪽의 의미로 속하지 않는다고 나타낼 수 없는 경우에는 한쪽의 의미가 속하지 않는다는 것을 보여야 할 것이다.

다만,[30] 뒤엎으려는 쪽에서는 모든 것에 속한다고 말하는 경우에도, 또 어떤 것에도 속하지 않는다고 말하는 경우에도 동의하는 입장에서 문답적 논의를 해야만 할 필요는 전혀 없는 것이다. 왜냐하면 우리가 그 속성이 무언가 하나의 것에 속하지 않는다는 것을 나타낸다면 모든 것에 속한다는 주장을 뒤엎는 것이기 때문이다. 마찬가지로 우리가 하나의 것에라도 속한다는 것을 나타낼 수 있다면, 어떤 것에도 속하지 않는다는 주장을 뒤엎을 수 있을 것이다.

이에 반해서 하나의 명제를 확립하려는 경우에는 그 주장(악시오마)이 설득적이라고 한다면 그 속성이 무언가 하나의 것에 속하게 되면 모든 것
110b 에 속한다는 것을 미리 동의를 받아야만 할 것이다. 왜냐하면 모든 것에 속한다는 것을 보여주기 위해서는 하나의 경우에 대해서 논의를 하는 것은 충분하지 않기 때문이다. 예를 들면 '인간의 혼이 죽지 않는다면 모든 것의 혼은 죽지 않는다'[라는 주장을 이끌어 내는 그 근거로는 적합하지

---

29 『토피카』 제2권 제5장 111b32 참조.

30 여기부터 110b7까지의 단락은 전후 맥락상 논의 전개가 연결되고 있지 않다. 앞 단락에서는 하나의 말이 가지는 다의적 의미가 고려되어 자신의 논의를 유리하게 전개하는 문제를 논했으나, 이 단락은 하나의 말(속성)이 속하는 상이한 많은 주어에 대해 논의되고 있다. 또한 이 단락은 질문자와 답변자 사이에 이루어지는 암묵적인 동의의 문제가 논의되고 있다. 이 경우에 중요한 것은 명제의 전칭 및 특칭에 관한 사항이다. 명제의 양에 관한 고려는 지금까지의 논의에서는 고려의 대상이 아니었다. 브룅슈빅은 이 대목을 나중에 삽입된 것으로 본다.

않다]는[31] 경우가 그렇다. 따라서 어떤 하나의 혼이 죽지 않는다면 모든 혼은 죽지 않는다고 미리 동의를 받아야만 한다. 그러나 동의는 항상 이루어져야만 하는 것이 아니라, 기하학자가 '삼각형의 내각은 두 직각과 동일한 각을 가지고 있다'고 말하는 것처럼, 우리가 모든 경우에 하나의 공통의 설명을 하는 것을 쉽게 할 수 없는 경우에 해야 할 일이다.

(2) 모호성이 명확하다면 논의에 적합한 의미를 구별해야만 한다

하지만 하나의 말이 다의적으로 말해질 수 있다는 것을 상대방이 알아차리게 되는 경우,[32] 얼마나 많은 의미로 말해질 수 있는지를 구분하고 나서 하나의 명제를 뒤엎기도 하고 확립하기도 해야 한다. 예를 들면 '마땅히 해야만 하는 것'이 '유익한 것'이거나 혹은 '아름다운 것'이라면, 문제로 주어진 것에 대해 양쪽의 의미를 확립하거나 혹은 뒤엎기를 시도해야만 한다. 다시 말해서 '그것이 아름답기도 하고 유익하기도 하다'는 것을, 혹은 '아름답지도 않고 유익하지도 않다'는 것을 보여줌으로써. 그러나 양쪽의 경우를 나타내는 것이 가능하지 않다면, 한쪽의 의미는 그렇지만 다른 쪽의 의미는 그렇지 않다는 것을 지적해서 어느 쪽인가 한쪽의 의미를 나타내야만 한다. 이와 동일한 논의는 구분된 말의 의미가 두 가지보다 많을 경우에 적용될 수 있다.

---

31 dioti(이유, 까닭)의 원래의 의미를 살리면 [ ]로 번역될 수 있겠다. 로스는 hoti로 읽는다. 로스는 『분석론 후서』 78a22를 예시하면서 아리스토텔레스가 종종 양자를 혼동해서 사용하고 있다고 지적한다. 그러나 베르데니우스는 이러한 혼동이 다른 저자들에게서도 발견된다는 점을 지적하면서 '실수'라는 로스의 지적을 받아들이지 않는다. 아리스토텔레스는 많은 곳(122a23, 128b32, 133b, 134b10, 146a31, 154b28, 155a3, 157b16-17, 160a27)에서 양자를 구별해서 사용하고 있지 않다. 그래서 베르데니우스는 원래의 말(dioti)을 보존한다. 브룅슈빅(1967), 141쪽 참조.

32 이 장의 110b25-26을 참조.

또 동명이의적인 방식으로가 아니라 다른 방식으로 다의적으로 말할 수밖에 없는 것들도 검토해야만 한다. 예를 들자면, 하나의 지식이 많은 것을 대상으로 하는 것은, 요컨대 의술이 건강을 만들어 내는 것과 식이요법이 대상으로 하는 것에, 목적과 목적을 지향하는 수단을 대상으로 한다는 의미로 말해지는지, 혹은 동일한 지식이 서로 반대의 것을 대상으로 하듯이, 양쪽 모두의 목적이 되는 것을 대상으로 한다는 의미에서 말해지는지(한쪽이 다른 쪽보다 더 목적인 것은 전혀 없으니까), 혹은 그 자체적인 것과 부수적인 것을 대상으로 한다는 의미로 말해지는 경우이다.[33] 예를 들면 '그 자체적인 것'(카타 하우토)이라고 하는 것은 삼각형이 두 직각과 같은 각을 가지는 경우이며, '부수적으로'(카타 쉼베베코스)라는 것은 이등변 삼각형이 두 직각과 같은 각을 가지는 것이라고 하는 그런 경우이다. 왜냐하면 이등변 삼각[34]형이 부수적으로 삼각형[35]일 수 있기에, 이것에 따라 우리는 이등변 삼각형이 두 직각과 같은 각을 가진다는 것을 알기 때문이다.[36] 그렇기에 동일한 지식이 많은 것들을 대상으로 하는 일이 어떤 방식으로든지 가능할 수 없다면, 일반적으로 이것이 가능하지 않을 것이라는 점은 분명하다. 혹은 어떤 방식으로 가능하다면, 그것이 가능하다는 것

---

33 여기서 동일한 앎에 관련해서 3가지가 논의된다. (1) 동일한 앎이 목적과 그 목적을 지향하는 것과 관계된다. (2) 동일한 앎이 반대되는 목적에 관계된다. (3) 동일한 앎이 어떤 것들에서는 그 자체적인 것에 관계하고 다른 것들에서는 부수적인 것에 관계한다.

34 로스, 포스터, 불레(J. G. Buhle) 등은 trigōnō를 생략한 채 읽는다. 브룅슈빅은 보에티우스(Boethius)에 따라 집어넣고 읽고 있다.

35 『소피스트적 논박에 대하여』 제6장 168a40 아래, 『형이상학』 제1권 제1장 981a20, 제7권 제5장 1030b21 참조.

36 '삼각형의 내각의 합은 두 직각과 같다. 이등변 삼각형은 삼각형이다. 그러므로 이등변 삼각형의 내각의 합은 두 직각과 같다.' 이것은 삼단논식의 바르바라(Barbara)의 예이다.

은 분명하다.

또 의미의 구분은 그것이 유용할 만큼의 수로 해야 한다. 예를 들면 하나의 명제를 확립하고자 바란다면, 그 명제가 성립하는 것이 가능한 만큼의 해당하는 그런 의미를 내놓아야만 하고, 또 확립하는 데 도움이 될 만큼의 수에 한정해서 구분해야 한다. 반면에 하나의 명제를 뒤엎으려고 한다면, 그 명제가 성립하는 것이 가능하지 않은 그런 의미를 내놓아야 하며, 나머지 의미는 내버려야만 한다. 이 경우에 또한 여러 가지 의미로 말할 수 있다는 것을 상대방이 알아채지 못했을 때는 앞의 경우와 마찬가지로[37] 그 일을 이루어 내야만 한다.

또, 하나의 특정한 것이 다른 특정한 것을 대상으로 하고 있는지도 동일한 토포스에서 확립되어져야만 한다. 예를 들면 이 지식이 이것을 대상으로 하는 것은, 목적으로서인지 혹은 그 목적을 위한 수단으로서인지 혹은 그것에 부수적인 것인지 혹은 그 반대로 앞서 설명한 방식들 중 그 어느 방식으로도 대상으로 하지 않는지와 같은 것이다. 또한 동일한 설명(로고스)은 욕망과 하나 이상의 대상과 관계된다고 말해지는 그 밖의 다른 많은 것들에 대해서도 성립한다. 왜냐하면 욕망은 그 대상을 건강처럼 목적으로 가지고 있는지, 예를 들면 약을 먹는 것과 같이 목적을 위한 수단으로서이든가, 혹은 단맛을 좋아하지만 포도주의 경우에 그것이 포도주이기 때문이 아니라 달콤하기 때문에 원하는 것처럼 부수적인 것으로서 대상으로 하고 있는 것이니까. 왜냐하면 이 사람은 단것을 그 자체로서 욕구하지만 포도주를 욕구하는 것은 [그것이 간혹 달 수 있기에] 부수적으

---

37 『토피카』 제2권 제2장 110a23 아래, 제3장 110a32 참조. 이 두 경우에 질문자는 상대방이 말의 다의적 사용에 대해 알지 못한다는 점을 분명히 하고 있다. 앞의 경우는 이름의 다의성을 가리키고, 후자의 경우(110b16 아래)는 동명이의적과는 다른 방식으로 많은 의미로 말해지고 있는 경우를 말한다.

로 그런 것이기 때문이다. 포도주가 씁쓸하다면 더 이상 욕구하지 않을 테니까. 그렇기에 그 사람의 욕구는 부수적인 것이다. 이 토포스는 관계적인 것들에서 유용하다. 왜냐하면 대체로 지금까지 검토해 온 것들은 관계적인 것들에 속하기 때문이다.[38]

---

38 다소 분명치 않은 대목이나, 다음의 해설은 바그너와 랍(2004)의 주석을 풀어서 설명했다(299-300쪽). 110b16-111a7은 동명이의적인 방식으로 말할 수 없는 모호성에 해당하는 논의에 대한 토포스를 다룬다. 만일 P의 비-동명이의적 의미 중 어떤 것도 주어 S에 대해 말해지지 않는다면 P는 전체로 S에 대해 말해지지 않으며, P의 비-동명이의적 의미 중 하나가 S에 대해 말해진다면 P는 S에 대해 말해진다는 것이다. 그런데 동명이의란 상이한 본질의 정의를 갖는 여러 사물이 동일한 이름을 갖는 관계를 말한다(『범주들』 1a6 아래). 『형이상학』(1003b5 아래)에는 모호성의 비-동명이의적 방식을 '하나를 향함'(pros hen, focal meaning) 관계라고 부른다. 가령 '좋음'은 우연적으로 동음이의처럼 보이지 않는 동일한 표현이다. 다른 경우에는 다른 것이 좋은 것으로 이야기되니까(『니코마코스 윤리학』 1096b26-30). '있음'도 마찬가지로 '하나를 향함' 관계에서 말해지지, 동음이의적으로 사용되는 말이 아니다. 또 '건강한'은 모든 '건강'과의 관계에서 사용되는데, 어떤 것은 '건강을 지켜준다는 의미에서', 어떤 것은 '건강을 산출한다'는 의미에서, 또 어떤 것은 '건강의 …' 하는 식으로 사용된다. 마찬가지로 '의술적'이란 말도 의술과의 관계에서 사용된다(『형이상학』 1003a32-1003b1). 이렇듯 상이한 방식으로 '건강한'이라고 부르는 모든 것이 공통적으로 동일한 지시체를 갖는 경우에 '하나를 향함' 관계를 갖고, 또 '건강'을 향해(pros) 나아간다. 여기서 아리스토텔레스는 비-동명동의적 모호성이 무엇을 의미하는지 설명하고 있지 않다. 이곳에서 논의되는 토포스는 두 개의 부분으로 나누어진다(110b17-33과 110b33-111a7). 이것들은 기본적으로 '관계'를 다룬다. 예를 들어 '하나의 지식이 많은 것과 관계를 맺고 있다'는 문장은 세 가지 방식으로 이해된다. (1) 동일한 지식이 목적과 목적을 지향하는 것과 관계를 맺는다. (2) 동일한 지식이 반대의 목적과 관계를 맺는다. (3) 동일한 지식이 그 자체적인 것과 부수적인 것에 관계를 맺는다. "그렇기에 동일한 지식이 많은 것들을 대상으로 하는 일이 어떤 방식으로든지 가능할 수 없다면, 일반적으로 이것이 가능하지 않을 것이라는 점은 분명하다. 혹은 어떤 방식으로 가능하다면, 그것이 가능하다는 것은 분명하다." 그러므로 참된 문장이 이 세 가지 의미에서 생겨나기 때문에 원래의 문장은 또한 확증될 수 있다. 아리스토텔레스는 비-동명이의적 사용 방식의 경우에서 하나의 단일한 의미가 전체로서 그 문장을 확

제4장 여러 가지 토포스

(1) 보다 잘 알고 있는 술어로 대체

게다가 하나의 토포스로 더 잘 알고 있는 이름으로 바꾸는 것이 유용하다. 예를 들면 개념을 서술하는 데에는 '엄밀한'이란 이름 대신에 '명확함'으로, 또 '바쁨'보다는 '열중'[39]으로 바꾸어야 한다.[40] 왜냐하면 말해진 것이 더 잘 알려진 것이 되면, 그 입론〈주장〉은 한층 공격받기 쉽게 되기 때문이다. 이 토포스는 또한 양쪽으로, 하나의 명제를 확립하는 데에도 뒤엎는 데에도 공통된다.

(2) 유에 대한 검토

그러나 반대의 것들이 동일한 것에 속한다는 것을 보이기 위해서는 그 유를 검토하는 것이 유용하다. 예를 들면 감각에 대해 옳고 그름이 있을 수 있다는 것을 보이기를 바란다면, '감각하는 것은 판단하는 것이고, 또 판단하는 경우에 올바르게 판단할 수도 있고 올바르지 않게 판단할 수도 있기 때문에 감각에서도 옳고 그름이 있을 수 있다'라고 말하는 경우가 그

증하는 데 충분한 것으로 생각하는 것처럼 보인다. 모호한 말이지만, "어떤 방식으로 가능하다면, 그것이 가능하다는 것은 분명하다"고 아리스토텔레스는 말한다. 두 번째 부분에서 앞서의 예가 '이 (특정한) 지식이 이(특정한) 대상과 관계된다'로 수정되어, 다른 것을 의미할 수 있음을 보여주고 있는데, 즉 그것이 목적인지, 목적을 위한 것(수단)인지, 그것에 부수적인지를 보여주고 있다. 그런 다음 동일한 모호성이 욕망의 예에서도 성립되는 것으로 말하고 있다.

39 원어로는 각각 polupragmosunē(다망[多忙], 일에 바쁨)와 philopragmosunē(일에 열중)이다.

40 제2권 제2장의 110a5-7 참조("설명 안에서 사용되는 이름 대신에 설명을 취하고, 그리고 뭔가 익숙하게 알려진 것(gnōrimos)에 이를 때까지 중도에서 멈추지 않아야만 한다").

렇다. 그렇기에 지금의 예에서는 유로부터 종에 대한 증명이 이루어지고 있다. 판단하는 것은 감각하는 것의 유이니까. 왜냐하면 감각하는 사람은 어떤 방식으로 판단하는 것이기 때문이다.

그러나 이와 반대로 종으로부터 유에 대해 증명이 이루어진다. 종에 속하는 것은 모두 유에 속하는 것이니까. 예를 들면 열등한 지식과 우수한 지식이 있다면 열등한 성향과 우수한 성향도 있다고 하는 것이 그것이다. 왜냐하면 성향은 지식의 유이기 때문이다.[41]

그런데 전자의 토포스[42]는 하나의 명제를 확립하는 데는 거짓이지만, 후자의 토포스[43]는 참이다. 유에 속하는 모든 것이 또한 종에도 속하는 것이 필연적이지 않으니까. 왜냐하면 동물은 날개가 있으며 네 발을 가지고 있지만, 인간은 그렇지 않기 때문이다. 그렇지만 종에 속한 모든 것은 유에도 속하는 것이 필연적이다. 왜냐하면 우수한 인간이 있다고 하면, 또한 우수한 동물도 있기 때문이다.

이와는 달리 하나의 주장을 뒤엎는 데는 전자의 토포스는 참이지만, 후자의 토포스는 거짓이다. 왜냐하면 유에 속하지 않는 모든 것은 또한 종에도 속하지 않지만, 종에 속하지 않는 모든 것이 유에 속하지 않는 것은 필연적이지 않기 때문이다.[44]

유와 종차

그런데 유가 술어가 되는 것들에 대해서는 종들 중 어느 하나가 술어가 되는 것이 필연적이기 때문에, 또 해당하는 유를 갖는 것 혹은 유로부

---

41 성향과 상태(hexis)의 구별에 대해서는 『토피카』 제4권 제2장 121b37-38 참조.

42 유로부터의 증명.

43 종으로부터의 증명.

44 인간은 날개를 가지고 있지 않지만, 동물은 날개를 가진다.

터 나온 파생어로 말할 수 있는 것들이 유의 종들 중 어느 하나를 가지거나 혹은 종들 중 어느 하나로부터 나온 파생어로 말해지는 것은 필연적이다(예를 들면 무언가에 대해 지식이 술어가 된다면 글을 읽고 쓰는 지식 혹은 음악적 지식 혹은 그 밖의 다른 어떤 지식이 그것에 대해 술어가 될 것이고, 또 어떤 사람이 지식을 가지고 있다면 또는 그 지식으로부터 파생어로 말 111b 할 수 있다면, 그 사람은 글을 읽고 쓰는 지식 혹은 음악적 지식 혹은 그 밖의 다른 어떤 지식을 가지고 있을 것이라거나, 혹은 가령 글을 읽고 쓰는 전문가라거나 음악가처럼 지식들 중 어느 것으로부터 나온 파생어에 의해 말해지도록 말이다). 그래서 어떤 방식으로든지 간에 유로부터 말해질 수 있는 어떤 것을 가정하는 경우, 예를 들면 '혼은 움직인다'라는 주장을 내세우려고 하면, 혼이 '운동'의 종들 중 어떤 것에 의해 움직일 수 있는지를, 다시 말해서 증대하는지, 소멸하는지, 생성하는지 혹은 그 밖의 다른 종[45]의 운동으로 움직이는지를 고찰해야만 한다. 왜냐하면 혼이 그 어떤 운동의 종에 따라서도 움직이지 않는다면, 움직이지 않는다고 하는 것은 분명하기 때문이다. 이 토포스는 하나의 명제를 뒤엎기 위해서도 확립하기 위해서도 양쪽에 공통된다. 왜냐하면 운동의 어느 종에 따라서 움직인다면 움직인다는 것이 분명하고, 그리고 운동의 그 어떤 종에 따라서도 움직이지 않는다면 움직이지 않는다는 것은 분명하기 때문이다.

(3) 논의의 주제에 관련된 정의들을 검토

상대방의 입론에 대해 공격하는 실마리가 충분치 않을 경우, 당장에 문제가 되는 사안〈주어〉의 실질적인 정의식이든 혹은 정의식이라고 일반적

---

45 운동(변화)의 종들은 증대, 감소, 질적 변화, 장소 운동, 생성, 소멸 등을 말한다(『범주들』(카테고리아이) 제14장 15a12-13 참조).

111b

으로 생각되는 것이든 간에 정의식에서부터 검토해야만 한다. 또 하나의 정의식으로 쉽지 않다면 다수의 정의식으로부터 시작해도 무방하다. 정의식이 주어진 다음 그것을 공격하는 것이 더 쉬울 테니까. [사실상 정의에 대한 공격이 더 쉬우니까.][46]

(4) 논의되는 입론이 의존하는 사안을 고려한다

논의에서 문제가 되는 사안에 대해 어떤 것[명제]이 성립됨으로써 그 사안이 성립되는지, 아니면 문제가 되는 사안이 성립된다면 어떤 것[명제]이 필연적으로 그런지를 검토해야만 한다. 하나의 입론을 확립하려는 쪽은, 어떤 것[명제]이 성립됨으로써 문제가 되는 사안이 성립되는지를 검토해야만 한다(전자가 성립된다는 것을 보이게〈증명하게〉 된다면 문제가 되는 사안도 보이는 셈이 될 테니까). 한편 그 입론을 뒤엎고자 원하는 쪽은, 문제가 되는 사안이 성립된다고 한다면 어떤 명제가 그런지를 검토해야만 한다. 왜냐하면 문제가 되는 사안에서 따라 나오는 것이 성립되는

---

46 이 토포스는 109b30-111a9에서 주어진 토포스와 관련된다(『토피카』 제2권 제2장). 주어나 술어, 이 양자 대신에 정의식을 사용한다면 입론을 공격하는 것이 쉽다. 앞서 언급된 토포스에 대한 덧붙임인지는 알 수 없다. 프리마베시는 prokeimenon 대신에 "당장에 문제가 되는 사안"(pragma prokeimenon)을 사용하고 있다는 사실이 부수적인 술어는 보존하면서도 주어 명사가 그 정의에 의해 대체되고 있음을 보여주는 것으로 이해한다(Primavesi[1996], p. 158). 어떤 한 사람이 '신(神)은 훌륭하다'라고 정의했을 때, 그 사람에게 '훌륭함'이란 무엇인가라고 묻고, 또 '훌륭함'의 정의를 내놓게 되면 신이 그가 내놓은 훌륭함의 정의에 적합하지 않다는 것을 보여줌으로써 상대방을 논파할 수 있다. 따라서 정의를 통해서 상대방의 입장을 쉽게 공격할 수 있다('정의를 논파하기가 쉽다는 논의'에 대해서는 제7권 제5장 155a3 아래 참조). 그러나 맨 마지막 문장은, 마치 '정의' 그 자체를 공격하는 것으로 표현되고 있으나, 전후 맥락상 '정의' 자체를 공격하는 것이 목적이 아니다. 그렇기에 브륑슈빅은 이 문장을 생략하고 읽는다(브륑슈빅[1967], 143-144쪽 해당 주석 참조).

것이 아니라는 것[47]을 우리가 보일 수 있다면, 문제가 되는 사안을 뒤엎는 것이 될 것이기 때문이다.[48]

(5) 시간의 관점에서 고려한다

게다가 시간의 관점에서 어딘가에 일치하지 않는 점이 있는지를 검토해야 한다. 예를 들면 '영양을 취하는 것이 필연적으로 성장한다'고 상대 [25]
방이 주장한 경우이다. 왜냐하면 동물은 항시 영양을 취해야만 하지만, 항시 성장하는 것은 아니기 때문이다. 또 '아는 것은 기억하는 것'이라고 상

---

47 '실제로 그렇지 않다는 것.' 가언명제(p면 q이다)에서 후건이 참이 아니라는 것.

48 브룅슈빅은 이 토포스를 명확히 '명제적 함의'(implication propositionnelle)를 대표하는 것으로 해석한다(브룅슈빅, 144쪽 각주 3). 문제점은 밑에서 지적하겠지만, 일단 이 대목은 가언 삼단논법(hypothetical syllogism)의 경우를 염두에 두고 생각해 보면 쉽게 이해할 수 있다. 이 대목의 전반부는 전건 긍정식(modus ponendo ponens)을, 후반부는 후건 부정식(modus tollendo tollens)을 논의하는 것으로 생각하자. 즉 'p면 q이다'에서 전건 p가 참이면, 후건 q는 참이다. 그리고 후건 q가 거짓이면 전건 p는 거짓이다. 입론을 확립하는 경우. B는 확립되어야 하는 입론이라고 하자. 그러면 A가 성립됨으로써 B가 성립되는 경우를 찾는다. A가 그 경우라는 것을 증명하면, B가 그 경우라는 것이 증명된 셈이 된다. 입론을 부정하는 경우. A는 부정되어야 하는 입론이라고 하자. B가 타당한 경우를 찾아서, 만일 A가 그 경우라면 B도 그 경우이다. 여기서 단지 B가 그 경우가 아니라는 것을 보인다면, 또한 이것은 A가 그 경우가 아니라는 것을 증명한다. 그런데 이 해석은 스토아 논리학, 특히 크뤼십포스의 '명제 논리학'(propositional logic)의 영향 밑에서 이루어진 것이다. 명제 논리학은 아리스토텔레스가 아니라 스토아 철학에서 성립됐다는 것이 정설이다. 그래서 이 점을 지적하고, 프리마베시는 브룅슈빅을 비롯해서 다수의 주석자들이 취하는 명제적 해석보다는 아리스토텔레스의 언어적 용법에 상응하는, 술어들 간의 포함관계(함의)로의 토포스 해석에 토대를 두고 집합-논리적 해석을 가하고 있다. 그는 p로부터 q로의 이행은 함의 관계(Implikation)이고, 아리스토텔레스는 함의 관계를 '가언적 전제들'(hypothetische Prämisse)로서 도입하지 않았다고 주장한다. 이에 대한 더 자세한 논의는 프리마베시 참조(Primavesi[1996], pp. 87-88 각주 14, pp. 160-165).

111b

대방이 주장한 경우도 마찬가지이다. 왜냐하면 기억하는 것은 과거 시간에 관계되고, 아는 것은 현재와 미래의 시간에 관계되기 때문이다. 사실상 우리가 안다고 말하는 것은 현재 있는 것들과 앞으로 있을 것들인데, 예를 들면 '식[일식과 월식]이 일어날 것이다'라는 것을 안다고 말할 수 있지만, 반면에 기억한다는 것은 과거의 일 이외에는 가능하지 않기 때문이다.[49]

제5장 논의를 확장하기 위한 토포스

(1) 소피스트적 논의 방법을 이용해 상대방을 논파한다

게다가 소피스트적 논법이 있다. 이것은 공격 수단을 풍부하게 내놓을 수 있는 그러한 논의로 상대방을 이끌어 가는 방식이다.[50] 이 논법은 때로는 필연적[51]이고, 때로는 외견상으로 필연적이고, 때로는 외견상으로도 실제로도 필연적이지 않다.

(가) 그런데 필연적인 것은, 답변자가 제기한 맨 처음 입론에 대해 공격

---

49 이 대목은 '배움은 현재와 미래에 관련되고, 또 기억은 과거에 관련된 것'이라는 논의를 내세움으로써, 플라톤이 『메논』에서 제기한 '배움은 상기'라는 인식 이론에 대해 '시간상의 불일치'를 적시해서 비판하는 것으로 이해할 수 있겠다.

50 『소피스트적 논박에 대하여』 제12장 172b25-28 참조. 거기서는 자신에게 유리하도록 쉽게 논박할 수 있는 주장을 하도록 상대방을 이끄는 방식을 제시하고 있다. "오류를 저지르고 있음을 드러내기 위한 고유한 토포스(idios topos)는 그것에 대해 맞설 수 있는 충분한 논의들을 갖추고 있는 그런 진술들로 상대방을 이끄는 소피스트적 토포스(방법)이다." 알렉산드로스의 주석 177-178쪽 참조.

51 여기서 말하는 필연적이라는 것은 '논리적 필연성'을 말한다. 즉 논의 구성의 타당성을 말한다. 『토피카』 제2권 제1장 109a14와 25 참조.

할 수 있는 유용한 어떤 명제(p)를 답변자가 부정하고, 묻는 자는 이 부정된 명제(q)를 지지하기 위해 논의를 펼쳐서, 그 입론(q)이 공교롭게도 묻는 쪽에서 볼 때 공격의 수단을 풍부하게 해주는 그런 종류의 것들인 경우이다. 이와 마찬가지로 상대방이 내세운 것[입론]을 통해서 귀납을 행한 112a 후에[52] 어떤 다른 것에 도달하면서 그것을 뒤엎으려고 시도하는 경우에도 필연적이다. 왜냐하면 후자가 뒤엎어지면 애초에 내세운 것도 뒤엎어지는 것이기 때문이다.[53]

(나) 외견상 필연적으로 보이는 것은, 논의가 그것에 관련해서 행해지는 명제(q)가 상대방의 입론(p)에 대해 유용하고 동시에 고유한 것으로 보이지만 실제는 그렇지 않은 경우이다. 그 주장(p)을 옹호하는 답변자가 그 명제(q)를 부정하는 경우이든, 답하는 쪽의 입론(p)을 통해 그것(q)에로의 귀납으로 일반적으로 받아들여지는 것이 행해져서, 그것을 파기하는 것을 질문자가 시도하는 경우이든, 어느 쪽이든 그렇다.[54]

---

52 브룅슈빅은 epagōgēn을 apagōgēn으로, 112a6의 epagōgēs를 apagōgēs로 읽는다(브룅슈빅[1967], 145-146쪽 해당 주석 참조). 어쨌거나 epagōgē로 읽는다 해도 아리스토텔레스의 기술적 용어로서의 '귀납'을 의미하지는 않고 그 말의 원래적, 어원적 의미인 '…(으)로 이끈다'는 의미로 새기는 편이 맥락상 더 잘 이해될 수 있겠다.

53 '쾌락은 좋은 것이다'를 증명하기 위해 '쾌락은 자연스러운 것이다'를 논거로 제시하는 경우에, 후자를 귀납을 통해 이끌어 나간 다음에, '자연에 따른 것은 반드시 좋은 것이 아니다'라는 결론을 이끌어 내서 그것을 부정함으로써—'죽음도 자연스러운 것이니까'—애초의 주장을 파기할 수 있다는 것이다(알렉산드로스, 169쪽 11-16행 참조).

54 이것은 상대방의 동의를 이용하는 논박이다. '자연에 따른 모든 것은 좋다'라는 상대방의 입론(p)에 대해 '자연적으로 생성하는 것은 모두 무언가를 위해 생성한다'는 명제(q)가 실제로는 그렇지 않지만 p를 필연적으로 나타내는 것처럼 보일 때, q를 상대방이 동의하지 않는 점을 이용해서 p를 논박하는 경우이다(알렉산드로스, 171쪽 30행-172쪽 5행 참조).

112a

(다) 남아 있는 것은, 논의가 그것에 관련되어 행해지는 명제가 실제적으로도 또 외견상으로도 필연적이지 않은 경우이다. 이 경우는 답하는 쪽이 본래 논의에서 벗어난 논점에서 논박받고 있는 셈이 된다.[55]

앞에서 언급한 논리적 방법 중에서 맨 나중의 것에 주의해야만 한다. 왜냐하면 이 논리적 방법은 문답을 통한 변증술과는 전혀 관계가 없으며 이질적인 것처럼 보이기 때문이다. 이런 까닭에 답하는 쪽도 선불리 침착함을 잃지 않아야 하며, 자신에게는 그렇게 생각되지 않더라도 입론할 사안들을 지적하면서, 자신의 입론을 위해 유용하지 않다는 것을 내세워야 한다. 왜냐하면 대부분의 경우에 묻는 쪽은 모든 그러한 사안들이 승인되면서도 자신들로서는 그 어떤 결론을 이끌어 내지 못하는 경우에, 그 결과로 말미암아 아포리아[56]에 빠지지 않을 수 없기 때문이다.

(2) 결론이 부정된다면 애초의 주장도 부정된다

게다가 무엇을 말한 사람이든 그것을 말한 모든 사람은 어떤 방식에서 많은 것을 주장한 것이다. 각각의 사안에는 필연적으로 많은 것들이 수반하니까 말이다. 예를 들면 '인간이다'라고 말한 사람은 그것이 '동물이다'라는 것, '혼을 가지고 있다'는 것, '두 발을 가지고 있다'는 것, '지성(누스)과 지식을 받아들일 수 있다'는 것을 말했던 것이다. 그러므로 그것에서 수반하는 것들 중 어느 하나가 파기〈부정〉된다면, 맨 처음의 주장〈입론〉도 파기되는 셈이다.[57] 그러나 여기서도 맨 처음의 입론이 한층 논박이 어려운 입론으로 바뀌지 않도록 주의해야만 한다. 왜냐하면 때로는 수반

---

55 『소피스트적 논박에 대하여』 176a24-25 참조.

56 아주 당혹스런 처지에 몰리게 되어, 짜증 나고 초조한 상태에 빠질 수밖에 없다는 의미를 내포하고 있다.

57 'A는 지성과 지식을 받아들인다'가 부정되면, 'A는 인간이다'도 부정된다.

하는 것을 파기하는 편이 쉽고, 때로는 맨 처음에 제기된 것[원래의 입론] 자체를 파기하는 편이 쉽기 때문이다.[58]

제6장 여러 가지 논의의 토포스

(1) 어떤 주어에 관련해서 두 술어 중 한쪽이 속하는지를 알면, 다른 쪽이 속하는지를 알 수 있다

두 술어 중 단지 한쪽만이 주어에 필연적으로 속하는 모든 것들에서, 예를 들어 질병이나 건강이 인간에게 그렇듯이, 둘 중 한쪽에 대해 그것이 속하는지 혹은 속하지 않는지를 논의하는 수단을 우리가 찾을 수 있다면, 다른 쪽에 대해서도 논의하는 수단을 찾은 것이다. 이것은 확립하고 뒤엎는 양쪽에 대해 적용하는 것이 가능하다. 왜냐하면 한쪽이 속한다는 것을 보이면, 다른 쪽이 속하지 않는다는 것을 보이는 셈이 될 것이고, 이에 반해서 한쪽이 속하지 않는다는 것을 보이면, 다른 쪽이 속한다는 것을 보인 셈이 될 것이기 때문이다. 따라서 이 토포스가 양쪽의 목적에 대해 유용하다는 것은 분명하다.[59]

---

58 술어 P가 주어 S에 속한다면 P에 수반하는 모든 술어는 S에 속한다. 만일 수반하는 것들 중 어떤 하나가 S에 속하지 않는다면 P 자체도 속하지 않는다는 토포스이다.

59 배중률(the Principle of the Excluded Middle)의 토포스. 반대되는 술어 P와 P′ 중 하나는 필연적으로 S에 속해야만 한다. 반대되는 것들 중 하나가 참이 아니면, 다른 것은 참이다. P가 S에 속한다면, P′은 속하지 않는다. P′가 S에 속한다면 P는 속하지 않는다.

112a

(2) 한 낱말의 원래의 의미가 현재 사용되는 의미보다 더 나은 경우도 있다

게다가 상대를 공격하는 데에, 그 이름의 의미를 글자 그대로의 의미로 바꿔서[60] 그렇게 받아들이는 편이 그 이름이 실제로 사용되고 있는 의미보다 훨씬 잘 들어맞는다고 주장하며 공격하는 방법이 있다. 예를 들면 '에우프쉬코스'[61]한 사람을 현재 통용되는 것처럼 '용감한' 사람이 아니라 '혼이 좋은 상태로 있는 사람'이라는 의미로 이해하려는 경우가 그렇다. 이것은 '에우엘피스'[62]한 사람을 '좋은 희망을 가진 사람'으로 이해하는 것과 흡사하다. 마찬가지로 '에우다이몬'(eudaimon; 행복하다)이라는 것을 '훌륭한 다이몬(靈)을 가진 사람'이라고도 한다.[63] 이것은 마치 크세노크라테스[64]가 '훌륭한 혼을 가진 사람은 에우다이몬하다'고 말하고[65] 있는 것과 같다. 인간의 혼이 각자의 다이몬이니까.

---

60 직역하자면 "유비 관계에 따라서(kata ton logon) 그 말의 의미를 바꿔서"이다.

61 eupsuchos는 문자적으로는 '혼이 좋은'이지만, 일반적으로 '강한 기개를 가진', '용감한'이란 의미를 가진다.

62 euelpis는 문자적으로는 '좋은 희망(elpis)을 가진'을 의미하고 일반적으로 '희망적인'을 뜻한다.

63 eudaimon은 문자적으로는 '다이몬이 좋은'을 의미한다. 일반적으로 '행복한'을 의미한다. 에우다이모니아(eudaimonia)는 행복이다. 신적 존재인 'daimōn'은 '한 개인에게 각자의 몫을 부여하는 자'이다. 행운(eudaimōn)과 불운(kakodaimōn)이란 말에서 드러나듯이 한 개인의 운명은 그에게 부여된 다이몬에 의해서 결정되며, 이것은 태어날 때부터 부여받은 것이다. 헤라클레이토스는 "인간에게는 성품(ēthos)이 수호신(daimōn)이다"라고 말한다(『단편』 B119).

64 칼케돈의 크세노크라테스(Xenokratēs)는 기원전 396-314년경에 활동한 철학자, 수학자로 플라톤 아카데메이아 3대 수장(기원전 339-314년)을 역임했다.

65 『단편』 83(Heinze); 데모크리토스 『단편』 B171, 헤라클레이토스 『단편』 B119 참조.

(3) 대부분의 경우에 그런 것은 필연적으로 그런 것은 아니다. 역도 성립한다

사안(프라그마)들 중에 어떤 것은 필연적으로 그렇고, 다른 것은 대부 112b
분의 경우에 그렇고,[66] 또 다른 것은 어쩌다가 그렇기 때문에,[67] 상대방이 필연적으로 그런 것을 대부분의 경우에 그런 것으로서 내세우거나 혹은 대부분의 경우에 그런 것(그 사안 자체이거나 혹은 대부분의 경우인 것에 반대되는 사안인 것)을 필연적으로 그런 것으로 내세운다면, 그 사람은 항상 공격을 받을 토포스를 부여하게 되는 것이다. 왜냐하면 필연적인 것을 대부분의 경우인 것으로서 내세운다면, 그 필연적인 것은 모든 것에 속해야 하는데 모든 것에 속하지 않는다고 상대방이 주장하는 것임은 분명하고, 따라서 그는 잘못을 범한 셈이 될 것이기 때문이다. 또 대부분의 경우에 그렇다고 말할 수 있는 것을 필연적으로 그렇다고 상대방이 주장하는 경우도 마찬가지이다. 이 사람은 모든 것에 속하지 않는데 모든 것에 속한다고 주장하고 있으니까.

마찬가지로 대부분의 경우인 것에 반대되는 것을 필연적이라고 상대방이 주장하는 경우도 오류를 범한다. 왜냐하면 대부분의 경우에 그런 것에 반대되는 것은 항시 비교적 드문 경우에 그런 것이라고 말할 수 있기 때문이다. 예를 들면 '인간이 대부분의 경우에 열등하다'고 하면, 비교적 드문 경우에 인간은 좋다는 것이고, 따라서 상대방이 필연적으로 인간이 좋다고 말했다면 더욱더 잘못을 범한 셈이 된다. 또한 이와 마찬가지로 상대방이 어쩌다가 그런 것을 필연적으로 혹은 대부분의 경우에 그렇다고 주장

---

66 『자연학』 제2권 제5장 참조.

67 '에스틴'(estin) 동사를 술어적 의미로 해석하면 이렇게 옮겨진다. 그러나 '참'이란 말이 명시적으로 나타나고 있지 않지만, '어떤 것들은 필연적으로 참이고, 다른 것들은 대부분의 경우에 참이고, 또 다른 것들은 어쩌다가 참이다'로 새길 수도 있다.

했다면 잘못을 범한 것이다. 왜냐하면 어쩌다가 그런 것은 필연적으로 그런 것일 수도 없으며 또 대부분의 경우에도 그런 것일 수 없기 때문이다. 그러나 상대방이 대부분의 경우에 그런지 아니면, 필연적으로 그런지를 구별하지 않은 채 말했다면, 그 사안이 대부분의 경우에 그런 것인 한 상대방이 필연적으로 그렇다고 말한 것으로서 받아들이고 논의하는 것이 가능하다. 예를 들면 '상속권이 없는 사람들은 열등하다'고 상대방이 구별하지 않고 주장했다면, 그 사람이 필연적으로 그렇다고 말한 것으로서 간주하고 논의하는 것이 가능하다.[68]

(4) 이름이 다르다고 해서 그것이 지칭한 대상이 다른 것은 아니다

게다가 이름이 다르기 때문에 해당하는 사안도 다른 것으로 간주해서 그 자체와 따로 부수하는 것으로 내세우고 있지는 않은지를 검토해야 한다. 마치 프로디코스가 '즐거움'을 '기쁨과 유쾌함, 그리고 흥겨움'으로 나눈 경우가 곧 그것이다.[69] 왜냐하면 이것들은 모두 동일한 것에 대한, 요컨대 즐거움의 이름들이기 때문이다.[70] 따라서 누군가가 기뻐하는 것은 흥겨워하는 것에 부수적이라고 말했다면, 해당하는 사안이 그것 자체에 부수하는 속성이라고 주장하는 것이 될 것이다.

---

68 상속권이 없는 원인은 각자에게 다를 수 있다.

69 프로디코스, 『단편』 B3-19. 프로디코스(Prodikos)는 기원전 5세기에 활동한 소피스트 1세대에 속한다. 이 논의에 대해서는 플라톤, 『프로타고라스』 337a-c 참조.

70 '즐거움'의 다의성에 대해서는 『토피카』 제1권 제15장 106a37-b1 참조.

제7장 반대들로부터 이끌어 낸 토포스

(1) 반대되는 명제들 중 가장 적절한 것을 선택해야만 한다

반대되는 것들은 여섯 가지 방식으로 서로 짜 맞춰지게 되는데, 짜 맞춰진 것들이 반대인 것을 구성하는 것은 그 중 네 가지 경우이므로, 파기하는 사람과 확립하는 사람에게 유용할 수 있도록 그 반대의 것들을 파악해야만 한다. 그런데 반대되는 것들이 여섯 가지 방식으로 짜 맞춰지게 된다는 것은 분명하다.

즉 (가) 반대되는 것들의 한쪽은 다른 반대되는 것들 중 어느 한쪽과 짜 맞춰지게 된다(이것은 두 가지 방식으로 주어진다. 예를 들면 '친구(A)에게 잘해주는 것(c)과 적(B)에게 나쁘게 대하는 것(d)'이 하나이고, 혹은 역으로 '친구(A)에게 나쁘게 대하고(d) 적(B)에게는 잘해주는 것(c)'이 다른 하나이다).

혹은 (나) 하나의 것에 대해 양쪽의 것이 말해질 수 있다(이것도 두 가지 방식으로 이루어질 수 있다. 예를 들면 '친구에게 잘해주는 것과 친구에게 나쁘게 대하는 것'이 하나이고, 혹은 '적에게 잘해주는 것과 적에게 나쁘게 대하는 것'이 다른 하나이다).

혹은 (다) 반대되는 것 양쪽에 하나의 것이 말해질 수 있다(이것도 두 가지 방식으로 이루어진다. 예를 들면 '친구에게 잘해준다는 것과 적에게 잘해준다는 것'이 하나이고 '친구에게 나쁘게 대하는 것과 적에게 나쁘게 대하는 것'이 다른 하나이다).

그런데 맨 처음의 두 개의 짜 맞춰진 것(가)으로 말해진 것은 반대를 만 113a
들지 않는다. 친구에게 잘해주는 것에 대해 적에게 나쁘게 대하는 것은 반대가 아니니까. 왜냐하면 양쪽 모두가 바람직한 일이어서 동일한 품성(에토스)에 속하기 때문이다. 또한 친구에게 나쁘게 대하는 것도 적에게 잘

해주는 것과 반대되지 않는다. 왜냐하면 이것들 양자는 피해야만 하는 것이어서 동일한 품성에 속하기 때문이다. 그런데 한쪽이 지나침이라는 점에서, 다른 쪽이 모자람이라는 점에서 말해질 수 없다면 피해야 하는 어떤 것은 피해야 하는 다른 어떤 것과 반대되는 것으로 생각되지 않는다. 왜냐하면 지나침은 피해야만 하는 것들에 속한다고 생각되고, 모자람 또한 마찬가지이기 때문이다.[71]

그러나 나머지 네 가지(나, 다)는 모두 반대를 만들어 낸다. 친구에게 잘해주는 것은 친구에게 나쁘게 대하는 것과 반대되는 것이니까. 왜냐하면 그것들은 반대되는 품성에서 나오기 때문이다. 요컨대 한쪽은 바람직한 것이지만, 다른 쪽은 피해야만 하는 것이다. 그것은 다른 나머지의 경우에서도 마찬가지이다. 왜냐하면 각각의 대립하는 쌍마다 한쪽은 바람직하지만 다른 쪽은 피해야만 하는 것이어서, 한쪽은 훌륭한 품성에 속하지만 다른 쪽은 열등한 품성에 속하기 때문이다. 그러므로 앞에서 말한 것으로부터 동일한 것에 여럿의 반대가 따라 나올 것이라는 점은 분명하다. 왜냐하면 친구에게 잘해주는 것에 대해 적에게 잘해주는 것과 친구에게 나쁘게 대하는 것이 반대이기 때문이다. 이와 마찬가지로 다른 것들의 각각에 대해 동일한 방식으로 고찰하면 두 개의 반대되는 것이 나타나게 될 것이다. 그렇기에 반대되는 것들 가운데 어느 것이 상대방의 입론〈주장〉을 공격하는 데 유용한지를 파악해야만 한다.[72]

---

71 『니코마코스 윤리학』 제2권 제6장, 제8장 참조.

72 여기서 논의된 여섯 가지 가능한 조합은 다음과 같다.
(i) 친구에게 잘해주는 것 \ 적에게 나쁘게 대하는 것
(ii) 친구에게 나쁘게 대하는 것 \ 적에게 잘해주는 것
(iii) 친구에게 잘해주는 것 \ 친구에게 나쁘게 대하는 것
(iv) 적에게 잘해주는 것 \ 적에게 나쁘게 대하는 것
(v) 친구에게 잘해준다는 것 \ 적에게 잘해준다는 것

(2) 어떤 것의 부수성에 반대되는 것은 어떤 것에 속하지 않는다

게다가 어떤 부수성에 뭔가 반대의 것이 있다고 하면, 그 부수성이 속한다고 말해졌던 그것에 그 반대의 것이 속하지는 않는지 검토해 보아야 한다. 왜냐하면 이것[후자의 부수성]이 속한다면 저것[전자의 부수성]은 속할 수 없기 때문이다.[73] 반대의 것들이 동일한 것에 동시에 속하는 것은 불가능하니까.[74]

(3) 어떤 것에 대해 술어가 될 수 있는 것에 반대되는 술어는 어떤 것에 속하지 않는다

혹은 무언가(B)가 어떤 것(A)에 대해 술어로서 말해지고, 그 무언가가 (B)의 반대인 것(반대 B)들이 있는 것(A)에 속하는 것이 필연적인지를 검토해야 한다. 예를 들면 '우리들 가운데 이데아들이 있다'[75]고 상대방이 주

(vi) 친구에게 나쁘게 대하는 것 \ 적에게 나쁘게 대하는 것

구성된 짝들에 대한 설명은 본문을 보라. 이상의 조합들은 특정하게 규정된 역사적인 규범이 아니라, 일관된 방식으로 회피되고 선택될 수 있는지에 관한 문제일 뿐이다.

73 어떤 사람이 '병에 걸렸다'라고 말하는 경우, 병의 반대는 건강이므로 그 사람이 건강한지 어떤지를 알아보게 되면, 애초의 주장을 부정할 수 있다.

74 모순율의 토포스. 주어 S에 부수적인 술어 P가 속한다면, S는 (동시에) 그것에 반대되는 것 P′에 속할 수 없다. 이것을 정당화하기 위해 반대의 술어가 동일한 것에 동시에 속할 수 없다는 것에 호소한다. 따라서 P가 S에 속한다는 사실로부터 P′가 속하지 않는다는 것이 따라 나온다. 그 역도 성립한다. 그러나 P가 속하지 않는다는 것으로부터 P′가 속한다고 추론할 수 없는 경우를 허용하는 반대되는 것들이 있기 때문에, 112a24-31에서 언급된 토포스와는 다르다.

75 플라톤의 『파이돈』 102b 아래 참조("심미아스가 소크라테스보다는 크지만 파이돈보다는 작다고 말할 때 자네는 큼과 작음이 둘 다 심미아스 안에 있다고 말하는 것이 아닌가?"). 여기서 '이데아'란 말은 플라톤적인 의미로 사용된 것처럼 보인다. 그러나 초월적('분리적') 성격을 지닌 이데아 일반에 대한 것이기보다는 이데아의 내재적 해석을 가한 아낙사고라스(Anaxagoras), 에우독소스(Eudoxos)의 이론을 염두에

장하는 경우가 그렇다. 그렇다고 하면 결과적으로 이데아들은 운동하면서 정지하고 있는 것이 될 것이고, 게다가 감각되는 것이고 또 지성적인 것이 될 것이다. 이데아들이 있다고 내세우는 사람들에게는 이데아는 정지해 있고 또 지성적인 것으로 생각되고 있다. 그러나 우리들 가운데 있다고 한다면 이데아가 움직이지 않는다는 것은 불가능하다. 왜냐하면 우리가 움직이면 우리들 가운데 있는 모든 것들도 함께 움직인다는 것은 필연적이기 때문이다. 또한 그것들이 우리들 가운데 있는 한, 감각되는 것이라는 것은 분명하다. 왜냐하면 우리가 각각의 것 안에 있는 형태(꼴, 모르페[morphē])를 인식하는 것은 시각의 감각을 통해서이기 때문이다.

(4) 부수성을 받아들이는 것은 또한 그 반대의 것도 받아들여야 한다

또 무언가 반대되는 것이 있는 부수성이 상정되는 경우에 그 부수성을 받아들이는 것, 즉 그 주어가 또한 [그 부수성을 받아들임과 동시에] 그 반대의 것도 받아들이는지를 검토해야만 한다. 왜냐하면 반대되는 것들을 받아들일 수 있는 것은 동일한 것이기 때문이다.[76] 예를 들면 증오는 분노에 따른다고 상대방이 말했다면, 증오는 혼의 기개적인 부분[77]에 있

두고 있는 듯하다. 『형이상학』 제1권 제9장 991a17, 제13권 제5장 1079b21 참조. 이데아가 혼에 내재하는 '사유된 것'이라는 문제에 관해서는 『파르메니데스』 132b-c를 참조. 플라톤은 '이데아는 우리 가운데 없다'라고 『파르메니데스』 133c에서 말하고 있다. 이렇게 볼 때, 이 대목이 플라톤의 이데아론을 비판하는 것이라고 단정하는 것은 섣부른 일이다.

76 『범주들』(카테고리아이) 제5장 4a10("수적으로 하나이고 동일한 것이 반대되는 것을 받아들일 수 있는 것은 실체에 가장 고유한 것처럼 보인다.").

77 이 대목은 아리스토텔레스 자신이 아직 플라톤의 혼의 삼분설(『국가』 제4권, 제9권)에서 떠나고 있지 않음을 보여준다. 다른 초기의 저작과 마찬가지로 『토피카』가 플라톤의 이데아를 어느 정도 비판하고 있긴 하지만, 여전히 아카데메이아(Akadēmeia)의 영향력이 남아 있다는 전거가 될 수 있겠다. 고전기 이전에, 특히 호메로스의 경우

게 될 것이다. 분노가 있는 곳이 바로 그 부분이니까. 그러므로 기개적인 113b 부분에 증오와 반대되는 것인, 즉 친애(필리아)가 있는지를 검토해야 한다. 왜냐하면 반대되는 것이 아니라 오히려 친애가 욕망적인 부분에 있다고 한다면, 증오는 분노에 수반될 수 없을 것이기 때문이다. 또 상대방이 욕망적인 부분은 무지하다고 말한 경우도 마찬가지이다. 왜냐하면 그 부분이 무지를 받아들일 수 있는 한, 지식도 받아들일 수 있을 것이기 때문이다. 그런데 욕망적인 부분이 지식을 받아들일 수 있다고 하는 것은 일반적으로 받아들여지는 생각이 아니다. 그렇지만 앞에서 말한 것과 같이 어떤 명제를 뒤엎는 쪽에서는 이 토포스가 사용되어야만 한다. 그러나 어떤 명제를 확립하려는 쪽에서는 부수성이 주어에 속한다는 것을 보여야 하는데, 이 토포스는 확립하는 데는 유용하지 않다. 하지만 부수성이 주어에 속할 수도 있다는 것을 보이는 데에는 이 토포스가 유용하다. 왜냐하면 무엇인가가 부수성의 반대의 것을 받아들일 수 없다는 것을 나타냈다면, 그 반대의 부수성이 속하지도 않으며 또한 속할 수도 없다는 것을 나타냈을 것이기 때문이다. 그러나 이와 반대로 주어에 이 부수성에 반대되는 것이 속한다는 것을 혹은 주어가 이 반대인 것을 받아들일 수 있다는 것을 나타냈다고 하더라도, 그 부수성이 속한다는 것을 아직 나타낸 것은 아닐 것이다. 오히려 그것이 속할 수도 있다는 것, 단지 그만큼만을 나타낸 데 불과하다.

에 인간의 정신적 특성을 표현하는 언어 중 튀모스(thumos)는 인간의 감정의 움직임 내지는 감정을 다스리는 반구체적인 기관이다(브루노 스넬, 『정신의 발견』, 김재홍, 김남우 옮김, 그린비, 2020, 제1장 '호메로스의 인간 이해' 참조).

113b

제8장 대당관계에 입각한 토포스

(1) A가 B라면 non B는 non A이다

대당(對當)[78]의 형식은 네 가지[79]가 있으므로, 모순이라는 대당의 경우에 명제를 뒤엎으려 할 때나 확립하려고 할 때 주어와 술어의 수반〈따름〉 관계를 역으로 해서[80] 검토해야만 한다. 그리고 이 경우에 귀납[81]에 의해서 수반 관계의 역을 파악해야만 한다.

예를 들면 '인간이 동물이라면 동물이 아님은 인간이 아니다'와 같은 것이다. 다른 모순 대당의 경우에도 마찬가지이다. 지금의 경우는 수반 관계[82]가 역이다. 왜냐하면 '인간'에는 '동물'이 따르지만, 이에 반해서 '인간 아님'에는 '동물 아님'이 따르지 않는 것이어서, 오히려 역으로 '동물 아님'에 '인간 아님'이 따르기 때문이다. 그러므로 모든 경우에서 이와 같은 것이 요구되어야만 한다. 예를 들면 아름다운 것이 즐거움이라면 즐거움이지 않은 것은 아름답지 않은 것이다. 후자가 성립되지 않는다면 전자도 성립되지 않는다. 이와 마찬가지로, 만일 즐겁지 않은 것이 아름답지 않

---

78 원어는 antithesis이다.

79 『토피카』 제2권 제2장 109b18. 이 밖에도 이 장의 114a23, 『토피카』 제5권 제6장 135b7, 제7장 136a13 아래 및 『범주들』(카테고리아이) 제10장 11b17-19와 『형이상학』 제5권 제10장 1018a20 아래, 『형이상학』 제10권 제4장 1055a38-b1, 제7장 1057a33 참조.

80 원어로는 anapalin ek tēs akolouthēseōs이다. 이 대목은 한 명사에 반대되는 쌍들을 이용해서 상호 간에 따라 나옴(추론)의 관계를 논리적으로 고찰해 보자는 의미로 이해해 볼 수 있다.

81 여기서 에파고게라는 말 역시 『분석론 후서』 등에서 나타나는 전문적인 의미에서의 추론의 방식이기보다는 아래에서 설명되는 바와 같이 '대립하는 명사의 쌍을 이용한 어순의 도치의 법칙'을 확립하려는 일반적 방법(토포스)을 의미한다.

82 원어로는 akolouthēsis(따름 관계)이다.

다면 아름다운 것은 즐거운 것이다. 그러므로 모순으로 사용된 말의 수반 관계는 순서를 거꾸로 하면, 하나의 명제를 뒤엎는 것과 확립하는 양 목적을 위해서 적용될 수 있음은 분명하다. [25]

(2) 반대의 명사들 간에 평행적으로든 역방향으로든 성립하는 수반 관계에 대해

한 명제에서의 주어 명사와 술어 명사가 반대인 것들의 대당의 경우에 한쪽의 반대인 것이 평행적〈같은 방향〉으로든 혹은 역(逆)방향으로든, 다른 쪽의 반대인 것에 수반하는지 어떤지를 검토해야 한다. 하나의 주장을 뒤엎는 데나 혹은 확립하는 데에서 유용하다. 이러한 것은 또한 유용한 한에서[83] 귀납[84]에 의해 파악되어야만 한다. 그런데 수반 관계가 평행적인 [30] 경우는, 예를 들면 '용기'와 '비겁함'의 경우이다. 왜냐하면 전자에는 '탁월성'[85]이 수반하고, 후자에는 '악덕'이 수반하며 또한 전자에는 '바람직한 것'이, 후자에는 '피해야만 하는 것'이 수반하기 때문이다. 그러므로 이러한 경우도 수반 관계는 평행적이다. 왜냐하면 '바람직한 것'은 '피해야만 하는 것'의 반대이기 때문이다. 다른 반대의 것들에서도 마찬가지이다.

수반 관계가 역방향인 경우는 다음과 같다. 예를 들면 '좋은 신체적 상 [35] 태'[86]에는 건강이 수반하지만, '나쁜 신체적 상태'에는 질병이 수반하는 것이 아니라, 오히려 질병에 '나쁜 신체적 상태'가 수반하는 경우이다. 따라서 이 경우들에서는 수반 관계가 역방향이라는 것은 분명하다. 그러나 이 114a

---

83 브룅슈빅은 이 구절을 생략해서 읽고 있다(1967, 150쪽 주석 참조).

84 113b17에서와 동일한 의미로 사용됐다.

85 '탁월성'은 '품성의 좋은 상태', 즉 '덕'이라 할 수 있고, '악덕'은 '품성의 나쁜 상태'를 말한다.

86 『토피카』 제1권 제13장 105a31 참조.

114a

역방향 수반 관계[87]는 반대인 것들에서는 드물게 일어난다. 대부분의 반대인 것들에서는 수반 관계가 평행적으로 이루어진다. 그렇기에 반대인 것이 평행적으로든 혹은 역방향으로든 반대의 것에 수반하지 않는다면, 또한 앞서 언급된 진술의 경우에서 한쪽의 반대의 것[용기]이 다른 쪽의 반대의 것[비겁]에 수반하지 않는다는 것도 분명하다. 이와는 달리 반대인 것들에서 한쪽의 반대인 것이 다른 쪽의 반대인 것에 수반한다면, 앞서 언급된 진술의 경우에서 한쪽의 것이 다른 쪽의 것에 수반하는 것은 필연적이다.

(3) 결여하고 있음과 가지고 있음에 대한 검토

반대인 것들의 경우에서와 마찬가지로 결여와 가지고 있음에 대해서도 검토해야 한다. 다만 결여의 경우에서는 역방향 수반 관계가 성립하지 않고, 오히려 평행적인 수반 관계가 항시 필연적으로 일어나야만 한다. '시력'에는 '감각'이, '무시력'에는 '무감각'이 수반하는 것처럼 말이다. 왜냐하면 감각은 무감각에 대해 가지고 있음과 결여로서[88] 대립하기 때문이다. 이들 가운데 한편은 가지고 있음의 상태이고, 다른 편은 결여하는 상태이니까.

(4) 관계 명사에 대한 검토

관계적인 것들에 대해서도 가지고 있음과 결여에서와 마찬가지로 이 수반 관계를 사용해야만 한다. 이것들의 경우에도 수반 관계는 평행적이니까. 예를 들면 3배가 여러 배수라면 3분의 1은 여럿 분의 일이다. 왜냐

87 원어로는 to anapalin이다.

88 원어로는 hōs hexis kai sterēsis이다.

하면 3배는 3분의 1에 관계해서 말할 수 있으며, 또한 여러 배수는 여럿 분의 일에 관계해서 말할 수 있기 때문이다. 또 지식이 개념〈판단〉[89]이라면, 또한 지식의 대상은 개념의 대상이다. 그리고 시각이 감각이라면, 또한 시각의 대상은 감각의 대상이다.

(관계적인 것들에 대해서는 그 수반 관계가 앞에서 설명한 방식대로 필연적으로 일어나지 않는다고 반론을 제기할 수 있겠다. 그 이유는 감각의 대상은 지식의 대상이지만, 감각은 지식이 아니기 때문이라는 것이다. 그러나 이 반론은 참으로 생각되지 않는다. 왜냐하면 감각의 대상들에 대한 지식이 있다는 것을 부정하는 사람들이 많이 있기 때문이다.[90]) 게다가 지금 말해진 것은 반대의 주장에 대해서도 못지않게 유용하다. 예를 들면 '감각의 대상은 지식의 대상이 아니다'라는 것을 보이는 데에도 유용하다. 감각은 지식이 아니니까.

제9장 동계열어와 어형변화를 사용하는 토포스

또 명제를 뒤엎는 쪽과 확립하는 쪽도 동계열어(同系列語)와 어형변화[91]에 대해 검토해야 한다. 그런데 예를 들면 '정의로운 행위들'과 '정의로운 사람'과 같은 말들은 '정의'에 대해, 또 '용감한 행위들'과 '용감한 사람'은 '용기'에 대해 동계열적이라고 말할 수 있다. 마찬가지로 무언가를 만들 수 있는 것들과 유지할 수 있는 것들은 그것들을 만들기도 하고 혹은 유지할 수 있는 것들과 동계열적이다. 예를 들면 '건강적인 것들'이 '건강'

89 원어로는 hupolēpsis이다. 즉 무언가에 대해 '생각을 통해 포착한 것'이다.

90 소수는 이런 주장을 받아들이는 것으로 볼 수 있다.

91 어형변화에 대해서는 『토피카』 제1권 제15장 106b29 아래 참조.

과 '좋은 신체적 상태에 이바지하는 것들'이 '좋은 신체적 상태'와 동계열적인 경우가 그렇다. 다른 것의 경우에서도 같은 방식으로 말할 수 있다.

그렇지만 이런 것들은 흔히 동계열적이라고 말할 수 있지만, 예를 들면 '정의롭게', '용감하게', '건강하게'와 같은 것들 및 이와 같은 방식으로 말할 수 있는 다른 것들은 어형변화로 말해진 것들이다. 그렇다고 해도 어형변화에 따른 것들도 또한 동계열적이라고 생각된다. 예를 들면 '정의롭게'가 '정의'와, '용감하게'가 '용감'과 그런 것처럼 말이다. 그렇기에 동계열에 속하는 것들은 모두 동계열적이라고 말할 수 있다. 예를 들면 '정의', '정의로운 사람', '정의로운 행위', '정의롭게'가 그렇다. 그러므로 동계열에 속하는 것들 가운데 어느 하나라도 그것이 좋다라든지 혹은 칭찬받을
114b 만하다는 것이 보여졌다면, 그 나머지 모든 것도 그렇다는 것이 보여질 것이라는 점은 분명하다. 예를 들어 '정의'가 칭찬받을 만한 것에 속한다면 '정의로운 사람'과 '정의로운 행위', 그리고 '정의롭게'도 칭찬받을 만한 것에 속하는 것이다. 그래서 '정의롭게'가 '정의'로부터 어형변화에 의한 것이듯이, 동일한 어형변화에 의해 '칭찬받을 만한 것'에서 '칭찬받을 만하게'가 이끌려 나오므로, '정의롭게'는 '칭찬받을 만하게'로 말해질 수 있는 것이다.[92][93]

---

92 즉 '정의롭게'는 '칭찬받을 만하게'를 나타낸다는 의미이다. 로스판(과 Wallies)과 달리 dikaiōs kai를 삭제하지 않고 읽는다(브룅슈빅).

93 114a26-b5 동계열의 어형변화의 토포스: 만일 술어 P가 주어 S에 속한다면, P는 또한 S의 동계열어의 모든 표현에 속한다. 역도 마찬가지이다. 만일 P가 S의 동계열어의 표현에 속하지 않는다면, P는 S에 속하지 않는다. 파생어의 토포스: 만일 P가 S에 속한다면, P의 파생어는 또한 S의 파생어에 속한다. 역도 마찬가지이다. 만일 P의 파생어가 S의 파생어에 속하지 않는다면, P는 S에 속하지 않는다.

반대인 것이 반대인 것에 대해 술어가 될 수 있는지에 대한 고려

앞서 논의된 명제뿐만 아니라, 그 명제의 주어와 반대되는 것의 술어와 반대되는 것을 말할 수 있는 명제에 대해서도 검토해야 한다. 예를 들어 '좋음은 필연적으로 즐겁지 않다'라고 주장하는 경우이다. [좋음의 반대인] 나쁨〈악〉이 고통스러운 것은 아니니까. 혹은 후자가 그렇다면 전자도 그렇기 때문이다. 또 정의가 지식이라면 부정의는 무지이다. 또 '정의롭게'가 '지식을 가진'과 '경험을 가진'이라면, '정의롭지 않게'는 '지식이 없는[94]'과 '경험이 없는' 것이다. 그러나 후자가 그렇지 않다면, 방금 든 예에서 보여지는 것처럼 전자 또한 그렇지 않다. 그 이유는 '정의롭지 않게'가 '경험이 없는'이라기보다는 '경험을 가진'에 더 가깝다고 볼 수 있기 때문이다. 이 토포스는 앞서 반대인 것들의 수반 관계를 다루면서 말한 바[95] 있다. 왜냐하면 우리는 반대인 것[주어]에는 반대인 것[술어]이 수반한다는 것 외에 그 어떤 것도 지금 여기서 요구하고 있지 않기 때문이다.[96]

사물의 생성과 소멸은 그것이 좋은 것인지 나쁜 것인지를 보여준다

게다가 하나의 명제를 뒤엎는 데에서 또 확립하는 데에서 사물의 생성과 소멸, 그리고 사물을 만들어 낼 수 있는 것과 파멸시킬 수 있는 경우를 검토해야 한다. 왜냐하면 그것들의 생성이 좋은 것들에 속하는 것들은 그것들 자체 또한 좋고, 그리고 그것들 자체가 좋은 것들이라면 그것들의 생

---

94 원어로는 agnoountōs(agnoeō의 부사)이다.

95 『토피카』 제2권 제8장 113b27-114a6.

96 114b6-15의 토포스는 제8장에서 언급된 반대인 것들의 동일한(평행) 방향에서의 수반 관계를 먼저 언급한다. 만일 S가 P에 수반한다면, S의 반대인 것은 P의 반대인 것에 수반한다. 다음으로, 이 규칙을 파생적인 것에 적용한다. 만일 파생어 A′가 파생어 B′에 수반한다면, 파생어 A′의 반대는 파생어 B′의 반대에 수반한다. 후자가 그 경우가 아니라면, 전자도 그 경우가 아니다.

성도 좋기 때문이다. 그러나 그것들의 생성이 악한 것들에 속하는 것들이라면, 그것들 자체도 역시 악한 것들에 속한다.[97] 하지만 소멸의 경우에는 그 역이다. 왜냐하면 그것들의 소멸이 좋은 것들에 속한다면 그것들 자체는 악한 것들에 속하고, 그것들의 소멸이 악한 것들에 속한다면 그것들 자체는 좋은 것들에 속하기 때문이다. 이와 동일한 논의는 만들어 낼 수 있는 것들과 파멸시킬 수 있는 것들의 경우에도 적용된다. 왜냐하면 그것들을 만들어 낼 수 있는 것들이 좋은 것들인 경우는 그것들 자체도 좋은 것들에 속하지만, 이에 반해서 파멸시킬 수 있는 것들이 좋은 것들인 경우는 그것들 자체는 악한 것들에 속하기 때문이다.

제10장 사물의 유사성과 정도의 차이에 기초한 토포스

(1) 유사한 것들 중 어떤 것에 적용되는 것은 다른 유사한 것들에 대해서도 적용된다

또 유사한 것들의 경우에도 그것들에 마찬가지 방식이 적용되는지를 검토해야 한다. 예를 들면 하나의 지식이 여러 사안을 대상으로 한다면 믿음도 그렇다. 시각을 가지고 있는 것이 보는 것이라면 청각을 가진 것은 듣는 것이다. 그것이 실제로 유사한 경우든 그렇게 생각되는 경우이든, 다른 경우들에서도 마찬가지이다. 이 토포스는 확립과 파기 양쪽에 유용하다. 왜냐하면 유사한 것들 중 어떤 것에 대해 그와 같은 것이 있다면 다른 유사한 것들의 경우에서도 그와 같을 것이고, 유사한 것들 중 어떤 것에 대해 그와

97 이어지는 원문 '그것들 자체도 악한 것들에 속한다면 그것들의 생성도 악한 것들에 속한다'를 읽지 않는다(브룅슈빅 참조). Wallies의 삽입이지만, 브룅슈빅은 불필요한 것으로 간주해서 괄호에 넣고 있다(152쪽).

같지 않다면 다른 것들의 경우에서도 그와 같지 않을 것이기 때문이다.

그런데 하나의 것에서 그렇다고 하더라도 그것이 많은 것의 경우에서도 마찬가지로 그런지를[98] 검토해야 한다. 경우에 따라서는 일치하지 않으니까. 예를 들면 하나의 대상을 '아는 것'이 그것을 '생각하는 것'이라면, '많은 것을 아는 것' 또한 '많은 것을 생각하는 것'이다. 그러나 이것은 참이 아니다. 왜냐하면 많은 것을 아는 것은 가능하지만, 많은 것을 [한꺼번에] 생각하는 것은 가능하지 않기 때문이다.[99] 그렇기에 후자의 경우가 성립하지 않는다면, 하나의 것에 관련된 전자, 즉 '아는 것'은 '생각하는 것'이라는 것 또한 성립할 수 없다.

(2) 많고 적음의 정도에 관련된 네 가지 토포스

게다가 '더 많이'와 '더 적게'라는 정도의 관점에서도 검토해야 한다. '더 많이'와 '더 적게'에 관련된 토포스는 네 가지이다. 그 하나는 다음과 같다.

1) 한쪽[주어]의 '더 많이'가 다른 쪽[술어]의 '더 많이'에 수반된다면, 예를 들면 즐거움이 좋은 것이라면 더 많이 즐거운 것은 더 많은 좋음이고, 부정의를 저지르는 것이 악이라면 더 많이 부정을 저지르는 것은 더 115a
많은 악이다. 이 토포스는 파기와 확립이란 양쪽을 위해 유용하다. 왜냐하면 기체⟨밑에 놓여 있는 것⟩의 증대에 부수성의 증대가 수반된다면, 바로 앞의 예에서 말해진 것처럼, 그 기체의 부수성이 부수되어 있음은 분명하지만, 수반되지 않는다면 부수하지 않았음이 분명하기 때문이다. 이것은

98 ei를 삽입해서 ei epi pollōn homoiōs로 읽는다(브룅슈빅).

99 생각한다는 것은 무언가를 생각하고 추론하는 활동을 하는 것이므로 한꺼번에 많은 것을 생각할 수 없다는 것이지만, multi-thinking capability 입장에서는 이 주장은 다소 의아할 수 있다.

115a

귀납을 통해 파악되어야만 한다.[100] 또 하나의 토포스는 다음과 같다.

2) 하나의 것[술어]이 두 개의 것[주어]에 대해 말할 수 있는 경우, 만일 그것에 속하는 것이 더 많이 있음직한 것으로 생각되는 것[주어]에 속하지 않는다면, 더 적게 있음직한 것으로 생각되는 것에 속하지 않을 것이고, 또 속하는 것이 더 적게 있음직한 것으로 생각되는 것에 속한다면, 그것은 더 많이 있음직한 것으로 생각되는 것에도 속할 것이다.[101]

또 3) 두 개의 것[술어]이 하나의 것[주어]에 대해 말해지는 경우, 만일 그 주어에 더 많이 속한다고 생각되는 것이 속하지 않는다면, 더 적게 속한다고 생각되는 것도 속하지 않는다. 만일 그 주어에 더 적게 속한다고 생각되는 것이 속한다면, 더 많이 속한다고 생각되는 것도 속할 것이다.[102]

게다가 4) 두 개의 것[술어]이 두 개의 것[주어]에 대해 말해지는 경우가 있다. 만일 한쪽의 것[주어]에 더 많이 속한다고 생각되는 것[술어]이 그것에 속하지 않는다면, 나머지 다른 쪽의 것[술어]은 나머지 다른 쪽의 것[주어]에 속하지 않을 것이다. 또 만일 한쪽의 것[주어]에 더 적게 속한다고 생각되는 것[술어]이 그 주어에 속한다면, 나머지 것[술어]도 역시 그 나머지 것[주어]에 속한다.[103]

---

100 귀납은 토포스를 의미한다. 토포스; 하나의 주어 S가 하나의 술어에 수반된다면 S의 더 많이가 P의 더 많이에 수반된다. 반대로 S의 더 많이가 P의 더 많이에 수반되지 않는다면, 주어 S는 술어 P에 수반되지 않는다.

101 건강이 '신체 상태가 좋은 사람'에 속하지 않는다면 '허약한 상태의 사람'에게도 속하지 않을 것이고, 건강이 '허약한 상태의 사람'에게 속한다면 '신체 상태가 좋은 사람'에게도 속할 것이다.

102 어떤 행동이 유익하기보다는 즐거운 것으로 생각되는 경우, 그것이 즐겁지 않을 경우에는 유익한 것일 수 없다. 또 그 행동이 유익할 경우에는 또한 즐거운 것일 수도 있다.

103 부가 자랑스러운 것보다 가난이 더 부끄럽게 생각된다고 해 보자. 부가 실제로 자랑스러운 것이라고 하면 가난이 부끄럽다는 것을 알 수 있다. 가난이 부끄러운 것

(3) 같은 정도에서의 논의

게다가 같은 정도의 방식으로 속하는 것 혹은 속하는 것으로 생각되는 것에 대해서도 세 가지 방식으로 검토할 수 있다. 그 방식들은 '더 많이'라는 정도에 관련해서 앞서 언급한 나중의 세 개의 토포스[2), 3), 4)]에서 말했던 것처럼 설명될 수 있다.

그 첫 번째 경우는 어떤 하나의 것[술어]이 같은 정도로 두 개의 것[주어]에 속하거나 혹은 속한다고 생각되는 경우이다. 이 경우, 만일 그 술어가 한쪽의 것에 속하지 않는다면 남은 것에도 속하지 않는다. 그러나 한쪽의 것에 속한다면 남은 다른 것에도 속한다.[104]

두 번째 경우는 두 개의 것이 동일한 것에 같은 정도로 속하는 경우이다. 이 경우, 만일 한쪽의 것이 속하지 않는다면 남은 것도 속하지 않는다. 그러나 한쪽의 것이 속한다면 남은 다른 쪽의 것도 속한다.[105]

세 번째 경우로 두 개의 것이 두 개의 것에 같은 정도로 속하는 경우도 마찬가지이다. 즉 한쪽의 것[술어]이 한쪽의 것[주어]에 속하지 않는다면, 다른 쪽의 남은 것[술어]도 다른 쪽의 남은 것[주어]에 속하지 않는다. 그러나 한쪽의 것[술어]이 한쪽의 것[주어]에 속한다면 다른 쪽의 남은 것[술어]도 다른 쪽의 남은 것[주어]에 속한다.

이 아니라는 것을 알 수 있다면, 부도 자랑스러운 것이 아닐 것이다.

104 복종이 같은 정도로 법과 아버지에 속하는 경우, 복종이 법에 속하지 않는다면 아버지에게도 속하지 않고, 법에 속한다면 아버지에게도 속한다.

105 용감한 사람은 '마땅한 때에 대담하고 마땅한 때에 두려워한다.' 한쪽의 것이 해당하지 않으면 다른 쪽도 해당하지 않는다. 한쪽의 것이 해당하면 다른 쪽의 것도 해당한다(알렉산드로스, 209쪽 4-6행 참조).

115a

제11장 덧붙임의 관점으로부터의 토포스

그런데 '더 많이', '더 적게', '같은 정도'라는 관점에서 논의하는 것은 앞서 설명한 방식대로 여러 가지가 있다.

게다가 '덧붙임'의 관점에서도 논할 수 있다. 만일 어떤 것(B)이 다른 것(A)에 덧붙여서 이전에는 좋거나 희지 않았던 것(A)을 좋거나 희게 만들었다면, 덧붙여진 것(B)은 좋거나 흰 것일 것이다. 그것은 어쨌거나 전체(A+B)를 그렇게 만들 수 있었기에 그렇게 할 수 있는 것이다.[106] 게다가 어떤 속성을 이미 가지고 있는 것에 무언가가 덧붙여져 그 무언가가 그것이 원래 가지고 있을 법한 그런 성질을 '더 많이' 만든다면, 덧붙여진 것 자체도 그런 성질을 가지고 있었을 것이다.[107] 다른 것들의 경우에서도 마찬가지이다.[108]

---

106 다시 말해서 '그것은 전체를 그렇게(흰색으로) 만들 수 있는 그런 성질을 가지고 있었을 것'이라는 의미이다.

107 덕에다 명예를 덧붙여 더 바람직한 것이 된다면, 명예도 바람직하다. 115a26-29는 '덧붙임의 토포스'를 설명하고 있으며, 이어지는 a29-32는 '정도 증가의 토포스'이다. 이렇게 이해하는 것에 대한 문제점은 이어지는 각주의 설명을 참조하라. 덧붙임의 토포스에 대해서는 『토피카』 제3권 제3장 118b10 아래 참조.

108 이 대목은 두 개의 토포스가 관련되는 것처럼 보인다. 115a26-29와 a29-32가 그렇다. a33-b2는 두 번째 토포스를 부가적으로 설명하고 있다. 분석하자면 다음과 같다. **첫 번째 토포스;** 만일 어떤 B가 속성 F를 갖고 있지 않던 A에 덧붙여져서 (A+B)의 조합이 속성 F를 갖게 되었다면, B는 속성 F를 가져야만 한다. **두 번째 토포스;** 만일 어떤 B가 이미 속성 F를 가지고 있는 A에 덧붙여져서 (A+B)의 조합이 A인 경우보다 더 많이 속성 F를 가진다면, B는 속성 F를 가져야만 한다. **설명;** 두 번째 토포스의 사용이 필요한 것은 속성 F에서의 증가가 가능한 경우이다. 두 번째에 비슷한 방식으로 적용될 수 있다고 해도, 첫 번째일 수밖에 없는 이 토포스는 주장을 뒤엎는 데에는 적용될 수 없다. 왜냐하면 덧붙여진 B가 전체에 속성 F를 부여하지 않는다면 B 자체가 속성 F를 가졌는지에 대해 아무것도 말해 주고 있지 않기 때문이다. 그

그러나 이 토포스가 모든 사안에서 유용한 것은 아니다. 오히려 더 많은 정도의 지나침[109]이 생길 것 같은 사안에만 유용하다.[110] 그러나 이 토포스는 하나의 주장을 뒤엎기 위해서 적용될 수는 없다. 왜냐하면 덧붙여진 것이 다른 것을 좋은 것으로 만들지 않는다면 그 자체가 좋은지 어떤지는 아직 분명하지 않기 때문이다. 사실상 좋은 것이 악한 것에 덧붙여 115b 지더라도 필연적으로 그 전체를 좋은 것으로 만들지 않으며, 또한 흰 것이 검은 것에 덧붙여지더라도 전체를 희게 만들지 않으니까 말이다.

다소(多少)의 정도에서 술어가 될 수 있는 것은 주어에 무조건적으로 속한다

또 무언가가 어떤 주어에 대해 더 많은 그리고 더 적은 정도에서 말할 수 있다면, 그 술어는 무조건적으로 그 주어에 속한다. 좋지 않거나 혹은 희지 않은 것은 더 많이 좋다거나 희다고 혹은 더 적게 좋다거나 희다고 말할 수 없기 때문이다. 왜냐하면 악한 것은 다른 어떤 것보다 더 많이 좋다거나 더 적게 좋다고 말할 수 없고, 오히려 더 많이 악하다거나 더 적게 악하다고 말해질 것이기 때문이다. 이 토포스는 다른 명제를 뒤엎기 위해 적용할 수 없다. 왜냐하면 '더 많은' (혹은 '더 적은')[111] 정도로 말할 수 없는 많은 것들은 무조건적으로 그 주어에 속하기 때문이다. 사실상 무언가가 더 많이 인간이라거나 더 적게 인간이라고 말해질[112] 수는 없으며, 그

런데 이 설명이 원래 첫 번째 토포스를 설명하고 있었다는 것이 브링슈빅의 해석이다. 그래서 바이츠와 콜리의 관찰을 언급하면서 브링슈빅은 두 번째 토포스인 a29-33이 나중에 아리스토텔레스 자신이 아닌 누군가에 의해 삽입된 것으로 본다(1967, 153쪽).

109 원어로는 tēn tou mallon huperochēn이다.

110 이 토포스의 적용에 대해서는 『범주들』(카테고리아이) 제5장 3b33-34 참조.

111 발리스(M. Wallies)에 의해 삽입되었다.

112 '더 많은 [정도의] 인간' 혹은 '더 적은 [정도의] 인간'이라고 말해질 수 없듯이,

렇다고 그것[다소의 정도로 말해진 인간] 때문에 인간이 아니게 되는 것은 아니기 때문이다.[113]

어떤 것도 덧붙여지지 않는 술어들만이 무조건적으로 말해질 수 있다

동일한 방식으로 술어가 '어떤 점'[관점], '어느 때'[시간], '어느 곳'[장소]에서 올바른지를 검토해야만 한다. 무언가가 어떤 점에서 술어가 되는 〈속하는〉 것이 가능하다면 무조건적으로 가능하니까. 어느 때와 어느 곳에 대해서도 마찬가지이다. 왜냐하면 무조건적으로 불가능하다는 것은 어떤 점에서도, 어느 때에서도, 어느 곳에서도 가능하지 않기 때문이다. (이에 대한 반론은 다음과 같다. 즉 어떤 점에서 자연적으로 훌륭한 사람들, 예를 들어 자유인다운 사람[114]이나 절제 있는 사람이 있지만, 무조건적으로 자연적으로 훌륭한 사람들이 아니라는 것이다. 마찬가지로 또한 소멸할 수 있는 것들 중 어떤 것이 어느 때에 소멸하지 않는다는 것이 가능할 수 있지만, 무조건적으로 소멸하지 않는다는 것은 가능하지 않다. 이와 동일한 방식으로 또한 어느 곳에서, 예를 들면 이러저러한 식이요법을 사용하는 것이 질병과 연관된 영역에서 유익할 수 있지만, 무조건적으로 유익한 것은 아니다. 게다

또한 다소의 정도로 표현된 '인간' 역시 주어가 될 수 없다.

113 『범주들』(카테고리아이) 제5장 3b33-39 참조.

114 품성의 덕에 관련된 '자유인다움'에 관해서는 『니코마코스 윤리학』 제4권 제1장의 논의 참조. 헬라스인들에게 '자유인'이란 일단 노동에서 벗어난 상태로 재판, 민회와 같은 관직에 참여하거나 공직자를 선출할 수 있는 시민적 권리를 가진 사람을 일컫는다. 폴리스에서 공적인 역할을 수행할 수 있는 자만이 자유인이라고 불릴 수 있다. 시민의 자격 규정에 관한 아리스토텔레스의 논의에 관해서는 『정치학』 제3권 제1장-제2장을 참조. 『정치학』 제3권 제6장 1279a21에서는 "폴리스는 자유로운 사람들의 공동체"라고 일컬어지고 있다.

가 어느 곳에서 단지 한 사람만이 존재하는 것이 가능할 수 있지만, 무조건적으로 한 사람만이 존재하는 것은 가능하지 않다.

동일한 방식으로 또한 어느 곳에서, 예를 들면 트리발로이[115] 사람들에게는 자신의 아버지를 희생 제물로 바치는 것이 아름다운 일이라고 해서, 무조건적으로 그 행위가 아름다운 일일 수 없다. 혹은 이것은 어느 곳에서가 아니라 '어떤 사람들에게'는 있다는 것을 의미한다. 그들이 어디 있더라도 아무런 차이가 없을 테니까. 왜냐하면 그들이 어디에 있더라도 (트리발로이 사람들이기)[116] 때문에 그들에게는 아버지를 희생 제물로 바치는 것이 아름다운 것일 수 있기 때문이다. 또 어느 때, 예를 들면 질병에 걸려 있을 때 약을 복용하는 것은 유익하지만, 무조건적으로 유익한 것은 아니다. 혹은 이것은 어느 때가 아니라 '어떤 상태에 놓여 있는 사람들에게'를 의미한다. 단지 그와 같은 상태에 있다고 한다면, 그것이 언제라고 해도 아무런 차이가 없으니까.) 그런데 '무조건적으로' 그렇다는 것은, 그 어떤 덧붙임 없이 아름다운 것이라거나 혹은 그 반대의 것이라고 말할 수 있는 경우이다. 예를 들면 아버지를 희생 제물로 바치는 일은 아름다운 일이 아니라, '어떤 사람들에게' 아름다운 일이 된다고 당신은 말할 것이다. 그러므로 무조건적으로 아름다운 일이 아니다. 오히려 신들을 경외하는 일은 그 어떤 것을 덧붙이지 않더라도 아름다운 일이라고 당신은 말할 수 있다. 왜냐하면〈그러므로〉[117] 그것은 무조건적으로 아름다운 일이니까. 따라서 그 어떤 것을 덧붙이지 않더라도 아름다운 것이든지, 부끄러운 것이든지 혹은 다른 그

---

115 다뉴브강 유역에 살던 트라키아 종족.

116 브룅슈빅은 전후 맥락을 보완하기 위해 후에 삽입한 것으로 보고 있다(브룅슈빅[1967], 60쪽).

117 전후 맥락상 gar(왜냐하면) 대신에 ara(그러므로)로 새겨도 좋을 성싶다(브룅슈빅[1967]).

115b

런 것들로 생각되는 것은 무엇이든지 무조건적으로 그렇다고 말해질 수 있다.[118]

118 즉 무조건적으로 그렇다고 말해질 수 있다는 것은 무조건적으로 '술어'가 될 수 있다는 것을 의미한다.

3권

부수성의 토포스에 대한 보충

제1장 여러 가지 토포스;
더 선택될 만한 것에 관한 토포스 (1)

둘 혹은 그 이상의 술어들의 비교 평가에 대한 토포스

둘 혹은 그 이상의 많은 것들 중 어느 것이 더 선택될 만한 것인지, 혹 116a3
은 더 나은 것인지는 다음과 같은 식으로 검토되어야만 한다.[1]

먼저, 우리의 검토가 멀리 떨어져 있어서 서로 큰 차이를 가지고 있는 [5]
것들에 대해서가 아니라(행복과 부[富] 중에 어느 것이 더 선택될 만한 것인지에 대해서는 누구도 의문을 품지 않을 테니까[2]) 가까운 것들에 대해서이며, 또 한쪽의 것이 다른 쪽의 것에 대해 우월성을 전혀 볼 수 없기 때문에 우리가 어느 쪽에 '더 많이'를 덧붙여야 할지에 일치하지 못해서 논쟁할

1 제2권에 이어 아래에서는 부수성에 관한 토포스가 다루어지고 있다. 제1장-제3장에서는 '더 선택될 만한 것'(바람직한 것)과 '더 나은 것'에 관해서, 제4장-제6장에서는 일반적인 토포스들이 논의되고 있다.

2 부는 행복을 실현하기 위한 수단이라는 논의에 대해서는 『니코마코스 윤리학』 제1권 제7장 1097a27 아래 참조.

만한 것에 관해서라는 것이 이미 규정되어 있다고 하자. 그렇기에 그러한 것들에 대해서 분명한 것은, 하나 혹은 하나 이상의 점에서 우월성이 보여질 수 있다면 그것들 중 우월한 것이 어느 쪽이든 그것이 더 선택될 만하다는 데에 우리의 생각은 동의할 것이라는 점이다.

(1) 전문가와 현명한 사람들에게 선택될 만한 것은 좋은 것이다

그런데 첫 번째로 더 오래 지속적이었거나 혹은 더 확실한 것이 덜 그랬던 것보다 더 선택될 만하다.[3] 슬기가 있는 사람이거나 혹은 좋은 사람, 올바른 법이 선택할 만한 것이거나 혹은 각각의 일에 대해 훌륭한 사람이 그러한 사람인 한에서 선택하거나, 혹은 각각의 영역에서 지식을 가진〈정통한〉 사람의 대다수거나 그들 모두가 선택할 만한 것, 예를 들면 의학이나 목공술에서 대다수 의사나 모든 의사들이 [또 모든 목수들이] 선택할 만한 것, 혹은 일반적으로 대다수 사람들이나 모든 사람들, 혹은 모든 것[4]이

---

3 이에 연관된 논의는 『니코마코스 윤리학』 제1권 제4장 1096b4 아래, 제8장 1098b27-30, 『형이상학』 제12권 제8장 1074a38, 『수사학』 제2권 제9장 1387a16 등에서 이루어지고 있다. 아리스토텔레스는 『니코마코스 윤리학』 1098b27 아래에서 "이러한 견해들 가운데 어떤 것은 많은 사람들에 의해 오래전부터 주장되었던 것이며, 다른 어떤 것들은 소수이지만 평판을 받는 사람들에 의해서 주장되었다"고 전통적 견해에 대한 신뢰를 표현하고 있다. 이에 관련해서는 W. J. Verdenius, Traditional and Personal Elements in Aristotle's Religion, *Phronesis* 5, 1960, pp. 56-57 참조, 한편, '지속성'(to poluchroniōteron)에 대해서는 『수사학』 제1권 제7장 1364b30-34, 『니코마코스 윤리학』 제1권 제4장 1096b4, '확실성'(안정성, to bebaioteron)에 대해서는 『수사학』 앞의 대목과 『니코마코스 윤리학』 제1권 제11장 1100b12-17 각각 참조. 감각은 어린 시절부터 가지고 있으므로 시간적으로 길더라도 확실성(안정성)은 적다. 그러나 지식은 나중에 생김으로 시간적으로는 짧더라도 확실성은 많다. 따라서 이 두 말은 반드시 상호 교환될 수 없으며 또한 평행적이지도 않다.

4 중성형 panta 대신에 남성형 pantes로 바뀌고 있다. 인간을 넘어 모든 존재 일반으로 확장하고 있다.

선택할 만한 것, 이를테면 '좋은 것'이 그것이다.[5] 왜냐하면 모든 것은 좋음을 목표로 삼기 때문이다.[6] 어쨌든 무언가 유익할 만한 것을 향하여 이후의 논의를 이끌어 가야만 한다. 그러나 더 나은 지식에 따르는 것[7]은 무조건적으로 더 낫고 또 더 선택할 만한 것이지만, 특정한 사람에게 고유한 지식[8]에 따르는 것은 [상대적으로[9]] 더 나은 것이고 더 선택될 만한 것이다.[10]

(2) 유가 부수적인 것보다 더 바람직하다

다음으로, '바로 이 무엇인 것'[11]이 그 유 안에 속하지 않는 것보다 더 선

---

5 이 대목에서 분명하게 드러나듯이 여기서 말해지는 '더 선택될 만한 것'(더 바람직한 것; hairetōteron)은 '좋은 것'(agathon)과 같은 의미이다.

6 『니코마코스 윤리학』 제1권 제1장 1094a1-4, 제10권 제2장 1172b10, 『수사학』 제1권 제6장 1362a23, 『정치학』 제1권 제1장 1252a2-3 참조. 이 주장은 당대의 에우독소스(Eudoxos)의 '쾌락이 곧 좋음'이라는 쾌락주의와 관련 있는 것으로 보인다(알렉산드로스, 226쪽 16-22). 에우독소스 이론에 대해서는 『니코마코스 윤리학』 1172b10 아래의 논의 참조. 그는 '모든 것이 목적으로 삼는 것은 바로 좋음'이라고 주장한다. 그래서 모든 것은 같은 것(좋음)을 향해서 움직인다. 여기서 '모든 것'은 이성적 존재자뿐 아니라, 비이성적 존재 전체를 포함한다. 따라서 '모든 것'은 모든 존재자를 포괄하는 것으로 새길 수 있다. 이렇게 볼 때 바로 앞 문장에서 말해진 '모든 것이 선택할 만한 것'에서 나타나는 '모든 것'이라는 말도 이런 의미로 이해될 수 있다. 그 밖에도 '즐거움이 좋음인가'를 논의하는 플라톤의 『필레보스』 20c-d 참조.

7 철학과 같은 학문을 말한다.

8 '고유한 지식'이란 한 개인에게 고유한 한정된 지식을 의미하는 것이 아니라, 개별적이고 특수한 분야에서의 전문가의 지식을 말한다. 이를테면 목공술이 그렇다.

9 '상대적으로'라는 말을 삽입하여 읽으면 더 쉽게 이해될 수 있다. 이 말은 앞서 말해진 '무조건적으로'(haplōs)에 대비된 의미로 새겨야 한다.

10 베르데니우스가 지적하고 있는 바처럼 이 대목에서 말하고 있는 바는, 개인적인 이점(이익)을 목표로 하는 개별적인 것들의 논의에서는 보편적으로 확립된 지식보다는 특정한 분야에 관련된 개인적인 믿음에 따르는 것이 더 효과적이라는 것이다.

11 '바로 이 무엇이라는 것'(to hoper tode ti)은 '실재적으로 그런 것', 즉 '본질'을 말한다. 『토피카』 제4권 제1장 120b23 아래, 제2장 122b19, 26 아래, 123a2, 제4장

택될 만하다. 예를 들면 정의는 정의로운 사람보다 더 선택될 만하다.[12] 왜냐하면 한쪽[정의]은 '좋음'이라는 유 안에 있지만 다른 쪽[정의로운 사람]은 그렇지 않고, 한쪽은 '바로 그'(hoper) 좋음이지만 다른 쪽은 그렇지 않기 때문이다. 사실상 그 유 안에 있지 않은 그 어떤 것도 바로 그 유라고 말할 수 없기 때문이다.[13] 예를 들면 '흰 사람'은 바로 그 '색'이 아니다.[14] 다른 경우들에서도 마찬가지이다.

(3) 그 자체로 바람직한 것이 부수적인 것보다 더 선택될 만하다

또한 그 자체 때문에 선택될 만한 것이 다른 것 때문에 선택될 만한 것보다 더 선택될 만하다. 예를 들면 건강함이 신체를 단련하는 것보다 더 선택될 만하다. 한쪽은 그 자체 때문에 선택될 만하고, 다른 쪽은 다른 것 때문에 선택될 만한 것이니까. 또 그 자체적으로 선택될 만한 것이 부수적으로 선택될 만한 것보다 더 선택될 만하다. 예를 들면 '친구들이 정의로

124a18, 125a29, 제5장 126a21, 128a35 등을 참조. 여기서 tode ti란 말은 아리스토텔레스의 철학적이며 기술적인 용어에서 '이것이라는 것'(이것)을 의미하는 구체적 '개별자'를 지시하는 것이 아니라, 문제가 되는 명사들에 내포하는 핵심적 의미, 즉 명사들의 그 본질적 의미인 '형상'(에이도스)을 나타낸다.

12 '정의'와 '정의로운 사람'은 다 같이 '올바름'이란 에이도스적 의미를 지니고 있지만, '정의'가 그 말이 나타내는 올바름의 본질을 표현하면서 그 본질과 동일시될 수 있는 데 반해, '정의로운 사람'에서는 정의 그 자체가 그 사람에게 온전하게 드러나지 않는다는 의미에서 '정의'가 더 바람직하게 선택되어야 한다는 것이다.

13 사실상 그 유에 속하지 않는 것은 본질적으로 그 유일 수 없다는 의미이다.

14 원어로는 ho leukos anthrōpos ouk estin hoper chrōma이다. 예를 들면 'A esti hoper B'는 'A는 B가 바로 그것인 것이다'라고 해석된다. 그 의미는 'B는 A의 본질에 속한다', 'B는 A의 본질이다'라는 것이다. 따라서 원문을 직역하면 '흰 사람은 색이 바로 그것인 것이 아니다'이다. 이 말은 결국 '색은 흰 사람의 본질이 아니다'라는 의미로 새겨진다.

운 사람이라는 것'이 '적들이 정의로운 사람이라는 것'보다 더 선택될 만하다. 한쪽은 그 자체로 바람직한 것이지만, 다른 쪽은 부수적으로 바람직하니까. 왜냐하면 적들이 우리에게 해를 끼칠 수 없도록 하기 위해서 우리는 부수적으로 적들이 정의로운 사람이라는 것을 선택하기 때문이다. 이 토포스는 앞서 해 왔던 토포스와 동일하지만, 다만 그 표현 방식이라는 점에서는 다르다. 왜냐하면 우리는 친구들이 정의로운 사람이라는 것을 그 자체 때문에 선택하는데, 설령 그것이 무언가 앞으로 우리에게 영향을 끼치는 것이 될 수 없다고 해도, 또 설령 그들이 인도에 있다고 하더라도 선택하기 때문이다.[15] 그러나 적들이 정의로운 사람이라는 것은 우리에게 해를 끼칠 수 없도록 하기 위해 그 자체와는 다른 것 때문에 선택하는 것이다.

(4) 그 자체적으로 좋음의 까닭인 것이 부수적으로 그런 것보다 더 바람직하다

또 그 자체로 좋음의 원인인 것은 부수적으로 좋음의 원인인 것보다 더 116b
선택될 만하다. 덕이 운보다 선택될 만하고(한쪽은 자체적으로 좋은 것들의 원인인 데 대해 다른 쪽은 부수적으로 좋은 것들의 원인이니까[16]), 또 그 밖의 다른 그러한 것이 있다고 하면 그런 것처럼.[17] 반대인 것의 경우에서도 마찬가지이다. 왜냐하면 그 자체적으로 악의 원인인 것은 부수적으

---

15 베르데니우스는 이 표현이 격언에 준하는 효과를 가진다고 보고 있다(27쪽). 『에우데모스 윤리학』 제2권 제10장 1226a29 참조.

16 행복과 운의 연관성에 대한 논의는 『니코마코스 윤리학』 제1권 제10장 참조. 행복에 결정적인 것은 덕(탁월성)에 따르는 활동이고, 그 반대의 활동은 불행에 결정적이다.

17 돈은 그 자체로 좋음의 원인이 아니다.

로 그런 것보다도 더 회피해야만 하는 것이기 때문이다. 예를 들면 악덕과 운[18]이 그렇다. 왜냐하면 전자는 그 자체로 [[악]][19] 그런 것이지만[20] 후자는 부수적으로 그런 것이니까.

(5) 무조건적으로 또 자연적으로 좋은 것은 바람직한 것이다

또 무조건적으로 좋은 것이 어떤 사람에게 좋은 것보다 더 선택될 만하다. 예를 들면 건강을 유지함이 절단 수술보다 더 선택될 만하다. 왜냐하면 한쪽은 무조건적으로 좋은 것이지만 다른 쪽은 어떤 사람에게, 즉 절단 수술을 받을 필요가 있는 사람에게만 선택될 만한 것이기 때문이다.

또 자연적으로 좋은 것이 자연적으로 좋지 않은 것보다 더 선택될 만하다. 예를 들면 정의는 정의로운 사람보다 더 선택될 만하다. 한쪽은 자연적으로 좋음이지만 다른 쪽은 획득된 것이기 때문이다.[21] 또 보다 나은 것과 보다 명예로운 것에 속하는 것이 더 선택될 만하다. 예를 들면 신에 속

---

18 여기서 운(運)으로 새겨지는 말의 원어는 tuchē인데, 앞의 것은 행운의 경우에 후자는 불운에 해당하는 '운'을 의미한다.

19 브륑슈빅(과 Wallies)은 kakon을 생략하고 있다. 'kakon'(악)을 삭제하지 않고 읽으면 '악덕은 그 자체로 악'이 될 테지만, 좋음의 경우와 마찬가지로 악덕은 '악의 원인'이어야 하니까.

20 즉 '악의 원인'.

21 정의를 자연적인 것과 법(nomos)적인 것 또는 관습적인 것으로 나누는 것에 대해서는 앞서의 116a23-28의 논의와 『대도덕학』(*Magna Moralia*) 1194b30 아래, 『니코마코스 윤리학』 제5권 제7장 1134b18-1135a5 참조. 『니코마코스 윤리학』 해당 구절에는 "자연적인 정의(to phusikon)는 어디서나 같은 힘을 가지고 있는 것으로 사람들이 이렇게 혹은 저렇게 생각하는 것과는 관계없는 것이다. 반면 법적 정의(to nomikon)는 애초부터 이렇게 혹은 저렇게 규정되든 아무런 차이가 없지만, 일단 정해진 다음에는 차이를 가지는 것"이라고 규정되고 있다. 결국 노모스적인 것은 법률적인 것이나 관습적인 것을 의미한다.

하는 것이 인간에게 속하는 것보다, 혼에 속하는 것이 신체에 속하는 것보다 더 선택될 만하다.[22]

(6) 보다 나은 것이 바람직하다

또 더 나은 것의 고유한 것[고유속성]이 열등한 것의 고유한 것보다 더 낫다. 예를 들면 신에게 고유한 것이 인간에게 고유한 것보다 더 낫다. 왜냐하면 양자에게 공통된 것들에 관해서는 서로 간에 전혀 차이가 없지만, 고유한 것에서는 한쪽이 다른 쪽보다 우월하기 때문이다.

또 더 나은 것, 더 앞선 것, 더 명예로운 것 안에 있는 것이 더 낫다. 예를 들면 건강이 강건(強健)함과 아름다움보다 낫다. 왜냐하면 전자는 습한 것과 건조한 것, 따뜻한 것과 차가운 것에, 단적으로 말해서 동물을 구성하는 최초의 것들[23] 가운데 있지만, 후자[강건함과 아름다움]는 나중의 것들 가운데 있기 때문이다. 강건함은 근육과 뼈 안에 있지만, 아름다움은 사지의 어떤 종류의 균형 안에 있다고 생각되니까.

(7) 목적이 수단보다 더 바람직하다

또 목적이 목적에 이바지하는 수단들보다 더 선택될 만한 것으로,[24] 두

---

22 신에 속하는 것이 지성적인 것이기 때문에 신체에 속하는 것보다 혼에 속하는 것이 더 바람직하고 더 선택될 만한 것이다.

23 이와 비슷한 예는 『토피카』 129b18, 147b29에서 찾아진다. 『자연학』 제7권 제3장 246b5 아래 참조. 온·냉·건·습은 생물의 신체를 구성하는 기본 요소들이다. 이에 대해서는 『생성과 소멸에 대하여』 제2권 제7장의 논의 참조.

24 목적에 이바지하는 수단에 관련된 논의에 대해서는 『니코마코스 윤리학』 제3권 제2장 1111b25-29 참조("바람(boulēsis)은 보다 더 목적에 관계하지만, 합리적 선택은 오히려 목적에 이바지하는 것[수단]들에 관계한다. 예를 들어 우리는 건강하기를 바라지만, 그것을 통해서 우리가 건강하게 되는 것을 합리적으로 선택한다. 또 우리

116b

개의 것들 중에서는 목적에 가까운 것이 더 선택될 만한 것으로 생각된다.[25] 또 일반적으로 말하면, 인생의 목적으로 향하도록 하는 수단이 무언가 다른 목적으로 향하도록 하는 수단보다 더 선택될 만하다. 예를 들면 행복을 위해 기여하는 것이 슬기에 기여하는 것보다도 더 선택될 만하다.

(8) 가능한 것이 불가능한 것보다 더 바람직하다.

또한 가능한 것이 불가능한 것보다 더 선택될 만하다.[26]

(9) 제작적인 것에서도 목적이 수단보다 더 바람직하다

게다가 목적을 만들어 내는 것이 두 개 있으면 그 목적이 더 나은 것이 더 선택될 만하다. 그러나 목적을 만들어 내는 것과 목적 간에 더 선택될 만한 것은 그 비례관계에 의해서 결정해야 한다. 즉 한 쪽의 목적이 다른 쪽의 목적에 우월한 정도가, 후자의 목적이 그 자신을 만들어 내는 고유한 것에서 우월한 정도보다 더 클 경우,[27] 예를 들면 행복(가)이 건강(나)에

는 행복하기를 바라고 그렇게 말하기도 하지만, 행복하기를 '합리적으로 선택한다'고 말하는 것은 맞지 않다"). 그 밖에도 "목적이 숙고의 대상이 아니라 목적에 이바지하는 것들이 숙고의 대상"이라는 점에 대해서는 『니코마코스 윤리학』 제3권 제3장의 논의 참조.

25 『수사학』 제1권 제7장 1365a34-35: "두 개의 것 중 목적에 더 가까운 것이 더 바람직하다."

26 불가능한 '불사'(不死)를 선택하는 사람은 없을 테니까.

27 포스터가 지적하고 있는 바처럼, 이 문장의 구문을 이해하기는 어렵다. 베르데니우스는 선행하는 poiētikōn과 마찬가지로 poiētikou의 격을 부분 속격(partitive genitive)의 의미로 새긴다. 그래서 그는 이 문장이 의미하는 것을 '우리는 두 개의 목적 혹은 두 개의 목적을 만들어 내는 것들로부터가 아니라 목적과 목적을 만들어 내는 것으로 구성되는 이중적인 것(쌍)을 고려해서 선택해야만 한다'고 해석한다. 한편 파

비해 우월한 정도가 건강이 건강적인 것(라)에 우월한 정도보다 더 크다면, 행복을 만들어 내는 것(다)이 건강보다 더 나은 것이다. 왜냐하면 행복이 건강보다 우월한 것과 같은 정도만큼 행복을 만들어 내는 것도 건강적인 것보다 우월하지만, 건강이 건강적인 것[28]보다 우월한 정도는 그것보다 작기 때문이다. 따라서 행복을 만들어 내는 것이 건강적인 것에 비한 우월한 정도는 건강이 건강적인 것에 비한 우월한 정도보다 더 크다. 그러므로 행복을 만들어 내는 것이 건강보다 더 선택될 만한 것이라는 것은 분명하다. 왜냐하면 행복을 만들어 내는 것이 건강보다도, 건강이 건강을 만들어 내는 것에 비해 뛰어난 정도보다도 더 뛰어나기 때문이다.[29]

(10) 그 자체적으로 더 아름답고, 더 명예롭고, 더 칭찬받을 만한 것이 바람직하다

게다가 그 자체적으로 더 아름답고, 더 명예롭고, 더 칭찬받을 만한 것

키우스(Pacius)는 이 문장을 "*cum alterum sit effectivm, alterum finis, ex proportione iudicandum est*"로 옮긴다.

28 건강적인 것은 '건강을 만들어 내는 것'을 의미한다.

29 원문을 직역하면, "[행복을 만들어 내는 것이] 동일한 것에 대해 우월한 정도가 더 크기 때문이다." 이 대목에서 행복(가), 건강(나), 행복을 만들어 내는 것(다), 건강을 만들어 내는 것[=건강적인 것](라) 간에는 어떤 비례관계(가:나=다:라)가 성립한다(27행 analogon; 31-32행). 이 비례관계에서 드러나는 뛰어난 정도의 우열 정도를 비교하여 선택 기준을 마련하고 있다. 브룅슈빅은 다음과 같이 이 대목을 분석하고 있다(1967, 156-157쪽).

주장(T); '가/나 > 나/라'라고 가정한다면, '다 > 나'이다(28-30행).

이것의 증명은 이렇다.

(1) '가/나 = 다/라', (1)과 T 가정에 의해,

(2) '다/라 > 나/라'(32-34행),

그러므로 (3) '다 > 나'이다(35-36행).

즉 '행복을 만들어 내는 것이 건강보다 더 선택될 만하다.'

116b

은 그렇지 않은 것보다 더 선택될 만하다.[30] 예를 들면 친애(필리아)는 부(富)보다도, 정의는 힘셈보다도 선택될 만하다. 친애와 정의는 그 자체

117a 로 명예롭고 칭찬받을 만한 것에 속하지만, 부와 힘셈은 그 자체로서가 아니라 다른 것 때문에 그런 것이니까 말이다. 왜냐하면 그 누구도 결코 부를 그 자체 때문에 명예롭다고 하지 않으며 다른 것 때문에 명예롭다고 말하기 때문이다. 이에 반해서 친애는, 설령 그것으로부터 다른 무언가가 우리에게 생겨나지 않더라도 그 자체로 명예로운 것이기 때문이다.

제2장 서로 수반하는 것들 간에서 이루어지는 선택 기준; 더 선택될 만한 것에 관한 토포스 (2)

(1) 더 큰 좋음을 수반하는 것을 선택해야만 한다

게다가 무언가 두 개의 것이 서로 간에 아주 유사해서 다른 쪽의 것에 대한 한쪽의 것의 어떤 우월함을 식별할 수 없을 경우에는 그것들에 부수하는 것들[31]의 관점에서 살펴봐야 한다. 왜냐하면 더 큰 좋음을 부수하는 것이 더 선택받을 만하지만, 부수하는 것들[32]이 악한 것들이라면 더 적

---

30 명예와 칭찬의 구별에 대해서는 『니코마코스 윤리학』 제1권 12장 참조. 행복은 칭찬하는 것이 아니라 명예로운 것이다. "행복은 명예로우며 완전한 것들 중 하나"이다.

31 원어로는 parepomena이다. 이 말은 어떤 일에 '부수된 혹은 따른 결과'를 의미한다. 여기에서는 어떤 일에 부수하는 혹은 따르는 것(결과)과 그것에 앞서는 것 사이의 관계에서 일어나는 사항들을 논의하고 있다. 논리적으로 말하면 전건과 후건의 관계이다.

32 원어로는 ta epomena인데 앞서 사용된 parepomena와 같은 의미로 쓰이고 있다.

은 악을 수반하는[33] 그편이 더 선택될 만하기 때문이다.[34] 왜냐하면 양쪽이 다 같이 선택받을 만한 것일 수 있지만, 그것에 무언가 불쾌한 것이 부수하는 데에는 아무런 지장도 받지 않을 것이기 때문이다. 부수라는 관점에서의 검토는 두 가지가 있다. 즉 [시간상] 앞서 부수하는 것과 뒤에 부수하는 것이 있다. 예를 들면 배우는 사람에게는 무지하다는 것이 앞서 부수하고, 안다는 것이 뒤에 부수한다. 그러나 대개의 경우에 뒤에 부수하는 것이 더 나은 것이다.[35] 그렇기에 부수하는 두 개의 것들 가운데 어느 쪽이라도 유용한 것이 있다면 그것을 취해야 한다.[36]

(2) 양적으로 많은 것을 부수하는 것을 선택해야 한다

게다가 더 많이 좋은 것이 더 적게 좋은 것보다 더 선택될 만하다. 이것은 무조건적으로 그렇거나, 한쪽의 것들이 다른 쪽의 것들 안에 포함되었을 경우, 즉 더 적은 것들이 더 많은 것들 안에 포함되었을 경우에도 그렇다. (한쪽이 다른 쪽을 위해서라면 어떨지라는 반론이 있다. 그 경우는 둘을 합한 것이 하나의 것에 비해 더 선택받을 만한 것이 아니니까. 예를 들면 건강하게 됨과 건강을 합한 것[37]이 건강보다 더 선택받을 만한 것이 아니다. 우

33 원어로는 akolouthein이란 동사이다. 이 동사는 『분석론 전서』, 『명제론』 등에서는 '논리적 결과(따름)'를 의미하는 경우에 사용되기도 한다. 여기서는 앞서의 epomena와 parepomena란 말의 쓰임을 고려할 때, 논리적인 혹은 시간적인 선후 관계이기보다는 어떤 것을 선택했을 경우에 수반하는 '결과'를 의미한다.

34 더 적은 악은 이런 것이다. 질병을 치료하기 위해 수술하는 경우에 수반하는 통증을 받아들이는 경우나, 체중을 줄이기 위해 식이요법을 하는 경우에 수반하는 고통을 참아 내는 경우를 생각해 볼 수 있다.

35 모든 행위는 어떤 좋음을 목표로 하기 때문에 맨 나중의 것이 좋을 수밖에 없다.

36 뒤에 부수하는 것들은 배움의 경우에 지식, 치료하는 경우에는 건강 회복과 같은 것이다.

37 '건강하게 됨에다가 건강을 보탠 것'을 의미한다.

리는 건강을 위해서 건강하게 됨을 선택하는 것이니까. 또 모든 것이 좋은 것은 아니지만,[38] 그것이 좋은 것들의 총합보다 더 선택받을 만하다는 것을 방해하는 것은 없다. 예를 들면 행복에다가 무언가 좋지 않은 다른 것을 보탠 것이 정의에다 용기를 보탠 것보다 더 선택받을 만한 것이다.[39]) 또 동일한 것들이라면 즐거움을 동반한 경우가 동반하지 않은 경우보다 더 선택받을 만하다. 또 동일한 것들이라면 고통을 동반하지 않는 편이 고통을 동반하는 편보다 더 선택받을 만하다.

(3) 더 큰 것을 성취할 수 있는 적절한 때에 선택되어야 한다

[25] 또 각각의 것들은 그것이 더 큰 것을 이룰 수 있는 시기, 바로 그 시기[40]

---

38 즉 '그 안에 포함된 것들 모두가 좋은 것이 아닌 것'을 의미한다. 바로 이어지는 예를 생각하라. 이 문장에서 mē agatha는 mē agatha met' agathōn의 생략(바이츠의 견해)이기보다는 앞서 내세운 '좋은 것들이 더 많은 쪽이 더 적은 것보다 더 선택될 만하다'라는 규칙의 예외 부분을 이루는 것으로 봐야 한다(베르데니우스, 27쪽). 그 규칙이 적용되지 않는 예외가 성립하는 예는 아래에 이어진다. 『정치학』 제7권 제13장 1332a36-38 참조. "왜냐하면 설령 시민들 각자가 [개별적로는] 훌륭하지 않고도 모든 시민이 [전체적으로] 훌륭할 수 있다고 하더라도, 시민들 각자가 훌륭한 것이 더 선택될 만하기 때문이다. 시민들 각자가 훌륭한 경우에 시민들 전체가 훌륭하다는 것이 따라 나오니까."

39 로스판과 다르게 브룅슈빅과 베르데니우스에 따라 괄호를 여기까지 연장했다. 이 문제에 대한 해결의 실마리는 117a39에서 찾을 수 있다. 거기에서 '용기는 정의에 종속되는 것'이라고 말해지고 있다. 그리고 앞의 논의에서 드러나듯이(116b23-38), 행복이 정의보다 정도에서 우월하기 때문에 바람직한 것이고, 궁극적 목적이 되는 것이 목적에 종속될 수밖에 없는 것보다 더 바람직한 것이기 때문에, 행복에 종속하는 '좋지 않은 것'이 정의(正義)에 종속하는 '좋은 것'보다 더 바람직한 것이다. 따라서 행복에다 '좋지 않은 것이' 보태진 것은 정의에 '정의에 종속하는 용기'가 보태진 것보다 더 바람직한 것이다. 그러므로 '좋지 않은 것'을 포함하는 '행복'이 '좋은 것'을 포함한 '정의'보다 더 바람직한 것이다.

40 원어로는 kairos이다. 이곳에서는 특수한 경우들에서 그것들이 선택될 수 있는 시

에서 선택되어야 한다.[41] 예를 들면 고통 없음은 청년기에서보다 노년기에서 더 많이 선택되어야 한다. 노년기에서 더 큰 것을 이룰 수 있으니까. 이와 동일한 이유에서 슬기〈실천적 지혜〉도 노년기에서 더 선택될 만하다. 그 누구도 젊은이들에게 슬기를 요구하지 않으므로 젊은이들을 지도자로 선택하지 않으니까. 그러나 용기는 그와 정반대이다. 왜냐하면 용기에 따른 활동은 젊은 시기에 더 필연적이기 때문이다. 절제도 마찬가지이다. 젊은이들이 나이 든 사람보다 욕망에 의해 더 많이 당혹스러움을 겪게 되니까.

(4) 더 보편적인 것이 바람직하다

또 어떤 기회에서 혹은 대부분의 기회에서 더 유용한 것이 더 선택되어야 한다. 예를 들면 정의와 절제가 용기보다도 더 선택될 만하다. 전자의 정의와 절제는 항시 유용하지만, 후자의 용기는 어떤 때[42]에만 유용하니까. 또 [두 개의 것 가운데] 모든 사람들이 그 하나를 가지고 있다면 다른 하나가 전혀 필요하지 않게 될 터이지만, 모든 사람들이 한쪽의 것을 가지고 있더라도 남은 다른 쪽의 것을 더 필요로 하는 경우에는 그 한쪽이 다른 쪽보다 더 선택될 만한 것이다.[43] 정의와 용기의 경우가 그런 것처럼.

기, 즉 알맞은 때(適期)를 논하고 있다.

41 『수사학』 제1권 제7장 1365a33-35 참조.

42 일반적 때(시기)가 아니라 특수한 때에만 바람직한 경우를 표시한다. 『수사학』 제1권 제7장 1365a33-35에서는 특수한 경우들에 적합한 시기를 논하고 있다.

43 이 대목을 비교급 표현으로 다시 옮겨보면, '두 개의 것 중 모든 사람들이 그 하나를 가지고 있다면 우리에게 다른 하나가 전혀 필요하지 않게 될 그것이, 모든 사람들이 한쪽의 것을 가지고 있더라도 남은 다른 쪽의 것을 더 필요로 하는 것보다 더 바람직한 것이다'로 번역될 수도 있다. 결국 이 대목을 뒤에서 들고 있는 '정의'와 '용기'의 예를 통해 설명해 보면 다음과 같다. 예를 들면 정의를 갖고 있다면 용기가 우리에게

117a

왜냐하면 모든 사람들이 정의롭다고 하면, 용기는 전혀 유용하지 않겠지
117b 만, 모든 사람들이 용기가 있다고 하더라도 정의는 유용하기 때문이다.

(5) 생성과 소멸, 상실과 획득에서 바람직한 것

게다가 소멸과 상실로부터, 또 생성과 획득으로부터,[44] 반대인 것들[45]로부터 검토할 필요가 있다. 왜냐하면 그것의 소멸이 더 회피될 수 있는 것일 때, 그 자체들은 더 선택될 만하기 때문이다.[46] 이것은 상실과 반대인 것들에서도 마찬가지이다. 왜냐하면 그것의 상실 혹은 그 반대의 것이 더 회피될 수 있는 것이라면[47] 그것 자체는 더 선택되어야 하기 때문이다. 생성과 획득의 경우에서는 그 역이다. 왜냐하면 그것들의 획득과 생성이 더 선택되어져야만 한다면,[48] 그것들 자체도 더 선택되어야 하기 때문이다.[49]

더 이상 도움이 되지 못한다. 용기를 필요로 하는 상황이 벌어지지 않을 테니까. 하지만 용기를 가지고 있다고 해도 우리는 현실적으로 정의를 필요로 하는 상황에 마주칠 수 있다. 따라서 우리가 용기를 가지고 있다고 해도 정의를 필요로 한다면, 정의가 용기보다 더 바람직하다는 것이 따라 나올 수밖에 없다. 요컨대 '용기는 정의에 종속된다'는 것이다.

44 생성과 소멸은 '있음과 있지 않음'의 차원이고, 상실과 획득은 '가짐과 갖지 않음'의 차원이다.

45 질병과 건강, 가난과 부와 같은 것.

46 재물이나 명예의 경우에, 재물의 소멸보다 명예의 소멸이 더 회피되어야만 하는 것이라면 재물보다 명예가 더 바람직한 것이다.

47 브룅슈빅은 ei를 삽입해서 읽는다.

48 앞의 맥락에 따라 이렇게 번역했다.

49 이 대목에서 논해지는 생성과 소멸, 획득과 상실이란 개념에는 생물학적인 의미뿐만 아니라, 존재론적인 의미도 내포되어 있다. 『수사학』 제1권 제6장 1362a34-b2, 1362b30-1363a1 참조.

(6) 이상적인 모범에 비슷한 것이 바람직하다

또 다른 토포스는 좋음[50]에 더 가까운 것이 더 낫고, 더 선택될 만하다. 또한 좋음에 더 비슷한 것[51]도 그렇다. 예를 들면 정의는 정의로운 사람보다 더 낫다. 또 그 자체〈그것들〉[52]보다 더 나은 것과 더 비슷한 것도 그렇다. 이를테면 아이아스가 오뒷세우스보다 더 나은 것은 아킬레우스와 더 비슷하기 때문이라고 어떤 사람들이 말한 것처럼. (이것에 대해 그것은 참이 아니라는 반론이 있다. 왜냐하면 아이아스가 아킬레우스와 더 비슷하다는 것이 아킬레우스가 가장 나은 점에서는 아니라고 하더라도 비슷할 수 있으며, 또한 오뒷세우스가 아킬레우스와 비슷하지는 않지만 좋은 사람일 수 있다는 것은 아무런 방해를 받지 않을 것이기 때문이다. 또한 더 익살스럽다는 점에서 비슷하지는 않은지를 검토해야 한다. 마치 원숭이가 인간과 비슷하지만 말과는 비슷하지 않다고 하는 경우가 그렇다. 원숭이는 인간과 더 비슷하지만 말보다 아름답지는[53] 않기 때문이다.)[54]

또 두 개의 것에 대해, 한쪽의 것이 더 나은 것에, 다른 쪽의 것은 더 뒤

---

50 알렉산드로스는 '좋음에 가까운 것'은 '목적(telos)에 가까운 것'과 같다(252쪽 12-13행)고 말한다. 그렇다면 여기서 좋음은 목적인 셈이다.

51 '좋음에 더 가까운 것'(to egguteron tagathou)과 '좋음에 더 비슷한 것'(to homoioteron tagathō)이 구별되고 있다.

52 autou 대신에 autōn으로 읽기도 한다(브륑슈빅). 의역하면 "두 개의 비교되는 것들."

53 beltion(나은)이 기대되는 대목에서 kallion(아름다운)이란 말을 사용한 것은 아리스토텔레스가 헤라클레이토스의 『단편』(B82)의 '원숭이들 중 가장 아름다운 놈도 사람의 부류에 비하면 추하다'(pithēkōn ho kallistos aischros anthrōpōn genei sumballein)(플라톤, 『대 히피아스』 289a)란 구절을 염두에 두었을 것이라고 베르데니우스는 추정하고 있다. 여기서 kallis는 '길들여진 원숭이'를 암시한다.

54 반론이 미치는 괄호로 묶이는 대목은 로스(17행까지)와 달리 베르데니우스와 브륑슈빅(19행까지)에 따랐다.

떨어진 것에 더 비슷하다면, 더 나은 것에 더 비슷한 쪽이 더 나은 것이다. (이것에도 역시 반론이 있다. 왜냐하면 한쪽의 것은 더 나은 것과 조금밖에 닮지 않았지만 다른 쪽의 것은 더 뒤떨어진 것과 아주 많이 닮은 것이 있더라도 아무런 지장을 받지 않을 것이기 때문이다. 예를 들면 아이아스는 아킬레우스와 조금밖에 닮지 않았지만 오뒷세우스는 네스토르와 아주 많이 닮은 경우가 그것이다. 또 한쪽의 것은 더 나은 것과 더 뒤떨어진 면에서 비슷하고, 다른 쪽의 것은 더 뒤떨어진 것과 더 나은 면에서 비슷할 수도 있다면 반론이 있을 수 있다. 가령 말이 당나귀와 비슷하고, 원숭이가 인간과 비슷한 경우처럼.)

(7) 다른 여러 가지 바람직한 것을 선택하는 기준에 대해

또 다른 토포스는 더 두드러져 보이는 것이 덜 두드러져 보이는 것보다 선택될 만하고, 더 곤란한 것이 더 선택될 만하다는 것이다.[55] 왜냐하면 손쉽게 얻을 수 없는 것들을 갖게 된다면 우리는 더 많이 만족하게 되기 때문이다.[56] 또 더 고유한 것이 더 공통적인 것보다 더 선택될 만하다.[57] 또 나

---

55 『수사학』 제1권 제7장 1365b14-16에 따르면, 두드러져 보이는 것이 더 진리(실재)에 가깝기 때문에 더 바람직하다고 한다. 아프로디시아스의 알렉산드로스는 두드러져 보이는 것인 한에서 관조적인 것보다 실천적인 것이 더 바람직할 것이고, 희소해서 파악하기 힘든 것인 한에서 부와 건강보다는 탁월성이 바람직할 것이라는 점은 분명하다고 지적하고 있다(255쪽 6-11행). 『형이상학』 제1권 제2장 982a10 아래에서는 곤란한(난해한) 것을 배울 수 있고 배우기 쉽지 않은 것을 배울 수 있는 사람은 지혜로운 사람(철학자)이라고 말한다. 이 밖에도 이 점에 대해서는 『수사학』 제1권 제7장 1364a29-30, 1365a35 아래 참조.

56 『수사학』 제1권 제7장 1364a23 참조. 금은 희귀하기 때문에 더 좋은 것이다.

57 '우리 자신에 더 고유한 것'(to idiaiteron), 이를테면 개인적인 가치들인 타고난 지혜, 탁월성, 좋음, 아름다움이 그런 것들이다(알렉산드로스, 255쪽 15-17행). 건강과 같은 것은 다른 동물도 공유(공통)할 수 있다. 따라서 전자들이 더 바람직한 것이다.

쁜 사람들과 더 공통적이지 않은 것이 더 선택될 만하다. [[어떠한 꺼림칙한 것도 전혀 수반하지 않는 것이 수반하는 것보다 더 선택될 만하니까.]][58]

한 부류가 다른 부류보다 뛰어나다면 뛰어난 부류에 속한 것이 그렇지 못한 부류에 속한 것보다 낫다

게다가 이것[A]이 저것[B]보다 무조건적으로 더 나은 것이라면, 이것[A]에 속하는 것들 중 가장 나은 것이 저것[B의 부류] 중에서 가장 나은 것보다 더 나은 것이다. 예를 들면 인간이 말보다 낫다면 가장 나은 인간 [35]
은 가장 나은 말보다도 더 나은 것이다. 또 [A 부류에서] 가장 나은 것이 [B 부류에서] 가장 나은 것보다 더 낫다면, 이것[A]이 무조건적으로 저것[B]보다 더 낫다. 예를 들면 가장 나은 인간이 가장 나은 말보다 더 낫다면 인간은 무조건적으로 말보다 더 나은 것이다.

가까운 사람에게 나은 것이 더 선택될 만하다

게다가 친구들이 나누어 가질 수 있는 것들이 나누어 가질 수 없는 것 118a
들보다 더 선택될 만하다.[59] 또 친구에 대해 더 많이 행하기를 원하는 것이 스쳐 지나가는 생면부지의 사람에 대해 행하기를 원하는 것보다 더 선택될 만하다. 예를 들면 '정의롭게 행위함'과 '잘해주는 것'이 외견상 그렇게 하고 있다고 생각되는 것보다 더 선택될 만하다.[60] 왜냐하면 우리는 친구들에게

58 브룅슈빅은 이 문장을 나중에 붙여진 것으로 삭제하고 있다(1967, 158-169쪽). 『토피카』 제3권 제2장의 처음 부분(117a5-10)을 참조.

59 "완전한 친애(philia)는 좋은 사람들, 또 덕에서 유사한 사람들 사이에서 성립하는 친애이다."(『니코마코스 윤리학』 제8권 제3장 1156b6 아래 참조.) 따라서 공유할 수 있는 '덕'이 공유할 수 없는 '건강이나 돈'보다 더 바람직하다.

60 『수사학』 제1권 제7장 1365b5-8 참조.

118a

외견상 잘해주는 것으로 생각되기보다 실제로 친구들에게 잘해주는 것을 원하지만, 스쳐 지나가는 사람들에 대해서는 정반대이기 때문이다.

더 나은 것이라고 해서 반드시 선택될 만한 것은 아니다

또 남아도는 것[61]이 삶에 필수적인 것들보다 더 나으며, 경우에 따라서 더 선택될 만한 것이기도 하다. 잘 사는 것[62]이 겨우 삶을 꾸려 가는 것보다 더 나으며, 잘 사는 것은 남아도는 것이지만, 삶 그 자체는 필연적이니까. 그러나 경우에 따라서 더 나은 것이 더 선택될 만하지 않은 것도 있다. 더 나은 것이라고 해도, 필연적이고 더 선택될 만한 것은 아니기 때문이다. 사실상 적어도 지혜를 사랑하는 것〈철학함〉이 돈을 버는 것보다 더 낫지만, 삶에 필수적인 것들을 결핍한 사람들에게는 더 선택될 만한 것이 못 된다. 남아도는 것은 삶에 필수적인 것들을 구비하고 있는 사람이 무언가 다른 아름다운[고귀한] 것을 더 확보하려고 할 때에 생기는 것이다. 아마도 대개는 삶에 필수적인 것이 더 선택될 만한 것이지만, 남아도는 것이 더 나은 것이다.

또 다른 사람에게서 획득할 수 없는 것이 다른 사람에게서 획득할 수 있는 것보다 선택될 만하다. 예를 들면 용기에 비교해 정의가 그렇다.[63]

---

61 『에우데모스 윤리학』 제7권 제10장 1243a34-b1, 『수사학』 제1권 제6장 1363a27 아래, 제9장 1367a26, 『니코마코스 윤리학』 제10권 제9장 1178b33 아래 참조. periousia의 의미는 '여분, 잉여, 풍부, 상당한 여분, 풍부한 부'이다. 인간은 자족적인 존재가 못 되는 까닭에 관조적인 삶을 누리기 위해서 적절한 만큼 재산이 있는 편이 낫다는 의미이다. 『니코마코스 윤리학』에서는 ektos euēmeria(외적인 부)를 사용하고 있다. 여기에는 건강, 부, 음식 등 삶을 즐기기 위한 부수적인 물질적 가치를 갖는 것이 포함된다.

62 원어로는 to eu zēn이다.

63 주어진 예를 통해서 판단해 볼 때, 정의는 자신 스스로 획득해야 하는 것으로 정

또 만일 이것[가]은 저것[나] 없이도 선택될 만하지만, 저것[나]은 이것[가] 없이는 선택될 만한 것이 못 된다면, 이것[가]이 저것[나]보다 더 선택될 만한 것이다. 예를 들면 슬기가 없는 능력은 선택될 만하지 않지만, 능력이 없는 슬기는 선택될 만하다.

또 둘 중에서, 한쪽이 우리에게 속한다고 생각될 수 있도록 다른 쪽이 우리에게 속하고 있다는 것을 부정하는 경우에는, 우리가 속한다고 생각되기를 바라는 그것이 더 선택될 만하다. 예를 들면 다른 사람들이 우리를 자연적으로 잘 태어났다고 생각하도록 우리 자신이 고역을 마다하지 않는다는 것을 부정하는 경우가 그렇다.

게다가 사람이 그것이 없다는 것을 견디기 어렵다고 생각해도 비난받을 정도가 덜한 것, 그것은 더 선택받을 만하다.

또 사람이 그것이 없다는 것을 견디기 어렵다고 생각하지 않으면 더 많이 비난받아야 하는 것, 그것은 더 선택받을 만하다.[64]

제3장 두 술어들 간의 비교 평가의 기준; 더 선택될 만한 것에 관한 토포스 (3)

(1) 고유한 탁월성을 가지고 있는 것, 보다 큰 좋음을 만들어 내는 것이 바람직하다

게다가 동일한[65] 종 아래 속하는 것들 중에서 그 종에 고유한 탁월성(좋

의롭지 않으면 다른 사람이 그에게 정의에 관계되는 일을 행할 수 없지만, 어떤 사람에게 용기가 없다고 해도 용감함을 실천하는 좋은 보호자는 그 사람에게 안전을 제공할 수 있다(브룅슈빅, 159쪽).

64 삶의 필수품과 친구의 경우를 생각해 보라.

음; aretē)을 가지는 것이 가지지 않는 것보다 더 선택될 만하다. 양자가 그 탁월성을 갖는 경우에는 더 많이 가지는 것이 더욱 선택될 만하다.[66]

게다가 한쪽의 것은 그것에 있어야 할 것을 좋은 것으로 만들지만, 다른 쪽의 것은 만들지 못한다면, 좋은 것을 만드는 쪽이 더 선택될 만하다. 따뜻하게 하는 것이 따뜻하게 하지 않는 것보다 더 따뜻해지는 것처럼.[67] 양쪽이 좋음을 만들어 낸다면 더 많이 그렇게 하는 쪽이 더 선택될 만하다. 혹은 더 나은 것과 더 주도적인 것을 좋은 것으로 만든다면 그것이 더 선택될 만하다. 예를 들면 한쪽의 것은 혼을, 다른 쪽의 것은 신체를 좋은 것으로 만드는 경우가 그렇다.[68]

(2) 술어의 어형변화와 사용법에 대한 고려

게다가 무언가[69]를 나타내는 말의 어형변화와 그 사용,[70] 행위와 기능의 관점에서 검토해야 한다. 또 역으로 이것들을 저것들의 관점에서 검토할

---

65 브링슈빅에 따라 to auto eidos로 읽는다.

66 『토피카』 제3권 제2장 117b33-39. 말의 고유한 탁월성은 '잘 뛰는 것'이다. 그렇다면 더 많이 그 탁월성을 갖는 말이 더 바람직한 것이다.

67 플라톤, 『국가』 제1권 335c 참조.

68 혼이 신체보다 좋고 주도적인 것이기 때문에 혼을 좋게 하는 탁월성이 신체를 좋게 하는 건강보다 더 바람직한 것이다.

69 '무언가'는 비단 어떤 구체적인 대상만을 지칭하는 것이 아니라, 술어로서 그 역할을 하는 것으로서 정의, 용기 등과 같은 한 명사에 내포된 의미의 실현 상태를 뜻하기도 한다. 이러한 의미에서 사물, 사안이라고도 할 수 있다.

70 '어형변화'에 관해서는 앞서 106b29 아래에서 논의된 사항을 참조. '사용'이란 한 명사(名辭)의 상이한 쓰임새를 가리킨다. 아래에서 비교되는 것처럼 정의가 용기보다 바람직한 이유는 정의가 '용기'란 말에 내포하는 의미를 포괄하고 있기 때문이다. 게다가 정의는 용기를 필요로 하지 않지만, 용기는 정의 없이는 그 존재 이유가 상실되기 마련이다(117a35 아래 참조).

수 있다. 이것들은 서로를 수반하기 때문이다. 예를 들면 '정의롭게'가 '용감하게' 보다 더 선택될 만하다면, '정의'도 '용기'보다 더 선택될 만하다. 또한 '정의'가 '용기'보다도 더 선택될 만하다면, '정의롭게'는 '용감하게' 보다도 더 선택될 만하다. 다른 경우들에서도 이와 유사한 방식으로 이해된다.[71]

(3) 공통 기준에서의 비교

게다가 어떤 동일한 것(b)과[72] 비교해서, 한쪽의 것(a)은 [그것(b)보다] 큰 좋음이고 다른 쪽의 것(c)은 [그것(b)보다] 더 적은 좋음이라면 보다 큰 쪽의 것(a)이 더 선택될 만하다. 혹은[73] [두 개의 좋은 것을 기준으로 하는 경우] 한쪽의 것이 다른 쪽의 큰 좋음보다 더 큰 좋음이라면 그것이 더 선택될 만하다.[74] 그러나 무언가 두 개의 것이 어떤 하나의 것보다 더 선택될 만하다면, 더 많이 선택될 만한 것이 더 적게 선택될 만한 것보다도 더 선택될 만하다.[75] 118b

71 다른 경우들이란 어형변화 이외의 것들인 사용, 행위, 기능의 경우를 말한다. 가령 A가 B보다 좋은 것이라면, A의 사용이 B의 사용보다 더 바람직한 것이다.

72 tou autou를 소유적 의미를 갖기보다는 b2의 meizonos와 더불어 비교급적 의미를 갖는 것으로 해석하여 베르데니우스(23쪽)와 피카드-케임브리지의 번역에 따라 옮겼다. tou autou는 '공통의 기준'을 지시하며, 마찬가지로 meizonos 역시 '동일한 공통의 기준'을 지시한다.

73 여기서 ē는 선택지를 의미하는 '달리 말해서'라는 의미이기보다는 "또 다른 경우에"를 의미하는 것으로 새길 수 있다.

74 예를 들면 A(행복)와 B(건강)가 C(명예)와 D(부)를 기준으로 해서 비교될 때, C(명예)가 D(부)보다 큰 경우에, 만일 A(행복)가 C(명예)보다 크고 B(건강)는 D(부)보다 크다면(즉 A와 B가 C와 D에 대해 같은 양만큼 크다면), A(행복)는 B(건강)보다 크다. 제3권 제1장 116b16, 제3권 제5장 119a21-23 참조.

75 A가 B에 대해 가지는 바람직한 정도보다 C가 B에 대해 가지는 바람직한 정도가

118b

게다가 하나의 것(a)의 지나침이 다른 것(b)의 지나침보다도 더 선택될 만한 경우에는, 전자 자체(a)가 더 선택될 만하다. 예를 들면 친애는 돈보다도 더 선택될 만하다. 왜냐하면 친애의 지나침이 돈의 지나침보다 더 선택될 만한 것이기 때문이다.[76] 또한 스스로가 원인〈탓〉[77]이 되고 자기 자신의 것이 되는 것을 선택하는 것이, 다른 것이 원인이고 자기 자신의 것임을 선택하는 것보다 더 선택될 만하다.[78] 예를 들면 친구들이 돈보다 더 선택될 만하다.

(4) 덧붙임과 뺌에 의한 비교

게다가 덧붙임의 관점에서 동일한 것에 무언가[두 개의 것 중에서 어느

더 크다면, C가 A보다 더 선택될 만하다. 예를 들면 건강이 부에 비해 선택될 만한 정도보다 탁월성이 부보다 선택될 만한 정도가 더 크다면, 탁월성이 건강보다도 더 바람직한 것이다. 또한 "'명예'가 '부'에 대해 가지는 '바람직한 정도'보다 '탁월성'이 '부'에 대해 가지는 '바람직한 정도'가 더 크다면, '탁월성'이 '명예'보다 더 바람직하다"는 논리적 추론의 결과가 따라 나온다.

76 『토피카』 제3권 제2장 117b33-39 참조.

77 원어로는 aitios이다. 이 말은 여기서 어떤 행위를 야기시킨 '원인'이나 '동기', 또는 행위에 대한 '책임'을 의미한다.

78 "그런데 친구 자신을 위해 친구가 잘되기를 바라는 사람이 최고의 친구이다. 이들이 이러한 태도를 가지는 것은 우연한 것에 따른 것이 아니라 그들 자신을 원인으로 한 것이다."(『니코마코스 윤리학』 제8권 제3장 1156b9-11) 누군가가 어쩔 수 없이 어떤 행위를 한 경우를 생각해 보자. 그 행위의 동기 혹은 그 행위의 결과에 대해, 왜 그런 행위를 했으며 또 왜 그런 결과를 가져왔는가를 따지는 경우에, 그 사람은 그 행위를 할 수밖에 없었던 그 '탓'을 혹은 '책임'을 어떤 것에 돌릴 수 있을 것이다. 자신이 왜 그런 행위를 할 수밖에 없는지를 설명할 때, 그 사람은 자신의 행위에 대한 '탓'을 '돈 때문이라기보다는 친애 때문에 그런 행위를 했다'고 할 것이다. 왜냐하면 친애가 돈보다 더 바람직하기 때문이다. 만일 친애보다 부모에 대한 '효심'이, 그리고 효심보다도 신에 대한 '경건함'이 자기 자신에게 그 어떤 행위를 하게 하는 동기를 유발시키는 것이라면, 그 이유는 이 중에서 '경건함'이 가장 바람직하기 때문이다.

한쪽]가 덧붙여진다면 전체를 [다른 쪽이 덧붙여질 때보다] 더 선택될 만한 것으로 만드는지를 검토해 보아야 한다. 그러나 [이 토포스를] 덧붙여지는 것의 한쪽은 그 공통된 것을 사용하거나[79] 혹은 어떤 다른 방식으로 그것과 협력해서 작용하지만, 다른 쪽의 것은 사용하지도 않고 또한 협력해서 작용하지 않는 경우에까지 확대해서 적용하지 않도록 주의해야 할 필요가 있다. 예를 들면 톱과 낫이 목공술과 함께 결부된 경우가 그렇다. 왜냐하면 목공술과 함께 결부된 두 개의 것 중에서 톱 쪽이 더 선택될 만한 것이지만, 그렇다고 해서 무조건적으로 더 선택될 만한 것은 아니기 때문이다.[80]

또 무언가가 더 작은 것에 덧붙여져서 그 전체를 보다 큰 좋음으로 만들지 않는지 살펴봐야 한다.[81]

뺌의 관점에서도 이와 마찬가지이다. 즉 동일한 것에서 뺄 때 남은 것이 더 작은 좋음이 되어 있다면, 빠짐으로써 남은 것을 더 작은 좋음으로 만드는 그것이 더 큰 좋음이니까.[82]

---

79 즉 톱은 목공술에 덧붙여져 목공의 도구로 사용되거나 혹은 목공술에 연관된 공통의 명사로 사용된다(예를 들면 톱은 '목공'의 도구이다)는 의미이다.

80 일반적으로는 A+C > B+C인 경우에 A가 B보다 더 크다. 톱과 목공술, 낫과 목공술로 짝지어진 경우를 비교해 보자. 전자는 톱이 목공술에 더불어 그 전체를 크게 하는 데 기여하기 때문에 바람직하다. 후자는 낫이 목공술과 더불어 그 전체를 크게 하지 못한다. 하지만 이 경우에 전체를 크게 하는 톱이 낫보다 무조건적으로 더 바람직하다고 말할 수 없다는 것이다. 왜냐하면 낫은 목공의 도구이기보다는 곡식을 베는 도구이므로 목공술과 함께 작용하지 않을 수도 있기 때문이다.

81 다시 말해 다른 것이 더 큰 것에 덧붙여졌을 때보다도 전체를 더 크게 하는 경우를 가리킨다.

82 (A+B+C)-A < (A+B+C)-B라면(즉 동일한 것에서 A와 B를 뺀다면) A가 B보다 더 큰 것이다.

118b

(5) 그 자체로 바람직한 것이 외견상의 이유로 그런 것보다 더 나은 것이다

또 한쪽의 것은 그 자체 때문에 선택될 만하고 다른 쪽의 것은 그렇게 생각되는 것 때문에 선택될 만하다면, 전자가 더 선택되어야 한다. 예를 들면 건강이 아름다움보다도 더 선택될 만하다. 그렇게 생각되는 것과의 관계에서 선택될 만한 것의 정의(定義)는, '누구도 그것을 알지 못할 때는 그것을 얻고자 진지하게 노력하지 않을 것이다'라는 것이다.[83] 또 한쪽의 것은 그 자체 때문에 또 그렇게 생각되는 것 때문에 선택될 만한 것이고, 다른 쪽의 것은 단지 하나의 이유만으로 선택될 만한 경우에는 전자가 선택되어야만 하는 것이다.[84] 또 어느 쪽의 것이라도 그 자체로 더 명예로운 것, 그것은 더 나은 것이고 더 선택될 만한 것이다. 그런데 앞으로 다른 어떤 것도 그것에 있을 법하지 않더라도 그 자체 때문에 우리가 더 선택해야 하는 것이 그 자체로 더 값진 것이 된다.[85]

게다가 '선택될 만하다'라는 것이 얼마나 많은 방식으로 말해지고 또 무엇을 위해 선택될 만한 것인지를 구별할 필요가 있다. 예를 들면 '유익한 것을 위해서', '아름다운 것을 위해서', '즐거운 것을 위해서'라는 식으로.[86]

---

83 누구도 관심을 두지 않아도 사람들은 건강을 얻으려 진지하게 노력할 것이다. 하지만 외형의 아름다움은 다른 사람이 보지 않을 때에는 그것을 얻으려고 진지하게 노력하지 않을 것이다.

84 한 말은 외관이 뛰어나고 또 잘 달리는 데 대해서 다른 말은 외관만 아름답다면 전자가 선택되어야 한다(알렉산드로스, 270쪽 3-4행).

85 『토피카』 제3권 제1장 116a29-31, 116b37-117a4에서 이미 언급된 내용과 실질적으로 일치한다. '앞으로 다른 어떤 것도 그것에 있을 법하지 않더라도'라는 구절도 이미 제1장 116a37 아래, 117a3에서 언급된 설명 방식이다. 관조(theōria)의 삶은 어떤 실제적인 결과는 가져오지 않더라도 실천적인 삶보다 더 명예로운 것이다(알렉산드로스, 270쪽 16-19행).

86 여기서는 '선택될 만하다〈바람직하다〉'라는 말의 여러 가지 의미라기보다는 그

왜냐하면 이 세 가지 것들 모두에 혹은 그들 대부분에 유용한 것이 그것들과 같은 정도로 유용하지 않은 것보다 더 선택될 만하기 때문이다.

그러나 동일한 목적들이 양쪽에 속한다면 어느 쪽에 더 많이 속하는지를 검토해야 한다. 이를테면 어느 쪽에 더 많은 즐거움이 혹은 아름다움이 혹은 유익함이 속하는지를. 또 더 나은 목적에 이바지하는 것이 더 선택될 만하다. 예를 들면 탁월성을 위한 것이 즐거움을 위한 것보다 더 선택되어야 한다. 회피해야만 하는 것들의 경우에서도 마찬가지이다. 왜냐하면 선택될 만한 것들을 더 많이 방해하는 것은 더 회피되어야 하기 때문이다. 예를 들어 질병은 추한 것보다 더 그렇다.[87] 질병은 즐거움과 훌륭함에 대해 더 방해가 되는 것이니까.

게다가 제시된 것이 같은 정도로 회피해야만 하는 것 또는 선택해야만 하는 것임을 드러내 줄 수 있는 관점에서 검토할 수도 있다. 왜냐하면 사람이 같은 정도로 선택하기도 하고 회피할 수도 있는 그러한 것은, 다른 쪽이 오로지 선택되어야만 하는 경우에는 더 적게 선택될 만하기 때문이다.[88]

'목적'에 연관된 가치라는 점에서 구별되고 있다. 목적을 세 가지로 나누는 것(아름다운 것, 유익한 것, 즐거움을 가져오는 것)에 대해서는 『토피카』 제1권 제13장 105a27, 『니코마코스 윤리학』 제2권 제2장 1104b30 아래 참조.

87 『토피카』 제3권 제1장 116b17-22.

88 건강과 돈의 경우를 생각해 보라. 건강은 오직 선택되어야만 하는 것이기에 돈은 더 적게 선택될 수밖에 없다(알렉산드로스, 272쪽 29행-273쪽 3행 참조).

제4장 가치를 표명하는 무조건적인 술어들에 대한 앞의 토포스의 적용

119a 그렇기에 술어들 서로 간의 비교는 앞에서 말한 것처럼 행해져야만 한다. 그런데 이와 동일한 토포스들은 어떤 것이 선택될 수 있으며 혹은 피해져야 할지를 보여주기 위해서도 유용하다. 다른 것에 대한 어떤 것의 우월성 측면[비교된 만큼]만을 제거하는 것이 필요하니까. '더' 값진 것이 '더' 선택되어야만 한다면 값진 것도 선택되어야 하고, 또 더 유용한 것이 '더' 선택되어야만 한다면 유용한 것도 선택되어야 하니까. 이러한 비교가 가능한 한에서 다른 경우들에서도 마찬가지이다. 왜냐하면 어떤 경우에서 만큼[89]은 다른 것과의 비교에 따라서 곧장[90] 우리는 '각각이 다 선택되어야 한다'거나, '그 중 한쪽이 선택되어야 한다'고 말하기 때문이다. 예를 들면 우리가 한쪽의 것은 자연적으로〈본성상〉 좋은 것이고, 다른 쪽의 것은 자연적이지 않은 방식으로 좋다고 말하는 경우가 그렇다.[91] 자연적으로 좋은 것이 선택되어야만 하는 것은 분명하니까.

---

89 원어로는 ep' eniōn인데, 바이츠(Waitz)는 ouk epi pantōn d' echei houtōs(모든 경우에 이러한 방식으로는 아니다)로 새길 수 있지 않겠느냐고 제안한다. 여기서는 '가치를 표명하는 무조건적인 술어들'을 비교하는 특정한 경우로 한정하는 것을 가리킨다. 어쨌든 이 경우는 앞서 언급한 규칙에 대한 예외의 경우로서, 이에 대해서는 『토피카』 제6권 제6장 145b29, 제10장 148b21, 제8권 제5장 159a25, 제14장 164b14를 참조. 이 구절을 베르데니우스는 "… 어떤 경우에서만이다"(For it is only in some cases that …)(29쪽)로 옮긴다.

90 이 말(eutheōs)의 의미는 아래서 드러나는 바처럼 비교급을 제거한다든가 하는 절차를 밟지 않고 '대뜸 그렇다'라고 주장한다는 의미이다. '무조건 좋은 것'임이 분명한 경우를 말한다.

91 이 점은 제3권 제1장의 116b10 아래에서 언급되었다.

제5장 더 선택될 만한 것에 관한 토포스의 일반화

'더 많이[비교 정도]'와 '더 큰[비교되는 양]'에 관련된 토포스들을 가능한 한 가장 보편적으로 받아들일 수 있도록 해야만 한다. 왜냐하면 그렇게 받아들일 수 있었을 때, 이 토포스들은 더 많은 것[사례]들에 대해 유용할 수 있을 것이기 때문이다. 앞에서 언급한 토포스들 중 어떤 것은 표현을 조금 바꿈으로써 더 보편적인 적용을 할 수 있는 것으로 만들 수 있다.[92] 예를 들면 자연적으로 '그러한 것'[93]은 자연적으로 '그러한 것이 아닌 것'보다도 더 많이 '그러한 것'이다. 또 한쪽의 것은 그것이 가지고 있는 것을 혹은 그것이 속한 것을 이러이러한 것으로 만들지만, 다른 쪽의 것은 그러한 것으로 만들지 못한다면, 그러한 것[성질]으로 만든 것이 그러한 것으로 만들지 못한 것보다 더 많이 그렇게 한 것이다. 그러나 양쪽의 것이 그렇게 만든다면 더 많이 그렇게 만든 것이 더 많이 그런 것이다.[94]

덧붙임과 뺌 그리고 섞임

게다가 어떤 동일한 것과 비교해서[95] 한쪽의 것(A)은 더 많이 그러한 것(p)이고, 다른 쪽의 것(B)은 더 적게 그러한 것이라면,[96] 또 한쪽의 것(A)

---

92 '보편적인 […] 만들 수 있다'란 의미는 '아름다운[고귀한]', '큰', '작은'과 같은 구체적인 속성을 표현하는 말들 대신에 '이러한'이란 일반적 표현으로 말을 바꾸는 것을 말한다.

93 '자연적으로〈본성적으로〉' 어떤 속성을 갖는 것을 의미한다.

94 앞의 118a29-31("한쪽의 것은 그것에 있어야 할 것을 좋은 것으로 만들지만, 다른 쪽의 것은 만들지 못한다면, 좋은 것을 만드는 쪽이 더 선택될 만하다.")을 일반화한 것이다.

95 『토피카』 제3권 제2장 118b1에서 동일한 말이 사용되었다.

96 『토피카』 제3권 제3장 118b1-3 논의의 일반화이다.

은 그러한 것(p)인 어떤 것(C)보다 더 많이 그러한 것(p)이며 다른 쪽의 것(B)은 그러한 것(p)이 아닌 것(D)보다 더 많이 그러한 것(p)이라면,[97] 맨 처음의 것(A)이 더 많이 그러한 것(p)임은 분명하다.

게다가 덧붙임의 관점에서도, [두 가지 것(a와 b)의 비교에서] 동일한 것(c)에 덧붙여진 어떤 것이 전체에 [다른 것이 덧붙여졌을 때보다] '더 많이' 그러한 것(p, 성질)을 가지도록 만들 수 있을지,[98] 혹은 한쪽의 것(a)이 더 적게 그러한 것(p)을 가지는 것(e)에 덧붙여졌을 경우 다른 쪽의 것(b)이 더 많이 그러한 것(p)에 덧붙여졌을 때보다 전체를 '더 많이' 그러한 것(p)으로 만드는지를 살펴봐야 한다.

뺌의 경우에서도 마찬가지이다. 왜냐하면 그것이 제거되어도 남은 것을 더 적게 그러한 것(p)으로 만든다면, 그것 자체는 더 많이 그러한 것을 만드는 것이기 때문이다.[99] 또 반대인 것들과의 섞임이 더 적은 것들은 더 많이 그러한 것(p)으로 만든다. 예를 들면 검은 것과의 섞임이 더 적은 것은 더 희다.[100] 게다가 앞서 언급한 토포스 외에도 당장 문제가 되는 사안에 고유한 설명을 더 많이 받아들이는 것은 더 많이 그러한 것(p, 성질)을 가진다. 예를 들면 '희다'의 설명식(logos)이 '시각을 확산시키는 색'[101]이

---

97 『토피카』 제3권 제3장 118b10-11, 16 논의의 일반화로 생각된다. 이에 대한 보다 자세한 분석은 베르데니우스와 브륑슈빅의 주석(161쪽)을 참고.

98 『토피카』 제3권 제3장 118b14-16 참조.

99 『토피카』 제3권 제3장 118b17-19 논의의 일반화이다.

100 즉 어떤 흰 것에 그 반대의 속성인 검은 것을 섞었을 때에도 여전히 희다고 하면 그것 자체는 더욱 희다는 의미이다.

101 diakritikos는 '꿰뚫는', '분산시키는', '확산시키는'이다. 이 말의 반대는 sugkritikos(수축시키는, 집약하는)이다. 『토피카』 제1권 제15장 107b29, 제2장 123a2, 제7권 제3장 153a38(색의 서로 반대되는 종차인 '검정'과 '하양'에 대해, "하양은 시각을 확산시킬 수 있는 것이고, 검정은 시각을 수축시킬 수 있는 것"이라고 설명하고 있다) 참조. 색의 종차의 설명으로서 하양과 검정에 대한 논의에 관해서는 『형이상학』

라면 더 많이 시각을 확산시키는 색은 더 희다는 것이 그것이다.

제6장 여러 가지 토포스의 사용

(1) 이미 언급한 토포스의 사용

(가) 대립하는 것들, 동계열적인 것들 그리고 어형변화에 기초한 토포스들

문제를 보편적인 방식(전칭)으로가 아니라 부분적인 방식(특칭)으로 내세운다면, 첫째로 앞에서 언급한 보편적으로 확립하기 위한 혹은 파기하기 위한 토포스들[102]은 모두 유용하다. 사실상 보편적인 방식으로 [보편적인 토포스들을] 파기하거나 확립함으로써, 우리는 부분적인 방식으로도 [개별적인 토포스를] 파기하고 확립한다는 것을 보여준다.[103] 왜냐하면 [어떤 특정한 속성이] 모든 것에 속한다면 몇몇의 것에도 속하고, 어느 것에도 속하지 않는다면, 몇몇의 것에도 속하지 않기 때문이다.

여러 가지 토포스 중 무엇보다 안성맞춤[104]이며 공통적인 것은, 대립하는 것과 동계열적인 것 그리고 어형변화의 관점에서 나온 것들이다. 왜냐

제10권 제7장 1057b8-19 참조. 하양과 검정의 차이는 시각의 '나눔과 모음'에 있다고 말한다. 플라톤, 『티마이오스』 67d-e 참조(Liddell & Scott, *Greek English Lexicon*, Oxford, 해당 항목 참조).

102 브링슈빅은 prōtoi … topoi로 읽으면서, 앞서 언급한 여러 가지 토포스는 제2권 제1장 108b34 아래에서 기술된 보편적인 토포스들 가운데 개별적인 것들을 취급하는 데 도움이 되는 것을 여기서 택하고 있는 것으로 보고 있다. 하지만 나는 사본에 좇아 prōton으로 읽었다.

103 토피카 제2권 제1장 참조(108b34 아래).

104 원어로는 epikairos이다. 여러모로 편리하다는 의미.

119a

하면 모든 쾌락이 좋은 것이라면 고통은 모두 악한 것이라고 주장하는 것
119b 과 어떤 쾌락이 좋은 것이라면 어떤 고통도 악한 것이라고 주장하는 것은 마찬가지로 일반적으로 받아들여지는 생각이기 때문이다.[105] 게다가 어떤 감각이 능력이 아니라면 어떤 무감각도 무능력이 아니다.[106] 또 어떤 믿음〈판단〉의 대상이 지식의 대상이라면 어떤 믿음 역시 지식이다.[107] 또 부정의한 것들 중 어떤 것이 좋다면, 정의로운 것들 중 어떤 것은 나쁘다.[108] (또 정의롭게 행해진 것들 중 어떤 것이 나쁜 것이라면, 부정의하게 행해진 것들 중 어떤 것은 좋다).[109] 또 쾌락을 주는 것들 중 어떤 것이 회피되어야만 한다면, 어떤 쾌락은 회피되어야만 한다. 이와 동일한 이유에서 또한 쾌락을 주는 것들 중 어떤 것이 유익하다면 어떤 쾌락은 유익한 것이다.[110]

파괴적인 것들과, 생성과 소멸의 경우에도 마찬가지이다. 무언가 쾌락 혹은 지식을 파괴할 수 있는 어떤 것이 좋은 것이라면 어떤 쾌락 혹은 어떤 지식은 나쁜 것들 중 하나일 것이다.[111] 마찬가지로 지식의 어떤 소멸이 좋은 것들 중 하나라면 혹은 지식의 어떤 생성이 나쁜 것들 중 하나라면, 어떤 지식은 나쁜 것들 중 하나일 것이다. 예를 들면 누군가가 행한 부끄러운 일을 잊는 것이 좋은 것들 중 하나라면 혹은 그것을 기억하고 있

105 대립하는 것들 가운데 '반대인 것들의 토포스'.

106 이것은 대립하는 것들 가운데 '가지고 있음과 결여하고 있음의 토포스'이다.

107 대립하는 것들 가운데 '관계적인 것들의 토포스'.

108 브룅슈빅은 이 구절을 palin ei ti tōn adikōs agathon, kai tōn adikōn ti agathon(또 만일 부정의하게 행해진 것들 중 어떤 것이 좋다면, 부정의한 것들 중 어떤 것은 좋은 것이다)으로 읽음으로써 '어형변화의 토포스'(adikōs, adikōn)를 언급하는 것으로 해석한다(162쪽).

109 브룅슈빅은 이 구절을 읽지 않는다.

110 동계열의 토포스.

111 『토피카』 제2권 제9장 114b16 아래 참조.

는 것이 나쁜 것들 중 하나라면, 그가 행한 부끄러운 일을 아는 것은 나쁜 것들 중 하나일 것이다. 다른 경우들에서도 이와 마찬가지이다. 왜냐하면 이들 모든 경우에 주어진 것과 그것으로부터 이끌려 나오는 것은 마찬가지로 일반적으로 받아들여지기 때문이다.[112]

(나) 더 많이, 더 적게, 같은 정도에 따른 토포스들

게다가 '더 많이'와 '더 적게', '같은 정도로'의 관점으로부터 검토해야 한다. 즉 다른 유에 속하는 것들 중 어떤 것이 해당하는 것보다 더 많이 그러한 것[성질]이지만 그 유에 속하는 어느 것이든 그러한 것이 아니라고 한다면, 말해지는 것도 역시 그러한 것이 아닐 것이다. 예를 들면 어떤 지식은 쾌락보다 더 많이 좋은 것이지만 어떤 지식도 좋은 것이 아니라면, 쾌락도 좋은 것이 아닐 것이다.

또 '같은 정도로'와 '더 적게'로부터도 마찬가지로 검토할 수 있다. 하나의 명제를 뒤엎는 것도 확립하는 것도 가능할 수 있으니까. 다만 '같은 정도로'의 관점에서는 양쪽의 절차를 행하는 것이 가능할 수 있지만, '더 적게'로부터는 단지 확립하는 것만이 가능하고 뒤엎는 것은 불가능하다. 만일 어떤 능력과 지식이 같은 정도로 좋은 것일 경우, 어떤 능력이 좋은 것이라면 지식도 그렇다. 그러나 어떠한 능력도 좋지 않다면, 지식 역시 좋지 않다. 한편 어떤 능력이 지식보다 더 적게 좋은 것일 경우, 어떤 능력이 좋은 것이라고 하면, 지식도 역시 좋은 것이다. 하지만 어떠한 능력도 좋

112 이 논의가 시작되는 대목인 119a38-119b1 참조("여러 가지 토포스들 중 무엇보다 안성맞춤이며 공통적인 것은, 대립하는 것과 동계열적인 것 그리고 어형변화의 관점에서 나온 것들이다. 왜냐하면 모든 쾌락이 좋은 것이라면 고통은 모두 악한 것이라고 주장하는 것과 어떤 쾌락이 좋은 것이라면 어떤 고통도 악한 것이라고 주장하는 것은 **마찬가지로 일반적으로 받아들여지는 생각**(homoiōs endoxon)이기 때문이다.")

119b

은 것이 아니라면, 어떠한 지식도 좋은 것이 아니라는 것은 필연적이지 않다. 그렇기에 '더 적게'로부터는 단지 주장을 확립하는 것만이 가능하다는 것은 분명하다.

(2) 뒤엎는 논의는 다른 유에서뿐만 아니라, 같은 유에서도 가능하다

다른 유로부터 하나의 논의를 뒤엎는 것이 가능할 뿐만 아니라,[113] 또한 동일한 유로부터도 가능한데, 가장 그러한 종류의 것을 다루는 경우에 그렇다. 예를 들면 어떤 지식은 좋음이라고 내세우면서 슬기가 좋음이 아니라는 것을 보여줬다면, 다른 어떠한 지식도 좋음일 수 없을 것이다. 가장 좋음이라고 생각되는 지식[슬기]조차 좋은 것이 아니니까.

게다가 가정의 관점으로부터도 논의할 수 있다. 즉 어떤 속성이 그 유 가운데 하나의 것에 속하거나 혹은 하나의 것에 속하지 않는다면, 모든 것에도 속하거나 속하지 않는다는 것을 마찬가지로 주장해야만 한다. 예를 들면 인간의 혼이 죽지 않는다면 다른 혼들도 죽지 않지만, 인간의 혼이 죽지 않는 것이 아니라면 다른 혼들도 또한 죽지 않는 것이 아닐 것이다. 그렇기에 어떤 속성이 어떤 것에 속한다고 상대방이 주장한다면, 그 속성이 어떤 것에는 속하지 않는다는 것을 보여줘야만 한다. 왜냐하면 가정에 따라서 그 속성이 그 유의 어느 것에도 속하지 않는다는 것이 따라 나올 것이기 때문이다.

120a 이에 반해서 만일 그 속성이 어떤 것에 속하지 않는다고 상대방이 주장한다면, 그 속성이 그 유의 어떤 것에는 속한다는 것을 보여줘야만 한다. 이렇게 함으로써 그 속성이 그 유의 모든 것에 속한다는 것이 따라 나올 것이기 때문이다. 이쯤이면 가정을 세우는 사람은 부분적으로 내세운 문

---

113 바로 앞의 119b18 참조.

제를 보편적인 것으로 만든다는 것이 분명하다. 사실상 가정을 세우는 사람은, 그 속성이 어떤 하나의 것에 속한다면 마찬가지로 그것이 모든 것에 속한다는 것을 주장할 것이기 때문에, 상대방이 부분적으로 동의하는 것을 보편적으로 동의할 것을 주장할 수 있을 것이다.

(3) 한정적 명제와 무한정적 명제의 증명과 논파에 대해

그런데 문제가 무한정적인[114] 경우는 해당하는 문제를 단지 한 가지 방식으로만 뒤엎는 것이 가능하다. 예를 들면 누군가가 (어떤[115]) '쾌락은 좋다'거나 '좋지 않다'라고 말하면서 그 밖의 다른 한정은 전혀 덧붙이지 않은 경우가 그것이다. '어떤 쾌락은 좋다'[116]라고 말한 경우, 내놓은 명제를 파기〈논파〉하려고 한다면 보편적으로 '어떠한 쾌락도 좋음이 아니다'[117]라는 것을 보여줘야만 한다. 마찬가지로 '어떤 쾌락은 좋음이 아니다'라고 말했다면 보편적으로 '모든 쾌락은 좋음이다'라는 것을 보여줘야만 한다.[118] 그

114 『분석론 전서』 제1권 제1장 24a17-22에서는 명제를 전칭(보편적)과 특칭(부분적), 무한정적(adioristos)으로 나누고 각각의 명제의 규정을 내리고 있다. 그곳의 정의에 따르면, 무한정적 명제란 보편적인 것(전칭)도 부분적인 것(특칭)도 아닌, 예를 들면 '쾌락은 좋음이 아니다'와 같은 아무런 한정 조항이 덧붙여지지 않은 진술을 말한다. 그러나 여기서는 '무한정적'인 경우들을 말하면서 '특칭의 명제들'을 논하고 있다.

115 『분석론 전서』의 정의에 따르면 '어떤(몇몇)'이란 덧붙인 말이 있어서는 안 되지만, 여기서 이루어지는 논의 전개상 tina를 보충해서 읽는 편이 더 나을 성싶다. 피카드-케임브리지와 브룅슈빅도 tina를 보충해서 읽는다. 포스터와 체클은 tina를 보충하지 않은 채 그대로 읽고 있다.

116 I 판단(특칭 긍정 명제)에 해당한다.

117 전통 논리학의 A, E, I, O 판단의 E(전칭 부정 판단) 명제로 읽으면 '모든 쾌락은 좋음이 아니다(No S is P)'이다. 단, 부분 부정의 의미로 받아들여서는 안 된다.

118 A 판단과 O 판단의 모순 대당.

120a

밖의 다른 방식으로 파기할 수는 없다. 왜냐하면 '어떤 쾌락은 좋음이 아니다 혹은 좋음이다'라는 것을 우리가 보인다고 해도 내놓은 그 명제는 아직 파괴된 것이 아니기 때문이다.

그렇기에 무규정적인 명제들을 파기하는 것은 한 가지 방식으로만 가능하지만, 확립하는 것은 두 가지 방식으로 가능하다는 것은 분명하다. 왜냐하면 우리가 보편적으로 '모든 쾌락이 좋음이다'라는 것을 보여준 경우와 '어떤 쾌락은 좋음이다'라는 것을 보여준 경우는, 어떤 경우에서든 제안된 명제가 제시된 셈이기 때문이다. '어떤 쾌락은 좋음이 아니다'[119]라는 것을 논해야 하는 경우도 마찬가지이다. 만일 우리가 '어떤 쾌락도 좋음이 아니다'라는 것, 혹은 '어떤 쾌락은 좋음이 아니다'라는 것을 보여줬다면, 우리는 이미 두 가지 방식으로, 즉 보편적으로나 부분적으로도 '어떤 쾌락은 좋지 않다'는 것을 논의했던 셈이 될 것이다.[120]

한편 하나의 입론(테시스)이 한정적인 것이라면 두 가지 방식으로 파기할 수 있다. 예를 들면 '어떤 쾌락에는 좋은 것이 속하지만, 어떤 쾌락에는 속하지 않는다'[121]라고 내세우는 경우가 그렇다. 왜냐하면 '모든 쾌락이 좋음이다'라는 것을 보이거나 혹은 '모든 쾌락은 좋음이 아니다'라는 것을 보여주게 되더라도 제안된 명제는 파기될 것이기 때문이다. 그러나 상대방이 '오로지 하나의 쾌락만이 좋다'라고 내세우는 경우[122]에는 세 가지 방

119 O 판단(특칭 부정 판단)에 해당한다.

120 결국 여기서 논의되는 무규정적 명제들의 파기(논파)는, 예를 들면 전통 논리학적 표현으로 I 명제와 O 명제인 경우에는 I 명제, O 명제와 모순 대당 관계에 있는 A 명제, E 명제에 의한 단지 한 가지 방식으로만 가능하고, 이와 달리 이 명제들을 확립하기 위해서는 I 명제, O 명제가 속하는 A명제, E 명제를 확립하든가(대소대당), 특칭 명제를 직접적으로 확립하는 방법이 있다는 것이다.

121 '단지 어떤 S만이 P이다.'

122 '단지 하나의 S만이 P이다.'

식으로 뒤엎는 것이 가능하다. 왜냐하면 '모든 쾌락은 좋음이다' 혹은 '어떠한 쾌락도 좋음이 아니다' 혹은 '두 가지 이상의 쾌락이 좋음이다'라는 것을 보여준다면 우리는 제안된 명제를 이미 뒤엎은 셈이 될 것이기 때문이다.

입론이 더욱 엄밀하게 한정될 경우,[123] 예를 들면 '여러 가지 탁월성 중 슬기만이 지식'이라고 주장하는 경우에는 파기하는 것이 네 가지 방식이다. 왜냐하면 '모든 탁월성이 지식이다' 혹은 '어떠한 탁월성도 지식이 아니다' 혹은 '다른 어떤 탁월성, 이를테면 정의가 지식이다' 혹은 '슬기 자 [30]
체가 지식이 아니다'라는 것을 보여준다면, 제안된 명제는 파기된 셈이 될 것이기 때문이다.

(4) 그 밖의 여러 가지 토포스에 대해

보편적으로 세워진 문제의 경우에서와 마찬가지로,[124] 무언가가 속한다 혹은 속하지 않는다고 상대방이 말했을 경우, 그 하나하나의 사례에 대해 주목하는 것도 유용하다. 게다가 앞서 말했던 것처럼[125] 여러 가지 유들에서 각각의 종에 따라서 더 이상 나눌 수 없는 종에 이르기까지 분할해 가 [35]
는 경우에도 그 하나하나의 사례에 대해 주목해야 한다. 왜냐하면 속성이 명확하게 모든 것에 속하는 경우에도 또 명확하게 어떠한 것에도 속하지 않는 경우에도, 많은 사례를 내세운 다음에 상대방이 당신의 주장에 보편적으로 동의하는지, 그렇지 않으면 어떤 경우에는 그렇지 않다는 것을 보일 수 있는 반론을 내놓도록 요구해야만 하기 때문이다. 게다가 부수성을 종에 따라서든 수에 따라서든 구별할 수 있는 경우에는 그것들의 구별

---

123 'S 중 단지 특정한 S1만이 P이다.'

124 『토피카』 제2권 제2장 109b13 아래.

125 『토피카』 제2권 제2장 109b13 아래에서 논의된 토포스.

120a

된 부수성이 문제가 되는 어느 것에도 속하지 않는지 어떤지를 검토해야
120b 만 한다. 예를 들면 시간은 움직이지 않으며 또 운동이 아니라는 것을, 운동의 모든 종들이 얼마나 있는지[126]를 셈으로써 나타내는 경우처럼 말이다.[127] 왜냐하면 그것들 종의 어느 것도 시간에 속하지 않는다면, 시간은 움직이지 않으며 운동이 아니라는 것은 분명하기 때문이다. 마찬가지로 또한 모든 수를 홀수와 짝수로 분류함으로써 혼은 수가 아니라는 것을 보여줄 수 있다.[128] 왜냐하면 혼이 홀수도 짝수도 아니라면 혼은 수가 아니라는 것은 분명하기 때문이다.

그래서 부수성에 대해서는 이와 같은 것들을 통해서 또 이러한 방식으로 논의에 착수해야만 한다.

126 『토피카』 제2권 제4장 참조.

127 운동과 시간의 관계에 대해서는 『자연학』 제4권 제10장 218b10 아래 참조.

128 '혼이 자신의 운동을 일으키는 수'라는 주장에 대한 논의는 『혼에 대하여』 제1권 제4장 408b32 아래 참조.

4권

유의 토포스

제1장 유와 고유속성에 관련된 여러 가지 토포스 (1)

이와 같은 것들[1] 다음으로 유와 고유속성에 관련된 것들에 대해 검토 120b12 해야만 한다.[2] 이것들은 정의에 관계하는 것들의 구성 요소들이지만,[3] 문답을 통해 논의하는 자들에게서 이것들 자체[4]에 대해 탐구하는 일은 드물다.[5]

---

1 '부수성'을 가리킨다.

2 고유속성에 대한 토포스들은 실제로 제5권에서 이루어지고 있다.

3 유와 고유속성을 탐구하는 절차는 정의를 탐구하는 부분이다. 올바르게 구성된 정의는 고유속성과 같은 유적 술어를 포함하고, 대상 대신에 말해질 수 있다. 브룅슈빅은 이 구절을 '유와 고유속성'을 바탕으로 하는 정의 이론을 언급하는 중요한 대목으로 해석하고, 이것이 나중에 '유와 종차'로서의 정의 이론으로 발전하게 된다고 보고 있다(Sur le systeme des 'predicables' dans les *Topiques* d' Aristote, 1986, p. 152). 요소(stoicheion)는 기본적인 '토포스'(기본적 규칙), '기본적 절차'란 의미로 사용되기도 한다(123a27, 128a22, 147a22, 151b18, 유에 관해서는 143a13 참조). 바그너와 랍의 주석 324쪽 참조.

4 유와 고유속성.

5 『토피카』 제1권 제6장, 제6권 제1장, 제7권 제5장 참조. '문답을 통해 논의하는 자

120b

(1) 유는 그 유가 술어가 되는 모든 종들을 포섭해야만 한다

그래서 존재하는 것에 대해 그것의 유를 세우려는 경우에, 첫째로 그 말해지는 것과 '같은 유'에 속하는 모든 것[6]에 주목하고, 부수성의 경우에서와 마찬가지로[7] 그것들 가운데 어떤 것에 문제가 되는 이 유가 술어가 되지 않는 경우가 있지는 않은지 검토해야 한다. 예를 들면 상대방이 좋음은 쾌락의 유라고 내세웠다면, 어떤 쾌락은 좋음이 아닌지를 살펴봐야 한다. 그렇다고 하면[8] 좋음은 쾌락의 유가 아니라는 것은 분명하니까. 왜냐하면 유는 동일한 종에 포섭되는 모든 것에 대해[9] 술어가 되기 때문이다.

다음으로, 이를테면 '희다는 것'이 눈(雪)에 대해, 혹은 '스스로에 의해서 움직이는 것'이 혼에 대해 술어가 되는 경우에서처럼,[10] 상대방이 제시한 그 '유'[11]가 '무엇인가'라는 점[12]에서가 아니라 부수적인 것으로서 술어가 되지는 않는지 살펴봐야 한다. 왜냐하면 하양은 눈의 유가 아니므로, 눈은 바로 그[13] '하양'이 아니고, 또한 혼도 바로 그 움직이는 것이 아니며, 마

들'(변증론자)은 당시 실제로 이런 일을 행하는 자들을 지시하며, 당시에 이론적으로 이 문제를 따졌던 사람은 없었다는 것을 의미한다. 이에 관해서는 『소피스트적 논박에 대하여』 제34장 183b34-36, 184b1-2 참조. 여기서 '변증술'의 의미는 '논쟁에 직접 참여해서 전개하는 논의'를 말한다. 학적 추구에 도움이 되는 엄밀한 의미의 변증술은 아니다(『토피카』 제1권 제2장의 논의 참조).

6 이것은 아래에서 나타나는 것처럼, 탐구되는 대상과 같은 유에 속하는 종들이 아니라, 그 대상을 구성하는 종들에 속하는 개별자이거나 하위 종이다.

7 『토피카』 제2권 제2장 109b13 아래.

8 어떤 쾌락은 좋음이 아니라고 하면.

9 말 그대로 옮기면 '같은 종 아래에 들어오는 모든 것에 대해'이다.

10 플라톤, 『파이드로스』 245c-246a, 『법률』 제10권 895e-896a 참조.

11 제시된 유는 상대방이 유로서 제시된 것을 말한다(브룅슈빅, 164쪽).

12 원어로는 en tō ti esti이다. 즉 본질을 의미한다.

13 원어로는 hoper(바로 그것)인데, 여기서는 '본질적으로'라는 의미이다.

치 동물의 경우에 걷는 것과 걸어 다님[14]이 자주 부수하는 것처럼 혼에는 움직이는 것이 부수하고 있기 때문이다.[15]

게다가 '움직이는 것'은 '무엇인가'[16]가 아니라, 작용하는 것[17]이나 작용을 받는 것을 의미하는 것처럼 생각된다.[18] '힘'의 경우에서도 마찬가지이다. 왜냐하면 '하양임'은 눈이 '무엇인가'를 나타내는 것이 아니라, 그것의 어떤 성질을 나타내는 것이기 때문이다. 따라서 그것들 둘[19] 다 '무엇인가'라는 점에서 술어가 되지 못하지만, 유는 '무엇인가'라는 점에서 술어가 되는 것이다.

(2) 부수성은 한 속성의 귀속 여부에 의해 유와 구별된다

그런데 부수성의 정의에 대해 특별히 주목하고, 그 정의가 유로서 말해 [30]
진 것에 적합한지를 살펴봐야 한다. 예를 들면 방금 말한 예들에서도 그렇다. 왜냐하면 어떤 것은 스스로 자기 자신을 움직일 수도 있고 또 움직일 수 없기도 하며, 마찬가지로 그것은 하얀 것일 수도 또 하얀 것이 아닐 수도 있기 때문이다. 따라서 우리가 '어떤 것에 속할 수도 있고 또 속하지 않을 수도 있는 것'을 부수성이라고 말했기 때문에,[20] 그것들 둘 다 유가 아

---

14 badizein(걷는)과 badizonti einai(걸어가고 있음)는 동일한 의미이다. 이에 관해서는 『형이상학』 제5권 제7장 1017a27-30 참조. 헬라스어에서는 사실상 현재형과 진행형이 구별되지 않고 함께 쓰인다. 이에 관련된 보다 상세한 논의에 대해서는 J. L. Ackrill, Aristotle's Distinction between *Energeia* and *Kinesis*(in ed. R. Bambrough, *New Essays on Plato and Aristotle*, RKP/HP, pp. 121-141, 1965)를 참조.

15 즉 움직이는 것이 영혼에 '따라붙어' 있다는 것이다.

16 '본질'을 말한다.

17 즉 '움직이고 있음'.

18 이어지는 『토피카』 120b36 아래에서 더 상세하게 논의된다.

19 움직이는 것과 힘.

20 『토피카』 제1권 제5장 102b6-7에서 논의된 부수성에 대한 두 번째 정의를 참조.

니라 부수성인 것이다.

(3) 유와 종은 같은 범주에 속한다

게다가 유와 종이 동일한 구분[21] 안에 있지는 않지만, 한쪽은 실체(ousia)이고 다른 쪽은 성질(poion)인지 아닌지, 혹은 한쪽은 관계적인 것(pros ti)이고 다른 쪽은 성질인지 아닌지를 살펴봐야 한다. 예를 들면 눈과 백조는 실체이지만, '하얗다'는 실체가 아니고 성질이다. 그러므로 '하양'은 눈의 유도 아니고 또 백조의 유도 아니다. 또 지식은 관계적인 것에 속하지만,[22] '좋음' 혹은 '아름다움'은 성질이다. 따라서 좋음과 아름다움은 지식의 유가 아니다. '두 배'의 경우에서처럼, 관계적인 것들의 유 그 자체도 관계적인 것들이어야만 한다. 요컨대 '여러 배'는 두 배의 유이기 때문에 그것 자체도 관계적인 것에 속한다. 일반적으로 말해서 유는 종과 동일한 구분[23]에 포섭되어야 한다. 왜냐하면 종이 실체이면 유도 실체이고, 종이 어떤 성질이라면 유도 역시 어떤 성질이기 때문이다. 예를 들면 하양이 어떤 성질이라면 그 유인 색도 역시 어떤 성질이다. 다른 구분들의 경우에서도 마찬가지이다.

(4) 유는 종을 분유하지 않지만 종은 유를 분유한다

또 유가 유 안에 놓인 것을 분유하는(metechein) 것이 필연적인지 혹은 가능한 것인지를 살펴봐야 한다. '분유한다'는 것의 정의는 '분유하는 것의 설명식을 받아들이는 것'이다. 그렇기에 종은 유를 분유하지만, 유는

---

21 드문 경우이기는 하지만, '구분'(diairesis)이란 말은 여기서 '범주(카테고리아)'를 나타내기 위해 사용된 말이다. 예를 들면 아래의 121a7, 122a25, 27 참조.

22 『범주들』(카테고리아이) 제7장 참조.

23 앞의 주 21 참조.

종을 분유하지 않음이 분명하다. 종은 유의 설명식을 받아들이지만, 유는 종의 설명식을 받아들이지 않으니까.[24] 그렇기에 유로서 주어진 것이 종을 분유하는지 혹은 분유하는 것이 가능한지를, 예를 들면 누군가가 무언가를 '존재하는 것' 혹은 '하나인 것'의 유로서 줄 수 있을지 없을지를 검토해야만 한다.[25] 줄 수 있다고 하면, 유는 종을 분유한다는 것이 따라 나올 테니까. 왜냐하면 '있음'과 '하나임'은 존재하는 모든 것들에 대해 술어가 되고,[26] 따라서 그것들의 설명식도 역시 술어가 되기 때문이다.

(5) 종이 술어가 되면 그 유도 술어가 된다

게다가 무언가에 대해 종으로 주어진 것은 참이지만 유로서 주어진 것은 그렇지 않은지를 살펴봐야 한다. 예를 들면 있는 것 혹은 인식할 수 있는 것〈지식의 대상〉이 생각의 대상의 유로서 내세워진 경우가 그렇다. 있지 않은 것에 대한 생각의 대상이 술어가 될 수 있을 테니까(즉 있지 않은 많은 것들이 생각의 대상이 되니까). 그러나 있는 것이나 지식의 대상은 있지 않은 것에 대해 술어가 될 수 없다는 것은 분명하다. 따라서 있는 것도 지식의 대상도 생각의 대상의 유가 아니다. 그 종이 술어가 되는 것들에 대해 그 유도 역시 술어가 되어야만 하니까.

(6) 그 종의 어느 것도 분유하지 않는 것(술어)은 유를 분유할 수 없다

또 유 안에 놓인 것이 그 종의 어느 것을 분유할 수 없을지를 살펴봐야 한다. 왜냐하면 종의 어느 것도 분유하지 않는다면 최초의 분할에 의해

---

24 『범주들』(카테고리아이) 제5장 3a38-b9 및 『토피카』 제4권 제1장 121b12, 제2장 122b9 참조.

25 『토피카』 제4권 제6장 127a30.

26 아래의 121b4 아래, 『형이상학』 제10권 제1장, 제2장 참조.

얻어지는 종들의 하나가 아닌 한, 유를 분유하는 것은 불가능하기 때문이다. 사실상 최초의 분할에 의해 얻어지는 종들은 단지 유만을 분유할 뿐이다. 그렇기에 '운동'이 쾌락의 유로서 내세워진다면[27] 쾌락이 장소 이동도 아니고, 성질 변화도 아니며, 운동으로 주어진 나머지 중의 어느 것도 아닌지를 검토해 보아야 한다. 사실상 쾌락이 그 종의 어느 것을 분유하지 않을 것이라는 점은 분명하기 때문이다. 따라서 유를 분유하는 것은 그 종의 어느 것을 필연적으로 분유해야 하기 때문에 쾌락은 또한 유를 분유하고 있지 않은 것이다. 그래서 쾌락은 운동의 하나의 종[28]일 수도 없고, 그 운동의 종[29] 아래에 포섭되는 불가분적인 것〈개별적 운동〉들[30] 중의 어떤 것일 수도 없을 것이다. 불가분적인 것〈개별자〉들도 그 유

27 쾌락을 일종의 운동(kinesis)으로 보는 견해에 대해서는, 플라톤, 『국가』 제9권 583e3-5, 『필레보스』 32a-b('쾌락은 자연상태에 따르는 회복'), 42d, 53c-d, 아리스토텔레스 『수사학』 제1권 제11장 1369b33 참조. 아리스토텔레스는 이런 점을 통해서 플라톤이 쾌락을 '운동'으로 다루었다고 해석한다. 이에 대한 아리스토텔레스의 비판에 대해서는, 특히 『니코마코스 윤리학』 제10권 제2장 1173a30 아래 및 제3장 1174b8 참조. 아리스토텔레스는 『니코마코스 윤리학』 제7권 제12장-제15장, 제10권 제1장에서 5장에 걸쳐 쾌락의 본질에 대한 논의를 전개하고 있다. 그는 쾌락을 활동(energeia)으로 본다(1153a14).

28 아리스토텔레스는 플라톤의 이 입장에 반대한다(『니코마코스 윤리학』 1173a30 아래 참조). 플라톤이 『국가』 583e에서 말하는 운동(kinesis)은 쾌락의 경우에는 plēnōsis(충족, 포만)이고, 고통의 경우에는 585a에서 지적하고 있는 것처럼 kenōsis(공복)이다(J. Adam, *The Republic of Plato*, V. 2, Cambridge University Press, 1963[2nd ed.], p. 350)

29 마귀네스(W. S. Maguinness)가 수정한 대로 hupo to genos로 읽지 않고 사본과 브룅슈빅(1967)에 좇아 hupo to eidos로 읽었다. 피카드-케임브리지와 로스는 hupo ti eidos tēs kinēseōs ontōn으로 읽는다. 포스터는 논의 전개상 hupo to genos로 읽을 것을 제안한다. 한편, 베르데니우스는 to eidos를 그대로 살려주면서, 이 종들이 121a35의 eidos를 가리키는 것으로 보고 있다.

30 '불가분(不可分)적인 것'(atomon)에 대해서는 『토피카』 제2권 제2장 109b16 아

와 종을 분유하는 것이니까. 예를 들면 어떤 한 개별적 인간은 인간도 분유하고 동물도 분유한다.

(7) 유는 종보다 더 넓은 외연을 갖는다

게다가 유 안에 놓인 것이 유보다 넓은 범위에서 말해질 수 있는지를 121b
살펴봐야 한다. 예를 들면 생각의 대상은 있는 것보다도 넓은 범위에서 말해진다.[31] 있는 것이나 있지 않은 것은 생각의 대상[32]이니까. 따라서 생각의 대상은 있는 것의 종일 수 없다. 유는 항상 종보다 넓은 범위에서 말해지니까. 또 종과 유가 동등한 범위에서 말해질 수 있는지를, 예를 들면 '있음'과 '하나인 것'에서처럼 모든 것에 수반하는 것[술어]들 중 어떤 것은 종으로서, 다른 것은 유로서 상대방이 내세웠는지를 살펴봐야 한다. '있음'과 '하나인 것'은 모든 것에 수반하니까.[33] 따라서 '있음'과 '하나인 것' 양자는 동등한 범위에서 말해지는 것이기 때문에[34] 어느 쪽도 어느 쪽의 유일 수 없다. 이것은 '최초의 것'과 '시작'을, 서로 간에 하나를 다른 것 밑에[35] 세우는 경우에도 마찬가지이다. 시작은 최초의 것이고, 최초의 것

래, 『범주들』(카테고리아이) 제1장 1b6-9, 『명제론』 제11장 21a19 아래 참조.

31 '넓은 범위에서 말해진다'는 것은 '외연'(外延, extension, '말이 지시하는 것의 범위')을 의미한다.

32 원어로는 '생각되는 것'(믿음, doxaston)이다. 『토피카』 제4권 제1장 121a20-26 참조.

33 이와 동일한 견해가 『토피카』 제4권 제6장 127a26-34에도 언급되고 있다(제5권 제2장 130b17 참조).

34 '있음'(to on)과 '하나인 것'(to hen)의 외연이 일치한다는 말이다. '있음'과 '하나'는 분리되는 것이 아니며, 동일한 것이라는 견해에 대해서는 『형이상학』 1003b23-35 참조.

35 브룅슈빅과 바이츠를 좇아, 사본(ABVPcu)의 ep' 대신에, 또 로스의 eis 대신에 hup'로 읽었다.

121b

은 원리이니까. 따라서 표현은 두 가지라도 양자는 같은 것이며, 어느 쪽도 어느 쪽의 유일 수 없다. 그러나 이 모든 것들에 관계해서 기본적 원리는, 유가 종과 종차보다도 넓은 범위에서 말해진다는 것이다. 종차 역시 유보다 좁은 범위에서 말해지니까.

종적으로 다르지 않은 모든 것들의 유는 같다

유로서 말해진 것이 종적으로 차이가 없는 것들 중 어떤 것의 유가 아닌지 어떤지, 혹은 [실제는 그렇지 않은데] 어떤 것의 유라고 일반적으로 인정되고 있지는 않은지 살펴봐야 하며, 또 하나의 주장을 확립하려는 쪽은 그것이 어떤 것의 유인지 살펴봐야 한다. 왜냐하면 종적으로 차이가 없는 모든 것들의 유는 동일하기 때문이다. 그렇기에 그것이 종적으로 차이가 없는 것들 중 어떤 것의 하나의 유라는 것을 보이게 된다면 또한 모든 것의 유라는 것은 분명하다. 또 종적으로 차이가 없는 것들 중 하나의 유가 아니라는 것을 보이게 된다면 어느 것의 유도 아니라는 것은 분명하다. 예를 들면 누군가가 '불가분의 선분'을 상정함으로써 '불가분의 것'이 그것의 유라고 주장하려는 경우가 그것이다. 왜냐하면 유로서 말해진 '불가분의 것'은 분할되는 선분의 유는 아니지만, 분할되는 선분은 [분할되지 않는 선분과] 종에서 차이가 없기 때문이다. 모든 직선은 종에서 서로 간에 차이가 나지 않으니까.[36]

---

36 요컨대 '불가분의 선분'은 분할되는 선분과 종적으로 차이가 없다. 그래서 불가분의 선분만을 '불가분의 것'의 유 아래 둔다면, 종적으로 차이가 없는 모든 것의 유는 같은 것이라는 원리에 어긋난다는 것이다. 짝퉁-아리스토텔레스의 저작으로 페리파토스학파의 일원이 쓴 것으로 추정되는 『불가분의 선분에 관하여』(*Peri atomōn grammōn; De lineis insecabilibus*)라는 것이 있다.

제2장 유와 고유속성에 관련된 여러 가지 토포스 (2)

하나의 종이 두 유 아래에 포섭된다면 한쪽의 유는 다른 쪽의 유에 포함된다

종으로 주어진 것에 대해서 주어진 유를 포함하지 않거나 그 유 아래에 포섭되지도 않는 무언가 다른 유가 있지는 않은지 검토해야 한다. 예를 들어 누군가가 지식이 정의의 유라고 하는 경우가 그것이다.[37] 왜냐하면 덕도 정의의 유이기 때문이고, 유의 어느 쪽도 남은 다른 쪽의 유를 포함하지 않기 때문이다. 따라서 지식은 정의의 유일 수 없다. 왜냐하면 하나의 종이 두 개의 유 아래에 포섭될 때, 한쪽의 유는 다른 쪽의 유에 의해서 포함된다고 일반적으로 생각되기 때문이다.[38] 그러나 이러한 것은 어떤 경우에 어려운 문제를 가지고 있다. 왜냐하면 어떤 사람들에게는 슬기가 덕이며 동시에 지식이라고 생각되고 있으며, 또 이 두 가지 중 어느 쪽도 다른 쪽에 포함되고 있지 않기 때문이다. 어쨌든 슬기가 지식이라는 것은 적어도 모든 사람에 의해서 동의되지 않는다.[39] 그러나 누군가가 말한 것을, 즉 '슬기가 지식이다'를 참이라고 동의한다고 하더라도, 어쨌든 동일한 것의 두 유들 간에 하나가 다른 것 아래에 포섭되는지 혹은 양자가 동일한 유[40] 아래에 포섭되는 것인지 하는 것은, 덕과 지식의 경우에서 그런 것처럼 필연적인 것이라고 일반적으로 생각될 수 있을 것이다. 덕과 지식 양자는 동일한 유 아래에 포섭되는 것이니까. 이것들 각각은 하나

---

37 플라톤, 『프로타고라스』 361a–b 참조. '정의는 지식(앎)'이다.

38 정의는 지식과 덕의 양쪽 유의 종일 수 없다. 정의가 덕이라면 지식은 아닌 것이다.

39 『니코마코스 윤리학』 제6권 제3장 참조. 지식(epistēmē)은 "논증에서 현실화된 상태"(hexis apodeiktikē)로 필연적 지식이다. 이렇게 지식은 슬기와 명확히 구별된다.

40 제3의 다른 상위의 유.

의 상태이고 또 하나의 성향이기 때문이다.[41] 그래서 앞서 언급한 어떤 경
122a 우도 유로서 제시된 것에 들어맞지 않는지를 검토해야만 한다. 왜냐하면 그것들의 유의 한쪽이 다른 쪽 아래에 포섭되지 않으며, 또 양자가 동일한 유에도 포섭되지 않는다면, 주어진 유는 그 유일 수 없을 것이기 때문이다.[42]

상위의 유들은 본질에서 그 종들에 대해 술어가 된다

또한 유로서 주어진 것의 유와 그와 같은 식으로 항시 상위의 유가, 모두 그 종에 대해 술어가 되는지를, 또 그것이 '무엇인가'라는 점에서 술어가 되는지를 검토해야만 한다. 왜냐하면 상위의 유[43]는 '무엇인가'라는 점에서 종들에 대해 술어가 되어야만 하기 때문이다. 그렇기에 어딘가에 어긋남이 생긴다면, 주어진 것이 그 유가 아니라는 것은 분명하다. 또 유가—그 자체이든 혹은 그 보다 상위의 유들 중 어느 것이든 간에—종을 분유하는지를 검토해야 한다.[44] 상위의 유는 하위의 유의 어느 것도 분유

---

41 원어로는 각각 hexis와 diathesis이다. 상태(가짐, 헥시스)는 하나의 성향(디아테시스)이지만, 상태가 성향보다 더 영속적 상태를 가진다(『형이상학』 1022b10). 성향은 반드시 (품성) 상태는 아니다.

42 이 대목에서 논의된 요점은 이렇다. 만일 하나의 종에 대해 두 개의 유가 있다면, 하나의 유는 다른 유보다 상위의 것이어야만 하거나, 혹은 양자가 동일한 더 상위의 유에 종속되어야 한다는 것이다.

43 ABCD 사본은 pan to epanō genos(브룅슈빅) 대신에 복수 표현인 panta gar ta epanō genē로 읽는다.

44 피카드-케임브리지는 121a10에서 이미 언급된 사항을 반복하고 있는 것으로 보아 이 문장을 삽입구 정도로 취급한다. 한편, 베르데니우스는 '상위의 유'에 대한 생각은 아직 121a10 구절에서는 나타나고 있지 않다는 점을 지적한다. 따라서 그는 122a4-6에서 분유의 문제가 '상위의 유'와 관련된다는 점을 지적하고 있으므로, 122a7-9는 주석 정도로 간주되어야 하는 것으로 보고 있다.

하지 않으니까.[45] 그래서 어떤 논의를 뒤엎으려는 쪽에서는 지금 말한 방식을 사용해야만 한다. 그에 반해서 어떤 주장을 확립하려는 측에서는 유로서 말해진 것이 종에 속한다는 것이 동의 되더라도, 그것이 유로서 속하는지에 대해 논란을 벌이는 경우에는, 상위의 유 중 하나가 '무엇인가'라는 점에서 종에 대해 술어가 된다는 것을 보이는 것으로 충분하다. 왜냐하면 유들 중 하나가 '무엇인가'라는 점에서 술어가 될 때에는 이것보다 상위의 유와 하위의 유 모두는 (그것의 종에 대해)[46] 술어가 되는 한 '무엇인가'라는 점에서 술어가 될 것이기 때문이다. 따라서 주어진 유도 역시 '무엇인가'라는 점에서 술어가 된다. 하나의 유가 '무엇인가'라는 점에서 술어가 된다면, 남은 모든 것도 술어가 되는 한 '무엇인가'라는 점에서 술어가 된다는 것은 귀납[47]을 통해 이해될 수 있다.

그러나 주어진 유가 종들에 무조건적으로 속하는지가 논란이 된다면, 상위의 유 중 하나가 종에 대해 '무엇인가'라는 점에서 술어가 된다는 것을 보이는 것만으로는 충분하지 않다. 예를 들면 어떤 사람이 장소 이동을 '걸어감의 유'로서 주었다고 하면, 걸어감이 운동이기 때문이라는 것을 보여주는 것만으로는 장소 이동 이외의 다른 운동의 방식도 있으므로 걸어감이 장소 이동이라는 것을 나타내기 위해서는 충분하지 않다.[48] 오히려 걸어감이 장소 이동을 분유하지 않는다면, 장소 이동과 동일한 분할로 얻을 수 있는 운동의 어느 것도 분유하지 않을 것이라는 점을 부가해서 보여주어야만 한다.[49] 왜냐하면 유를 분유하는 것은 그 유의 최초의 분할에 따

45 『토피카』 제4권 제1장 121a11-13 참조.

46 브링슈빅(1967)은 이 구절을 생략하고 있다. 아래의 122a18의 원문과 대조해서 읽어 보라.

47 토포스 기능을 수행한다.

48 운동의 구분에 대해서는 『토피카』 제2권 제4장 111b6-7 참조.

라서 생겨난 종들 중 어느 것을 분유하는 것이 필연적이기 때문이다. 그렇기에 걸어감이 증대에도 감소에도, 또 그 밖의 다른 종류의 운동도 분유하지 않는다면, 걸어감이 장소 이동을 분유할 것이라는 점은 분명하다. 따라서 장소 이동은 걸어감의 유일 것이다.

유는 그 종이 술어가 되는 그런 것들에 대해 본질이라는 점에서 술어가 된다

또 종으로서 내세운 것(a)이 그것의 유로서 술어가 되는 것(c)에 대해서는,[50] 그것(a)의 유로서 주어진 것(b) 또한 그 종이 술어가 되는 바로 그런 것들(c)에서는 '무엇인가'라는 점에서 술어가 되는지를 검토해야 하고, 마찬가지로 또한 그 유(b)보다 상위의 모든 유들도 술어가 되는지를 검토해야 한다.[51] 사실상 어딘가에 어긋남이 생긴다면 유로서 주어진 것이 그 유가 아니라는 것은 분명하기 때문이다.[52] 왜냐하면 그 유였다면, 그것의 상

---

49 브룅슈빅(1967)은 로스와 달리 ei mē tēs phoras 대신 tē phora로 읽는다. 이 대목은 아래에 이어지는 논의에 비추어 다음과 같이 이해될 수 있다. 예를 들면 어떤 사람이 장소 이동을 걸어감의 유로서 주장했다고 하자. 이 주장을 확립하기 위해서 상대방은 걸어감이 장소 이동이라는 것을 증명해야만 한다. 이를 증명하기 위해서 상대방이 단순히 '걸어감이 운동이라는 것'을 보여주었다면 충분하게 증명한 것이 못 된다. 운동에는 여러 가지의 방식이 있기 때문이다. 따라서 이를 증명하기 위해서는, 걸어감이 장소 이동과 동일한 분할에 따라서 만들어진 운동의 다른 종들, 즉 장소 이동을 제외한 다른 운동의 종들을 분유하지 않는다는 것을 부가해서 보여주어야만 한다는 것이다.

50 'a는 b의 종이다'. 즉 'b는 a의 유이다'라고 말해졌을 경우, 그 종(a)이 '유로서' 술어가 되는 것(c)은 a보다 하위 종에 해당한다.

51 덕이 지식의 종이라고 말해졌을 경우, 덕이 술어가 되는 정의와 용기에 대해서도 지식이 술어가 될 수 있을지 검토하라.

52 '용기는 지식이다'에서, 지식이 용기에 대해 술어가 되는 것이 부정되면, 지식이 덕의 유라는 것도 부정되는 셈이 된다.

위의 모든 유들도 그 유 자체도 그것의 종이 '무엇인가'라는 점에서 술어가 되는 그것에 '무엇인가'라는 점에서 술어가 되는 것이기 때문이다. 그렇기에 논의를 뒤엎으려는 쪽에서는 종이 술어가 되는 그것에 유가 '무엇인가'라는 점에서 술어가 되지는 않는지를 살펴보는 것은 유익하다.

한편 주장을 확립하려는 쪽에서는 그 유가 '무엇인가'라는 점에서 술어 122b
가 되는지를 살펴보는 것이 유익하다. 그 경우에는, 유와 종이 동일한 대상에 대해 '무엇인가'라는 점에서 술어가 되어서, 따라서 이 동일한 대상이 두 가지 유 아래에 포섭되기 때문이다. 그렇기에 그 두 개의 유들이 서로의 아래에 포섭되는 것[53]은 필연적이다. 그렇기에 우리가 유로서 확립하기를 바랐던 것이 종 아래에 포섭되지 않는다는 것을 보여줬다면, 종은 그것 아래에 포섭될 것이어서, 따라서 그것이 유라는 것을 보여준 셈이 되는 것은 분명하다.

유의 정의는 종과 종을 분유하는 것들에 적합해야만 한다

여러 가지 유의 설명도 주어진 종과 그 종을 분유하는 것들에 대해 적합한지를 검토해야 한다. 유들의 설명이 종들과 종을 분유하는 것들에도 필연적으로 술어가 되어야만 하니까. 그렇기에 어딘가에 어긋남이 생긴다면 주어진 것이 그 유가 아니라는 것은 분명하다.

종차는 유로서 주어지지 않는다

또 상대방이 종차를 유로서 주었는지, 예를 들면 '죽지 않음'(不死)을 신의 유로서 주었는지 살펴봐야 한다. 생물에는 죽을 수밖에 없는 생물과 죽지 않는 생물이 있으므로, '죽지 않음'은 '생물'의 종차이기 때문이다.

---

53 '하나의 유가 다른 유의 밑에 속하게 된다'는 의미이다.

그렇기에 상대방이 잘못을 저질렀다는 것은 분명하다. 종차는 어떤 것의 유도 아니니까. 이것이 참이라는 것은 분명하다. 왜냐하면 어떤 종차도 '무엇인가'를 나타내지 않고, 오히려 '육상의'와 '두 발을 가진'이 그런 것처럼 '어떤 것인가'[질]를 나타내기 때문이다.[54]

종차는 유 안에 놓일 수 없다

또 상대방이 종차를 종으로서 유에다 세웠는지를, 예를 들면 '홀'을 '바로 수인 것'[55]으로 하고 있는지를 살펴봐야 한다. '홀'은 수의 종차이지 종은 아니니까.[56] 종차는 유를 분유하지 않는 것으로 생각된다.[57] 사실상 유를 분유하는 모든 것은 종이거나 불가분적인 것〈개별자〉이지만, 종차는 종도 불가분적인 것도 아니기 때문이다. 그렇기에 종차가 유를 분유하지 않는다는 것은 분명하다. 따라서 '홀'이라는 것이 유를 분유하지 않기 때문에 종이 아니[라, 오히려 종차라는 것은 분명하다.][58]

---

54 종차가 유의 성질을 나타낸다는 것에 대해서는 『토피카』 제4권 제6장 128a25 아래 참조. 성질('어떤 것인가')을 논하고 있는 『형이상학』 제5권 제14장 참조.

55 즉 '홀은 본질적으로 수다.'

56 '홀수'에서 '수'는 유이고, '홀수'는 종이며, '홀'은 종차이다.

57 "종차는 유를 분유하지 않는 것으로 생각된다." 베르데니우스(와 브룅슈빅)는 oude dokei를, 로스가 ou dokei de로 읽는 것은 잘못이라고 지적하고, oude의 의미는 '또한 … 아니다'(피카드-케임브리지, 포스터, 트리꼬 등을 비롯한 여러 해석자)가 아니라, '왜냐하면 …이 아니기 때문이다'로 해석한다. 이 논증은 다음과 같은 단계로 이루어진다. (1) 유를 분유한 것은 무엇이든지 종들이거나 혹은 개별자이다. (2) 종차는 종도 개별자도 아니다. (3) 종차는 유를 분유하지 않는다. (4) '홀'이라는 것은 유를 분유하지 않는다. (5) '홀'이라는 것은 종이 아니라 종차이다(b22=b19). (6) 따라서 '홀'이라는 것은 유 안에 세울 수 없다. 이 밖에도 이 대목의 논증 구조를 분석하고 있는 브룅슈빅(1967), 167쪽 참조.

58 브룅슈빅(1967)은 alla diaphora를 생략하고 읽는다.

유는 종 안에 놓여서는 안 된다

게다가 상대방이 유를 종 안에 세웠는지를, 예를 들면 접촉을 '바로 연속인 것'으로 한다거나,[59] 혼합을 '바로 섞임인 것'으로 했는지, 혹은 플라톤 방식으로 이동을 '장소에 따른 운동'으로서[60] 정의했는지를 검토해야 한다. 사실상 접촉은 필연적으로 연속이 아니라, 오히려 역으로 연속이 접촉이니까. 왜냐하면 접촉하는 모든 것이 연속이 아니라, 연속하는 것이 접촉하는 것이기 때문이다.[61] 그 나머지 것들에서도 마찬가지이다. 왜냐하면 혼합이 모두 섞인 것은 아니며(마른 것들의 혼합은 섞임이 아니니까), 또한 장소에 따른 변화가 모두 이동은 아니기 때문이다. 걸어감은 이동이라고 일반적으로 받아들여지지 않으니까. 왜냐하면 이동이라는 것은 대개 혼을 갖고 있지 않은 것들의 경우에서 일어나는 것처럼, 비자발적으로 한 장소에서 다른 장소로 옮겨가는 경우에 말하는 것이기 때문이다. 방금 언급된 예들에서 종은 유보다 넓은 범위〈외연〉에서 말해지지만, 그 반대가 되어야 할 것은 분명하다.

종차는 종 안에 놓여서는 안 되며, 또한 유는 종차 안에 놓여서는 안 된다

또 상대방이 종차를 자신이 말하고자 하는 종 안에 놓았는지, 예를 들면 '죽지 않는 것'은 '바로 그〈본질적으로〉 신인 것'이라고 말하고[62] 있지 않은지를 검토해야 한다. 왜냐하면 이 경우는 상대방이 말하는 종[63]

---

59 아리스토텔레스, 『자연학』 제5권 제3장 227a21-23 참조.

60 플라톤, 『테아이테토스』 181d, 『파르메니데스』 138b-c.

61 두 끝이 접촉하고 있어도 하나가 되지 않은 경우는 연속적이지 않고, 연속적인 경우에는 상호 접촉에 의해서 하나가 된 상태이다.

62 『토피카』 제1권 120b24-26에도 같은 언급이 나온다.

이 그 유[64]와[65] 같은 범위[외연]이거나 혹은 더 넓은 범위에서 말할 수 있게 될 그런 결과를 가져올 것이기 때문이다. 그런데 종차는 항상 종과 같
123a 은 범위에서 혹은 종보다 넓은 범위에서 말해지는 것이다.[66] 게다가 유를 그 종차 안에 놓았는지 어떤지를, 예를 들면 색을 '바로 그 수축시키는 것'으로 말하거나,[67] 혹은 수를 '바로 그 홀'이라고 말했는지를 살펴봐야 한다.

또 상대방이 유를 종차로서 말하지 않았는지 살펴봐야 한다. 누군가는 심지어 이런 종류의 입론을 옹호하는 것이 가능하니까. 예를 들면 혼합을 섞임의 종차라거나 혹은 장소에 따른 변화를 이동의 종차라고 하는 경우가 그렇다. 그런 종류의 것들은 모두 동일한 방식을 통해 검토되어야 한다. 이 토포스들은 공통된 원칙을 갖고 있으니까. 사실상 유는 종차보다 더 넓은 범위에서 말해져야만 하고 또 종차를 분유하지 않아야만 하지만, 이와 같은 식으로 유가 주어진다면[68] 방금 앞에서 말한 이 두 가지 조건

---

63 여기서는 '죽지 않는 것'을 가리킨다.

64 여기서는 '신'을 가리킨다.

65 옥스퍼드의 로스판대로 ep' isēs ē를 생략하지 않은 채 읽었다.

66 이 대목은 다음과 같이 이해될 수 있다. 상대방은 제기한 예('죽지 않는 것은 바로 그〈본질적으로〉 신인 것이다')에서 '죽지 않는 것'을 종으로 이해하고, '신'을 유로 이해함으로써 종이 유의 외연과 일치하는지 혹은 더 넓은지를 말할 수 있게 하는 결과를 초래하지만, 유는 원칙적으로 그 종보다도 넓은 외연을 가지기 때문에 이 주장은 성립될 수 없다. 그런데 아래 문장이 보여주는 것처럼, 종차는 항상 종과 같은 범위에서 혹은 종보다 넓은 범위에서 말할 수 있는 것이기 때문에, 상대방이 '종'이라고 이해하는 것은 사실은 종차이고 상대방이 '유'라고 말하는 것은 종차이어야만 한다. 그렇기에 '죽지 않는 것은 본질적으로 신이다'라고 말할 수 있었던 것이다.

67 『토피카』 제1권 제15장 107b28-30 참조. 『형이상학』 제10권 제7장 1057b10, 19 참조.

68 즉 유가 종차로서 주어진다면.

그 어떤 것도 충족할 수 없을 것이다. 왜냐하면 유는 종차보다 좁은 범위에서 말해질 것이고, 또 유는 종차를 분유할 것이기 때문이다.

그 밖의 몇 가지 토포스들

또 (1) 그 유에 속하는 어떤 종차도 주어진 종에 대해 술어가 되지 않는다면, 그 유도 역시 술어가 되지 않을 것이다. 예를 들면 '홀'도 '짝'도 혼에 대해 술어가 되지 않으며,[69] 따라서 수도 혼에 대해 술어가 되지 않는다. 게다가 (2) 종이 본성상 유에 앞서며 또 종의 없어짐이 유를 같이 없애 버리는지[70] 살펴봐야 한다.[71] 그 반대라는 것이 일반적으로 받아들여지고 있으니까. 게다가 (3) 유로서 말해진 것이 혹은 종차로서 말해진 것이 주어진 종에서 떨어지는 것[72]이 가능하다면, 예를 들면 혼에서 '움직인다는 것'이 떨어져 나갈 수 있거나, 혹은 판단에서 '참과 거짓'이 떨어져 나갈 수 있다면, 유로서 혹은 종차로서 말해진 것들 중 그 어느 것도 유도 종차도 아닐 것이다. 왜냐하면 종이 존속하는 한, 유와 종차는 그 종을 수반한다는 것이 일반적으로 받아들여지기 때문이다.

---

69 『토피카』 제4권 제3장 123a25-26 참조. 아리스토텔레스의 유, 종을 이해하는 분류에 의한 이 논의에 따르면, 크세노파네스의 '혼은 스스로 움직이는 수'라는 주장은 전혀 얼토당토않은 주장이 된다(『혼에 대하여』 제1권 제4장 408b32).

70 원어로는 sunanairei(…와 함께 파기하다)이다.

71 『형이상학』 제11권 제1장 1059b30 아래.

72 원어로는 apolipein(남겨 두다, 결여되다, 분리되다)이다.

123a

제3장 반대, 유와 종, 어형변화와 동계열어를 사용하는 여러 가지 토포스

유 안에 놓여 있는 것은 그 유에 반대인 어떤 것을 분유할 수 없다

어떤 유 안에 놓여 있는 것[종]이 그 유와 반대인 어떤 것을 분유하는지 혹은 분유하는 것이 가능한지를 검토해야 한다. 그 경우에는[73] 동일한 것이 반대인 것들을 동시에 분유하기 때문이다. 그 이유인즉슨, 한편으로 유는 그 종에서 결코 떨어질 수 없으며,[74] 다른 편으로 해당하는 것[75]이 그 유에 반대인 것을 분유하거나 분유하는 것이 가능해지기 때문이다.[76] 게다가 그 유 아래에 속하는 것이 전혀 불가능한 어떤 속성을 종이 공유하는지[77] 어떤지를 검토해야 한다. 예를 들면 혼은 생명을 공유하지만, 수(數)들 중 어느 것 하나도 사는 것이 가능하지 않다면 혼은 수의 종일 수 없다.[78]

유와 종은 동명이의적이지 않다

종이 유와 동명이의적인지 어떤지를 동명이의에 관련해서 앞서 말해진

---

73 즉 유 안에 놓여 있는 것이 반대인 것을 분유하는 경우에는.

74 이 말의 의미는 유 안에 놓여 있는 것이 결코 유로부터 분리되거나 떨어질 수 없다는 것이다.

75 '유 안에 놓여 있는 것'을 의미할 수 있다.

76 유 안에 놓여 있는 것은 그 유로부터 떨어져 있을 수 없기 때문에, 유 안에 놓여 있는 것이 그 반대의 유를 분유한다고 하면, 동일한 것이 반대인 것도 동시에 분유한다는 모순율에 빠진다. 결국 이 모순을 회피하기 위해서 유 안에 놓여 있는 것은 그 유에 반대인 어떤 것도 분유할 수 없어야만 한다는 결론이 따라 나온다.

77 여기서 '공유한다'(koinōnein)와 '분유한다'(metechein)는 서로 교환해서 쓸 수 있는 말이다.

78 『토피카』 제4권 제2장 123a13-14 참조.

기본적 원리들을 사용해서 검토해야만 한다.[79] 유와 종은 동명동의적이니까.

유는 단지 하나의 종만으로 존재할 수 없다

모든 유에는 여러 가지 종이 있어야 하기 때문에, 유로서 말해진 것에는 주어진 종[80] 이외에 다른 종이 있는 것이 가능하지 않은지 검토해야 한다. 왜냐하면 다른 종이 없다면 유로서 말해진 것은 전혀 유일 수 없다는 것은 분명하다.

비유적 언어의 사용은 잘못이다

또한 상대방이 비유적으로 말해진 것[81]을 유로서 주었는지를, 예를 들면 '절제'를 '화음'[82]으로 말했는지 검토해야 한다. 왜냐하면 모든 유는[83] 주된 의미에서는 종에 대해 술어가 되지만, 화음은 절제에 대해 주된 의

---

79 내용적으로는 동명이의에 대해 논의하는 『토피카』 제1권 제15장 106a9-107b37을 지시할 수 있으나, 『범주들』(카테고리아이) 제1장 1a1-5를 언급하는 것으로 볼 수 있다. 그런데 아리스토텔레스 저작의 저술 연대에 관련된 시비를 통해서 보면, 이 대목은 후기의 보충적 삽입으로 생각된다. 예를 들면 마이어(H. Maier, *Die Syllogistik des Aristoteles*, Tübingen, 1900)의 견해에 따르면, 『토피카』 제2권에서 제7권 제2장까지를 초기의 저작으로, 이후에 제1권, 8권, 9권(『소피스트적 논박에 대하여』)이 따르는 것으로 보고 있다. 그렇다면 『토피카』 제4권이 초기의 저작이니 이후의 저작으로 보이는 제1권을 말한다는 것은 논리적으로 맞지 않는다. 일단 이 문제에 대한 시비는 제쳐 놓기로 하자.

80 즉 '종으로 말해진 것'.

81 여기서는 사물이 아니라 '말' 그 자체이다.

82 화음(sumphōnia)은 문자적으로는 '음(音)의 일치'를 의미하나, 비유적으로는 '조화의 상태'를 말한다.

83 브룅슈빅(1967)은 정관사를 보존해 pan gar 〈to〉 genos로 읽어서 "하나의 유는 늘 …"로 옮기고 있다(91쪽).

미에서가 아니라 비유적으로 술어가 되기 때문이다. 모든 화음은 음(音)으로 이루어지는 것이니까.

반대인 것을 이용한 토포스

123b 게다가 종에는 반대되는 무언가가 있지는 않은지 검토해야 한다. 이 검토는 여러 가지 방식으로 행해진다. 첫째로, (1) 그 유에는 반대인 것이 없다고 하면 동일한 유 안에 반대인 종이 있지는 않은지 살펴봐야 한다. 왜냐하면 유에 반대인 것이 아무것도 없다면, 그 종에 반대인 것들이 동일한 유 안에 반드시 있어야만 하기 때문이다.[84] 이와는 달리 (2) 그 유에는 반대인 것이 있다면 그 종과 반대인 종이 반대의 유 안에 있지는 않은지 검토해야 한다. 왜냐하면 유에 반대인 무언가가 있다고 하면 반대의 종이 반대인 유 안에 있다고 하는 것은 필연적이기 때문이다.[85] 이것들의 각각은 귀납[86]을 통해서 명백해진다.

또 (3) 종에 반대인 것이 어떤 유에도 전혀 없으며, 오히려 그 자체가 유인지를, 예를 들면 '좋음'과 같은 것이 있지는 않은지 검토해야 한다. 좋음이 어떤 유에도 없다면, 그것의 반대인 것도 유 안에 있지 않을 것이며, 오히려 그 자체가 유가 되는 것이니까. 좋음과 악덕의 경우에 그런 일이 이루어지는 것처럼. 왜냐하면 좋음과 악덕 어느 것도 유 안에 있지 않으며, 오히려 그것들[87] 각각이 유이기 때문이다.

---

84 색에 반대되는 것은 아무것도 없으므로, 흰색에 반대되는 것이 색에 있다는 것이다.

85 '덕'에는 반대의 것('악덕')이 있으므로, 덕의 종(용기)에 반대되는 것(비겁함)은 반대의 유 가운데 있다. 이를테면 '용기'에 반대되는 것인 '비겁함'은 반대의 유인 '악덕' 가운데 있어야 한다.

86 토포스 기능을 수행한다.

87 로스의 auto(자체)를 브륑슈빅(1967)에 좇아 autōn(그것들)으로 읽는다.

게다가 (4) 유와 종이 무언가에 반대인 것이고, 또 이 반대인 것 한쪽 사이에는 중간적인 무언가가 있으나 다른 쪽 사이에는 중간적인 것이 없는지를 검토해야 한다. 왜냐하면 반대의 유들 간에 중간적인 무언가 있다면 종들 간에도 중간적인 것이 있으며, 또 종들에 중간적인 것이 있다면 유들에도 중간적인 것이 있기 때문이다. 마치 덕과 악덕, 정의와 부정의의 경우에서 그런 것처럼. 이렇듯 한 쌍을 이루는 각각의 것에 대해서는 중간적인 어떤 것이 있으니까. (건강과 질병에는 중간적인 것이 없지만 악덕과 좋음에는 중간적인 것이 있다고, 이것에 대해 반론을 제기한다.)

혹은 (5) 양자에 대해 중간에 무언가가 있는지, 즉 반대의 종 사이에도 반대의 유 사이에도 무언가 중간적인 것이 있지만, 그 중간이 같은 방식이 아니라 한쪽의 경우는 부정[하는 방식]에 따른 것인지, 다른 쪽은 주어로서 주어지는 것인지를[88] 검토해야 한다. 왜냐하면 덕과 악덕, 정의와 부정의의 경우에서처럼, 양쪽에 대해 어느 쪽이든 중간적인 것은 같은 방식이라는 것이 일반적으로 받아들여지고 있기 때문이다. 양자에 대해 중간은 부정에 따라 주어지는 것이니까.

게다가 (6) 유에 반대인 것이 있지 않을 때에는 동일한 유 안에 반대의 종이 있는지 검토해야 할 뿐만 아니라, 또한 중간적인 것이 있지는 않은지 검토해야 한다. 극단의 것들이 있는 유에는 중간의 것들도 있는 것이니까. 예를 들면 백과 흑의 경우처럼. 왜냐하면 색은 그것들의 유일뿐만 아니라 그 사이에 있는 모든 중간적인 색의 유이기도 하기 때문이다. (모자람과 지나침은 동일한 유 안에 있지만—양쪽이 악덕에 속하니까—그것들의 중간에 있는 적도[metrion]는 악덕에 속하지 않고 좋음에 속한다고 하는 반

88 '부정에 따른' 중간의 것은 이를테면 '흰색도 검은색도 아닌 것'을 말하며, '주어로서'는 긍정 표현(positive term)으로, 이를테면 '회색'을 말한다.

123b

론이 제기된다.)[89]

또한 (7) 유는 무언가에 반대이지만 종은 어떤 것의 반대도 아닌지를 검토해야 한다. 유가 무언가의 반대가 된다면 종도 또한 무언가에 반대되는 것이니까. 마치 덕이 악덕에 반대이고 정의가 부정의에 반대인 것처럼. 마찬가지로 다른 것들의 경우에서도 검토한다면, 이러한 것들은 명백하다고 생각될 것이다. (건강과 질병의 경우에는 그렇지 않다는 반론이 제기된다. 왜냐하면 무조건적으로 모든[90] 건강은 질병에 반대되는 것이지만, 어떤 종류의 질병, 예를 들면 열병과 눈병, 그리고 그 밖의 특정한 질병은 질병의 종이지만, 그 어떤 질병과 반대되는 것은 아니기 때문이다.)

하나의 주장을 확립하기 위해서 반대인 것을 사용함

124a 그런데 하나의 주장〈명제〉을 뒤엎으려는 쪽이 검토해야만 하는 방식에는 이만한 숫자가 있다. 왜냐하면 앞에서 말한 것이 성립하지 않는다면 유로서 주어진 것이 그 유가 아니라는 것은 분명하기 때문이다. 한편 하나의 주장을 확립하려는 쪽이 검토해야만 하는 방식에는 세 가지가 있다.

첫째로 (1) 유에 반대되는 것이 없다면, 말해진 그 유 안에 종들에 반대되는 것이 있는지 없는지를 검토해야 한다.[91] 만일 반대의 종이 그 유 안에 있다면, 문제가 되는 종도 그 안에 포함되어 있다는 것은 분명하기 때문이다.

게다가 (2) 중간적인 것이 유로서 말해진 것 가운데 있는지를 검토해야 한다.[92] 중간적인 것에 속하는 유에는 극단의 것들도 속하는 것이니까.

---

89 『토피카』 제2권 제7장 113a5-8 참조. 이 대목을 나중에 삽입된 것으로 보는 학자(골케)도 있다.

90 B 사본(Loeb판 참조)에 따라 pasa를 읽었다.

91 앞서 언급된 (1)에 대응한다(123b2-4).

또 (3) 그 유에 무언가 반대인 것이 있는 경우에는, 해당하는 종에 반대되는 종도 반대인 유에 속하는지 어떤지를 검토해야 한다.[93] 만일 속한다고 한다면 문제가 되는 종이 문제가 되는 유에 속한다는 것은 분명한 것이니까.

어형변화와 동계열어

또 어형변화와 동계열어의 것에 대해서도, 하나의 주장을 확립하려는 쪽과 하나의 주장을 뒤엎으려는 쪽을 위해서 그것들이 본딧말과 같은 동일한 방식으로 수반하는지 어떤지를 검토해야 한다. 왜냐하면 그것들 가운데 어떤 하나의 것에 속하거나 속하지 않는다면, 동시에 모든 것에도 속하거나 속하지 않기 때문이다. 예를 들면 정의가 어떤 종의 지식이라면 '정의롭게'는 '지식을 가지고서'[94]이고, '정의로운 사람'은 '지식이 있는 사람'이다. 그러나 이것들 중 어떤 것이 참이 아니라면 남은 것들 중 그 어느 것도 참이 아니다.

제4장 여러 가지 토포스

관계의 동일성, 생성과 소멸, 사물의 능력과 사용

또 서로 간에 관계가 같은 것들에 대해서도 검토해야 한다. 예를 들면 즐거운 것의 쾌락에 대한 관계는 유익한 것의 좋음에 대한 관계와 같다.[95]

---

92 앞서 언급된 (4)에 대응한다(123b12-14).

93 앞서 언급된 (2)에 대응한다(123b5-6).

94 원어는 부사의 어미가 붙어있는 형태로 epistēmonōs이다.

95 비례적 관계의 토포스이다. 유익한 것(A):좋음(B) = 즐거운 것(C):쾌락(D)의

124a

각각의 한 쪽이 다른 쪽을 만들어 내니까. 그렇기에 쾌락이 '바로 좋음인 것'이라면, 즐거운 것은 '바로 유익한 것'일 것이다. 왜냐하면 쾌락이 좋음이므로 즐거운 것은 좋음을 만들어 내는 것임은 분명하기 때문이다.

마찬가지로 생성과 소멸의 경우에 대해서도 검토해야 한다. 예를 들면 집을 '짓는' 것이 '활동하는' 것이라면 집을 '지은 것'은 '활동했던' 것이고,[96] '배우는' 것이 '상기하는' 것이라면 '배웠던' 것은 '상기해 낸' 것이며,[97] '해체하는' 것이 '소멸하는' 것이라면 '해체해 버린' 것도 '소멸해 버린' 것이고, 해체도 일종의 소멸이다. 또 생성시키는 것과 소멸시키는 것의 경우에 대해서도, 또 능력(뒤나미스)과 사용에 대해서도 마찬가지로 검토해야 한다. 또 일반적으로 하나의 주장을 파기하는 쪽과 확립하려는 쪽도, 우리가 생성과 소멸에 대해 말했던 방식으로 어떤 유사성이든 그것에 따라서 사물을 검토해야만 한다. 왜냐하면 사물을 소멸시키는 것이 해체시키는 것이라면 소멸시킨 것은 해체시킨 것이고, 또 사물을 생성시키는 것[능력]이 사물을 만들어 내는 것이라면 생성시킨 것은 만들어진 것이고 또 생성은 만듦이기 때문이다.[98]

또한 능력과 사용의 경우에서도 마찬가지이다. 왜냐하면 능력이 성향이라면 무언가를 '할 수 있다는 것'도 역시 '그런 성향에 놓여 있다'는 것이고, 또 무언가의 사용이 활동이라면 사용하는 것은 활동하는 것이고, 사

경우에 B가 D의 유라면, A는 C의 유이다.

96 여기선 '활동하는'(energein)을 '집을 짓는' 것과 관련시켜 예로서 사용하고 있다. 그런데 『형이상학』에서는 energeia(활동)가 아닌 kinesis(운동)의 경우로서 '집을 짓는'을 예로 들고 있다(제9권 1048b18-34). 추정컨대, 여기 이 두 말은 중요한 쌍으로 언급되는 『형이상학』 이전의 원초적 사용으로 판단된다.

97 상기(anamnēsis)설에 대해서는 플라톤의 『파이돈』 72e, 『메논』 81d 참조.

98 '생성과 소멸', '만들어 낼 수 있는 것과 파멸시킬 수 있는 것'에 대해서는 『토피카』 제2권 제9장 114b16-30 참조.

용했던 것은 활동했던 것이기 때문이다.[99]

대립되는 것들의 상태의 결여

그런데 종에 대립되는 것이 결여[100]라면, 하나의 주장을 두 가지 방식으로 파기할 수 있다.

첫째로, 유로서 제시된 것 중 그 종에 대립되는 것[의 결여]이 있는지 없는지를 살펴보는 것이다. 왜냐하면 결여는 [그것과 대립되는 종과] 동일한 유의 그 어디에도 무조건적으로 있지 않거나 혹은 맨 끝의 유[101]에도 없는 것이기 때문이다. 예를 들면 시각이 감각의 맨 끝의 유 중에 있다고 한다면, 눈멂(盲目)은 감각이 아닐 것이다.

둘째로, 유에도 종에도 그 각각의 결여가 대립되지만, 해당하는 종에 대 124b
립되는 종이 대립되는 유 가운데 있지 않다면, 종으로 제시된 것도 유로서 주어진 것 가운데 있지 않을 것이다. 그래서 하나의 주장을 파기하려는 쪽에서는 앞에서 말한 두 가지 방식을 사용해야만 한다. 그러나 주장을 확립하려는 쪽에서는 단지 한 가지 방식만이 있을 뿐이다. 왜냐하면 문제의 종에 대립되는 것[의 결여]이 그 유에 대립되는 것 중에 있다면, 문제가 되는 종도 역시 문제가 되는 유 중에 있을 것이기 때문이다. 예를 들면 눈멂이 일종의 무감각〈감각의 결여〉이라면 시각은 어떤 종류의 감각일 것이다.

모순 대당 관계

또 부정에 대해서는 부수성의 경우에서 말했던 것처럼[102] 주어와 술어

---

99 즉 '사용한 결과의 상태'와 '활동한 결과의 상태'를 말한다.

100 '자연 본성적으로 기대되는 상태의 부재.'(109b18-19)

101 en tō eschatō(맨 끝에, 가장 멀리)를 관점으로 이해하자면 '가장 가까이 놓여 있는'을 의미하며, 해당하는 종을 포함하는 '최근류'를 말한다.

124b

의 순서를 거꾸로 해서[103] 검토해야 한다. 예를 들면 즐거운 것이 '바로 그것'인〈본질적으로〉 좋은 것이라면 좋지 않은 것은 즐겁지 않은 것이다.[104] 왜냐하면 (그렇지 않다면 좋음이 아닌데도 즐거운 무언가가 있을 테지만)[105] 좋음이 즐거움의 유라면, 무언가 좋음이 아닌 즐거운 것이 있다는 것은 불가능하기 때문이다.[106] 사실상 유가 술어가 되지 않는 곳에서는 그 종의 어느 것도 역시 술어가 되지 않을 테니까. 또 하나의 주장을 확립하는 쪽도 동일한 방식으로 검토해야만 한다. 좋음이 아닌 것이 즐겁지 않다면 즐거운 것은 좋음이고, 따라서 좋음은 즐거운 것의 유이니까.[107]

관계

종이 관계적(pros ti)이라면 유도 역시 관계적인지를 검토해야 한다. 왜냐하면 '두 배'와 '여러 배'의 경우처럼, 종이 관계적인 것들의 하나라면 유도 그렇기 때문이다. 이것들이 관계적인 것에 속하는 것이니까. 하지만 유가 관계적인 것에 속한다면 종도 그렇다는 것은 필연적이지 않다. 왜냐하면 지식은 관계적인 것들 중 하나지만 읽고 쓰는 지식은 그렇지 않기 때문이다. (혹은 앞서 말한 것[108]도 참이 아니라고 생각될 수 있음직하다. 왜냐하면 덕은 바로 그〈본질적으로〉 아름다움이며 또 바로 그〈본질적으로〉 좋음

---

102 『토피카』 제2권 제8장 113b15-26 참조.

103 『토피카』 제2권 제8장.

104 (If p, then q) → (If not-q, then not-p). 즉 후건이 부정되면 전건이 부정된다.

105 알렉산드로스가 읽지 않고 있는 이 문장을 브룅슈빅(1967)은 생략하고 읽는다.

106 (1) (if p, then q)→ if p is true, impossible(non-q is true); (2) (if p, then q) → if q were false, possible(non-q was true); but if p is true, impossible(non-q is true).

107 (If non-p, then non-q) → (If q, then p).

108 "종이 관계적인 것들의 하나라면 유도 그렇다."

이긴 해도, 덕은 관계적인 것들 중 하나지만 좋음과 아름다움은 관계적인 것에 속하지 않고 오히려 성질이기 때문이다.)[109]

또 종이 그 자체로 말해지고 또 그 유에 따라서 말해짐에도[110] 불구하고 동일한 것에 관계해서 말할 수 있을지 없을지를 검토해야 한다. 예를 들면 '두 배'가 절반의 두 배로 말해진다면 그것은 절반의 여러 배라고도 말해져야만 한다.[111] 그렇지 않다면 '여러 배'는 '두 배'의 유가 아닐 것이다.

게다가 그것의 유에 따라서 말해질 때와 그 유가 속하는 모든 유에 따라서 말해질 때, 그것이 동일한 것에 관계해서 말해질 수는 없는지를 검토해야 한다. 왜냐하면 두 배의 것이 절반의 여러 배라면 그것은 그 절반을 초과한 것이라고 말해질 것이고, 일반적으로 말하자면 위에 있는 모든 유에 따라서 절반의 것에 관계해서 말해질 것이다. (이에 대해 하나의 종이 자체적으로도 또 그 유에 따라서도 동일한 것에 관계해서 말해지는 것은 필연적이지 않다는 반론이 제기된다. 왜냐하면 [종으로서] 지식은 지식의 대상[112]의 지식으로서 말해지는 것이지만, 지식의 상태와 성향은 지식의 대상이 되는 것이 아니라, 오히려 혼의 상태와 성향이기 때문이다.)[113]

어형변화(격변화)의 방식

또 유와 종이 어형변화〈격변화〉에 따라서,[114] 예를 들면 '무언가에'〈tini,

---

109 지식과 지식의 대상에 대해서는 아래의 124b33-34 참조. 골케는 이 대목을 나중에 삽입된 것으로 보고 있다.

110 이어지는 예에서 드러나듯이 '그 자체에서'는 '두 배'로서 말해지는 것을 의미하고, '유에 따라서'는 '여러 배'로 말해지는 것을 의미한다.

111 보니츠(Bonitz)에 좇아 kai 다음에 정관사 to를 삭제하고 읽는다.

112 '지식으로 말해지는 것'으로 지식의 '내용'을 말한다.

113 골케는 이 대목을 후에 삽입된 것으로 본다.

114 ptōseis는 일차적으로 부사적 형태로 이해되나(114a26), 여기선 명사도 포함되

여격〉 혹은 '무언가의'〈tinos, 소유격〉 혹은 다른 모든 격변화 방식에서[115] 동일한 방식으로 말해질 수 있는지를 검토해야 한다. 두 배와 그 상위의 여러 가지 유의 경우에서처럼 종이 말해지는 것과 마찬가지로 격변화에 따라서 유도 말해질 수 있기 때문이다. 사실상 [종으로서의] 두 배와 [그 유로서의] 여러 배는 '어떤 것의' 두 배이고 여러 배라고 말하기 때문이
125a 다.[116] 지식의 경우에서도 이와 마찬가지이다. 왜냐하면 [종으로서] 지식 그 자체도 그것의 유도, 예를 들면 성향과 상태는 '무언가의' 성향과 상태로 말해지기 때문이다. (이에 대해 몇몇의 경우에서는 그렇지 않다는 반론을 제기한다. 왜냐하면 '차이 나는'이나 '반대의'라는 것은 '무언가에'(tini) 대해 차이 난다라거나 반대라고 말해지지만, 그것의 유인 '다름'(heteron)은 '무언가에'(tini, 여격)가 아니라 '무언가의'(tinos, 소유격)로 말해지기 때문이다. 결국 '무언가의' 다름으로 말해지는 것이니까.)

또 두 배와 여러 배의 경우에서처럼 어형변화에 따라서 마찬가지로 말해지는 관계적인 것들이 환위해도[117] 어형변화에 따라서 마찬가지로 말해지는지를 검토해야 한다. 이것들 각각은 그 자체로도 그 환위에 따라서도[118] '무언가의'(tinos)라고 말해질 수 있기 때문이다. 사실상 '절반'이나 '분수'나 다 같이 '무언가의'라고 말해지니까.[119] 지식과 판단의 경우도 이와 동일한 식으로 말해진다. 사실상 이것들 자체는 '무언가의'로 말해지

고 있다.

115 헬라스어에는 격변화를 가리키는 전문적인 문법적 용어는 없다. 이 대목을 말 그대로 옮기면, '어떤 것에, 어떤 것의 그리고 다른 얼마나 많은 방식으로'이다.

116 이 문장을 의역하면 '두 배와 여러 배는 격을 취한다'이다. 결국 to diplasion tinos를 말 그대로 옮기면, 두 배는 "무언가의 두 배"이다.

117 원어로는 antistrephein이다.

118 '두 배는 절반의 두 배다'를 환위하면 '절반은 두 배의 절반이다'가 된다.

119 즉 절반이나 분수는 격을 취한다.

고, 환위한 경우도 마찬가지로[120] [환위된 형태인] 지식의 대상과 판단의 대상은 '무언가에'(tini)[121]라고 말해지기 때문이다. 그렇기에 어떤 경우들에서 환위해서 마찬가지로 말할 수 없는 것이 있다면 한쪽이 다른 쪽의 유가 아니라는 것은 분명하다.

동등한 수의 관계

또 종과 유가 동등한 수(同數)와의 관계에서 말해질 수 없을지를 검토해야 한다. 왜냐하면 '선물'과 '줌'의 경우에서처럼, 그것들 각각은 마찬가지로 동등한 수와의 관계에서 말해지는 것으로 일반적으로 생각되기 때문이다. [15] 선물은 '무언가의', '누군가에게'로 말해질 수 있으며, 줌은 '무언가의', '누군가에게'로 말해질 수 있으니까. 그런데 줌은 선물의 유이다.[122] 선물은 보답할 필요가 없는 줌이니까. 그러나 몇몇의 경우에는 동수(同

120 벡커판과 옥스퍼드(로스)판에는 'autai te gar tinos kai antistrephei homoiōs to te epistēton kai to hupolēpton tini'로 되어 있는데, 나는 te를 생략하고 homoiōs 뒤에서 끊어서 읽고, to te 다음에 gar를 삽입하여 to te 아래는 브룅슈빅에 따라(1967, 98쪽) gar가 지배하는 것으로 읽었다. 포스터는 kai 앞에서 끊고, 벡커판대로 읽고 있다.

121 즉 여격(dative)을 취한다.

122 다 같이 '선물(증여)과 줌'을 의미하는 dōrea와 dosis란 말의 언어상의 정확한 뉘앙스의 차이를 포착해 낸다는 것은 그리 쉽지 않은 작업이다. 줌(공여)이란 낱말의 사전적 의미는 '이익이나 물건을 상대방에게 돌아가도록 하는 행위'이다. 사전적 의미에서 '선물' 혹은 '증여'는 '선사하여 주는 것', 또는 '자기의 재산을 대가 없이 상대방에게 줄 의사를 표시하고 상대방이 이를 승낙함으로써 성립하는 계약'이란 의미이다. 또 '무상으로 줌(공여)', '유상으로 줌(공여)'이라는 말의 쓰임새를 생각해 볼 때, '줌'이 '선물'보다도 더 넓은 의미로 사용된다고 하면 '줌'은 '선물'의 유개념으로 받아들여도 좋을 듯하다. 원문에서 지적하는 것처럼, 선물은 '반드시 어떤 보답을 전제하지 않는 줌'이기 때문이다. 이 점에서는 우리말이나 헬라스 말이나 의미상 차이가 없다 하겠다. 어쨌거나 우리말의 뉘앙스의 차이로 이 논의를 이해하기보다는 원전의 논의를 통해 이해하는 편이 더 좋을 성싶다.

數)의 관계로 말할 수 없는 것이 있다. 왜냐하면 두 배는 '무언가의' 두 배로 말해지지만, '초과'와 '보다 큰'은 '무언가의'〈무언가보다〉(tinos)뿐 아니라 '어떤 점에서'(tini)로 말할 수 있기 때문이다. 왜냐하면 '초과하는 것'과 '보다 큰 것'은 모두 '어떤 점에서' 초과하는 것이고,[123] 또 '무언가보다'〈무언가의〉 초과하는 것이기 때문이다. 따라서 앞에서 말한 것들은 종에서 동수의 관계에서 말해질 수 없으므로 두 배의 유가 아니다. (혹은 종과 유가 동수의 관계에서 말해질 수 있다는 것은 보편적으로 참이 아니다.)

유에 대립되는 것은 그 종에 대립되는 것의 유이다

또 해당하는 유에 대립되는 것이 해당하는 종에 대립되는 것의 유가 아닌지를, 예를 들면 여러 배가 두 배의 유라면 여럿 분(分)의 일[분수]은 절반의 유인지를 살펴봐야 한다. 유에 대립되는 것은 종에 대립되는 것의 유이어야만 하니까. 그렇기에 누군가가 지식을 바로 그[본질적으로] 그 감각인 것이라고 내세운다면 지식의 대상도 바로 그[본질적으로] 감각인 것의 대상이어야 할 것이다. 하지만 그렇지 않다. 지식의 대상 모두가 감각의 대상이 아니니까. 왜냐하면 지성의 대상 중 몇몇은 지식의 대상이기 때문이다. 따라서 감각의 대상은 지식의 대상의 유가 아니다. 만일 이것이 아니라면[124] 감각은 또한 지식의 유가 아닐 것이다.

그런데 무엇과의 관계에서 말해지는 것들은 아래와 같이 세 가지로 구

---

123 예를 들면 '아리스토텔레스가 플라톤보다(혹은 플라톤에 대해) 지혜라는 점에서 초과한다(huperechein)'라는 예문에서 huperechein 동사는 소유격과 여격을 취할 수 있다. 이 동사의 이와 같은 용례는 플라톤 『티마이오스』 24d("모든 것들을 … 그 크기와 탁월성에서 초과한다[pantōn … huperechei megethei kai aretē]")를 참조.

124 '감각의 대상이 지식의 대상의 유가 아니라면', 다시 말해서 '이 주장이 참이라면'이라는 의미이다.

분될 수 있다. 즉 (1) 어떤 것들은 그것이 있을 때 바로 그것과 관계되어 있다고 말해지는 것 안에 있거나, 혹은 그것에 있는 것이 필연적이다(예를 들면 '성향'[125]과 '상태' 그리고 '균형' 등이 그렇다. 왜냐하면 방금 말해진 명사들은 그것과 관계되어 있다고 말해지는 그것들 이외의 다른 어떤 것들에도 속할 수 없기 때문이다.) (2) 다른 것들은 그것이 있을 때 바로 그것과 관계되어 있다고 말해지는 그것 안에 속하는 것은 필연적이지 않지만, [경우에 따라] 속하는 것이 가능하다(예를 들면 혼이 지식의 대상인 경우가 그렇다. 왜냐하면 혼이 자기 자신에 대한 지식을 갖는 것은 아무런 지장을 받지 않지만,[126] 필연적이지는 않기 때문이다. 그와 동일한 지식이 다른 사람에게 속하는 것도 가능하니까.) (3) 또 다른 것들은 그것이 있을 때 바로 그것과 125b
관계되어 있다고 말해지는 것 안에 속하는 것이 전적으로 가능하지 않다(예를 들면 지식의 대상이 혼이든가 혹은 인간이 되지 않는 한, 반대의 것이 반대인 것 안에, 또 지식이 지식의 대상 안에 속할 수는 없다.)

그렇기에 누군가가 이러한 것[종]을 유에 세운다면, 그 종이 속하지 않는 유 안에 세우지 않았는지[127] 반드시 검토해야만 한다. 예를 들면 상대방이 기억을 '지식의 지속'[128]이라고 말한 경우가 그렇다. 실제로 '지속하는'

---

125 브룅슈빅(1967)은 알렉산드로스(342쪽 2행 아래)의 읽음을 좇아 diathesis 대신에 sunthesis(종합, 모음)로 읽는다. 피카드-케임브리지 역시 '모음'으로 옮기고 있다.

126 『혼에 대하여』 제3권 제4장 429b26 아래에서는 '지성 자신도 사유의 대상'인지를 논하고 있다. 그 밖에도 이와 연관된 논의에 관해서는 『형이상학』 제11권 제7장과 제9장, 제12권 제7장 1072b20 아래 참조.

127 W. S. 마귀네스에 따라 eis to mē toiouton 앞에 ei를 삽입하고 읽는다(포스터의 번역과 베르데니우스 주석 참조). 브룅슈빅(99쪽)과 같이 ei를 생략하고 읽으면, '상대방이 이것들의 [카테고리의] 하나에 속하는 것을 다른 카테고리에 속하는 것의 유 가운데 두고 있지는 않은지 [이상과 같은 분류의 관점에 따라] 검토해야 한다'(피카드-케임브리지의 번역 참조).

128 원어로는 monē(머묾, 존속, 지속, 영속, 항존)이다.

것은 모두 지속하고 있는 것 안에 있거나 또 지속하는 그곳에 있으므로, 따라서 지식의 지속도 지식 안에 있는 것이다. 그러므로 기억은 지식 안에 있다. 기억은 지식의 지속이니까. 그러나 이것은 가능하지 않다. 왜냐하면 모든 기억은 혼 속에 [움직임으로[129]] 있기 때문이다. 그러나 지금 말한 토포스는 부수적인 것에 대해서도 공통적이다. 왜냐하면 '지속을 기억의 유'라고 말하는 것과 '그것이 기억에 부수되어 있다'고 주장하는 것은 아무런 차이가 없기 때문이다. 사실상 어떤 의미에서든 기억이 지식의 지속이라고 한다면, 이 문제에 대해서도 동일한 논의가 적합할 수 있을 테니까 말이다.

제5장 상태와 활동, 유와 종에 관련된 여러 가지 토포스

상태와 활동의 혼동

또 상대방이 상태를 활동(에네르게이아)으로 혹은 활동을 상태로 내세우고 있지는 않은지 검토해야 한다.[130] 예를 들면 '감각'을 '신체를 통한 움직임'으로[131] 내세우는 경우가 그렇다. 왜냐하면 감각[의 능력]은 상태이지만[132] 운동은 활동[133]이기 때문이다. 또한 '기억'을 '판단을 보전할 수 있

---

129 『혼에 관하여』 제3권 및 '소자연학 연구서'인 *parva naturalia* 중의 작은 논문 『기억과 상기에 대하여』(*De memoria et reminiscentia*) 참조.

130 『니코마코스 윤리학』 제1권 제8장 1098b33 아래, 제7권 제12장 1152b33 아래 참조.

131 이러한 주장(『자연학』 제7권 제2장 244b11-12 참조)은 플라톤의 견해에서 비롯된다. 플라톤, 『법률』 제10권 896e8-897a3, 『파이돈』 79c4-5.

132 토피카 제5권 제2장 129b33 아래 참조.

133 '에네르게이아'와 '키네시스'는 엄격하게 구분된다(『형이상학』 제9권 제3장 1047a32, 제6장 1048b1-35 참조). 그러나 초기 저작에서는 비전문적으로 사용되기

는 상태'라고 하는 것도 마찬가지이다. 어떤 기억도 상태가 아니라 활동이니까.

상태를 그것에 수반하는 능력 안에 놓는 사람들도 역시, 예를 들면 '온화'를 '화를 억누르는 것'으로 또한 '용기와 정의'를 '두려움과 이득을 억누르는 것'이라고 주장하는 사람들도 잘못을 범한다. 왜냐하면 감정에서 벗어난 사람은 용기 있고 온화하다고 말하지만, 감정에 흔들리더라도 감정에 의해 이끌리지 않는 사람은 '자제력 있는 사람'이라고 말하기 때문이다. 아마도 앞의 어느 쪽의 사람에게도 감정에 흔들릴 수 있더라도 그것에 이끌리지 않고 자제할 수 있는 그런 능력이 수반할 것이다. 물론 이것은 용기가 있으며 또 온화하다는 것이 아니라,[134] 전체적으로 그러한 감정에 의해 영향을 전혀 받지 않는다는 것을 말하는 것이다.[135]

종에 부수하는 것을 유로서 간주하는 잘못

어떤 경우에 어떤 방식으로든 종에 수반하는 것을 유로서 내세우는 사람이 있다. 예를 들면 고통을 화(怒)의 유로서 하고[136] 또 판단[137]을 믿음의

도 한다(124a21 참조).

134 '한쪽의 사람에게는 용기 있는 것이고 다른 쪽의 사람에게는 온화하다는 것이 아니라'(tō men … tō de …)를 to men … to de …로 읽었다(브륑슈빅, 바그너와 랍 참조).

135 성격과 개별적인 성격적 탁월성에 대한 보다 자세한 논의에 대해서는 『니코마코스 윤리학』 제2권 제7장의 논의 참조. 온화에 대해서는 『니코마코스 윤리학』 제4권 제5장의 논의 참조.

136 플라톤에게서 '고통'은 여러 가지 감정들의 '종'으로서 나타난다(『필레보스』 47e). 아리스토텔레스는 분노, 공포, 염치, 욕망과 같은 감정을 고통 및 쾌락과 연결된 것으로 보고, '고통과 쾌락을 수반하는 겪음'으로 보고 있다(『에우데모스 윤리학』 1220b12-14, 『니코마코스 윤리학』 1105b23 참조).

137 원어로는 hupolēpsis(파악, 포착)이다. 이 말은 개념, 생각, 사상, 믿음, 상정, 판

유로서 하는 경우가 그렇다. 왜냐하면 앞서 말한 두 가지 것[고통과 판단]은 어떤 방식에서 종으로서 주어진 것[화와 믿음]에 수반하지만 그 어느 것도 그것들의 유는 아니기 때문이다. 사실상 화난 사람이 고통을 느끼는 것은 그의 안에서 고통이 화보다 앞서 생기기 때문이다. 화가 고통의 원인[138]이 아니라, 고통이 화의 원인이니까.[139] 따라서 화는 무조건적으로 고통이 아닌 것이다. 동일한 이유에 의해 믿음 역시 판단이 아니다. 믿지 않는 사람도 동일한 판단[140]을 가지는 것이 가능하지만, 그럼에도 믿음이 판단의 종이라고 말한다면 그런 일은 가능할 수 없기 때문이다. 왜냐하면 동일한 동물이 어떤 때는 인간이고 어떤 때는 인간이 아닐 수는 없는 것처럼, 어떤 것이 해당하는 종에서 다른 것으로 완전히 전이(轉移)한다면 그것은 여전히 동일한 것으로 남아 있을 수 없기 때문이다. 그러나 누군가가 판단을 지니고 있는 사람은 그것을 필연적으로 믿어야만 한다고 주장
126a 한다면, 판단과 믿음은 동등한 범위〈외연〉에서 말해진 것이고, 따라서 그런 경우에는 전자가 후자의 유일 수 없다. 유는 더 넓은 범위에서 말해져야만 하니까.

단, 추정 등의 의미를 가진다.

138 원어로는 aitia(까닭, 탓)이다.

139 이에 대해서는 『수사학』 제2권 제2장 1379a8 아래('고통을 받을 때 화를 낸다') 참조.

140 여기서 아리스토텔레스가 '판단'과 '믿음'을 활동으로 보지 않고 이 '활동의 결과'로서 보고 있다고 베르데니우스는 지적한다. "판단이 그런 결과인 한에서만 '동일할' 수 있다고 말해질 수 있다. '믿음'도 역시 결과로서 받아들여진다면, 그 상정된 유인 '믿음' 아래에 있는 한에서만 판단은 동일한 것으로 있을 수 있다. 그러나 그 경우에 그것을 더 이상 믿지 않는다면 동일한 판단을 갖는 것은 불가능할 것이다. 게다가 믿지 않고도 동일한 판단을 갖는 것이 일반적 경험이다. 이것은 또한 126b18에서 판단(hupolēpsis)이 믿음(pistis)의 유라고 말해진 사실을 설명한다. 이것은 단지 판단과 믿음이 활동인 한에서만 성립한다."(베르데니우스, 31쪽)

종과 유로서 상이한 능력에 포섭되는 것들에 대한 그릇된 가정

또한 무언가 동일한 것 가운데 종과 유 양자가 생겨나는 것이 자연적인지 아닌지를 살펴봐야 한다. 종이 있는 것에는 유도 있는 것이니까. 예를 들면 흼이 있는 것에는 색도 있으며, 또 읽고 쓰는 지식이 있는 것에는 지식도 있다. 그렇기에 상대방이 '부끄러움'[141]을 '두려움'[142]이라고 하거나 혹은 '화'를 '고통'이라고 말한다면, 종과 유가 동일한 것에 속하지 않는 경우가 생겨날 것이다. 왜냐하면 부끄러움은 혼의 생각하고 헤아리는〈이성적〉 부분에 있지만,[143] 두려움은 기개적(氣槪的) 부분에 있기 때문이다. 그리고 고통은 욕망적 부분에 있지만(사실상 이 부분 안에 즐거움도 있으니까), 화는 기개적 부분에 있기 때문이다.[144] 따라서 유로서 주어진 것들은 종과 동일한 것에서 자연적으로 생기지 않는 것이기 때문에, 유가 아니다. 마찬가지로 또한, 친애가 욕망적 부분에 있다면 이것은 어떤 종류의 바람은 아닐 것이다. 왜냐하면 모든 바람은 생각하고 헤아리는〈이성적〉 부분에 있기 때문이다.[145] 이 토포스는 부수성에 대해서도 유용하다. 왜냐하면 부수성과 부수성이 그것에 부수하는 것은 동일한 것 중에 있으므로, 따라서 그것들이 동일한 것에서 나타나지 않는다면 그것들이 부대하지 않았음

---

141 혹은 '부끄러움을 아는 마음'을 의미하는 염치(廉恥) 혹은 수치(羞恥)로도 번역 가능하다. 『수사학』 제2권 제6장 1383b13, 1384a22 참조. '두려움으로서의 부끄러움(수치)'에 대해서는 『니코마코스 윤리학』 1128b11 참조.

142 부끄러움이 두려움의 종이라는 생각에 대해서는 플라톤, 『법률』 제1권 646e10-647b 참조.

143 이 점에 대해서는 『토피카』 제2권 제7장 113a35 아래 논의 참조.

144 여기서는 혼의 3분설(logistikon, epithumētikon, thumoeidēs)이 전제되고 있다.

145 『혼에 대하여』 제3권 제9장 432b5, 『수사학』 제1권 제10장 1368b37, 『니코마코스 윤리학』 제3권 제1장 1111b19 아래 등을 참조.

은 분명하다.

종은 부분적으로만 유를 분유한다

또 종이 유로서 말해진 것을 어떤 점에서 분유하는지를 살펴봐야 한다. 유는 어떤 점에서 분유되는 것이 아니라고 일반적으로 생각되고 있으니까. 사실상 인간은 어떤 점에서 동물이 아니며, 또 읽고 쓰는 지식은 어떤 점에서[146] 지식이 아니니까. 다른 경우들에서도 마찬가지이다. 그렇기에 몇몇의 경우들에서 어떤 점에서 유가 분유되고 있는지, 예를 들면 동물이 바로 그⟨본질적으로⟩ 감각의 대상 혹은 시각의 대상으로서 말해질 수 있을지를 검토해야 한다. 동물은 어떤 점에서만 감각의 대상이고 시각의 대상이니까. 왜냐하면 동물은 신체의 관점에서는 감각되는 것이고 볼 수 있는 것이지만, 혼의 관점에서는 그렇지 않기 때문이다. 따라서 볼 수 있는 것과 감각되는 것은 동물의 유일 수 없다.

종의 부분을 유로서 간주하는 잘못

어떤 경우에 사람들은 깨닫지 못한 채 전체를 그 부분에다 놓았을 수 있다. 예를 들면 동물을 '혼을 지닌 신체'[147]라고 하는 경우가 그렇다. 그러나 부분은 결코 전체의 술어가 될 수 없다. 따라서 신체가 동물의 부분이기 때문에 신체는 동물의 유일 수 없다.

비난받을 만한 것을 능력으로 간주하는 잘못

또 비난받아야 하는 것, 회피해야 하는 것을 능력 혹은 능력 있는 것에다 놓았는지, 예를 들면 소피스트, 헐뜯는 자, 도둑을 '몰래 다른 사람의

---

146 브룅슈빅(1967)은 kata ti를 생략해서 읽고 있다.

모든 것[148]을 훔칠 수 있는 능력이 있는 자'로 정의하고 있는지를 살펴봐야 한다. 왜냐하면 지금 말한 자 그 누구라도 이것들 중 무언가 그럴 수 있는 능력을 갖고 있다는 점에서 그러한 사람[소피스트, 헐뜯는 자, 도둑]으로 불리는 것은 아니기 때문이다. 사실상 심지어 신과 훌륭한 사람도 이런 못된 짓을 할 수 있는 능력이 있지만, 그러한 것으로 불리는 자들은 아니기 때문이다.[149] 못된 사람들이 모두 다 악하다고 불리는 것은 선택[150]의 관점에 따르는 것이니까.

게다가 모든 능력은 바람직한 것들에 속한다. 심지어 못된 짓들을 행하는 능력 또한 바람직한 것이니까. 이런 까닭에 신도 훌륭한 사람도 이런 능력을 갖는다고 우리는 말한다. 왜냐하면 그들에게는 나쁜 것들을 행하는 능력이 있다고 우리는 주장하기 때문이다. 따라서 능력은 결코 어떤 126b
비난받을 만한 것의 유일 수 없다. 그렇지 않다면 비난받을 만한 것 중의 어떤 것은 바람직한 것이라는 것이 따라 나올 것이다. 비난받을 만한 어떤 종류의 능력도 있게 될 테니까.

---

147 플라톤, 『소피스테스』 246e. 아리스토텔레스 자신은 여기서 이 주장을 거부하고 있지만, 『혼에 대하여』 제3권 제12장 434b12, 『동물의 생성에 대하여』 제2권 제4장 738b19에서는 받아들이고 있다.

148 맥락상 다른 사람에 속하는 모든 것이니, 재산, 생명, (정신적인) 좋음, 탁월성까지를 포함한다.

149 다시 말하면, 신과 훌륭한 사람도 나쁜 일을 할 수 있다고 해서 '그것이 곧' 그들의 고유속성이라고 말할 수는 없다는 것이다. 예를 들면 신과 훌륭한 사람은 모든 것을 행할 수 있는 능력을 가진다. 그런데 회피해야만 하는 도둑질이나 남을 속일 수 있는 능력까지도 그들이 수행할 수 있기 때문에 그들을 모든 능력을 가지고 있는 신 또는 훌륭한 사람이라고 말하는 것은 아니다. 결국 이 대목에서 말하고자 하는 바는 바람직하지 않은 것까지도 '능력'이라고 말할 수는 없다는 것이다.

150 원어로는 prohairesis이다. 이에 대해서는 『니코마코스 윤리학』 제3권 제2장-제3장 참조.

126b

그 자체로 바람직한 것을 능력의 카테고리에 놓는 것에 대해

또 상대방이 그 자체로 무언가 가치 있는 것 또는 바람직한 것[151]을 능력이나 능력 있는 것 또는 무언가를 만들어 낼 수 있는 것[의 범주]에다 놓았는지를 살펴봐야 한다. 왜냐하면 모든 능력과 모든 능력 있는 것 또는 무언가를 만들어 낼 수 있는 것은 다른 것 때문에 바람직한 것이기 때문이다.

여러 가지 유에 포섭되는 것을 단 하나의 유에만 놓는 것에 대해

혹은 두 개 또는 그 이상의 많은 유 가운데 있는 것들 중 무언가를 그 하나의 유 안에만 놓았는지 어떤지를 살펴봐야 한다. 몇몇의 것들은 하나의 유 안에만 놓을 수 없으니까. 예를 들면 사기꾼과 헐뜯는 자가 그렇다. 왜냐하면 선택은 하나 그 실행 능력이 없는 사람도, 또 실행 능력은 있으나 선택은 하지 않는 사람도 헐뜯는 자이거나 사기꾼이 아니고, 오히려 이것들 양자[선택과 능력]를 다 한 사람이 그렇기 때문이다. 따라서 이 말들은 하나의 유가 아니라 방금 말한 양쪽의 유로 놓아야만 한다.[152]

유를 종차로서, 종차를 유로서 제시하는 잘못에 대해

게다가 사람들은 어떤 경우에 유를 종차로서, 종차를 유로서 역으로 제시한다. 예를 들면 '경악'을 '놀라움의 지나침'으로, '믿음'을 '판단의 강렬함'이라고 하는 경우이다. 지나침과 강렬함은 유가 아니라 종차이니까. 왜냐하면 경악은 지나친 놀라움이고, 믿음은 강렬한 판단으로 일반적으로 생각되기 때문에, [[따라서 놀라움과 판단은 유이고 지나침과 강렬함은

---

151 『토피카』 제3권 제1장 116a29-31 참조.

152 의도(선택)와 능력을 모두 한 사람이 헐뜯는 자이며 사기꾼인 까닭에, 양자를 한 그 사람은 마땅히 앞에서 말한 양쪽의 유에 속해야만 한다.

종차이다.]][153]

게다가 누군가가 지나침과 강렬함을 유로서 제시한다면, '혼(프시케)을 갖지 않은 것들', 즉 무생물도 믿음을 가질 것이고 경악할 수 있을 것이다. 왜냐하면 각각의 것의 강렬함과 지나침은 그 강렬함과 지나침을 지니는 그것에 임재(臨在)하기 때문이다. 그렇기에 경악이 놀라움의 지나침이라고 하면 경악이 놀라움에 임재할 것이고, 따라서 놀라움이 경악하는 결과가 되고 만다. 마찬가지로 믿음도 판단의 강렬함이라고 한다면 믿음도 판단에 임재할 것이고, 따라서 판단이 믿어지게 된다.

게다가 이와 같은 방식으로 유를 제시한 사람은 결국 '강렬한 강렬함'을 말하고, '지나친 지나침'을 말하게 되는 셈이 되고 말 것이다. '강렬한 믿음'이 있는 것이니까. 그렇기에 믿음이 강렬함이라면 '강렬한 강렬함'이 있게 될 것이다. 마찬가지로 또한 '지나친 경악'이라는 것도 있다. 그렇기에 경악이 지나침이라고 하면 '지나침의 지나침'도 있게 될 것이다. 그러나 지식의 대상인 지식[154]이나 움직이는 운동[155]이 있을 수 없는 것과 마찬가지로, 이것들 중 그 어느 것도 그런 것으로 일반적으로 생각되지 않는다.

속성을 받아들이는 것의 유로서 속성을 규정하는 잘못

어떤 경우에 그 속성(겪음; 파토스)[156]을, 속성을 받아들이는 것의 유로서 그 유 안에[157] 놓음으로써 잘못을 범하는 수가 있다. 예를 들면 '죽지 않

---

153 브륑슈빅(1967)은 사본 C에 따라 이 문장을 생략한다.

154 원어로는 hē epistēmē epistēmon(사본 C 참조).

155 원어로는 hē kinēsis kinoumenon이다. 물론 아리스토텔레스는 '가속도'와 같은 개념을 염두에 두고 있지 않다.

156 파토스(pathos)는 작용을 통한 수동적인 '겪음'이나 '변화 양태'(modification)를 받아들이는 것을 말한다.

157 원어로는 eis genos이다. 이어지는 예에서 분명하게 드러나듯이 '죽지 않음'은

126b

음은 영원한 생명이다'라고 주장하는 사람들이 그렇다. 왜냐하면 죽지 않음은 생명의 어떤 속성(파토스)이거나 혹은 생명의 우연적 특징(속성)[158] 이라고 생각되기 때문이다. 그러나 누군가가 죽어야 할 사람 중 죽지 않는 사람이 있다는 것을 승인한다면 지금 우리가 말한 것이 참이라는 것은 분명해진다. 사실상 그 누구도 자신이 갖고 있던 것과 다른 생명을 받아들인다고 주장하지 않고, 오히려 원래부터 있었던 그 생명에 어떤 우연적

127a 특징이나 속성(파토스)이 붙어 있게 된다고 주장하기 때문이다. 그러므로 생명은 죽지 않음의 유가 아니다.

속성을 받아들이는 것으로서 규정하는 잘못

또 속성(파토스)이 그것의 속성인 '바로 그것'[159]을, 속성의 유라고 주장하고 있지는 않은지 살펴봐야 한다. 예를 들면 바람은 '움직이는 공기이다'[160]라고 말하는 경우가 그렇다. [[바람이 오히려 공기의 운동이니까.]][161] 왜냐하면 공기는 움직일 때나 정지해 있을 때나 동일한 것으로 그대로 남아 있기 때문이다. 따라서 바람은 일반적으로 공기일 수 없다.[162] 왜냐하

'생명'의 파토스(속성)이다. 그런데 죽지 않음을 '생명의 유'로서 간주함으로써 죽지 않음을 '영원한 생명'으로 정의하는 경우에 '파토스를 받아들이는 것'이 '파토스' 속에 포함되는 잘못을 범한다는 것이다(『토피카』 제4권 제2장 122b25, 37, 제4장 125b15-16, 20, 제5장 126a26, 30-31, 126b4-5, 7-8 참조). 브룅슈빅(1967) 173-174쪽 주석 참조.

158 원어로는 sumptōma이다.

159 브룅슈빅(1967)은 tou pathous를 to pathos로 읽고 있으며, 그리고 genos를 생략해서 읽고 있다. 피카드-케임브리지도 브룅슈빅(1967)에 따르고 있다.

160 『기상론』 제2권 제4장 360a20 아래 참조.

161 브룅슈빅(1967)은 이 문장을 생략하고 읽고 있다. 짝퉁-플라톤, 『정의들』 411c 참조.

162 즉 바람은 공기의 종이 아니다.

면 바로 바람이었던 공기가 동일하게 그대로 남아 있다면 공기는 움직이지 않아도 바람일 수 있을 것이기 때문이다. 다른 이러한 것들의 경우에서도 마찬가지이다. 그러므로 이 경우에도 바람이 '움직이는 공기'라는 것을 동의해야만 한다고 하더라도, 어쨌거나 제시된 유가 참으로 술어가 되지 않는 모든 것들에 대해 이러한 설명을 받아들여야 하는 것은 아니고, 단지 제시된 유가 참으로 술어가 되는 경우들에서만 이러한 설명을 받아들여야만 하는 것이다. 사실상 몇몇의 경우에서는 유로서 주어진 것이 참으로 술어가 된다고 일반적으로 생각되지 않기 때문이다. 예를 들면 진흙과 눈(雪)의 경우에서 그렇다. 왜냐하면 사람들은 눈은 '언 물'[163]이고, 진흙은 '물과 섞인 흙'[164]이라고 주장하지만, 눈은 물이 아니고, 진흙은 흙이 아니기 때문이다. 따라서 유로서 주어진 것의 어느 것도 유일 수 없다. 유는 항시 종에 대해서 참으로 술어가 돼야 하는 것이니까. 마찬가지로 또한 엠페도클레스가 '나무에서 발효된 물'이라고 말한 것처럼,[165] 포도주는 '발효한 물'이 아니다. 포도주는 무조건적으로 물이 아니니까.

제6장 유와 종, 정도, 유와 종차의 구분에 관련된 여러 가지 토포스

유로서 주어진 것은 해당하는 종을 포함해야만 한다

게다가 유로서 주어진 것이 정말 어떤 것의 유도 아닐지를 살펴봐야 한다. 왜냐하면 그 경우에 그것은 종으로서 말할 수 있는 것의 유가 아님

163 플라톤, 『티마이오스』 59e.

164 플라톤, 『테아이테토스』 147c.

165 엠페도클레스, 『단편』 B81.

이 분명하기 때문이다. 그러나 유로서 주어진 것을 분유한 것들, 예를 들면 흰 것들은 종에서 서로 전혀 차이가 없다는 것을 토대로 검토해야 한다. 왜냐하면 흰 것들은 종이란 점에서 서로 간에 전혀 차이가 없지만, 모든 유의 종들은 차이가 있기 때문이다. 따라서 '흼'은 어떤 것의 유일 수 없다.

모든 것에 수반하는 것을 유나 종차로 간주해서는 안 된다

또 상대방이 모든 것에 수반하는 것을 유나 종차라고 말했는지 어떤지를 살펴봐야 한다. 모든 것에 따라붙는 것들에는 여럿이 있으니까. 예를 들면 '있음'과 '하나'는 모든 것에 따라붙는 것에 속한다.[166] 그렇기에 상대방이 있음을 유로서 주고 있다면 그것이 모든 것에 대해 술어가 되기 때문에 그것이 모든 것의 유라는 것은 분명하다. 왜냐하면 유는 그 종 이외의 어떤 것에 대해서도 술어가 되지 않기 때문이다. 따라서 '하나'도 역시 '있음'의 종[167]이 될 것이다. 그렇기에 유가 술어가 되는 모든 것에 대해 종도 술어가 된다는 것이 따라 나오는 것이다[168](있음과 하나는 모든 것에 대해 무조건적으로 술어가 되는 것이니까). 물론 종은 좁은 범위에서 술어가

---

166 『토피카』 제4권 제1장 121a16 아래, b4 아래 참조. 모든 '있음'(einai)은 '하나'(hen)로서 지시될 수 있다. 그러므로 있음과 하나는 존재하는 모든 것에 따라붙는다(『형이상학』 1040b17 아래, 1054a13 아래 참조).

167 『토피카』 제4권 제1장 121a16, b4 아래, 제5권 제2장 130b17, 『소피스트적 논박에 대하여』 제10장 170b22 참조. 플라톤의 『소피스테스』에서 전개된 존재론의 영향이 드러나고 있다. 아리스토텔레스 역시 플라톤의 견해에 따라 '있음'을 유로 보았다(『형이상학』 제4권 제2장 1003b19 아래). 그러나 『형이상학』 제3권 제3장 998b22 아래와 『소피스트적 논박에 대하여』 제11장 172a12 아래에서는 이러한 견해에 반대하고 있다.

168 있음을 유로서 간주하는 경우에 불합리한 결과가 따라 나온다는 의미이다.

되어야만 한다. 그러나 만일 모든 것에 따라붙는 것을 종차라고 상대방이 말했다면, 종차는 그 유와 동등한 범위에서 혹은 유보다 넓은 범위에서 말해질 것이라는 것은 분명하다. 왜냐하면 유도 역시 모든 것에 따라붙는 것들 중의 하나라면 그 종차는 유와 동등한 범위에서 말해질 것이지만, 이에 반해서 유가 모든 것에 따라붙지 않는다면 종차는 그 유보다 넓은 범위에서 말해질 수 있을 것이기 때문이다.

유는 주어인 종에 있을 수 없다

게다가 유로서 주어진 것이 종을 주어〈기체〉로 해서 **종 안에 있다**고,[169] 127b
'흼'이 '눈' 가운데 있다고 말하는 경우처럼 그렇게 말해질 수 있는지를 살펴봐야 한다. 따라서 제시된 것이 유일 수 없다는 것은 분명하다. 유는 단지 **주어가 되는 종에 대해서**만 말해지니까.[170]

유는 동명동의적으로 종에 대해 술어가 된다

또한 유가 종과 동명동의적(쉬노뉘몬)이지 않은지를 검토해야 한다. 왜냐하면 유는 모든 종에 대해 동명동의적인 방식으로 술어가 되기 때문이다.

---

169 '기체 안에 있다'(en hupokeimenō einai)와 '기체에 대해 말해진다'(kath' hupokeimenou legesthai)의 구분에 대해서는 『범주들』(카테고리아이) 제2장 1a20 아래 참조.

170 '눈은 희다'의 경우에 '흼'은 속성으로 '눈'이라는 '주어(기체, 휘포케이메논) 안에 있다'. 그렇다면 '흼'은 유일 수 없다. 유는 '주어에 대해 술어가 되는' 것이니까. 이 토포스는 이 두 가지 것을 구분하고 있다. 부수적 속성은 실체 안에 있으며, 종과 유는 실체에 대하여 술어가 될 수 있는 것이다.

127b

반대인 것들 가운데 더 나은 것을 더 못한 유에 할당해서는 안 된다

게다가 종에도 유에도 반대인 것이 있으며, 상대방이 그 반대인 종들 중에서 더 나은 것을 더 못한 유에다가 놓고 있지는 않은지를 살펴봐야 한다. 그 결과로 서로 반대인 종들이 서로 반대인 유 안에 있으므로 남은 다른 한쪽의 종들도 남은 한쪽의 유 가운데 있게 될 테고, 따라서 더 나은 종은 더 못한 유 안에, 또 더 못한 종은 더 나은 유 안에 있게 될 것이다.[171] 그러나 더 나은 종의 유가 또한 더 낫다고 일반적으로 생각되고 있다.

또 동일한 종[172]이 다른 두 개의 유에 대해 같은 관계에 있는 경우에 상대방이 그것을 더 나은 유 안이 아니라 더 못한 유 안에 놓았는지를, 예를 들면 혼을 '바로 그〈본질적으로〉 운동' 혹은 '움직이는 것'으로 하고 있는지 어떤지를 살펴봐야 한다.[173] 왜냐하면 혼은 마찬가지 방식으로 정지할 수 있으며 또 운동할 수 있는 것으로 일반적으로 생각되기 때문이다. 따라서 정지가 운동보다 더 나은 것이라고 한다면[174] 그것에다 혼을 유로서 놓

---

171 이를테면 덕 아래 속하는 종은 악덕 아래에 속하는 종보다 더 낫다. 누군가가 부정의를 덕이라고 한다면 그 사람은 정의를 악덕이라고 하는 것이 되는 셈이다(알렉산드로스, 361쪽 2-4행).

172 원어로는 tou autou eidous인데, 브룅슈빅(1967)과 피카드-케임브리지는 eidous를 생략하고 있다. 아래의 예에서 드러나듯이 이 말은 '혼'을 지시한다. 즉 상대방이 혼을 운동과 정지라는 두 유의 종으로 보고 반대되는 것들 가운데 '더 못한' 것에 혼을 귀속시키고 있다면 그 잘못이 지적되어야 한다는 것이다. 혼에 관한 아리스토텔레스의 명확한 입장이 무엇인지에 대해서는 이 대목은 명시적으로 보여주고 있지 않다.

173 플라톤, 『파이드로스』 245c 참조. 플라톤은 혼이 '자기 자신을 움직이는 것'이기 때문에 결코 죽지 않는다고 주장한다. 다른 것을 움직이고 다른 것에 의해 움직이는 것은 정지를 하기 때문에 삶을 멈출 수밖에 없다. 그러나 혼은 자신을 움직이므로 자신을 떠날 수 없으며 움직이기를 결코 멈추지 않는다. 이 밖에도 플라톤은 『법률』 제10권 895e-896a에서 혼을 '자기 자신을 움직이는 운동'으로 정의하고 있다.

174 『혼에 대하여』 제1권 제3장 407a33, 제3권 제11장 434a16 아래 참조. 사유와 이해는 운동이기보다 정지나 멈춤 상태에 있다.

아야만 했던 것이다.

'더 많이'와 '더 적게' 그리고 '같은'이라는 정도의 관점에서의 논의

(가) 하나의 주장을 논파하려는 경우

게다가 '더 많이'와 '더 적게'라는 정도의 관점에서 검토해야 한다. 다시 말해 어떤 한 주장〈명제〉을 뒤엎으려는 쪽에서는, 유가 '더 많이'를 받아들이지만, 종은 받아들이지 않는지 어떤지를, 요컨대 종 자체든 종에 따라 말해지는 것이든 '더 많이'를 받아들이지 않는지를 살펴봐야 한다. 예를 들면 '덕'이 '더 많이'를 받아들인다면 '정의'와 '정의로운 사람'도 역시 그럴 것이다. 어떤 한 사람이 다른 사람보다도 '더 많이' 정의롭다고 말할 수 있으니까. 그렇기에 유로서 주어진 것은 '더 많이'를 받아들이지만 종은 받아들이지 않는다면, 요컨대 종 자체든 종에 따라 말해지는 것이든 더 많이를 받아들이지 않는다면 주어진 것은 유가 아닐 것이다.

또, 더 많이 또는 같은 정도로 유라고 생각되는 것이 유가 아니라면 유로서 주어진 것 역시 유가 아니라는 것은 분명하다. 그 종에 대해 '무엇인가'라는 점에서 술어가 될 수 있는 것이 여러 개 나타나고 있음에도 그것들의 유가 어떤 것인지가 규정되어 있지 않고, 또 말할 수도 없는 그런 것들의 경우에 특히 이 토포스는 유용하다. 예를 들면 화에 대해 '고통'과 '(업신여김당하고 있다는[175]) 판단'[176]이 '무엇인가'라는 점에서 술어가 되는

---

175 브륑슈빅(1967)은 '업신여김'(oligōrias)을 생략하고 읽는다(109쪽). 그 이유는 '판단'은 유일 수 있지만 '업신여긴다는 판단'은 유일 수 없다는 것이다. 브륑슈빅(1967)은 hupolēpsis(판단)를 'représentation'으로 옮긴다. 피카드-케임브리지도 이 관점에 따라 생략해서 읽고 있다.

176 즉 '업신여김당하고 있다는 생각'을 말한다.

것처럼 생각되는 경우가 그렇다. 왜냐하면 화난 사람은 고통을 느끼는 동시에 자신이 업신여김당하고 있다고 판단하고 있기 때문이다.[177] 이와 동일한 검토가 종의 경우에 그것을 다른 어떤 종과 비교하는 사람에게 유용하다. 왜냐하면 유로서 주어진 것 가운데 '더 많이' 혹은 '같은 정도로' 있다고 생각되는 것이 유 가운데 있지 않다면 종으로서 주어진 것도 유 가운데 있을 수 없다는 것은 분명하기 때문이다.

(나) 하나의 주장을 확립하려는 경우

그래서 하나의 주장을 뒤엎으려는 쪽은 앞에서 말한 방식의 토포스를 사용해야만 한다. 이와 반대로 하나의 주장을 확립하려는 쪽은 유와 종으로서 주어진 것이 '더 많이'를 받아들이는 경우에 이 토포스는 유용하지 않다. 왜냐하면 제시된 유와 종 양쪽이 그것을 받아들인다고 하면 하나가 다른 것의 유가 아니라고 해도 아무런 지장을 주지 않기 때문이다. 사실상 '아름다움'과 '흼'은 '더 많이'를 받아들이지만,[178] 동시에 한쪽의 것이 다른 쪽의 것의 유는 아니기 때문이다. 그러나 유들을 서로 간에 상호 비교하고, 또 종들을 서로 간에 상호 비교하는 것은 유용하다. 예를 들면 이것과 저것이 동일한 정도로 유라고 하면, 한쪽이 유라면 다른 쪽도 유이다. 마찬가지로 '더 적게'를 받아들이는 것이 유라면 '더 많이'를 받아들이는 것도 유일 것이다. 예를 들면 능력이 덕(탁월성)보다 '더 많이' 자체의 유인 경우, 덕이 그것의 유라면 능력도 역시 유이다. 이와 동일한 논리가 종에 대해서도 적절하게 말해질 수 있다. 왜냐하면 이것과 저것이 동일한 정도로 문제가 되는 유의 종이라면, 한쪽의 것이 종이라면 남은 것도 역시 종

---

177 『수사학』 제2권 제2장 1378a30-32 참조.

178 성질(poion)이 '더 많음'과 '더 적음'을 받아들인다는 것에 대해서는 『범주들』(카테고리아이) 제8장 10b26-30 참조.

이며, '더 적게' 종이라고 생각되는 것이 종이라면 '더 많이' 종이라고 생각되는 것도 역시 종이다.

유는 본질이라는 점에서 술어가 되어야 한다

게다가 하나의 주장[명제]을 확립하기 위해서는, 종으로서 주어진 것이 하나가 아니라 여럿의 다른 것이 있는 경우에, 유가 그것의 유로서 주어졌던 해당하는 것들에 대해 '무엇인가'라는 점에서 술어가 되고 있는지를 검토해야만 한다. 사실상 술어가 되는 경우라면 유로서 주어진 것이 유일한 것이라는 점은 분명하기 때문이다. 그러나 종으로서 주어진 것이 하나라면 그 유가 다른 여러 종에 대해서도 (무엇인가라는 점에서)[179] 술어가 되는지를 검토해야 한다. 왜냐하면 그 경우에도 역시 그 유는 여럿의 다른 종에 대해서 술어가 된다는 것이 따라 나올 것이다.

유와 종차의 구분

사람들은 종차가 또한 '무엇인가'라는 점에서 종들에 대해 술어가 된다고 생각하기 때문에, 앞에서 말한 기본적 원리들[180]을 사용해서 유를 종차로부터 분리시켜야만 한다.[181] 이 기본적 원리들은 첫째로 (1) 유는 종차보다 더 넓은 범위〈외연〉에서 말할 수 있다는 것이고, 둘째로 (2) '무엇인가'라는 그 본질을 제시함으로써 유를 말하는 편이 종차를 말하는 것보다 한층 더 적합하다는 것이다('동물'을 말한 사람이 '육상의'라고 말한 사람보다 '인간이란 무엇인가'〈인간의 본질〉를 더 잘 보여주고 있으니까). 그리고 (3) 종차는 유의 성질을 항시 나타내지만, 유는 종차의 성질을 나타내지

---

179 브룅슈빅(1967)에 좇아서(176쪽) 피카드-케임브리지도 빠뜨린 채 읽는다.

180 『토피카』 제4권 제2장 123a3 아래에서 논의된 토포스들을 말한다.

181 즉 유를 종차로부터 구분해야만 한다.

않는다. 왜냐하면 '육상의'라고 말한 사람은 어떤 성질을 가진 동물을 말하고 있지만, '동물'이라고 말한 사람은 어떤 성질을 가진 육상의 것을 말하고 있지 않기 때문이다.[182]

토포스의 구체적 적용의 예들

그렇기에 종차를 유로부터 이러한 방식으로 분리해야만 한다. 그런데 음악적인 것이 음악적인 한에서 (어떤)[183] 지식을 가지는 것이라고 하면 음악도 역시 하나의 지식의 종이고, 또 걷는 것이 걷는다는 점에서 움직이고 있다면 걸어감이 하나의 운동의 종이라는 것은 일반적으로 생각되고 있기 때문에, 있는 것[종]이 그 안에 있음을 확립하기를 원하는 그 유에 대해서도 앞에서 말한 방식으로 검토해야 한다. 예를 들면 '지식'이 바로 그〈본질적으로〉 '믿음'이라는 것을 확립하고자 한다면, 인식하는 사람이 인식하는 한 믿는지 어떤지를 검토해야 한다. 지식이 어떤 종류의 믿음이라는 것은 명백할 테니까. 다른 이러한 것들의 경우에서도 동일한 방식으로 검토해야 한다.

게다가 어떤 것[A]에는 늘 수반하면서도 그것으로 환위할 수 없는 것[B]이 그 어떤 것[A]의 유가 아니라는 것을 구별하는 일은 어렵기 때
128b 문에, 이것[B]이 모든 저것[A]에 수반하지만, 저것[A]은 모든 이것[B]에 수반하지 않는다면, 예를 들면 '정지'는 '바람 없음'에, 또 '나눌 수 있는 것'은 '수'에 수반하지만 그 역은 참이 아니라면('나눌 수 있는 것'은 모두 수가 아니고, 또한 '정지'도 '바람 없음'이 아니니까), 한쪽의 것[A]이 환위될 수 없을 때 그 사람은 늘 수반하는 것[B]을 유로서 사용해

182 『토피카』 제4권 제2장 122b12-17, 제6권 제5장 142b23-29 참조.

183 브룅슈빅(1967)과 피카드-케임브리지는 ti를 생략하고 읽는다.

야 한다. 그러나 다른 사람이 그런 명제를 내놓는 때에는 모든 경우에서 그것이 참이라는 것을 승인〈경청〉해서는 안 된다.[184] 그 경우에는 반론이 제기된다. 즉 '…이지 않은 것'〈'…임(F)이 아니다'〉은 모두 '생성하는 것'〈'F가 되다'〉[185]에 수반하면서도(생성하는 것〈F가 되는 것〉은 있지 않은 것〈F이지 않은 것〉이니까) 생성하는 것과 환위될 수는 없지만(모든 …이지 않은 것〈F가 아닌 것〉이 모두 생성하는 것이 아니니까〈F가 되는 것은 아니니까〉), 그럼에도 '있지 않은 것'은 '생성하는 것〈…이 되는 것〉'의 유가 아니라는 것이다. 왜냐하면 일반적으로 말해서 '있지 않은 것'에는 종이 존재하지 않기 때문이다.

그렇기에 유에 관련해서는 앞에서 말한 대로의 방식에 따라 추구해야만 한다.

---

184 원어는 hupakouein(듣다, 경청하다)이다. 즉 열심히 들어서는 안 된다는 것이니, '그것에 순종해서 따라서는 안 된다' 혹은 '승인해서는 안 된다'라는 의미이다.

185 존재와 비존재, 생성으로 이해하지 않고 존재와 생성을 술어적으로 'F가 아니다'와 'F가 되다'로 이해할 수도 있다(브룅슈빅[1967] 111쪽 주석 2 참조). 여기서 아리스토텔레스가 존재와 생성의 영역을 분리하려는 의도를 가진 것으로는 보이지 않는다. 다만 그는 'F가 되는 것'은 'F이지 않은 것'이라는 명제를 자명한 것으로 받아들이고 있다.

5권[1]

고유속성의 토포스

제1장 네 종류의 고유속성

말해진 것[2]이 고유속성[3]인지 고유속성이 아닌지는 다음과 같은 방식을 128b14

1 제5권은 문체를 비롯해서 다른 권들과의 논의의 차이, 그리고 다루어지는 여러 사항의 진기함 때문에 19세기 이래로 그 진작 여부가 의문시되어 왔다(J. H. von Kirchmann, *Erläuterungen zu dem Organon*, Leipzig, 1883. 67쪽 아래). 혹자는 페리파토스학파의 누군가가 쓴 작품이라고 추정하기도 했다(J. Pflug, *De Aristotelis Topicorum libro quinto*, Diss., Leipzig, 1908). 요즘엔 이런 주장은 거부되고 있다. 최근에 제5권의 토포스를 유형별로 분류하는 라인하르트(T. Reinhardt, 2000)는 제5권이 '아리스토텔레스 이외의 누군가에 의해 편집되고 확장되었던 실제적인 자료에 토대를 두고 있다'고 설득력 있게 논증하고 있다. 그는 그 작업을 수행했던 누군가가 이 저작 여러 군데에서 직접적으로 개입하고 있다는 결론을 이끌어 내고 있기도 하다(129b1-132a21, 132b19-133a11, 134a5-17, 135a9-19, 138b27-139a20). 그에 따르면 133b15-134a4, 134a18-25 등은 가공 과정이 없는 실제적인 자료로 간주될 수 있다는 것이다.

2 즉 한 대상에 대해 '이러저러하다고 규정한 속성'을 가리킨다.

3 원어로는 idion이다. 브룅슈빅(2007), 피카드-케임브리지, 포스터를 비롯한 많은 고전학자들은 일반적으로 옮겨지는 '속성'(property, propre)이란 역어를 택하고 있다. 한편 반즈와 R. 스미스 등은 '고유속성'으로, 바그너와 랍(2004)은 고유성(Eigen-

128b

통해서 검토되어야 한다.[4]

고유속성은[5] (1) 그 자체로서 또 (2) 항상[6], 혹은 (3) 다른 것에 관계해서 또 (4) 어느 때라는 식으로 주어진다. 예를 들어 인간의 '그 자체로서의 고유속성'은 '자연적으로 길들여진 동물'이라는 것이다. 또 '다른 것에 관계해서'의 고유속성은, 예를 들면 '혼의 신체에 대한' 고유속성이 그런 것이다. 사실상 한쪽은 명령하는 것이고 다른 쪽은 복종하는 것이니까. 또 '항상' 성립하는 고유속성은, 예를 들면 '죽지 않는 동물'이 신의 고유속성인 경우이고, '어느 때'에 성립하는 고유속성은, 예를 들면 '체육관에서 걸어 다님'이 어떤 한 인간의 고유속성인 경우이다.

다른 것에 관계해서 고유속성[7]이 주어질 때, 두 가지 혹은 네 가지의 문제[8]가 생겨난다. 즉 상대방이 동일한 것을 어떤 것의 고유속성으로서 제시하고 다른 쪽의 고유속성임을 부정한다면 단지 두 가지의 문제만이 생긴다. 말에 관계해서 인간의 고유속성을, '두 발이 있다'라고 말하는 경우에서처럼. 왜냐하면 누군가는 (1) 인간은 두 발이 아니고, 또 (2) 말은 두

---

tümlichkeit)으로, 체클은 고유속성(eigentümliche Eigenschaft)으로 옮기고 있다. 사실상 '속성'이란 말로도 충분히 그 의미를 살릴 수 있지만, 현대 철학에서 사용하는 '속성'(property)이란 말이 지니는 의미와의 혼동을 피하기 위해서 '고유속성' 혹은 '고유성' 등으로 옮기겠다.

4 고유속성에 대한 검토가 있을 것이라는 점은 이미 제4권 처음 부분에서 언급된 바 있다.

5 베르데니우스는 apodidotai [de]에서 로스가 de를 괄호에 넣는 것은 잘못임을 지적하고 있다(31쪽). 그는 동작의 시작을 나타내는 de의 기동적(起動的) 용법으로 『니코마코스 윤리학』 제4권 제7장 1123b2 dokei de, 『정치학』 제2권 제1장 1260b27 epei de 등을 들고 있다.

6 원어로는 aei(늘, 항시)이다.

7 원어로는 to pros heteron idion이다.

8 문제(problēma)에 대해서는 『토피카』 제1권 제11장 참조.

발이라는 것을 보이려고 공격을 시도할 것이기 때문이다. 이 경우 어느 쪽이든 고유속성은 흔들릴 수 있을 것이다.

이에 반해 두 가지 각각에 두 가지 고유속성 중 한쪽은 주어지고 다른 쪽은 부정된다면 네 가지의 문제가 생겨날 것이다. 마치 말에 '관계해서' 인간의 고유속성이, 한쪽은 두 발이고 다른 쪽은 네 발이라고 말하는 경우처럼. 왜냐하면 그 경우에 (1) '인간은 자연적으로 두 발이 아니다'와 (2) '인간은 자연적으로 네 발이다'라고 말함으로써 공격할 수 있을 것이고, 또한 (3) '말은 두 발이다'와 (4) '말은 네 발이 아니다'라고 말함으로써 공격하는 것이 가능하기 때문이다. 그렇기에 이 네 가지의 문제들 중 어느 것이든 그것이 증명될 수 있다면 ['이것은 그것이다'로] 내세워진 주장[9]은 파기될 것이다.[10]

그 **자체로서의** 고유속성[11]은 다른 모든 것과 관계에서 주어지고 또 모든 것으로부터 그 자신〈주체〉을 분리하는 것이다. 인간의 고유속성을 '지식을 받아들일 수 있는, 죽을 수밖에 없는 동물'이라고 하는 경우가 그것이다. 그에 반해서 다른 것에 관계하는, 즉 **관계적** 고유속성은 모든 것으로부터가 아니고 어떤 특정된 것으로부터 구별되는 것이다. 지식과의 관계에서 덕의 고유속성을, '한쪽[덕]은 더 많은 것 중에 있지만 다른 쪽[지식]은 단지 생각하고 헤아리는[이성적인] 부분에서만, 요컨대 생각하고

---

9 to keimenon은 답변자에 의해 지지되는 테제(주장)이거나 그 테제 안에 나타나는 술어이다.

10 트리꼬(Tricot)에 따라서 피카드-케임브리지는 이 대목(128b22-33)이 놓일 가장 적절한 장소는 129a16 뒤라고 보고 있다. 그러나 베르데니우스는 129a19의 kathaper eipomen kai proteron이 직접적으로 선행하는 것을 지시한다는 것은 그럼직하지 않다고 보고, 128b22 아래는 128b18의 pros heteron의 각주로 간주되어야 한다고 해석하고 있다(31쪽, 브륑슈빅[2007] 139쪽 참조).

11 원어로는 to kath' hauto idion이다.

헤아리는 부분을 가진 자 중에서만 생겨나는 것이 자연적이다'라고 하는 129a 경우가 그렇다. **항상 있는** 고유속성은 모든 시간에 걸쳐서 그 주어에 대해 참이 되는 것이고, 결코 그렇지 않을 수 없는 것이다. 마치 동물의 고유속성을 '혼과 신체로 구성된 것'이라고 하는 것이 그렇다. **어떤 때에** 성립하는 고유속성은 특정한 시점에서 그 주어에 대해 참이 되는 것이지만 필연적으로 항시 수반하지 않는 것이다. 어떤 특정한 인간의 고유속성을 '아고라에서 걸어 돌아다님'이라고 하는 것이 그렇다.

다른 것과 관계해서 어떤 것에 고유속성을 제시하는 것은 모든 것에서[12] 또[13] 항상, 혹은 대부분의 경우에 또 가장 많은 것들에서 성립하는 차이〈종차〉를 말해 주는 것이다. 예를 들면 '모든 것에서 또 항상' 성립하는 것은, 마치 말(馬)과 관계해서 인간의 고유속성은 두 발이라는 것이다. 왜냐하면 인간은 항상 또 모든 경우에 두 발이지만 어떤 말도 어떤 경우에도 두 발이 아니기 때문이다. '대부분의 경우에 또 가장 많은 것에서'의 성립하는 것은, 마치 욕망적 부분과 [기개적 부분에][14] 관계해서 생각하고 헤아리는〈이성적〉 부분의 고유속성이, '한쪽은 명령하고 다른 쪽은 복종하는 것'이라고 하는 것이다. 왜냐하면 생각하고 헤아리는 부분은 언제 어느 때고[15] 명령하는 것이 아니라 어느 때에는 명령받기도 하며, 욕망적 부분과 [기개적 부분도][16] 항상 명령받지는 않지만 그 인간의 혼이 나쁘게 되었을 때 그때는 명령을 내리기도 하기 때문이다.

---

12 이 말은 어떤 대상의 '전체'(전칭)를 일컫는 의미를 가진다.

13 여기서 kai는 단순히 '또'를 의미하는 이상으로 '동시에'라는 의미도 내포하고 있다.

14 브룅슈빅은 kai thumikon을 읽지 않는다.

15 pantote(언제 어느 때)라는 표현은 『니코마코스 윤리학』 1166a28에도 나온다.

16 브룅슈빅은 kai thumikon을 읽지 않는다.

문답을 통한 변증술적 논의에 적합한 고유속성들

고유속성들 중에서 특히 논의에 적합한 것은 그 자체로서의 고유속성, 항상인 고유속성, 다른 것과 관계하는 고유속성이다.[17] 왜냐하면 앞서 말한 대로[18] 다른 것과 관계하는 고유속성은 여러 가지 문제를 구성하기 때문이다. 사실상 이 고유속성에서 문제는 필연적으로 두 가지 혹은 네 가지가 생겨나니까. 그렇기에 그 문제들에 관련해서 여럿의 논의들이 생겨난다. 한편 그 자체로서의 고유속성과 항상 성립하는 고유속성은 많은 사안과의 관계에서 공격할 수 있거나, 많은 시간과의 관계에서 상세하게 검사하는 것이 가능하다. 즉 그 자체로서의 고유속성은 많은 것과의 관계에서 공격할 수 있으며(왜냐하면 존재하는 것들 각각의 것과의 관계에서 해당하는 것의 고유속성은 해당하는 그것[주어]에 속해야만 하는 것이므로, 따라서 만일 그 주어가 모든 것에 대해서 분리되지 않는다면 그 고유속성은 적절하게 주어져 있는 것이 아닐 것이기 때문이다), 이에 반해서 항상 성립하는 고유속성은 많은 시간과의 관계에서 상세하게 검사해야 한다. 왜냐하면 현재에 속하지도 않고, 또 과거에 속하지도 않았고, 미래에 속하지도 않을 경우라면 그것은 고유속성이 아닐 것이기 때문이다. 그러나 어떤 때에 성립하는 고유속성을, 우리는 단지 현재의 시간과의 관계에서만 검토한다. 그렇기에 이 고유속성에 관한 논의는 많지 않다. 하지만 논의에 사용될 수 있는 문제라는 것은 그것에 관해 수많은 적절한 논의들을 생겨나게 할 수 있을 것이다.

---

17 '논의적'(logikon)이라는 말은 문답을 통한 '변증술적 논의에 적합하다'는 것을 의미한다(105b20 아래 참조). 바그너와 랍은 '대단히 논리적'이란 의미로 새긴다(333쪽).

18 포스터는 『토피카』 제5권 제1장 128b22 아래를 가리키는 것으로 보고 있다. 이에 대해서는 앞의 각주 10 참조.

129a

그렇기에 이른바 다른 것에 관계하는 고유속성이란 것에 대해서는, 어떤 것에는 부수하지만 다른 것에는 부수하지 않는지 어떤지를 부수성에 관한 토포스들로부터 검토되어야 한다.[19] 항상 성립하는 고유속성과 그 자체로서의 고유속성들에 대해서는 아래와 같은 방식을 통해 고찰되어야 한다.

제2장 고유속성이 적절하게 주어졌는지를 검사하는 토포스 (1)

고유속성은 그 주어보다도 더 명확해야만 한다

129b 첫째로 고유속성이 적절하지 않게(mē kalōs) 주어졌는지 혹은 적절하게 주어졌는지를 살펴봐야 한다.[20] 적절하지 않은 것인지 혹은 적절한 것인지를 결정하는 방법의 하나는, 그 고유속성이 더 잘 알려진 것[21]을 통하지 않고 주어졌는지 혹은 더 잘 알려진 것을 통해 주어졌는지 어떤지에 달

---

19 즉 'A가 C와의 관계에서 B의 고유속성이다'는 'A는 B의 부수성이지 C의 부수성은 아니다'로 바꾸어 말할 수 있다. 고유속성과 부수성에 대해서는 『토피카』 제1권 제4장 101b17-23, 제5장 102a18-30과 102b20-26 등 참조.

20 라인하르트는 kalōs를 미학적 용어로 아름다운(schön)으로 옮긴다(120쪽). 브룅슈빅은 'une forme incorrecte ou correcte'로 옮긴다. 여기서 시작된 이 문제에 대한 긴 논의는 132a22-23에 가서야 끝난다. 이어지는 제6권은 '정의'를 다루고 있는데, 거기서도 여기서와 비슷하게 '정의가 적절하게(kalōs) 주어졌는지 적절하지 않게 주어졌는지'를 논의하고 있다(제6권 제1장 139a34-35, b6-11; 제4장 141a23-25). 제5권이 주장을 파기하는 측면과 확립하는 양 측면을 다루는 데 비해 제6권은 단지 파기하는 측면만을 다루고 있다. 이 논의에 대해서는 브룅슈빅(2007), 141-142쪽, 라인하르트(2000), 55-60쪽 참조.

21 '더 잘 알려진 것'(gnōrimōterōn, gnōrimos)에 대해서는 제6권 제4장 참조.

려 있다. 즉 하나의 주장을 뒤엎으려는 쪽은 더 잘 알려진 것을 통해 주어지지 않았는지 어떤지를 살펴보는 것이고, 이와는 달리 하나의 주장을 확립하려는 쪽은 더 잘 알려진 것을 통해 주어졌는지를 살펴보는 것이다.

더 잘 알려진 것을 통하지 않음을 보여주기 위해서는 우선[22] (1) 상대방이 내놓은 고유속성이 그것의 고유속성으로 말해진 해당 주어보다 일반적으로 더 잘 알 수 없는 것인지 어떤지를 살펴보는 것이다. 그 경우라면[23] 고유속성이 적절하게 제시된 것이 아닐 테니까. 사실상 우리가 고유속성을 세우는 것은 해당 사물〈주어〉을 알기 위해서이니까.[24] 그렇기에 고유속성은 더 잘 알려진 것을 통해 주어져야만 한다. 이렇게 해서 더욱 충분히 그 주어를 이해할 수 있을 테니까. 예를 들면 '불'의 고유속성을 '혼과 아주 비슷한 것'이라고 내세우는 사람은 불보다도 더 잘 알지 못하는 '혼'이라는 것을 사용한 것이다(우리는 혼이 무엇인지보다 불이 무엇인지를 더 잘 알고 있으니까). 따라서 '혼과 아주 비슷한 것'은 불의 고유속성으로서 적절하게 제시된 것일 수 없을 것이다.

또 다른 하나의 결정하는 방법은, (2) 고유속성이 저것[해당하는 것, 즉 주어]에 속하는 것이 더 잘 알 수 없는 것은 아닌지를 살펴보는 것이다.

---

22 원어로는 to men(한편으로는)인데, 이에 조응하는 to de(다른 한편으로는)는 129b13에 가서야 나타난다. 내용적으로 살펴보면, 하나의 주장을 논파하는 경우는 두 가지가 있는데, (1) 하나는(to men) 일반적인 음미 방법으로서 고유속성과 그 사물(주어) 중 어느 것이 더 잘 알려져 있는지를 비교해서 살펴보는 것이고, (2) 다른 하나는(to de) 개별적인 음미 방법으로서 고유속성과 그 사물(주어)의 귀속 관계가 더 잘 알려져 있는지를 음미하는 것이다. 하나의 주장을 확립하는 경우는 129b21의 '이에 반해서' 아래에서 논의되고 있다.

23 즉 '상대방이 내놓은 고유속성이 그것의 고유속성으로서 말해진 해당 주어보다도 일반적으로(단적으로) 잘 알 수 없는 것인 경우'를 말한다.

24 고유속성이 앎을 목적으로 제시한다는 점은 아래의 130a4-5, 131a1, 12-13에서 다시 언급되고 있다.

129b

왜냐하면 고유속성은 그 사물[주어]보다 더 잘 알 수 있어야 할 뿐만 아니라, 이것[주어]에 속하는 한 더 잘 알려질 수 있어야만 하기[25] 때문이다. 사실상 그 고유속성이 이것[주어]에 속하는지 어떤지를 모르는 사람은 또한 그것이 이것[주어]에만 속하는지 어떤지를 알지 못하고, 따라서 이 둘 중 어느 쪽이 따라 나오는 경우에도[26] 그 고유속성은 불명확하게 되고 만다. 예를 들면 '불'의 고유속성을 '혼이 그 안에 자연적으로 있는 첫 번째 것'이라고 내세우는 사람은, '혼이 그 안에 속하는지', 또 '혼이 그 안에 있는 첫 번째인지' 어떤지 하는 물음을 제기함으로써 불보다도 더 잘 알려져 있지 않은 것을 사용하고 있으므로, 불의 고유속성을 '혼이 그 안에 자연적으로 있는 첫 번째 것'이라고 내세운 것은 적절하게 제시한 것일 수 없다.

이에 반해서 하나의 주장을 확립하려는 쪽은, 고유속성이 더 잘 알려진 것을 통해 제시되었는지(1)를, 또 앞서 말한 두 가지의 방식에 따라서 더 잘 알려진 것을 통해 고유속성을 제시하고 있는지(2)를 살펴봐야 한다. 그렇다면 이 관점에 따라서[27] 고유속성은 적절하게 제시될 테니까. (그 이

---

25 문법적으로 다소 파격적인 구문인데, 발리스(Wallies), 포스터는 huparchein을 더해서 계사(einai)처럼 읽고 있다. 그러나 베르데니우스는 129b15에서 hoti tōd' huparchei는 kai tōd' huparchon(그것이 주어에 속하는 한)으로 읽어야 한다고 주장한다(브룅슈빅[2007]도 이를 따른다). 또한 gnōrimōteron 뒤에 huparchein을 덧붙이는 것(발리스와 포스터)은 명확히 잘못되었다고 지적한다. 이 맥락에서 huparchein이 einai 대신에 사용되었다는 것은 매우 그럼직하지 않게 보이기 때문이라는 것이다.

26 따라 나오는 두 경우는, (1) 129b5 아래에서 고유속성이 더 잘 알려진 것을 통하지 않고 제시되는 경우와 (2) 129b13 아래에서 고유속성이 사물에 속하는 것이 더 잘 알려질 수 없는 경우를 말한다.

27 '이 관점에 따라서'(kata touto)는 '앞에서 말한 방식에 따라서'를 의미한다. 이 구절은 앞에서 말한 여러 점을 주의한다면 오히려 '상대적으로' 하나의 주장을 올바르게

유는 고유속성이 적절하게 제시되고 있음을 확립하기 위한 토포스들 중, 어떤 것들은 그 점[28]에서만 적절하게 제시되어 있다는 것을 보여주고, 다른 것들은 무조건적으로 적절하다는 것을 보여줄 것이기 때문이다.[29]) 예를 들면 동물의 고유속성을 '감각을 가진 것'이라고 말한 사람은 고유속성을 앞의 방식 각각에 대해 더 잘 알려진 것을 통해 제시한 것이기 때문에,[30] 동물의 고유속성을 '감각을 가진 것'이라고 하는 것은 그 관점에서는 적절하게 제시한 셈이 될 것이다.

고유속성으로 주어진 말들 중 다의적으로 사용된 말에 의해 하나의 주장을 논파하는 것에 대해

그다음으로 하나의 주장을 뒤엎으려는 쪽은 고유속성의 표현으로 주어진 이름들 중 어떤 말이 다의적으로 말해졌는지, 혹은 그 고유속성을 나타내는 설명(로고스) 전체가 많은 것을 의미하고 있지는 않은지 살펴봐야 한다. 그렇다면[31] 고유속성은 적절하게 제시되어 있는 것이 아니기 때문이다. 예를 들면 '감각하는 것'은 많은 것을 의미하는데, 그 하나는 '감각을 가진 것'이고 다른 하나는 '감각을 사용하는 것'이므로,[32] 동물의 고유속성으로서 '본성적으로 감각하는 것이다'라는 것도 적절하게 제시된 것

확립할 수 있다는 것을 말하고 있다.

28 (1)과 (2).

29 고유속성이 적절하게 제시되었는지를 증명하는 무조건적인 방법이란 '주어와 술어의 환위가 가능한 경우'를 말한다. 이 부분은 브룅슈빅에 좇아 괄호를 쳤다. 132a24-26 참조.

30 C사본(브룅슈빅)을 좇아 kai gnōrimōteron을 삭제함.

31 다의적으로 사용되고 있다고 하면.

32 이 점에 대해서는 『토피카』 제1권 제15장 106b15 아래 및 제5권 제2장 130a19-24 참조.

130a 일 수 없을 것이다. 고유속성을 나타내는 이름도 설명도 다의적으로 말해질 수 있는 것을 사용하지 말아야만 하는 이유는, 다의적으로 말해질 수 있는 것은 말해진 바를 불명료하게 만들기 때문에, 그래서 논의를 공격하려는 사람은 다의적으로 말해지는 것들 중 어떤 의미로 말해지는지 당혹스러워할 수밖에 없는 것이다. 사실상 고유속성은 배워 알기 위한 목적으로 제시되는 것이니까.

게다가 그것에 덧붙여서 고유속성을 이와 같은 방식으로[33] 제시하는 사람들에 대해서, 누군가가 다의적으로 말해지는 불일치를 생겨나게 하는 추론(쉴로기스모스)을 행할 경우에는 어떤 종류의 논박(elengchos)이 생겨나는 것은 필연적일 수밖에 없다.[34]

이와는 달리 하나의 주장을 확립하려는 쪽은 사용되는 이름도 또 설명 전체도 여러 가지를 의미하지 않는지 어떤지를 살펴봐야 한다. 왜냐하면 [여러 가지 의미를 갖지 않는다면] 그 점에서 고유속성은 적절하게 제시된 것이기 때문이다. 예를 들면 '물체'도 '위쪽 장소로 가장 잘 움직이는 것'도,

---

33 즉 다의적인 방식으로.

34 '추론'과 '논박'이 동시에 나타나는 드문 경우인데, 그래서 골케는 이 부분이 『소피스트적 논박에 대하여』 이후에 쓰인 것으로 보고, '게다가'(eti) 아래를 후에 추가된 것으로 간주한다(P. Gohlke, 340쪽 각주 74). 여기서 사용된 '쉴로기스모스'라는 말은 학문적-기술적인 의미로 사용되지 않았다. 마이어(H. Maier)는 『토피카』 제2권에서 제7권 제2장까지를 『토피카』에서 가장 오래된 부분으로 본다. 그 이유는 sullogizesthai, sullogismos 등과 같은 표현이 거의 사용되지 않았기 때문이며, 게다가 그는 제4권에서 사용된 metechein(분유하다) 동사에 주목해서 이 부분이 플라톤적인 철학적 색채를 띠고 있는 것으로 간주한다. 이 부분 중 유일하게 이 대목에서 sullogismos란 표현이 사용되었는데, 그는 이것을 나중에 삽입된 것으로 본다. 또한 그는 제6권에서 사용된 sullogismos란 표현은 비기술적인 것으로 간주한다. 『토피카』 제5권 제2장 130a7, 제6권 제2장 139b28-31, 제10장 148b8, 제12장 149a35-37에서 sullogismos란 말이 사용된다. 제2권, 제3권, 제4권에서는 전혀 사용되고 있지 않다.

또 그것들을 한데 모은 전체 표현도 여러 가지 의미를 나타내지 않기 때문에, [하나의 것만을 분명히 한다는] 그 점에서 '위쪽 장소로 가장 잘 움직이는 물체'[35]는 불의 고유속성으로서 적절하게 제시된 것일 수 있다.

주어가 다의적으로 사용될 경우에 대해

다음으로 하나의 주장을 뒤엎으려는 쪽에서는 그것의 고유속성으로 제시한 표현이 다의적으로 말해지는지, 그리고 그 여러 가지 의미 중 어떤 것의 고유속성을 내세우고 있는지가 규정되고 있지 않은지를 살펴봐야 한다. 그 경우에는 고유속성이 적절하게 제시된 것이 아닐 테니까. 그것에 대한 이유는 앞서 말해진 것으로부터[36] 아주 명백하다.[37] 동일한 결과들이 필연적으로 따라 나오니까. 예를 들면 '이것은 알고 있다'[38]는 여러 가지 의미를 지닌다(왜냐하면 (1) '이것이 지식을 가진다', (2) '이것이 지식을 사용한다', (3) '이것을 대상으로 한 지식을 가진다'〈지식의〉, (4) '이것을 대상으로 한 지식을 사용한다' 등의 의미가 있기 때문이다). 그렇기에 그 고유속성으로 내세워지고 있는 것이 이것들 가운데 어느 것에 대해서인지가 전혀 규정되고 있지 않다면, '이것은 알고 있다'의 고유속성은 적절하게 제

---

35 플라톤, 『티마이오스』 56a-b. '불이 영혼이고, 불이 다른 것들을 최초로 움직이게 하는, 구형이고 또 잘 운동하는 것'이라는 논의에 대해서는 아리스토텔레스의 『혼에 대하여』 제1권 제2장 405a8-13 참조.

36 바로 직전의 129b30-130a14. 고유속성이 여러 가지의 의미를 갖는 경우이다.

37 직역하면, '드러나지 않는 것이 없다.' 즉 아주 명백하게 드러났다는 의미이다.

38 원어로는 to epistasthai touto이다. 지시대명사 중성형인 '이것'(touto)이 주어로 사용되면 '이것은 안다'로 해석되고, 목적어로 사용되면 '이것을 안다'로 해석된다. 한편 '안다'(epistasthai)의 경우는 '지식의 '(hexis)와 '지식의 활용'(energeia)이라는 두 의미가 있으므로(플라톤, 『테아이테토스』 197a-199c 참조) 이 양자를 결합하게 되면, 결국 'to epistasthai touto'는 본문에서 말해지고 있는 것과 같은 네 가지 방식의 의미로 해석될 수 있다.

130a

시되지 않게 될 것이다.

그러나 하나의 주장을 확립하려는 쪽은, 그것의 고유속성으로서 제시하는 것의 해당 이름이 다의적으로 말해지지 않고, 오히려 하나의 단일한 의미인지를 살펴봐야 한다. 그 점에서 고유속성은 적절하게 제시된 것일 테니까. 예를 들면 '인간'은 한 가지 의미로만 말할 수 있기 때문에, 그 점에서 '자연적으로 길들여진〈교화된〉 동물'이라는 것은 인간의 고유속성으로서 적절하게 제시된 것일 수 있다.

고유속성을 규정하는 데 동일한 이름을 여러 번 사용하는 것에 대해

다음으로, 하나의 주장을 뒤엎으려는 쪽은 고유속성으로 표현된 동일한 말이 [고유속성을 기술하는 가운데] 몇 번이나 되풀이해서 말해졌는지를 살펴봐야 한다. 왜냐하면 정의(定義)에서와 마찬가지로 고유속성에서도 사람들은 종종 알아채지 못한 채 이것을 행하는 수가 있기 때문이다. 또 제시된 고유속성이 그런 일을 겪었다면 적절하게 제시된 것일 수 없다. 동일한 것을 몇 번이나 되풀이해서 말하게 된다면 듣는 사람을 혼란시킬 테니까. 그렇기에 그것은 불명료함을 필연적으로 생기게 할 것이고, 더구나 이러한 표현을 사용하는 사람들은 쓸모없는 말을 하고 있다고 생각되는 것이다. 그런데 동일한 것을 몇 번이나 되풀이해서 말하는 것은 다음의 두 가지 방식으로 생겨날 수 있다.

그 한 가지 방식은 동일한 이름을 몇 번이고 되풀이해서 말하는 때인데, 마치 누군가가 '불'의 고유속성을 '물체들 가운데 가장 미세한 물체'로 제시하는 것과 같은 경우이다(이 사람은 '물체'라는 말을 몇 번이나 되풀이
130b 해서 말하고 있으니까). 그 두 번째 방식은 누군가가 여러 가지 이름을 설명식으로 대체하는 것인데, 마치 누군가가 '흙'의 고유속성을 '물체들 가운데 아래쪽의 장소로 가장 자연에 따라 움직이는 실체(우시아)'로 제시

하고, 그런 다음 '물체들' 대신에 '이러한 성격의 실체들'로 말하는 경우가 그렇다. 왜냐하면 '물체'와 '이러한 성격의 실체'는 하나이고 동일하기 때문이다. 사실상 그 사람은 '실체'를 몇 번이고 반복해서 말했던 것이다. 따라서 앞에서 언급한 어느 쪽의 고유속성도 적절하게 제시된 것일 수 없다.

이와 반대로 하나의 주장을 확립하려는 쪽은, 동일한 이름을 몇 번이고 되풀이해서 사용하고 있지는 않은지 살펴봐야 한다. 사용하고 있지 않다면, 그 점에서 고유속성은 적절하게 제시되고 있을 테니까. 예를 들면 인간의 고유속성을 '지식을 받아들일 수 있는 동물'이라고 말한 사람은 동일한 이름을 여러 번 되풀이해서 사용하고 있지 않기 때문에 이 점에서 인간의 고유속성을 적절하게 제시한 것이 될 것이다.

모든 것에 속하는 말들('하나', '있음')을 사용하는 경우에 대해

다음으로 하나의 주장을 뒤엎으려는 쪽은, 고유속성의 표현 안에 뭔가 모든 것에 속하는 그러한 것[39]이 제시되고 있는지 어떤지를 살펴봐야 한다. 뭔가로부터 분리되지 않는 것은 쓸모가 없으니까. 고유속성의 표현 안에서 말해지는 것이 분리되어야만 하는 것은, 정의 안에서 말해지는 것의 경우와 마찬가지이다. 그렇기에 고유속성은 적절하게 제시된 것일 수 없다. 예를 들면 '지식'의 고유속성으로서 '하나인[40] 논의(이성, 로고스)에 의해 변하지 않는 판단'[41]을 내세우는 사람은, 그 고유속성 안에 모든 것에

---

39 모든 것에 달라붙어 사용될 수 있는, 이를테면 '하나', '있음'과 같은 말을 가리킨다.

40 '하나이기 때문에'. 베르데니우스는 로스가 hen on(문법적으로는 끌어당김[attraction]으로 설명됨)을 hen ousan으로 읽는 것은 불필요하다고 보고 있다.

41 원어로는 hupolēpsin ametapeiston hupo logou이다. epistēmē(지식)는 확고해서 안정성을 가지며 '흔들릴 수 없는'(inébranlable) 것이라는, 전형적인 플라톤적 학적 규정이다(짝퉁-플라톤, 『정의들』 414b 참조). 이 밖에도 이와 같은 표현이 나오는 제5권 제4장 133b25-134a4-5, 134a34-b1, 제6권 제2장 139b32-35 등을 참조.

130b

속하는 무언가 그러한 것, 즉 '하나'[42]를 사용하고 있으므로 지식의 고유속성을 적절하게 제시한 것일 수 없다.

한편 하나의 주장을 확립하려는 쪽은 뭔가 공통되는 것을 사용하지 않고 무언가에서 분리되는 것을 사용하는지 살펴봐야 한다. 그 경우라면[43] 고유속성은 그 점에서 적절하게 제시된 것이니까. 예를 들면 '생물'의 고유속성을 '혼을 가진다'[44]는 것으로 말하는 사람은 뭔가 공통되는 것을 사용하지 않기 때문에, '혼을 가진다'는 것은 그 점에서 '생물'의 고유속성으로서 적절하게 제시된 것일 수 있다.

하나 이상의 고유속성을 명확히 하지 않은 채로 동일한 것에 제시하는 경우에 대해

다음으로, 하나의 주장을 뒤엎으려는 쪽은 동일한 것에 대해 하나 이상의 고유속성을 내세우고, 하나 이상의 고유속성을 내세운다는 것을 명확히 하지 않았는지 살펴봐야 한다. 그 경우라면 고유속성은 적절하게 제시되지 않았을 테니까. 왜냐하면 정의에서 본질(우시아[45])을 밝혀 주는 설명(로고스) 이외에 무언가 그 이상의 것을 덧붙이지 않아야만 하는 것과 마

---

42 '하나'와 '있음'이 모든 것에 수반한다는 논의에 대해서는 『토피카』 제4권 제1장 121b4-8, 제6장 127a26-34 참조.

43 즉 분리되는 것을 사용하는 경우.

44 동물과 식물이 다 같이 '혼을 가진다'는 것에 대해서는 『토피카』 제6권 제10장 148a29-31 참조. '혼'(psuchē)을 가지고 있다는 것은 기본적으로 '생명'을 지닌다는 의미를 지닌다. 이런 관점에서 동물 대신 생물로 옮긴다. psuchē는 아리스토텔레스 생물학 저작에서 나비(butterfly)를 가리키기도 한다.

45 원어로는 'ousia'인데, 일반적인 의미에서 개별적인 것을 가리키는 '실체'로 새길 수도 있으나, 전후 맥락상 '정의'가 '본질을 규정하는 로고스(설명)'라는 측면에서 오히려 '본질'로 새기는 편이 나을 것이다.

찬가지로, 고유속성에서도 말해진 것을 고유속성으로 만드는 설명 이외에 아무것도 덧붙여서는 안 되기 때문이다. 그러한 덧붙임은 아무런 쓸모가 없으니까. 예를 들면 '불'의 고유속성으로서 '가장 희박하고 가장 미세한 물체'를 말하는 사람은 하나 이상의 고유속성을 제시했기 때문에(그 각각의 말[46]이 불에 대해서만 참이니까), '가장 희박하고 가장 미세한 물체'는 '불'의 고유속성으로서 적절하게 제시한 것이 될 수 없을 것이다.

한편 하나의 주장을 확립하려는 쪽은 동일한 것에 대해 고유속성을 하나 이상이 아니라 오히려 하나를 제시했는지 살펴봐야 한다. 왜냐하면 그 경우라면 고유속성은 그 점에서 적절하게 제시된 것이기 때문이다. 예를 들면 '액체'의 고유속성으로서 '모든 형태가 되는 물체'를 말하는 사람은 하나 이상의 것이 아니라, 오히려 하나의 고유속성을 제시했기 때문에 액체의 고유속성은 그 점에서 적절하게 내세운 것일 수 있다.

제3장 고유속성이 적절하게 주어졌는지를 검사하는 토포스 (2)

고유속성을 제시하고 있는 그 대상(주어)을 덧붙여서 고유속성을 규정하는 경우에 대해

다음으로 하나의 주장을 뒤엎으려는 쪽은, 상대방이 그것의 고유속성을 제시하고 있는 그 대상을 혹은 그것에 속하는 무언가를 덧붙여 사용하는지 살펴봐야 한다. 그 경우라면 고유속성은 적절하게 제시된 것일 수 없을 테니까. 사실상 고유속성은 배워 알기 위한 목적으로 제시되는 것이

46 불을 '가장 희박한 물체' 혹은 '가장 미세한 물체'라고 말하는 것.

131a

니까.[47] 실제로 그것의 고유속성을 제시하고 있는 대상 그 자체는 그 자체로서는 같은 정도로 알려지지 않은 것 그대로이지만, 그 대상에 속하는 무언가[종, 구성 부분]는 그 대상보다 나중이므로,[48] 그렇기에 그것은 대상보다 더 잘 알려진 것이 아니다. 따라서 그것들을 통해[49] 무언가를 더 잘 배워 아는 일은 일어나지 않는다.[50] 예를 들면 '동물'의 고유속성을 '그것의 종이 인간인 것의 실체'[51]라고 말하는 그 사람은 해당하는 것[실체]에 속해 있는 어떤 것[52]을 덧붙여서 사용하기 때문에, 고유속성은 적절하게 제시된 것일 수 없다.

이와 반대로 하나의 주장을 확립하려는 쪽은 해당하는 대상 자체도 혹은 해당하는 대상에 속한 어떤 것도 사용하지 않았는지 살펴봐야 한다. 그

---

47 앞서 제2장 130a4-5에서 이와 동일한 표현이 나온 바 있다. 고유속성을 제시하는 목적이 다른 사람의 이해 내지는 학문의 배움을 진작시키기 위한 것임을 밝혀 주고 있다.

48 인식에서의 '더 앞선', '더 뒤진'에 관련된 논의에 대해서는 『토피카』 제6권 제4장의 논의 참조.

49 즉 '대상에 부가된 명사들을 사용함으로써'라는 의미이다.

50 이 대목의 논의를 요약해 보면 다음과 같다. '대상에 고유속성을 제시하는 것은 배움을 위한 목적 때문이다. 그런데 만일 무언가를 규정하기 위해 고유속성이 제시된 대상을 또다시 덧붙여서 사용한다고 해보자. 대상 그 자체는 어떤 것에도 의존하지 않는 것이기 때문에 그 자체로서는 알 수 없다. 그리고 그 대상에 속하는 것들[종, 구성 부분]은 대상보다 당연히 뒤에 따라 나온다. 그렇기에 인식의 순서상 대상의 구성 부분들은 대상보다 더 잘 알려진[친숙한] 것이 못 된다. 따라서 고유속성이 부가된 명사들을 통해서는 무언가를 더 잘 배울 수 없다는 것이 따라 나온다. 따라서 이러한 방식은 배움의 목적에 이바지하지 못한다는 결론이 도출된다. 결국 이를 통해서 우리는 고유속성이 제시된 대상을 덧붙여서 사용하는 경우는 고유속성을 적절하게 제시할 수 없다는 최종 결론에 도달하게 된다.'

51 '인간이 종으로서 속하는 것의 실체'.

52 원문 그대로 직역하면, '이것에 속하는 것들의 무엇인가'(tini tōn toutou)이다. 이것은 '동물의 종인 인간'을 말한다.

경우라면 고유속성은 그 점에서 적절하게 제시될 수 있을 테니까. 예를 들면 ‘동물’의 고유속성을 ‘혼과 신체로 구성된 것’이라고 내세우는 사람은 대상 자체도 또한 대상에 속한 어떤 것도 덧붙여 사용하고 있지 않기 때문에, 동물의 고유속성은 그 점에서 적절하게 제시된 셈이다.

주어에 대립적인 것 혹은 그 주어를 더 잘 알 수 없게 하는 것이 고유속성으로서 주어진 경우에 대해

동일한 방식으로 고유속성이 해당하는 대상을 더 잘 알려진 것으로 만들지 않는 [[혹은 만드는]][53] 다른 것들의 경우에 대해서도 검토해야 한다. 하나의 주장을 뒤엎으려는 쪽은 상대방이 무언가 그 대상에 대립적인 것이거나 혹은 일반적으로 본성상 동시적인 것이거나, 뒤에 있는 것을 덧붙여서 사용하고 있는지 어떤지를 살펴봐야 한다. 덧붙여서 사용하고 있는 경우라면 고유속성이 적절하게 제시되지 않을 테니까. 왜냐하면 대립하는 것은 본성상 동시적인 것이지만,[54] 본성상 동시적인 것과 뒤에 있는 것은 그 대상을 더 잘 알 수 있게 만들지 못하기 때문이다.[55] 예를 들면 ‘좋

53 브륑슈빅은 이 부분을 삭제하고 있다.

54 대립하는 것과 관계적인 것은 동시적인 것으로 이해된다. 긍정과 부정에서는 긍정이 앞서는 것처럼 보이지만, 이중부정은 긍정과 동일한 것이므로 해당하는 사안은 동일하다. 이 점은 시간상의 선후가 있을지라도 소유와 결여의 경우에서도 마찬가지이다.

55 이미 앞 절에서(131a2 아래) ‘고유속성은 배우기 위해서 주어진 것’이고, 대상에 속하는 것들[종, 구성부분]은 대상보다 나중의 것이기 때문에, 그것은 대상보다도 더 잘 알려진[친숙한] 것이 아니라고 말했다. 고유속성은 인식의 순서상 대상 자체보다 더 앞에 있어야 한다. 그렇기에 고유속성이 대상보다 더 잘 알려진 것이고 또한 대상보다 나중에 오는 것들은 더 잘 알려진 것이 아니다. 대상이 알려지지 않았다면, 대상과 본성상 동시적인 것(물론 대상과 동시적인 것은 대상과 같은 정도로 알려진 것이긴 하지만)도, 대상에 대립적인 것도 그리고 대상의 뒤에 오는 것도 잘 알 수 없는 것

음'의 고유속성을 '악덕에 가장 대립하는 것'이라고 말하는 사람은 '좋음'에 대립하는 것을 덧붙여서 사용하고 있으므로, '좋음'의 고유속성을 적절하게 제시할 수 없었을 것이다.

한편 하나의 주장을 확립하려는 쪽은 대립하는 것도 혹은 일반적으로 본성상 동시적인 것도, 혹은 뒤에 있는 것도 덧붙여서 사용하고 있지 않은지를 검토해야 한다. 사용하고 있지 않다면, 고유속성은 그 점에서 적절하게 제시된 것일 테니까. 예를 들어 '가장 신뢰할 수 있는 판단'을 '지식'의 고유속성으로 내세우는 사람은 해당하는 것에 대립적인 것도 본성상 동시적인 것도 뒤에 있는 것도 덧붙여서 사용하고 있지 않기 때문에 지식의 고유속성을 그 점에서 적절하게 제시한 것이다.

제시된 고유속성이 항시 주어에 수반하지 않는 경우에 대해

다음으로 하나의 주장을 뒤엎으려는 쪽은, 상대방이 항상 동반하지는 않는 것,[56] 오히려 어떤 때는 고유속성이 될 수 없는 것[57]을 고유속성으로서 제시했는지를 검토해야 한다. 이 경우에 고유속성이 적절하게 말해진 것은 아닐 테니까. 왜냐하면 고유속성이 되는 것(A)이 속하는 것을 우리가 파악하고 있는 것(X)에 대해서, A가 그것의 고유속성인 해당하는 것(B)의 이름은 그것(X)에 대해 필연적으로 참으로 술어가 되는 것도 아니고,[58] 또 그

이기에 대상의 인식에 기여하지 못한다.

56 베르데니우스는 로스가 mē to로 읽는 데 대해 보니츠(Bonitz, *Index*, 539a5)의 설명을 받아들여 to mē로 읽는다(브륑슈빅). to mē aei parepomenon(항시 동반 혹은 수반하지 않는 것)은 '항시 지속적으로 술어가 되지 않는 것'으로, I(A, B)['A는 B의 고유속성이다']가 '항상 적용되지 않는 것'을 말한다.

57 원어로는 to ginomenon pote mē idion이다.

58 첫 번째 이유. 만일 고유속성으로 제시된 것(A)이 항상 주어가 되는 것(B)에 수반하지 않는다면, 어떤 임의 주어 X에 대해서 B의 이름은 필연적으로 참으로 속하지

고유속성(A)이 속하지 않는 것을 우리가 파악하고 있는 것(Y)에 대해서, A가 그것의 고유속성이 속하는 것의 이름(B)이 그것(Y)에 대해 말할 수 없다는 것이 필연적이지도 않기 때문이다.[59] 따라서 그 고유속성은 적절하게 제시된 것이 아닐 것이다.[60]

게다가 이것에 덧붙여 그 고유속성을 제시했던 그때에(hote)[61] 그것이 버려질 수도 있는 그런 것이라고 한다면[62] 그것이 속하는지 어떤지는 명백하지 않을 것이다. 그렇기에 그 고유속성은 명확한 것이 아닐 것이다. 예를 들면 '어떤 때는 움직이고 [[또 어떤 때는 멈추는]] 것'[63]을 '동물'의 [35] 고유속성으로서 내세운 사람은 어떤 때는 고유속성이 아닌 것을 고유속성으로서 제시했기 때문에, 그 고유속성은 적절하게 제시된 것일 수 없다.

한편 하나의 주장을 확립하려는 쪽은 필연적으로 항상 존재하는 것을 고유속성으로서 제시했을지 살펴봐야 한다. 그 경우라면 그 고유속성은 131b

않지만, 정의식 A가 주어 X에 속한다는 것을 우리가 인정하는 듯한 때가 필연적으로 있다. 그래서 원칙상 모든 A는 B이어야만 하지만, B이지 않은 A인 것들이 있다(브룅슈빅, 148쪽 주석 3 참조).

59 두 번째 이유. 그 고유속성은 임의의 어떤 Y에 대해 속하지 않지만, 이 Y는 참으로 그 이름으로 불릴 수 있다. A가 항상 B에 동반하지 않는다면, B의 이름이 속하지 않는 것이 필연적이지 않은 Y, 즉 B에 속할 가능성이 있는 주어 Y에 대해서, A가 속하지 않는다고 우리가 인정하는 경우가 필연적으로 있다는 것이다. 그래서 원칙상 모든 B는 A이지만 A이지 않은 B인 것들이 있다(브룅슈빅, 148쪽 주석 4 참조).

60 A, C 사본에 따라서 포스터는 이 문장을 읽지 않는다. 브룅슈빅과 로스를 받아들였다.

61 즉 상대방이 고유속성을 제시했던 '그때'를 말한다. pote(어떤 때)로 이해된다.

62 즉 '주어에 속하지 않을 수도 있는 그런 것이라면'으로 새길 수도 있겠다. 다시 말하여 고유속성이 아닐 수도 있는 것을 대상의 고유속성으로 제시한다고 해도 그 고유속성으로서 적절한 것이 못 된다는 것이다. 원어로는 eiper toiouton estin hoion apoleipein이다. apoleipein은 '남겨 두다, 상실하다, 버리다'라는 의미이다.

63 브룅슈빅은 [[ ]]을 삭제하고 있다.

131b

그 점에서 적절하게 제시될 테니까. 예를 들면 '그것을 가진 그 사람을 훌륭하게 만드는 것'을 '덕'〈탁월성〉의 고유속성으로 내세운 사람은 늘 그 대상에 수반하는 것을 고유속성으로서 제시했기 때문에, 덕의 고유속성을 그 점에서 적절하게 제시한 것일 수 있다.

현재의 고유속성을 제시하면서 '지금'의 시간을 밝히지 않는 경우에 대해

다음으로 하나의 주장을 뒤엎으려는 쪽은 지금의 고유속성을 제시하면서 지금의 고유속성을 제시하고 있다는 것을 한정하지 않았는지 살펴봐야 한다. 이 경우라면 고유속성은 적절하게 제시되지 않은 것이니까. 왜냐하면 첫째로 습관(ethos)에 반해서 생기는 것[64]은 모두 추가로 한정할 필요가 있기 때문이다. 요컨대 대부분의 경우에 모든 사람이 항시 수반하는 것을 고유속성으로서 제시하는 데 흔히 익숙해져 있기 때문이다.[65] 둘째로 지금의 고유속성을 제시하고자 의도한 것인지 어떤지를 한정하지 않은 사람은 불명료하다. 그렇기에 비판을 위한 구실을 주어서는 안 된다. 예를 들면 '누군가와 함께 앉아 있는 것'을 어떤 사람의 고유속성으로 내세운 사람은 지금의 고유속성을 내세우고 있는 것이기 때문에 [현재의 시간에서만 그렇다는 것을] 한정해서 말할 수 없었다면 고유속성은 적절하게 제시된 것일 수 없다.

---

64 '흔치 않게 생기는 것', '아주 드물게 생기는 것'을 말한다.

65 여기서 고유속성에 대한 정의는 아직 전문적인 의미에서의 논리적 작업에 미치지 못하는 일상적인 의미를 담고 있다. 『토피카』 제5권 제1장에서의 고유속성에 대한 정의와 대비해 보면, 이 점은 더욱 뚜렷하게 드러난다. 그렇다면 우리는 여기서 고유속성에 대한 정의가 원초적인 의미를 보이는 것으로 간주할 수 있겠다. 골케는 이 장을 제5권 제1장보다 앞서 쓰인 독립된 저작으로 본다.

한편 하나의 주장을 확립하려고 하는 쪽은, 지금의 고유속성을 제시하는 경우에 지금의 고유속성을 제시하고 있다는 것을 한정해서 제시하고 있는지 살펴봐야 한다. 그 경우라면 고유속성은 그 점에서 적절하게 제시하는 것이 되니까. 예를 들면 '지금 산보하고 있는 것'을 어떤 사람의 고유속성으로서 내세우는 사람은 그 한정을 명확히 해서 말했기 때문에 그 고유속성은 적절하게 제시된 셈이 될 것이다.

제시된 고유속성이 단지 감각에만 분명한 경우에 대해

다음으로 하나의 주장을 뒤엎으려는 쪽은, 해당하는 것이 감각에 의한 것 이외에 다른 방식으로는 밝혀지지 않는 그런 것을 고유속성으로서 제시했는지 살펴봐야 한다. 그 경우라면, 고유속성은 적절하게 제시되지 않을 테니까. 사실상 감각적인 모든 것은 감각의 영역 바깥에서 생길 때는 분명하지 않게 되니까 말이다. 왜냐하면 감각적인 모든 것은 단지 감각에 의해서만 인식되는 것이므로 [감각의 영역 바깥에서 생겼을 때는] 여전히 그것이 속하는 것인지가 명확하지 않기 때문이다. 그러나 항상 필연적으로 대상에 수반하지 않는 것들에서는 이것은 참이다. 예를 들면 '땅 위를 운행하는 가장 빛나는 별'을 해(太陽)의 고유속성으로서 내세우는 사람은, 고유속성 가운데 '땅 위를 운행하는' 감각에 따라서만 인식되는 그런 것을 사용하고 있으므로 해의 고유속성이 적절하게 제시된 것이 아닐 것이다. 해가 졌을 때, 그때에는 우리의 감각을 떠나 있는 까닭에 그것이 땅 위를[66] 운행하는지는 분명하지 않기 때문이다.

이에 반해서 하나의 주장을 확립하려는 쪽은 감각에 의해 명백하지 않은 것이나, 감각되는 것이 있어도 필연적으로 [그 대상에] 속한다는 것이

66 내용상 '땅 아래'로 이해하면 되겠다.

131b

분명한 그러한 것을 고유속성으로서 제시했는지를 살펴봐야 한다. 그렇다고 하면 고유속성은 그 점에서 적절하게 제시한 것이 될 테니까. 예를 들면 '맨 처음으로 채색(彩色)되는 것'[67]을 '표면'의 고유속성으로서 내세우는 사람은, 한편으로는 '채색되고 있는'이라는 어떤 종류의 감각적인 것을 설명으로 덧붙여 사용하고 다른 한편으로는 항상 속한다는 것이 명백한 그런 것을 사용하고 있으므로, '표면'의 고유속성은 그 점에서 적절하게 제시된 것일 수 있다.

제시된 고유속성이 정의인 경우에 대해

다음으로 하나의 주장을 뒤엎으려는 쪽은, 상대방이 정의(horos)를 고유속성으로서 제시했는지를 살펴봐야 한다. 그 경우라면 고유속성은 적절하게 제시된 것이 아닐 테니까. 사실상 고유속성은 '그것이 무엇이라는

132a 것'〈본질〉[68]을 나타내서는 안 되기 때문이다.[69] 예를 들면 '두 발을 가진 육상의 동물'을 인간의 고유속성이라고 말하는 사람은, '본질'을 나타내는 것을 인간의 고유속성으로서 제시했기 때문에, 인간의 고유속성이 적절하게 제시된 것일 수 없다.

---

67 아래의 제5장 134a22-25에도 같은 내용이 언급되고 있는데, '맨 처음'의 의미에 대해서도 그 대목을 보라. 물체가 색칠되어 있다고 말하는 것은 그 표면이 색칠되어 있기 때문이다. 그런 의미에서 표면이 맨 처음으로 색칠되어 있다고 할 수 있다. 라인하르트는 이 예가 제5권의 편집자의 손에 있었던 아리스토텔레스의 기존 자료로부터 온 것으로 본다(131-132쪽 각주 6 참조).

68 원어로는 to ti ēn einai이다. '본질'을 의미하는 이 말은 『토피카』에서 아주 드물게 쓰이고 있다(101b19 참조).

69 『토피카』 제1권 101b19-20에서는 "고유속성 중 어떤 것은 '그것이 무엇이라는 것'〈본질〉을 표시하고, 다른 것은 표시하지 않기 때문에"라고 말하고 있다. 그렇다면 여기선 앞에 언급한 것(101b19-20) 보다 좁은 의미로 고유속성을 설명하고 있는 셈이다.

이와 반대로 하나의 주장을 확립하려는 쪽은, 상대방이 환위해도 술어가 되지만[70] '본질'을 나타내지 않는 것을 고유속성으로 제시했는지 살펴봐야 한다. 그렇다면 고유속성은 그 점에서 적절하게 제시될 수 있을 테니까. 예를 들면 인간의 고유속성을 '자연적으로 길들여진〈교화된〉 동물'이라고 내세우는 사람은 주어로 환위해도 술어가 되는 것을 '본질'을 나타내지 않는 고유속성으로서 제시했기 때문에, 인간의 고유속성은 그 점에서 적절하게 제시된 것일 수 있다.

고유속성이 대상(주어)의 본질을 언급함이 없이 제시된 경우에 대해

다음으로 하나의 명제를 뒤엎으려는 쪽은, 상대방이 그것의 고유속성으로서 제시한 그것을 '무엇인가' 안에 내세우지 않고 고유속성을 제시했는지 살펴봐야 한다. 왜냐하면 정의의 경우에서처럼, 고유속성에서도 먼저 유를 제시하고, 그다음으로 이와 같은 방식으로 즉시 남은 것들[종차]을 결부시켜, 그 대상을 다른 것들로부터[71] 분리시켜야만 하기 때문이다.[72] 따라서 이러한 방식으로 제시되지 않은 고유속성은 적절하게 제시된 것이 아닐 것이다. 예를 들면 '혼을 가진' 것을 생물의 고유속성이라고 말한 사람은 생물을 '무엇인가' 안에 놓지 않았기 때문에, 생물의 고유속성은 적절하게 제시되지 않았을 것이다.[73]

한편 하나의 명제를 확립하려고 하는 쪽은, 누군가가 그것의 고유속성

---

70 '교환해도(환위) 술어가 되는'(antikatēgoreitai) 것에 대해서는 제1권 제5장 각주 73 참조.

71 즉 '같은 유에 속하는 다른 것들로부터'.

72 잘 아는 바대로 아리스토텔레스의 '정의식'(horismos)은 '최근류와 종차'로 이루어진다. 여기서 말하는 것은 정의를 만들어 내는 절차와 과정이다.

73 일견하기로 이 논의는 앞서 130b20-22에서의 혼의 고유속성에 대한 주장과 모순되는 것처럼 보인다.

을 주는 그 대상을 '무엇인가' 안에 내세우고 남은 것들[종차]을 그것에 결부시키는지 어떤지를 살펴봐야 한다. 고유속성은 그 점에서 적절하게 제시될 테니까. 예를 들면 인간의 고유속성을 '지식을 받아들일 수 있는 동물'이라고 내세우는 사람은 인간을 '무엇인가' 안에 세우고 고유속성을 제시했기 때문에, 인간의 고유속성은 그 점에서 적절하게 제시될 수 있었을 것이다.

제4장 말해진 것이 참된 고유속성인지를 가리는 토포스

그렇기에 고유속성이 적절하게 제시되었는지 [[혹은 적절하지 않게 제시되었는지는]][74] 앞에서 말한 것을 통해서 검토되어야 한다. 그렇지만 말해진 것이 일반적으로 고유속성인지, 고유속성이 아닌지는 다음과 같은 방식으로부터 고찰되어야만 한다. (왜냐하면 고유속성이 적절하게 제시되었다는 것을 무조건적으로 확립하는 토포스들은 일반적으로 고유속성을 만드는 토포스들과 동일한 것이기 때문이다. 그렇기에 그것들은 아래의 논의에서 말해질 것이다.)[75]

(1) 고유속성으로 주어진 것이 각각의 것의 고유속성이 아니라면 고유속성이 아니다

그런데 하나의 주장을 뒤엎으려는 쪽은, 첫째로 그것의 고유속성이 제

74 A와 W사본에 따라 브룅슈빅(2007)은 삭제할 것을 제안한다.

75 브룅슈빅의 괄호에 따랐다. 이에 조응하는 언급은 앞서 129b24-26에서 언급된 바 있다.

시된 그 각각의 것[주어]에게로 눈을 돌려야 한다. 즉[76] 제시된 고유속성[술어]이 그것들의 어떤 것에도 속하지 않는지, 혹은 해당하는 것의 관점에서는[77] 참으로 말해지지 않는지, [[혹은 그것의 고유속성이 제시된 것의 관점에서 그것들 각각의 것의 고유속성이 아닐지]][78] 어떤지를 검토해야 한다. 그 경우라면 고유속성으로서 제시된 것이 고유속성이 아닐 테니까. 예를 들면 기하학자에 대해 '논의(이성, 로고스)에 의해 속지 않는 사람'이라고 말한 것은 참이 아니기 때문에(기하학자도 잘못된 도형이 그려졌을 때에는 속을 수 있으니까),[79] 지식을 추구하는 자의 고유속성이 '논의에 의해

---

76 hoion('예를 들면')을 베르데니우스의 해석을 받아들여 '즉'으로 읽는다. 베르데니우스는 포스터가 hoion을 삭제를 나타내는 괄호([ ])로 묶는 것은 잘못이라고 지적하면서, 여기서 그 의미는 '예를 들면'이 아니고, '즉'이라는 것이다. 브룅슈빅(2007)도 이를 받아들인다. 보니츠(Bonitz), 『색인』(*Index Aristotelicus*) 502a7 참조.

77 고유속성을 나타내는 술어에 대한 주어의 관점. 이 번역 문장에서 '혹은' 이전은 (1) 그 주어가 되는 것에 속하는 모든 것('지식을 추구하는 자'의 고유속성이 문제가 되는 경우라면, '지식을 추구하는 인간의 종들'을 말한다; 132a31-34)에 속하지 않는 경우인 데 반해, '혹은' 이후는 (2) 비록 그 개별적 사례('어떤 사람'; 132a36-b3)에 속한다고 해도, 지식을 추구하는 자의 관점이 아니라 그 이외의 관점에서 들어맞는 경우이다. 'A는 B의 고유속성이다'[I(A, B)]가 주어졌다고 하자. 이 주장을 파기하기 위해서, '술어(주어진 고유속성) A가 모든 B에 대해서 성립'하는지를 검사하는 방식은 다음과 같은 세 가지가 있다. (1) 그 술어가 그것들 중 어떤 것에도 속하지 않는다거나(알렉산드로스, 390쪽 4행 아래 참조), 혹은 (2) A가 B의 모든 개별자들에 속하는지(그러나 '이것의 관점에서는', 즉 그것들이 주어 B의 개별자들인 한에서는 아니다), 혹은 (3) 제시된 술어가 모든 B에 고유속성이 아닌지(그것이 B인 한에서) 검사하는 것이다. 만일 적어도 이 세 가지 사실들 중 하나가 성립된다면 답변자가 고유속성으로서 내세운 술어는 그 고유속성이 아닐 것이다. 이 논의에 대해서는 브룅슈빅(2007), 153-154쪽, 라인하르트(2000), 178쪽 참조.

78 브룅슈빅(2007)은 난외(欄外)주가 삽입된 것으로 보아 삭제할 것을 제안한다.

79 『토피카』 제1권 제1장 101a10 참조, 『소피스트적 논박에 대하여』 제11장 171b10 아래 기하학에 관련된 논의 참조.

속지 않는 것'은 아닐 것이다.

이에 반해 하나의 주장을 확립하려는 쪽은 고유속성이 모든 경우에 대해 참으로 말해지는지, 또 각각의 해당하는 것의 관점에서 참으로 말해지는지를 살펴봐야 한다. 그렇다면 상대방이 고유속성이 아니라고[80] 제시한
132b 것이 고유속성이 될 테니까.[81] 예를 들면 '지식을 받아들일 수 있는 동물'이 모든 인간에 대해 술어로서 참으로 말해지고, 인간이라고 하는 한에 있어서도[82] 참이기 때문에 '지식을 받아들일 수 있는 동물'은 인간의 고유속성일 것이다.

[[이 토포스는 하나의 주장을 뒤엎으려는 쪽에서는 그 이름[83]이 참으로 말해지는 것에 대해 그 설명(로고스)[84]도 참으로 말해지지 않는지를 살펴보는 것이고, 그 설명이 참으로 말해지는 것에 대해서는 그 이름도 참으로 말해지는지를 찾아보는 것이다. 이에 반해서 하나의 주장을 확립하려는 쪽에서는, 이 토포스는 그 이름이 술어가 되는 것에 대해 그 설명도 술어가 되는지를, 그 설명이 술어가 되는 것에 대해서는 그 이름도 술어가 되는지를 찾아보는 것이다.]][85]

---

80 포스터는 파키우스, 바이츠, 스트라치(Strache)와 더불어 〈mē〉 einai로 읽는다.

81 'A는 B의 고유속성이다'의 정의는 I(A,B) = df(x)(Ax → Bx)&(Bx → Ax)이다. (1) A는 모든 B에 속한다. (2) A는 모든 B에 의해서 참으로 말해진다. (1)과 (2)가 보장될 때 답변자가 고유속성이 아니라고 말했던 그 술어가 고유속성이 되는 것이다.

82 원어로는 hē anthrōpos('인간인 한에서')이다. 다시 말해 한 개별적 인간을 말한다. 어떤 대상 전체에 대해 말해질 수 있는 고유속성은 그 전체에 속하는 부분에 대해서도 말해진다. 논리학에서 말하는 '전체와 무의 원리'(principi de omni et nullo)에 해당한다.

83 '한 대상(주어)의 이름'을 말한다.

84 '고유속성으로 제시된 것'을 말한다.

85 맨 처음으로 파키우스(Iulius Pacius)가 다음에 이어지는 토포스와 중복된다는 것을 찾아내고, 이후 로스, 골케, 브룅슈빅(2007), 라인하르트(Reinhardt)를 위시한 학

(2) 이름이 말해지는 것에 대해서는 설명도 말해진다. 그 역도 성립한다

다음으로 하나의 주장을 뒤엎으려는 쪽은, 이름이 술어가 되는 것에 대해 설명도 말해지지 않는지, 또 설명이 술어가 되는 것에 대해 이름도 말해지지 않는지를 살펴봐야 한다. 그 경우에는 고유속성이라고 제시된 것이 고유속성이 아닐 테니까. 예를 들면 '지식을 분유하는 동물'은 '신'의 술어로서 참이지만, 인간은 신에 대해 술어가 될 수 없기 때문에 '지식을 분유하는 동물'은 인간의 고유속성일 수 없을 것이다.[86]

한편 하나의 주장을 확립하려는 쪽은 설명이 술어가 되는 것에 대해서 그 이름도 역시 술어가 되는지를, 그 이름이 술어가 되는 것에 대해서는 설명도 술어가 되는지를 살펴봐야 한다. 그 경우에는 고유속성이 아니라고 내세워진 것이 고유속성이 될 테니까. 예를 들면 '혼을 가진' 것이 술어가 되는 것에 대해서는 '생물'도 참이고, '생물'이 술어가 되는 것에 대해서는 '혼을 가진' 것도 참이기 때문에, '혼을 가진' 것은 '생물'의 고유속성일 것이다.

(3) 기체를 고유속성으로 제시한 경우에 대해

다음으로 하나의 주장을 뒤엎으려는 쪽은, 상대방이 기체〈주어(휘포케

자들은 [[ ]]로 묶인 이 대목("이 토포스는 … 찾아보는 것이다.")을 나중에 난외주에서 삽입된 것으로 보고 있다. 그래서 삭제할 것을 제안한다.

86 앞서 인간의 고유속성을 '지식을 받아들일 수 있는 동물'이라고 규정한 바 있다. 지식을 받아들일 수 있다는 것은 인간 이성의 수동적 고유속성이다. 그러나 신은 인간과 달리 진리 그 자체(참된 지식)의 원천이다. 따라서 인간이 신적 지식을 신과 더불어 분유한다는 것은 적절하지 않다. 인간의 지식은 명확한 지식(saphēs)이 아니라 가상적인 지식(dokos)에 불과하다. 크세노파네스는 "신들이 애초부터 모든 것을 죽어야만 하는 것들(인간)에게 밝혀 주지 않았고, 오히려 죽어야만 하는 것들은 시간을 두고 탐구하다가 시간이 지나면서 더 나은 것을 찾는다(『단편』 B18)"라고 말한 바 있다.

이메논)〉를 기체 안에서 말해진 것[87]의 고유속성으로서 제시했는지를 살펴봐야 한다. 그 경우에는 고유속성이라고 제시된 것이 고유속성이 아닐 테니까. 예를 들면 '불'을 '가장 미세한 입자로 된 물체'의 고유속성으로서 제시한 사람은 기체를 술어가 되는 것의 고유속성으로서 제시했기 때문에, '불'은 '가장 미세한 입자로 된 물체'의 고유속성이 아닐 것이다.[88] 기체가 기체 안에 있는 것의 고유속성이 되지 않는 것은, 동일한 것이 하나 이상의 종에서 차이가 나는 것들의 고유속성이 될 것이라는 그 이유 때문이다. 왜냐하면 누군가가 고유속성을 이와 같은 방식으로 내세운다면, 하나 이상의 종에서 차이가 나는 오직 그것에만 술어가 되는 것이 동일한 것(기체)에 속하는 경우에, 그 기체가 그것들 모두의 고유속성이 될 것이기 때문이다.[89]

---

87 여기서는 '기체(주어) 안에서 말해진 것'(132b20)은 기체(주어)에 대해 '술어가 되는 것'(132b22-23)과 동일한 의미이다. 그러나 앞서 제4권 제5장(127b1-4)에서도 언급된 바 있지만, '주어에 대해 말해지는'(kath' hupokeimenou legesthai) 것과 '주어 안에 있는'(en hupokeimenō einai) 것은 명확히 구별된다(『범주들』(카테고리아이) 제2장 1a20-b9).

88 이 토포스에 따르면, 모든 A가 B라면(B가 주어 A에 대해 술어가 된다면), A는 B의 고유속성이 아니다[~I(A,B)]. 즉 '모든 불이 가장 미세한 입자로 된 물체'라면, 불은 '가장 미세한 입자로 된 물체'의 고유속성이 아니다. 'A는 B의 고유속성이다'를 I(A,B)로 기호화하자. 요컨대 I(A,B)에서 먼저 '모든 A는 B이다'를 추론하고, 이어서 본문에서 주어진 토포스에 의해서 ~I(A,B)를 이끌어 낸다. 따라서 I(A,B)는 ~I(A,B)를 수반하게 된다. 이 대목에 대한 J. 반즈(1970)의 논리적 분석을 통한 비판적 고찰 참조(149-151쪽).

89 각각의 기체(주어)는 그것에 참인 여러 개의 술어를 가진다(138a25-29, b10-15; 130a28, 130b8, 130b23-25 참조). '모든 A는 B_1이다, 모든 A는 B_2이다, …, 모든 A는 Bn이다'라고 가정하자. 만일 '모든 A는 B이다'가 I(A,B)와 양립한다면 I(A,B_1), I(A,B_2), …, I(A,Bn)이 가능할 수 있다. 그러나 이것은 가능하지 않다. 그러므로 '모든 A는 B이다'는 I(A,B)와 양립가능하지 않다. 가령, 기체(주어, 불) S에 대해 종적으로 다른 술어 P('가장 미세한 입자로 된 물체')와 Q('가장 잘 움직이는 물체')가 성

이와 반대로 하나의 주장을 확립하려는 쪽은 기체 안에[90] 있는 것을 기체의 고유속성으로 제시했는지 어떤지를 살펴봐야 한다. 왜냐하면 그 경우에[91] 기체에 있는 것으로서 제시된 그 고유속성[92]이 그것의 고유속성으로서 말해진[93] 바로 그것들에 대해서만 술어가 된다고 하면, 고유속성이 아니라고 제시된 것[94]은 고유속성일 것이기 때문이다.[95] 예를 들면 '흙'의 고유속성으로서 '종적으로 가장 무거운 물체'를 말하는 사람은 단지 그 해당 사물에 대해서만 말할 수 있는 것을 기체의 고유속성으로 제시했고, 더구나 이것은 고유속성으로서 그것에 대해 술어가 되기 때문에, '흙'의 고유속성은 올바르게[96] 제시된 것이 될 것이다. [30]

립하는 경우에('S는 P이다'와 'S는 Q이다'), 기체가 그것들의 술어의 고유속성이라고 한다면 종에서 차이가 나는 S는 P와 Q에만 술어가 될 수 있으므로 이것은 불가능하다는 것이다.

90 브룅슈빅에 따라 to 다음에 en을 삽입하고 읽는다.

91 즉 기체 안에 내재하는 어떤 것(성질)을 기체의 고유속성으로서 제시했다면.

92 로스는 [to] idion을 삭제를 표시하는 괄호에 집어넣고 있으나, 베르데니우스는 이를 잘못이라고 지적하고 있다. 나는 베르데니우스에 좇아 to idion으로 읽었다. 브룅슈빅(2007)도 이를 따른다. 따라서 이것은 '결국에 가서는 고유속성임이 밝혀지게 될 것'을 가리킨다. 아래의 133a6에서의 to idion도 '결국에 가서는 고유속성임이 밝혀지게 될 것'이다. 그러나 132a28, 132b36, 133a12의 to idion은 상대방에 의해 그릇되게 고유속성으로서 내세워진 것이다(베르데니우스).

93 이에 대해서는 베르데니우스의 주석 참조(33쪽).

94 즉 (상대방에 의해) 고유속성이 아니라 기체 안에 있는 것으로 규정된 것.

95 이 대목은 전체적으로 다음과 같이 이해될 수 있다. 즉 만일 누군가가 기체에 내재하는 성질을 고유속성으로 제시했다고 하자. 앞서 논의한 바처럼 기체에 내재하는 것은 고유속성으로 제시될 수 없다. 그렇다면 상대방이 어떤 잘못을 범한 것이기에 쉽사리 그의 주장은 논파될 수 있다. 그러나 상대방이 기체에 내재하는 성질로 제기한 고유속성이 말해진 해당하는 것들에 대해서만 술어가 된다고 하면, 고유속성이 아니라 성질로서 규정되는 것은, 사실상 고유속성으로 판명 나게 될 것이다. 상대방은 이 점을 미처 깨닫지 못하고 자신의 주장을 내놓은 셈이 되는 것이다.

132b

(4) 종차로서 기체에 속하는 것을 고유속성으로서 제시한 경우에 대해

다음으로 하나의 주장을 뒤엎으려는 쪽은 상대방이 분유에 따른[97] 고유속성을 제시했는지를 살펴봐야 한다. 그 경우라고 하면 고유속성이라고
133a 제시된 것은 사실은 고유속성이 아닐 테니까. 왜냐하면 분유에 따라서 주어〈기체〉에 속하는 것은 '그것이 무엇이라는 것'〈본질〉에 이바지하고 있기 때문이다.[98] 하지만 그러한 것은 어떤 하나의 종에 대해 말할 수 있는 어떤 종차일 것이다. 예를 들면 인간의 고유속성을 '두 발을 가진 육상의 것'이라고 말하는 사람은 고유속성을 분유에 따라서 제시했기 때문에, '두 발을 가진 육상의 것'은 인간의 고유속성이 아닐 것이다.

한편 하나의 주장을 확립하려는 쪽은 고유속성을 분유에 따라서 제시하고 있지는 않은지, 또 그 대상〈사물〉과 환위해서 술어가 되면서도 '그것이 무엇이라는 것'을 명확히 하는 것으로서 제시하고 있지는 않은지를 살펴봐야 한다. 그 경우라면 고유속성이 아니라고 내세워진 것이 사실상 고유속성일 테니까. 예를 들면 '자연적으로 감각하는 것'을 '동물'의 고유속

---

96 지금까지는 kalōs(적절하게)란 말을 사용했으나, 여기서는 orthōs(올바르게)란 말을 사용하고 있다. 이 두 말은 의미상 같다.

97 원어로는 kata methexin이다. 아리스토텔레스는 '분유'(methexis)를 플라톤적인 의미로 사용하기도 한다(『형이상학』 제1권 제9장 991a20-22, 992a28-29). 『토피카』에서는 분유에 대한 논리적 정의를 주고 있다. "'분유한다'는 것의 정의는 '분유하는 것의 설명식을 받아들이는 것'이다. 그렇기에 종은 유를 분유하지만, 유는 종을 분유하지 않음이 분명하다. 종은 유의 설명식(로고스)을 받아들이지만, 유는 종의 설명식을 받아들이지 않으니까."(제4권 제1장 121a11-12) 이런 이유로 '분유에 의해' 그 주어에 속하는 술어는 고유속성일 수 없다. 요컨대 고유속성은 '분유에 의한' 속성일 수 없다. 오히려 주어가 분유하는 것은 유와 종차이고, 이 두 가지 것이 정의와 본질을 구성하는 요소가 된다.

98 '두 발을 가진 육상의 동물'이란 인간의 정의는 인간의 본질의 부분을 표시할 수 있다. 종차를 가지고 있으니까.

성으로 주장한 사람은 고유속성을 분유에 따라서 제시한 것도 아니고, 또 그 대상〈사물〉과 환위해서 술어가 된다고 해도 '그것이 무엇이라는 것'을 명확히 하는 것으로서 제시하고 있지 않으므로, '자연적으로 감각하는 것'은 동물의 고유속성이 될 것이다.[99]

(5) 고유속성은 기체에 그 이름과 동시적으로 속해야 한다

다음으로 하나의 주장을 뒤엎으려는 쪽은, 그것의 고유속성이 해당하는 사물의 이름[을 담당하는 것[100]]과 동시에 속하지는 않고, 그 이름보다 나중에 혹은 그 이름보다 앞서 속하는 것이 가능할 수 있을지를 살펴봐야 한다. 그 경우라면 고유속성이라고 제시된 것은 어떤 경우에도 결코 고유속성이 아니거나 혹은 항상 고유속성이 아닐 것이기 때문이다. 예를 들면 '인간'보다[101] '아고라를 통해서 걷고 있음'이 앞서 혹은 나중에 누군가[102]에게 속하는 일이 가능할 수 있기 때문에, '아고라를 통해서 걷고 있음'은 어떤 경우에도 결코 혹은 항상 '인간'의 고유속성이 아닐 것이다.[103]

한편 하나의 주장을 확립하려고 하는 쪽은 고유속성으로 주어진 어떤

---

99 동물의 고유속성으로서 '자연적으로 감각하는 것[을 타고난 것]'을 주장하는 경우에, 이 고유속성은 '분유에 따라서' 동물에 속하는 것이 아니다. 다시 말해 이것은 동물의 종차도, 동물의 본질을 보여주는 것도 아니다. 그렇지만 이것이 동물에 대해 환위해서 술어가 될 수는 있다. 즉 '만일 어떤 것이 동물이라면 감각할 수 있는 것이고, 어떤 것이 감각할 수 있는 것이라면 그것은 동물이다'라고 말할 수 있으므로 이 고유속성은 적절하게 확립된 셈이 될 것이다.

100 기체, 즉 언어 표현상으로는 '주어'를 가리킨다.

101 로스의 수정판과 달리 다른 여러 사본과 브룅슈빅, 벡커, 바이츠를 좇아 비교급 ē(보다)를 원래대로 읽는다.

102 즉 '어떤 임의의 주어 X'를 말한다.

103 텍스트가 매우 간결하게 쓰여 있어서 이 토포스의 논의 구조를 이해하기는 매우 어렵다. 이 논의 구조에 대해 자세한 분석을 하는 라인하르트(2000) 136-145쪽 참조.

133a

술어가 정의도 종차도 아니지만 항상 필연적으로 그런 이름[주어]과 동시에 속하는지를 살펴봐야 한다. 그 경우라면 고유속성이 아니라고 제시된 것이 고유속성이 될 테니까. 예를 들면 '지식을 받아들일 수 있는 동물'과 '인간'[104]은 종차도 정의도 아니지만, 항상 필연적으로 동시에 [그 이름에 해당하는 것, 즉 기체에] 속하기 때문에, '지식을 받아들일 수 있는 동물'은 '인간'의 고유속성이 될 것이다.[105]

(6) 동일한 것들은 동일한 것인 한 동일한 것들의 고유속성일 수 없다

다음으로 하나의 주장을 뒤엎으려는 쪽은 동일한 것들에서는 그것들이 동일한 것인 한, 그것들과 동일한 것이 고유속성이 아닌지를 살펴봐야 한다. 그 경우라면 고유속성이라고 제시된 것이 고유속성일 수 없을 테니까. 예를 들면 '어떤 사람들에게 좋음으로 보이는 것'은 '추구되는 것'의 고유속성이 아니므로, '어떤 사람들에게 좋음으로 보이는 것'은 또한 '선택되는 것'의 고유속성일 수도 없다. 왜냐하면 '추구되는 것'과 '선택되는 것'은 동일한 것이기 때문이다.

한편 하나의 주장을 확립하려는 쪽은 동일한 것에서는 그것이 동일한 것인 한 동일한 것이 고유속성인지 아닌지를 살펴봐야 한다. 그 경우라면 고유속성이 아니라고 제시된 것이 고유속성일 테니까. 예를 들면 인간의 경우에 인간인 한 '세 부분의 혼을 가진 것'[106]이 인간의 고유속성이라고 말할 수 있기 때문에, '죽을 수밖에 없는 자'[107]에게도 죽을 수밖에 없는 자

---

104 즉 '인간'이라는 이름.

105 (1) 임의의 주어 X가 주어와 동시에 고유속성으로 주어진 술어를 가진다. (2) 이것은 항시 필연적이다. (3) 정의나 종차일 수 없다. 이 세 경우가 만족된다면 상대방이 부정했던 고유속성은 고유속성이 될 것이다.

106 혼의 삼분설에 대해서는 플라톤의 『국가』 제4권 435b 아래 참조.

인 한 '세 부분의 혼을 가진 것'이 그 고유속성이 될 것이다. 이 토포스는 '부수하는 것'에서도 유용하다. 왜냐하면 동일한 것들에서는 그것들이 동일한 것들인 한, 동일한 부수적인 것들이 반드시 속하든가 혹은 속하지 않든가 해야만 하기 때문이다.[108]

(7) 종적으로 동일한 것들의 고유속성이 종적으로 항시 동일한 것은 아니다

다음으로 하나의 주장을 뒤엎으려는 쪽은, 종에서 동일한 것들에 대해 항상 종에서 동일한 것이 고유속성인지를 살펴봐야 한다.[109] 그 경우라면 고유속성으로 제시된 것은 말해진 바로 그것의 고유속성이 아닐 테니까. 예를 들면 '인간'과 '말'(馬)은 종에서 동일하지만[110] '스스로[111] 일어서는' [35] 133b

---

107 즉 인간을 가리킨다. 헬라스인들은 사멸하지 않는 존재인 신에 대해 죽을 수밖에 없는 존재인 인간(anthropōs)을 brotos라고 불렀다. 이 말은 주로 시(詩)에서 사용되었다.

108 골케는 이 토포스가 후에 삽입된 것으로 본다. 이 토포스는 이른바 '라이프니츠의 법칙'의 원조 격에 해당한다. 즉 두 개의 대상(x와 y, 주어)이 동일하다면 그 하나의 모든 술어는 필연적으로 다른 것의 술어이어야만 한다. 즉 x와 y가 함께 동일한 속성을 공유한다[$(I)(x=y) \Rightarrow \forall F(F(x) \leftrightarrow F(y))$]. 따라서 '동일자의 식별 불가능성'이 성립하는 원리인 셈이다. 그러나 이것은 동일한 지시체를 갖는 표현들의 치환은 그 진릿값을 보존한다는(salva veritate), 프레게(G. Frege)의 이른바 '치환의 원리'와는 다르다.

109 즉 종에서 동일한 것들은 종적으로는 항상 동일한 것이지만, 그 고유속성이 동일한지 어떤지를 고찰해야 한다는 의미이다.

110 여기서 '종에서 동일하다'(tauton tō eidei)는 것은 인간과 말의 경우처럼 동일한 '유'인 '동물'에 종속된다는 의미로 이해한다. 따라서 이 말은 '유에서 동일하다'(tauton tō genei)는 것을 나타낸다. 일반적으로는 '종적으로 동일한' 것들은 한 인간과 다른 인간의 경우처럼 동일한 종에 속하는 것들을 의미한다(103a10-14). 개념의 혼란은 아니다. 아래의 133b7-11에서 종적으로 동일한 예들을 들고 있다.

111 원어로는 huph' hautou이다. 근대 철학적인 의미인 '자발성' 개념을 염두에 둘

것이 항상 '말'의 고유속성이지 않기 때문에, '스스로 움직이는' 것은 인간의 고유속성이 아닐 것이다. 왜냐하면 '스스로 움직이는' 것과 '스스로 일어서는' 것은 종에서 동일하고, {또[112]} 그것들 각각에 그것이 동물인 한 부수해서 일어나는 것이기 때문이다.

한편 하나의 주장을 확립하려는 쪽은 종에서 동일한 것들에 대해 항상 종에서 동일한 것이 고유속성인지를 살펴봐야 한다. 그 경우에는 고유속성이 아니라고 제시된 것이 고유속성일 테니까. 예를 들면 '두 발을 가진 육상의' 것이 '인간'의 고유속성이기 때문에 '두 발을 가진 날개가 있는' 것은 또한 '새'의 고유속성일 것이다. 왜냐하면 이것들 각각은 종에서 동일한데, 한쪽은 동물 아래 포섭되기 때문에 동일한 유 아래 포섭되는 종이며, 다른 쪽은 동물의 유에 속하는 종차로 있기 때문이다.[113] 이 토포스는 앞서 말해진 고유속성들 중 한쪽이 어떤 하나의 종에만 속하나, 반면에 다른 쪽의 것은 '네 발로 걷는 육상의' 것이 그런 것처럼 많은 종에 속할 경우에는 거짓이다.[114]

필요는 없다.

112 베르데니우스는 아래의 133b10(hē ta men hōs hupo …)을 통해서 de의 삽입(로스)을 잘못으로 보고 있다(스트라치, 발리스도 삽입을 표시하는 〈 〉 안에 넣고 있다). 또한 그는 hē가 zōon estin과 sumbebēken에 속하는 이중적 기능을 갖는 것으로 보고 있다. 또 같은 말이 겹칠 때 탈락하는 경우로 119a21을 예로 들고 있다.

113 즉 한쪽은 같은 유(동물)에 포섭되는 '인간과 새'이고, 다른 쪽은 '두 발을 가진 육상의 것'과 '두 발을 가진 날개가 있는 것'으로, 이것은 동물의 종차이다.

114 이 토포스는 주장을 확립하거나 파기하는 데도 도움이 되지 않기 때문이다. 이를테면, '두 발을 가진 것'은 인간에게만 속하나 '네 발로 걷는 것'은 많은 종에 속한다. 이런 경우에는 '네 발로 걷는 것'은 '말'의 고유속성일 수 없다. 그 종차를 드러낼 수 없으니까.

(8) 주어의 고유속성은 주어와 더불어 포착된 부수성과는 다르다

'같음'과 '다름'은 다의적으로 말해질 수 있기[115] 때문에, 소피스트적 방식으로 받아들이는 사람에게는 무언가 단지 하나뿐인 것의 고유속성을 제시하는 것은 어려운 일이다.[116] 왜냐하면 무언가(A)가 부수하는 어떤 것(B)에 속하는 것(C)은, 그 부수성(A)과 그것이 부수되어 있는 바로 그것(B)을 합친 것(A+B)에도 속하기 때문이다. 예를 들면 하얀 인간이라는 것이 있다면 인간에 속하는 것은 '하얀 인간'에도 속할 것이고, 또 '하얀 인간'에 속하는 것은 '인간'에도 속할 것이다. 그러나 기체 그것 자체와 부수성을 동반하는 기체를 구별함으로써 고유속성의 많은 것에 비난을 가하는 사람들이 있을지 모른다.[117] 예를 들면 '인간'과 '하얀 인간'은 각각 다른 것이라고 말하는 것처럼.[118] 게다가 또 '상태'(헥시스)와 '그 상태에 따

---

115 유와 종, 수 그리고 유비에서 말해질 수 있는 '같음'(동일성)에 대한 논의는 『토피카』 제1권 제7장 참조. 그 밖에도 『형이상학』, 『소피스트적 논박에 대하여』 등에서 자주 언급된다. 이 주제에 대한 논의는 M. Mignucci, Puzzles about identity - Aristotle and his Greek commentators, in ed., J. Wiesner, *Aristoteles Werk und Wirkung, Paul Moraux gewidmet*, Vol. I, Berlin, 1985, pp. 57-97 참조.

116 A는 B의 고유속성이라고 하자. 즉 A는 오직 B에만 속한다. 그런데 소피스트적 방식을 받아들이는 반론은 이런 것이다. 즉 '만일 A가 B에 속한다면, 그것은 B와는 다른 C에도 속해야만 한다. 그러므로 A는 오직 B에만 속하지 않는다. 따라서 그것은 그 고유속성일 수 없다.' 문제는 C가 실제로 B와 어떻게 다른지를 아는 것이다. 또 다르다면 어떤 의미에서 다른 것인가? 여기서는 다음의 두 가지 경우를 논의한다. (1) C가 B와 그 부수성 중의 하나와 결부되어 있는 경우. (2) B가 하나의 상태(가짐)이고, C는 이 상태에 따라서 말해지는 '어떤 것'인 경우.

117 '비난을 가하다'로 옮겨진 원어는 diaballoi(diaballō; 잘못 전하다, 부정확하게 말하다)이다.

118 원어로는 … allo men kath hauto poiōn allo de meta tou sumbebēkotos … 로 되어 있는데, allo men … allo de(…일 때에는 하나의 것이고 …일 때에는 다른 하나의 것이고)를 '각각 다른 것으로'로 간단하게 새겼다. 기체가 '그것 자체'일 경우와 '부수성과 결부되는' 경우는 아래의 예에서 보여주듯이 '인간'과 '하얀 인간'이다.

라서 말할 수 있는 것'을 다른 것으로 만들 것이다. 왜냐하면 상태에 속하는 것은 그 상태에 따라서 말할 수 있는 것에도 속할 것이고, 그 상태에 따라서 말할 수 있는 것에 속하는 것은 그 상태에도 속할 것이기 때문이다. 예를 들면 '지식을 가진 사람'은 '지식에 따라서' 어떤 상태에 있다고 말할 수 있기 때문에 '논의(이성, 로고스)에 의해서 변하지 않는 것'은 '지식'의 고유속성일 수 없을 것이다. 그 경우에는 '지식을 가진 사람'도 '논의에 의해서 변하지 않는 것'일 테니까.

이에 반해 하나의 주장을 확립하려는 쪽은 부수성이 부수하는 것(기체)과 기체를 동반한 부수성은 무조건적으로 다른 것이 아니라, 오히려 그것들에서의 '그 있음'〈존재 규정〉[119]이 다르기에 서로 다른 것이라고 말해야 할 것이다. 왜냐하면 '인간'에게서 '인간이라고 하는 것'과 '하얀 인간'에게서 '하얀 인간이라고 하는 것'과는 같지 않기 때문이다.[120]

134a 게다가 또 어형변화의 견지에서도, 지식을 가진 사람은 '논의에 의해서 변하지 않는 것'이 아니라 '논의에 의해서 변하지 않는 사람'[121]이고, 또 '지식'은 '논의에 의해서 변하지 않는 것'[중성 정관사]이 아니라 '논의에 의해서 변하지 않는 것'[여성 정관사]이라고[122] 말하는 방식으로 고찰해야만 한다.[123] 왜냐하면 어떤 반론이라도 제기하는 사람들[124]에 대해 모든 방

---

119 원어로는 to einai이다. 'X란 무엇인가'란 물음에 대해 '…인 것'(to einai), 즉 X의 정의와 본질을 말한다.

120 『형이상학』 제7권 제4장에서는 인간의 본질뿐만 아니라, '하얀 인간'(다른 범주와 결합된 복합의 표현)의 본질이 존재하는지에 대한 질문을 제기하고 있다.

121 지식을 가진 사람(ho epistēmōn)은 남성 명사이기 때문에, '변화시킬 수 없는 것'과 '사람'을 중성의 정관사(to)와 남성의 정관사(ho)로 구분하고 있다.

122 로스는 hoti로 읽지만, hoti나 dioti는 동일한 의미로 사용될 수 있으므로 전해지는 사본대로 읽는다.

123 이 경우에 우리말에는 성의 구별이 없으므로 명확하게 그 의미를 구별 지을 수

식을 동원하여 대항해야만 하기 때문이다.

제5장 고유속성을 잘못 제시하는 경우들에 대한 여러 가지 토포스

자연적으로 속하는 것을 항상 속하는 것으로 제시하는 경우에 대해

다음으로 하나의 주장을 뒤엎으려는 쪽은 상대방이 자연적〈본성적〉으로 속하는 것을 제시하고자 바라면서 '항상 속하는 것'[125]을 의미하는 듯한 그런 방식의 말투로 고유속성을 내세우려고 하고 있는지를 살펴봐야 한다. 그 경우에는 고유속성으로 제시된 것이 흔들리는 것으로 생각될 테니까. 예를 들면 인간의 고유속성으로서 '두 발을 가진 것'을 말한 사람이 바라는 것은 자연적으로 속하는 것을 제시하려고 하면서도 그 말투에서는 항시 속하는 것을 의미하기 때문에 '두 발을 가진 것'은 인간의 고유속성일 수 없다. 모든 인간이 두 발[126]을 가지고 있는 것은 아니니까.

이에 반해 하나의 주장을 확립하려는 쪽은 그 사람이 자연적으로 속하는 것을 고유속성으로서 제시하기를 바라면서 그의 말투에서 그와 같은 방식으로 그것을 의미하는지를 살펴봐야 한다. 그렇다면 고유속성은 그 점에서 흔들리지 않은 것이니까. 예를 들면 '지식을 받아들일 수 있는 동

없다. 헬라스어로는 지식(epistēmē)은 여성 명사이기 때문에 중성의 정관사 대신에 여성 정관사인 hē를 사용한다. 그래서 서로 다른 것이다.

124 소피스트들을 가리킨다.

125 원어로는 각각 to phusei huparchon(자연적으로 속하는 것)과 to aei huparchon(항시 속하는 것)이다.

126 원어로는 duo podas(두 발)이다. 앞서의 '두 발을 가진 것'은 to dipoun이다.

물'을 인간의 고유속성으로서 제시한 사람은 그의 말투에서도 자연적으로 속하는 것을 고유속성으로 제시하기를[127] 바라면서 그것을 의미하기 때문에, '지식을 받아들일 수 있는 동물'이 '인간'의 고유속성이 아니라는 것은 그 점에서 흔들리지 않을 것이다.

다른 어떤 것에 따라서 최초의 것으로서 말해지는 것들에 고유속성을 제시하는 난점

게다가 다른 어떤 것에 따라서 최초의 것으로서 혹은 그 자체를 최초의 것으로서 이러한 것이라고 말해지는 것들에 대해서 그러한 것들의 고유속성을 제시하는 것은 힘든 일이다.[128] 만일 당신이 다른 어떤 것에 따르는 것의 고유속성을 제시한다면[129] 그 최초의 것에 대해서도 그 고유속성은

---

127 문자적으로 이 논의를 이해하면 이렇다. '지식을 받아들일 수 있는 동물'을 인간의 고유속성으로서 제시한 사람은, 이 술어가 '자연적으로 인간'에게 속한다는 것을 표현한 것이지만, 그럼에도 이 술어는 '모든 개별적 인간'에게는 필연적으로 속하지는 않는다는 것을 함축하기도 한다. 그래서 모든 사람이 필연적으로 지식을 받아들일 수 있는 것은 아니다. 브룅슈빅(171쪽)은 이 논의를 아리스토텔레스 입장에서 호혜적으로 이렇게 해석한다. 모든 인간이 자연적으로 지식을 받아들일 수 있다고 해도, 이것이 인간 모두가 지식을 갖고 있다는 것을 함축하는 것은 아니다. 요컨대 모든 인간에게 필연적으로 속하지 않는 술어('지식의')는 자연적으로 인간에게 속하는 것('지식을 받아들일 수 있는 능력')과는 구별된다는 것이다(134b5-7 참조).

128 이 토포스는 앞서 제4장 133b15-134a4에서 논의한 것과 매우 흡사하다. 게다가 '어려운 일이다'(ergon estin)란 동일한 표현까지 사용하고 있다. 여기서는 동일한 술어가 최초로(일차적으로) 혹은 파생적으로(이차적으로) 제시되는 가능성을 논하고 있다. chrōs는 '표면'과 '색'을 의미한다. '채색되어 있는'은 최초로 표면에 속하고(131b34 참조), 이차적으로 물체에 속하는데 물체가 표면에 의해 한계지어지기 때문이다. 이런 어려움을 회피하기 위해서는 표면의 일차적인 성격과 물체의 파생적인 성격을 명확히 해야 하는 것이다(아래의 134b10-13 참조).

129 2인칭을 나타내는 흔치 않은 apostophe가 사용되고 있다. 이것은 아리스토텔레스의 강의실을 떠올리게 할 수 있다(『소피스트적 논박에 대하여』 제34장 184b3과 6

참으로 말해질 수 있을 것이기 때문이다. 이와는 달리 당신이 최초의 것의 고유속성을 내세운다면 다른 것에 따라서 이러한 것이라고 말해지는 것에 대해서도 그 고유속성은 술어가 될 것이다. 예를 들면 누군가가 '채색되어 있는' 것을 '표면'의 고유속성으로서 제시한다면, 그 '채색되어 있는' 것은 '물체'에 대해서도 참으로 말해질 것이다. 그러나 그것을 '물체'의 고유속성으로서 제시한다면 그 고유속성은 '표면'에 대해서도 술어가 될 것이다. 따라서 그 설명['채색되어 있는 것']이 [고유속성으로서] 참으로 말해지는 것에 대해 그 이름도 참으로 말해지지 않는 것이다.[130]

고유속성을 규정하는 방식을 명확히 정의하는 문제에 대해

그러나 몇몇의 고유속성에서는 대부분의 경우 어떻게 해서 또 어떤 고유속성을 내세우는지를 명확히 규정짓지 않음으로써 어떤 잘못이 생겨날 수 있다. 모든 사람은 다음과 같이 고유속성[131]을 제시하려고 시도하니까. 즉 (1) '두 발을 가진' 것이 인간의 고유속성인 것처럼 자연적으로 속하는 것으로, 혹은 (2) '네 개의 손가락을 가진' 것이 어떤 특정한 인간의 고유속성인 것처럼 지금 속하는 것으로, 혹은 (3) '가장 미세한 입자들을 가진'

참조).

130 '물체'란 이름은 '채색되어 있는'이라는 고유성을 제시하는 '설명'(로고스)이 말해지는 '표면'에 대해서 참으로 말해지지 않는다. 요컨대 '표면이 물체다'가 성립하니까. (1) '채색되어 있는' 것(to kechrōsthai)은 A(표면)의 고유속성의 설명이다. (2) 물체(B)는 A의 설명이 속하는 모든 것에 속하지 않는다. (3) 왜냐하면 A는 B가 아닌 다른 C에 속할 수 있으니까. 포스터는 다음과 같은 주석을 달고 있다. 즉 '물체'라는 이름은 '채색되어 있는 것'이 술어가 될 수 있는 모든 것에 대해 참으로 술어가 될 수 없을 것이다. 표면은 채색되어 있으나 물체는 그렇지 않을 것이기 때문이다. 또 '표면'이라는 이름은 '채색되어 있는' 것이 술어가 될 수 있는 모든 것에 대해 참으로 술어가 될 수 없을 것이다. 물체는 채색되어 있으나 표면은 그렇지 않기 때문이다.

131 베르데니우스는 로스와 달리 to idion을 주어로 읽고 있다.

것이 '불'의 고유속성인 것처럼 종적으로, 혹은 (4) '살아 있는' 것이 생물의 고유속성인 것처럼 무조건적으로, 혹은 (5) '슬기로운' 것이 혼의 고유속성인 것처럼 다른 것에 따라서 속하는 것으로, 혹은 (6) '슬기로운' 것이 생각하고 헤아리는〈이성적〉 부분의 고유속성인 것처럼 최초의 것에 속하는 것으로, 혹은 (7) '논의에 의해서 변하지 않는' 것이 지식을 가진 사람[132]의 고유속성인 것처럼 무언가를 하고 있는 것에 의해서(이것은 무언가를 하고 있다는 점에서 '논의에 의해 변하지 않는다는 것'과 전혀 다르지
134b 않으니까), 혹은 (8) '이성에 의해서 변하지 않는 것'이 '지식'의 고유속성인 것처럼 무언가에 의해 되어 있다는 것에 의해서, 혹은 (9) '감각하는' 것이 동물의 고유속성인 것처럼 '분유된다'고 하는 점에서(다른 것들도 감각을 하지만, 예를 들어 인간처럼, 그것은 이미 동물을 분유하기 때문에 감각하는 것이니까[133]), 혹은 (10) '산다'는 것이 어떤 동물의 고유속성인 것처럼 '[무언가를] 분유한다'는 점에서 **고유속성을 제시하려고 시도하는 것이다.**[134]

그렇기에 (1*)[135] '자연적으로'란 말을 덧붙이지 않는다면 잘못을 범하고 만다. 그 이유는 '두 발을 가진' 것이 인간의 고유속성으로 제시하는 경

---

132 원어로는 epistēmonos이다.

133 원어로는 〈hōs〉 metechon ēdē touto(이미 동물을 분유하기 때문에 감각하는 것이니까)이다. 로스는 metechon 앞에 hōs를 삽입하고 있다. 베르데니우스는 이를 거부한다. 브룅슈빅도 이를 받아들인다(브룅슈빅[2007] 174쪽, 주석 참조). 베르데니우스는 대개의 번역자가 채택하듯이(포스터) ēdē가 metechon에 속하는 것이 아니라 aisthanetai에 속하는 것이기 때문에 로스의 생각이 옳지 않다고 지적한다. 또한 그는 metechon, touto 대신에 metechōn, toutou로 읽는 것(포스터)도 불필요하다고 지적한다. metechon, touto 양자가 다 같이 allo ti를 지시하는 것으로 보고 있다.

134 강조된 이 부분은 이 대목 전체(134a30-134b5)와 관련 맺고 있다.

135 (1*) - (10*)은 앞에서 언급되는 (1) - (10)에 상응한다.

우에서처럼, 자연적으로 속하는 것이 자연적으로 속하는 것에 속하지 않는 것도 가능하기 때문이다. 또한 (2*) 지금 속하는 것을 고유속성으로서 제시하고 있다고 하는 것을 규정해 두지 않으면 잘못을 범하게 된다. 그 이유[136]는 어떤 사람이 네 개의 손가락을 가진 경우일 뿐이지, 그 사람에게 속하는 것과 같은 그런 것이 모든 사람에게는 있을 수 없기 때문이다. 또한 (5*, 6*) 고유속성을 최초의 것으로서 내세우고 있는지 혹은 다른 것에 따라서 내세우고 있는지를 명확히 하지 않으면 잘못을 범하게 된다. 그 이유는 그 설명(로고스)이 참으로 말해지는 것에 대해 그 이름도 참으로 말해지는 것은 아니기 때문이다. 이것은 마치 '채색되어 있는 것'을 '표면'의 고유속성으로서 혹은 '물체'의 고유속성으로서 제시하는 경우와 마찬가지다.

또한 (7*, 8*) 무언가를 하고 있는 것 혹은 무언가에 의해 되고 있는 것에 의해서 고유속성을 제시했다는 것을 미리 말하지 않았다면 잘못을 범하게 된다. 그 이유는 그 경우라면 제시된 것이 고유속성일 수 없으니까. 왜냐하면 무언가에 의해 되고 있는 것에 의해서 고유속성을 제시한다면 그 고유속성을 하는 것에도 그 고유속성은 속할 것이고, 한편 하고 있는 것에 의해서 그 고유속성을 제시한다면 그 고유속성은 하고 있는 것에도 속할 것이기 때문이다. 이것은 마치 '논의에 의해서 흔들릴 수 없는 것'이 '지식의' 고유속성으로서 혹은 '지식을 가진 사람'의 고유속성으로서 내세워진 경우가 그런 것이다. 또한 (9*, 10*) 어떤 것을 분유하기 때문에 혹은 어떤 것에 의해 분유되기 때문에 그 고유속성을 제시한다는 것을 덧붙여 나타내지 않았다면 잘못을 범하게 된다. 그 이유는 그 경우에 그 고유속성

136 원어로는 hoti이지만, dioti로 고칠 필요 없이 이어지는 맥락상 '이유 내지는 까닭'을 의미하는 것으로 이해한다.

134b

은 무엇인가 다른 것에도 속하기 때문이다. 만일 분유되는 것 때문에 고유속성을 제시한다면 그 고유속성은 분유하는 것들에 속할 것이고, 분유하는 것 때문에 고유속성을 제시한다면 그 고유속성은 분유되는 것들에도 속하니까. 이것은 마치 '사는 것'이 어떤 특정한 '동물'의 고유속성으로서 혹은 '동물'의 고유속성으로서 내세워진 경우가 그런 것이다.

또한 (3*) 종적으로〈종에 따라서〉라는 것[137]을 명확히 구별하지 않았다면 잘못을 범하게 된다. 그 이유는 그 경우에 그것의 고유속성으로서 내세운 해당 종 밑에 포섭되는 것들 중 단지 하나의 것에만 속하게 될 것이기 때문이다. 마치 '가장 가벼운 것'을 '불'의 고유속성으로서 내세우는 경우처럼, 초과에 따라 내세워진 것[138]은 단지 하나의 것에만 속하는 것이니까. 그러나 또한 '종적으로'라는 것을 한정해서 부가해도 때로는 잘못을 범한다.[139] 왜냐하면 '종에서'라는 것을 부가하는 경우 우리가 이야기하고 있는 것들에 하나의 종이 있어야만 할 것이기 때문이다. 그러나 '불'의 경우에서 일어나지 않는 것처럼 이것은 어떤 경우에도 일어나지 않아야 한다. 불에는 하나의 종만이 있는 것이 아니니까. 사실상 숯불, 불꽃, 빛,[140] 각각은 '불'이지만 종에서 다르니까. '종에서'라는 것이 부가될 때에는 말해진 것 이외에 다른 종이 있어서는 안 되는 이유는, 불에 대해서 '가장 미세한 입자들로 이루어진 것'이 고유속성이 되는 것처럼 그 고유속성으로 말해진 것이 어떤 것들에는 더 많이, 다른 것들에는 더 적게 속하기 때문이다. 빛은 숯불과 불꽃보다 더 미세한 입자들로 이루어지니까. 그러나 그 설명이 더 많이[141] 참으로 말해지는 것에 대해서 그 이름도 더 많이 술어

137 즉 '종적으로 속하는 고유속성'이라는 의미이다.

138 최상급 형태로 표현되는 경우를 말한다.

139 앞에서 말한 10가지에는 이 토포스에 해당하는 것이 없다.

140 아리스토텔레스가 여기서 '에테르'의 존재를 빠뜨리고 있는가(브룅슈빅 참조).

가 되지 않는다면 이것은 일어나지 말아야만 한다.[142] 그러나 그 일이 일어나지 않는다면 설명이 더 많이 참으로 술어가 되는 것에 대해 그 이름도 더 많이 술어가 될 수 없다.

게다가 이것에 덧붙여, (4*) 무조건적으로 이러이러한 것의 고유속성과 135a
무조건적으로 이러이러한 것 중에서 가장 많이 그러한 것의 고유속성이 동일하다는 것이 따라 나올 것이다. 불의 경우에 '가장 미세한 입자들로 이루어진 것'이라는 고유속성이 그렇고, 이것은 또한 '빛'의 고유속성과 동일하게 될 테니까. 왜냐하면 '빛'은 '가장 미세한 입자들로 이루어진 것'이기 때문이다. 그렇기에 다른 사람이 이와 같은 방식으로 고유속성을 제시한다면 그것에 대해 공격을 시도해야만 한다. 그러나 자기 자신에 대해서는 그러한 반론이 주어지지 않도록 해야 하지만, 고유속성을 내세우려고 할 때는 당장 고유속성을 내세우는 방식을 명확히 규정해야만 하는 것이다.

그 사물을 사물 자체의 고유속성으로 규정하는 것에 대해

다음으로 하나의 주장을 뒤엎으려는 쪽은 상대방이 그 사물을 그 사물 자체의 고유속성으로서 내세우고 있는지 살펴봐야 한다. 그 경우에는 고유속성이라고 제시된 것이 고유속성이 아닐 테니까. 사실상 모든 것은 그 자체에서 '…인 것'⟨있음⟩[143]을 나타내고 있지만, '…인 것'을 나타내는 것

---

141 술어가 되는 '정도'를 의미한다.

142 고유속성으로 '가장 미세한 입자들로 이루어진 것'이라는 설명이 참으로 술어가 되는 것이 '가장 불이다'로서 이름도 말해질 수 있다면, 그 고유속성은 불의 고유속성으로서 유지될 수 있지만, 그렇지 못하면 잘못된 것이다.

143 to einai는 문자적으로는 '…임', '…인 것'이다. 즉 '본질'('그 무엇이라는 것')을 의미한다.

은 고유속성이 아니라 정의이기 때문이다.[144] 예를 들면 '어울림'이 '아름다움'의 고유속성이라고 말하는 사람은[145] 그 사물을 그 사물 자체의 고유속성으로 제시한 것이기 때문에('아름다움'과 '어울림'은 동일한 것이니까), '어울림'은 '아름다움'의 고유속성이 아닐 것이다.

한편 하나의 주장을 확립하려는 쪽은 상대방이 그 사물을 그 사물 자체의 고유속성으로서 제시하지 않았음에도 불구하고 환위해서 술어가 되는 것으로 내세웠는지 살펴봐야 한다. 그 경우에는 고유속성이 아닌 것으로 제시된 것이 고유속성이 될 테니까. 예를 들면 생물의 고유속성을 '혼을 가진 실체'로 내세운 사람은 그 사물을 그 사물 자체의 고유속성으로서 규정하지 않았음에도 환위해서 술어가 되는 것으로서 제시했기 때문에 '혼을 가진 실체'는 생물의 고유속성이 될 것이다.

전체의 고유속성이 부분에 대해 말해질 수 있는지, 부분의 고유속성이 전체에 대해 말해질 수 있는지에 대해

다음으로 동질적인 부분[146]들로 이루어진 경우들에 대해 검토해야만 한

---

144 정의는 '본질'을 나타낸다. 이 대목은 아리스토텔레스의 철학에서 아주 중요한 사항을 언급하고 있는 것으로 보인다. '있음'의 확실성을 드러내는 작업이 철학의 과제인데, 바로 이 지점에서 아리스토텔레스 자신의 진리 개념과 그 터전이 마련된다.

145 플라톤, 『대 히피아스』 290d, 293e 참조.

146 homoiomerēs는 문자적으로 '비슷한 부분을 가진'을 의미하는데, '그 부분들이 서로 비슷하고, 그것들로 구성된 전체와 비슷하다'는 것을 말한다. 그 부분들이 그 전체와 동일한 표현으로 말해지는 실재물들을 말한다. '물'과 '살'(肉)의 경우처럼. 이 개념은 아낙사고라스에게서 나온다. 그는 이것을 '씨앗들'이라고 불렀다(『생성과 소멸에 대하여』 제1권 제5장 321b19 아래). 아낙사고라스는 뼈, 살, 골수를 요소(스토이케이온)로 간주하고, 이것들이 전체와 비슷하다고 생각했다. 또 비동질적 부분은 신체의 다른 기관들을 구성한다. 이 구별은 이미 플라톤의 『프로타고라스』 329d-e에도 언급된 바 있다(아리스토텔레스, 『기상론』 제4권 제10장 388a10 참조). 이를테면,

다. 하나의 주장을 뒤엎으려는 쪽은 그 전체의 고유속성이 그 부분에 대해서도 참으로 말해지지 않는지 혹은 그 부분에 해당하는 고유속성이 전체에 대해 말해지지 않는지를 살펴봐야 한다. 그 경우에는 고유속성으로서 제시된 것이 고유속성이 아닐 테니까. 몇몇의 경우에서 이런 일이 생겨난다. 왜냐하면 동질적 부분들의 경우에서, 어떤 사람은 때로는 전체에 주목해서 고유속성을 제시하기도 하고, 때로는 부분에 따라 말해진 것에 자신을 멈춰 세우고 고유속성을 제시할 수 있기 때문이다. 그렇다면 그 어떤 경우에도 고유속성은 올바르게 제시되지 않게 될 것이다. 예를 들면 그 전체에 대해 말하는 경우를 보자. 바다의 고유속성을 '가장 많은 양의 소금물'[147]이라고 말하는 사람은 어떤 동질적인 부분들의 고유속성을 내세웠지만, 그 부분에 대해서 참으로 말해지지 않는 그러한 것을 고유속성으로서 제시했기 때문에(어떤 특정한 바다는 '가장 많은 양의 소금물'이 아니니까), '가장 많은 양의 소금물'은 바다의 고유속성이 아닐 것이다.

반면 부분에 대해 말하는 경우를 보자. 예를 들어 공기의 고유속성을 '호흡할 수 있는 것'[148]으로 내세운 사람은 동질적인 부분들의 고유속성을 말하지만, 이것은 어떤 공기에 대해서는 참이지만 그 전체에 대해서 말할 수 없는 그러한 것을 고유속성으로 제시했기 때문에(공기 전체가 호흡할 수 있는 것은 아니니까), '호흡할 수 있는 것'은 공기의 고유속성이 아닐 것

금속(청동, 철, 금, 은 등)과 금속들로 이루어진 도구의 구별, 그리고 생물학적 영역에서는 살, 뼈와 얼굴, 손, 발과 같은 기관의 구별이 그것이다. 그런데 아리스토텔레스에게서 이 말은 서로 비슷한 부분들과 전체와 비슷한 부분들을 갖는 물체를 지시하기도 하고(135a20, 24-25, 29, 33), 이 부분들 자체를 지시하기도 한다(135b2).

147 최상급의 표현으로 고유속성을 규정하는 것에 대해서는 앞서 나온 134a31-32, 134b22-135a5 참조.

148 '호흡할 수 있는 것'을 고유속성으로 이해하는 논의에 대해서는 『토피카』 제5권 제9장 참조.

135a

이다.

135b 이와는 달리 하나의 주장을 확립하려는 쪽은 동질적 부분들의 각각의 부분에 대해 참이면서 또한 그 전체를 따른 것이라는 점에서도 그것들의 고유속성인지를 살펴봐야 한다. 그 경우에는 고유속성이 아니라고 말해진 것이 고유속성일 테니까. 예를 들면 '자연적으로 아래로 운동하는 것'은 모든 흙에 대해 참이지만, 한편으로 그것은 '흙이라는 것'[149]의 관점에서도 어떤 특정한 흙에 대해서도 고유속성이기 때문에, 자연적으로 '밑으로 운동하는 것'은 '흙'의 고유속성일 것이다.

제6장 대당의 여러 가지 방식으로부터의 토포스

(1) 반대 대당에 대해

다음으로 대립되는 것들[150]로부터 검토해야만 한다. 첫째로 반대되는

---

149 베르데니우스는 135b5의 kai가 tēs tinos gēs에 연결되는 것이 아니라 kata tēn gēn에 관련되는 것으로 해석한다. 또한 그는 로스와 더불어 kata tēn gēn을 kata to gēn einai로 보고, 알렉산드로스의 kathson esti gē(흙인 한)라는 설명(롤페스와 트리꼬가 이를 따른다)은 문맥에 맞지 않는다고 지적하면서 '흙(전체)에 관련해서', '흙이라는 관점에서'라고 번역하고 있다. 따라서 이것은 tēs tinos gēs(피카드-케임브리지는 'taken as "the Earth"', 포스터는 'as forming part of "the earth"', 콜리(Colli)는 'considerata rispetto alla terra'로 옮기고 있다)에 연결되는 것이 아니라 estin idion에 연결되는 것으로 보고 있다. 그러므로 kata tēn gēn은 b2의 kata to sumpan을 반영한다(베르데니우스, 34쪽). 브룅슈빅(2007)은 주어진 사본을 그대로 받아들인다(브룅슈빅, 2007, 178-179쪽, 주석 4 참조). 여기서는 베르데니우스의 해석을 받아들여 옮겼다.

150 제6장은 네 종류의 대립되는 것(antikeimena)을 다룬다(『범주들』(카테고리아이) 제10장 참조, 토피카 제2장 제3장 109b17-20, 제8장, 113b15-114a25). 아래에서

것들의 관점에서, 하나의 주장을 뒤엎으려는 쪽은 해당하는 것(A)과 반대되는 것(B)에 대해서 반대되는 것이 고유속성[151]이 아닌지를 살펴봐야 한다. 그 경우에는 한쪽의 반대되는 것(A)에 대해서는 반대되는 것(D)의 고유속성이 없을 테니까. 예를 들면 (1) 정의는 부정의에 반대되고, 또 (2) '가장 나쁜 것'은 '가장 좋은 것'에 반대되지만, (3) '가장 좋은 것'은 정의의 고유속성이 아니기 때문에, (4) '가장 나쁜 것'은 '부정의'의 고유속성이 아닐 것이다.

한편 하나의 주장을 확립하려는 쪽은 해당하는 것(A)과 반대되는 것(B)에 대해서 반대되는 것(C)이 고유속성인지를 살펴봐야 한다. 그렇다면 또한 한쪽의 반대되는 것(A)에 대해서 반대되는 것(D)이 고유속성일 테니까. 예를 들면 '좋음'의 반대는 '나쁨'이지만, '바람직한 것'의 반대는 '회피해야만 하는 것'이고 '바람직한 것'은 '좋음'의 고유속성이기 때문에 '회피해야만 하는 것'은 '악'의 고유속성이 될 것이다.[152]

(2) 관계 대당에 대해

둘째로 관계적인 것들의 관점에서 검토해야만 한다. 하나의 주장을 뒤

차례로 반대되는 것들(ta enantia; 135b7-16), 관계적인 것들(ta pros ti; 135b17-26), 가지고 있음과 결여(hōs strēsis kai hexis; 135b27-136a4), 긍정과 부정(hōs kataphasis kai apophasis; 136a5-b2) 등이 논의된다. '대립되는 것들'은 '명사(名辭)들'을 의미한다고 볼 수 있지만, 그 명사들이 가지는 고유속성의 문제를 다루고 있다는 측면에서는 '존재론적 함축'을 지닌다. 이런 관점에서 명사라기보다는 '사물'을 언급하는 것으로 이해하는 편이 더 좋을 성싶다.

151 반대되는 것들의 차이에 대해서는 『범주들』(카테고리아이) 제10장 참조.

152 주어 S에 술어 P가 고유속성으로서 속한다면, P에 반대되는 술어 ~P가 S의 반대인 주어 ~S에 고유속성으로서 속하는지 살펴봐야 한다. 그 경우라면 P가 S에 속한다는 것은 부정된다. 그 경우가 아니라면 P는 S에 속한다는 것이 확립될 것이다.

135b

엎으려는 쪽은 관계적인 것이 관계적인 것의 고유속성이 아닌지를 살펴봐야 한다. 그 경우에도 한 쪽의 관계적인 것은 한 쪽의 관계적인 것의 고유속성이 아닐 테니까. 예를 들면 '두 배'는 '절반'에 관계해서 '두 배'라고 말할 수 있으며, '초과하는 것'은 '초과되는 것'에 관계해서 말할 수 있지만, '초과하는 것'은 '두 배'의 고유속성이 아니기 때문에 '초과되는 것'은 '절반'의 고유속성이 아닐 것이다.

한편 하나의 주장을 확립하려는 쪽은 관계적인 것이 관계적인 것의 고유속성인지를 검토해야 한다. 그렇다면 또한 한쪽의 관계적인 것은 한쪽의 관계적인 것의 고유속성일 테니까. 예를 들면 '두 배'는 '절반'에 관계해서 '두 배'라고 말하고, '2대 1'은 '1대 2'에 관계해서 말하고, 또한 '2대 1로서'가 두 배의 고유속성이기 때문에 '1대 2로서'는 절반의 고유속성이 될 것이다.

(3) 상태와 결여의 대당에 대해

셋째로 하나의 주장을 뒤엎으려는 쪽은 가지고 있음[153]에 따라서 말해진 것이 가지고 있음의 고유속성이 아닌지를 살펴봐야 한다. 이 경우에 결여하고 있음에 따라서 말해진 것은 또한 결여하고 있음의 고유속성이 아닐 테니까.[154] 또 결여하고 있음에 따라서 말해진 것이 결여하고 있음의 고유속성이 아니라면, 가지고 있음에 따라서 말해진 것도 가지고 있음의 고유속성이 아닐 것이다. 예를 들면 '감각 없음'은 '귀머거리'의 고유속성

---

153 품성(稟性), 상태, 헥시스, 하비투스(habitus).

154 결여하고 있음과 가지고 있음은 동일한 것에 관계해서 말해진다. '결여' 개념의 여러 가지 의미에 대해서는 『토피카』 제6권 제3장 141a9-14, 『범주들』(카테고리아이) 제10장 12a26-13a36, 『형이상학』 제9권 제1장 1046a31-35 참조. "모든 결여는 자연적으로 속하는 것의 결여이다."(141a11)

이라고 말할 수 없기 때문에[155] '감각'도 또한 '청각'의 고유속성일 수 없을 것이다.

한편 하나의 주장을 확립하려는 쪽은 가지고 있음에 따라서 말해진 것이 가지고 있음의 고유속성인지를 살펴봐야 한다. 그렇다면 결여에 따라서 말해진 것은 결여의 고유속성일 테니까. 또한 결여에 따라서 말해진 것이 결여의 고유속성이라면 가지고 있음에 따라서 말해진 것도 가지고 있음의 고유속성이 될 것이다. 예를 들면 우리가 시각을 갖고 있는 한 '보는 136a
것'은 '시각'의 고유속성이기 때문에, 우리가 자연적으로 갖고 있어야 함에도 [먼눈 때문에] 시각을 갖지 못하는 한, '보지 못하는 것'도 '먼눈'의 고유속성일 것이다.

(4) 모순되는 한 쌍의 술어들에 대해

다음으로 긍정과 부정의 관점에서 검토해야 한다. 첫째로 술어가 되는 것 그 자체의 관점에서 살펴봐야 한다.[156] 이 토포스는 하나의 주장을 뒤엎으려는 쪽에게만 유용하다. 이를테면 긍정이나 긍정에 따라서 말해진 것이 그것[주어]의 고유속성인지를 살펴봐야 한다. 그 경우에는 그 부정도 또 부정에 따라서 말해진 것도 그것의 고유속성이 아닐 테니까. 또한 부정과 부정에 따라서 말해진 것이 그것의 고유속성이라고 하면 그 긍정도 긍정에 따라서 말해진 것도 그것의 고유속성이 아닐 것이다. 예를 들면 '혼을 가진 것'은 '생물'의 고유속성이기 때문에, '혼을 갖지 못한 것'은 생물의 고유속성이 아닐 것이다.

---

155 '감각 없음'은 먼눈에 대해 술어가 될 수 없으므로 귀머거리의 고유속성일 수 없다.

156 이 절은 하나의 주어에 대해 두 개의 술어('혼을 가짐'과 '혼을 갖지 못한 것')가 적용되는 경우를 논하고 있다.

136a

(5) 모순되는 한 쌍의 주어와 술어에 대해

둘째로 긍정적으로 술어가 되는 것들 혹은 부정적으로 술어가 되는 것들의 관점에서,[157] 또 긍정적으로 술어가 되는 그것들 혹은 부정적으로 술어가 되는 그것들의 관점에서 살펴봐야 한다. 즉 하나의 주장을 뒤엎으려는 쪽은 긍정의 술어가 긍정의 주어의 고유속성이 아닌지를 살펴봐야 한다. 그 경우에는 부정의 술어도 부정의 주어의 고유속성이 아닐 테니까. 또한 부정의 술어가 부정의 주어의 고유속성이 아니라면 긍정의 술어도 긍정의 주어의 고유속성이 아닐 것이다. 예를 들면 '생물임'이 '인간'의 고유속성이 아니기 때문에 '생물 아님'은 '인간 아님'의 고유속성이 아닐 것이다. 또한 '생물 아님'이 '인간 아님'의 고유속성이 아닌 것으로 밝혀진다면,[158] '생물'도 '인간'의 고유속성이 아닐 것이다.

한편 하나의 주장을 확립하려고 하는 쪽은 긍정의 술어가 긍정의 주어의 고유속성인지를 살펴봐야 한다. 그 경우에는 부정의 술어도 부정의 주어의 고유속성일 테니까. 또한 부정의 술어가 부정의 주어의 고유속성이라면 긍정의 술어도 긍정의 주어의 고유속성일 것이다. 예를 들면 '살아 있지 않은 것'이 '생물이 아닌 것'의 고유속성이기 때문에 '살아 있는 것'[159]은 '생물'의 고유속성일 것이다. 또한 '살아 있는 것'이 '생물'의 고유속성인 것으로 밝혀진다면 '살아 있지 않은 것'은 '생물 아닌 것'의 고유속성인 것으로 밝혀질 것이다.

---

157 이 절은 두 개의 주어와 두 개의 술어의 경우, 즉 긍정적 주어에 대해 긍정적 술어, 부정적 주어에 대해 부정적 술어 관계를 논하고 있다.

158 여기서 phainetai는 '보인다'는 것 이상으로 '명백하다'는 의미를 함축하고 있다.

159 『혼에 대하여』 제2권 제2장 413a22 참조.

(6) 하나의 주어에 속하는 긍정과 부정의 고유속성에 대해

셋째로 주어〈기체〉 자체의 관점에서 하나의 주장을 뒤엎으려는 쪽은 고유속성으로서 제시된 것이 긍정의 고유속성인지를 살펴봐야 한다.[160] 그렇다면 동일한 것이 부정의 주어의 고유속성일 수 없을 테니까. 그러나 고유속성으로 제시된 것이 부정의 주어의 고유속성이라면 그것은 긍정의 주어의 고유속성일 수 없을 것이다. 예를 들면 '혼을 가진 것'이 생물의 고유속성이기 때문에 '혼을 가진 것'은 '생물이 아닌 것'의 고유속성이 아닐 것이다.

한편 하나의 주장을 확립하려는 쪽은 제시된 고유속성이 긍정의 고유속성이 아닌지를 살펴봐야 한다. 그 경우라면 부정의 주어의 고유속성일 것이다. 그러나 이 토포스는 잘못이다. 긍정은 부정의 고유속성이 아니고 부정은 긍정의 고유속성이 아니니까. 왜냐하면 긍정은 부정에 전적으로 속하지 않지만, 이에 반해서 부정은 긍정에 속하지만 고유속성으로서는 136b
속하지 않기 때문이다.[161]

동일한 유에서 분할된 것들 간의 동계열적으로 대립하는 구성원들에 대해

다음으로 대립 분할된 것들[162]의 관점에서 살펴봐야 한다. 즉 하나의 주

160 두 개의 주어와 한 개의 속성이 결합되는 경우를 논하고 있다. 두 개의 긍정적 주어와 부정적 주어에 대해 한 가지 술어의 관계에 대한 토포스.

161 '인간은 날 수 있다'는 것이 올바른 명제가 아니라면 '인간 아님은 날 수 있다'라는 명제를 확립하려고 할 텐데, 이는 잘못이라는 것이다. 왜냐하면 '날 수 있는 것'은 '인간 아님'의 고유속성일 수 없으며, '날 수 없는 것'은 '인간'의 고유속성일 수 없기 때문이다.

162 원어로는 antidiērēmena이다. 다소 이해하기 어려운 용어인데 풀어서 이해해 보자면, '동일한 유에서 분할된 것들 간의 동계열적(同系列的)으로 대립하는 구성원들'

장을 뒤엎으려는 쪽은 대립 분할된 것들 중 어느 하나라도 남은 대립 분할된 것들[163] 가운데 어느 하나의 고유속성이 아닌지를 살펴봐야 한다. 그 경우에는 제시된 것이 그것의 고유속성으로 제시된 그것의 고유속성이 아닐 것이기 때문이다.[164] 예를 들면 '감각할 수 있는 생물'은 다른 어느 생물의 고유속성이 아니기 때문에 '지성을 가진 생물'은 신의 고유속성이 아닐 것이다.[165]

한편 하나의 주장을 확립하려는 쪽은 대립 분할된 것들 중의 남아 있는 것들 가운데 어느 것이 이것들의 대립 분할된 것들의 각각의 것의 고유속성인지를 살펴봐야 한다. 그 경우에는 남은 것 역시 그것의 고유속성이 아니라고 제시된 것의 고유속성일 테니까.[166] 예를 들면 '그 자체로 자연적으로 생긴 이성적 부분의 탁월성'이라는 것은 '슬기'의 고유속성이기 때문에, 다른 탁월성들의 각각을 이와 같은 방식으로 다룬다면 '그 자체로 자

쯤으로 새겨질 수 있겠다. 예를 들면 동물은 '날개 있는', '육상의', '물속에 사는' 것 등으로 동계열적으로 분할될 수 있다. 『토피카』 제6권 제4장 142b7-10, 『범주들』(카테고리아이) 제13장 14b33-15a4 참조.

163 즉 '분할된 것의 한 조의 구성원'과 '(남아 있는) 그에 대응하는 다른 조의 구성원'을 말한다.

164 포스터는 다음과 같은 설명을 덧붙이고 있다. A, B, C, D는 그에 대응하는 술어 a, b, c, d를 가지는 분할된 것의 조를 이루는 구성원들이다. b, c 혹은 d 중의 어느 하나가 그것에 대응하는 것 이외의 B, C, D 중의 어느 하나의 고유속성이라면 a는 A의 고유속성일 수 없다.

165 '감각할 수 있는'이란 술어는 '생물'이란 동일한 유에서 동일한 방식에 따라 분할된 동물, 인간, 식물에 속할 수 있기 때문에 어떤 특정한 생물의 고유속성이라고 말할 수 없다는 것이다. 인간도 신도 지성적이라면, '지성적이라는 것'은 신의 고유속성일 수 없다.

166 포스터는 다음과 같은 설명을 덧붙이고 있다. a가 A의 고유속성이 아니라고 주장될 수도 있을 것이다. 그러나 만일 대립하는 한 조의 b, c, d가 각각 남은 한 조의 B, C, D의 고유속성이라고 하면, a는 A의 고유속성이어야만 한다.

연적으로 생긴 욕망적 부분의 탁월성'은 '절제'의 고유속성일 것이다.[167]

第7장 어형변화, 유사한 관계, 동일한 관계, 생성과 소멸, 이데아에 관련된 토포스

(1) 어형변화를 이용하는 토포스

다음으로 어형변화의 관점에서 검토해야 한다. 하나의 주장을 뒤엎으려는 쪽은 어형변화(A)가 어형변화(C)의 고유속성이 아닌지를 살펴봐야 한다. 그 경우에는 다른 어형변화(B)도 다른 어형변화(D)의 고유속성이 아닐 테니까. 예를 들면 '아름답게'(A)는 '정의롭게'(C)의 고유속성이 아니기 때문에 '아름다운 것'(B)도 '정의로운 것'(D)의 고유속성이 아닐 것이다.

한편 하나의 주장을 확립하려 쪽은 제시된 고유속성의 어형변화가 주어의 어형변화의 고유속성인지를 살펴봐야 한다. 그렇다면 다른 어형변화도 다른 어형변화의 고유속성일 테니까.[168] 예를 들면 '두 발을 가진 육상의 것'은 '인간'의 고유속성이기 때문에 '두 발을 가진 육상의 것'으로서 말해질 수 있는 것은 '인간에게서'[169]라는 것의 고유속성이 될 것이다.

또 어형변화에 따라서 방금 말해진 것에서만이 아니라 앞서 언급된 여

---

167 『토피카』 128b37 아래, 134a34, 138b15, 145a30 등에서 반복적으로 언급되는 주장이다. 욕망적 부분과 절제에 관련된 논의에 대해서는 플라톤의 『국가』 제4권 442d-e 참조.

168 만일 B의 어형변화인 A가 D의 어형변화인 C의 고유속성이라면, A의 어형변화인 B는 C의 어형변화인 D의 고유속성이다.

169 포스터가 지적하는 바와 같이 원어는 여격으로 쓰여서 우리말로 옮기기가 쉽지 않다. 파키우스(Pacius)는 'homini proprium est dici pedestri bipedi'로 옮긴다.

러 가지 토포스의 경우와 마찬가지로[170] 대립되는 것들에 대해서도 검토되어야 한다. 하나의 주장을 뒤엎으려는 쪽은 대립되는 것의 어형변화가 다른 대립되는 것의 어형변화의 고유속성이 아닌지를 검토해야만 한다. 그 경우에는 대립되는 것의 어형변화도 다른 대립되는 것의 어형변화의 고유속성이 아닐 테니까.[171] 예를 들면 '좋게'(B′)라는 것은 '정의롭게'(A′)의 고유속성이 아니기 때문에 '나쁘게'(D′)라는 것은 또한 '정의롭지 않게'(C′)의 고유속성이 아닐 것이다.

한편 하나의 주장을 확립하려는 쪽은 대립되는 것의 어형변화가 다른 대립되는 것의 어형변화의 고유속성인지를 살펴봐야 한다. 그 경우에는 대립되는 것의 어형변화도 다른 대립되는 것의 어형변화의 고유속성이 될 테니까. 예를 들면 '가장 좋은' 것은 '좋은' 것의 고유속성이기 때문에 '가장 나쁜' 것은 '나쁜' 것의 고유속성이 될 것이다.

(2) 유사한 관계에 있는 것들의 관점에서의 토포스

다음으로 유사한 관계에 있는 것들의 관점에서[172] 검토해 보아야 한다. 하나의 주장을 뒤엎으려는 쪽은 유사한 관계에 있는 것[술어][173]이 유사한 관계에 있는 것[주어]의 고유속성이 아닌지를 살펴봐야 한다.[174] 그 경우

---

170 『토피카』 제2권 제9장 114b6-15.

171 만일 B의 어형변화인 B′가 A의 어형변화인 A′의 고유속성이 아니라면, B와 반대되는 것인 D의 어형변화인 D′은 A와 반대되는 것인 C의 어형변화인 C′의 고유속성이 아니다.

172 유사한 관계란 두 개의 주어 A, B와 두 개의 술어 C, D 사이에 성립하는 A : C = B : D라는 비례적 관계이다.

173 즉 '제시된 고유속성'을 말한다.

174 A : C = B : D에서 D가 B의 고유속성이 아니기 때문에 C도 A의 고유속성이 아니다.

에도 역시 유사한 관계에 있는 것은 유사한 관계에 있는 것의 고유속성이 아닐 테니까. 예를 들면 건축가가 '집을 만드는 것'에 대한 관계는 의사가 '건강을 만들어 내는 것'에 대한 관계와 유사하지만,[175] 건강을 만들어 내는 것은 의사의 고유속성이 아니기 때문에 집을 짓는 것도 건축가의 고유속성이 아닐 것이다.

한편 하나의 주장을 확립하려는 쪽은 유사한 관계에 있는 것이 유사한 관계에 있는 것의 고유속성인지를 살펴봐야 한다. 그 경우에는 유사한 관계에 있는 것은 유사한 관계에 있는 것의 고유속성일 것이기 때문이다. 예를 들면 의사의 '건강을 만들어 낼 수 있는 사람'[능력]에 대한 관계는 체육가의 '좋은 몸 상태를 만들어 낼 수 있는 사람'[능력]에 대한 관계와 유사한 관계에 있으며, 또 '좋은 몸 상태를 만들어 낼 수 있는 것'은 체육가의 고유속성이기 때문에 '건강을 만들어 낼 수 있는 것'은 의사의 고유속성일 것이다.

(3) 동일한 관계에 있는 것들의 관점에서의 토포스

다음으로 동일한 관계에 있는 것들의 관점에서 검토해 보아야 한다.[176]

---

175 '건축가와 집'과 '의사와 건강'은 그것을 만들어 낼 수 있다는 '능력'(dunamis)의 관계에서 유사한 관계를 가진다. 그러나 '만들어 내는 것'(능력의 현실화)과 아래의 예에서 나오는 '만들어 낼 수 있는 것'(능력)은 명확히 구별된다(『토피카』 제1권 제3장 101a5-10 참조). 의사는 '건강을 **만들어 낼 수 있는**' 사람이긴 하지만 동시에 '**만들어 내는**' 사람이 아니기 때문에, 그래서 '건강을 만들어 내는 것'은 의사의 고유속성이 아닌 것이다.

176 이 대목(137a8-20)에서 논의되는 동일한 관계의 토포스가 가장 이해하기 어렵다. 그래서 학자들 간에 분분한 논의가 무성하다. 브룅슈빅은 『토피카』에서 이 대목이 해석하기 가장 난해하다고 말한다. 그는 사본(MSS)의 전승뿐 아니라 논의에 대한 이론적 이해의 어려움을 고백하고 있다(2007, 185-186쪽).

하나의 주장을 뒤엎으려는 쪽은 [두 개의 주어 B, C 중] 동일한 관계에 있는 것[B]이 동일한 관계에 있는 것[A]의 고유속성이 되지 않는지를 살펴봐야 한다.[177] 그 경우에는 동일한 관계에 있는 것[C]도 동일한 관계에 있는 다른 것[A]의 고유속성이 되지 않을 테니까.[178] 그러나 그것[B]과 동일

---

177 반즈가 사용한 기호(제1권 주 73 참조) 방식을 통해 설명하자면 다음과 같이 이해될 수 있다(여기서 R은 '동일한 관계'를 표시하고, I는 '고유속성'을 표시한다.

(1) A, B, C는 '동일한 관계(R)에 있는 것들'(hōsautōs echonta)이다 = ARB & ARC

(2) 술어 A는 주어 B의 고유속성이다 = I(A,B)

(3) 술어 A는 주어 B의 고유속성이 아니다 = ~I(A,B)

(4) 논증식은 두 개의 주어와 하나의 술어로 이루어진다 = 2S1P

(5) 논증식은 하나의 주어와 두 개의 술어로 이루어진다 = 2P1S

178 이 대목은 두 가지로 해석될 수 있다.

(Ia) 만일 ARB & ARC & ~I(A,C), 그렇다면 ~I(A,B)[2S1P]

(Ib) 만일 ARB & ARC & ~I(C,A), 그렇다면 ~I(B,A)[2P1S]

두 개의 주어와 하나의 술어로 해석하면,

(첫째) '만일 A가 C의 고유속성이 아니라면, A는 또한 B의 고유속성일 수도 없다'는 의미가 된다. (Ia)로의 해석이다. 이중부정을 적용하면, 이로부터 '만일 A가 C의 고유속성이라면, A는 B의 고유속성일 수 있다'가 논리적으로 도출된다. 이것은 (Ia) 논증 형식에 따라,

만일 ARB & ARC & I(A,C), 그렇다면 I(A,B)가 성립한다.

그러나 이것은 '동일한 것이 동시에 많은 것에 대해 고유속성이 되는 것'은 불가능하다(137a17-18)는 원칙과 위반된다.

하나의 주어와 두 개의 술어로 해석하면,

(둘째) '만일 C가 A의 고유속성이 아니라면, B도 역시 A의 고유속성일 수 없다.' (Ib)로의 해석이다. 이중부정을 적용하면, 이로부터 '만일 C가 A의 고유속성이라면, B도 역시 A의 고유속성이다'가 따라 나온다. (Ib) 해석에 따라 아래의 구체적 예를 대입해 보자. '슬기'를 A, '아름다움의 지식'을 B라 하고 '추함의 지식'을 C라 하자.

한 관계에 있는 것[A]의 고유속성이라면, 그것[C]은 그것의 고유속성으로 제시된 바로 그것[A]의 고유속성이 되지 않을 것이다.[179] (예를 들면 슬기[A]는 아름다운 것과 추한 것에 대해 그것들 각각의 지식이라는 점에서 동일한 관계에 있지만, '아름다움의 지식'이라는 것(B)은 슬기의 고유속성이 아니기 때문에 '추함의 지식'이라는 것(C)도 슬기의 고유속성이 아닐 것이다. [[그러나 아름다움의 지식이 슬기의 고유속성이라면 추함의 지식이라는 것은 슬기의 고유속성이 아닐 것이다.[180])[181] 왜냐하면 동일한 것[182]이 다수의 것

즉 'A는 B이다'와 'A는 C이다'로 말해질 수 있다. 그렇다면, (Ib) 논증 형식에 따라, 이 명제들은 다음을 말하는 것이다.

만일 ARB & ARC & I(C,A), 그렇다면 I(B,A)가 성립한다.

이것은 건전한 논증(sound argument)일 수 있다. 한 대상(주어)에 대해 더 적게 속하는 고유속성과 더 많이 속하는 고유속성이 있을 수 있기 때문이다. 한 주어에 대해 정도의 차이에 따라 여러 가지 고유속성을 덧붙이고 있는 논의에 대해서는 130b23-37, 138a25-29, b10-15 참조. 따라서 이 예는 이 경우에 적합한 것일 수 없다. 이에 따라서 이 대목에 관한 논란이 발생하는 것이다. 이 대목에 대한 더 자세한 분석과 논의에 관해서는 브룅슈빅(2007) 186-187쪽 참조.

179 '만일 A가 B의 고유속성이라면, A는 C의 고유속성일 수 없다'는 것은 다음을 의미한다.

만일 ARB & ARC & I(A,B), 그렇다면 ~I(A,C)가 성립한다(2S1P).

이것은 '동일한 것이 동시에 두 개의 주어의 고유속성일 수 없다'는 137a17-18의 원칙을 확증해 준다.

180 피카드-케임브리지는 ei d' estin idion phronēsis tou epistēmēn einai kalou, ouk an eiē idion tou epistēmēn einai aischrou(슬기가 아름다움의 지식의 고유속성이라면, 그것은 추함의 지식의 고유속성이 아닐 것이다)로 읽고 있다.

181 트리꼬와 브룅슈빅(2007)은 "예를 들면"에서부터 ( )에 있는 부분 전체를 삭제할 것을 제안한다(188-189쪽 주석 참조). 이 대목과 연관된 브룅슈빅(2007)의 해석에 관해선 186-187쪽 주석 3, 4, 5 참조.

182 원어로는 to auto이다.

들의 고유속성이라는 것은 불가능하기 때문이다.]][183] 한편 하나의 주장을 확립하려는 쪽에서는 이 토포스는 전혀 유용하지 않다. 동일한 관계에 있는 것의 경우에 하나의 것이 다수의 것과 관계를 맺게 되는 것이니까.[184]

(4) 생성과 소멸의 관점에서의 토포스

다음으로 하나의 주장을 뒤엎으려는 쪽에서는 '있다'는 것⟨…인 것⟩(토 에이나이)의 관점에서 말할 수 있는 것[술어]이 '있음'의 관점에서 말할 수 있는 것[주어]의 고유속성이 되는지를 살펴봐야 한다. 왜냐하면 고유속성이 되지 않는다면 '없어진다'⟨소멸된다⟩고 하는 것도 '없어진다'라는 관점에서 말할 수 있는 것[주어]의 고유속성이 되지 않을 것이고, 또한 '…이 된다'⟨생성된다⟩는 것도 '된다'라는 관점에서 말할 수 있는 것[주어]의 고유속성이 아닐 것이기 때문이다. 예를 들면 '동물인 것'(토 에이나이 조온)은 인간의 고유속성이 아니기 때문에 '동물이 된다'고 하는 것은 '인간이

---

183 로스는 이 구절([[ ]])을 생략하고 있다. 이 대목에 연관된 해석상의 문제에 관해서는 베르데니우스의 주석(Notes on the *Topics*, in ed. G. E. L. Owen, *Aristotle on Dialectic; the Topic*, pp. 34-35)과 소레트의 주석(Zu Topik E 7, 137a8-20 und b3-13, in ed. G. E. L. Owen, *Aristotle on Dialectic; the Topic*, pp. 43-45) 참조. 소레트는 adunaton gar einai to auto pleionōn idion을 삽입구로 간단하게 처리하고 있다. 이에 대해 베르데니우스는 페어베케(G. Verbeke)의 제안에 따라 이 대목을 다음과 같이 이해한다. 만일 아름다움의 지식이 슬기의 고유속성이라고 한다면 추한 것의 지식은 슬기의 고유속성이 아닐 것이다. 추한 것의 지식은 아름다운 것의 지식의 반대이고, 그리고 반대의 성질은 반대의 주어에 속하기 때문이다(135b7 아래). 따라서 추한 것의 지식이 슬기에 속했다면 그것은 또한 슬기의 반대인 것에 속했을 것이다. 그러나 동일한 성질이 하나 이상의 더 많은 주어의 고유속성일 수 없다.

184 하나의 주어(동일한 것)에 대해서 하나의 고유속성이 성립하면, 그것과 동등한 관계에 있는 것 같은 고유속성으로 하나 더 성립할 수는 없다. "하나의 주장을 확립하려는 쪽에서는 이 토포스는 유용하지 않다. 동일한 것이 다수의 것들의 고유속성이 되는 것은 불가능할 테니까."(138a20-21)

된다'는 것의 고유속성일 수 없으며, 또한 '동물이 없어진다'는 것도 '인간이 없어진다'는 것의 고유속성일 수 없다. 지금 '있다'는 것으로부터 '된다'는 것과 '없어진다'는 것으로 논의가 옮겨지는 것처럼, 동일한 방법으로 '된다'는 것으로부터 '있다'는 것과 '없어진다'는 것으로 논의가 옮겨지고, 또 '없어진다'는 것으로부터 '있다'는 것과 '된다'는 것으로 나아가는 논의의 방향을 확보해야 한다.

한편 하나의 주장을 확립하려는 쪽은 '있다'는 것의 영역에 자리매김한 것[술어]이 '있다'는 것의 영역에 자리매김한 것[주어]의 고유속성인지를 살펴봐야 한다. 그 경우에는 또한 '된다'라는 관점에 말할 수 있는 것은 '된다'라는 관점에서 말할 수 있는 것의 고유속성이며, 또 '없어진다'는 관점에서 말할 수 있는 것은 그 관점에서 제시된 것의 고유속성일 것이기 때문이다. 예를 들면 '죽어야만 하는 것'[185]은 인간의 고유속성이기 때문에 '죽어야만 하는 것이 된다'는 것은 '인간이 된다'는 것의 고유속성이 될 것이고, '죽어야만 하는 것으로 없어진다'는 것은 '인간이 없어진다'는 것의 고유속성이 될 것이다.

동일한 방식으로 하나의 주장을 뒤엎으려는 쪽에서는 이미 말한 것과 137b
마찬가지로, '된다'와 '없어진다'는 것으로부터 '있다'로, 또 '있다'로부터 '되다'와 '없어진다'라는 것으로[186] 나아가는 논의의 방향을 확보해야 한다.

185 원어로는 to einai broton이다. thnētos(가사적인)는 인간과 동물에 대해 공통적으로 쓰이지만 brotos는 '죽지 않는 존재'인 신에 대비해서 '죽을 수밖에 없는 존재'인 인간에 대해 쓰이는 표현이다.

186 원문이 손상된 부분이다. 사본은 ta ex autōn(그것들로부터 따라 나온 것들)으로 읽힌다. 로스는 tauta ex autou(그것으로부터 그것들)로 읽기를 제안하고 있다. 베르데니우스는 ta ex hautōn(allēlōn)으로 읽는 편이 간단하다고 주장한다(35쪽). 브룅슈빅(2007)은 auta ex hautōn(그것들 자신으로부터 그것들)으로 읽는다.

137b

(5) 이데아와 관련된 토포스

다음으로 제시된 것의 이데아에 주목해야 한다. 하나의 주장을 뒤엎으려는 쪽은 그 사물의 고유속성이 그 사물의 이데아[187]에 속하지 않는지를, 혹은 그것이 그것의 고유속성으로서 제시된 바로 그것이라고 말할 수 있는 관점과 동일한 관점에서 속하지 않는지를 살펴봐야 한다. 그 경우에는 고유속성으로 제시된 것이 고유속성이 아닐 테니까. 예를 들면 '멈춰 있다는 것'[188]은 '인간 자체'[189]에는 인간인 한에서는 속하지 않지만 '이데아'인 한에서는 속하는 것이므로, '멈춰 있다는 것'은 인간의 고유속성이 아닐 것이다.

한편 하나의 주장을 확립하려는 쪽은 그 고유속성이 이데아에 속하며, 그것이 그것의 고유속성이 아니라고 제시된 그것에 대해 술어가 되는 것과 동일한 관점에서 말해지는 것인지를 살펴봐야 한다. 그 경우에는 그것의 고유속성이 아니라고 제시된 것이 고유속성이 될 테니까. 예를 들면 '혼과 신체로 결합된 것'은 '동물 자체'에 속하며, 또 그것이 동물인 한 그 자체에 속하기 때문에, '혼과 신체로 결합된 것'은 '동물'의 고유속성이 될 것이다.

---

187 여기서 말해지는 '이데아'는 플라톤적인 의미에 가장 가까이 근접하고 있다.

188 멈춰 있음과 이데아의 관련에 대해서는 플라톤의 『소피스테스』 248d-249d 참조.

189 인간의 이데아를 말한다.

제8장 정도의 관점에서의 토포스와 같은 정도로 속하는 고유속성들을 비교하는 토포스

정도의 관점에서의 토포스

다음으로 '더 많이'와 '더 적게'라는 정도의 차이라는 관점에서 살펴봐야 한다.[190]

첫째로 하나의 주장을 뒤엎으려는 쪽은, '더 많이 …인 것'이 '더 많이 …인 것'의 고유속성이 되지 않는지를 검토해 보아야 한다. 그 경우에는 또한 '더 적게 …인 것'은 '더 적게 …인 것'의, '가장 적게 …인 것'은 '가장 적게 …인 것'의, '가장 많이 …인 것'은 '가장 많이 …인 것'의, '무조건적으로 …인 것'[191]은 '무조건적으로 …인 것'의 고유속성이 아닐 것이기 때문이다.[192] 예를 들면 '더 많이 채색되는 것'이 '더 많이 물체적인 것'의 고유속성이 아니기 때문에, '더 적게 채색되는 것'은 '더 적게 물체적인 것'의 고유속성일 수 없으며, '채색되는 것'은 일반적으로 물체적인 것의 고유속성일 수 없다.[193]

한편 하나의 주장을 확립하려는 쪽은 '더 많이 …인 것'이 '더 많이 …인 것'의 고유속성인지를 살펴봐야 한다. 그 경우에는 또한 '더 적게 …인 것'

---

190 이 토포스가 적용되는 대목은 다음과 같다. 부수성에 대해서는 제2권 제10장 114b37-115a6, 유에 대해서는 제4권 제6장 127b18-25, 정의에 대해서는 제6권 제7장 146a3-12 등을 참조.

191 '무조건적으로'는 '더 많이'나 '더 적게'라는 한정 조건이 없는 것을 의미한다.

192 이곳이 『토피카』를 포함한 아리스토텔레스 저작에서 5가지로 정도의 강도를 나타내는 잣대가 나오는 유일한 구절이다.

193 '채색되는 것'이 표면의 고유속성인지, 물체의 고유속성인지, 혹은 이 양자의 고유속성인지 하는 물음에 대해서는 앞에서 논의된 대목들인 131b33-36, 134a22-25, 138a15-20 참조.

은 '더 적게 …인 것'의, '가장 적게 …인 것'은 '가장 적게 …인 것'의, '가장 많이 …인 것'은 '가장 많이 …인 것'의, '무조건적으로 …인 것'은 '무조건적으로 …인 것'의 고유속성일 것이기 때문이다. 예를 들면 '더 많이 감각하는 것'이 '더 많이 살아 있는 것'(zōn)의 고유속성이기 때문에,[194] '더 적게 감각하는 것'은 '더 적게 살아 있는 것'[195]의 고유속성일 것이고, 또 '가장 많이 감각하는 것'은 가장 많이 살아 있는 것의, '가장 적게 감각하는 것'은 가장 적게 살아 있는 것의, '무조건적으로 감각하는 것'은 무조건적으로 살아 있는 것의 고유속성일 것이다.[196]

또 무조건적인 것으로부터 이런 다양한 정도의 것들[197]에 대해서도 검토해야만 한다. 하나의 주장을 뒤엎으려는 쪽은 무조건적인 것이 무조건적인 것의 고유속성이 아닌지를 살펴봐야 한다. 왜냐하면 이 경우에도 '더 많이 …인 것'은 '더 많이 …인 것'의, '더 적게 …인 것'은 '더 적게 …인 것'의, '가장 많이 …인 것'은 '가장 많이 …인 것'의, '가장 적게 …인 것'은 '가장 적게 …인 것'의 고유속성이 아닐 것이기 때문이다. 예를 들면 '훌륭한 것'은 '인간'의 고유속성이 아니기 때문에, '더 많이 훌륭한 것'은 '더 많이 인간인 것'의 고유속성이 아닐 것이다.[198]

---

194 감각하는 것이 동물(zōon)의 고유속성인지에 대해서는 129b26-29, 133a8-11, 134b2-4, 138a6-8, 27-29 등을 참조.

195 고등 동물에 비해 적은 감각 능력을 가진 하등 동물을 생각하면 될 것이다.

196 아리스토텔레스는 식물은 감각은 없지만 살아 있는 것으로 생각한다(『혼에 대하여』 제1권 제5장 410b22-23). "생명은 하나의 종에 대응해서 말해지는 것이 아니라, 오히려 동물에 속하는 것과 식물에 속하는 것이 다르다고 일반적으로 생각되고 있기 때문이다."(『토피카』 제6권 제10장 148a29-31)

197 '더 많이', '더 적게' 등의 술어를 말한다.

198 인간 중에는 '나쁜 사람'도 있으므로 '훌륭하다는 것'(spoudaion)은 인간의 고유속성이 아니다. 따라서 '더 많이 인간인 것'에도 '더 많이', '더 적게'라는 정도의 표시가 부과될 수 없다. 사실상 '더 많이 인간인 것'은 존재할 수조차 없다(『범주들』(카테

한편 하나의 주장을 확립하려는 쪽은 무조건적인 것이 무조건적인 것의 고유속성인지를 살펴봐야 한다. 왜냐하면 그 경우에는 '더 많이 …인 것'은 '더 많이 …인 것'의, '더 적게 …인 것'은 '더 적게 …인 것'의, '가장 적게 …인 것'은 '가장 적게 …인 것'의, '가장 많이 …인 것'은 '가장 많이 …인 것'의 고유속성일 것이기 때문이다. 예를 들면 '자연적으로 위쪽으로 이동하는 것'은 '불'의 고유속성이기 때문에, '자연적으로 더 많이 위쪽으로 이동하는 것'은 '더 많이 불인 것'의 고유속성일 것이다. 동일한 방식으로 다른 정도의 것들로부터도 이것들 모두에 대해 검토되어야만 한다.

둘째로 하나의 주장을 뒤엎으려는 쪽은 '더 많이' 고유속성인 것이 '더 많이' 고유속성인 바로 그것의 고유속성이 되지 않는지를 살펴봐야 한다.[199] 그 경우에는 더 적게 고유속성인 것은 더 적게 고유속성인 바로 그것의 고유속성이 되지 않을 테니까. 예를 들면 '인식할 수 있는 것'(A)이 '인간'(C)의 고유속성인 것보다 '감각하는 것'(B)이 더 많이 '동물'(D)의 고유속성이라고 하더라도, '감각하는 것'은 '동물'의 고유속성이 아니기 때문에, '인식할 수 있는 것'은 인간의 고유속성이 아닐 것이다.

한편 하나의 주장을 확립하려는 쪽은 더 적게 고유속성인 것이 더 적게 그것의 고유속성인 바로 그것의 고유속성인지를 살펴봐야 한다. 왜냐하면 그 경우에는 더 많이 고유속성인 것은 더 많이 고유속성인 바로 그것의 고유속성일 것이기 때문이다. 예를 들면 '자연적으로 길들여진〈교화된〉 것'은 '살아 있는 것'이 '생물'의 고유속성인 것보다 더 적게 '인간'의 고유속성임에도 '자연적으로 길들여진〈교화된〉 것'은 '인간'의 고유속성이기 때문에, '살아 있는 것'은 '생물'의 고유속성일 것이다.[200]

고리아이) 제5장 3b33-4a9 참조; '실체는 정도의 차를 허용하지 않는다').

199 이 절은 두 개의 주어와 두 개의 술어가 되는 관계(2S2P)를 논하고 있다.

200 여기서는 '길들여진 것'과 '살아 있는 것'이 대비되고 있다. 이는 '문화적인 것'과

셋째로 하나의 주장을 뒤엎으려는 쪽은 고유속성으로 제시된 것이 더 많이 그것의 고유속성인 바로 그것의 고유속성이 아닌지를 살펴봐야 한다. 그 경우에는 더 적게 그것의 고유속성인 바로 그것의 고유속성이 아닐 테니까.[201] 하지만 전자의 고유속성이라면 후자의 고유속성은 아닐 것이다.[202] 예를 들면 '채색되어 있는 것'이 '물체'의 고유속성보다 더 많이 '표면'의 고유속성이라고 해도 그것이 '표면'의 고유속성은 아니기 때문에, '채색되어 있는 것'은 '물체'의 고유속성은 아닐 것이다. 하지만 그것이 '표면'의 고유속성이라면 '물체'의 고유속성일 수는 없다.

한편 하나의 주장을 확립하려는 쪽에서는 이 토포스는 유용하지 않다. 동일한 것이 다수의 것들의 고유속성이 되는 것은 불가능할 테니까.[203]

넷째로 하나의 주장을 뒤엎으려는 쪽은 더 많이 고유속성이 되는 것이 그것의 고유속성이 아닌지를 살펴봐야 한다. 그 경우에는 더 적게 그것의 고유속성인 것의 고유속성이 아닐 테니까.[204] 예를 들면 '감각할 수 있는 것'이 '나누어질 수 있는 것'[205]보다 더 많이 '생물'의 고유속성이라고 하더라도 '감각할 수 있는 것'이 '생물'의 고유속성이 아니기 때문에, '나누어질 수 있는 것'은 '생물'의 고유속성일 수 없다.

'동물적인 것'으로 이해될 수 있다.

201 이 대목은 하나의 술어와 두 개의 주어가 되는 관계를 논하고 있다(2S1P).

202 하나의 고유속성은 그것과 주어 술어 관계가 바뀌질 수 있는 하나의 주어로서 이루어지는 것의 고유성이다.

203 어째서인가? 사실상 '표면'뿐만 아니라 '물체'의 내부도 색칠될 수 있다. '채색되어 있는 것'은 표면만이 아니다. 그렇다면 '채색되어 있는 것'은 물체와 표면이라는 두 주어의 고유속성일 수 없다. 따라서 이 토포스는 하나의 주장을 확립하는 데 도움이 되지 않는다.

204 이 절은 하나의 주어와 두 개의 술어의 관계를 논하고 있다(1S2P).

205 선분이나 도형과 같은 수학적인 것을 말한다. 따라서 이것들은 감각할 수 있는 것이기보다는 가지적(可知的)인 것이다.

한편 하나의 주장을 확립하려는 쪽은 더 적게 고유속성인 것이 그것의 고유속성인지를 살펴봐야 한다. 그 경우에는 더 많이 그것의 고유속성인 것이 고유속성일 테니까. 예를 들면 '감각하는 것'은 '사는 것'보다 더 적게 '생물'의 고유속성이라고 하더라도 '감각하는 것'은 '생물'의 고유속성이기 때문에, '사는 것'은 '생물'의 고유속성일 것이다.[206]

동일한 정도로 속하는 고유속성들을 비교하는 토포스

(1) 두 개의 고유속성과 두 개의 주어가 비교되는 경우

다음으로 동일한 정도로 속하는 것들의 관점에서 검토해야 한다. 첫째로 하나의 주장을 뒤엎으려는 쪽은 동일한 정도로 고유속성인 것이 동일한 정도로 그것의 고유속성인 바로 그것의 고유속성이 아닌지를 살펴봐야 한다. 왜냐하면 그 경우에는 그것과 동일한 정도로 고유속성인 한쪽의 것 또한 동일한 정도로 그것의 고유속성인 다른 쪽의 것의 고유속성이 아닐 것이기 때문이다.[207] 예를 들면 '욕망하는 것'(A)이 '욕망적 부분'(B)의 고유속성인 것과 '생각하고 헤아리는 것'(C)이 '생각하고 헤아리는〈이성적〉 부분'(D)의 고유속성인 것은 동일한 정도이지만, '욕망하는 것'이 '욕망적 부분'의 고유속성이 아니기 때문에,[208] '생각하고 헤아리는 것'은 '생각하

---

206 138a7에서 감각하는 것이 동물의 고유속성이 아니라고 말하는 것과는 달리, 여기서는 '감각하는 것'이 '동물'의 고유속성이라고 말하고 있다. 전자는 두 개의 주어(인간과 동물)에 관련해서 언급되기 때문에 감각하는 것이 인간과 동물에 대해 동시에 고유속성이 될 수 없을 것이나, 여기서는 하나의 주어에 관련해서 논의되기 때문에 감각하는 것은 동물의 고유속성일 수 있다.

207 A가 B의 고유속성인 것과 C가 D의 고유속성인 것이 동일한 정도인 경우이다(2S2P).

208 '욕망하는 것'은 '욕망하는 능력을 가진 것'과 '그 기능을 활용하는 것'이란 의미를 가지며(『토피카』 제5권 제2장 129b33-34), 또 욕망하는 것은 혼의 고유속성이긴

138a

고 헤아리는〈이성적〉 부분'의 고유속성이 아닐 것이다.

한편 하나의 주장을 확립하려는 쪽은 동일한 정도로 고유속성인 것이 동일한 정도로 그것의 고유속성인 것의 고유속성인지를 살펴봐야 한다. 138b 그 경우에는 그것과 동일한 정도로 고유속성인 한쪽의 것이 동일한 정도로 그것의 고유속성인 다른 쪽의 것의 고유속성일 테니까. 예를 들면 '제일로 슬기가 있는 것'[209]이 '생각하고 헤아리는 부분'의 고유속성인 것과 '제일로 절제 있는 것'[210]이 '욕망적 부분'의 고유속성인 것은 동일한 정도이며, '제일로 슬기가 있는 것'은 '생각하고 헤아리는 부분'의 고유속성이기 때문에, '제일로 절제 있는 것'은 '욕망적 부분'의 고유속성일 것이다.

(2) 하나의 주어와 두 개의 고유속성이 비교되는 경우

둘째로 하나의 주장을 뒤엎으려는 쪽은 어떤 주어에 동일한 정도로 고유속성인 것이 그것의 고유속성이 아닌지를 살펴봐야 한다. 그 경우에는 동일한 정도로 고유속성인 것이 그것의 고유속성이 아닐 테니까.[211] 예를 들면 '보는 것'과 '듣는 것'은 동일한 정도로 '인간'의 고유속성임에도 불구하고, '보는 것'이 '인간'의 고유속성이 아니기 때문에 '듣는 것'은 '인간'의 고유속성이 아닐 것이다.

한편 하나의 주장을 확립하려는 쪽은 어떤 주어에 동일한 정도로 고유

하지만 파생적 의미에서 그렇다(제5권 제5장 134a32-34). 제일적인 것은 혼의 '생각하고 헤아리는 능력'이다(제5권 제8장 138b12-15).

209 의미상 '슬기의 제일의 자리'쯤으로 새겨질 수 있다. 혼의 '생각하고 헤아리는 (이성적) 부분'에 '슬기가 있다는' 성질이 맨 처음으로 자리한다는 의미이다.

210 의미상 '절제의 제일의 자리'쯤으로 새겨질 수 있다.

211 동일한 정도의 두 개의 고유속성 명제인 경우에, 두 개의 술어와 하나의 주어 관계이다. 결국 두 번째 명제가 긍정이냐 부정이냐에 달려 있기 때문에 그 결론은 자연스럽게 동일한 것이다(138b10-12 참조)

속성인 것이 그것의 고유속성인지를 살펴봐야 한다. 고유속성이라고 하면 동일한 정도로 그것의 고유속성인 것은 또한 그것의 고유속성일 것이기 때문이다. 예를 들면 '제일의 것으로서[212] 혼의 부분이 욕망적 부분인 것'과 '제일의 것으로서 혼의 부분이 생각하고 헤아리는 부분인 것'은 동일한 정도로 혼의 고유속성이지만, '제일의 것으로서 혼의 부분이 욕망적 부분인 것'은 혼의 고유속성이기 때문에, '제일의 것으로서 혼의 부분이 생각 [15]
하고 헤아리는 부분인 것'은 혼의 고유속성일 것이다.

(3) 두 개의 주어와 하나의 고유속성이 비교되는 경우

셋째로 하나의 주장을 뒤엎으려는 쪽은 고유속성으로서 제시된 것이 동일한 정도로 고유속성인 그것의 고유속성이 아닌지를 살펴봐야 한다. 고유속성이 아니라면 동일한 정도로 그것의 고유속성으로 여겨지는 다른 쪽의 것의 고유속성은 아닐 테니까.[213] 그러나 한쪽의 것의 고유속성이라면 다른 쪽의 것의 고유속성은 아닐 것이다.[214] 예를 들면 '불타는 것'이

---

212 로스는 b13, 14, 15를 prōton으로 읽고 있다. 피카드-케임브리지가 로스에 따라 읽는 것처럼 보인다. 그렇다면 이 말은 '욕망적 부분'과 '생각하고 헤아리는 부분'에 관계될 것이다. 그러나 브륑슈빅(2007), 포스터에 따라 prōtou로 읽으면, 이 말은 직접적으로 혼에 관계하는 것으로 파악된다.

213 세 번째 경우는 두 개의 명제가 동일한 정도이지만, 두 개의 주어와 하나의 술어를 포함한다(2S1P). 이 토포스를 일반화하자면, 'B의 고유속성으로서 제시된 A는, 주어 B의 고유속성인 것과 동일한 정도로 고유속성인 다른 주어 C의 고유속성이 아니다.'

214 137a17-18행에서 언급되었듯이 '동일한 것이 다수의 것들의 고유속성이 되는 것은 불가능하니까.' 즉 술어 A가 C의 고유속성이라면, 그것은 다른 주어 B의 고유속성일 수 없다. A와 C의 관계가 무엇이 되었든, 그 결론은 항시 부정이다. 따라서 이 토포스는 명제를 확립하는 데 사용할 수 없다. 이것은 배타적인 의미에서 그렇다. 그러나 『분석론 후서』에서는 세 명사(名辭)들 간의 포용적 의미도 언급하고 있다. "만일 A가 C의 고유속성이라면, 분명히 A는 B의 고유속성이고 B는 C의 고유속성이다. 따

138b

동일한 정도로 '불꽃'과 '잉걸불'[215]의 고유속성이긴 하지만, '불타는 것'은 '불꽃'의 고유속성이 아니기 때문에, '불타는 것'은 '잉걸불'의 고유속성은 아닐 것이다. 그러나 그것이 '불꽃'의 고유속성이라면 '잉걸불'의 고유속성은 아닐 것이다.[216] 한편 하나의 주장을 확립하려는 쪽에게는 이 토포스는 아무런 도움이 되지 않는다.

그런데 유사한 관계[217]로부터의 토포스와 동일한 정도로[218] 속하는 것들로부터의 토포스는 다르다. 사실상 전자의 토포스가 비례관계[219]에 따라서 파악되지만 무언가[220]가 속한다는 것에 대해 고찰되는 것이 아닌 반면에, 후자의 토포스는 무언가가 속한다는 것으로부터 비교되어 판단되기 때문이다.

제9장 존재하지 않는 것에 고유속성을 제시하는 것과 고유속성을 최상급으로 규정하는 경우의 토포스

존재하지 않는 것에 가능적으로 고유속성을 제시하는 것에 대해

다음으로 하나의 주장을 뒤엎으려는 쪽은, 가능성〈능력〉[221]이 존재하

라서 이 모든 것은 서로 간에 고유속성이다."(제2권 제4장 91a15-18 참조)

215 anthrakos는 live-coal, Glut[독], braise[프] 등으로 옮긴다.

216 138b20-21에서 ouk('아니다')를 보에티우스는 삭제한다(바그너와 랍). 여기선 전승하는 사본대로 삭제하지 않고 읽었다.

217 『토피카』 제5권 제7장 136b33-137a7 참조.

218 바로 이 장의 138a30-b22 참조.

219 원어로는 analogia이다.

220 '어떤 속성(술어)'을 말한다.

221 원어로는 dunamis로 '…할 수 있는 것', '…될 수 있는 것'의 가능성(possibility)

지 않는 것에 속하는 것이 가능하지 않을 때 상대방이 고유속성을 가능성에 의해[222] 제시하면서, 가능성에서 고유속성을 존재하지 않는 것과 관계해서 부여하고 있는지를 살펴봐야 한다. 그 경우라면 고유속성으로 제시된 것은 고유속성이 아닐 테니까. 예를 들면 '호흡될 수 있는 것'이 '공기'의 고유속성이라고 말하는 사람은 그 고유속성을 가능성에 의해 제시했기 때문에(호흡될 수 있는 것이 가능한 그런 것이 '호흡될 수 있는 것'이니까), 한편으로 그 고유속성을 존재하지 않는 것과 관계해서도 제시했기 때문에(공기를 호흡할 수 있도록 자연적으로 생겨난 그런 동물이 존재하지 않더라도 공기는 존재할 수 있는 것이니까. 그럼에도 동물이 존재하지 않는다면 호흡하는 것은 가능하지 않기에, 따라서 호흡할 수 있는 그와 같은 동물이 없을 때 '호흡될 수 있는 것이 가능하다'는 것은 공기의 고유속성이 아닐 것이다), 그래서 '호흡될 수 있는 것'은 공기의 고유속성일 수 없는 것이다.

한편 하나의 주장을 확립하려는 쪽은, 고유속성을 가능성에 의해 제시 139a
하는 경우에 그 고유성을 존재하는 것과 관계해서 제시하고 있는지, 혹은 그 가능성이 존재하(지 않)는 것[223]에 속하는 것이 가능할 때 그 경우에 존재하지 않는 것과 관계해서 고유속성을 제시하고 있는지를 살펴봐야 한

을 의미하며, 현실적으로 실현 가능한 '능력'(potentially, power)이란 의미도 함축하고 있다(브룅슈빅, 201쪽 주석 2 참조).

222 원어로는 여격(dative) 형태로 tēi dunamei이다. '가능성에 힘입어', '가능성에 기대어'라고도 옮길 수 있겠다.

223 절대 2격(absolute genetive)으로 쓰인 구절인 138b28-29(mē endechomenēs tēs dunameōs huparchein tō mē onti)와 139a2-3(endechomenēs tēs dunameōs tō mē onti huparchein)을 비교하라. 139a3 tō mē onti 구절에서, 포스터는 원전에서 mē를 그대로 살리고 있으나 번역하고 있지는 않다. 베르데니우스는 이를 138b29의 tō mē onti의 영향으로 잘못되어 이곳에 삽입된 것으로 보고 mē를 생략할 것을 제안한다. '존재하지 않는 것'은 그 어떤 능력(힘)을 소유할 수 없을 테니까. 브룅슈빅(2007)은 그대로 살리고 있다(201쪽 주석 4 및 203쪽 주석 8 참조).

다. 그 경우에는 고유속성이 아니라고 제시된 것이 고유속성일 테니까. 예를 들면 '작용을 받아들이거나 작용을 미치는 것이 가능한 것'[224]을 '있는 것'의[225] 고유속성으로서 제시한 사람은, 그 고유속성을 가능성에서 제시하는 경우에, 그 고유속성을 존재하는 것과 관계해서 제시했기 때문에(어떤 것이 존재할 때 무언가 작용을 받아들이거나 작용을 미치는 것이 가능할 수 있으니까), 따라서 '작용을 받아들이거나 작용을 미치는 것이 가능한 것'은 '있는 것'의 고유속성일 것이다.

고유속성을 최상급으로 제시하는 경우에 대해

다음으로 하나의 주장을 뒤엎으려는 쪽은 상대방이 고유속성을 지나침[226]으로서 내세웠는지를 살펴봐야 한다. 그 경우에는 고유속성으로 제시된 것은 고유속성이 아닐 테니까. 왜냐하면 그러한 방식으로 고유속성을 제시한 사람에게는, 고유속성의 설명(로고스)이 술어가 되는 것에 대해서 그것의 이름은 참이 되지 않을 것이기 때문이다.[227] 그 대상은 소멸하지만 그것에 대한 설명은 여전히 못지않게 존속할 테니까. 그 설명은 존재하는 것들 중 무언가에 최고의 정도로[228] 속할 테니까. 예를 들면 누군가가 '가장 가벼운 물체'를 '불'의 고유속성으로서 제시한 경우가 그렇다.

---

224 달리 '(상태를) 받아들일 수도 있거나 (상태로) 만들 수도 있는 것이 가능한 것'(to dunaton pathein ē poiēsai)으로도 옮길 수 있다.

225 플라톤, 『소피스테스』 247d 참조.

226 여기서 huperbolē는 최상급을 의미한다(앞서 제5장의 논의를 참조).

227 로스는 … to idion mē, kath' …로, ou 대신에 mē로 읽고 있으나, 베르데니우스는 Bonitz(*Index*, 538b50 : *ou* et *mē* interdum ita promiscue usurpantur, ut discrimen animadverti nequeat)를 들어 그렇게 읽을 필요는 없다고 지적하고 있다. 브륑슈빅(2007)도 mē로 읽는다.

228 원어로는 malista이다.

불이 소멸하더라도 물체 가운데 가장 가벼운 어떤 것이 존재할 테니까.[229] 따라서 '가장 가벼운 물체'는 '불'의 고유속성이 아닐 것이다.

한편 하나의 주장을 확립하려는 쪽은 고유속성을 최상급의 형태로 내세우지 않았는지를 살펴봐야 한다. 그 경우라면 고유속성은 그 점에서 적절하게 제시된 것이 될 테니까. 예를 들면 '인간'의 고유속성을 '자연적으로 길들여진〈교화된〉 동물'로 내세운 사람은 고유속성을 지나침[최상급]으로 제시하지 않았기 때문에, 그 고유속성은 그 점에서 적절하게 제시한 것이 될 것이다.

---

229 예를 들면 '공기'와 같은 것을 들 수 있겠다.

6권

정의의 토포스 (1)

제1장 정의에 관한 다섯 가지 논의

정의[1]에 관한 논고에는 다섯 부분이 있다. 왜냐하면 (1) 이름이 말해지는 그것[주어]에 대해 그 설명식(로고스)도 말해진다는 것이 일반적으로 참이 아니라는 것을 보여주거나[2]('인간'의 정의식은 모든 인간에 대해 참이 139a24

1 제6권은 『토피카』 중에서 가장 긴 부분으로 제일 중요한 부분이다. 일반적으로 '정의'를 나타내는 명사들 간의 의미 차이에 대해서는 『토피카』 제1권 제4장 주 56 참조. 거기서 우리말로 '정의'(定義)라고 옮겨질 수 있는 세 표현(logos, horos, horismos)을 구분하고 자세하게 설명했다. 이 책에서는 로고스는 '설명' 내지는 '설명식', 호로스와 호리스모스는 '정의'와 '정의식'(definitional formula)으로 새겼다. 브룅슈빅은 세 명사들 간의 차이를 이렇게 설명한다. 호로스는 완전한 진술, 즉 'AB는 C의 정의이다'를 지시하고, 또 호리스모스는 '정의 자체'(AB)를 말한다. 로고스(설명식; formula)는 onoma(이름)와 대조되어 사용된다(2007, 205쪽). 정의와 논증(아포데잌시스)의 관계에 대해서는 『분석론 후서』 제2권 제3장 아래, 존재론적 관점에서의 논의에 대해서는 『형이상학』 제7권 제4장 아래 참조.

2 이어지는 이 대목의 여러 가지 사항은 상대방이 내놓은 정의가 올바른 것인가를 보임(증명함)으로써 상대방의 정의를 뒤엎는 토포스이다. 반면, 이 토포스를 역으로 사용하면 올바른 정의를 내리는 규정이기도 하다.

어야만 하니까), 혹은 (2) 정의되는 것이 들어가야 할 유가 있는데 정의되는 것을 그 유 안에 넣지 않았거나, 아니면 그 고유한 유 안에 넣지 않았다는 것을 보여준다거나[3](정의하는 사람은 정의되는 것[definiendum]을 유 안에 놓아야 하고, 그것에 종차를 덧붙여둬야만 하니까. 사실상 유가 정의식에 포함되어 있는 것들 중 정의되는 것의 본질[4]을 가장 잘 의미하는 것으로 생각되기 때문이다), 혹은 (3) 그 설명식이 정의되는 것의 고유속성이 아니라는 것을 보여준다거나(앞서 말한 것처럼[5] 정의식은 고유한 것이어야만 하니까), 혹은 (4) 앞에서 설명한 것[6]을 모두 행했으면서도 정의를 내릴 때까지는 이르지 못한, 즉(mēde) 정의되는 것의 '본질'〈그것이 무엇이라는 것〉[7]을 말하지 못했는지를 살펴봐야 하기 때문이다. 앞에서 말했던 것 이외에 남아 있는 것은 (5) 정의되어 있기는 하지만, 적절하게 정의되어 있지 않은지를 살펴보는 것이다.[8]

---

3 논리적으로 유에 관련된 오류의 발생이 가능한 세 가지 경우. (1) 피정의항(definiendum)을 어떤 유에도 넣지 않는 경우(인간을 '이성적'으로 정의할 때). (2) 그것이 속하지 않는 유 안에 그것을 넣는 경우(인간을 '이성적 원숭이'로 정의할 때). (3) 그것이 속하는 유 안에 넣지만, 최근류가 아니라 그 다음에 있는 유일 경우(인간을 '이성적 실체로서' 정의할 때). 여기서 아리스토텔레스는 셋 중에서 둘만을 언급하고 있다. (1)과 (2)일까, 아니면 (2)와 (3)일까? 브룅슈빅(2007)은 후자의 쌍으로 본다(206쪽).

4 원어로는 ousia(진상)로, 그것이 '무엇인가'를 보여주는 것이다.

5 피카드-케임브리지, 트리꼬, 골케 등은 『토피카』 제1권 제4장 101b19-23을 지적한다. 브룅슈빅(2007)은 그 밖에도 『토피카』 제1권 제6장 102b19-33, 제4권 제1장 120b12 등을 언급하는 것으로 본다(206쪽).

6 올바른 정의를 내리고 있는가를 증명하기 위해 여기서 제시한 여러 가지 요구 조건들을 가리킨다.

7 원어로는 to ti ēn einai이다.

8 적절하게(kalōs) 만들어진 정의는 충분조건으로 논리적 기준과 존재론적 기준뿐만 아니라, '올바르게' 정식화된 정의가 되기 위한 필요조건으로 명확성과 간결성(132b

그런데 이름이 그것[주어]에 대해 참으로 말해지는 것에 대해 그 설명식도 참으로 말해지지 않는지는 부수하는 것과 관계되는 여러 가지 토포스로부터 검토되어야만 한다.[9] 부수성의 경우에는 항상 '모든 탐구는 참인가 참이 아닌가' 하는 문제가 있으니까. 왜냐하면 우리가 부수하는 것 139b
이 속한다[10]는 것을 논하려고 할 때에는 그것이 참이라고 주장하지만, 부수하는 것이 속하지 않는다는 것을 논하려고 할 때에는 그것은 참이 아니라고 주장하기 때문이다. 하지만 정의되는 것을 그 고유한 유 안에 넣고 있지 않은지, 혹은 제시된 설명이 그 정의되는 것에 대해 고유속성이 아닌지는 유와 고유속성과 관계해서 언급된 여러 가지 토포스로부터 검토되 [5]
어야만 한다.[11]

남아 있는 것은 정의되어 있지 않은지, 혹은 적절하게 정의되어 있지

12-18)을 만족시키는 정의이다. 이상에서 논의된 것을 올바른 '정의 내림'에 관련해서 요점을 추려서 정리하면 다음과 같다. (1) 정의는 모든 정의되는 것에 적용되어야 한다. (2) 정의는 유를 반드시 포함해야만 한다. (3) 정의는 주어(정의되는 것, 대상)의 고유속성을 지시해야만 한다. (4) 정의는 본질을 설명해야만 한다. (5) 올바른 규칙에 따라 정의를 내려야만 한다. 따라서 이상의 규칙을 적용하게 되면 상대방이 내리고 있는 정의에서 무엇이 잘못되었는지를 파악하게 되어 상대방의 정의를 뒤엎을(논파할) 수 있게 된다.

9 『토피카』 제2-3권에서 논의된 '부수하는 것'에 관련된 토포스들. 부수성의 토포스가 여기서는 정의적 명제의 참을 검사하는 것으로 말해지고 있다.

10 브룅슈빅은 『토피카』 제1-4권(1967)에서 huparchein을 일관적으로 '속한다'(appartenir)로 옮겼다. 그러나 『토피카』 제5-8권(2007)에서는 'etre le cas'(그 경우이다)로 옮기고 있다. 그의 해석에 따르면(207쪽 주석 1), 'Socrates is white'는 'white is the case for Socrates'를 의미한다. '부수적인 것이 그 주어에 대해 그 경우이다'(huparchei: est Je cas)라는 것은 '부수적인 것이 그 주어에 대해 참이다'(139b1-2)와 상응한다. 나는 이 책에서 일관되게 huparchein(huparchei)을 '속하는'(속한다)으로 옮겼다.

11 『토피카』 제4-5권.

않은지를 어떻게 추구해야만 하는지 말하는 것이다. 그래서 첫째로 적절하게 정의되어 있지 않은지를 검토해야만 한다.[12] 무엇이 되었든 그냥 행하는 것이 적절하게 행하는 것보다 쉬운 것이니까. 그렇기에 적절하게 행하는 것이 더 어려운 일이기 때문에 이것에서 그만큼 실수가 더 많다는 것은 분명하다. 따라서 공격하는 일은 '그냥 행하는 것'에 관한 것보다 '적절하게 행하는 것'에 관한 것에서 더 쉽게 이루어지는 것이다.

적절하게 정의되어 있지 않은 것에는 두 부분이 있다. 하나는 명확하지 않은 표현을 사용하는 경우이며[13](사실상 정의식은 무언가를 알기 위해서 부여된 것[14]이기 때문에, 정의하는 사람은 가능한 한 표현을 가장 명확한 것을 사용해야만 하기 때문이다), 둘째는 설명식이 필요 이상으로 길게[15] 말해지는 경우이다(정의식 가운데 부가된 것은 모조리 남아도는 것에 불과하니까). 또 방금 언급된 부분[16] 각각은 여럿의 부분으로 나누어진다.

---

12 '적절하게 정의한다'는 것은 정의되는 것에 대해 정의가 참인 동시에, 정의가 정의되는 것의 '본질'을 밝혀 주고, 정의의 조건을 만족시켜 주는 것을 말한다. 이 장의 처음에서 언급된 정의의 조건을 논의하는 (4), (5) 부분이 매우 중요하다.

13 이것은 제2장에서 논의된다.

14 정의의 인식적 기능을 말하는 것으로, '정의는 본질을 나타내는 설명식'이다(제1권 제5장 101b38). 이 밖에도 정의가 논해지는 이 권의 제4장 141a27-28, 제11장 146a 6-27 참조.

15 어떤 대상에 대해 적절한 정의가 XYZ로 말해질 수 있는데 불필요한 W를 덧붙이는 것을 말한다. epi pleion은 '넓은 범위'(외연)를 나타내는 표현이다(『토피카』 제4권 제1장 121b1-14, 제6권 제6장 144a31, b6 참조).

16 앞에서 이야기한 두 개의 부적절한 경우로, 내용상으로는 '표현의 불명확함과 장황한 표현'을 가리킨다.

제2장 정의의 불명확성을 피하는 토포스

그런데 명확하지 않은 정의를 논하는 하나의 토포스는 말해진 것이 다른 무언가와 동명이의적인지를[17] 살펴보는 것이다. 예를 들면 '됨〈생성〉은 있음〈존재〉에로의 이행이다'[18] 혹은 '건강은 뜨거움과 차가움의 [원소들의] 균형이다'[19]라고 말하는 경우가 그것이다. '이행과 균형'[20]은 동명이의적이니까. 그렇기에 다의적으로 말할 수 있는 것에 의해서 드러나는 것들 중 어느 것을 정의하는 사람이 말하고자 하는지가 분명하지 않은 것이다.

이와 마찬가지로 정의되는 것이 다의적으로 말해질 수 있음에도 불구하고 상대방이 구별하지 않고 말한 경우[21]도 살펴봐야 한다. 그 경우에는 그중 어느 것에 정의를 부여했는지가 명확하지 않고, 동시에 또한 상대방이 정의식을 부여한 모든 것에 대해 그 설명식(로고스)이 들어맞지 않는다고 해서 비난할 만한 점을 잡아내는 것도 가능하기 때문이다. 특히 상대방에게 동명이의가 탐지되지 않았을 경우에 이러한 방식이 가능하다. 또한 정의식 가운데 부여된 것이 여러 가지 의미로 말해진다는 것을 질문자 자

---

17 homōnumos하다는 것인데, 정의하는 말들, 즉 정의항(definiens)이 여러 가지 의미로 사용되는 경우를 말한다.

18 '이행'으로 옮겨진 말의 원어는 agōgē이다. 이 표현에 대해서는 플라톤, 『소피스테스』 219b("존재하는 것으로 가져오다"[eis ousia agē], 『필레보스』 26d("존재로의 생성"[genesin eis ousian] 참조.

19 이러한 건강의 정의는 고대 의학에서 통용되는 공통적인 것이었다. 아리스토텔레스 자신도 『자연학』 제7권 제3장 246b4-6에서 이 건강의 정의를 언급하고 있다.

20 알렉산드로스(423쪽 19행-424쪽 5행)는 agōgē란 말이 동명이의적으로 산물의 '운반', 아이들의 교육에서의 성격의 '진전'(『니코마코스 윤리학』 제10권 제9장 1179b31) 및 일반적으로 '변화'에 적용되는 말임을 지적하고 있다. 알렉산드로스에 따르면 균형(summetria)은 동명동의적으로 '수', '크기', '성질', '능력' 등에 적용되는 말이다.

21 정의된 말, 즉 피정의항(definiendum)이 여러 가지 의미로 사용된 경우를 말한다.

139b

신이 구별하고 나서 추론을 만들어[22] 내는 것이 가능하다. 사실상 그 표현이 구별된 여러 가지 의미 가운데 어느 것에서도 충분히 말해지고 있지 않다면 적절한 방식으로 정의 내리고 있지 않음이 분명하기 때문이다.[23]

또 다른 토포스는 상대방이 비유에 따라서 말했는지를 살펴보는 것이다. 예를 들면 지식을 '흔들리지 않는 것'[24]으로, 땅을 '유모'[25]로, 절제를 '협화음'[26]으로 내세운 경우가 그것이다. 비유에 따라서 말하는 것[27]은 모두 명확하지 않으니까. 또한 비유에 따라서 말한 사람을 본래의 의미로 말했던 것처럼 받아들여 비난하는 것이 가능할 수 있다. 왜냐하면 말해진 정의는, '절제'의 경우에서처럼 본래의 의미로는 들어맞지 않는 것이기 때문이다. 모든 '협화음'은 음(音)에서 이루어지는 것이니까. 게다가 협화음
140a 이 절제의 유라면 동일한 것이 서로를 포함하지 않는 두 개의 유 안에 있

---

22 원어는 sullogismon poiēsai이다. 쉴로기스모스는 『분석론 전서』에서 쓰이는 기술적인 의미에서의 '추론'을 언급하는 것이기보다는 전후 맥락상 '반대의 논의를 행한다'는 의미이다. 결국 여기서 이 말의 의미는 '구별된 각각의 의미에 대해 반대의 논의를 만들거나'(피카드-케임브리지; 반즈의 수정판에는 '추론[deduction]을 만들다'로 옮겨지고 있다. 브룅슈빅[2007] 번역 참조), 혹은 정의로 주어진 것의 각각의 의미를 구별하고 나서 '그것에 따라서 논의하는'(포스터, 트리꼬) 것으로 새겨질 수 있다. 즉 넓은 의미의 '추론 행위'에 해당하는 것으로 이해해 볼 수 있다. 아프로디시아스의 알렉산드로스는 '여러 가지 의미들을 모아 헤아리다'(sullogē aparithmēsis tōn sēmainoenōn)로 주석하고 있다(425쪽 7-8행).

23 『토피카』 제5권 제2장 130a5-8, 제6권 제12장 149a35-36 참조.

24 플라톤에게서 '지식'은 '변하지 않는 것'이다(『토피카』 제5권 130b15-16). 짝퉁-플라톤, 『정의들』 414b 참조.

25 플라톤, 『티마이오스』 40b 참조. 플라톤의 비유를 비꼬려는 의도를 가지고 있다.

26 원어로는 sumphōnia이다. 플라톤, 『국가』 제4권 430e 참조. 짝퉁-플라톤, 『정의들』 411e 참조. 플라톤을 향해 시적 비유를 사용했다고 비난하는 대목은, 『형이상학』에서 '이데아론'을 비판하는 제1권 제9장 991a22에 나온다. 이와 동일한 예를 들어 비유적 사용을 비판하는 『토피카』 제4권 제3장 123a33-37 참조.

27 비유적 표현을 사용해서 정의하는 것에 대해서는 『분석론 후서』 97b37-39 참조.

게 될 것이다. 왜냐하면 협화음은 덕을 포함하지 않고, 덕은 또한 협화음을 포함하지 않기 때문이다.

게다가 상대방이 관용적으로 쓰지 않는 이름을 사용하는지 살펴봐야 한다.[28] 예를 들면 플라톤이 눈을 '눈썹에 가려진 것'으로, 독거미를 '독이 빨을 가진 것'으로, 골수를 '뼈에서 생긴 것'으로 부르는[29] 경우가 그것이다. 관용적이지 않은 것은 모두 명확하지 않으니까.

그런데 몇몇의 것들은 동명이의적으로도, 비유적으로도, [그 본래의〈문자적〉 의미에서도][30] 말해지지 않는 것이 있다. 예를 들면 법이 '척도'라든가 혹은 본성적으로 정의로운 것의 모상(模像)이라고[31] 말해지는 경우가 그것이다. 그러나 이러한 것들은 비유보다도 더 못하다. 비유는 유사성을 통해서 그것이 의미하는 것을 어떤 방식으로 알게 하지만[32](사실상 비유로

---

28 이런 유형의 비판에 대해서는 『토피카』 제6권 제10장 148b16-22 참조.

29 이와 같은 언급은 현존하는 플라톤의 작품에서 발견되지 않는다. 아마도 철학자 플라톤과 이름이 같은 희극 시인을 가리키는 듯싶다(피카드-케임브리지, 포스터). 이에 대해서는 브륑슈빅(2007), 210쪽 주석 2 참조. 『수사학』 제1권 제15장 1376a10에서 언급되는 플라톤도 희극 시인으로 추정된다. 어떤 사람들은 젊은 시절의 플라톤의 시들로 언급하기도 한다. 어쨌든 아주 불분명하다. 골수에 대해서는 플라톤의 『티마이오스』 73b-c에서 언급되고 있다.

30 브륑슈빅은 삽입된 것으로 보고 삭제할 것을 제안한다.

31 잉게마르 뒤링(I. Düring)은 이 법의 정의가 수사학자인 알키다마스에게서 인용된 것으로 보지만(in ed. G. E. L. Owen, p. 226; 『수사학』 제3권 제3장 1406b11 참조), 설득력은 없다.

32 아리스토텔레스는 여기서 비유(은유)에 어느 정도 인식적 가치를 부여하고 있다. 『수사학』에서 아리스토텔레스는 '노년'을 '그루터기'라 부르는 예를 사용해서 비유(은유)의 배움(mathēsis)의 효과를 다루고 있다(1410b10-15). 우리는 노년과 그루터기(kalamē) 간의 유사성을 깨달을 때만 그 비유를 이해할 수 있다. 아리스토텔레스가 공통의 '유'에 대해서 말하는 양자의 '공통점'은 이 경우에 '시들어 감'(apēnthēkota)이다. 이 밖에도 수사술의 영역과 시의 영역에서의 언급은 각각 『수사학』 제3권 제2장-제6장, 제10장-제11장과 『시학』 21장 참조. 비유의 불명확성에 대해서는 바로 앞의

말하는 사람들 모두는 어떤 유사성에 따라서 비유를 하고 있기 때문이다), 앞서 이야기한 이러한 표현들은 그 대상을 전혀 알게 하지 못한다.[33] 왜냐하면 법이 '척도'라거나 '모상'이라고 하는 것이 거기에 근거해서 성립하도록 하는 유사성이 존재하지 않으며, 또한 흔히 그런 식으로 말해지지도 않기 때문이다. 따라서 법을 그 본래의 의미에서 '척도'라든가 혹은 '모상'이라고 주장한다면, 그것은 거짓을 말하는 것이다(모상은 모방을 통해서 생겨나지만 그것은 법에 속하지 않기 때문이다). 그러나 그 본래의 의미에서 말을 사용하지 않는다면, 그 사람이 불명확한 방식으로 말했으며 또 [그 표현 방식은] 비유적으로 말하는 것들 중 그 어느 것보다 못하다는 것이 분명하다.

게다가 상대방이 말했던 설명식으로부터 반대되는 설명식이 분명하지 않은지를 살펴봐야 한다. 적절하게 부여된 설명식(로고스)들은 그 반대의 설명식들도 덧붙여 보여주는 것이니까.[34] 혹은 정의식이 그 자체로〈단독으로〉 말해졌을 때 그것이 무슨 정의인지 명백하지 않고,[35] 오히려 마

139b32-140a2와 『분석론 후서』 제2권 제13장 97b37 참조.

33 그 대상에 대해 전혀 우리의 '인식을 만들어 내지 못한다'는 의미이다.

34 만일 정의되는 것이 반대를 갖고 있으며, 그 정의가 올바르게 정식화되었다면 다소의 수정을 거치더라도(mutatis mutandis) '그것'의 반대 정의를 끌어낼 수 있을 것이다. 예를 들면 '부정의는 혼의 악덕'이라는 정의(定義)는 정의(正義)의 정의를 분명하게 드러나게 해준다(알렉산드로스, 427쪽 17-19행). '덧붙여 보여준다거나 혹은 덧붙여 의미한다'(prossēmainei)란 말이 보여주는 바는, '반대를 가지는 한 명사(名辭)의 올바른 정의는 그 반대의 정의를 또한 의미한다'는 것이다.

35 어떤 것의 정의식(formula) 'XYZ'는 그 정의의 대상인 S와 더불어 이해되어야만 한다. 그렇지 않고 'XYZ' 그 단독으로 말해진 것을 들으면 그것이 무슨 정의인지를 알 수 없고, 분명하지 않다는 것이다. 변증술적 '문제'인 'XYZ는 S의 정의인가?'(101b28-34)를 답변자가 내놓는 경우, 가능한 반론은 '단어 S의 의미를 모르고는 정의식을 이해할 수 없는가?'일 것이다. 이에 대한 답변은, '너는 어떤 경우에도 "S"가

치 옛날의 화가들의 작품이 누군가가 새겨놓은 명문이 없으면 작품들 각각이 무엇인지 알 수 없었던 것처럼 그렇게 되어 있지는 않은지 살펴봐야 한다.

제3장 정의를 필요 이상으로 길게 늘여서 서술하는 것에 관한 토포스

그렇기에 정의가 명확하지 않으면 앞에서 설명한 여러 가지 관점으로부터 검토해야만 한다.

그러나 상대방이 정의를 필요 이상으로 길게 늘여서 말해졌는지를 보려면, 첫째로 있는 것 전체에서나 혹은 정의되는 것과 동일한 유 아래에 포섭되는 모든 것들에 두루두루 속하는 어떤 것을 상대방이 사용했는지를 검토해야 한다. 그 경우에는 필시 정의를 필요 이상으로 길게 늘여서 말한 것일 테니까. 사실상 유는 정의되는 것을 동일한 유가 아닌 다른 모든 것들로부터 분리하는 데 반해, 종차는 정의되는 것을 동일한 유 안에 있는 다른 것들로부터 분리해야만 한다.[36] 그렇기에 모든 것에 속하는 것은 정의되는 것[주어]을 그 어떤 것으로부터도 전혀 분리하지 못하고, 동일한 유 아래에 포섭되는 모든 것에 속하는 것은 그것을 동일한 유 안에 있는 다른 것들로부터 분리하지 못한다. 따라서 그런 것의 덧붙임은 쓸모없는

그 이름인 그것을 알아야만 한다'이다. 혹 이 우스운 예는 문답을 통한 논의에서 '그 자체로' 말해진 'XYZ'만을 '들은' 경우를 상상하는 것일까?

36 이를테면 '인간은 두 발을 가진 육상의 동물이다'라고 정의한 경우에, 유('동물')가 동일한 유에 포섭되지 않는 다른 것들로부터 인간을 분리하고 있으며, 종차('두 발을 가진 육상의')는 동일한 유(동물)에 포섭되는 다른 동물로부터 인간을 분리하고 있다.

140a

것이 되고 만다.

혹은 덧붙인 것이 정의되는 것에 고유한 것이라 할지라도 그것을 제거했을 때에도 남은 설명식이 또한 고유한 것이어서 해당하는 것의 본질을 분명하게 하고 있는지를 살펴봐야 한다.[37] 예를 들면 인간의 설명식에서 '지식을 받아들일 수 있는' 것이 덧붙여진다면 그것은 쓸모없는 것이다. 그것을 제거하더라도 남은 설명식은 인간에게 고유한 것이어서 그 본질을
140b 분명하게 드러내고 있으니까.[38] 단적으로 말해서, 그것을 제거해도 남아 있는 것이 정의되는 것을 명확히 하는 경우에는 그 모든 것은 쓸모없는 것이다. 혼의 정의도 '자기 자신을 움직이게 하는 수'[39]라고 한다면 그런 것이다. 사실상 플라톤이 정의하고 있는 것처럼[40] '자기 자신을 움직이게 하

---

37 여기서 '고유하다'는 것은, 정의하는 명제에서 정의되는 대상(피정의항)을 표시하는 주어와 술어의 외연이 일치하고(coextensivité) 그것들 간에 환위(교환)가 가능하다는 의미이다. 즉 술어는 그 주어에 대해 본질적인 것이다. 이런 의미에서 정의 자체가 주어에 대해 고유한 것이다(제1권 제5장 102a10, 제8장 103b10-12 참조). 브룅슈빅(2007) 212쪽 주석 2 참조.

38 여기서 아리스토텔레스는 '지식을 받아들일 수 있는 두 발을 가진 육상의 동물'이란 정의를 염두에 두고 있다. '두 발을 가진 육상의 동물'은 『토피카』에서 사용된 공통적인 인간의 정의이다(103a27-28, 131b37-132a9, 133a3-5). 아리스토텔레스가 『형이상학』에서 인간의 정의식을 '두 발을 가진 동물'(제7권 제12장 1037b13, 1037b22)이라고 말하는 경우, '두 발을 가진'은 진정한 종차일 수 없으므로 이것은 참인 정의가 아니다. '지식을 받아들일 수 있는'을 인간의 고유속성으로 언급하는 대목은 102a19-22, 103a28, 128b34-36, 130b8-10, 132a19-21,132b1-3, 133a20-23, 134a14-17 등을 참조. 아리스토텔레스는 인간의 본질을 동물적 특징('두 발을 가진')과 심리 철학적 기질('지식을 받아들일 수 있는')로부터 정의하고 있다.

39 크세노크라테스(Xenokratēs), 단편 60(Heinze). 아리스토텔레스, 『혼에 대하여』 404b29. 『혼에 대하여』에는 "어떤 사람들은 … 혼을 '자기 자신을 움직이는 수라고 설명함으로써'"라고 되어 있다.

40 플라톤, 『파이드로스』 245e; 아리스토텔레스, 『혼에 대하여』 제1권 제3장-제4장. 만일 '자기 자신을 움직이는 것'이 혼의 정의라면 정의식에서 '수'의 언급은 필요 없는

는 것'이 혼이기 때문이다. 혹은[41] 그렇게 이야기된 것[42]이 고유속성이라고 할지라도 '수'가 제거된다면 혼의 본질을 분명하게 보여주지 못한다. 그렇기에 어느 쪽이 맞는지를 확실하게 결정하는 것은 어렵다. 그러나 그와 같은 모든 경우에는 유익이 되는 한에서 다루어져야만 한다.

예를 들면 점액(粘液)[43]의 정의를 '양분에서 생긴 최초로 소화되지 않은 수분'이라고 말했다고 해보자. 여기서 '최초의' 것은 하나이어서 다수가 아니기 때문에, 따라서 '소화되지 않은 것'을 덧붙이는 것은 쓸모없는 일이다. 그것을 제거해도 남아 있는 설명식은 점액에 고유한 것일 테니까. 왜냐하면 점액과 다른 어떤 것이 양분에서 생긴 최초의 것이라는 것은 가능하지 않기 때문이다. 혹은 점액은 양분에서 생긴 무조건적으로 최초의 것이 아니라, 소화되지 않은 것들의 최초의 것일지도 모른다. 따라서 '소화되지 않은 것'을 덧붙여야만 한다(앞의 '소화되지 않은' 식으로[44] 표현한다면 점액이 모든 것 중에서 최초로 생기는 것이 아니라면 그 설명식은 참이 아니기 때문이다).[45]

게다가 설명식에 포함되는 요소들 중 어떤 것이 정의되는 것의 동일한 종 아래에 포섭되는 모든 것에 속하지 않는지를 살펴봐야 한다. 이와 같은

것이다(140b5). 여기서 아리스토텔레스는 플라톤의 정의를 자신의 설명으로 받아들이고 있으면서도(제4권 제1장 120b21-27), 플라톤의 입장에서 그의 제자인 크세노크라테스와 변증술적 논의를 전개하고 있다.

41 아리스토텔레스는 '혹은'을 사용해서(140b31, 144b34) 답변자가 질문자의 논의를 향해 내놓을 수 있는 반론으로 생각될 수 있는 것을 끌어들인다. 이것은 결국 어떤 의미에서 아리스토텔레스가 자신에게 행하는 반론인 셈이다(브룅슈빅, 213-214쪽 주석 3).

42 즉 '자기 자신을 움직이게 하는 수'를 지시한다.

43 체액에 대한 언급에 대해서는 『동물의 발생에 대하여』 제1권 제18장 724b26-27, 725a14-16, 『동물지』 제1권 제1장 487a5-6 참조.

44 즉 부가하지 않는 방식으로.

45 아리스토텔레스가 '피'를 염두에 두고 있는 것일까?

설명식이 모든 것에 속하는 것[名辭]을 이용한 설명식들보다 정의하는 방식이 더 나쁜 것이니까. 왜냐하면 후자와 같은 방식의 경우에서는,[46] 설명식의 남아 있는 부분이 정의되는 것의 고유한 것이 된다면 그 전체 정의도 고유한 것이 될 테니까. 단적으로 말해서 고유한 것에 무엇이든 참인 것이 부가된다면 그 전체 설명식도 고유한 것이 되는 것이니까.

반면에 설명식에 포함되는 요소들 중 어떤 것[47]이 동일한 종 아래에 포섭되는 모든 것에 속하지 않는다면, 설명식 전체가 고유한 것이기는 불가능하다. 그것은 정의되는 것〈대상〉에 대해 환위해도 술어가 될 수 없을 테니까. 예를 들면 '4페이퀴스의 두 발을 가진 육상의 동물'이라는 경우가 그렇다.[48] 왜냐하면 이러한 설명은 '4페이퀴스'가 동일한 종 아래 포섭되는 모든 것에 속하지 않으므로 정의되는 것〈대상〉에 대해 환위해도 술어가 되지 않기 때문이다.[49]

또 상대방이 동일한 것을 몇 번이나 말했는지를 살펴봐야 한다. 예를 들면 '욕망'은 '즐거운 것에 대한 욕구'라고 말한 경우가 그렇다. 왜냐하면 모든 욕망은 '즐거운 것에 대한'이므로, 따라서 '욕망'과 동일한 것도 '즐거움에 대한'이기 때문이다. 그렇기에 ['욕망'의 정의는][50] '즐거운 것에 대한 욕구'는 '즐거운 것에 대한'이 되어버린다. '욕망'을 말하는 것과 '즐거

46 140a24-32 참조.

47 '설명식 중의 어떤 부분'을 말한다.

48 인간의 정의를 생각해 보면, '4페이퀴스의 두 발을 가진 육상의 동물'은 어떤 특정한 사람에게는 해당할 수 있지만, 인간 종 전체에 적용되지 않기 때문에 인간의 정의로서는 적절한 것이 아니다.

49 정의가 대상 자체 대신에 사용될 수 없다는 것은 정의와 고유속성의 특징이다(101b38, 102a18).

50 브룅슈빅에 좇아 140b29-30의 '욕망'의 정의(horos tēs epithumias)를 삭제하고 읽는다.

운 것에 대한 욕구'를 말하는 것은 전혀 다르지 않기 때문에, 따라서 그것들 각각은 '즐거운 것에 대한'이 될 것이다.[51] 혹은 이것은 전혀 이상하지 않을지도 모른다. 왜냐하면 인간은 두 발이며, 따라서 인간과 동일한 것도 역시 두 발일 것이기 때문이다. 그런데 '두 발을 가진 육상의 동물'은 인간과 동일하며, 따라서 '두 발을 가진 육상의 동물'은 '두 발'일 것이지만, 그러나 이것 때문에 어떤 이상한 결론이 따라 나오지는 않는다. 왜냐하면 '두 발'이 육상의 동물에 대해 술어가 되는 것이 아니라(그 경우라면 동일한 것에 대해 '두 발'이 두 번씩이나 술어가 될 테니까), 오히려 '두 발'이 두 발을 가진 육상의 동물에 대해 말해지고 있으므로, 따라서 '두 발'은 단지 141a
한 번만 술어가 되고 있기 때문이다.

'욕망'의 경우도 마찬가지이다. 왜냐하면 '즐거운 것에 대한'이 욕구[52]에 대해 술어가 되는 것이 아니라, 오히려 어구 전체['즐거운 것에 대한 욕구']에 대해 술어가 되는 것이어서, 따라서 이 경우도 역시 한 번만 술어가 이루어지고 있기 때문이다. 동일한 말이 두 번씩 말해진 것이 이상한 것이 아니라, 오히려 무언가에 대해 동일한 것이 몇 번이고 술어가 되는 것이 이상한 것이다. 예를 들면 크세노크라테스가 '슬기'를 '존재하는 것들을 정의하고 또 관조할 수 있는 능력'[53]이라고 말하는 경우가 그렇다. 왜냐하면 '정

51 욕망의 정의인 '즐거운 것에 대한 욕구'를 욕망에 대입하면, 결과적으로 '즐거운 것에 대한 욕구는 즐거운 것에 대한'이 되므로 동일한 것이 반복되고 있다.

52 epithumia는 '욕망'으로, orexis는 '욕구'로 옮겼다. 다 같이 하나의 '가지고 있음'(상태; hexis)이지만, 일반적으로 욕망보다 욕구가 외연이 더 넓다. '가지고 있음'도 하나의 성향(diathesis)이지만, 성향보다는 더 영속적 상태를 가리킨다(『형이상학』 1022b10). 욕구(orexis)는 기개, 바람, 욕망으로 이루어진다(『혼에 대하여』, 제2권 제3장 414b2). 욕망은 감각적인 욕구를 가리키고, 욕구는 인간의 활동을 위한 추구와 동기를 유발하는 어떤 것이다(『정치학』 제7권 제15장 1334b12 아래 논의 참조).

53 단편 7(Heinze).

의하는 능력'은 일종의 관조 능력이므로, 따라서 다시 '관조적이라는 것을 또' 덧붙임으로써 동일한 것을 두 번 말하는 셈이기 때문이다.[54] 또 '냉각'은 '본성상 뜨거운 것의 결여'라고 주장하는 사람들의 경우도 마찬가지이다. 왜냐하면 모든 결여는 자연 본성적으로 속하는 것의 결여이므로,[55] 따라서 '자연 본성적으로'라는 말을 덧붙이는 것은 쓸모없는 일이기 때문이다. 오히려 '결여'라는 말 자체가 '자연 본성적인 것'에 대해 말할 수 있는 것[56]을 알게 해주기 때문에 '열의 결여'라고 말하는 것만으로 충분했다.

또 보편적인 것이 말해진 후에, 상대방이 거기에다가 그것의 부분적인 〈개별적인〉 것을 덧붙였는지를 살펴봐야 한다. 예를 들면 공정(epieikeia)은 '유익한 것과 정의로운 것에 대한 겸손한 태도〈경감〉'[57]라고 말하는 경

---

54 정의하는 능력은 관조하는 능력의 일종이기 때문에 사실상의 동어반복이라는 것이다.

55 『범주들』(카테고리아이) 제10장 12a31, 『형이상학』 제5권 제22장 1022b22-31 참조.

56 언급된 열이 '자연 본성적'이라는 것. 그것을 소유하는 것이 자연 본성적인 것이었다면 주어(기체)는 '속성의 결여'라고 말할 수 있다. 눈먼 자는 자연 본성적으로 소유해야만 할 것인 '시각'을 결여하고 있지만, 돌은 그렇지 않은 것이다.

57 『니코마코스 윤리학』 제5권 제10장 1137b12-13에는 "공정한 것이 정의로운 것이긴 하지만, 법에 따른다는 의미에서 정의로운 것이 아니라 법적 정의를 바로잡는 것이라는 의미에서 정의로운 것"이라고 말해지고 있다. elattōsis의 문자적인 의미는 경감(remission, diminution, atténuation; 이것들 각각은 피카드-케임브리지와 포스터, 브룅슈빅의 번역이다)을 의미한다. 여기서는 '태도에서의 겸손함'으로 조심스러운 태도를 취하는 것을 의미한다. elattōsis(경감)에 관해서는 짝퉁-플라톤의 『정의들』 412b, 『니코마코스 윤리학』 제5권 제9장 1136b20("훌륭한 사람은 [자기 몫보다] 더 적은 몫을 취하는 사람이니까"), 제10장 1138a1("[자신의 몫보다] 덜 갖고자 하는 사람(elattōtikos)"), 『수사학』 제1권 제13장 1374b19-21, 『대도덕학』 제2권 제1장 1198b26 등 참조. 콜리는 elattōsin이 '경감'이 아니라 'il non far valere pienamente i propri diritti rispetto a …'(…에 관련해서 자신의 권리를 완전하게 주장하지 않는 것)를 의미한다고 지적하고 있다(베르데니우스, 36쪽 참조).

우가 그렇다. 왜냐하면 정의로운 것은 일종의 유익함이어서, 따라서 유익함에 포함되기 때문이다. 그렇기에 '정의로운 것'은 쓸모없다. 보편적인 것을 말한 후에 부분적인 것을 덧붙였기 때문이다. 또 '의술'은 '동물과 인간에게 건강적인 것의 지식'이라든지,[58] 혹은 '법'은 '자연 본성상 아름다운 것과 정의로운 것의 초상〈이미지〉'이라고 규정하는 경우도 그렇다. 정의로운 것은 일종의 아름다운 것이어서, 따라서 동일한 것을 여러 번 말하고 있으니까.

제4장 정의가 본질을 규정하고 있는지를 검사하는 토포스

그렇기에 정의하는 방식이 적절한지 적절하지 않은지는 앞에서 설명한 방식들과 그와 같은 방식들을 통해 검토되어야만 한다. 그에 반해 '그것이 무엇이라는 것'〈본질〉을 말하고 정의를 부여하고 있는 것인지, 아니면 그렇지 않은 것인지는 다음과 같은 여러 가지 방식으로부터 검토되어야만 한다.[59]

정의에서 사용된 명사는 더 앞선 것이고 더 잘 알려진 것이어야 한다

첫째로 상대방이 더 앞선 것과 더 잘 알려진 것[60]을 통해 정의식을 구성

58 인간은 동물의 일종이니 '인간에게'란 말은 군더더기다.

59 여기서 139a32-34에서 이미 고지했던 계획으로 돌아가고 있다. 적절하게 정의를 부여하는 토포스들에 대해서는 『토피카』 제6권 제1장 각주 8 참조.

60 '앞선 것과 더 잘 알려진 것'(protera kai gnōrimōtera)에 대해서는 아래의 141b3-142a16 참조. 요컨대 정의하는 것(정의항)은 정의되는 것(피정의항)들보다 '앞선 것과 더 친숙한 것들'로 이루어져야만 한다는 것이다. '앞선'의 다섯 가지 의미, 즉 시간에서, 있음에서, (앎의) 순서에서, 가치에서, 설명적 우선성으로 나누어 논의하

하지 못했는지를 살펴봐야 한다. 왜냐하면 정의는 말해진 것[주어]을 알게 하기 위해 부여된 것이지만,[61] 우리는 임의로 주어지는 것들로부터가 아니라 논증[62]의 경우에서처럼 더 앞선 것과 더 잘 알려진 것으로부터 아는 것이기 때문에(모든 가르침과 배움은[63] 그러한 방식이니까), 그러한 것들을 통해 정의하지 않는 사람은 정의하지 않은 것임이 명백하다. 그렇지 않으면[64] 동일한 것에 대해 다수의 정의식이 있게 될 것이다. 더 앞선 것

고 있는 『범주론』(카테고리아이) 제12장 14a26-b13 참조. 여기서는 '인식에서의 우선성'(epistemological priority)이 논의되고 있다. gnōrimōtera(더 알려진 것)는 gnōrimon(알려진)의 비교급 형태이다. 아리스토텔레스가 이 말을 통해 철학적으로 주고자 하는 의미는 '친숙한', '더 친숙한'으로 새기는 편이 더 나을 수 있다(J. 반즈[1993], R. 스미스[1997]). 『분석론 후서』 제1권 제1장 및 제2장 71b33-72b4에서는 두 가지 의미가 구별되고 있는데, '우리와의 관계에서'(pro hēmas)는 우리의 감각에 더 가까운 것을 의미하고, 이와 대조적으로 '무조건적으로'(haplōs), '본성상 혹은 자연적으로'(tē phusei)는 감각에서 더 먼 것을 의미한다. '보편적인 것'은 가장 먼 것이고 '개별적인 것'은 가장 가까운 것이다. 결국 정의는 본질을 보여주는 것이어야 하기 때문에, 이를 논의하기 위해서는 '무조건적인 의미'에서의 것을 따져 보아야 한다. 이 밖에도 '본성적으로', '우리와의 관계에서'라는 말의 의미가 대조적으로 논의되는 구절에 대해서는 『자연학』 제1권 제5장 189a5 아래, 『분석론 전서』 제2권 제23장 68b35-37, 『형이상학』 제7권 제3장 1029b3-12, 『니코마코스 윤리학』 제1권 제4장 1095b2-4 등을 참조. 제6권 제4장의 '정의'에 관련된 논의의 분석에 대해서는 A. Schiaparelli, Epistemological Problems in Aristotle's Concept of Definition: *Topics* vi 4, *Ancient Philosophy* 31, 2011, pp. 127-143 참조.

61 정의의 인식적 기능은 제6권 전체의 논의를 이끌어 가는 주제이다. 정의는 명사(名辭)의 의미를 설명하는 것이 아니라 정의된 사물의 본질을 밝히는 데 그 목적이 있다(101b38).

62 학문적 지식을 위한 학적 추론인 '논증'을 말한다. 이에 대해서는 『토피카』 제1권 제1장을 참조.

63 '분석론' 두 번째 권 첫머리는 이렇게 시작한다. "사유적인 것과 관련된 모든 배움과 모든 가르침은 이미 있는 앎에서부터 생겨난다."(『분석론 후서』 제1권 제1장 71a1-2)

64 '정의를 내리는 또 다른 방식이 있다고 하면'으로 의미를 새기면 전후 맥락에 대

과 더 잘 알려진 것을 통해 정의하는 사람이 더 나은 정의를 줄 수 있다는 것은 분명하며, 따라서 어느 쪽도 동일한 것의 정의식이 되겠지만, 이러한 것은 일반적으로 받아들여지지 않는다. 왜냐하면 존재하는 각각의 것에 대해서 '바로 그 있음이라는 것'[65]은 하나이기 때문이다.[66] 따라서 동일한 것의 정의식이 여러 개 있게 된다면, 그 각각의 정의식에 따라서 분명하게 드러나는 '바로 그 있음'은 정의를 주는 것과 동일한 것이 될 것이다. 141b 그러나 정의식들이 다른 이상, 이것들[67]은 동일한 것이 아니다.[68] 그러므로 더 앞선 것과 더 잘 알려진 것을 통해 정의를 부여하지 않았던 사람은 전혀 정의하지 않았다는 것이 분명하다.

더 잘 알려진 말로 정의가 이루어지지 않았다는 것을 탐지하는 토포스

그런데 더 잘 알려진 것들을 통해 정의가 말해지지 않았다는 것은 두 가지 의미로 이해될 수 있다.[69] 즉 '무조건적으로 더 잘 알려지지 않은 것'으로부터이거나, 아니면 '우리에게 더 잘 알려지지 않은 것'으로부터이다.[70] 양자의 방식으로 다 가능할 수 있으니까. 그런데 무조건적으로 앞선

한 이해가 더 쉬울 것이다.

65 원어로는 to einai hoper estin이다. 즉 '본질'을 의미한다.

66 존재하는 것들 각각에 대해 하나의 '본질' 밖에 없다는 것을 말한다.

67 각각의 정의에 따라서 드러나게 되는 '본질'을 의미한다.

68 사물은 '하나의' 본질을 가진다. 정의는 사물의 본질을 나타낸다. 만일 동일한 것에 대해 정의식이 여럿이라면 그것들 각각이 보여주는 본질은 동일한 것이어야만 한다. 그러나 정의식이 다른 이상 그것이 보여주는 본질도 다르다. 그렇다면 모순이 발생한다. 따라서 앞선 가정은 논리적으로 부정된다.

69 『분석론 후서』 제1권 제1장 및 제2장, 『자연학』 제1권 제1장 참조.

70 이 구별은 아리스토텔레스 학문 방법론을 관통하는 주요한 개념이다. '무조건적으로 앞선다'는 것은 '본성적으로(phusei) 앞선다'는 것을 의미한다. 감각에 앞서는

것은 뒤진 것보다 더 잘 알려진 것이다. 예를 들면 일(一)(모나스)이 수보다 더 잘 알려지는 것처럼, 점은 선보다, 선은 면보다, 면은 입체보다 더 잘 알려진 것이다. 일(一)은 수보다 앞서고, 모든 수의 시작(아르케)이니까. 이와 마찬가지로 자모가 음절보다 더 잘 알려진다. 그러나 우리에게는 경우에 따라 그 역의 순서가 일어난다. 왜냐하면 입체는 특히 감각 아래에 들어오고, 면은 선보다 더 많이, 또 선은 점보다 더 많이 우리의 감각의 대상이 되기 때문이다. 사실상 많은 사람은 이러한 것들[전자]을 앞서 알고 있으니까.[71] 왜냐하면 전자를 이해하는 것은 일상적 생각의 작용에 속하는 것이지만, 후자를 이해하는 것은 엄밀하고도 보통 이상의 생각 방식에 속하기 때문이다.

그렇기에 무조건적으로 더 앞선 것들을 통해 더 뒤진 것들을 알려고 시도하는 것이 더 나은 것이다. 그렇게 하는 것이 더 학문적이니까. 그렇다고 하더라도 그러한 것들을 통해 아는 것이 불가능한 사람들에 대해서는, 어쩌면 그 사람들에게 알려진 것들을 통해 설명식을 구성하는 것이 필연적인 일이다.[72] 그와 같은 정의식들의 유형에는 점, 선, 면의 정의식이 포함되어 있다. 이 모든 정의식들은 더 뒤진 것들을 통해 더 앞선 것들을 분명하게 드러내는 것이니까. 요컨대 점은 선의 한계이고, 선은 면의 한계이고, 면은 입체의 한계라고 사람들은 말하고 있으니까.[73]

것은 본성적으로는 뒤지며, 본성적으로 앞서는 것은 감각에서 뒤진다.

71 다시 말하여 선과 점을 알기 앞서 면과 입체를 이미 알고 있다는 것을 말한다.

72 변증술의 유용성 중 하나가 이런 것이었다. "토론에 대해 유용한 것은, 많은 사람들의 견해를 낱낱이 들어 말한 다음이라면, 우리는 사람들을 상대로 다른 사람의 생각으로부터가 아니라 그들 자신의 믿음으로부터, 그들이 적절하게 논하고 있지 않다고 우리에게 생각되는 점에 대해서는 그들 자신의 믿음을 수정하면서 그들과 논할 수 있을 테니까."(제1권 제2장 101a30-33) "많은 사람들"에 대한 언급은 바로 앞의 141b12 참조.

73 플라톤, 『메논』 76a 참조("입체를 한계 짓는 것이 바로 형태(schēma) … 형태는

그러나 우리는 다음과 같은 점을 간과해서는 안 된다. 즉 적절하게 정의하는 사람은 유와 종차를 통해서 정의해야만 하며, 유와 종차는 종보다 무조건적으로 더 잘 알려지는 것이고 종보다 앞선 것들인 한, 우리에게 더 잘 알려진 것과 무조건적으로 더 잘 알려진 것이 공교롭게도 동일한 것이 아니라고 한다면, [뒤진 것들을 통해 앞선 것들을 드러내는] 그러한 방식으로 정의를 내리는 사람들은 정의되는 것의 '그것이 무엇이라는 것〈본질〉'을 분명하게 드러낼 수 없다고 하는 점이다. 실제로 유와 종차가 파기되면 종도 파기될 것이다. 따라서 이것들이 종보다 앞선다. 그러나 이것들이 종보다 더 잘 알려진 것이다.[74] 왜냐하면 종이 알려진다면 유와 종차도 알려지는 것이 필연적이지만('인간'을 아는 사람은 '동물'이 '육상의'라는 것도 알아야 하니까), 이에 반해 유와 종차를 알 수 있다고 하더라도 종을 안다고 하는 것이 필연적으로 따라 나오는 것이 아니므로, 따라서 종은 더 잘 알려지는 것이 아니기 때문이다.[75]

입체의 한계").

74 sunanairein은 문자적으로 '함께 파괴하다'이다. '사실상 유와 종차의 파기(sunanairein)는 종의 파기를 초래할 것이다.' 이것은 존재론적 우선성과 인식론적 우선성 두 관점을 포함하는 말이다. 만일 A와 B가 A의 존재를 파괴하는 그러한 것이라면, B의 존재의 파괴를 수반한다. 그 역은 참이 아니다. 그렇다면 A가 존재론적으로 B에 앞선다. 만일 A와 B가 A의 존재를 파괴하는 그러한 것이라면, B의 인식의 파괴를 수반한다. 그 역은 참이 아니다. 그렇다면 A는 B에 인식론적으로 앞서는 것이다(브룅슈빅, 2007 참조).

75 이것은 하나의 기준이다. 'A를 아는 것이 B를 아는 것을 필연적으로 수반하지만, B를 아는 것이 A를 아는 것을 필연적으로 수반하지 않는다면, A가 B보다 더 잘 알려지는 것이다.' '인간'을 아는 사람은 또한 '동물'과 '육상의'를 알지만 '동물'과 '육상의'를 아는 사람이 '인간'을 아는 것은 아니므로, '동물'과 '육상의'가 '인간'보다 무조건적으로 더 알려지는 것임이 따라 나온다. 여기서 아리스토텔레스는 교차대구법(chiasmus)을 사용한다. 앞서 언급한 대로 유와 종차는 종보다 존재론적으로 앞선다(141b27-29). 또한 인식론적으로도 앞선다(27행, 29-34행). 종에 비해 종차의 우선

게다가 그와 같은 정의식, 즉 각자에게 잘 알려진 것으로부터 이루어진 정의식들이 참으로 정의라고 주장하는 사람은 결국 동일한 것에 대해 많은 정의식이 있다고 말하게 될 것이다. 왜냐하면 더 잘 알려진 것은 다른 사람에게는 다른 것이어서 모든 사람에게 동일하지 않으며, 따라서 각자에게 더 잘 알려진 것들로부터 정의식이 구성되어야만 한다면 각각의 사람에 대해 다른 정의식이 부여되어야만 할 것이기 때문이다.

게다가 동일한 사람에게도 때에 따라 더 잘 알려지는 것이 다른데, 처음에는 감각적인 것들이 더 잘 알려지지만, 그들의 사물을 꿰뚫어 보는 능력이 더 엄밀하게 되면 그 반대가 일어난다. 따라서 각각의 사람들에게 더 잘 알려지는 것들을 통해 정의식을 부여해야 한다고 주장하는 사람들에게는 동일한 사람에 대해서조차 부여해야만 할 정의식이 항상 동일하다고 할 수 없을 것이다. 그렇기에 그러한 것들을 통해서 정의하는 것이 아니라, 오히려 무조건적으로 더 잘 알려지는 것들을 통해서 정의해야 한다는 것은 분명하다. 단지 그러한 방식으로만이 하나의 동일한 정의가 항상 생길 수 있을 테니까. 아마도[76] 또한, 무조건적으로 더 잘 알려지는 것은 모든 사람에게 알려지는 것이 아니라, 생각이〈지적으로〉 좋은 상태에 놓여 있는 사람들에게 더 잘 알려지는 것이다. 그것은 마치 무조건적으로 건강한 것이 신체가 양호한 상태에 있는 사람들에게 있는 것과 마찬가지다. 그래서 [변증술적으로 논의하는 자들은] 앞에서 언급한 그러한 점들 그 각각을 엄밀히 논해야만 하겠지만, 또한 문답법적으로 논의하는 상황에 맞

성을 인정함으로써, 아리스토텔레스는 종차가 종과 유를 함축하지 않는다는 주장을 받아들인다. 따라서 동일한 종차는 서로를 포함하지 않는 두 개의 유에 속하지 않게 된다. 그러나 이에 대한 의문은 아래의 144b12-20에서 논의된다.

76 여기서 '아마도'(isōs)는 '틀림없이'라는 의미로 쓰였다. 아리스토텔레스 자신의 확신을 표현한다.

추어 이것들을 유익하도록 사용해야만 한다. 그러나 정의하는 사람이 무조건적으로 더 잘 알려진 것들로부터도, 또 우리에게 더 잘 알려진 것으로부터도 설명식을 구성하지 못했다면, 그런 경우에 그 정의식은 가장 일반적으로 일치된 동의를 받아 파기하는 것이 가능하다.[77]

그런데 정의하는 경우에 더 잘 알려진 것들을 통해서 행하지 않는 (1) 하나의 방식은 우리가 앞서 말한 것처럼[78] 더 뒤진 것들을 통해 더 앞선 것들을 명확하게 드러내는 것이다.[79] (2) 또 다른 방식은 정지해 있는 것과 한정된 것의 설명식을 한정되지 않은 것과 움직이는 것을 통해서 우리에게 부여하는 경우이다.[80] 왜냐하면 멈춰 있는 것과 한정된 것은 한정되지 않은 것과 움직이는 것보다 더 앞서는 것이기 때문이다.[81]

더 앞선 것들로 정의하지 않은 것을 탐지하는 방법

정의가 더 앞선 것으로부터 구성되지 않는 경우에는 세 가지 방식이 있다. (1) 첫째는 대립되는 것을, 예를 들면 좋음을 나쁨을 통해 정의하는

---

77 무조건적으로 더 잘 알려진 것과 우리에게 더 잘 알려진 것으로부터 부여되지 않은 설명식(정의)은 명백히 거짓이라는 것이 앞에서 증명되었으므로, 이와 같은 방식으로 이루어지지 않은 정의는 모든 사람에게서 승인받지 못할 것이다.

78 『토피카』 제6권 제4장 141a26-27.

79 이 두 개는 무조건적인 것들이다.

80 움직이는 것과 한정되지 않은 것을 통해 정지된 것과 한정된 것을 정의하는 오류를 지적하고 있다.

81 아리스토텔레스는 여기서 이 잘못된 예들을 구체적으로 들고 있지 않다. 뒤링은 움직이는 것에 대해 멈춰 있는 것이, 한정되지 않은 것에 대해 한정된 것의 존재론적 우선성과 인식론적 우선성을 갖는 것은 그리스 철학의 지배적인 전통이었다고 지적한다(I. Düring, in ed. Owen, 1968, p. 207 n. 7; 아리스토텔레스, 『프로트렙티코스』('철학으로의 권유'), 38.3-13; D. S. Hutchinson and M. R. Johnson, *A Reconstruction of Aristotle's Lost Dialogue*, www.protrepticus.info., 2017, p. 20, 미간행)

142a

것처럼 그 대립하는 것을 통해 정의하는 경우이다. 대립되는 것들은 본성상 동시적이니까.[82] 더구나 어떤 사람들의 생각으로는 동일한 지식이 대립되는 양자를 대상으로 삼기 때문에, 따라서 한쪽이 다른 쪽보다 더 잘 알려지는 것이 아니다. 그러나 몇몇의 것은 아마도 다른 방식으로[83] 정의할 수 없다는 것을 빠뜨려서는 안 된다. 예를 들면 절반이 없이는 두 배를 정의할 수 없으며, 또 그 자체로서 무언가와 관계적으로 말해지는 것들[84] 모두가 그렇다. 왜냐하면 그러한 모든 것들에서 그 '있음'〈본질〉은 무언가와의 관계에서 어떤 방식을 맺고 있는 것과 동일한 것이어서,[85] 따라서 한쪽을 빼고 다른 쪽을 인식한다는 것은 불가능하기 때문이다. 바로 이런 이유로 한쪽의 설명식 안에 다른 쪽이 필연적으로 함께 포함되어 있어야만 한다. 그렇기에 그러한 모든 것을 아는 것이 필요하지만, 한편으로 실제로 유용하다고 생각되는 범위에서 이것들을 이용해야만 한다.[86]

---

82 『토피카』 제5권 제3장 131a16 참조. 물론 대립되는 것들이 동시에 하나의 것에 속한다는 것을 의미하지 않는다. 한 쌍의 대립되는 것들 중 어떤 것이 다른 것보다 더 앞서는 것이 아니라는 의미다.

83 대립되는 것을 다른 한쪽의 대립되는 것을 통해 정의하는 것과 다른 방식으로.

84 "그 자체로서 무언가와 관계적으로 말해지는 것들"이란, 그 본질 규정이 '다른 것의', '다른 것보다'와 같은 관계를 포함해서 성립되는 것을 말한다. 예를 들어 두 배는 '절반의' 두 배이고, 주인은 '노예의' 주인이다. 누군가가 노예의 주인이었다고 해도, 그 사람은 '그 자체로 어떤 관계에서 말해진 것'이 아니다. 아리스토텔레스는 그 자체로 관계적인 것과 그렇지 않은 것(즉, 부수적인 것)을 구별하고 있다. 그 자체로 관계적인 것의 본질은 무언가와 어떤 관계(pros ti pōs echein)를 가진다(146b3). 이에 대해서는 브룅슈빅(2007) 219쪽 주석 3 참조.

85 이와 동일선상에서의 논의에 대해서는 『범주들』(카테고리아이) 제7장과 『토피카』 제6권 제8장 146b3 및 제8권 제13장 163a27-28 참조.

86 앞서 논의한 바처럼 지적인 앎을 위해서 "그 자체로서 무언가와 관계적으로 말해지는 것"을 제대로 이해해야만 올바른 정의를 내릴 수 있다. 대립되는 것들의 인식이라는 측면에서는, 한쪽이 다른 쪽을 빼놓고는 정의할 수 없다는 것을 알 필요가 있다.

(2) 또 다른 방식은 정의되는 것 자체를 사용하는 경우이다.[87] 그러나 정의되는 것의 이름 그 자체를 사용하지 않을 경우에는 알아채지 못하고 그대로 지나칠 수 있다. 예를 들면 해를 '낮 동안에 빛나는 142b
(hēmerophanes) 별'[88]이라고 정의한 경우가 그것이다. '낮'(hēmera)을 사용한 사람은 '해'(hēlios)를 사용하는 것이니까. 그러나 이러한 유형의 예 〈잘못〉가 찾아지기 위해서는 이름 대신에 설명식을 받아들여야만 한다.[89] 예를 들면 '낮'은 '땅 위로 해의 운행'[90]이라고 하는 것처럼. 왜냐하면 '땅 위로 해의 운행'을 말한 사람은 '해'를 말했던 것이고, 따라서 '낮'을 사용한 사람은 '해'를 사용했다는 것이 분명하기 때문이다.[91]

(3) 또 하나는 대립 분할된 것[92] 중 하나를 그 다른 것에 의해 정의한 경우를 살펴보는 것이다. 예를 들면 '홀수'는 '짝수보다 단위 1만큼 큰 것'이라고 정의한 경우이다. 왜냐하면 동일한 유로부터 대립 분할된 것들은 본성상 동시적인 것이지만, 홀수와 짝수는 동일한 유에서 대립 분할된 것이기 때문이다. 이 둘은 수의 종차이니까.

한편 실천적 방법인 문답을 통한 변증술에서는 대립하는 것들의 한쪽을 정의하는 데 다른 쪽을 사용하고 있으며, 더 앞선 것을 통해서 정의하고 있지 않다고 상대방을 비난하는 데 이용할 수 있다.

87 정의되어야 하는 말(피정의항)을 정의 그 자체에 사용하는 경우를 말한다.

88 짝퉁-플라톤, 『정의들』 411b.

89 혹은 '…으로 대체해야만 한다(metalambanein)'.

90 짝퉁-플라톤, 『정의들』 411b 참조("해가 떠서 질 때까지의 태양의 운행").

91 '해'(太陽)의 주어진 정의식이 '낮 동안에 빛나는 별'이라면, '낮'이란 말이 정의식인 '땅 위로 해의 운행'에 의해 대체되었다. 그러면 '**해**는 땅 위로 **해**의 운행 동안에 빛나는 별이다'가 된다. 그렇다면 이것은 정의되는 것인 '해'가 그 정의 안에 나타나고 있음을 보여준다.

92 짝수와 홀수와 같이 '동일한 유에서 분할된 것들 간의 동계열적(同系列的)으로 대립하는 구성원들'을 말한다. 『토피카』 제5권 제6장 136b3 아래 참조.

(4) 또 상위의 것을 하위의 분류에 속하는 것들에 의해 정의한 경우도 마찬가지이다. 예를 들면 '짝수'를 '두 부분으로 나누어질 수 있는 수'라고 정의했는지 혹은 '좋음'을 '덕의 소유'라고 정의했는지를 살펴봐야 한다. 왜냐하면 '둘로'(dicha)는 '둘'(duo)에서 나온 것이고, '둘'은 짝수이고 또 덕은 어떤 좋음이기 때문에, 따라서 둘과 덕은 각각 짝수와 좋음의 하위에 있는 것들이기 때문이다.[93] 게다가 하위의 것을 사용하는 사람은 필연적으로 정의되는 것 그 자체도 사용하지 않을 수 없다. 왜냐하면 덕을 사용하는 사람은 덕이 좋음의 일종이므로 좋음을 사용하는 것이며, 마찬가지로 또한 '둘로'를 사용하는 사람은, '둘로' 나누어지는 것이 '두 개로' 나누어지는 것을 의미하고[94] 또 둘은 짝수이므로 '짝수'를 사용하는 것이기 때문이다.

제5장 정의에서 유의 사용에 관한 토포스

(1) 유가 빠져 있는지 살펴본다

일반적으로 말하면, 하나의 토포스는 더 앞선 것과 더 잘 알려진 것을 통해 설명식을 만들지 못하는 것인데, 앞에서 말한 것이 그 토포스의 부분들이다. 두 번째 토포스는 정의되는 그 사물이 유 안에 있는 것으로 그 사물이 유 안에 놓이지 않았는지를 살펴보는 것이다. 그러한 유형의 잘못은

---

93 '둘로'와 '덕'(aretē)은 '둘'과 '좋음'의 하위에 속한다. 그러므로 둘에 의해 나누어질 수 있는 수인 '짝수'를 '둘로'의 견지에서, 또 '좋음'을 '덕'의 견지에서 정의하는 것은 앞서 '예로서 제시된 정의'와는 반대가 되는 셈이다.

94 '둘로' 나누어지는 것은 '두 개로' 나누어지는 것(eis duo diērēsthai)이며, '둘로'는 '둘'에서 나온 것이기에 그 하위에 속하는 것이다.

설명식보다 먼저 정의되는 것의 '무엇인가'〈본질〉가 제시되지 않는 모든 경우에 일어난다. 예를 들면 물체의 정의식은 '세 개의 차원을 가지고 있는 것'으로 되어 있다고 하거나, 혹은 누군가가 인간을 '수 세는 것을 아는 것'으로 정의하는 경우가 그렇다. 왜냐하면 '무엇'일 경우에 세 개의 차원을 가지고 있다는 것인지, '무엇'일 경우에 수 세는 것을 아는 것인지가 말해지지 않았기 때문이다. 그렇지만 유는 그것이 '무엇인가'를 보여주려는 것이어서, 유야말로 정의식 속에서 말해지는 것들 중 첫 번째 것으로 밑에 놓이는[95] 것이다.[96]

(2) 정의는 정의의 대상 아래 포섭되는 모든 것에 대해 말해져야 한다

게다가 정의되는 것이 다수의 것에 관계해서 말해지는 경우 상대방이 그 모든 것에 관계해서 정의를 부여하지 않았는지를 살펴봐야 한다. 예를 들면 '문자에 대한 지식'을 '구술된 것을 받아쓰는 지식'이라고 정의하는 경우가 그렇다. 그것은 또한 '글을 읽는 지식'이라는 것을 덧붙여야만 하니까. 왜냐하면 '쓰는 것의 지식'을 정의로서 부여한 사람[97]이 '읽는 것의 지식'을 정의로서 부여한 사람보다 더 잘 정의한 것은 전혀 아니며, 따라서 동일한 것에 대해 여러 가지 정의가 있는 것이 가능하지 않기 때문에, 앞에서 말한 양쪽이 정의한 것이 아니라, 오히려 그것들 양쪽을 함께 말한 사람이 정의를 한 것이다. 그렇기에 지금 한 말이 몇몇의 경우에서는

---

95 원어로는 hupotithetai이다.

96 이를테면, 인간의 정의를 만들려면 먼저 그 정의식 안에 동물이란 유가 주어져야만 한다.

97 베르데니우스는 로스가 부가한 ho는 불필요하다고 말한다. 그 의미가 '정의를 제시한 누군가'를 의미하고, 분사는 실체사로서 사용되고 있기 때문이라는 것이다(플라톤, 『파이드로스』 249b7).

143a 참이 되고 있지만, 몇몇의 경우에서는 그렇지 않다. 예를 들면 정의되는 것이 그 자체로서 양쪽과 관계해서 말해지지 않는 모든 경우가 그렇다. 가령 의술이 '건강을 만들어 내는' 것과 '질병을 만들어 내는' 것의 기술이라고 말하는 경우처럼. 왜냐하면 전자는 의술 그 자체에 대해서 말할 수 있지만, 후자는 부수적으로 말할 수 있기 때문이다. 사실상 무조건적으로 질병을 만들어 내는 것은 의술에 대해서 이질적이기 때문이다.[98] 따라서 이 양쪽과 관계해서 의술을 정의하는 사람은 한쪽에 관계해서 정의하는 사람보다 더 잘 정의하는 것이 아니라, 의사가 아닌 다른 누구라도 질병을 만들어 낼 수 있기 때문에, 아마도 더 엉망으로 정의한 셈이 될 것이다.[99]

(3) 정의되는 것은 더 나은 것에 관계해서 정의해야만 한다

게다가 정의되는 것이 그것과의 관계에서 말해지는 많은 것들이 있는 경우에는, 더 나은 것에 관계해서가 아니라 더 뒤떨어진 것에 관계해서

---

98 의사도 때로는 질병을 만들어 내는 데 자신의 기술을 사용할 수 있지만, 그는 의사로서 그 일은 하지 않는다.

99 아리스토텔레스의 논의를 따라가 보자. 여기서 (1) '건강과 질병을 만들어 내는 학문'과 (2) '건강을 만들어 내는 학문'이 비교되고 있다. 첫째, (1)이 (2)보다 더 나은 것이 아니다. 의술은 단지 부수적으로 질병을 만들어 내니까. 둘째, (1)이 어쩌면 (2)보다 더 나쁠 수도 있다. 그런데 (1)은 의사가 건강을 만들어 내거나 질병을 만들어 낼 수 있다고 '선언적으로' 이해할 수 있다. 그러므로 '[의사가 아닌] 다른 누구라도'('나머지 사람들', tōn loipōn) 그 정의(1)가 자신에게 속한다고 주장할 수 있다. 질병을 만들 수 있으니까. '한쪽과 관계해서'(pros thateron, 143a6)란 말의 모호성에 불구하고 아리스토텔레스가 (1)과 (3), 즉 '질병을 만들어 내는 학문'의 장점을 비교하고 있지는 않아 보인다. 그는 아마도 (1)이 (3)보다 더 나쁘다고는 말하지 않을 것이다. 이곳의 토포스(143a9-11)는 단순히 (2)가 좋고, (3)은 나쁘다는 것만을 말하고 있을 뿐이다(브룅슈빅, 211쪽 주석 4). 골케 같은 학자는 143a1-8 대목을 후에 삽입된 것으로 본다.

정의를 부여하고 있지는 않은지 살펴봐야 한다. 왜냐하면 모든 지식과 능력은 가장 나은 것에 관계되는 것이라고 일반적으로 생각되기 때문이다.

(4) 유는 적절하게 정의의 구성 요소가 되어야 한다

또 언급된 것이 그 고유한 유 안에 놓여 있지 않은지를 앞서 말한 것처럼[100] 유에 관한 여러 가지 요소들[101]을 기초로 해서 고찰해야 한다.

(5) 정의되는 것은 최근류 가운데 놓여야만 한다

게다가 상대방이 정의되는 것의 유를 넘어서 말하고 있는지를 살펴봐야 한다. 예를 들면 '정의'를 '동등함을 만들 수 있는 상태(헥시스)' 혹은 '동등한 것을 분배할 수 있는 상태'라고 정의하는 경우가 그것이다. 이런 식으로 정의하는 사람은 덕의 범위를 넘어서는 것이니까.[102] 그렇기에 정의의 유를 떠나면 그 사람은 '그것이 무엇이라는 것'을 말하지 않는 것이다.[103] 각각의 것에 있는 본질(우시아)은 유와 더불어 있는 것이니까. 또 [15]

---

100 『토피카』 제6권 제1장 139b3-5.

101 '요소들' 혹은 '원리들'은 기본적인 '토포스들'(토포이)을 가리킨다. 직접적으로 토포스와 요소가 같다는 주장은 『토피카』에는 나타나고 있지 않지만, 『수사학』 제2권 제25장 1403a17-18에는 "내가 요소(stoicheion)라 부르는 것은 토포스와 같은 것이다. 왜냐하면 요소와 토포스는 많은 수사적 연역 추론(enthumēma)들이 그 아래에 포섭되는 어떤 것이기 때문이다"라는 언급이 나온다. 동일한 언급이 『수사학』 제2권 제22장 1396b22에도("내가 엔튀메마의 요소라 부르는 것은 토포스와 같은 것이다.") 나온다.

102 정의(正義)의 최근류는 덕(aretē)이다. 덕을 포함하는 유가 '상태'이다. '상태'(헥시스)는 '덕'의 범위를 넘어서는 것이다. 따라서 어떤 상태로서 정의를 정의(定義)하는 것은 상위의 유로 정의를 내린 셈이다.

103 '덕'은 정의에 가까운 유이지만 '상태'는 정의에서 먼 유이다. 따라서 정의(定義)의 구성 요소인 최근류를 명확히 드러내지 못했기 때문에 그 본질을 말하지 못한다는

143a

이것은 정의되는 것을 가장 가까운 유[104] 안에 넣지 않는 것과 동일하다. 왜냐하면 모든 상위의 유는 하위의 유에 대해 술어가 되는 것이므로, 그것을 가장 가까운 유 안에 넣는 사람은 상위의 유 모두를 말하는 것이다. 따라서 정의되는 것을 가장 가까운 유 안에 넣어야 하거나, 혹은 가장 가까운 유를 정의할 때 사용되는 모든 종차를 상위의 유에 결부시켜야만 하기 때문이다. 이러한 식으로[105] 한다면 아무것도 남겨 두지 않은 채로 이름 대신에 설명식에 의해서 하위의 유[가장 가까운 유]를 언급한 셈이 될 테니까.[106] 그러나 단지 상위의 유 자체만을[107] 말하는 사람은 하위의 유를 말하고 있지 않은 것이다. 무언가를 '식물'이라고 말하는 사람은 그것을 '나무'라고 말하는 것은 아니니까.

제6장 정의에서의 종차의 사용에 대한 토포스

(1) 적절한 종차의 선택에 대해

또 종차의 경우에서도 마찬가지로 상대방이 종차를 해당하는 유에 속하는 것으로 말했는지를 검토해야만 한다. 왜냐하면 정의되는 사물에 고유한 종차에 의해서 정의하지 않았거나, 혹은 달리 전혀 어떤 것의 종차도 될 수 없을 것 같은 그런 것을, 예를 들면 '동물' 또는 '실체'를 말했다면, 정의하고 있지 않다는 것은 분명하기 때문이다. 사실상 방금 말해진 것들

것이다. 『토피카』 제6권 제6장 144a10 아래 및 제12장 149b37-39 참조.

104 원어로는 to eggutatō genos이다.

105 앞 문장에서의 후자와 같이.

106 『분석론 후서』 제2권 제13장 97a35 아래 참조.

107 즉 단독으로.

은 어떤 것의 종차도 아니기 때문이다.[108]

또한 말해진 종차와 대립적으로 분할되는 어떤 것이 존재하는지 살펴봐야 한다. 존재하지 않는다면 언급된 종차가 그 유에 속하는 종차가 아닐 [35]
것임이 분명하기 때문이다. 왜냐하면 모든 유는, 동물을 '뭍살이(陸棲)하 143b
는 것', '날개가 있는 것'[109] [['물에 사는 것', '두 발인 것'[110]]]으로[111] 분할하

108 사실상 '동물'이나 '실체' 그 자체가 유이다.

109 이러한 플라톤적인 나눔의 방법에 대해서(플라톤, 『소피스테스』 참조) 아리스토텔레스는 『동물의 부분에 대하여』 등에서 비판적으로 이야기한다. 이런 점을 염두에 둔다면 『토피카』란 작품이 플라톤의 후기 존재론에 가깝던 아카데메이아 시절에 쓰인 것으로 추정할 수도 있다. 뒤링(I. Düring)은 자신의 저서(*Aristotle's De partibus animalium, Critical and Literary Commentary*, Göteborg, 1943, p. 110 각주 1)에서 이것을 '플라톤의 『정치가』에서의 예정표에 친숙했던 누군가의 삽입일 것'이라고 보고 있다. 오히려 베르데니우스는 가필자가 이 장의 144b33을 염두에 두고 있는 것 같다고 부연하고 있다. 한편 로이드(G. E. R. Lloyd, The Development of Aristotle's Theory of the Classification of Animals, *Phronesis* 6, 1961, p. 61 각주 2; *Methods and Problems in Greek Science; selected Papers*, Cambridge, 1991, pp. 8-26에 재수록)가 "『범주들』(카테고리아이) 1b18 아래에서처럼, 여기서도 아리스토텔레스는 이러한 전형적인 종차들을 동계열의 쌍들로 배열하는 데 그다지 주의를 기울이지 않았다"고 보는 데 대해 베르데니우스는 현재의 이 구절에서 '동계열의 대립적인 것들'에 대한 생각이 본질적임을 지적하고 있다. 이에 관한 보다 상세한 논의에 대해서는 브룅슈빅(2007), 222쪽 주석 2 참조. 플라톤에게서 이러한 종차들의 사용에 대해서는 『정치가』 264d-e, 266e, 『소피스테스』 220a-b 참조.

110 그런데 이 장의 144b24에서는 '두 발인 것'이 '뭍살이하는 것'과 '날개를 가진 것의' 종차로 되어 있다. 그렇다면 '두 발인 것'을 부가하고 있는 점은 잘 이해되지 않는다. 뒤링과 로스는 괄호로 묶어 생략하고 있다. 피카드-케임브리지는 로스와 뒤링을 따르고 있으나, 포스터는 그대로 읽고 있다. 뒤의 둘을 다 생략하는 브룅슈빅(2007)에 따랐다.

111 즉 대립적으로 분할되는 것(동계열적인 분할)을 통해서, 동물의 유는 '뭍살이하는 것'과 '뭍살이하지 않는 것', '날개가 있는 것'과 '날개가 있지 않은 것', '두 발인 것'과 '여러 발을 가진 것'으로 분류된다는 것이다. 브룅슈빅(2007)은 '물에 사는 것'을 삭제하고, 또 '두 발인 것'을 읽지 않는다.

143b

는 것처럼, 대립적으로 분할되는 종차에 의해서 분류되기 때문이다. 혹은 대립적으로 분할되는 종차는 존재하지만 그 유에 대해서 참이 아닐지를 살펴봐야 한다. 그 경우에는 대립적으로 분할되는 그 어느 종차도 유의 종차가 아닐 것임이 분명한 것이니까. 왜냐하면 모든 대립적으로 분할되는 종차는 그 고유한 유에 대해서 참이기 때문이다. 마찬가지로 또한 대립적으로 분할되는 종차가 말해진 유에 대해서 참이긴 하지만, 그 유에 덧붙여져서 종을 만들지 않는지를 살펴봐야 한다. 그 경우에는 그 종차가 유에 속하는 [[종을 만드는[112]]] 종차가 아닐 것이라는 점은 분명하니까. 왜냐하면 모든 [종을 만드는] 종차는 유와 더불어(결부되어, meta) 종을 만들기 때문이다. 그러나 그것이 종차가 아니라면, [종차로서] 언급된 것도 이것과 대립적으로 분할되어 있으므로, 그것도 또한 종차가 아닌 것이 된다.

(2) 유가 부정에 의해 나누어지는지에 대해

게다가 선분을 '폭이 없는 길이'라고 정의하는 사람들처럼 상대방이 유를 부정에 의해 나누고 있는지를 살펴봐야 한다. '폭이 없는'[113]은 '폭을 갖지 않는다는 것' 이외의 다른 것을 의미하지 않기 때문이다. 그렇기에 유가 종을 분유하고 만다는 것이 따라 나온다.[114] 왜냐하면 모든 것에 대해

---

112 '종을 만드는'(eidopoios)이란 표현은 『니코마코스 윤리학』 제10권 제3장 1174b5에도 사용되고 있다. 브륑슈빅(2007, 223-224쪽 주석 1)은 이 말을 삭제해야 할 것으로 본다.

113 '폭이 없는'(aplates)은 부정의 접두어 a가 덧붙여서 만들어진 부정을 나타내는 말로, 단지 '폭을 갖지 않는'(ouk echei platos)이란 의미에 불과하다는 것이다.

114 '분유한다'(metechein)의 정의는 '분유하는 것의 설명을 받아들이는 것'이다(『토피카』 제4권 제1장 121a11-12). 본래 종이 유를 분유한다. 그래서 동물의 정의는 인간에 대해 참이다. 하지만 유는 종을 분유하지 않는다. 또한 종차를 분유하지도 않는다. 따라서 인간이나 두 발을 가진 동물의 정의는 동물에 대해 참이 아니다. '선분'

긍정이든가 부정이든가 어느 것인가가 참이기 때문에 모든 길이는 폭이 없거나 혹은 폭을 가져야만 한다. 따라서 선분에 속하는 유인 길이도 폭이 없거나 혹은 폭을 가져야 할 것이다. 하지만 '폭이 없는 길이'는 종의 설명식이다. 마찬가지로 '폭을 갖는 길이'도 종의 설명식이다. '폭이 없는'과 '폭을 갖는'은 종차이니까. 그런데 종의 설명식은 종차와 유로부터 이루어진다. 따라서 유는 종의 설명식을 받아들일 수 있다. 마찬가지로 종차의 설명식도 받아들일 수 있을 것이다. 방금 말한 종차들 중 하나가 그 유에 대해서 술어가 되는 것이 필연적이니까. 방금 말한 토포스는 이데아가 존재한다고 내세우는 사람들에 대해 반론하는 데 유용하다. 실제로 '길이 자체'[이데아]가 존재한다면, 어떻게 유로서 그것[길이의 이데아]에 대해서 '폭을 갖는'이나 혹은 '폭이 없는'이 술어가 될 수 있겠는가?[115] 왜냐하면 유에 대해 참일 수 있다면, 모든 길이에 대해 이 두 술어들 중 한쪽은 반드시 참이어야만 하기 때문이다. 그러나 그러한 일은 일어나지 않는다. 폭이 없는 길이와 폭을 가진 길이가 있으니까. 따라서 이 토포스는 단지 모든 유는 수적으로 하나라고 주장하는 사람들에 대해서만 유용하다. 그리고 '이데아'들을 주장하는 사람들이 그 같은 주장을 하는 것이다. 그들은 '길이 자체'와 '동물 자체'를 유라고 주장하니까.[116]

의 정의를 '폭 없는 길이'라고 하는 것도 이런 것이다. 이 정의는 유인 '길이'가 그 종인 '선분'을 규정하는 종차인 '폭 없는'이란 설명식을 받아들인다. 그러나 분유한다는 것은 '분유하는 것의 설명을 받아들이는 것'이므로, 종이 유를 분유한다는 것은 '유의 정의'를 받아들이는 식으로 성립해야 한다.

115 『토피카』 제4권 제1장 120b25-27 참조. '폭을 갖는 것' 혹은 '폭이 없는 것'은 길이의 본질(이데아)을 보이는 것이 아니라, 단지 길이에 대한 어떤 성질을 확실히 하는 것이다. 따라서 길이의 이데아는 길이의 술어가 될 수 없다.

116 포겔(C. J. De Vogel, Aristotle's Attitude to Plato and the Theory of Ideas according to the *Topics*, ed., G. E. L. Owen, Oxford, 1968, p. 93)은 제6권 제6장

그러나 아마도 몇몇의 경우에는, 예를 들어 결여의 경우에서처럼, 정의하는 사람은 필연적으로 부정을 사용해야만 할 것이다. 왜냐하면 '먼 눈'(盲目)은 시력을 갖는 것이 자연 본성일 때, '시력을 갖지 않는 것'이기 때문이다.[117]

그런데 유를 부정에 의해 나누는 것과 부정에 대해 필연적으로 대립적인 분할의 관계에 있는 것과 같은 긍정에 의해 유를 분류하는 것은 아무런
144a 차이가 없다. 예를 들어 선분을 '폭을 가진 길이'로서 정의하는 경우에서처럼 말이다. 왜냐하면 '폭을 가진 것'에 대해서는 '폭을 갖지 않은 것'이 대립적으로 분할되어 있으며 그것 이외의 대립적인 아무것도 없기 때문이다. 따라서 유는 다시 부정에 의해 나누어진다.

143b23-32에 관련해서 다음과 같은 주석을 달고 있다. 간략히 정리해 보자. "아리스토텔레스는 여기서 '선'의 정의를 '폭 없는 길이'(mēkos aplates)로 말한다. 이 정의가 맞다면 그것은 그 실체(본질; ousia)를 지시할 것이다. 게다가 그것은 유와 종차 양자를 언급할 것이다. 유는 유 아래에 포섭되는 한 쌍의 대립되는 것들 중 하나를 그 종차로서 결코 가질 수 없다. 이 대립되는 것들 중 하나는 종을 구성할 것이다. 예를 들면 '선분'이 '길이'의 종이라면 '폭 없는 길이'(mēkos aplates)는 유+종차가 될 것이다. 그리고 유로서 mēkos는 aplates가 되지 않을 것이다. 그렇다면 모든 길이는 aplates가 될 것이다. 이것은 사실과 정반대이다. 그러므로 길이 자체(auto mēkos)와 동물 자체(auto zōon)는 유일 수 없다. 이것은 이데아들의 존재를 가정하는 사람들에 의해서 주장된다. 요컨대 이 논의의 요지는 다음과 같다. 이데아는 유일 수 없다. 만일 유라고 한다면 그것은 상반하는 성질을 가진 것이 되지만 이것은 불가능하다. 이데아는 절대적으로 하나라고 생각되는 것이니까."

117 결여에 대해서는 『범주들』(카테고리아이) 제10장 12a26 아래 참조. 베르데니우스(37쪽)는 포스터가 말하고 있는 '예외적인 경우'는 b33-35에만 한정되는 것으로 보고, diapherei 아래(143b35)에서 새로운 구절이 시작되는 것으로 해석한다(브륑슈빅 [2007] 참조). 나 역시 베르데니우스의 지적에 좇아 단락을 구분했다.

(3) 종 혹은 유를 종차로서 할당했는지 어떤지에 대해

또 '모욕'〈오만한 태도〉을 '비웃음을 동반한 오만'으로 정의하는 사람들에게서처럼, 상대방이 종을 종차로서 부여했는지를 살펴봐야 한다. 비웃음은 일종의 오만이니까. 따라서 비웃음은 종차가 아니라 종이다.

게다가 유를 종차로서 말했는지를 살펴봐야 한다. 예를 들면 덕을 '좋은 상태' 혹은 '훌륭한 상태'라고 정의한 경우가 그렇다. 좋음은 덕의 유이니까. 혹은 동일한 것이 서로 포함하지 않는 관계에 있는 두 개의 유 안에 있는 것이 가능하지 않음이 참이라면,[118] 좋음은 유가 아니라 종차이다. 왜냐하면 '좋음'은 '상태'를 포함하지 않고, 또한 '상태'는 '좋음'을 포함하지 않기 때문이다. 사실상 모든 '상태'가 '좋음'도 아니고, 또한 모든 '좋음'이 '상태'도 아니니까. 따라서 양자가 [동시에] 유일 수 없다. 그렇기에 '상태'가 '덕'의 유라고 하면, '좋음'은 유가 아니라 오히려 '종차'라는 것이 분명하다. 게다가 '상태'는 덕이 '무엇인가'를 나타내지만, '좋음'은 덕이 '무엇인가'가 아니라 '어떤 것인가'를 나타낸다. 반면, 종차는 '어떤 것인가'를 나타내는 것으로 일반적으로 생각되고 있다.[119]

---

118 이 점은 아래의 144b12-30에서 논의되고 있다. 『토피카』 제4권 제2장 121b24-122a2 참조.

119 종차의 성격이 '성질', '자격을 부여하는 것'이라는 점에 대해서는 『토피카』 제4권 제2장 122b17, 제6장 128a28, 제6권 제6장 144a20-22에서 언급되고 있다. 그 밖에도 『범주들』(카테고리아이) 제5장 3b10, 『형이상학』 제5권 제14장 1020a33-b1, 제28장 1024b5-6 등 참조. 종차가 '어떤 것인가'를 나타내는 것으로 '일반적으로 생각된다'('일반적으로 받아들인다', dokei)라고 할 때(144a18-19, 21-22), 이 주장을 받아들이는 사람들은 아리스토텔레스 자신을 포함해서 이 문제에 관심을 갖고 있던 아카데메이아 학파의 사람들일 수 있다.

144a

(4) 종차가 개별자를 지시하는지, 또는 부수적인 것에 속하는지에 대해

또 종차로서 제시된 것이 '어떤 것인가'〈성질〉가 아니라 '이것'(tode ti)[120]을 나타내는지를 살펴봐야 한다. 모든 종차는 '어떤 것인가'를 분명히 나타내는 것이라고 일반적으로 생각되니까.

또 종차가 정의되는 것[피정의항]에 부수적으로 속하는지를 검토해야 한다. 왜냐하면 어떤 종차도, 유 또한 그런 것처럼 부수적으로 해당하는 것들에 속하지 않기 때문이다. 사실상 종차가 어떤 것에 속하기도 하고 또 속하지 않는다는 것이 가능하지 않기 때문이다.[121]

(5) 종차, 종, 개별자가 유에 대해 술어부가 되는지에 대해

게다가 종차 혹은 종 혹은 종의 하위에 속하는 무언가가 유에 대해 술어가 된다면[122] 정의된 것일 수 없을 것이다. 왜냐하면 유는 가장 넓은 범위에 걸쳐서 모든 것에 대해 말해지므로[123] 앞서 말한 어느 것도 유에 대해 술어가 될 수 없기 때문이다. 또 유가 종차에 대해 술어가 되고 있는지를 살펴봐야 한다. 왜냐하면 유는 종차에 대해서가 아니라 종차가 술어가 되는 바로 그것들에 대해 술어가 된다고 일반적으로 생각되고 있기 때문이다. 예를 들면 '동물'은 '인간'과 '소' 그리고 그 밖의 뭍살이하는 동물에 대해 술어가 되지만, 각각의 종에 따라서 말해지는 종차 자체에 대해서

---

120 여기서 tode ti(이것이라는 것)는 '무엇인가'에 대한 다른 표현으로 사용되었다. tode ti는 대개의 경우 아리스토텔레스의 철학에서 '개별자'나 '실체적 본질'을 가리키는 말로 쓰인다(제3권 제1장 각주 11 참조).

121 그러나 부수성은 속할 수도 있고 속하지 않을 수도 있다(제1권 제5장 102b6-7).

122 '…에 술어가 된다'(katēgoreisthai)와 '…에 속한다'(huparchein)의 구별에 대해서는 『분석론 후서』 제1권 제22장 참조.

123 요즘 사용되는 논리적 용어를 빌리면 '외연이 넓다'는 의미이다.

는 술어가 되지 않는다.[124] 왜냐하면 종차들의 각각에 대해서 동물[유]이 술어가 될 수 있다면, 많은 동물이[125] 종에 대해 술어가 될 수 있을 것이기 때문이다. 사실상 종차들은 종에 대해 술어가 되는 것이니까. 게다가 144b
적어도 그것이 동물인 한에서, 종차들은 모두 종이거나 혹은 불가분적인 것[126]〈개별자〉들일 것이다. 왜냐하면 동물의 각각은 종이거나 혹은 불가분적인 것이기 때문이다.[127]

마찬가지로 종 혹은 종의 하위에 속하는 무언가[개별자]가 종차에 대해 술어가 되는지를 검토해야만 한다. 왜냐하면 종차가 종보다 넓은 범위에 걸쳐서 말해지므로 그것은 불가능하기 때문이다.[128] 게다가 종 중의 하나가 종차에 대해 술어가 된다면 그 종차는 종이라는 것이 따라 나올 것이다. 왜냐하면 '인간'이 종차에 대해 술어가 된다면, 그 종차는 인간이라는 것이 분명하기 때문이다. 또 종차가 종보다 앞서지 않을지를 살펴봐야 한다. 왜냐하면 종차는 유보다는 나중이지만 종보다는 앞서야만 하기 때문이다.[129]

---

124 유는 동물의 종, 개별적 인간(소크라테스)과 같은 동물에 대해서 술어가 되지만, 종차 자체에 대해서는 술어가 되지 않는다. '두 발의'와 같은 종차는 동물의 종의 이름도 개별적 동물도 아니니까.

125 '많은 동물이' 술어가 된다는 것은 '동물'이 동일한 종에 대해 여러 번 술어가 된다는 것을 말한다.

126 불가분적인 것(atomon)이란 '개체', '개별자'를 말한다(『토피카』 제4권 제1장 121a37 참조).

127 유(동물)가 종차(뭍살이하는)에 대해 술어가 된다면, 종차가 종(인간, 말)이 되거나 개별자(개별적인 인간, 개별적인 말)가 된다는 불합리한 결론이 따라 나온다는 것이다.

128 예를 들면 '두 발로 걷는 것은 인간이다'의 경우에 두 발로 걷는(종차)이 인간(종)보다 더 범위가 넓다.

129 두 발을 가진(종차)은 동물(유)과 인간(종) 사이에 있다. '두 발을 가진'은 동물

144b

(6) 동일한 종차가 다른 유에 속하는지에 대해

또 말해진 종차가 그것이 속해 있는 유 안에 포함되지도 않고, 또 그것을 포함하지도 않을 것 같은 다른 유에 속해 있는지도 검토해야 한다. 왜냐하면 동일한 종차가 서로를 포함하는 관계에 있지 않은 두 개의 유에 속한다고는 일반적으로 생각되고 있지 않기 때문이다. 그렇지 않다면, 동일한 종도 서로를 포함하는 관계에 있지 않은 두 개의 유 안에 있다는 것이 따라 나올 것이다.[130] 왜냐하면 '뭍살이하는 것'과 '두 발'이 동물을 내포하는 것처럼, 각각의 종차는 그 자신의 고유한 유를 내포하기 때문이다. 따라서 만일[131] 종차가 술어가 되는 바로 그것에 대해서 각각의 유도 술어가 된다면, 종이 서로를 포함하는 관계에 있지 않은 두 개의 유 안에 있다는 것은 분명하다. 혹은 동일한 종차가 서로 포함하지 않는 관계에 있는 두 개의 유에 속하는 것은 불가능한 것이 아니라, 오히려 '두 개의 유가 동일한 유의 아래에 포섭되지 않는다면'이라는 조건을 덧붙여야만 한다. 왜냐하면 '뭍살이하는 동물'과 '날개를 가진 동물'은 서로를 포함하지 않는 유이어서, '두 발'은 이것들 양자의 종차이기 때문이다.[132] 따라서 '두 개의 유가 동일한 유 아래에 포섭되지 않는다면'이라는 것을 덧붙여야만 한다. 이것들 두 개의 유는 '동물'이란 유 아래에 포섭되는 것이니까. 또 동일한 종차가 서로를 포함하는 관계에 있지 않은 두 개의 유에 속하는 것이 가능한 한, 종차가 모든 고유한 유[들][133]를 내포한다는 것은 필연적이지 않

을 이미 전제로 하고, 다음에 인간을 대상으로 말해지기 때문이다.

130 만일 인간이 '두 발의 뭍살이하는 동물'이고, '뭍살이하는'과 '두 발의'가 동물이라면 인간은 여러 동물(polla zōa, 144a37)일 것이다.

131 브룅슈빅에 따라 사본의 ei를 읽는다.

132 새와 인간은 두 발을 가지고 있다.

133 원어로는 pan to oikeion genos이다. 베르데니우스는 단수로 쓰이고 있다고 해서 pan을 '하나의 단일한 전체의 유'로서 이해해서는 안 되고(피카드-케임브리지의

으며, 오히려 그 둘 중에 단지 한쪽의 것만을 내포하며, 또 그 유보다 상위에 있는 모든 것을 내포한다는 것이 필연적임은 분명하다.[134] '두 발'이 '날개를 가진 동물'이나, 혹은 '뭍살이하는 동물'을 내포하는 것처럼 말이다.[135]

(7) 장소 혹은 수동적 성질이 실체의 종차로서 할당되었는지에 대해

또 상대방이 어떤 것 '안에' 있는 것을 본질적 존재(ousia)의 종차로서 제시했는지를 살펴봐야 한다. 왜냐하면 '어디에 있는가'라는 점에서 하나의 본질적 존재와 다른 본질적 존재가 차이가 있다고 일반적으로 생각되지 않기 때문이다. 이러한 이유로 동물을 '뭍살이하는 것'과 '물속에 있는 것'으로 분류하는 사람[136]들은, 뭍살이하는 것과 물속에 있는 것이 장소를 의미한다고 보고 있기 때문에 사람들의 비판을 받는다.[137] 혹은 이러한 경우에 그 비판은 올바른 것이 아니다. 왜냐하면 '물속에 있는 것'은 '어떤 것 안에'라든가 '어디인가에'가 아니라 '어떤 것인가'라는 성질을 지시하기 때문이다. 사실상 마른 땅 위에 있더라도 수생 동물은 마찬가지로[138] 물속에 사는 것이니까. 마찬가지로 뭍살이하는 동물은 물속에 있더라도

이전 번역 참조), 복수적인 의미로 이해되어야 한다고 지적한다. 즉 이 구절은 panta ta oikeia genē(모든 고유한 유들)라는 의미라는 것이다. 아리스토텔레스가 단수를 쓰고 있는 것은 b16의 epipherei … to oikeion genos를 염두에 두고 있었기 때문이라고 추정한다.

134 논의의 맥락상 144b20-30은 나중에 삽입된 것으로 보인다(골케).

135 브륑슈빅은 '동물'을 삭제하고 읽는다.

136 플라톤, 『티마이오스』 40a.

137 왜 비판을 받는가? '무언가 안에 있는 것'이 가지고 있는 몇 가지 의미 중 '장소'는 가장 기본적인 것이다. 장소에 대해 논하고 있는 『자연학』 제4권 210a14-24 참조.

138 즉 변함없이.

145a 뭍살이하는 동물이어서 물속에 사는 동물은 아닐 것이다. 그럼에도 종차가 어떤 것 '안에' 있는 것을 의미하는 경우에 잘못을 저지르게 될 것이라는 점은 분명하다.[139]

또 상대방이 겪음⟨수동적 성질⟩[140]을 종차로서 제시했는지를 살펴봐야 한다. 왜냐하면 모든 겪음은 정도가 더욱 크게 되면 그 겪음을 받는 것을 그 본질에서 이탈시키지만,[141] 종차는 그러한 것이 아니기 때문이다. 오히려 종차는 그 종차가 되게 하는 바로 그것을 보존하는 것으로 생각되며, 또 그 고유한 종차 없이 각각의 것이 존재한다는 것은 단적으로 불가능하다고 생각되기 때문이다. 사실상 '뭍살이하는' 것이 없다면 '인간'은 있을 수 없으니까. 일반적으로 말해서, 그것(A)을 소유하는 것(B)이 그것(A)을 소유한다는 점에서 변화하는 한, 그것들 중 어느 것(A)도 소유하는 것(B)의 종차가 아니다. 왜냐하면 그러한 것들 모두는 정도가 더욱 크게 되면 그 겪음을 받는 것을 그 본질에서 이탈시키기 때문이다.[142] 따라서 정

---

139 (1) 장소를 표시하는 명사(名辭)는 종차를 구성할 수 없다. 이런 이유로 동물을 '뭍살이하는'과 '물속에 있는' 것으로 분류하는 사람들은 비판(비난)을 받는다. (2) 이 비판은 정당화되지 못한다. 뭍 위로 올려진 것도 여전히 수생 동물이다. (3) 종차가 '어떤 것 안에'를 의미한다면 잘못을 저지르게 된다.

140 원어로는 pathos(affection, modification[브뤼슈빅])이다(『토피카』 제4권 제5장 126b35-127a4 참조). 여기서 이 말은 poiotēs pathētikē(수동적 성질)을 의미한다. 즉 어떤 대상이 수동적으로 얻게 되는 성질(차가움, 뜨거움, 마름, 축축함 등)을 말한다. 물이 지나치게 뜨거워지면 공기가 되고, 차가워지면 얼음이 된다. 따라서 양태를 수시로 바꾸는 파토스인 '뜨거움', '차가움'은 '물의 정의'에서 종차로서 역할을 맡을 수 없다. 이러한 수동적 성질에 대해서는 『생성과 소멸에 대하여』 제2권 제2장 329b24 아래 참조. 그 밖에도 '자신이 수동적으로 겪게 됨으로써 생긴' 상태인 파토스에 대해서는 『범주들』(카테고리아이) 제8장 9a29-32 참조.

141 이 말의 의미는 '그 대상의 실체를 파괴시킨다'는 의미이다.

142 하나의 대상과 그 본질이 분리되면 그 대상은 파괴되고 말 것이다. 이를테면 인간은 몸이 지나치게 뜨거워지거나 차가워지면 생명을 빼앗겨 파괴될 수밖에 없다. 파

의하는 사람이 무언가 이러한 종류의 종차를 제시한다면 그 사람은 잘못을 범하게 되는 것이다. 우리는 종차라는 점에서는 전혀 변화하지 않으니까.

(8) 관계적인 것의 종차를 관계적인 것에 제시하지 못했는지에 대해

또 상대방이 관계적인 것에 대해서 그 종차를 다른 것에 관계시켜 제시하지 않았는지를 살펴봐야 한다. 지식의 경우에서처럼 관계적인 것의 종차들도 관계적인 것이니까. 왜냐하면 지식은 관조적〈이론적〉인 것, [[실천적인 것,]][143] 제작적인 것으로 말할 수 있지만,[144] 이것들의 각각은 그

키우스는 이런 예를 들고 있다. 물이 지나치게 뜨거워지면 공기가 되고, 지나치게 차가워지면 얼음이 된다. 그러나 '뜨거움'과 '차가움'은 물의 정의에서 종차로 사용될 수 없다. 하지만 아리스토텔레스는 '오히려 종차는 [종차를 가지고 있는 것을] 보존하는 것'(mallon sōzein dokei)이란 주장을 덧붙이고 있다. 그렇다면 인간이 더 '육상에' 사는 것이라면, 더 인간이 된다는 말인가? 이것은 불합리할 것이다.

143 전승된 사본의 문제를 고려해서 브룅슈빅은 '실천적인 것'을 삭제한다. 그러면 이론적인 것과 제작적인 것 두 가지로 구분된다.

144 아리스토텔레스는 인간의 활동을 '보다', '행하다', '만들다'로 나누고, 이것들의 각각에 이론학, 실천학, 제작학이 해당되는 것으로 보아 학문을 셋으로 분류했다(『형이상학』 제6권 제1장 1025b20 아래). 그런데 지혜 내지는 지식(이 두 말은 우리의 일상적 용법과 달리 그리스어에서는 구별되지 않는다)을 의미하는 '에피스테메' 혹은 '소피아'라는 그리스어는 이론적인 것을 아는 것뿐 아니라 실천적인 능력을 발휘하는 앎을 내포하는 말이다. 따라서 이 말의 원래 의미를 살리기 위해선 '에피스테메'라는 말을 '…에 능통하다', '(…을) 할 줄 안다'쯤으로 새겨야 할 것이다. 그래서 소크라테스의 철학에서 중요한 지혜(지식)의 추구는 '(실제적으로 무언가를) 이해하고 정통하고 있는'(epistatai) 일을 행하는 것처럼 특정의 행동에 대한 지식이 그 실제적 수행을 규정해야만 한다. 아리스토텔레스 역시 '에피스테메'라는 원래의 말이 내포하는 이론적인 지식과 동시에 능력이라는 실천적인 면을 고려하여 학문을 세 부분으로 나누었다고 볼 수 있다. 어쨌거나 지식의 3분설이 등장하는 『토피카』의 이 부분은 나중에 삽입된 것으로 보인다. 이 밖에도 '관계'에 관련된 논의에 대해서는 『범주들』(카테고리아이) 제7장 참조.

145a

어떤 관계를 나타내고 있기 때문이다. 요컨대 무언가를 관조하고, 무언가를 제작하고, [무언가를 실천하기] 때문이다.

또한 정의하는 사람이 관계적인 것의 각각을 본성적으로 관계하고 있는 그것에 관계시켜 제시했는지도 검토해야 한다. 왜냐하면 몇몇의 것들은 그것이 본성적으로 관계하고 있는 것과의 관계에서만 사용할 수 있으나 다른 무언가와의 관계에서는 사용할 수 없으며, 또 다른 몇몇의 것들은 다른 것들과의 관계에서 사용할 수 있기 때문이다. 예를 들면 시각은 보는 것에 관계해서만 사용할 수 있지만, 긁개는 누군가가 포도주를 푸는 데도 사용하기 때문이다. 그럼에도 누군가가 긁개를 포도주를 푸는 것과 관계된 도구라고 정의한다면 잘못을 범하는 것이다. 왜냐하면 긁개는 본성상 포도주를 푸는 것과 관계없기 때문이다.[145] '본성적으로 관계가 있는 것'의 정의는, '슬기로운 사람이 [[슬기가 있는 한에서]][146], 또 각각의 것에 관한 고유한 지식을 그것과의 관계에서 사용할 수 있는 것'이다.

(9) 정의가 그 최초의 것과의 관계에서 제시되었는지에 대해

혹은 다수의 것과의 관계해서 말하는 경우 상대방이 그 제일의 것과의

---

145 긁개(stleggis)는 운동 경기를 하고 나서 목욕을 할 때 피부에 발랐던 올리브 기름이나 먼지, 때(gloios) 등을 제거하는 데 사용되거나, 또 여자들의 경우에 제모하기 위해 발랐던 것을 제거하기 위해 사용되기도 했다. 작은 호미나 스푼 형태로 구부러져 있어서 물을 푸는 데도 사용할 수 있을 것이나, 그 목적을 위해서는 그다지 적합하지 않다. '긁개'는 실제로 아리스토파네스의 『데메테르 축제를 축하하는 여인들』(*Thesmophoriazusae*, '테스모포리아'는 데메테르 신에게 축원하는 아테네 여인들에 의해 개최된 축제이다) 556행에서 통에서 포도주를 푸는 도구(stleggides)로 사용되고 있다.

146 브룅슈빅은 삭제하고 있다. phronimos + hē phronimos 대신에 epistēmē + hē epistēmē로 된 사본(Ac)도 전해진다.

관계에서 정의를 제시했는지를 살펴봐야 한다. 예를 들면 슬기[147]를 인간의 덕이나 혼의 덕으로 말하고, 생각하고 헤아리는〈이성적〉 부분의 덕으로 말하지 않은 경우가 그렇다. 슬기는 제일의 생각하고 헤아리는 부분의 탁월성이니까. 사실상 그 부분에 근거해서 혼과 인간은 슬기롭다고 말하기 때문이다.

(10) 정의에서 말해진 수동적 성질, 성향 등은 바로 그것을 받아들이는 것에 내재해야 한다. 즉 본질적 속성을 구성해야 한다

게다가 정의된 것이 무언가의 겪음〈수동적 성질〉 혹은 심적 상태〈성향〉[148] 혹은 다른 그런 것이라고 말하고 있지만, 그것의 무언가가 정의된 것을 받아들일 수 없다면 정의하는 사람은 잘못을 범하는 것이다. 왜냐하면 지식이 혼의 심적 상태이므로 혼 안에 있는 것처럼, 모든 심적 상태와 모든 겪음은 그것의 심적 상태이고 겪음인 바로 그것 안에 본성적으로 있어야 하기 때문이다. 그러나 경우에 따라 사람들은 이러한 것들에서 잘못을 범한다. 예를 들면 '수면'을 '감각의 불능'[149]이라든지 혹은 '아포리 145b
아'(당혹)[150]를 '상반하는 추리의 대등함'[151]이라든지 혹은 '고통'을 '선천

147 phronēsis는 맥락에 따라 '슬기', '분별', '실천적 지혜'로도 옮길 수 있다.

148 원어로는 diathesis이다.

149 원어로는 adunamia이다. 이에 대해서는 『자연학 소론집』 중 『잠과 깸에 대하여』 제1장 454b9-11 참조.

150 aporia는 '당혹스러운 상황에 빠짐' 정도의 의미이다. 이 말의 어근(por-)은 일차적으로는 '길 또는 통로', 이차적으로는 '부족하지 않은 충분한 공급'을 의미한다. 따라서 '아포리아'는 '길이 막힌 상태'로 매우 풀기 어려운 '난제'를 가리키는 말이다. 이 아포리아를 '길이 뚫린 상태'인 '아포리아(난제)의 해소'인 에우포리아(euporia)로 바꾸는 것이 아리스토텔레스 철학의 목적이기도 하다(『형이상학』 995a29-33, 『니코마코스 윤리학』 1146b7-8 참조).

151 원어로는 isotēs enantiōn logismōn이다.

145b

적으로 결부된 부분을 힘으로 분리하는 것'이라고 말하는 사람들이 그렇다. 수면은 감각에 속하지 않는 것이니까(그러나 그것이 '감각의 불능 상태'라면 마땅히 그래야만 했다.[152]) 마찬가지로[153] 당혹도 [상반하는][154] 추리에 속하지 않고, 고통도 역시 선천적으로 결부된 부분에 속하지 않는다. 고통이 그러한 것들에서 생긴다고 하면 무생물도 고통을 느낄 것이기 때문이다.[155] 건강의 정의식이 '뜨거운 요소와 차가운 요소의 균형'[156]이라면 또한 그러한 것이다. 그 경우에는 뜨거운 요소와 차가운 요소가 건강해지는 것이 필연적이니까. 실제로 각각의 것의 균형은, 균형을 갖는 그것들 안에 속하는 것이기 때문에, 따라서 건강은 그것들에 속할 것이다. 게다가 이와 같은 방식으로 정의하는 사람들에게는, 만들어지는 것[결과]을 만들어 내는 것[원인]으로, 또는 거꾸로 만들어 내는 것을 만들어지는 것으로 놓는 셈이 될 것이다. 선천적으로 결부된 부분의 분리는 고통이 아니라, 오히려 고통을 만들어 낼 수도 있으니까.[157] 또한 감각의 불능 상태도 수면이 아니라, 오히려 한쪽의 것이 다른 쪽의 것을 만들어 내는 것이다.[158] 왜냐하

---

152 만일 잠이 감각의 어떤 성향(상태)이라면 잠은 감각 '안에 있어야'만 하고, 감각을 받아들일 수 있는 무언가이어야만 한다. 다시 말해 감각은 잠잘 수 있어야만 한다.

153 잠이 감각 '안에 있지 않은' 것처럼, 추론이 아포리아 '안에 있지 않다'.

154 브룅슈빅은 삭제한다.

155 즉 고통에 대한 제안된 정의가 올바른 것이라는 가정에 입각해서, 무생물도 선천적으로 결부된 부분을 가질 수 있고 또 이것들이 힘으로 분리될 수 있으므로, 무생물도 고통을 느껴야만 한다.

156 『토피카』 제6권 제2장 139b20 참조. 아리스토텔레스는 이 건강의 정의를 받아들인다(『자연학』 제4권 제3장 210a20-21, 제7권 제3장 246b4-7 참조). 여기서는 '균형'(summetria) 개념의 관계적 지위를 분명히 하고 있다. 만일 건강이 뜨거운 요소와 차가운 요소의 균형이라면 이 구성 요소 자체도 건강해야만 한다는 것이다.

157 즉 '고통의 원인'일 수도 있다는 의미.

158 수면이 감각의 불능 상태의 원인이다.

면 우리는 감각의 불능 때문에 잠자게 되는 것이거나, 혹은 수면 때문에 감각할 수 없게 되는 것이기 때문이다. 마찬가지로 또한 상반하는 추리의 대등함이 아포리아를 만들어 낸다고 생각할 수 있을 것이다. 왜냐하면 우리가 양측의 입장에서 추리하는 경우에 어느 입장에 따라서도 모든 점이 마찬가지로 생긴다고 생각될 때, 우리는 어느 쪽을 행해야 하는지 당혹스러워하기 때문이다.

(11) 정의와 정의된 것이 모든 시간에서 일치하는지의 여부에 대해

게다가 모든 시간에 걸쳐 정의와 정의된 것 사이의 어딘가에서 불일치가 생기는지를 검토해야 한다.[159] 예를 들면 상대방이 '죽지 않는 것'은 '지금 소멸하지 않은 동물'이라고 정의한 경우가 그것이다. '지금' 소멸하지 않은 동물은 '지금' 죽지 않는 동물이니까.[160] 아니면, 이 경우에 그런 일이 따라 나오지 않을지도 모른다. '지금 소멸하지 않는다는 것'은 모호하니까. 왜냐하면 (1) '지금 소멸하지 않았다'는 것을 의미하는지, 혹은 (2) '지금 소멸하는 것이 가능하지 않다는 것'[161]을 의미하는지, 혹은 (3) '결코 소멸하지 않을 듯한 그러한 것으로 지금 있는 것'을 의미하는지 모호하기 때문이다. 그렇기에 우리가 '지금 소멸하지 않는 동물'이라고 말할 경우에는, '결코 소멸하지 않을 듯한 그러한 것으로 지금 있는 동물이다'라는 의미를 말하고 있다. 그리고 이것은 '죽지 않는 것'과 동일한 것이었다.[162] 따

---

159 정의와 정의된 것의 동일성은 현재, 과거, 미래에도 보존되어야 한다(145b30-32).

160 '지금에만' 그렇다는 것은 아니다.

161 로스는 dunatai로 읽는다(Ac 사본). 베르데니우스와 브륑슈빅은 dunaton으로 읽는다. 『토피카』 146a23(to dunaton pathein ē poiēsai), 『자연학』 251b1(hosa dunata poiein kai paschein) 참조.

162 문법적으로 미완료로 이른바 philosophical imperfect로 말해지는 ēn은 앞서 말

145b

라서 그것이 '지금에[만] 죽지 않는 것이다'라고 되는 것은 아니다.[163] 그럼에도 설명식에 따라서 제시된 것은 지금 또는 이전에도 죽지 않는 것에 속하지만, 이름에 따라서 제시된 것[164]은 [지금 또는 이전에도] 죽지 않는 것에 속하지 않는다고 한다면, 정의와 정의된 것은 동일하지 않을 것이다. 그렇기에 이 토포스는 앞에서 말한 바처럼 사용되어야만 한다.

제7장 정의를 검사하는 여러 가지 토포스

(1) 주어진 것보다 더 나은 정의가 있는가?

또 정의된 것이 제시된 설명식에 의한 것보다 다른 무언가에 의해 더 많이 말해지고 있는지를 검토해야 한다. 예를 들면 '정의'는 '동등한 것을 분배하는 능력'이라고 정의하는 경우가 그렇다. 동등한 것을 분배하는 것을 선택하는 사람[165]이 [단지] 분배하는 것이 가능한 사람보다 더 많이 정
146a 의로운 사람이니까. 따라서 '정의는 동등한 것을 분배하는 능력'이 아닐

해진 셋 중에 어떤 것을 가리키는 것이 아니다. '지금 소멸하지 않은 동물'(145b22)은 세 번째 의미와 동일한 것으로 그 모호성이 사라졌다. 그렇다면 여기서 philosophical imperfect는 '무시간적인' 정의를 말하는 데 사용되고 있다. 이러한 예는 to ti ēn einai에서 잘 드러난다.

163 불사성(athanatos)과 불멸성(ephthartos)의 관계에 대한 아리스토텔레스의 논의를 이해하기 위해서 플라톤의 『파이돈』에서 전개된 논의(106a–107a)를 참고할 필요가 있다.

164 정의되는 대상(사물)을 가리킨다.

165 원어로는 ho proairoumenos이다. 여기서는 단순한 능력 내지는 힘(dunamis)의 소유자이기보다는 '슬기(프로네시스)를 통해 선택할 수 있는 사람'이란 의미로 새길 수 있겠다. '선택'의 중요성에 대해서는 『니코마코스 윤리학』 제3권 제2장–제3장 참조.

것이다. 그렇지 않으면 동등한 것을 분배하는 것이 [[가장]][166] 가능한 사람이 가장 정의로운 사람이 될 테니까.

(2) 정의되는 대상은 정도를 받아들이지만 설명식은 정도를 받아들이지 않는가?

게다가 정의되는 사물[167]은 '더 많이'라는 정도를 받아들이지만, 설명식에 의해 제시된 것은 '더 많이'를 받아들이지 않는지, 혹은 거꾸로 설명식에 의해 제시된 것은 '더 많이'를 받아들이지만, 사물은 받아들이지 않는지를 검토해야 한다. 실제로 설명식에 의해 제시된 것이 정의된 사물과 동일하다면, 양쪽이 '더 많이'를 받아들이든가 혹은 양쪽이 '더 많이'를 받아들이지 않아야만 하기 때문이다. 게다가 양쪽이 다 같이 '더 많이'를 받아들이지만, 양쪽이 동시에 정도를 증가하지 않을지 어떨지를 살펴봐야 한다. 예를 들면 '사랑'을 '성교의 욕망'이라고 정의한 경우가 그렇다. 더 많이 사랑하는 사람이 더 많이 성교를 욕망하는 것은 아니므로, 따라서 양자는 동시에 '더 많이'를 받아들이지 않기 때문이다.[168] 그러나 양자가 동일한 것이었다면, 양자가 적어도 동시이어야만 하는 것이다.

(3) 두 개의 것이 제기되었을 때 정의의 대상은 '더 많이'를 말할 수 있지만 그 설명식은 '더 적게'를 말할 수 있는가?

게다가 어떤 두 개의 것이 제기되었을 경우, 정의되는 사물은 그것에 대해[169] '더 많이'를 말할 수 있지만, 설명식에 의한 것은 그것에 대해 '더

---

166 브링슈빅에 따라 삭제하고 읽는다. 원문에서는 두 번째로 나오는 malista이다.

167 원어로는 pragma이다.

168 동일한 예가 주어지는 제7권 제1장 152b7–9 참조.

169 원어로는 kath' hou(그것에 대해)이다. 아래의 예에서 보듯이 여기서는 '불꽃'

146a

적게'를 말할 수 있을지를 살펴봐야 한다. 예를 들면 '불'을 '가장 미세한 물체'라고 정의하는 경우가 그것이다. 왜냐하면 '불'은 '빛'보다도 더 많이 '불꽃'이지만, '불꽃'은 '빛'보다도 더 적게 '가장 미세한 물체'이기 때문이다. 그러나 정의되는 사물과 제시된 설명식이 동일한 것이었다면 양자는 동일한 것[170]에 더 많이 마땅히 속해야만 했다.[171] 또[172] 두 가지 것의 한쪽[정의된 것]은 제시된 양쪽의 것에 동일한 정도로 속하지만, 다른 쪽[제기된 설명식]은 양쪽에 동일한 정도가 아니라 양자 중의 한쪽에 더 많이 속하는지를 살펴봐야 한다.[173]

(4) 두 개의 것에 관계해서 별도로 정의를 제시했는지에 대해

게다가 상대방이 두 개의 것과 관계해서 각각의 것에 따라서 정의식을 제시했는지를 살펴봐야 한다. 예를 들면 '아름다움'을 '시각을 통한 즐거움 혹은 청각을 통한 즐거움'[174]으로 정의하거나, 또는 '있는 것'⟨존재⟩

이다.

170 불꽃.

171 정의되는 '불'과 제기된 설명식인 '가장 미세한 [입자를 가진] 물체'가 동일한 것이라고 해보자. 불꽃이 빛보다 '더 많이' 불의 속성을 가지며, 빛은 불꽃보다 '더 많이' '가장 미세한 물체'의 속성을 가진다. 빛은 빛나지만 타지는 않으니까(브룅슈빅). 불의 정의에 대한 논의에 대해서는 『토피카』 제5권 제5장 134b27 아래 참조(숯불, 불꽃, 빛은 불의 종이다. "빛은 숯불과 불꽃보다 더 미세한 입자들로 이루어지니까").

172 아래의 토포스들은 앞엣것을 다소 변형한 것이다.

173 알렉산드로스(461쪽 27-30행)는 불의 정의의 예로서 '태울 수 있는 물체'를 들고 있다. 불은 불꽃과 숯불에 속하지만, '태울 수 있는 물체'는 그 조밀성(puknotēs) 때문에 불꽃보다 숯불에 더 많이 속한다. 그러므로 '태울 수 있는 물체'는 불의 정의가 아니다.

174 플라톤, 『대 히피아스』 297e-298a 참조. 플라톤의 저서에서는 아름다움을 '시각과 청각을 통한 즐거움'(to di' akoēs te kai opseōs hēdu; 297e, 298a, 298d, e, 299b)으로 연언적 구조로 정의하고 있다. 그러나 여기서 아리스토텔레스가 비판하는

을 '작용을 받아들이거나 혹은 작용을 하는 것이 가능한 것'[175]으로 정의하는 경우가 그것이다. 그 경우에는 동일한 것이 아름답고 동시에 아름답지 않을 것이고, 마찬가지로 있는 것이면서 동시에 있지 않은 것이기 때문이다. 그 경우에 '청각을 통한 즐거움'은 '아름다움'과 동일한 것이므로, [25] 따라서 '청각을 통한 즐겁지 않은 것'은 '아름답지 않은' 것과 동일한 것이기 때문이다. 왜냐하면 동일한 것들에서 대립하는 것들은 동일한 것들이고,[176] 그래서 한쪽의 '아름다움'에는 '아름답지 않음'이 대립하고, 다른 쪽의 '청각을 통한 즐거움'에는 '청각을 통한 즐겁지 않음'이 대립하기 때문이다. 그렇기에 '청각을 통한 즐겁지 않음'이 '아름답지 않음'과 동일하다는 것은 분명하다. 그렇기에 무언가가 시각을 통한 즐거운 것이지만 청각 [30] 을 통한 즐거운 것이 아니라면, 그것은 아름답고 아름답지 않을 것이다. 마찬가지로 우리는 또한 동일한 것이 있음이고 있음이 아니라는 것을 보여줄 것이다.[177]

것은 선언적 구조인 '시각 혹은 청각을 통한 즐거움'(to di' opseōs ē to di' akoēs hēdu)이다. 이 점이 중요한 차이다.

175 존재에 대한 이 정의(horos)는 플라톤의 『소피스테스』에서 제시되고 있다(247d-e, 248c). 플라톤은 선언적 구조(247e, 248b)와 연언적 구조(248c) 사이에서 왔다 갔다 하고 있다. 반면에 아리스토텔레스는 연언적 구조로 인용해서 본문과 같이 비판하고 있다. 존재의 이 정의를 거부하는 아리스토텔레스는 제5권 제9장 139a4-8에서 그 진실은 의심스러운 대목이긴 하지만, '작용을 받아들이거나 작용을 미치는 것이 가능한 것'은 '있는 것'의 '고유속성'이라고 주장한다.

176 즉 '동일한 것들에 대해 대립하는 것들도 또한 동일한 것들이다'라는 의미이다.

177 여기서 전개된 논의에서 '아름다움'을 '있는 것'으로 치환하고, '시각을 통한 즐거움'을 '작용을 받아들이는 것이 가능한 것'으로, '청각을 통한 즐거움'을 '작용을 하는 것이 가능한 것'으로 치환하면 이런 결론이 따라 나온다.

146a

(5) 유와 종차, 그 밖의 명사들 간에 어떤 불일치가 있는지에 대해

게다가 정의식 안에서 주어진 유와 종차, 그리고 다른 모든 요소들에
[35] 대해서는 그 이름 대신에 그것들을 정의하는 설명식을 만들어야만 하고, 또 그것들 사이에 어떤 불일치가 생기는지를 검토해야만 한다.

제8장 관계적인 말들의 정의를 검사하는 토포스

(1) 정의된 것이 관계적이라면, 정의 안에 그것과 관계해서 말할 수 있는 것이 말해지고 있는가?

그런데 정의된 것이 그 자체로이든 혹은 그 유에 의해서이든 관계적인 것이라면,[178] 그 자체로이든 혹은 유에 의해서이든 그것이 관계되어 있다고 말하는 것이 그 정의식에서 말해지지 않고 있는지를 검토해야 한다.
146b 예를 들면 상대방이 '지식'을 '흔들릴 수 없는 판단'으로 정의하고, '바람'

178 『범주들』(카테고리아이) 제8장 11a20-38 참조. 이를테면 문법('읽고 쓰는 지식')이나 음악은 '무언가의 문법'이나 '무언가의 음악'으로 말해질 수 없지만, 이것들이 무언가에 '관계해서' 말해지는 것은 그 '유' 때문이다. 그래서 문법은 '무언가의 문법'이 아니라 '무언가의 지식'이라고 말해지고, 음악 역시 '무언가의 음악'이 아니라 '무언가의 지식'이라고 말해진다. 이처럼 개별적 경우들은 '관계적인 것들'이 아니다. 『범주들』(카테고리아이) 제7장의 논의에 의하면, '바로 그것인 것', 즉 본질의 규정 중에 관계되는 다른 항의 규정을 포함하는 것을 '관계적인 것'이라 부르는데, 이것은 여기서 '그 자체로서 관계적인 것'에 해당한다. 즉 '두 배는 절반의 두 배이고', '지식은 알려질 수 있는 것의 지식'이다. 문법적 지식은 혼에 있는 성질이지만, 그 유인 '지식'이라는 관점에서 관계적인 것으로 분류되며, 여기서는 '유에 따라서 관계적인 것'에 해당한다. 그러니까 문법이나 음악은 '그 자체로'는 관계적이지 않지만('무언가의'로 말할 수 없다), 그 자체로 관계적인 지식인 '유'인 지식에 속하기 때문에, 파생적으로 문법이나 음악은 그 자체로 '무언가의'로 말해진다. 즉 '무언가의 지식'으로 말해지는 것이다.

을 '고통 없는 욕구'라고 정의한 경우가 그것이다. 왜냐하면 관계적인 것의 각각의 본질이 '바로 그것인 것〈본질〉'[179]과의 관계에서 어떤 방식으로 관계를 맺는 것과 원래[원리상[180]] 동일하므로, 모든 관계적인 것의 각각의 본질은 다른 어떤 것과 관계되고 있기 때문이다. 그렇기에 그 사람은 지식을 '알 수 있는 것에 대한 판단'으로 말하고, 바람을 '좋음의 욕구'라고 말해야만 했다. 마찬가지로 또한 '읽고 쓰는 능력'을 '문자의 지식'이라고 정의했는지도 살펴봐야 한다.[181] 왜냐하면 정의되는 것 그 자체가 그것과의 관계에서 말해지는 것이나 혹은 그것의 유가[182] 그것과의 관계에서 말해지는 것이 정의식 속에서 주어져야만 했기 때문이다.[183]

혹은 무언가에 관계해서 말해진 것이 목적과 관계해서 주어지지 않았는지를 살펴봐야 한다. 목적이라는 것은 각각의 것에서 최선의 것이거나

---

179 매우 이해하기 어려운 문장이다. 콜리와 같이 베르데니우스는 to einai hoper (estin)으로 읽고 있다(참조 141a35; to einai hoper estin[바로 그것인 것으로 있는 것(있는 것의 바로 그 있음)]). 그리고 이어지는 to 아래를 tō pros ti pōs echein(D, A_2, C_2 사본)으로 고쳐 읽는다. 그는 또 이 대목을 동어반복으로 이해해서는 안 된다고 지적한다. 브륑슈빅(2007) 238-239쪽 해당 주석 참조.

180 '원래'와 '원리상'으로 해석하는 브륑슈빅 참조. 동일한 용어를 사용하고 있는 『범주들』(카테고리아이) 제7장 8a31-32(esti ta pros ti hois to einai tauton esti tō pros ti pōs echein) 참조.

181 '문자에 대한 지식'에 대해서는 『토피카』 제6권 제5장 142b31-32 참조.

182 문법은 '그 자체로서'는 '읽는 것'과 '쓰는 것'에 대해 관계적이고, '유[즉, 지식]에 의해서'는 '알 수 있는 것'에 대해 관계적이다(『토피카』 제6권 제5장 142b30 아래).

183 아리스토텔레스가 grammatikē의 정의를 '문자의 지식'으로 하는 것을 거부한다는 점은 분명하다. 어떤 이유에서 그렇게 하는 것이며, 어떤 정의로 대체하고 싶어 하는 것일까? 문법은 그 자체로는 관계적이지 않지만, 그 유인 지식에 의해서 관계적이 것이 된다. 아마도 아리스토텔레스는 알 수 있는 것(epistēton)이 문자를 말하는 것이 아니라 문자를 읽고 쓰는 것이라고 생각하고 있는 듯하다. 따라서 grammatikē의 올바른 정의는 '문자를 읽고 쓰는 지식'일 것이다.

146b

혹은 다른 것들이 그것을 위해 있는 것이다.[184] 그래서 예를 들면 욕망이 '즐거운 것'을 위한 것이 아니라 '즐거움'을 위한 것이듯이, 최선의 것이나 최종적인 것이 말해져야만 하는 것이다. 우리는 즐거움을 위해서 즐거운 것을 선택하는 것이니까.

(2) 정의는 활동과 생성에 관계하고 있는가?

또 상대방이 그것과의 관계에서 정의를 제시한 바로 그것이 생성인지 혹은 활동(에네르게이아)인지를 검토해야 한다.[185] 그러한 것들 어느 것 하나 목적〈끝〉이 아니니까. 왜냐하면 생성하는 것과 활동하는 것보다 활동해 버린 것과 생성해버린 것[완결된 상태]이 더 목적이기 때문이다.[186] (혹은 이러한 것은 모든 경우에서 참인 것은 아니다. 왜냐하면 거의 대부분 사람들은 즐거움을 느끼는 것을 끝내는 것보다 즐거움을 느끼면서 있는 것을 더 바라고 있기에, 따라서 그들은 [지금] 활동하고 있는 것을 활동해 버린 것보다 더 목적으로 삼을 것이다.)[187]

---

184 telos(목적)에 대해서는 『니코마코스 윤리학』 제1권 제1장 논의 참조.

185 즐거움의 형상, 즉 목적은 어느 시간이나 완성되는 것이다. 즐거움은 운동과 다르고, 즐거움은 전체로서 완성된 것이다. 즐거움은 시간의 지속 안에 있는 것이 아니다. 그러므로 즐거움의 운동 혹은 즐거움의 생성이 있다고 주장하는 것은 옳지 않다(『니코마코스 윤리학』 제10권 제4장). 이 주장은 활동과 운동(키네시스)의 구분을 전제하고 있다.

186 생성(genesis)과 활동(energeia)의 끝(목적, telos)은 생성이 완결되고 활동이 완성되었을 때 최종적으로 도착하는 '상태'를 말한다. 집을 건축하는 목적은 건축함의 끝에 다다랐을 때 바로 그 상태인 것이다. 『니코마코스 윤리학』 제1권 제1장 2절에서는 "어떤 것들의 경우에 그 목적은 활동이며, 다른 것들의 경우에는 … 어떤 성과물이다. 행위와 구별되는 목적이 있는 경우에서는 그 성과물이 본성적으로 활동보다 더 낫다"고 말하고, 5절에서는 "활동 자체가 목적인지, 아니면 활동과는 구별되는 다른 무엇이 목적인지는 … 아무런 차이가 없다"고 말하고 있다.

(3) 양, 질, 장소 등을 구별하지 않고 정의하는 경우에 대해

또 몇몇의 경우에는 '얼마나'〈양〉 혹은 '어떠한'〈성질〉 혹은 '어디'〈장소〉 혹은 '그 밖의 다른 종차에 따라서'라는 것을 상대방이 규정하지 못했는지를 살펴봐야 한다. 예를 들면 어떠한 명예를 얼마나 욕구하는 사람이 명예를 사랑하는 자인가 하는 경우가 그것이다. 왜냐하면 모든 사람이 명예를 욕구하고, 그래서 '명예를 욕구하는 사람'을 명예를 사랑하는 사람이라고 말하는 것으로 충분하지 않으므로, 오히려 방금 말한 종차를 덧붙여야만 하기 때문이다. 마찬가지로 또한 얼마나 돈을 욕구하는 사람이 '돈을 사랑하는 자'인지, 혹은 어떠한 쾌락에 관계되는 사람이 '자제력 없는 사람'[188] 인지를 규정해야만 한다. 왜냐하면 어떤 종류의 쾌락에도 지는 사람이 자제력 없는 사람이라고 말하는 것이 아니라, 오히려 어떤 특정한 종류의 쾌락에 지는 사람[189]을 그런 사람이라고 말하기 때문이다. 혹은 또, 사람들

---

187 ( ) 부분은 앞서의 논의와 아리스토텔레스의 『니코마코스 윤리학』의 논의와도 상충된다. 그러나 kinēsis와 energeia 계열 동사의 구분과 용법(『형이상학』 제9권 제6장 1048b18-35, 『니코마코스 윤리학』 제10권 제4장의 논의)을 고려해 보면 이해 못할 바도 아니다. 기본적으로 그리스어에는 동사의 현재형과 진행형의 구분이 없다. 예를 들면 '보고 있다'와 '보았다'(완료형), '이해한다'와 '이해했다', '행복하다'와 '행복했다'는 행위와 행위의 자체 목적이 동시에 이루어지기 때문에 그 동사의 '목적'이 늘 완성된다. 그래서 우리는 '즐거움'의 경우에 현재와 완료를 언제나 매 순간에 경험한다. 그러나 '생겨나고 있다'와 '생겨났다', '집을 짓고 있다'와 '집을 지었다'는 동시에 이루어지는 것이 아니기 때문에 집을 짓는 행위가 완결될 때에만 그 '목적'이 이루어진다(J. L. Ackrill, Aristotle's distinction between Energeia and Kinesis, in R. Bambrough ed., *New Essays on Plato and Aristotle*, 1965/*Essays on Plato and Aristotle*, 1997, Oxford, pp. 142-162).

188 자제력 없음(akrasia)에 대해서는 『니코마코스 윤리학』 제7권 제3장에서 집중적으로 논의되고 있다. 플라톤은 이 문제를 『프로타고라스』(352d 아래)에서 다루고 있다.

189 자제력 없는 사람이 지는 쾌락에 대해서는 『니코마코스 윤리학』 제7권 제4장 1147b21 아래 참조("쾌락을 생기게 하는 것들 중 어떤 것들은 필수적인 것이요, 또

이 '밤'을 '땅에 드리워진 그림자'로, '지진'을 '땅의 움직임'으로, '구름'을 '공기의 응축'으로, '바람'을 '공기의 운동'으로 정의하는 경우도 마찬가지다. 왜냐하면 이 경우들에도 '얼마나', '어떠한', [['어디']],[190] '어떤 것에 의해'를 덧붙여야만 하기 때문이다. 또 이러한 유들의 다른 것들의 경우에도 마찬가지이다. 왜냐하면 어떤 종차인지를 남겨 두었을 때에는 '그것이 무엇이라는 것'〈본질〉을 말하고 있지 않기 때문이다. 그리고 빠뜨린 점에 대해서는 항시 공격해야만 한다. 왜냐하면 땅이 어떠한 움직임을 해도, 또한 얼마나 움직임을 해도 지진이 일어나지 않을 것이고, 마찬가지로 공기가 어떠한 움직임을 해도, 또한 얼마나 움직임을 해도 바람이 일어나지 않을 것이기 때문이다.

(4) 욕구의 대상에 '보이는 것'이라는 말이 부가되는지에 대해

게다가 욕구의 경우에 '보이는 것'〈나타나는 것〉[191]이 덧붙여지지 않았는지, 또한 그 '보이는 것'이 적합한 모든 경우에 대해서도 덧붙여지지 않았는지 살펴봐야 한다.
147a 예를 들면 '바람'은 '좋음의 욕구'라거나, '욕망'은 '즐거운 것의 욕구'라고 해도, '좋은 것으로 보이는 것에 대한 욕구'라든지 '즐거운 것으로 보이는 것에 대한 욕구'라고 말할 수 없는 경우가 그렇다. 왜냐하면 욕구하는 사람들도 자주 무엇이 좋음인지, 무엇이 즐거움인지를 알아채지 못해서, 따라서 그들이 욕구하는 것이 필연적으로 좋음이거나

어떤 것들은 그 자체로 선택할 만한 것이면서도 과도함으로 흐를 수 있는 것들이다. 육체적인 것들은 필수적인 반면(**영양섭취**와 **성교**에 관련한 것들, 또 무절제와 절제가 그것에 관련된다고 규정했던 그런 것들을 말한다), 다른 편은, 예를 들어 **승리**나 **명예**나 **부**, 혹은 이와 같은 다른 것들은 필수적이지는 않지만 그 자체로 선택할 만하다.").

190 브룅슈빅은 '장소'(pou)를 생략한다.

191 원어로는 to phainomenon(현상, 외견상의 것)이다.

혹은 즐거운 것이 아니라, 오히려 단지 그렇게 '보이는 것'에 지나지 않기 때문이다.[192] 그렇기에 정의 또한 그렇게 제시해야만 했다.[193]

하지만 방금 말한 것을 덧붙여 제시한다면 이데아가 존재한다고 내세우는 사람의 경우에는 그 사람을 이데아 쪽으로 이끌어야만 한다.[194] 왜냐 [5]

---

192 외견상의 바람, 좋음에 대해서는 『니코마코스 윤리학』 제3권 제4장 참조.

193 소크라테스의 윤리적 입장에서 '바람'이 '좋음의 욕구'라면, '모든 사람은 좋음을 원한다'는 객관적 원칙이 생겨난다. 이 원칙을 적용해 보면, 자신에게 '진짜로' 나쁜 것인 무언가를 원하는 것으로 보이는 사람은 실제로는 그것을 원하지 않아야만 한다. 정말 '좋은 것만'을 원해야 하니까. 그러나 아리스토텔레스는 그 원칙이, '모든 사람은 자신에게 좋은 것으로 보이는 것을 원한다'로 해석되어야 한다고 비판한다. 그렇다면 사람들은 '진짜로' 나쁜 것을 실제로 원할 수도 있다. 자신에게 그것이 좋은 것으로 보이니까. 인간의 바람의 대상이 좋은 것으로 보인다는 사실은, 물론 그것이 '진짜로' 좋은 것이라는 것을 배제하지는 않는다. 그러나 '이 사람이 그것을 원한다'라고 말할 수 있으려면, 그것이 단지 그렇게 '보이는 것'에 지나지 않는다고 말해야만 한다.

194 원어로는 epi ta eidē akteon이다. '이데아 쪽으로 이끌어야만 한다'는 말의 의미는 이데아를 주장하는 사람들에 대한 비판을 염두에 두고 있다. 이 비판이 하나의 '대결'(confrontation)의 논의 형식을 구성한다. 그 논의는 아래와 같이 진행된다. (1) 욕구 자체는 즐거운 것 자체에 관계된다. (2) 외견적인 것 자체(the Seeming-itself)는 존재하지 않는다. (2) 따라서 욕구 자체는 외견상 즐거운 것과 관계될 수 없다. 아리스토텔레스는 이데아의 존재를 주장하는 플라톤주의자들의 이데아를 ta eidē(에이도스의 복수)로 바꾸어 표현하고 있다. 아리스토텔레스에게서 형상(에이도스)은 종으로서 동일한 종과 유와의 관계에서 말해지는 것이지만, 플라톤주의자들에게서는 이데아는 '자체'로서 자체와의 관계에서 말해질 수 있는 것이다(『파르메니데스』 133e). 아리스토텔레스는, 플라톤적인 생각에 따르면 정의의 대상은 '이데아'이어야만 한다고 가정한다. 그렇기에 플라톤주의자들이 욕구를 정의한다면 그 대상은 '욕구 자체'일 것이다. 그런데 어떤 종(eidos)에 속하는 대상은 동일한 종에 속하는 다른 것들과 관계되어야 한다. 따라서 욕구 자체는 즐거운 것 자체이거나 혹은 외견상의 즐거운 것 자체(the Seemingly-pleasant-itself)와 관계되어야 한다. 그러나 외견적인 것 자체(the Seeming-itself)란 개념은 자기 모순적(atopos)일 수밖에 없다. 외견적인 것에는 외견적인 것 자체(이데아)가 관계하지 않기 때문이다. 베르데니우스는 이 대목에서 아리스토텔레스가 교묘하게 '외견상'(겉모양, 현상, 보이는 것; phainome-

147a

하면 '보이는 것' 그 어느 것에도 이데아는 존재하지 않지만,[195] 예를 들어 '욕망 자체'는 '즐거운 것 자체'를 대상으로, 또 '바람 자체'는 '좋은 것 자체'를 대상으로 관계를 맺듯이, 이데아(에이도스)는 이데아(에이도스)에 관계해서 말해질 수 있다고 일반적으로 생각되기 때문이다.[196] 그렇기에 그것들은 좋은 것으로 보이는 대상과 즐거운 것으로 보이는 대상과 관계될 수 없는 것이다. 왜냐하면 '좋은 것으로 보이는 것 자체'나 혹은 '즐거운 것으로 보이는 것 자체'가 존재한다는 것은 이치에 맞지 않기 때문이다.

---

non)이란 말을 '다의적 의미'로 사용하고 있다고 지적한다. 그의 해석에 따라 두 의미를 구별해 보자. (1) 외견상 즐거운 것은, 실재는 그렇지 않지만 외견상으로만 즐거운 것처럼 보이는 것이다. 따라서 욕구하는 사람들도 무엇이 실제로 쾌락인지를 깨닫지 못한다. 결국 그들이 욕구하는 것은 반드시 즐거운 것이 아니라, 오히려 단지 외견적인 것에 지나지 않는다. 즉 기만적인 것에 불과하다. '외견적인 것 자체'를 전제하지 않는 이러한 기만적인 의미에서는 '외견적인 것 자체'란 개념은 자기모순에 빠지지 않는다. 그러나 (2) 플라톤적인 의미에서(『국가』 596e4) '겉모양 혹은 현상'이라는 말이 '실재의 세계'와 구별되는 현상 세계를 지시하는 한, 그 말은 다른 의미를 가진다. 현상 세계가 '그 자체'라고 불릴 수 있는 이데아 세계의 '그림자' 혹은 '모상'에 불과하다는 의미에서 '외견적인 것 자체'는 존재할 수 없다. 이러한 해석이 옳다면 이 대목은 148b1('동명이의적인 것들은 때때로 깨닫지 못하는 수가 있기 때문에, 질문하는 사람은 그것들을 동명동의적으로 사용해야만 한다')에서 주어지고 있는 토포스를 적용하고 있는 셈이다. 그 밖에도 이 대목(146b36-147a11)의 해석에 대해서는 G. E. L. Owen, Dialectic and Eristic in the Treatment of the Forms in ed, G. E. L. Owen, *Aristotle on Dialectic; the Topic*, 1968, pp. 118-119 참조. 베르데니우스가 '보이는 것'(phainomenon)을 '다의적 의미'로 사용해서 아리스토텔레스가 '기만적인' 전략을 구사하고 있다고 해석하는 입장과 달리, '보이는 것'을 '중립적'으로 해석하는, 즉 '보이는 것'이 좋은 것인지 그렇지 않은 것인지가 열려 있다는 식으로 해석하는 비판적 관점에 관해서는 A. Schiaparelli(Platonic Ideas and Appearance in Aristotle's *Topics*, in *Archiv für Geschichte der Philosophie*, Vol. 99(2), 2017, pp. 129-155) 참조.

195 이데아는 감각 세계를 초월하는 존재이니까.

196 이데아(형상)와 이데아의 관계 맺음에 대해서는 플라톤의 『파르메니데스』 133c-134c 참조.

제9장 대립되는 것의 정의에 관한 토포스

(1) 소유

게다가 정의식이 소유한 것(hexeōs)을 대상으로 하는 경우라면 그것을 가지고 있는 것[197]에 대해서 검토해야 하지만, 가지고 있는 것을 대상으로 하는 경우라면 그 소유한 것에 대해 검토해야 한다. 이런 유들의 다른 경우들에서도 마찬가지이다. 예를 들면 즐거운 것이 본질적으로 유익한 것[198]이라면 즐거움을 느끼는 사람도 유익함을 받는 사람이다. 일반적으로 말해서, 그러한 정의식에서 정의하는 사람은 어떤 의미에서 하나 이상의 많은 것을 정의하는 셈이 되고 만다. 왜냐하면 지식을 정의하는 사람은 어떤 의미에서 무지를 정의하기도 하고, 또한 마찬가지로 지식을 갖는 것과 지식을 갖지 않는 것, 또 아는 것과 무지하다는 것을 정의하고 있기 때문이다. 사실상 최초의 것이 분명하게 된다면 어떤 의미에서 또한 남아 있는 것들도 분명하게 되기 때문이다. 그렇기에 그러한 유들의 모든 경우에서 반대되는 것들과 동계열의 것들로부터 나온 요소들[199]을 사용하면서 무언가 불일치가 생기고 있지는 않은지 검토해야만 한다.

(2) 관계적인 것

게다가 관계적인 것들의 경우에 그것과 관계해서 유가 제시된 그것과

---

197 그 상태를 소유하고 있는 것.

198 원문에는 to hēdu hoper ōphelimon으로 나온다. 여기서 hoper(바로 그것)란 말을 무게 실린 말로 옮기지 않아도 될 듯해 보인다. 그러나 피카드-케임브리지, 브링슈빅(2007)은 '본질적으로'라는 말을 덧붙여 '본질적으로 유익한'으로 옮기고 있다.

199 요소들(stoicheiois), 즉 '기본적 원리들'은 여러 가지 토포스를 말한다. 여기서 언급되는 반대의 토포스와 동계열의 토포스에 대해서는 제2권 제7장-제9장, 제4권 제3장-제4장, 제5권 제6장 참조.

147a

의 관계에서 그 종이 제시되고 있는지 살펴봐야 한다. 예를 들면 판단이 '판단의 대상'〈판단되는 것〉과 관계적이라면 어떤 개별적 판단은 어떤 개별적 판단의 대상과 관계적이고, 또 여러 배가 분수(分數)와 관계적이라면 어떤 개별적인 여러 배는 어떤 개별적인 분수와 관계적이다. 그러한 방식으로 제시되지 않았다면 잘못을 저질렀다는 것은 분명하니까.

(3) 대립되는 것과 반대되는 것

또 대립되는 것에 대해서 대립되는 설명식이 이루어지고 있는지 살펴봐야 한다. 예를 들면 절반의 설명식은 '두 배'의 설명식에 대해 대립되어 있다. 왜냐하면 두 배가 '동등한 양만큼 초과되는 것'이라면, 절반은 '동등한 양만큼 초과되는 것'이기 때문이다. 이것은 반대인 것들의 경우에서도 마찬가지이다. 왜냐하면 반대인 것들끼리의 어떤 하나의 조합[200]에 따르면, 반대인 것의 설명식은 반대인 것을 정의하기 때문이다. 예를 들면 '좋은 것을 만들어 낼 수 있는 것'이 '유익한' 것이라면 '나쁜 것을 만들어 낼 수 있는 것' 혹은 '좋은 것을 파괴할 수 있는 것'은 '해로운' 것이다. 이것들 중 하나가 맨 처음에 말해진 것에 반대되는 것이 필연적이
147b 니까. 그러므로 만일 이 둘 중 어떤 것[201]이라도 맨 처음에 말해진 것[202]과 반대되는 것이 아니라면, 나중에 제시된 것들 중 어느 쪽[203]도 반대되는 것을 정의하는 설명식이 아닐 것이라는 점은 분명하며, 따라서 맨 처음에

200 원어로는 sumplokē이다. 즉 서로 반대인 것들의 조합은 다음과 같이 4가지로 나누어질 수 있다. (1) 좋은 것을 만들어 낼 수 있는 것 (2) 좋은 것을 파괴할 수 있는 것 (3) 나쁜 것을 만들어 낼 수 있는 것 (4) 나쁜 것을 파괴할 수 있는 것. (1)에 반대되는 것은 (2)와 (3)이고, (3)에 반대되는 것은 (1)과 (4)이다.

201 '좋은 것을 파괴할 수 있는 것' 혹은 '나쁜 것을 만들어 낼 수 있는 것'.

202 유익한 것. 즉 '좋음을 만들어 낼 수 있는 것'이다.

203 '나쁜 것을 만들어 낼 수 있는 것'과 '나쁜 것을 파괴할 수 있는 것'.

제시된 설명식도 올바르게 제시되지 않았던 것이다.[204]

그러나 반대인 것들 중 몇몇의 것은 다른 것의 결여에 의해 말해질 수 있으므로,[205] —예를 들면 동등(同等)하지 않음은 동등의 결여라고 생각된다(동등하지 않은 것들은 '동등하지 않은'이라고 말해지니까)—그렇기에 결여에 의해 반대로 말해지는 것은 다른 쪽의 것을 통해서 필연적으로 정의되어야만 하지만, 남은 다른 반대의 것은 결여에 의해 말해질 수 있는 것을 통해서 더 이상 정의될 수 없다는 것은 분명하다. 그렇지 않다면 그 어느 쪽이나 다른 쪽의 것을 통해서 알 수 있다는 것이 따라 나올 테니까.[206] 그렇기에 반대인 것들에서는, 예를 들어 누군가가 '동등함'을 '동등

---

204 종합적으로 이 대목을 이해해 보자. 예를 들어 상대방이 '유익함'의 정의로 '좋은 것을 만들어 낼 수 있는 것'을 내놓았다고 하자. 이에 대한 비판은 이런 단계로 이루어진다. '좋은 것을 만들어 낼 수 있는 것'의 반대인, '나쁜 것을 만들어 낼 수 있는 것'과 '좋은 것을 파괴할 수 있는 것' 어느 것도 유익한 것의 반대가 아니라면, '나쁜 것을 만들어 낼 수 있는 것'과 '좋은 것을 파괴할 수 있는 것' 어느 것도 해로운 것의 정의가 아니다. 따라서 맨 처음에 제시한 '좋은 것을 만들어 낼 수 있는 것'은 '유익함'의 정의가 아니다.

205 여기서 아리스토텔레스는 '결여에 의해서 말해지는 것'(名辭, kata sterēsin legomenon)들을 반대의 것들(enantia)의 개별적인 종들로서 말하고 있다. 반면 일반적으로 대립되는 것들(antikeimena)은 네 개의 종으로 나누어진다. 모순되는 것, 반대되는 것, 관계적인 것, 결여하는 것과 소유하는 것에 따라 대립되는 것 등이다(『토피카』 제2권 제3장 109b17-19, 제2권 제8장과 제5권 제6장 참조). '결여하고 있음'은 넓은 의미로 사용되어, 147b26-28에서 보는 바처럼 단지 '가지고 있음'(헥시스)만으로 국한되는 것이 아니며("결여는 가지고 있음의 결여이든지 혹은 반대인 것의 결여이든지 혹은 무엇이든지 그것의 결여라고 하듯이 말이다"), 결여는 147b6의 괄호 속에 나오듯이 부정(비명제적인 것)에도 대응하는 것처럼 보인다. 사실상 아리스토텔레스는 『분석론』에서 종종 부정적 명제를 '결여적'으로 언급하고 있다. '냉각'을 '본성상 뜨거운 것의 결여'라고 말하듯이, "모든 결여는 자연 본성적으로 속하는 것의 결여"이기도 하다(제6권 제3장 141a10-11).

206 이 말은 '동등하지 않음은 동등함에 의해 정의될 수 있지만, 동등함은 동등하지 않음에 의해서 정의될 수 없다'는 것을 의미한다. 동등하지 않음은 '동등함의 상태'가

하지 않음에 반대되는 것'이라고 정의하는 경우와 같은 그런 잘못을 범하지 않도록 주의해서 살펴봐야 한다. 그 경우에는 결여에 의해 말해지는 것을 통해서 정의하고 있기 때문이다.[207]

게다가 그러한 방식으로 정의하는 사람은 정의되는 것(definiendum) 자체를 어쩔 수 없이 사용해야만 한다. 이것은 이름 대신에 설명식을 대치시킨다면 분명해진다.[208] 왜냐하면 '동등하지 않음'이라 말하거나 혹은 '동등함의 결여'를 말하든 간에 아무런 차이가 없기 때문이다. 그렇기에 앞서와 같이 정의하면 동등함은 '동등함의 결여의 반대'일 것이며, 따라서 이렇게 정의한 사람은 정의되는 것 자체['동등함'이란 말]를 사용한 셈이 될 것이다.[209] 그러나 반대인 것들 중 어느 것도 결여에 의해 말할 수 없지만, 설명식이 지금 말한 것과 마찬가지 방식으로 제시된다면, 예를 들어 '좋음은 나쁨에 반대되는' 것이라고 제시된다면, '나쁨도 좋음에 반대되는 것'이라는 것은 분명하다. 이와 같은 방식으로 반대되는 것들의 설명식은 마찬가지 방식으로 제시되어야만 하니까. 따라서 또, 이렇게 정의하는 경우도 정의되는 것 자체를 사용한다는 것이 따라 나온다. 나쁨의 설명식 안에는 좋음이 포함되어 있으니까. 따라서 좋음이 나쁨에 반대되는 것이고, 또

어떤 것인지가 이미 전제되고 있으나, 동등함은 규정될 상태이지 이미 규정된 어떤 상태에 의해 정의될 수 없는 것이기 때문이다.

207 좋음을 나쁨에 의해서 정의하듯이, 대립되는 것을 그 대립되는 것을 통해 정의하는 경우는 '더 앞선 것들'로부터 정의하지 않는 한 가지 방식이다(『토피카』 제6권 제4장 142a22-24).

208 동등함의 '정의'를 '동등하지 않음의 반대'로 규정하자. '동등하지 않음' 이름 대신에 '동등함의 결여'라는 설명식을 대치한다면, 그러면 '동등함은 동등함의 결여의 반대'를 얻게 된다. 이렇게 되면 정의식 안에 '정의되는 것'(피정의항)을 사용한 셈이 되는 것이다.

209 정의되는 것(definiendum) 자체를 사용하는 것은 '보다 앞선 것들로부터' 정의하지 않는 방식 중의 하나이다(『토피카』 제6권 제4장 142a34 참조).

나쁨이 좋음에 반대되는 것과 전혀 다르지 않다면, '좋음은 좋음에 반대되는 것에 반대되는 것'일 것이다. 그렇기에 정의되는 것 자체를 사용하고 있음은 분명하다.[210]

(4) 결여

게다가 결여에 의해 말해진 것을 제시하면서 그것이 그것의 결여인 것을 제시하지 못했는지를 살펴봐야 한다. 예를 들면 그 결여는 가지고 있음의 결여이든지 혹은 반대인 것의 결여이든지 혹은 무엇이든지 그것의 결여라고 하듯이 말이다. 또 결여가 본성적으로 그 안에서 생겨나는 것을, 그 안에서 무조건적으로 생기든 혹은 본성적으로 그 첫 번째 것으로 생기든, 덧붙이지 않았는지도 살펴봐야 한다. 예를 들어 무지를 결여라고 말하면서도 '지식의 결여'라고 말하지 않았거나, 혹은 무지가 본성적으로 그 안에 생기는 것을 덧붙이지 않거나, 혹은 덧붙였다고 하더라도 본성적으로 그 안에서 생기는 첫 번째 것이 아니거나 한 경우이다. 예를 들면 그것이 '생각하며 헤아리는〈이성적〉 부분 안에서'가 아니라, 인간 안에서나 혼 안에 생긴다고 말하는 경우가 그렇다.[211] 왜냐하면 이것들 중 어느 것이라도 행하지 않았다면 잘못을 범했기 때문이다. 또 '먼눈'을 '눈 안에서 시각의 결여'라고 말하지 않은 경우도 마찬가지이다. 왜냐하면 결여가 무엇인

---

210 나쁨은 단지 좋음의 결여에 의해 정의될 수 없다고 아리스토텔레스는 주장한다. 아마도 좋음이 아닌 것이 필연적으로 나쁜 것은 아니니까. 이런 유형의 반대되는 것들은 대칭적 설명식에 의해 정의된다(19-20). 좋음은 나쁨의 정의 안에 나타난다(21-22). 그 함축에 따라서 나쁨은 좋음의 정의 안에 나타나야 한다. 그렇다면 정의 안에 정의되는 것이 나타나지 않도록 어떻게 정의할 수 있다는 것인가? 아리스토텔레스는 더 이상 이 점을 말하고 있지 않다. 좋음은 동명이의적이기 때문에(제1권 제15장 107a5-12) 정의할 수 없다는 것일까?

211 『토피카』 제6권 제6장 145a28-30.

148a 지를 적절하게 제시하는 사람은 결여가 무엇의 결여인지 또 결여된 것이 무엇인지를 제시해야만 하기 때문이다.

(5) 결여에 의해 말할 수 없는 것

상대방이 결여에 의해 말할 수 없는 것을 결여를 사용해서 정의했는지를 살펴봐야 한다. 예를 들면 무지의 경우에도 무지를 부정(否定)에 의해 말하[[지 않]]는[212] 사람[213]에게 이러한 잘못이 있을 것이라고 일반적으로 여겨지고 있다. 왜냐하면 지식을 갖고 있지 못한 것이 무지한 것이 아니라 오히려 속임을 당하는 것이 무지한 것으로 일반적으로 여겨지고 있기 때문이다. 이러한 이유로 우리는 혼이 없는 것들〈무생물〉과 어린이들을 '무지하다'고 말할 수 없는 것이다. 따라서 '무지'는 지식의 결여에 의해 말해질 수 없다.

제10장 다른 여러 가지 토포스

(1) 동일한 어형변화의 방식을 이용하는 토포스

게다가 이름의 닮은 어형변화에 대해서[214] 설명식의 그것에 대응하는

---

212 대부분의 사본(BDC$_1$)과 알렉산드로스의 해석을 거부하는 브룅슈빅의 수정에 따라 mē 부정사(否定辭)를 생략하고 읽는다. 이에 대한 자세한 논의는 브룅슈빅(2007) 234쪽을 참조.

213 아래에 이어지는 '혼이 없는 것들과 어린이'의 예에서 더욱 분명해지는 바처럼, 바이츠는 부정에 따라서(kat' apophasin)가 아니라 어떤 마음 상태의 있고 없음에 따라(kata diathesis) 말하는 사람을 가리키는 것으로 해석한다. 브룅슈빅은 받아들이지 않는다.

214 아래의 예에서 보듯이 '유익한(ōphelimos), 유익한 방식으로(ōphelimōs), 유익했다(ōphelēkos)' 등의 경우이다. 이것들 각각에 설명식이 대응하고 있다. 어형변화

어형변화가 맞아떨어지는지 어떤지를[215] 살펴봐야 한다. 예를 들면 '유익한'이 '건강을 만들어 낼 수 있는' 것이라면, '유익한 방식으로'는 '건강을 만들어 낼 수 있는 방식으로'[216]이고, 또 '유익했다'는 '건강을 만들어 냈다'는 것이다.

(2) 정의가 정의된 말의 이데아에 적합한지에 대해

또한 말해진 정의(horos)[217]가 '이데아'에도 맞아떨어지는지를 검토해야 한다. 몇몇의 경우에서는 이런 일이 일어나지 않기 때문이다. 예를 들면 플라톤이 정의하는 것처럼 동물의 정의식에서 '죽어야만 하는 것'을 덧붙여서 정의하는 경우가 그것이다.[218] 예를 들어 '인간 자체'와 같은 이데아는 죽어야만 하는 것이 아니며, 따라서 그것의 설명식은 '이데아'에 맞아떨어지지 않기 때문이다. 일반적으로 말해서 '작용할 수 있는 것'(작용자) 혹은 '작용을 받아들일 수 있는 것'(피작용자)이 덧붙여지는 경우에 그것의 설명식은 '이데아'의 경우에 일치하지 않는 것이 필연적이다. 왜냐하면 이데아들이 존재한다고 말하는 사람들[219]에게는 이데아는 어떤 작용을 받아들일 수 없는 것이며, 또 어떤 운동도 하지 않는 것으로 생각되기 때문

에 대해서는 제1권 제15장 참조.

215 브룅슈빅에 따라 ei를 삽입해서 eti ⟨ei⟩ epi …(1320년쯤에 제작된 Marcianus 사본은 eti ei epi로 수정되어 있다)로 읽었다.

216 '유익하게'에 대응하는 것은 설명 안에서는 부사로 poiētikōs이다.

217 정의식(horimos)이 아니라 horos(정의)란 말이 쓰이고 있다. logos(설명, 설명식)는 언어적으로 무엇이 '어떠하다'는 규정을 하는 것을 말한다. 일반적으로 horismos는 logos 중에서 그 사물의 '본질'을 규정하는 엄밀한 '학적 정의'를 일컫는 말이며, 여기서 horos는 앞에서부터 내내 사용됐던 logos와 같은 의미로 쓰이고 있다.

218 플라톤, 『소피스테스』 246e, 265c 참조.

219 "이데아의 친구들"(플라톤, 『소피스테스』 248a-d).

이다.[220] 그러한 사람들에 대해서는 다른 어떤 것보다도[221] 이러한 논의가 유용하다.

동명이의적으로 말해지는 것들을 가진 정의를 검사하는 토포스

게다가 동명이의(호모뉘미아)적으로[222] 말해지는 것들에 대해 그것들 모두에 공통되는 하나의 설명식을 제시하고 있는지 살펴봐야 한다. 그 이름에 대응하는 설명식이 하나인 것들이 동명동의적(쉬노뉘몬)[223]이니까. 따라서 주어진 설명식(horos)이 동명이의적인 것 모두에 마찬가지로 맞아떨어진다면 그 이름 아래 포섭되는 어떤 것들에도 설명식은 적용될 수 없다. '생명'을 '영양섭취하는 유에 선천적으로 수반하는 운동'이라고 말한다면, 디오뉘시오스[224]의 이 생명의 설명식[225]도 그러한 결함을 안고 있다. 이것이 동물에 못지않게 식물에도 속해 있지만, 생명은 하나의 종에 대응해서 말해지는 것이 아니라, 오히려 동물에 속하는 것과 식물에 속하는 것이 다르다고 일반적으로 생각되고 있기 때문이다.[226] 그렇기에 모든 생명은 동명동의적이고 하나의 종에 대응해서 말해지는 것으로 생각해서 의도적으로 이런 식으로 정의를 제시하는 것도 가능하다.[227]

---

220 플라톤, 『소피스테스』 248d-249d. '운동하지' 않는 이데아가 인식되는 한, 그것은 작용을 받아들임으로써 그만큼 운동한다는 모순이 나올 수 있음을 논의하고 있다.

221 여기서 kai는 강조적 의미로 쓰였다.

222 즉 '다의적으로'.

223 '동명동의', '동명이의'에 대해서는 『범주들』(카테고리아이) 제1장의 논의를 참조.

224 어떤 인물인지는 정확히 알려져 있지 않다. 짝퉁-아리스토텔레스의 작품인 『관상학』(김재홍 역, 도서출판 길, 2014)에는(제3장 808a16) 매우 특이한 인물로 묘사되고 있다. 소피스트 디오뉘시오스에 대한 상세한 출처에 대해서는 필로스트라투스(Philostratus)의 『소피스트들의 생애』(1.22, 521-526=35-38) 참조.

225 디오뉘시오스의 이 정의는 동물에만 적용되는 정의이다.

226 '혼'(psuchē) 일반에 대한 설명을 전개하는 『혼에 대하여』 제1권 제1장 참조.

그런데 동명이의적임을 다 살펴본 다음에 두 동명이의 중 한쪽의 정의식을 제시하고자 바라지만, 그것에 고유한 것이 아니라 양쪽에 공통하는 설명식을 제시하고 있는데 그것을 알아차리지 못하는 것도 아무런 지장을 받지 않는다.[228] 하지만 어느 방식으로 정의를 내렸더라도 다른 한쪽의 경우에 못지않게 잘못을 범한 것이다. 그러나 몇몇의 동명이의적인 것들을 알아차리지 못한 채 지나쳐버리기 때문에, 질문자가 묻는 경우에 그것 148b
들을 동명동의적인 것으로서 사용해야만 하지만(그 경우에 한쪽의 정의는 다른 쪽의 정의에는 들어맞지 않으므로, 따라서 답변자는 적절하게 정의되지 않은 것으로 생각할 것이다. 그 정의는 동명동의적인 것 모두에 대해 들어맞아야만 하는 것이니까), 답변자 자신은 답을 할 때 동명이의적인 여러 의미를 분명하게 구별해야만 한다.[229]

답하는 사람 몇몇은, 한편으로 제시된 설명식이 모두에 대해 들어맞지 않을 경우에는 동명동의적인 것을 '동명이의적'이라고 주장하고, 제시된 설명이 양쪽에 대해 들어맞는 경우에는 동명이의적인 것을 '동명동의적'이라고 주장하기 때문에, 그러한 일들에 대해서는 미리 동의를 받아 두든가, 아니면 어느 쪽이 되었든 간에 그것[230]이 동명이의적인지 혹은 동명동

---

227 첫 번째 가능한 경우이다. 답변자가 정의되는 것(피정의항)을 동명동의적인 것으로 간주하고, 그래서 의도적으로 단일한 것으로 정의를 내놓는다. 이에 대해 질문자는 상대방에게 그것이 동명이의임을 지적하고, 그의 정의를 공격한다. 만일 이것이 모든 동명이의적인 것들에 적용된다면 그것은 정의를 내린 것이 아니다.

228 두 번째 가능한 경우이다. 답변자가 정의되는 것(피정의항)의 동명이의를 알면서 동명동의적인 것들 중 하나의 것에만 정의를 내린다. 하지만 그 제안된 정의는 모든 것에 적용된다. 그러면 그것은 어떤 것의 정의일 수 없다.

229 세 번째 가능한 경우이다. 답변자는 정의되는 것의 동명이의를 무시하고 정의를 내리기 때문에, 그 정의는 단지 동명이의적인 것들 중 하나에만 적합하다. 질문자는 그것이 또한 다른 것에도 적합하다고 주장할 것이다. 그가 그것들을 '동명동의적인 것'으로 간주하니까. 그렇게 해서 제안된 정의를 파괴하는 것이다.

의적인지 미리 추론해 둬야만[231] 한다. 왜냐하면 따라 나오는 것이 어떻게 될지 미리 간파하지 못하는 사람은 더 쉽사리 동의하기 때문이다.[232]

그러나 동의[233]가 있지 않은 채로 누군가[234]가 제시된 설명식이 이것[235]에 대해서도 들어맞지 않는다는 이유로 동명동의적인 것을 동명이의적인 것이라고 주장한다면, 그러한 [주어진] 설명식이 남은 것들에 대해서도 들어맞는지를 검토해야 한다. 그 경우라면 그것이 나머지 것들에서도 동명동의적임은 분명하니까. 그렇지 않다면 나머지 것들에는 여러 가지 정의가 있게 될 것이다. 왜냐하면 그 이름에 대응하는 두 가지 설명식, 즉 앞서 주어진 설명과 나중에 주어진 설명이 그것들에 들어맞을 것이기 때문이다.[236]

---

230 '질문구'를 말한다.

231 원어로는 prosullogisteon이다. 의미상 '미리 확증해 두다'로 새겨도 좋을 성싶다. 어쨌든 '학적'인 의미에서의 쉴로기스모스(추론)는 아니다. 넓은 의미에서의 추론 활동의 일종으로 받아들이면 되겠다.

232 '오히려 손쉽게 양보하고 인정하고 만다'는 의미이다. 이것은 하나의 '결론을 숨기는'(krupsis tou sumperasmatos) 전략으로, 논쟁을 위해 사용되나 문답을 통해 논의하는 자들은 이것의 사용을 주저한다(『토피카』 제8권 제1장 155b25-27).

233 원어로는 homologia(동의, 일치, 합의)이다.

234 앞서의 '답하는 사람 몇몇'과 같은 주장을 하는 사람을 가리킨다. 즉 바로 위의 b4-6 to men sunōnumon homōnumon phasin einai hotan mē epharmottē epi pan ho apodotheis logos(제시된 설명식이 모두에 대해 들어맞지 않을 경우에는 동명동의적인 것을 '동명이의적'이라고 주장하고)의 경우와 같이 동명이의를 가정함으로써 자신의 적절하지 못한 정의를 옹호하려는 사람을 가리킨다.

235 정의되는 것의 하위의 종. 아래 각주 236에서 '정의되는 것(definiendum) S의 하위 종인 S_1, S_2'를 말한다.

236 불합리한 결론을 이끌어 내는 일종의 귀류법을 사용하고 있다. 이 대목(148b10-16)에 대한 브룅슈빅의 해석(2007, 245-246쪽)을 정리해 보자. 이 대목은 대화 상대자들 간의 앞선 동의를 함축하고 있지 않다. 정의되는 것(definiendum) S는 동명동의적이며, 그 종들인 S_1, S_2가 있다. 'P는 S의 정의이다'는 기호적으로 'D(P, S)'로 간

이번에는,[237] 만일 누군가가 다의적으로 말해질 수 있는 것들 중 어떤

략화된다. 답변자는 'S는 사실상 동명동의적이고, S에만 해당하는 정의 P_1이 성립한다', 즉 D(P_1, S_1)를 내놓는다. 질문자는 그에 반대해서, 'P_1은 S_2에 해당하지 않는다', 즉 non-D(P_1, S_2)를 주장한다. 답변자는 이렇게 말한다(148b10-12). 즉 'P_1은 S_2의 정의가 아니라는 것[non-D(P_1, S_2)]을 인정하지만, 그것은 단지 S가 동명이의적임의 표시일 뿐이다.' 그러므로 여전히 D(P_1, S_1)이다. 이에 대해 질문자는 이렇게 말한다(148b12-16). 'P_2가 S_2의 정의'[D(P_2, S_2)]라는 것을 보자. P_2는 S_1에도 해당한다. 즉 D(P_2, S_1)이다. 그러므로 S는 동명동의적이다. 요컨대 'S_2의 정의에서 P_2는 P_1에도 해당한다. 그러므로 S는 동명동의적이다'라는 것이다. S의 두 종인 S_1과 S_2는 동일한 정의인 P_2를 허용한다. 이것은 S_1의 정의로서 P_1을 무효화하는 것으로 충분하다. 왜냐하면 S_1은 당장 P_1("앞서 주어진 설명")과 P_2("나중에 주어진 설명")에 의해 정의될 수 없기 때문이다.

237 '역으로'. 148b16-22는 다음과 같이 분석될 수 있다(브륑슈빅 2007, 246쪽). 두 가지의 구별되는 의미 S_1과 S_2를 갖는, 동명이의적인 정의되는 것(definiendum) S가 있다고 하자. 답변자는 S의 동명이의적임을 알지 못하고 D(P, S)('P는 S의 정의이다')를 제안했다. 질문자는 S의 동명이의를 지적한다(148b17-18). 즉 그는 D(P, S_1)은 인정하지만, D(P, S_2)는 거부한다. 18-19행에서 답변자는 'non-D(P, S_2)라는 것은 인정하지만, D(P, S_1)은 주장한다. 이 모두는 단지 이름 "S"가 S_2에 해당하지 않는다는 것을 보여줄 뿐이다'라고 말한다. 왜냐하면 정의 P는 그것(S_2)에 해당할 수 없기 때문이다. 그러므로 S는 동명이의적인 것이 아니며, 또한 S_1과 S_2를 공통으로 갖지 않는 동명이의적인 것이 아니다. 그것은 질문자가 허용한 것 같은 정의도 아니고, 답변자가 주장한 것과 같은 이름도 아니다. 질문자의 답변(19-22행)은 이렇다. 일반적인 사용법은 S_1에서와 같이 S_2에도 'S'라는 이름을 부여한다. 이 사용법은 S_1과 S_2가 동일한 정의를 받아들이지 않더라도 관용적으로 허용해 주어야 한다. 지금까지의 논의(148a23-b22)는 동명이의, 동명동의에 대한 아리스토텔레스의 철학적 관심을 충분히 표명하고 있는 것으로 받아들여진다. 이 점은 『범주들』(카테고리아이) 첫머리에서도 확인된다. 이런 개념을 통해서 그는 플라톤의 형이상학을 비판하며, 이런 개념들을 이용해서 자신의 철학적 입장을 개진하기도 한다. 아리스토텔레스는 자신의 언어이론을 여기저기서 표명하고 있으며(『소피스트적 논박에 대하여』 165a6-13), 새로운 조어를 만들어 내기도 하고, 다중의 관용적 언어 사용에 대한 이점과 불리한 점을 지적하기도 한다(『토피카』 제2권 제1장 110a14-22, 『형이상학』 제4권 제4장 1006b1-2 참조).

148b

것을 정의했을 경우에, 그 설명식이 모든 것에 들어맞지 않는데, 상대방이 그것이 동명이의적이라고는 말하지 않지만 그 설명식이 모든 것에 들어맞지 않기 때문에 그 이름도 모든 것에 들어맞지 않는다고 주장한다면, 그러한 사람에 대해서는 사람들에게 전승되고 모두에게 받아들여진 방식의 명칭을 반드시 사용해야만 하고, 그러한 것들을 흔들어서는 안 된다고 말해야 하지만, 약간의 이름에 대해서는 많은 사람들과 동일한 식으로 말해서는 안 되는 것이다.

제11장 복합어의 정의를 검사하는 토포스

(1) 정의가 조합된 것 전체를 말하는가?

여러 가지 요소들로 조합된 것들에 속하는 어떤 것의 정의가 제시된 경우에, 조합된 것의 한쪽의 요소의 설명식(horos)을 제거한다면, 남아 있는 설명식의 남은 부분이 정의되는 것의 나머지 부분의 설명식이 되고 있는지를 살펴봐야 한다. 그렇지 않다면, 그 설명식의 전체가 정의되는 것의 전체의 설명식이 아니라는 것은 분명하니까. 예를 들면 '유한한 직선(直線)'을 '중심이 양 끝을 가로막는 한계를 가진 평면의 한계'[238]라고 정의하는 경우, '유한한 선의' 설명식이 '한계를 가진 평면의 한계'라면 남은 것, 즉 '중심이 양 끝을 가로막는'은 '직(直)'의 설명이어야만 한다. 그러나 무한한 직선은 중심도 양 끝도 갖지 않더라도 '직'(直)하므로, 따라서 설명식의 남은 부분은 정의되는 것의 남은 부분의 설명식이 아니다.

---

238 플라톤, 『파르메니데스』 137e("직[直]은 그 중간이 두 끝 사이에 가장 가까운 선분 안에 있는 것"). 브룅슈빅은 to meson을 '중간'이 아니라 '중간 부분'으로 옮긴다.

(2) 정의는 결합된 것과 같은 숫자만큼의 부분들로 구성되었는가?

게다가 정의되는 것이 결합된 것인 경우라면 그 제시된 설명식이 정의되는 것과 동등한 양[239]만큼의 부분을 가지고 있는지 살펴봐야 한다. 그런데 설명식이 동등한 양만큼의 부분을 가진다고 말할 수 있는 것은, 결합된 것의 요소의 수와 동일한 양만큼의 이름(名詞)과 다른 어구[240]가 설명식 속에 있을 때이다. 왜냐하면 그 경우에 [정의되는 말에서] 이전보다 지금이 [정의하는 말에서] 더 많은 이름(名辭, 名稱)이 사용되지 않으므로, 그 이름들 전부이든 또는 일부이든 이름 그 자체의 치환이 행해지고 있다 149a 고 하는 것은 필연적이기 때문이다. 하지만 정의하는 사람은 이름 대신에, 그것도 특히 모든 이름 대신에, 그것도 할 수 없다면 대부분의 이름 대신에 설명식을 제시해야만 한다. 이러한 방식[241]으로 하게 되면 단순한 것들의 경우에는 이름을 치환하는 것만으로도 정의하는 셈이 될 테니까. 예를 들면 '외투' 대신에 '겉옷'을 사용하는 경우가 그렇다.

(3) 불명료한 명사를 사용하고 있는가?

게다가 더 잘 알려지지 않은 이름에 의한 치환을 한다면 그 잘못은 더

---

239 동등한 양(isokōlos)은 정의를 구성하는 요소, 즉 말의 개수가 같다는 것이다. 이어지는 예에서 보듯이 정의를 구성하는 어구를 치환한 것을 포함한다.

240 일반적으로 '동사'(動詞)를 의미하는 rhēma는, 여기서 넓은 의미로 사용되고 있어서 '동사'라기보다는 동사, 형용사, 부사 등을 포함하는 정의를 구성하는 '낱말'(어구; words)이나(『명제론』 제2-3장 참조), 혹은 여러 낱말로 구성된 '표현'이라고 할 수 있다(『형이상학』 제7권 제16장 1040b34; 플라톤, 『크라튈로스』 399b). onomata(명사들, 36행) 역시 정의를 구성하는 낱말이다. 명사와 동사의 조합은 참과 거짓을 밝혀 주는 문장, 즉 진술을 만드는 문장(apophantikos logos)이 되고(『명제론』 제4장 16b33-17a2), 이것은 반드시 rhēma와 onoma로 구성되지 않는 '정의적 logos'(『시학』 제20장 1457a25, 30)와 다르다.

241 단지 이름만을 치환하는 방법.

욱 큰 것이 된다. 예를 들면 '하얀 사람' 대신에 '흰〈빛나는〉[242] 죽어야만 하는 자'로 한 경우가 그렇다. 그러한 식으로 말했을 때는 정의되지 않았으며, 거기다 덜 명확하기 때문이다.

(4) 동일한 의미를 갖지 않은 새로운 명사를 사용하고 있는가?

또 이름의 치환에서도 새로운 이름이 더 이상 동일한 것을 의미하고 있지 않은지 검토해야 한다.[243] 예를 들면 '이론적 지식'을 '이론적 판단'[244]이라고 말하는 사람이 그렇다. 왜냐하면 '판단'은 '지식'과 동일한 것이 아니지만, 전체가 동일한 것이어야만 한다면, 적어도 이것은 마땅히 동일한 것이어야만 하기 때문이다. '이론적'이란 것은 양쪽의 설명식에 공통되지만 남은 부분은 다른 것이니까.

(5) 명사의 교체가 유의 교환을 포함하고 있는가?

게다가 이름들 중 한쪽을 치환하는 경우에 방금 앞에서 말한 예에서처럼 종차가 아니라 유의 교환을 행하지 않았는지 살펴봐야 한다. '이론적'은 '지식'보다도 덜 알려지는 것이니까. 왜냐하면 한쪽은 유이고 다른 쪽은 종차인데, 유는 모든 것 중에서 가장 잘 알려지는 것이기 때문이다. 따라서 종차가 더 잘 알려지는 것이 아니기 때문에, 유가 아니라 종차의 치

---

242 원어로는 argos이다. 이 말은 '빛을 내는'이라는 의미로 새겨진다. 브룅슈빅은 '흰'(blanc)을 의미하는 라틴어 *candidus*에서 온 candide로 옮기고 있다. 요컨대 정의를 내리는 데는 우리에게 잘 알려진 말을 사용해서 명확하게 해야 한다는 점을 지적하는 것이다.

243 애초에 주어진 말과 치환된 새로운 말 간에 의미의 동일성 여부.

244 『토피카』에서 판단(가정; hupolēpsis)은 지식(epistēmē)의 유로 제시되고 있다. 제2권 제8장 114a18, 제3권 제6장 119b3-4, 제4권 제4장 125a9-10, 제5권 제3장 131a23 참조.

환을 해야만 했다. (아니면, 이 비판은 가소로울지도 모른다. 종차를 가장 잘 알려진 이름으로 말하고, 유를 그렇게 하지 않는다고 하더라도 아무런 지장을 받지 않기 때문이다. 그 경우라고 할 때, 이름의 차원에서 치환이 행해져야만 하는 것은 종차에 대해서가 아니라 유에 대해서였다는 것은 분명하다.) 그러나 이름 대신에 이름을 치환하는 것이 아니라 이름 대신에 설명을 치환하는 경우라면, 정의식은 앎을 위해서 제시된 것이기 때문에, 유보다는 오히려 종차의 정의식을 제시해야 한다는 것은 분명하다. 종차는 유보다 잘 알려지는 것이 아니니까.[245]

제12장 정의를 검사하는 토포스

(1) 종차의 정의가 다른 것과 공통되는가?

만일 상대방이 종차의 정의를 제시한 경우에는, 그 제시된 정의식(horismos)이 무언가 다른 것과 공통되는지를 검토해야 한다. 예를 들면 '홀수'는 '정중앙의 것을 가지는 수'[246]라고 말하는 경우[[, 어떤 식으로 정중앙의 것을 가질지에 대한 그 이상의 규정이 주어져야만 한다]].[247] '수'는 양

---

245 149a19와 149a28의 문장을 비교하면 알 수 있듯이, 또 골케가 지적하듯이 아리스토텔레스가 자기비판을 하는 듯한 이 비판(149a20-24)은 나중에 삽입된 것임이 분명하다. 게다가 '가소롭다'(gelois)는 말도 『토피카』에서 생소한 표현이다.

246 '정중앙의 것을 가지는 수'라는 것은 5=2+1+2, 7=3+1+3, 9=4+1+4과 같이 양쪽을 제외하고 남은 것인 1을 가리킨다.

247 브룅슈빅은 이 부분을 삭제하고 읽는다(브룅슈빅[2007], 247-248쪽 해당 주석 참조). '규정해야 한다'라는 동사 epidiorizein이 『토피카』에서는 쓰이지 않는 생소한 표현이라는 것이다. 이 동사는 이곳 이외에 『천체론』 제3권 제4장 303a13에서 사용되고 있다. 이 구절은 a36행에서 다시 반복되고 있으며, 실제로 a35행 아래의 결론적인

149a

쪽의 설명식에 공통되지만, '홀'이라는 이름 대신에 설명식이 치환되었으니까. 그런데 선분도 입체〈물체〉도 '홀'은 아니지만 정중앙의 것을 가진다. 따라서 이것은 '홀'의 정의식이 아닐 것이다. 그러나 '정중앙의 것'을 가짐이 여러 가지 의미로 말해진다면[248] 어떤 의미에서 정중앙의 것을 가질지를 반드시 규정해야만 한다. 따라서 그러한 정의에 대한 비판이 있을 것이거나 정의되지 않았다는 추론이 따라 나올[249] 수 있을 것이다.[250]

(2) 정의되는 명사는 존재하나 그 설명식은 존재하지 않는가?

또 그 설명식이 제시하는 바로 그것이 존재하는 것들에 속하지만, 그 설명식 아래에 포섭되는 것은 존재하는 것들에 속하지 않는지 살펴봐야 한
149b 다. 예를 들면 상대방이 '하양'을 '불과 섞인 색'이라고 정의한 경우가 그렇다. 비물체적인 것이 물체와 섞인다는 것은 불가능하므로,[251] 따라서 '불과

부분("그러나 만일 …")을 이해하지 못하게 만드는 경향이 있기도 하다. 그러나 epi-라는 접두사가 가지는 '그 이상의' 함의를 생각해 보면, 늘 사용하는 diorizein 대신에 이 동사를 왜 사용했는지도 충분히 이해할 수 있다. 『토피카』에서는 prosdiorizein과 diorizein이 종종 사용되고 있다.

248 앞서 제11장 148b29에서의 유한한 선분의 '중앙의 것'(중간)은 홀수의 '중앙의 것'과 다르다. 예를 들면 (■ ■ ■ • ■ ■ ■)와 (7=3+1+3)의 경우를 생각하라.

249 여기서 이 말(sullogismos)은 『분석론 전서』 등에서 말해지는 기술적인 의미에서의 '형식적 추론'을 의미하는 것이 아니라 '결과로서 따라 나온다'는 좀 더 포괄적인 의미로 사용되었다.

250 즉 '정중앙의 것'의 다의성을 지적해서 '그것이 어떤 의미에서 그런지'를 물어서 비판하거나, 혹은 그것으로부터 올바른 정의가 따라 나오지 않았다고 말할 수 있을 것이다. 바이츠, 파키우스, 피카드-케임브리지는 이 대목(149a29-37)을 제11장의 끝에 위치시키려 한다. 한편 로스, 트리꼬, 포스터, 브룅슈빅 등은 벡커에 따라 제12장의 첫머리에 그대로 위치시킨다. 아리스토텔레스 저작에서 '장'의 구분 전통이 꽤 오래된 것이긴 하지만 크게 신뢰를 둘 필요는 없다. 골케는 a35-37행을 나중의 삽입으로 보고 있다(브룅슈빅 해당 주석 참조).

섞인' '색'은 존재하지 않을 것이지만 '하양'은 존재하기 때문이다.

(3) 관계적 존재들을 정의하는 경우에 그 대상을 구별하지 않고 정의하고 있는가?

게다가 관계적인 것에서, 이 관계적인 것과의 관계에서 말해지는 그것[관계항]을 나누지 않은 채로 여러 가지 것들 가운데 포함시켜 말한 사람들은, 전체적으로든 아니면 어떤 점에서든 옳지 못한 것이다. 예를 들면 누군가가 '의술'을 '존재하는 것의 지식'이라고 말한 경우가 그렇다. 왜냐하면 의술이 존재하는 것들 중 그 어느 하나의 지식도 아니라면 전체적으로 옳지 못하다는 것이 분명하고, 이와는 달리 존재하는 것의 어떤 것의 지식이지만 다른 어떤 것의 지식이 아니라면 어떤 점에서 옳지 못하다는 것이 분명하기 때문이다. 그것이 관계되는 것이 부수적으로가 아니라 그 자체로 '존재하는' 것이라고 말할 수 있다면, 의술은 존재하는 것 모두에 대한 지식이어야만 하기 때문이다.[252] 모든 '지식의 대상'[253]은 지식에 관계해서 말해지니까. 이것은 다른 관계적인 것들의 경우에도 마찬가지이다. 모든 관계적인 것들은 환위될 수 있으니까.[254]

---

251 다른 범주에 속하는 것들 간의 혼합 불가능성에 대해서는 『생성과 소멸에 대하여』 제1권 제10장 327b15-17 참조. 브룅슈빅은 하양 대신에 '밝은'(clair)으로 옮긴다. 스토아 철학에 가면 모든 것을 물질로 해석하는 입장에서 물체(불)와 비물체적인 것(색)의 섞임이 가능하다. '있지 않은 것'도 비물체적인 것이 아닌 셈이다.

252 만일 의술이 건강적인 것에 관한 것이고, 또 건강적인 것은 '존재하는' 것에 관한 것이라면, 의술은 '부수적으로' 존재하는 것에 관한 것이라고 말해야 한다. 그러나 부수적이 아니라 의술이 그 자체로 존재에 관한 지식이라면, 의술은 존재하는 모든 것의 지식이어야만 한다.

253 문자적으로는 '알려질 수 있는 모든 것'.

254 『범주들』(카테고리아이) 제7장 6b28 아래 참조.

149b

게다가 관계되는 것 그 자체가 아니라 그것에 부수적으로 어떤 것의 설명식을 제시하려는 경우에 그것을 올바르게 제시한다면, 관계적인 것들 각각이 하나의 것에 관계하지 않고 다수의 것과 관계해서 말해질 것이다. 사실상 동일한 것이 존재하는 것이면서, 하얀 것이기도 하고 좋은 것이라고 하는 것은 아무런 방해를 받지 않기에, 따라서 그것들 중 어떤 것과의 관계에서 정의를 제시함으로써, 부수적으로 제시하는 것이 올바른 제시라고 한다면 올바르게 제시한 것이 될 것이기 때문이다. 게다가 그러한 설명식은 제시된 것에 고유한 것이기는 불가능하다. 비단 의술만이 아니라 다른 지식의 많은 것도 존재하는 것에 관계해서[255] 말해질 수 있으므로, 따라서 그것들의 각각은 존재하는 것의 지식일 것이기 때문이다. 그렇기에 그러한 정의식은 그 어떤 지식의 정의식이 아니라는 것은 분명하다. 정의식은 고유한 것이어야만 하지 공통되는 것이어서는 안 되기 때문이다.

(4) 있는 그대로의 대상이 아니라 완전한 상태의 정의를 제시하고 있지는 않은가?

때때로 사람들은 그 사물〈대상〉이 아니라, 좋은(eu) 상태의 사물이나 완성된 사물을 정의한다. '웅변가'는 '각각의 사안에서 설득적인 것을 살펴서 알아낼 수 있고, 무엇 하나 빠뜨리지 않을 수 있는[256] 사람'이고, '도

---

255 수학적 대상의 존재론적 지위.

256 mēden paraleipōn은 어떤 상황에 처해서 사용 가능한 수단을 빠뜨리지 않고 자신이 원하는 바를 성취할 수 있다는 것을 말한다. "사실상 연설가는 어떤 방식으로든 청중을 설득할 수 있는 것이 아니며, 또한 의사도 어떤 방식으로든 간에 환자를 치유할 수 있는 것이 아니라, 오히려 사용 가능한 수단 중 무엇 하나라도 빠뜨리지 않은 상태에 있다면(mēden paralipē), 우리는 그 사람이 충분히 지식을 가지고 있다고 말하는 것이니까 말이다."(『토피카』 제1권 제3장 101b5-10) 이와 동일한 관점을 피력하고 있는 『수사학』 제1권 제1장 1355b10-14 참조.

둑'은 '몰래 무언가를 취하는 사람'[257]이라고 하면, 웅변가와 도둑의 정의는 그러한 것[258]이겠다. 그들 각각이 그러한 사람이라면, 한쪽은 '좋은(agathos) 웅변가'요, 다른 쪽은 '좋은 도둑'이라는 것은 분명하니까. 사실상 '몰래 무언가를 취하는 사람'이 아니라 '몰래 무언가를 취하기를 원하는 사람'이 도둑이기 때문이다.[259]

(5) 그 자체로 바람직한 것을 다른 어떤 것 때문에 바람직한 것으로 받아들여 정의하고 있지는 않은가?

또 그 자체 때문에 선택된 것을, 무언가를 만들어 내는 것으로서 혹은 무언가를 행하는 것으로서 혹은 어떤 방식으로든 다른 것 때문에 선택되는 것으로서 상대방이 제시했는지를 살펴봐야 한다. 예를 들면 '정의'를 '법을 유지할 수 있는 것'이라든지 혹은 '지혜'를 '행복을 만들어 낼 수 있는 것'이라고 말하는 경우가 그렇다. 무언가를 만들어 낼 수 있는 것 혹은 유지할 수 있는 것은 다른 것 때문에 선택된 것들에 속하는 것이니까. 혹은 그 자체 때문에 선택된 것을 또한 다른 것 때문에 선택된 것이라고 해도 아무런 방해를 받지 않을지도 모르나, 그럼에도 그 자체 때문에 선택된 것을 그러한 방식으로 정의한 사람은 여전히 잘못을 범하는 것이다.[260]

---

257 '몰래 다른 사람의 모든 것을 훔칠 수 있는 능력이 있는 자'(『토피카』 제4권 제5장 126a32).

258 완성된 사물의 정의를 말한다.

259 아리스토텔레스는 여기서(b29-30) '행위하는' 사람과 어떤 방식으로 '행위하기를 원하는' 사람 간의 차이를 구분하고 있다. 일반적으로 도둑질을 잘하는 사람은 좋은(뛰어난) 도둑이다. 그러나 도둑이 항상 도둑질을 잘하는 것은 아니다. 실패하는 수도 있으니, '도둑'에는 잘하지 못하는 도둑도 포함된다. 그러므로 좋은(뛰어난) 도둑에게만 '해당되는 정의'는 도둑의 '정의'가 아니다.

260 그 자체 때문에 선택되는 것은 그러한 것의 '본질'이므로, 그 자체가 동시에 다른

149b

왜냐하면 그 각각의 것의 최선인 것은 무엇보다 그 본질(ousia) 안에 있으며, 그 자체 때문에 선택된 것이 다른 것 때문에 선택된 것보다 더 나은 것이어서, 따라서 정의식은 그것을 더욱 많이 나타내야만 했기 때문이다.[261]

제13장 다음과 같은 형식으로 이루어진 복합적인 정의를 취급하는 방법

(1) X는 'A와 B'이다

150a 또 무언가의 정의식을 제시한 경우에, 상대방이 그것을 1) '이것들'[262] [A와 B]로 정의하거나, 혹은 2) '이것들[A와 B]로 이루어진 것'[A※B]으로 정의하거나, 혹은 3) '이것[A]과 함께하는 저것[B]'[A+B]으로 정의했는지 검토해야 한다.

1) 무언가를 이것들[A와 B]로서 정의한다면 정의는 두 개가 함께하는 것의 양자에 속하더라도, 그 어느 것에도 [개별적으로는] 속하지 않는다는 것이 따라 나올 테니까. 예를 들면 '정의'(正義)를 '절제와 용기'로서 정의한 경우가 그것이다.[263] 사실상 두 사람이 있어서 각자가 이것들 중 어

것 때문에 선택된 경우에도 다른 것 때문에 선택된 것임을 보여준다고 해도 여전히 그 본질을 제시한 것은 되지 못한다는 것이다.

261 『토피카』 제6권 제5장 143a9-10 참조.

262 tade로 지시대명사 tode(이것)의 복수. 임의의 명사(名辭)가 대입되는 변항의 역할을 맡는다.

263 정의를 '절제와 용기'로 정의한 사람은 '정의'인 전체가 '절제'와 '용기'인 부분들의 총합과 동일하다는 것을 전제한다. 만일 많은 경우에 그 부분들의 총합과 전체가 동일시될 수 없다는 것을 보인다면 그런 방식으로 주어진 정의는 흔들리고 말 것이

느 한쪽만을 가진다면, 두 사람이 함께라면 양자는 정의를 가질 테지만 각자 한 사람으로는 갖고 있지 않기 때문에, 양자는 정의로운 사람이거나 또 둘 다 어느 쪽도 정의롭지 않은 사람이 될 테니까.[264] 그러나 이러한 일이 다른 경우들에도 마찬가지로 일어나기 때문에(두 사람이 함께 1므나[265]를 가지지만, 둘 다가 1므나를 갖지 않더라도 아무런 방해를 받지 않으니까), 지금 말한 것이 아직은 아주 불합리하지 않다고 해도, 그렇지만 적어도 그 사람들에게 반대되는 것이 속하는 것은 전적으로 불합리한 것으로 생각될 것이다. 그들 중에 한쪽은 절제와 비겁함을 갖고, 다른 쪽은 용기와 방탕을 가진다면, 그것이, 즉 앞서 지적된 불합리한 것이 따라 나올 것이다. 양자가 정의와 부정의를 가질 테니까. 왜냐하면 정의가 '절제와 용기'라면, 부정의는 '비겁함과 방탕함'일 것이기 때문이다. 일반적으로 말해서 여러 부분[266]과 전체가 동일하지 않다고 공격할 수 있는 방도 모두는 방금 말한 사안에 대해서 유용하다. 왜냐하면 그와 같은 방식으로 정의하는 사람은, 여러 부분이 전체와 동일하다고 주장하는 것으로 여겨지기 때문이다. 마치 집과 그와 같은 종류의 다른 것들의 경우에서처럼, 부분들의 결합이 명백한 그러한 경우에는 이 논의들이 특히 적합한 것이다. 왜냐하면 여러

다. 아래에서 논의되는 것은 바로 이 정의(定義)가 지니는 난점을 지적하는 토포스이다. 플라톤, 『대 히피아스』 300c 아래 참조.

264 플라톤이 『국가』에서 정의(正義)를 지혜, 용기, 절제의 '조화'(harmonia)로 본 입장을 생각해 본다면, 플라톤의 입장에서 시민 전체로서 '시민'은 정의로울 수는 있지만, 여전히 전체의 부분인 '시민' 각자는 정의롭지 않을 수 있다는 비판으로 보인다.

265 돈이나 무게를 측정하는 단위. 그리스의 화폐 단위는 탈란톤(talanton), 므나(mna), 드라크메(drachmē), 오볼로스(obolos)로 구성됐다. 1탈란톤은 60므나, 6,000드라크메, 36,000오볼로스에 해당한다. 1므나는 100드라크메이다. 당시 노동자의 하루 품삯은 1드라크메였다.

266 즉 '부분들의 총합.'

150a

부분이 존재하더라도 전체가 존재하지 않는다는 것은 아무런 방해를 받지 않으므로, 따라서 여러 부분이 전체와 동일하지 않다는 것은 분명하기 때문이다.[267]

(2) X는 'A와 B로 이루어진 것'[A※B]이다.

2) 하지만 상대방이 정의되는 것을 '이것들'[A와 B]이 아니라 '이것들[A와 B]로 이루어진 것'[A※B]이라고 말했다면, 첫째로 앞에서 말한 것들[A와 B]로 이루어진 하나의 것이 본성적으로 생기지 않은 것인지 검토해 보아야 한다. 선(線)과 수의 경우에서처럼, 몇몇의 것들에서는 그것들로부터 하나라도 생기지 않을 것 같은 그런 상태에서 서로에 대해 관계가 있는 것이니까. 게다가 정의된 것은 무언가 하나의 것 안에서 첫 번째 것으로서[268] 본성적으로 생기는 것이라고 하지만, 정의된 것이 그것들로부터 이루어진다고 상대방이 말한 그것들[정의된 것의 구성 부분]이 어떤 하나의 것 안에서 첫 번째의 것으로서 생기는 것이 본성적이지 않고, 오히려 각각의 것은 다른 것 중에서 생기게 된 것은 아닌지 살펴봐야 한다. 그 경우에는 정의된 것이 그것들로부터 이루어질 수 없다는 것은 분명하니까. 왜냐하면 부분들이 그 안에 있는 것들에 전체도 있는 것이 필연적이고, 따라서 앞의 경우에 전체는 하나의 것 안에 첫 번째 것으로 있는 것이

---

267 부분들과 전체의 비동일성은 전체가 존재하지 않을 때 가장 명백하게 드러난다.

268 '첫 번째 것'이란 어떤 고유속성이나 성향이 자리 잡는 맨 처음 장소를 말한다. 이를테면 슬기(실천적 지혜)는 혼 속에도—혼의 3분설을 전제한다면—'생각하고 헤아리는〈이성적〉 부분'에 자리한다. 그래서 '인간의 혼 속에 슬기가 있다'고 말하는 것이다. "슬기는 **제일의** '생각하고 헤아리는 부분'의 탁월성이니까. 사실상 그 부분에 근거해서 혼과 인간은 슬기롭다고 말하기 때문이다."(145a29-30) 요컨대 구성 요소들이 본성적으로 서로 다른 첫 번째 장소를 갖는 경우에 '첫 번째 것'이란 한정성이 없다면, 구성 요소 A와 B로 이루어진 전체 T의 정의를 논박할 수 없을 것이다.

아니라 오히려 다수의 것 안에 있어야 할 것이기 때문이다. 그러나 만일 그 부분들과 전체도 무언가 하나의 것 안에 첫 번째 것으로서 있는 경우라면, 그것이 동일한 것 안에 있는 것이 아니라 오히려 전체는 어떤 것 안에 있고 부분은 다른 것 안에 있지는 않은지 검토해 보아야 한다.[269]

또 부분이 전체와 더불어 소멸하는지를 살펴봐야 한다. 일어나는 일은 거꾸로이니까. 즉 부분이 소멸한다면 전체도 소멸하는 것은 필연적이지만, 전체가 소멸한다고 해서 부분이 소멸하는 것은 필연적이지 않기 때문이다. 혹은 전체가 선하거나 악하다고 해서 부분은 어느 쪽도 아닌지 또는 역으로 부분은 선하거나 악하다고 해서 전체는 어느 쪽도 아닌지를 살펴봐야 한다. 왜냐하면 어느 쪽도 아닌 것으로부터 무언가 선한 것이나 악한 것이 생기는 것은 가능하지 않고, 또한 악한 것들로부터나 선한 것들로부 150b
터 어느 쪽도 아닌 것이 생기는 것도 가능하지 않기 때문이다.[270]

---

269 상대방이 '슬기'를 '용기와 절제로 이루어진 것'으로 정의한다면, 슬기는 영혼 속의 '생각하고 헤아리는 부분'(logistikon)에 첫 번째 것으로, 용기는 '기개적 부분'(thumikon)에 첫 번째 것으로, 절제는 '욕망적 부분'(epithumētikon)에 첫 번째 것으로 있다(알렉산드로스, 487쪽 9-15행). 그렇다고 하더라도 전체와 부분이 동일한 것에 있는 것이 아니라, '전체는 어떤 것 안에 있고 부분은 다른 것 안에 있다'는 것이다.

270 아리스토텔레스가 생략해서 쓴 것을 풀어서 정리하면 이렇다. 구성 요소 'A와 B'로 이루어진 '전체 정의 T'가 있다고 하자. 전체와 구성 요소가 선과 악을 가질 경우에 네 가지의 조합이 성립한다. (1) T는 선하다, A와 B는 그렇지 않다. (2) T는 악하다, A와 B는 그렇지 않다. (3) A와 B는 선하다, T는 그렇지 않다. (4) A와 B는 악하다, T는 그렇지 않다. (1)과 (2)는 150a36-37행에 나타난다. 그리고 150a38-b1행에서 정당화된다. (3)과 (4)는 150a37-38행에서 나타난다("역으로"). 그리고 150b1행에서 정당화된다. mēdeteron과 mēdetera는 '중립적인 것'('선도 악도 아니다')을 의미하는 것은 아니다. 이것들 각각은 경우 (1)과 (3)이 선이 아니다 혹은 경우 (2)와 (4)가 악이 아니다를 의미한다. '선이 아님'과 '악이 아님'은 '중립적'인 것과 동등한 것이 아니다. '선이 아님'은 악이거나 중립적이고, '악이 아님'은 선이거나 중립적이니까. 즉, 가령 (2) 경우에 A와 B는 악하지 않고, 또한 그것들은 (1) 경우에 선하지도

150b

혹은 한쪽의 선한 것이 다른 쪽의 악한 것보다 '더 많이' 선하지만, 이것들 두 개로 이루어진 것[A※B]은 악한 것보다 '더 많이'[271] 선하지 않은지를 살펴봐야 한다. 예를 들면 '몰염치'는 '용기와 거짓의 판단(doxa)으로 이루어진다'로 정의되는 경우가 그렇다. 거짓된 판단이 악하다는 것보다 용기가 더 많이 선해야 하니까. 그렇기에 그것들[A와 B]로 이루어진 것은 이 '더 많이'라는 것에 따라야 하는[272] 것이기도 하고, 또 무조건적으로 선하든가 혹은 악한 것보다 더 많이 선해야만 하는 어떤 것이어야만 했다.[273] 혹은 이것은 이 둘 그 각각이 그 자체로서 선하지도 악하지도 않다면 필연적인 일이 아닐지도 모른다. 실제로 무언가를 만들어 낼 수 있는 많은 것은 그 자체로 선하지 않지만, 함께 혼합된다면 선하게 될 것이든가, 혹은 역으로 그 각각은 선하지만 혼합된다면 악하게 될 것이든가, 혹은 선한 것도 악한 것도 되지 않을 것이기 때문이다. 방금 말한 것은 건강과 질병을 만들어 내는 것들의 경우에 특히 명백하다. 몇몇의 약들은 그 각각으로는 선하지만 양자를 혼합시켜 투여된다면 악하게 될 듯한 그런 것이기 때문이다.[274]

또 더 나은 것과 더 못한 것으로 이루어진 전체는 더 나은 것보다 더 못하지만, 더 못한 것보다 더 나은 것이 아닌지 살펴봐야 한다. 혹은 이것도, 전체를 구성하는 부분들이 그 자체로 선한 것이 아니라면 필연적인 일

않다(mēdetera, 150a35-36행)는 것이다. (4) 경우에 T는 악하지 않고, 또한 (3) 경우에 그것은 선하지 않은 것이다(mēdeteron, 150a37-38행). 브륑슈빅의 주석 250-251쪽 참조.

271 '더 큰 정도에서'(in höherem Maße, 바그너와 랍).

272 원어로는 akolouthein(따르다, 복종하다, 일치하다, 수반하다, 응하다)이다.

273 즉 악인 몰염치는 선한 것이 아니고 또한 악보다 더 많이 좋은 것조차 아니다.

274 건강과 질병을 만들어 내는 것에 대한 예는, 『토피카』 제6권 제5장 142b35 아래 참조.

이 아닐지도 모른다. 그렇지만 방금 말한 것의 경우들에서처럼[275] 전체는 선한 것이 되지 않아도 아무런 방해를 받지 않는다.

게다가 전체가 그것의 부분 중의 한쪽과 동명동의적인지 살펴봐야 한다. 철자(綴字)의 경우들에서 그렇지 않은 것처럼 동명동의적이어서는 안 되니까. 왜냐하면 철자는 그것을 구성하는 자모의 어느 것과도 동명동의적이지 않기 때문이다.

게다가 상대방이 결합의 방식을 말하지 않았는지 살펴봐야 한다. 이것들로 구성되었다고 말하는 것만으로는 무언가를 알기 위해서 충분하지 않으니까. 왜냐하면 각각의 결합되는 것의 본질은 이것들[이러저러한 요소나 부분]로 구성되는 것이 아니고, 집의 경우에서처럼 이것들로부터 이러한 방식으로 구성되었다는 것에 있기 때문이다. 사실상 그 부분들이 어떤 식으로 결합된다고 해서 '집이 되는 것'은 아니니까.[276]

(3) X는 'A+B'이다

3) 상대방이 '이것[A]과 함께하는 저것[B]'[A+B]으로 정의를 제시한 경우에는, 먼저 '이것과 함께하는 저것'이 이것들과 동일한지, 아니면 '이것들[A와 B]로 이루어진 것'[A※B]과 동일한지를 말해야만 한다. '물과 함께하는 꿀'을 말하는 사람은 '꿀과 물'을 말하든가 혹은 '꿀과 물로 이루어진 것'을 말하든가이니까. 따라서 '이것과 함께하는 저것'이 앞서 말한 것들 중 어느 하나와 같다는 것을 상대방이 동의한다면, 그것들 각각에 대해 앞서 말한 것과 동일한 것을 논하는 것이 적합할 것이다.

---

275 바로 앞의 150b8-10.

276 여러 가지 재료들이 결합되어 집을 만드는 일정한 방식이 있듯이 요소들이 아무렇게나 결합된다고 해서 하나의 실체가 만들어지는 것은 아니다. 요컨대 결합하는 데에도 일정한 방식이 있다는 말이다.

150b

게다가 '어떤 것과 함께하는 어떤 것'이 얼마나 많은 의미로 말해지는지 구분한 다음에, '이것과 함께하는 저것'은 그 어떤 의미에서도 정의로서 말해지지 않는지를 검토해야 한다. 예를 들면 '어떤 것과 함께하는 어떤 것'이, 마치 정의와 용기가 혼 안에 있는 것처럼 그것들을 받아들일 수 있는 어떤 동일한 것 안에 있다는 의미로, 혹은 동일한 장소에 있다는 의미로, 또는 동일한 시간에 있다는 의미로 말해지지만, 문제가 되는 사안에 대해 말해진 정의식이 이것들 중 어느 의미에서도 참이 아니라면, 제시된 정의식은 무언가의 정의일 수 없다는 것은 분명하다. '이것과 함께하는 저것'은 어떤 의미에서도 정의로서 말해지지 않으니까.

151a 그러나 앞에서 구별된 여러 의미 중에서 '이것과 함께하는 저것'의 '이것'과 '저것' 둘 다가 동일한 시간에 속한다는 것이 참이라면, 그 각각의 것이 동일한 것과 관계해서 말해질 수 없을지를 검토해야 한다. 예를 들면 '용기'를 '올바른 생각을 함께하는 대담함'이라고 정의하는 경우가 그렇다. 왜냐하면 강탈하는 것의 대담함을 가지면서, 건강적인 것들에 대해 올바른 생각을 가지는 것도 가능하지만, 동일한 시간에 '이것과 함께하는 저것'[전자와 후자]을 가지는 사람이 그것만으로는 용기 있는 사람이 아니기 때문이다.

게다가 양쪽의 것[277]이 동일한 것과 관계해서, 예를 들면 의술적인 것들과 관계해서 말해질 수 있는지 살펴봐야 한다(의술적인 것들과 관계해서 대담함과 올바른 생각을 가지는 것은 아무런 지장을 받지 않으니까).[278] 그럼에도 '이것과 함께하는 저것'을 가지고 있는 사람도 용기 있는 사람이 아니다. 왜냐하면 그것들 각각은 다른 것들과 관계해서, 또 동일한 것이라

277 올바른 생각과 대담함.

278 브룅슈빅에 따라 괄호를 삽입했다.

도 임의(任意)의 것과 관계해서 말해져야만 하는 것이 아니라, 오히려 용기의 [진정한] 목적과 관계해서, 예를 들면 전쟁의 여러 위험과 관계해서 혹은 이것[279]보다 더 큰 목적이 있다면[280] 그것과 관계해서 말해져야만 하기 때문이다.[281]

그러나 그와 같은 방식으로 제시된 정의 중에 몇몇은 앞에서 말한 나눔에 전혀 포섭되지 않는 수도 있다. 예를 들면 '화'를 '업신여김을 당하고 있다고 하는 판단과 함께하는 고통'이라고 정의한 경우가 그렇다. 그 고통이 그러한 판단으로 말미암아 생긴다는 것을 그 정의는 보여주고자 하기 때문이다.[282] 그러나 이것으로 말미암아 무언가가 생긴다고 하는 것은, 앞에서 말한 그 어느 방식에 따라서도 '이것과 함께하는 저것'과 동일하지 않은 것이다.[283]

---

279 전쟁의 위험.

280 이와 유사하게 용기에 대한 논의가 전개되는 플라톤의 『라케스』 191c-e 참조.

281 용감한 사람이 죽음과 관계하는 경우는 어떤 것인가? 아리스토텔레스는 이 물음에 이렇게 답한다. "어떤 상황에서의 죽음과 관계한단 말인가? 혹시 가장 고귀한 상황에서의 죽음이 아닐까? 그런데 이러한 죽음은 전쟁에서의 죽음이다. 이것이 가장 크고 가장 고귀한 위험 속에서의 죽음이기 때문이다."(『니코마코스 윤리학』 제3권 제6장 1115a29-30).

282 화와 고통의 인과적 관계에 대한 언급에 대해서는 『토피카』 제4권 제5장 125b29 아래, 126a6 아래, 제6장 127b30 아래 참조. 문답을 통해 논의하는 자(변증론자)와 자연학자 간의 '화'의 정의(변증론적 정의인 "고통을 되돌려주려는 욕구"와 물리적 정의인 "심장 주변의 피와 열의 끓음")에 대해서는 『혼에 대하여』 403a29 아래 참조.

283 '화'는 '업신여김을 당하고 있다고 하는 판단'에 '고통'이 결부되어, 즉 보태져서(플러스되어) 생겨난 것이 아니라, 오히려 '업신여김을 당하고 있다고 하는 생각'이 원인이 되어서 '고통'이 따라 나온 것으로 보아야 한다는 것이다. 다시 말해 주어진 정의는 고통이 생겨난 원인만을 보여주고 있을 뿐이다.

151a

제14장 정의를 검사하는 여러 가지 토포스; 요약과 결론

복합물로서 정의된 경우에는 어떤 종류의 결합인지를 덧붙여야만 한다

또 상대방이 전체를 '이것들의 결합'이라고 말했다면, 예를 들면 '동물'을 '혼과 신체와의 결합'이라고 한 경우에 먼저 어떤 종류의 결합인지를 말하지 않았는지 검토해야 한다. '살' 혹은 '뼈'를 정의하는데 '불과 흙과 공기의 결합'[284]이라고 말한 경우가 그렇다. 왜냐하면 결합을 말하는 것만으로 충분하지 않고 어떤 성질의 결합인지를 덧붙여서 규정해야만 하기 때문이다. 사실상 그것들을 어떻게 결합해도 살이 되는 것이 아니라, 오히려 이러한 방식으로 결합된 경우에는 살이 되고, 저러한 방식으로 결합된 경우에는 뼈가 되기 때문이다. 그런데 앞에서 언급된 것들 중 어느 것[뼈와 살]도 전적으로 '결합'과 동일한 것으로 보이지 않는다. '해체'는 모든 '결합'에 대해 반대되지만, 앞에서 언급한 것들 중 어느 것에도 반대되는 것은 아무것도 없으니까.[285] 게다가 모든 결합물이 결합이라고 하는 것과 어느 결합물도 결합이 아니라고 하는 것은 같은 정도로 설득력을 갖지만, 각각의 동물이 결합물이긴 하지만 결합은 아니라고 한다면 다른 결합물 중 어느 것도 결합일 수 없다.

반대되는 것들 중 하나의 것에 의해서만 정의한 경우에 대해

또 어떤 것 중에 서로 반대되는 것들이 속하는 것이 같은 정도로 본성

---

284 『혼에 관하여』 제1권 제5장 410a1 아래.

285 sunthesis(결합)는 '결합의 과정'이고, suntheton(결합물)은 '이 과정에서 결과로서 생겨난 어떤 것'이라는 것이다. 일종의 말장난일 수 있는데, sunthesis는 그 과정뿐 아니라 그 결과를 의미한다는 것이다.

적이면서, 또 그 어떤 것이 반대되는 것들 중 한쪽의 것을 통해서 정의되었다고 하면, 실제로 정의되지 않았다는 것은 분명하다. 그렇지 않다고 한다면, 동일한 것에 대해 여럿의 정의식이 있다는 결과가 나오고 말 것이다. 실제로 반대되는 것들 중 한쪽을 통해서 정의한 사람이 다른 쪽을 통해서 정의한 사람에 비해 무엇을 한층 더 말한 셈이 되는가? 반대되는 양쪽의 것이 같은 정도로 본성적으로 그것에서 생겨나야 하는데도 말이다. '혼'을 '지식을 받아들일 수 있는 실체'라고 한다면, 이 혼의 정의가 바로 151b
그러한 것이다. 혼은 마찬가지로 또한 무지를 받아들일 수 있는 것이니까.

정의식 전체를 공격할 수 없다면 그 부분을 공격하거나, 수정을 가해야 한다; 변증술의 전형적 방법

그런데 정의식 전체는 잘 알려진 것이 아니므로 누군가가 정의식 전체에 대해 공격할 수 없다면, 그 부분은 잘 알려진 것이고, 또 정의식이 적절하게 제시되지 않았다는 것이 확실하다고 하면 그 부분의 어떤 것에 대해 반드시 공격해야만 한다. 부분이 파기된다면 그 정의식 전체도 파기되는 것이니까. 또한 정의식들 중 불명확한 것이 있는 경우에는, 무언가를 밝히거나 또 공격할 수 있는 채비를 하고, 그것을 바로잡고 또 모양을 잘 갖추는 그런 식으로 검토를 수행해야 한다.[286] 왜냐하면 답변자는 질문자가 이

286 원어로는 sundiorthōsanta kai suschēmatisanta … houtōs episkopein(그것을 ① 바로잡고, [아귀가 잘 맞도록] ② 모양을 잘 갖추는 … 그러한 식으로 ③ 검토를 수행해야 한다)이다. 이 대목에서 우리는 아리스토텔레스의 변증술의 방법과 절차가 단순히 논박을 위한 논박, 사소한 게임의 차원이 아니라, 보다 심각한 놀이의 방식으로 바뀌는 과정을 파악해 볼 수 있다. 상대방이 내놓은 정의들이나 우리에게 주어진 철학적 문제들에 — 그것이 엔독사의 형식이었든 혹은 다른 어떤 형식으로 주어졌든 간에 — '불명확한 것'(asapheis)이 있다면 그 '주어진 것 자체'에 대한 논의를 통해 우리가 탐구하고자 하는 문제의 본질에 다가서야만 한다. 따라서 주어진 것 자체에 대한

해한 의미를 그대로 받아들여야만 하거나, 혹은 그 설명식에 의해 제시된 바로 그것이 실제로 무엇을 의미하는지를 스스로 밝히는 것이 필연적이기 때문이다.

게다가 민회에서는 사람들이 법률을 제안하는 관습이 있어서 제안된 법률이 더 나은 것이라면 이전의 법률을 폐기하는 것처럼, 정의의 경우에도 그런 식으로 자신이 다른 정의식을 만들어서 내놓아야만 한다. 왜냐하면 새롭게 제안된 다른 정의가 더 나은 것이고 정의되는 것을 더 명백히 하는 것이 드러난다면,[287] 동일한 것에는 하나 이상의 정의식이 있을 수 없으므로 세워져 있던 기존의 정의가 파기될 것이라는 것은 분명하기 때문이다.[288]

올바른 정의식을 규정하는 임무의 중요성에 대해

모든 정의식에 맞서기 위한 아주 중요한 기본적 원리(stoicheion)는, 문제가 되는 대상을 정확하게 겨냥해서 스스로 정의를 내리거나 혹은 적절

검토가 하나의 학적인 '증명'으로 나가는 길이 되는 셈이다. 사실상 아리스토텔레스에게는 증명하는(밝히는; deiknunai) 그 과정 자체가 하나의 철학적 방법이기도 하다(『니코마코스 윤리학』 제7권 제1장 1145b2-7 참조). 그래서 그는 '아포리아를 해소한다는 것은 철학적 문제에 대한 해법의 발견이다'라거나 혹은 '나중에 가서 아포리아를 해소한다는 것은 애초의 아포리아를 해소하는 것'(『형이상학』 제3권 제1장 995a28-29)이라고 말한다.

287 '보여주고'(phainētai), '명백하게 드러내는'(dēlōn).

288 아리스토텔레스 자신이 『혼에 대하여』 제2권 제1장 412a27을 비롯한 자신의 저서 이곳저곳에서 이 같은 방법과 절차를 수행하고 있다. 이것은 또한 아리스토텔레스 변증술적 탐구 방법의 특징이기도 하다. 일반적으로 문답을 통한 변증술은 질문자와 답변자의 쌍으로 이루어져 진행되는 것이지만, 상대방이 없다면 그 스스로 두 역할을 떠맡아야만 한다(『토피카』 제8권 제1장 156b18 아래 참조). 14-17행에 이어 아래의 19-23행에서도 이 역할이 다시 언급되고 있다.

하게 말해진 정의를 제대로 짚어내는 것이다.[289] 왜냐하면, 말하자면 모범 〈전형〉[290]을 보는 것처럼 정의식이 마땅히 갖추어야 할 조건들의 부족한 점과 쓸데없이 덧붙여진 것을 알아챔으로써, 더 풍부한 공격 수단을 얻도록 하는 것이 필연적이기 때문이다. [20]

이렇게 해서 정의식에 대해서는 이런 정도로 말한 것으로 해 두자.[291]

---

289 "정확하게 겨냥해서"(eustochōs)는 '핵심을 찌르는 식으로'를 의미한다. 정의를 내리는 경우에 정확한 핵심 개념을 사용하는 것을 말한다. "제대로 짚어내는"(analabein)은 올바른 정의를 '채택하고 받아들이는 것'을 의미한다.

290 원어로는 paradeigma이다.

291 제6권의 마지막 단락은 '정의에 대한 변증술적 비판적 논의'가 끝난 것 같은 인상을 주면서 끝맺는다. 그러나 이어지는 제7권의 많은 부분이 정의에 대한 논의로 채워지고 있다. 물론 제7권 제3장부터는 정의의 파괴가 아니라 '정의의 확립'이 주된 논의 주제가 되고 있지만 말이다.

7권

정의의 토포스 (2), 동일성에 관한 토포스

제1장 '같음'과 '다름'을 취급하는 토포스

(1) '같음'은 어형변화, 동계열의 것, 대립되는 것 등을 통해서 검토된다

'같은 것'에 대해 이미 언급된 의미들 중 가장 주된[1] 의미에서 같은 것인 151b28
지 혹은 다른 것인지를(수에서의 하나임이 가장 주된 의미에서 같은 것이라고 앞서 말한 바 있다[2]) 어형변화와 동계열의 것, 대립되는 것의 관점에서 검토되어야 한다.[3] 왜냐하면 정의가 용기와 같다면, 정의로운 사람은 용감

1 최상급인 kuriōtaton은 '가장 표준적인', '가장 본래적인', '가장 좁은', '가장 엄밀한' 등으로 새길 수 있다.

2 『토피카』 제1권 제7장 103a23 아래('수에서의 하나임'). 특히 질문과 정의의 같음의 관계에 대해서는 제1권 제5장 102a7-17, 제7권 제2장 152b36-153a 참조. 그 밖에 『형이상학』 제5권 제9장 참조. 아리스토텔레스의 '같음'(tauton, 동일성)의 개념에 대해서는 아래의 논문을 참조. M. Mignucci, Puzzles about identity; Aristotle and his Greek Commentators, in J. Wiesner(ed.), *Aristoteles Werk und Wirkung*, Mélanges P. Moraux, Vol. I, 1985; M. Mignucci, On the Notion of Identity in Aristotle, in A. Bottani, M. Carrara, P. Giaretta(eds.), *Individuals, Essence and Identity*, 2002.

3 『토피카』 제2권 제2장 109b17-29, 제8장 113b15-114a25 참조. 어형변화, 동계열

한 사람과 같고 또 '정의롭게'는 '용감하게'와 같기 때문이다.[4]

대립되는 것들에서도 이것은 마찬가지이다. 왜냐하면 이것들[A와 B]이 같다면 대립으로 말해지는 것들[5] 중 그 어느 것을 따르더라도 그것들과 대립되는 것들[A에 대립되는 것인 C와 B에 대립되는 것인 D]도 같은 것이기 때문이다.[6] 사실상 대립되는 것들의 한쪽의 것[A 혹은 B]을 취하든 다른 쪽의 것[C 혹은 D]을 취하든[7], 그것들[C와 D]이 같은 한에서 전
152a 혀 차이가 없기 때문이다.[8] 또 만들어 낼 수 있는 것과 파괴할 수 있는 것, 생성과 소멸, 또 일반적으로 그 두 개의 각각[A와 B]에 대해서도 같은 관계를 가진 것들의 관점에서 고찰되어야 한다. 무조건적으로 같은 것들은 그것들의 생성과 소멸, 또한 그것들을 만들어 낼 수 있는 것과 파괴할 수 있는 것도 같으니까 말이다.[9]

(2) 두 개의 같은 것들 중 하나가 최상급일 때 다른 것도 최상급인지에 대해

또한 두 개의 것 중 한쪽(A)이 어떤 것들(X)에 대해 '가장 이러이러한

어, 대립어에 대해서는 『토피카』 제1권 제15장 106b29 아래, 제2권 제9장 114a26 아래 등을 참조.

4 '정의'와 '정의로운 사람'은 동계열에 속하고, '정의롭게'와 '정의로운'은 어형변화이다. 『토피카』 제2권 제9장 114a26 아래 참조.

5 대립되는 것들의 분류에 대해서는 『토피카』 제2권 제2장 109b17-29 참조. 대당관계의 네 형식에 대해서는 제2권 제8장 113b15-114a25 참조.

6 『범주들』(카테고리아이) 제10장 참조.

7 브링슈빅에 따라 to toutō ē toutō 대신 to touto ē touto로 읽는다.

8 요컨대 대립되는 것인 C와 D가 같다면 문제가 되는 A와 B도 같은 것이다.

9 동계열어와 어형변화를 사용하는 토포스에 대해서는 『토피카』 제2권 제9장을 참조. 어형변화는 151b31-33에서, 대립되는 것들은 b33-36에서, 동계열어는 151b36-152a4에서 논의된다.

것'이라고 말해질 경우,[10] 다른 쪽(B)도 같은 것들(X) 안에서 같은 관계에서 '가장 이러이러한 것'이라고 말해지는지를 검토해야 한다. 마치 크세노크라테스가 모든 삶 중에서 행복한 삶과 훌륭한 삶이 가장 선택할 만한 삶이기 때문에 행복한 삶과 훌륭한 삶은 같은 것이라고 증명하는 경우가 그렇다.[11] 가장 선택할 만한 것과 최대의 것은 하나이니까. 다른 이러한 종류의 것들의 경우에서도 마찬가지이다. 그러나 최대의 것 혹은 가장 선택할 만한 것이라고 말해지는 것 각각은 수적으로 하나이어야만 한다. 그렇지 않다면, 그것들이 같은 것임을 보일 수 없었을 것이다. 사실상 헬라스 사람들 중 가장 용감한 사람이 펠로폰네소스 사람들과 라케다이모니아[12] 사람들이라면, 펠로폰네소스 사람들과 라케다이모니아 사람들이 필연적으로 같은 것일 수 없다. 왜냐하면 펠로폰네소스 사람들도 라케다이모니아 사람들도[13] 수적으로 하나가 아니라, 라케다이모니아 사람들이 펠로폰네소스 사람들에 포함되는 것처럼 한쪽의 것이 다른 쪽에 필연적으로 포함되어야만 하기 때문이다.[14] 그렇지 않다면, 한쪽이 다른 쪽에 포함되어

---

10 즉 A와 B가 동일한 것인지 검토하기 위해서는, 만일 A가 Y인 것들(hōn)에 대해 가장 X(hotioun)라고 말해진다면, B도 또한 동일한 관계에서(kata to auto) 이 동일한 것들인 Y(tōn autōn toutōn)에 대해 가장 X라고 말해지는지를 검토해 보아야 한다. tōn autōn toutōn 해석은 콜리, 바이츠, 브룅슈빅에 따랐다. 브룅슈빅(2007) 254쪽 참조.

11 크세노크라테스, 단편 82(Heinze). 크세노크라테스는 플라톤의 제자로 아카데메이아의 수장을 지냈다.

12 펠로폰네소스 반도 중앙 남부 아래쪽에 위치하는 스파르타는 '라케다이모니아'라고도 불린다. 따라서 라케다이모니아 사람들이 펠로폰네소스 사람들에 속한다.

13 브룅슈빅에 따라 kai 대신에 oude로 읽는다.

14 즉, 펠로폰네소스 사람들이 헬라스 사람들 중에서 가장 용감하다. 펠로폰네소스 사람들 중에서 가장 용감한 사람들이 라케다이모니아 사람들이다. 라케다이모니아 사람들이 헬라스 사람들 중에서 가장 용감하다. 반대로, 이순신 장군이 조선에서 가

152a

있지 않다면, 서로에 대해 어느 한쪽이 다른 쪽보다 더 낫다는 것이 따라 나올 것이다. 사실상 한쪽이 다른 쪽에 포함되어 있지 않다면, 펠로폰네소스 사람들이 라케다이모니아 사람들보다 더 낫다는 것이 필연적이기 때문이다. 그들이 나머지 모든 사람보다 더 나으니까. 마찬가지로 또한 라케다이모니아 사람들도 펠로폰네소스 사람들보다 더 낫다는 것은 필연적이다. 이 사람들도 또한 다른 나머지 모든 사람보다 더 나으니까. 따라서 그들은 서로에 대해 상대편보다 더 낫게 되는 것이다. 그렇기에 양자가 같다는 것을 논증하려 한다면, '가장 나은 것'과 '최대의 것'으로 말해지는 것이 수적으로 하나이어야만 한다는 것은 분명하다.

이런 이유로 크세노크라테스도 자신의 주장을 논증하지 못하는 것이다. 왜냐하면 행복한 삶도 훌륭한 삶도[15] 수적으로 하나가 아니므로, 따라서 양자가 가장 선택할 만한 것이라는 이유로 해서 그것들이 같다는 것은 필연적이지 않고, 오히려 한쪽이 다른 쪽에 포함되어야만 하기 때문이다.[16]

장 용감한 사람이고, 충무공이라는 명예를 가진 사람이 조선에서 가장 용감한 사람이라면, 이순신과 충무공은 동일한 사람이다.

15 브륑슈빅에 따라 kai 대신에 oude로 읽는다.

16 어느 쪽이 어느 쪽을 포함한다는 말일까? "이와 같이 어떤 사람의 운을 좇아 그의 행복 여부를 판단하는 것은 아주 잘못된 일이 아닐까? 잘되고 못됨은 이런 것에 의존하는 것이 아니라, 앞에서 말했던 것과 같이 인간적 삶은 다만 이런 것들을 추가적으로 필요로 할 뿐이며, **행복에 결정적인 것은 탁월성(덕)에 따르는 활동**이고, 그 반대의 활동은 불행에 결정적이기 때문이다."(『니코마코스 윤리학』 제1권 제10장 1100b7-11) 외적인 좋음과 같은 운에 좌우되는 '행복한 삶'보다 완전한 덕에 따르는 활동인 '훌륭한 삶'이 더 나은 것으로 보인다. 그렇다면 행복한 삶은 훌륭한 삶에 포함되어야 한다.

(3) 같은 두 개의 것이 제3의 것과 같은지에 대해

또 한쪽[A]이 그것[C]과 같다면 다른 쪽[B]도 역시 같은지를 검토해야 한다. 만일 양자[A와 B]가 동일한 것에 대해 같지 않다면 양자가 서로 같지 않다는 것은 명백한 것이니까.[17]

(4) 그것들의 부수하는 것도 같은지에 대해

게다가 같은 것들을 그것들[A와 B]에 부수하는 것[18]들과 그것들[A와 B]이 부수하는 것들의 관점에서 검토해 보아야 한다. 왜냐하면 한쪽에 부수하는 것은 다른 쪽에도 부수하는 것이어야 하고, 그것들[A와 B]의 한 [35] 쪽이 부수하는 것이면 다른 한쪽도 부수하는 것이어야만 하기 때문이다.[19] 그러나 그러한 것들 중 어떤 점에서 불일치가 있다면 그것들[A와 B]이 같은 것이 아니라는 것은 분명하다.

---

17 동일성 관계는 동일성의 이행(transitivity) 규칙에 근거해서 검토되어야 한다. 즉 "모든 A, B, C에 대해, 만일 A가 C와 수적으로 같고 또 B는 수적으로 C와 같지 않다면, A는 수적으로 B와 같지 않다." 여기서 '수적으로'란 '가장 엄밀한 의미에서'를 의미한다(151b29 참조).

18 부수적인 것(sumbebēkos)은 여기서 넓은 의미에서 '술어'라는 의미로 쓰였다. 예를 들면, '두 주어'가 동일하다면 하나에 속하는 술어는 다른 것의 술어가 되어야만 한다. 또 두 술어가 동일하다면 하나의 술어는 다른 술어가 속하는 모든 주어에 속해야만 한다.

19 정리하자면, (1) 모든 A와 B에 대해, 만일 A가 수적으로 B와 동일하다면, A의 모든 부수성은 B의 부수성이어야만 한다. (2) 모든 A와 B에 대해, 만일 A가 수적으로 B와 동일하다면, A가 C의 부수성인 어떤 C에 대해, B는 C의 부수성이다. (3) 어떤 A와 B에 대해, 만일 A가 수적으로 B와 동일하다면, Y[속성]가 A에 대해 술어가 된다면 Y[속성]는 B에 대해 술어가 된다. (4) 어떤 A와 B에 대해, 만일 A가 수적으로 B와 동일하다면, A가 C에 대해 술어가 되는 어떤 C에 대해서 B는 C에 대해 술어가 된다. 여기서 '수적으로'란 '가장 엄밀한 의미에서'를 의미한다(151b29 참조).

152a

(5) 두 개의 것들이 동일한 술어 및 동일한 유에 있으며, 동일한 종차를 가지는지에 대해

또한 (1) 양자가 하나의 술어의 유(카테고리아) 안에 있는 것이 아니
라, 한쪽은 성질을, 다른 쪽은 양 혹은 관계를 나타내는지를 살펴봐야 한
152b 다. 또 (2) 양자 각각의 것의 유가 같지 않고 한쪽은 좋음을, 다른 쪽은 나
쁨을 나타내는지, 혹은 한쪽은 덕을, 다른 쪽은 지식을 나타내는지 살펴봐
야 한다. 아니면, (3) 유는 같지만 그럼에도 각각의 것의 술어에 대해 종
차가 같지 않고, 한쪽은 이론적 지식이라고 말해지고 다른 쪽은 실천적 지
식이라고 말해지는지 살펴봐야 한다. 다른 경우들에서도 이와 마찬가지이
다.[20]

(6) 동시에 '정도'를 받아들이는지에 대해

게다가 '더 많이'라는 정도의 관점에서 한쪽은 '더 많이'를 받아들이지만 다른 쪽은 그렇지 않은지를, 혹은 양자 모두 '더 많이'를 받아들이지만 '동시에'는 아닌지를 살펴봐야 한다. 마치 '더 많이' 사랑하는 사람이 '더 많이' 성교를 욕망하지 않는 것처럼, 따라서 사랑과 성교의 욕망은 같지 않은 것이다.[21]

---

20 상대방이 같다고 주장하는 경우에 검토하는 세 방법이다. 같다고 말해지는 (1) 두 개가 '동일한 유'(genos katēgorias) 안에 없음을 지적하고(152a38-39), (2) 그것들이 동일한 카테고리아 안에 있는 경우는, 유(genos) 안에 있지 않음을 지적하며(152a39-b2), (3) 그것들이 동일한 유 안에 있다면 종차가 다르다는 것을 지적한다(152b2-4).

21 '동시에'는 그렇지 않다는 것이다. 이 성교의 예는 『토피카』 제6권 제7장 146a9-11 참조.

(7) 덧붙이는 경우와 빼는 경우에 대해

게다가 덧붙임의 관점에서 각각의 같은 것에 덧붙일 때, 그 전체를 같은 것으로 만들지 않는지를 살펴봐야 한다. 혹은 각각의 것에서 같은 것이 빼질 때 나머지가 다른 것이 되는지를 살펴봐야 한다. 예를 들면 '절반의 두 배'와 '절반의 여러 배'가 같다고 상대방이 주장하는 경우가 그렇다. 각각의 것에서 '절반'을 뺐다면 남은 것이 같다는 것을 마땅히 나타냈어야만 했으니까. 실제로는 나타내지 못한다. 두 배와 여러 배는 같은 것을 나타내지 않기 때문이다.

(8) 가정의 결과로서 두 개의 동일한 것 중 하나가 파기된다면 다른 것은 파기되지 않는지에 대해

두 개의 것이 같다고 하는 입론(테시스)을 통해서 직접적으로(ēdē) 무언가 불가능한 것이 따라 나오는지뿐만 아니라, '빔'과 '공기의 꽉 참'은 같다고 주장하는 사람들[22]에게서처럼 또한 가정으로부터도 무언가 불가능한 것이 따라 나오는 것이 가능한지를 검토해야 한다. 왜냐하면 공기가 빠져나간다면 빔이 더 적어지기는커녕 더 많이 '빔'이 있게 되지만, 한편으로 '공기의 꽉 참'이 더 이상 있지 않게 될 것은 분명하기 때문이다. 따라서 어떤 가정하에서 그것이 거짓이든 참이든 간에(어느 쪽이라고 해도 전혀 차이가 없으니까[23]), 같은 것인 양자 중 한쪽은 파기되지만 다른 쪽은 파기되지 않는다. 따라서 이 양자는 같지 않다.

---

22 '빔과 공기'의 동일성과 비동일성 여부에 대해서는 『자연학』 제4권 제6장-제7장 참조. 특히 213a19-214b11 참조. 213a24-27에는 아낙사고라스가 언급되고 있다.

23 사실과 무관한 개념적인 사고에서 일어나는 일이니까.

(9) 같은 두 개의 것에 술어가 되는 것들과 그것들이 술어가 되는 것들에 대해

일반적으로 말해서, 같은 것인 양자 각각에 대해 어떤 방식으로든 술어가 되는 것들과 그것들 자체가 술어가 되는 것들을 잘 살펴보고 어딘가에 불일치가 있는지를 검토해야 한다. 왜냐하면 어떤 것이 그 한쪽에 대해 술어가 되는 한 다른 쪽에 대해서도 술어가 되어야만 하고, 또 한쪽이 술어가 되는 것들에 대해서는 다른 쪽도 술어가 되어야만 하기 때문이다.[24]

(10) 종적으로 유적으로 같은 것들이 수적으로도 같은지에 대해

게다가 '같음'은 여러 가지 의미로 말해지기 때문에, 문제가 되는 것들이 같다는 것의 어떤 다른 방식에 따라서 같은 것인지를 검토해야 한다. 종적으로 혹은 유적으로 같은 것들이 수적으로도 같다는 것은 [[필연적인 것도 아니고]][25] 가능한 것도 아니기 때문이다.[26] 그래서 우리는 그것들이 이러한 의미에서 같은지, 아니면 이러한 의미에서는 같지 않은지를 살펴보는 것이다.[27]

게다가 한쪽이 다른 쪽이 없더라도 존재하는 것이 가능한지를[28] 살펴봐야 한다. 가능하다고 하면 그것들은 같지 않을 것이기 때문이다.

---

24 이 토포스는 152a32-38에서의 부수하는 것에 관련된 원리와 크게 차이가 없다. 앞서의 원리를 일반화해서 모든 가능한 술어들까지 확대해 적용하고 있다.

25 브룅슈빅은 삭제하고 읽는다.

26 그러나 이와 반대로 앞서 논의된 바와 같이 '수적으로 하나인 것은 종적으로도 유적으로도 필연적으로 같아'야만 한다. 종적으로 같은 것은 수적으로 같을 가능성이 필연적이지 않다. 유적으로 같지만 종적으로 다른 것은 수적으로 같을 가능성조차 없다.

27 수적인 동일성은 제7권 시작 부분 151b28-39에서 언급된 바 있다.

28 이러한 경우의 예는 '혼과 신체'이다. 신체가 없더라도 혼은 있을 수 있으니까.

제2장 (제1장에서 주어진) 토포스는 정의를 확립하는 데가 아니라 파기하는 데 유용하다

그렇기에 앞에서 열거된 것들이 '같다'는 것에 관계되는 토포스들이다. 말해왔던 것으로부터 '같음'에 관계된 모든 파기하기 위한 토포스들이 이미 언급한 것처럼[29] 정의에 대해서도 유용하다는 것은 분명하다. 이름과 설명식이 같은 것을 나타내지 않는다면 제시된 설명식이 정의식일 수 없 153a 다는 것은 분명하니까.

한편 확립하는 토포스들 그 어느 것도 정의를 위해 유용하지 않다. 왜냐하면 정의식이라는 것을 확립하기 위해서 설명식이 제시하는 것[30]과 이름이 같다는 것을 보이는 것만으로 충분하지 않으며,[31] 오히려 정의식은 [5] 앞서 규정된 다른 모든 특징들[32]을 가져야만 하기 때문이다.

제3장 정의를 확립하는 토포스

(1) 사물의 본질이라는 점에서 술어가 되는 유와 종차에 의한 방법

그렇기에 정의를 파기하는 데는 이와 같은 방식으로 그리고 이와 같은 수단을 통해 항상 시도되어야만 한다.[33] 그러나 우리가 정의를 확립하고

29 『토피카』 제1권 제5장 102a7-17 참조.

30 설명이 내포하는 것, 즉 그 '내용'을 뜻한다.

31 『토피카』 제1권 제7장 103a23-25 참조.

32 트리꼬는 정의를 내리는 5가지 요구 조건을 열거하는 『토피카』 제6권 제1장 139a27-35를 언급하고 있으며, 포스터는 139a24 아래를 지적한다. 제6권 제1장 전체를 살피는 것이 나을 성싶다(브링슈빅).

33 여기에 이르기까지 전개된 논의는 내용상 연결되는 것처럼 보인다. 그래서 골케

자 바란다면, 먼저 다음과 같은 것은 반드시 알아야만 한다. 문답을 행하는 사람들[34] 중 정의를 추론에 의해 이끌어 내는 사람은 전혀 없거나, 있어도 소수이며, 오히려 모든 사람은, 예를 들어 기하학과 산수, 그 밖의 그와 같은 종류의 학문들에 관련된 사람들이 그렇게 하는 것과 마찬가지로 그러한 것[정의]을 출발점으로 받아들이고 있다는 것이다.[35]

다음으로 알아야만 할 것은, 정의란 무엇인지 또 어떻게 정의해야만 하는지를 엄밀하게 제시하는 것은 다른 논고〈연구〉[36]의 일이지만, 지금은 당면한 필요성에 관련해서 충분한 범위에서 논해야 하며, 따라서 단지 정의식과 본질에 대한 추론(sullogismos)이 가능할 수 있다는 것[37]만을 말해

같은 학자는 여기까지를 제1장으로 간주한다. 그러나 여기부터는 이제까지의 논의 방향과 달리 '정의를 확립하는 토포스들'을 논의한다.

34 여기서 언급되는 dialegomenōn(문답을 행하는 사람들)은 '수학자'의 부류를 포함하고 있다. 그런 의미에서 이 책에서 논의하는 대상인 '변증론자'가 아니다. 그런 부류의 사람들은 정의를 '추론하지 않고' 정의를 출발점으로 삼는다는 것이다. 아리스토텔레스는 논의(logos)를 네 가지로 구분하고 있다. "묻고 답하는 방식으로 추론을 수행하는 논의들에는 네 가지 부류가 있다. 즉 교수적 논의, 변증술적 논의, 검토적 논의, 쟁론(爭論)적 논의 등이다."(『소피스트적 논박에 대하여』 165a38-39)

35 『분석론 후서』 제2권 제3장-제4장 참조. 『분석론 후서』에 따르면 '정의'는 논증 가능하지 않은 부분이다(『분석론 후서』 제1권 제10장 참조). 『토피카』 제6권의 긴 논의 대부분은 정의를 파기하는 것을 그 주된 목적으로 삼고 있다. 정의의 확립은 제7권에서 불명확하고 간략하게 논의되고 있다. 여기서 아리스토텔레스는 '정의식에 대한 추론'(153a13-14)의 가능성만을 언급하고 있다. 그러면서도 "정의에 대한 추론이 있을 여지가 있다는 것은 명백하다. 어떤 전제들로부터 정의를 확립해야만 하는지에 대해서는 다른 곳에서 더 엄밀하게 규정되었지만"(153a24-26)이라고 유보조항을 내놓고 있다.

36 『분석론 후서』 제2권 제3장-제13장. 『분석론 후서』는 증명 불가능한 기본적 원리(아르케)로부터 출발하는 학문 방법을 논의하고 있으며, 맨 나중 부분(제19장)에서 이 '원리 자체'를 발견하는 귀납과 누스(nous)에 의한 방법을 제시한다. 이 원리 자체는 하나의 '정의' 형식으로 주어진다.

37 '무엇인가'에 대한 추론(연역)이나 논증(아포데잌시스)의 가능성은 명확히 부정

두는 그 정도로 그쳐야 한다는 것이다. 왜냐하면 그 사물의 '그것이 무엇이라는 것'〈본질〉을 드러내는 설명식이 정의이고, 그러한 정의 안에 포함된 술어들이 '무엇인가'를 보여준다는 점에서 그 사물에 대해 유일하게 술어가 되는 것들이어야만 하고, 또 유와 종차가 '무엇인가'를 보여준다는 점에서 술어가 되는 것이라면, 누군가가 단지 그러한 술어들만이 그 사물의 '무엇인가'라는 점에서 그 사물의 술어가 되는 것으로 인정하는 경우에는[38] 그러한 술어들을 갖는 설명식(로고스)이 필연적으로 '정의'일 것이라는 것은 명백하기 때문이다. 사실상 이것들 이외의 다른 어떤 것도 그 사물의 '무엇인가'를 보여준다는 점에서 술어가 될 수 없으므로, 그 밖의 다른 어떤 것도 정의가 되는 것이 가능하지 않으니까.[39]

(2) 반대의 것으로부터 유와 종차를 이끌어 내는 방법과 반대의 것의 정의로부터 정의를 구성하는 방법

그러므로 정의에 대한 추론[40]이 있을 여지가 있다는 것은 명백하다. 어떤 전제들로부터 정의를 확립해야만 하는지에 대해서는 다른 곳에서[41] 더

되고 있다("'무엇인가'에 대한 추론이나 논증은 성립될 수 없지만, 추론과 논증을 통해서 그것은 드러난다."; 『분석론 후서』 제2권 제8장 93b15-20 참조). 따라서 여기서 언급된 '추론'은 변증술적 추론으로 해석된다. 아리스토텔레스는 여기서 단지 그러한 추론의 가능성만을 언급하고 있다. 이 문제는 『분석론 후서』와 『토피카』의 저작 시기와도 연관되어 있어서, '쉴로기스모스'의 발견이 어느 시점에서인가 하는 논란거리를 제공하고 있다.

38 ha를 삭제하고 tauta monon으로 읽는다(브륑슈빅, 베커, 바이츠).

39 여기서 to ti ēn einai(그것이 무엇이라는 것)와 to ti esti(무엇인가)로 두 가지 방식으로 다르게 표현되고 있으나, 그 의미는 다 같이 '본질'이다.

40 『분석론 후서』에서 개진되는 엄밀한 의미에서의 학적 논의인 '논증적 추론'이 아니라, 질문과 답변을 통한 '변증술적 추론'을 말한다.

41 『분석론 후서』 제2권 제13장(브륑슈빅). 포스터와 피카드-케임브리지와 같은 학

엄밀하게 규정되었지만, 우리 앞에 놓인 탐구에 대해서도 동일한 여러 토포스가 유용하다.[42] 왜냐하면 반대의 것들과 다른 대립되는 것들의 경우에서도 설명식 전체와 부분들에 따라서 검토함으로써 검토해야만 하기 때문이다. 사실상 대립되는 설명식이 대립되는 것의 정의라고 하면 말해진 설명식도 우리 앞에 놓인 것의 정의라는 것은 필연적이기 때문이다.[43] 그러나 반대되는 것들에는 여러 가지 방식의 결합이 있기 때문에,[44] 반대되는 것들 중에서 그것이 어떤 것이든 반대의 설명식이 그것의 정의식이 되는 가장 명백한 것[45]을 붙잡아내야 한다.[46]

자들은 『분석론 후서』 제2권 제13장, 제14장을 언급하는 것으로 본다. 이에 관련해서 『형이상학』 제7권 제17장을 참조. 골케 같은 학자는 『분석론 후서』를 직접 지시하지 않는 것으로 보고 있다. 그 이유는 '쉴로기스모스'를 발견하기는 했지만, 현존하는 『분석론 후서』보다는 이전의 단계로 보아 『토피카』 제7권 전체가 후에 삽입된 것으로 해석된다는 것이다.

42 정의를 파기하기 위한 토포스와 동일한 토포스들을 가리킨다. 즉 『토피카』 제6권 제9장-10장에서 논의된 토포스들이다. 특히 147a32 아래 참조.

43 A와 B가 대립되는 경우 A의 정의의 후보를 XY, B의 정의의 후보를 VW로 놓아보자. 만일 B의 정의가 VW이고, VW와 XY가 대립되는 관계에 있다는 것이 인정된다면, A의 정의가 XY임이 확립되는 것이다.

44 『토피카』 제2권 제7장 및 제6권 제9장 147a32 아래 참조.

45 콜리는 ho enantios horismos를 생략하고 hopoion an malista phaneron ē로 읽을 것을 제안한다. 한편 롤페스는 '그 반대의 정의가 가장 반대라는 것이 드러나는 그런 반대되는 것을 끄집어내야만 한다'로 옮기고 있다. 베르데니우스는 롤페스의 번역을 올바른 것으로 받아들여, 주어진 텍스트대로 phanē로 읽으면서도 ho enantios horismos로부터 enantios를 제시하고, 또 hopoiou를 hopoiou horismō의 생략으로 해석한다. 그런 다음 그는 이 구절을 '해당하는 정의가 가장 반대되는 것으로 보이는 그 정의를'로 새긴다(베르데니우스, 39쪽). 따라서 ho enantios horismos는 '검토의 대상이 되는 정의식', 즉 대립되는 명사의 정의식에 대립되는 것(정의)을 가리킨다. 반즈가 편집한, 수정된 피카드-케임브리지의 번역도 원칙적으로는 베르데니우스의 지적과 일치하는 것 같다. 해석하기 까다로운 이 대목을 언급하는 브룅슈빅(2007) 259쪽 해당 주석 참조.

그래서 (1) 설명식 전체는 방금 말한 대로 검토되어야만 하지만, (2) 각 부분에 대해서는 다음과 같은 방식으로 검토되어야 한다. 첫째로 제시된 유는 올바르게 제시된 것인지를 살펴봐야 한다. 왜냐하면 반대인 것[A에 반대되는 B]이 반대인 유[X에 대한 Y] 안에 있으며, 또 우리의 앞에 놓인 것[A]이 동일한 유[Y] 안에 있지 않다면, 반대인 것들이 동일한 유 안에 [35]
있든가 혹은 반대인 유 안에 있다는 것은 필연적이기 때문에, 그것[A]이 반대의 유[X] 안에 있을 것임은 분명하다.[47] 또한 반대의 종차도, 예를 들

46 알렉산드로스의 주석으로부터 시작해서 콜리, 베르데니우스에 이르기까지 해석하기 매우 까다로운 대목이다. 알렉산드로스가 들고 있는 예를 살펴보자(505쪽, 8-11행). 유익함의 정의는 '좋음을 만들어 내는 것'이다. 해로움의 정의는 '나쁨을 만들어 내는 것'이거나 '좋음을 소멸시키는 것'이다. 이 두 해로움에 대한 정의들 중 유익함의 정의에 가장 명확하게 반대되는 것을(ton phainomenon malista enantion) 취해야 한다. 이 대목에서 아리스토텔레스는 다음과 같은 몇 가지 사항을 구별하고 있다. (1) 전체 설명식을 검토한다. 즉 한 쌍의 설명식에서 한 쪽의 요소들(유와 종차) 각각이 다른 쪽의 요소들 각각에 대해 대립되는 것을 갖고 있는지 검토한다. (2) 부분적으로 받아들여진 설명을 검토한다. 즉 한 쌍의 설명식에서 한 쪽의 설명식의 단 하나의 요소가 다른 쪽의 대립되는 요소를 갖고 있는지를 검토한다(153a26-32). 브룅슈빅이 들고 있는 예는 이런 것이다. (1)의 경우에 '정의'는 '자신의 친구에게 잘해주고 자신의 적에게는 나쁘게 대하는 것이다.' 이에 대립되는 '가장 명백한' 설명식은 (가) '자신의 친구에게 나쁘게 대하고 자신의 적에게는 잘해주는 것이다.' 더 쉽게 받아들여지는 '부정의'의 정의는 (나) '자신의 친구에게 잘해주고 또 자신의 적에게도 잘해주는 것이다.' (다) '자신의 친구에게 나쁘게 대하고 또 자신의 적에게 나쁘게 대하는 것이다.'

47 알렉산드로스는 반대의 것들이 동일한 유 안에 있는 예로, 하양과 검정이 '색'이라는 '공통되는' 유 안에 있는 것을 들고, 반대의 것들이 반대의 유 안에 있는 예로 정의와 부정의가 '덕과 악덕'(aretē kai kakia)의 유 안에 있는 것을 들고 있다(505쪽 22행-506쪽 3행) 그렇다면 (2)의 경우는 다음과 같이 정리된다. 종으로는 정의와 부정의가 있으며 유로는 덕과 악덕이 있다고 하자. 여기서 정의는 '덕'의 유 안에 있으며, '악덕'의 유 안에는 있지 않다. 부정의는 '악덕'의 유 안에 있다. 반대의 것은 반대의 유 안에 있어야만 하기 때문에, 부정의가 반대의 유인 악덕에 있으며, 정의가 악덕 안

153a

면 하양과 검정의 경우처럼 반대의 것들에 대해 술어가 되어야 한다고 우
153b 리는 주장한다. 하양은 시각을 확산시킬 수 있는 것이고, 검정은 시각을 수축시킬 수 있는 것이니까.[48] 따라서 반대의 종차가 반대인 것에 대해 술어가 된다면, 제시된 종차는 우리의 앞에 놓인 것[49]에 대해 술어가 될 것이다. 그러므로 유와 종차가 올바르게 제시되었기 때문에 제시된 설명식이 정의식일 것임은 분명하다.

혹은 반대인 것이 동일한 유 안에 있는 것이 아니라면,[50] 반대인 종차가 반대의 것들에 대해 술어가 되는 것은 필연적이지 않다. 그러나 그것들의 유가 반대되는 경우에는 동일한 종차가 그것들 양쪽에 대해, 예를 들면 정의와 부정의에 대해 말해지더라도 아무런 방해를 주지 않는다. 왜냐하면 전자는 혼의 '탁월성'〈덕〉이지만, 후자는 혼의 '나쁨'〈악덕〉이므로, 따라서 신체에도 탁월성과 나쁨이 있기에 '혼의'라는 종차가 그것들 두 가지 유 안에서 말해지게 되기 때문이다. 어쨌든지 간에 반대인 것들에는 반대의 종차나 혹은 동일한 종차가 있다고 하는 이것만은 적어도 참이다. 그렇기에 만일 반대되는 것[A에 반대되는 B]에 대해 반대의 종차[X에 반대되는 Y]가 술어가 되지만 해당하는 것[A]에 대해서는 술어가 되지 않는다면, 애초에 언급된 종차[X]는 이것[A]에 대해 술어가 될 수 있다는 것은 분명하다.

일반적으로 말해서[51] '정의식은 유와 종차로' 이루어지는 것이기 때문

에 있지 않다면, 따라서 정의는 그 반대의 유인 '덕' 안에 있어야 한다.

48 『토피카』 제1권 제15장 107b29-32, 제3권 제5장 119a30, 제4권 제2장 123a2, 『형이상학』 제10권 제7장 1057b10 참조.

49 '논의 대상이 되는 해당하는 명사'를 가리킨다.

50 검정과 하양에 '공통되는 유'는 '색'이다.

51 여기부터(153b14) 이 단락의 끝까지는 지금까지의 논의를 정리하면서, 서로 반대되는 것에 관련해 유와 종차에 대해 제기된 가능한 조합을, (1) 유가 같고 종차가

에, 반대되는 것의 정의식이 명백하다면 우리 앞에 놓인 것의 정의식도 명백할 것이다. 왜냐하면 반대되는 것은 동일한 유 안에 있든가 혹은 반대의 유 안에 있으며, 마찬가지로 반대되는 것들에 대해 술어가 되는 종차들은 반대이든가 혹은 동일한 것이므로, 우리 앞에 놓인 것에 대해서는 그것과 반대되는 것에 대해 술어가 되는 것과 같은 바로 그 동일한 유가 또한 술어가 되어야만 하는 것이지만, 그 종차들은 반대되는 것이 술어가 되는지((1) 종차가 반대인 것은 모든 종차이거나 혹은 어떤 종차는 반대이지만 나머지 종차는 동일한 것인데)[52], 혹은 역으로 (2) 종차는 동일한 것이 술어가 되지만 유는 반대인 것이 술어가 되는지, 아니면 (3) 양자, 즉 유와 종차는 반대되는 것이 술어가 되는 것이라는 점은 분명하기 때문이다. 하지만 양자가 동일하다는 것은 가능하지 않기 때문이다. 그렇지 않다면 반대되는 것들에는 동일한 정의식이 있게 될 것이다.

(3) 정의를 구성하기 위한 어형변화와 동계열어의 사용에 대해

게다가 어형변화와 동계열어의 관점으로부터도 검토해 보아야 한다. 유에는 유가 또 정의에는 정의가 수반하는 것이 필연적이기 때문이다. 예를 들면 '망각'이 '지식의 상실'이라면 '망각하는' 것은 '지식을 상실하는' 것이고, 또 '망각한' 것은 '지식을 상실한' 것이 될 것이다. 그렇기에 방금 언급된 것들 중 어느 하나라도 동의된다면 나머지 것들도 동의되는 것이 필연적이다. 마찬가지로 또 '소멸'이 '실체[53]의 해체'라면, '소멸시키는' 것

다른 경우, (2) 유가 다르고 종차가 같은 경우, (3) 유도 다르고 종차도 다른 경우, (4) (불가능한 조합이지만) 유와 종차가 같은 경우로 나누어 논하고 있다.

52 브링슈빅에 따라 삽입구로 처리했다.

53 본질적 존재를 지시하는 ousia는 여기서 개별자 내지는 구체적 대상, 개체로서의 생물 등을 의미한다.

은 '실체를 해체시킬 수 있는' 것이고, 또 '소멸시키는 방식으로'는 '실체를 해체시킬 수 있는 방식으로'일 것이다. 또 '소멸하는' 것이 '실체를 해체할 수 있는' 것이라면 '소멸'도 '실체의 해체'일 것이다. 다른 경우들에서도 마찬가지이다. 따라서 이런 것들 중 어느 하나의 것이 받아들여진다면 모든 나머지 것들도 동의되는 것이다.

(4) 동일한 관계에 있는 것들의 관점으로부터 정의의 구성에 대해

또한 서로에 대해 동일한 관계에 있는 것들의 관점으로부터 검토해 보아야 한다. '건강적인' 것이 '건강을 만들어 낼 수 있는' 것이라면, '튼튼한' 것은 '튼튼함을 만들어 낼 수 있는' 것일 게고, '유익한' 것은 '좋은 것을
154a 만들어 낼 수 있는' 것일 게다. 왜냐하면 방금 언급한 각각의 것은 고유한 목적에 대해 마찬가지 관계를 갖고 있으므로, 따라서 이것들 중 하나의 정의식이 '그 목적을 만들어 낼 수 있는 것'이라고 한다면 그것은 나머지 각각의 것의 정의식일 수 있기 때문이다.

(5) 비교에 의한 정의의 구성에 대해

게다가 '더 많이'와 '같은 정도'의 관점으로부터 두 개의 것을 다른 두 개의 것과 비교해서 주장을 확립할 수 있는 방식은 얼마나 되는지를 검토해야 한다.[54] 예를 들면 '이것'[AB]이 '이것[X]의 정의식'인 것이, '저것'[CD]이 '저것[Y]의 정의식'인 것보다 '더 많이'이고, 또 후자[CD]의 더 적은 편이 [그 대상의] 정의식이라고 하면, 전자[AB]의 더 많은 편도 정의식인 것이다. 그리고 이것[AB]이 이것[X]의 정의식인 것과 저것[CD]이 저것[Y]의 정의식인 것이 '같은 정도'인 경우에, 다른 것[CD]이

54 『토피카』 제2권 제10장 115a6-24 참조.

다른 것[Y]의 정의식이라고 하면, 남은 것[AB]도 남은 것[X]의 정의식인 것이다. 그러나 하나의 정의식이 두 개의 것과, 혹은 두 개의 정의식이 하나의 것과 관계해서 비교되는 경우에는 '더 많이'의 관점으로부터의 검토는 전혀 도움이 되지 않는다. 왜냐하면 두 개의 것에 대해 하나의 정의식이 있을 수 없으며, 또한 동일한 것에 대해 두 개의 정의가 있다는 것도 불가능하기 때문이다.

제4장 가장 유용한 토포스에 대한 언급

여러 가지 토포스들 중에서도 지금 앞에서 언급된 토포스들[55]과 동계열어와 어형변화로부터의 토포스들은 가장 유리한 것들[56]이다. 이런 이유로 특히 이 토포스들을 확보해 두고 또 항상 사용할 수 있도록 준비해 둬야[57] 한다. 이 토포스들이 가장 많은 사안에서 가장 유용한 것이니까.

또 다른 여러 가지 토포스들 중에서는 가장 공통적인[58] 토포스를 준비해 둬야 한다. 이 토포스들이 나머지 토포스들 중에서 가장 효과적이기 때문인데, 이를테면 종은 개별적인 것들과 동명동의적이므로 개별적인 것들에 대해 주목하는 것, 그리고 종에 관해 그 설명식이 들어맞는지를 검토하는 것 등이 그렇다.[59] 이러한 방법은 앞서도 말한 것처럼[60] 이데아를 내

55 바로 앞의 제3장에서 언급된 '더 많이'와 '같은 정도'의 토포스들을 가리킨다.

56 원어로는 [kai] epikairotatoi(epikairos)이다. 로스는 kai를 괄호에 넣어 삭제하고 있으나, 여기서 그 의미는 '또한'이 아니라 '최상급'을 강조하는 말이다(베르데니우스, 39쪽).

57 procheiros는 '손아귀에 놓아 둔다'는 의미다.

58 '널리 적용될 수 있는'을 의미한다.

59 이곳(154a16-18)은 대상 S의 정의가 S 아래 포함된 개별적인 것에도 적용될 수

세우는 사람들에 대해 그것을 공격하는 데 유용하다. 게다가 상대방이 그 이름을 비유적으로 말했는지, 아니면 그 이름이 다른 것인 양 그 이름 자체에 대해 술어가 되었는지를 살펴봐야 한다.[61] 또 토포스들 중에 다른 무언가 공통적이고 효과적인 것이 있는지 없는지를 검토해야 한다.[62]

제5장 정의의 확립과 파기; 정의를 구성하는 요소들

(1) 정의의 확립보다 파기가 한층 쉽다

정의를 파기하는 것보다 확립하는 것이 한층 어렵다는 것은 다음에 말해질 것들로부터 명백해진다. 사실상 다음과 같은[63] 전제들을 자기 자신이 보게 되든, 자신에게 질문을 던지는 상대방들로부터 얻게 되든 간에 그리 녹록지 않은 일이다. 예를 들면 제시된 설명식 안에 포함된 요소들에서 한쪽은 유이고 다른 쪽은 종차이며, 그리고 유와 종차들이 술어가 되는 것은 '무엇인가'를 나타낸다는 점에서 그렇다는 것 등이 그런 전제들이다. 그러나 이러한 전제들이 없이는 정의식에 대한 추론이 이루어지는 것은 불가

있는지를 살펴보는 것으로 해석된다(브룅슈빅의 견해, 260쪽). 그렇다고 이것이 곧 S의 정의가 개별자의 정의라는 것을 함축하지는 않는다. 그렇다면 이곳은 아리스토텔레스가, 정의가 개별자에도 적용될 수 있다고 생각하는 한 대목으로 받아들여진다. 알렉산드로스는 18행의 to eidos가 S의 하위 종을 지시하는 것으로 본다. S의 정의가 그것에 적용될 수 있는 것으로 그것들은 동명동의적이기 때문이다(510쪽 18행-511쪽 3행).

60 『토피카』 제6권 제10장 148a14-22 참조.

61 '정의 자체는 정의롭다'와 같은 자기 술어(self-predication)적인 것을 말한다.

62 브룅슈빅에 따라 toutō chrēsteon(그것을 사용해야만 한다)을 삭제하고 읽는다("공통적이고 효과적인 것이 있다면 그것을 사용해야만 한다").

63 '정의를 확립하는 데 요구되는.'

능하다. 왜냐하면 무언가 다른 것이 그 사물에 대해 '무엇인가'를 나타낸다 [30] 는 점에서 술어가 된다면, 정의식이 '그것이 무엇이라는 것'을 나타내는 설명식인 한에서 정의로서 말해진 것이 그 사물의 정의식인지, 그렇지 않으면 다른 설명식이 그 사물의 정의식인지가 분명하지 않기 때문이다.[64]

또한 이 점[65]은 다음의 것들로부터 분명해진다. 왜냐하면 여러 결론을 이끌어 내는 것보다 하나의 결론을 이끌어 내는 편이 쉽기 때문이다. 그렇지만 정의를 파기하려는 사람은 하나[의 점]에 대해 논의하는 것만으로 충분하다. 왜냐하면 어떠한 것이 되었든 간에 하나만을 파기한다면 정의 [35] 를 파기한 것이 되기 때문이다.[66] 이에 반해서 정의를 확립하려는 사람은 필히 정의 안에 포함되어 있는 모든 요소들이 그 사물에 속한다는 것을 논리적으로 증명[67]해야만 한다.[68]

---

64 만일 S(인간)의 정의를 'GD'로 확립하기 원한다면('S는 GD이다') 다음과 같은 점을 보여주어야만 한다. (1) G가 '무엇인가'(본질)를 보여준다는 점에서 S에 대해 술어가 되어야 한다. (2) 그것은 D에 대해서도 같다. (3) D는 S의 유이다. (4) D는 그 종차이다. 여기서 아리스토텔레스가 제기하는 난점은 G가 S의 최근 유가 아닐 수 있거나 혹은 D가 그 종차가 아니라는 것이고, 거기에 S의 다른 본질적 술어가 있을 수 있다는 것이다. 즉 G*와 D*가 최근류이고 종차이다. 그래서 GD는 새롭게 «G*D», «GD*» 혹은 «G*D*» 등에 의해 표현되어야 한다. 예를 들어 '인간'을 '두 발을 가진 생물'로 정의했을 경우, 여기에는 정의 대상인 인간의 최근류가 포함되지 않았다. 그렇게 되면 '무엇인가'를 나타내는 것(종차)이 주어진 정의 외에 다른 것에도 있게 된다. 즉, '두 발을 가진 동물'이나 '뭍살이하는 동물'에 비교해 보면 주어진 정의가 잘못된 것이라고 의심할 수밖에 없게 된다.

65 정의를 파기하는 것보다 확립하는 것이 한층 어렵다는 점.

66 어떤 사물 S에 대한 정의식이 GD라고 해보자(S is GD). 정의식을 구성하는 요소 중 하나인 G가 S에 들어맞지 않는다는 것을 보이는 것만으로 정의는 파기된다.

67 원어로는 sumbibazein(논리적으로 증명하다, 결론을 이끌어 내다)이다.

68 앞 문장에서 언급된, 어떤 대상 S에 대해 제시된 정의를 구성하는 조건들(GD)의 충족을 의미한다.

154a

154b 게다가 정의를 확립하려는 사람은 보편적인 추론을 행해야만 한다. 왜냐하면 그 이름이 술어가 되는 모든 것에 대해 정의는 술어가 되어야만 하고, 또 게다가 이것에 더해서 제시된 정의가 그 주어에 고유한 것이기 위해서는 환위될 수 있어야만 하기 때문이다.[69]

이에 반해 정의를 뒤엎으려는 쪽은 보편적임을 보이는 것이 더 이상 필요하지 않다. 왜냐하면 그 설명식이 그 이름 아래에 포섭되는 것들 중 어떤 하나의 것에 대해서 참이 아니라는 것을 보이는 것으로 충분하기 때문이다.[70] 더군다나, 설령 보편적으로 정의를 파기할 필요가 있다고 해서, 파기하는 경우에 명제를 환위하는 것이 필요하지 않다. 왜냐하면 보편적으로 파기하려는 사람[71]에게는 그 이름이 술어가 되는 것들 중 어느 것에도 그 설명식이 술어가 되지 않는다는 것[72]을 보이는 것으로 충분하기 때문이다. 그러나 그 역으로, 그 설명식이 술어가 되지 않는 것들에 대해 그 이름이 술어가 된다는 것을 보일 필요는 없는 것이다.[73] 게다가 정의식이 이름 아래에 포섭되는 모든 것에 속하지만 단지 그것에만 속하는 것이 아

---

69 주어에 고유한 것이 되기 위해서는 환위 가능해야 한다. 즉 '모든 S는 GD이다'와 '모든 GD는 S이다'가 성립해야 한다.

70 'S는 GD이다'를 논파하기 위해선 하나의 개별적 판단을 확립하는 것으로 충분하다. 즉 '어떤 S는 GD가 아니다'라는 것을 보이면 된다. 이것은 주어진 정의를 확립하기 위해 확립되어야 하는 보편자 중의 하나의 모순이다.

71 '보편적 명제를 사용해서 정의를 파기하려는 사람'을 말한다. 질문자는 제안된 정의('모든 S는 GD이다')에 모순되는 '어떤 S는 GD가 아니다'를 확립하려 한다. 그러나 '보편적으로'라는 것은 그것에 반대인 '어느 S도 GD가 아니다'('No S is GD')를 내놓는 것을 말한다.

72 'No S is GD'('All S is non-GD').

73 정의를 보편적으로 논파하는 경우에, '어떤 S는 GD가 아니다'뿐만 아니라, '어느 S도 GD가 아니다' 혹은 '모든 S는 GD가 아니다'를 보여줄 필요가 있다. 그러나 그 환위인 '모든 DG가 아닌 것이 S이다'('All non-GD is S')를 보여줄 필요는 없다.

니라면, 그 정의식은 파기되고 마는 것이다.

(2) 고유속성과 유에 대해서도 정의의 경우와 마찬가지이다

또 이것은 고유속성과 유에 대해서도 마찬가지이다. 양자의 경우에도 정의를 확립하는 것보다 파기하는 편이 쉬우니까. 그런데 고유속성에 대해서는 이미 말해진 것으로부터 분명하다. 왜냐하면 대부분의 경우에 고유속성은 명사(名辭)들의 조합으로[74] 제시된 것이므로, 따라서 파기하는 것은 [고유속성의 구성 요소[75] 중] 하나를 제거함으로써 가능하지만, 이에 반해서 확립하려는 쪽에서는 모든 것을 추론에 의해 이끌어 내는 것이 필연적이고, 정의식에 대해 말하는 것이 적합한 것은, 또 이것 말고도 거의 나머지 모든 것은 고유속성에 대해서도 말하는 것이 적합하기 때문이다(왜냐하면 고유속성을 확립하려는 쪽은 그 이름 아래에 포섭되는[76] 모든 것에 고유속성이 속한다는 것을 보여줘야 하지만, 파기하려는 쪽은 그 이름 아래 포섭되는 것들 중 어느 하나라도 속하지 않는다는 것을 보여주는 것만으로 충분하기 때문이다. 더군다나, 설령 그 이름 아래에 포섭되는 모든 것에 속하더라도 단지 그것에만 속하는 것이 아니라면, 정의식의 경우에서 말했던 것과 마찬가지로[77] 고유속성의 경우에도 그런 식으로 파기된 것이 된다).

한편, 유에 관련해서 확립하는 것은 단지 한 가지 방식으로 [주어가 되는] 모든 것[S][78]에 속한다는 것을 보여주는 것이지만, 이에 반해서 파기하

---

74 '복합된 표현'을 의미한다. 여러 요소들이 결합된 표현 형식에 대해서는 『토피카』 제5권 제3장 132a10 아래, 제7권 155a24 참조.

75 '사용된 명사'를 말한다.

76 즉 '그 이름으로 불리는.'

77 『토피카』 제7권 제5장 154b10-12 참조.

78 여기부터 아리스토텔레스는 '그 이름 아래 포섭되는 모든(어떤) 것', '그 이름이 술어가 되는 것'과 같은 표현으로 본격적으로 '모든'(전칭), '어떤'(특칭), '어느 …도

154b

는 데에는 두 가지 방식이 있다. 왜냐하면 유가 어느 것[S]에도 속하지 않는다는 것을 보인 경우와 유가 어떤 하나의 것[S]에 속하지 않는다는 것[79]을 보인 경우에도, 최초의 명제〈주장〉는 논파되기 때문이다. 게다가 유를 확립하려는 쪽에게는 유가 속한다는 것을 보이는 것만으로 충분하지 않고, 오히려 유로서 속한다는 것을 보여야만 한다. 이에 반해서 유를 파기하려는 쪽에게는 어떤 개별적인 것[S]에 혹은 모든 것[S]에 속하지 않는다는 것을 보이는 것만으로 충분하다. 그 밖의 다른 경우들에서도 만들어 내는 것보다 파괴하는 것이 더 쉬운 것처럼, 이와 마찬가지로 확립하는 것보다 파기하는 편이 쉬울 것으로 생각된다.

(3) 부수하는 것의 경우; 보편적인 것과 개별적인 것

부수하는 것〈부수성〉의 경우에는 보편적인 명제[80]를 확립하는 것보다 파기하는 편이 더 쉽다. 왜냐하면 확립하려는 쪽은 부수하는 것이 모든 것[S]에 속한다는 것을 보여야 하지만, 파기하려는 쪽은 하나의 것[S]에 속하지 않는다는 것을 보이는 것만으로 충분하다. 반면에 부분적인 명제[81]는 역으로 파기하는 것보다도 확립하는 편이 더 쉽다. 왜냐하면 확립하려는 쪽은
155a 은 어떤 것(S, tini)에 속한다는 것을 보이는 것만으로 충분하지만, 파기하려는 쪽은 어느 것에도(S, oudeni) 속하지 않는다는 것을 보여주어야만

아니다'와 같은 양화사를 사용하기 시작한다. 앞으로 S는 주어의 위치를 지시하는 것으로 사용하겠다(브룅슈빅).

79 최초의 A 명제('All S is G')에 대한 논박은 'G is not the case for some S'(tini; 모순)이나 'G is not the case for any S'(panti; 반대, 즉 'No S is G'[어느 S에 대해서도 G가 아니다])로 가능하다. mē tini와 mē panti의 동치(同値)에 대해서는 『분석론 전서』 제1권 제1장 24a19 참조.

80 '전칭 명제'를 가리킨다.

81 '특칭 명제'를 가리킨다.

하기 때문이다.

(4) 정의를 확립하기는 가장 어려우나 논파하는 것은 무엇보다도 쉽다

또한 모든 것들[82] 중에서 가장 쉬운 것이 왜[83] 정의를 파기하는 것인가도 명백하다. 왜냐하면 정의에는 많은 요소들이 말해지고 있으므로 제시된 것도 가장 많고, 가장 많은 것[공격의 가능성]이 있을수록 더욱 빠르게 [정의를 공격하는] 추론이 생겨나기 때문이다. 실상 적은 것이 있는 경우보다는 [말해진 것이] 많이 있는 경우가 잘못이 생겨날 수 있는 것처럼 보이니까. 게다가 정의에 대해서는 다른 것[술어]들[84]을 통해서 공격하는 것이 역시 가능하다. 왜냐하면 그 설명식이 정의에 대해 고유한 것이 아닌 경우에도, 유로서 제시된 것이 유가 아닌 경우에도, 설명식 안에 포함되어 있는 것들 중 무언가가 속하지 않는 경우에도 정의식은 파괴되기 때문이다. 한편 정의식 이외의 다른 술어들에 대해서는 정의로부터 끄집어내진 것들[85]과 그 밖의 것들, 그 모두를 공격에 사용할 수는 없다. 앞서 언급된 모든 것〈술어〉[86]에 공통되는 것은 단지 부수하는 것에 대한 것들뿐이니까.

---

82 고유속성, 유, 부수하는 것, 정의.

83 hoti 대신에 dioti로 읽는다(BCD 사본, 브룅슈빅 참조). 실상 dioti가 hoti(that)의 의미로 사용된 것으로 봐도 무방하다.

84 포스터는 유, 고유속성, 부수하는 것으로 파악하고 있으며, 피카드-케임브리지는 토포스로 이해하고 있다. 바로 앞서 정의에 포함되는 여러 요소를 언급하는 것과 일치시키려 한다면 포스터의 해석도 그럴듯하다. 그러나 결국에는 그 구성 요소들을 취급하면서 공격해야 한다는 측면을 고려하면 유, 고유속성, 부수하는 것을 다루는 토포스로 이해해도 무방하다(트리꼬의 해석). 그러나 반즈와 브룅슈빅(2007)은 '술어들'(predicables)로 받아들이고 있다. 이에 대해서는 『토피카』 제1권 제6장 102b27-35, 제6권 제1장 139a24-b7 참조.

85 공격의 수단.

86 정의, 고유속성, 유, 부수성.

155a

제시되는 명제에서 말해진 요소〈술어〉들 각각은 해당하는 그 주어에 속해야만 하니까. 그러나 제안된 유가 고유속성으로서 속하지 않는다면 유는 아직 파기되지 않은 것이다. 마찬가지로 고유속성도 필연적으로 유로서 속할 필요가 없고, 또 부수하는 것도 유 혹은 고유속성으로서 속할 필요가 없으며, 오히려 부수하는 것은 단지 속하는 것만 필요로 할 뿐이다. 따라서 정의식의 경우를 제외하고는 다른 것들로부터 다른 것들을 향해 공격하는 것은 가능하지 않다.[87] 그렇기에 정의를 파기하는 것이 모든 것들 중에서 가장 쉽지만, 확립하는 것은 가장 어렵다는 것은 분명하다. 왜냐하면 정의를 확립하기 위해서는 '모든 이러한 점들'을 추론해야만 하며(즉 정의에서 언급된 요소들이 그것에 속한다는 것, 유로서 제시된 것이 실제로 그 유라는 것, 설명식이 그것에 고유하다는 것을 추론해야만 하는 것이니까), 게다가 이것들 이외에도 설명식이 그 본질〈그것이 무엇이라는 것〉을 보인다는 것도 이끌어 내야만 하고, 그리고 그것을 적절하게 행해야만 하기 때문이다.

(5) 고유속성이 두 번째로 파기하기가 어렵다

다른 술어들 가운데 고유속성이 가장 정의와 비슷한 특성을 가진다. 왜냐하면 대부분의 경우 고유속성은 많은 요소들로 이루어지므로[88] 파기하기는 쉽지만, 확립하기가 가장 어려운 것은 많은 요소들을 논리적으로 증명[89]해야만 하는 것과, 여기에다가 고유속성은 그 주어에만 속하고 또 그 사물에 대해 환위해서 술어가 되는 것이어야 하기 때문이다.

---

87 부수성, 고유속성, 유, 그 각각에 술어에 관련된 토포스에 의해 다른 술어들을 공격할 수 없다는 것이다.

88 『토피카』 제7권 제5장 154b15-16 참조.

89 '논리적으로 따져 보아야 한다'는 의미가 내포되어 있다.

(6) 부수하는 것은 확립하기는 가장 쉬우나 파기하기는 가장 어렵다

부수하는 것을 확립하기란 이 모든 것들 중에서 가장 쉽다. 왜냐하면 다른 것들의 경우에는 술어가 그 주어에 비단 속한다는 것뿐만 아니라 이러한 특정한 방식으로 속한다는 것을 보여야만 하지만, 부수하는 것의 경우에는 단지 속한다는 것[90]을 보이는 것만으로 충분하기 때문이다. 이와 달리 부수하는 것을 파기하는 것이 가장 어려운 것은, 부수하는 것 안에 가장 적은 수의 요소들이 주어져 있기 때문이다. 왜냐하면 부수하는 것의 경우[91]에서는 어떤 방식으로 속하는지를 덧붙여서 지시하지 않기 때문이다. 따라서 다른 것들의 경우에는 속성이 속하지 않는다는 것을 보여주든가 혹은 어떤 특정한 방식으로 속하지 않는다는 것을 보여주든가 함으로써 명제를 파괴하는 두 가지 방식이 있지만, 부수하는 것의 경우에는 속하지 않는다는 것을 보여주는 것 이외에 달리 파괴하는 방식은 없다.

이렇게 해서 주어진 각각의 문제들에 관련해서 우리가 공격할 수 있는[92] 수단이 되는 토포스들은 거의 충분하게 열거된 셈이 되었다.

---

90 여기서 '속한다는 것'은 사물(주어)과 '필연적 관계'로 속한다는 것이 아니라, 속하지 않을 수 있는지 없는지와 무관하게 단지 '속하고 있다'는 것만을 말한다. 그런 의미에서 여기서의 '부수성'은 넓은 의미에서의 술어를 의미한다고 여겨진다.

91 부수하는 것을 '진술하는' 경우를 생각하면 이해가 빠를 것이다.

92 원어로는 epicheirein(공격하다, [문자적으로는] 손을 대다)이다. 결국 변증술이 논박의 형식으로 질문자와 답변자의 한 쌍으로 이루어진다고 했을 때, 주어진 문제를 '공격'하고 또 '방어'한다는 것은 이미 '변증술적 탐구 방법'을 전제하는 것으로 이해할 수 있다. 정작 문제는 어떤 방법과 방식으로, 즉 어떤 토포스를 이용하여 올바른 변증술적 절차가 수행되는가 하는 것이다. 이에 대한 모든 토포스를 제2권에서 제7권에 걸쳐 열거했다는 결론적인 의미로 이 대목을 새길 수 있겠다.

8권

변증술적 탐구 방법의 실제적 수행

제1장 변증술적 논의에서 물음의 방법 (I)

철학자와 변증론자의 비교

이것들 다음으로 여러 가지 질문의 배열에 대해, 또 어떻게 질문을 물 155b3
어야만 하는지에 대해 말해야만 한다. 일련의 질문을 고안하려는[1] 사람은 첫째로, 어디서부터 공격을[2] 시작해야 하는가 하는 토포스를 발견해야만 한다. 둘째로, 자기 자신을 향해 일련의 질문을 고안하고 그것을 하나하나 배열해야만 한다. 끝으로, 셋째로는 그 질문들을 이번에는 다른 사람을 향해 던져야만 한다.[3]

---

1 'erōtan'(질문을 묻다), '질문(erōtēma)을 고안하는'(erōtēmatizein). erōtēmatizein은 아리스토텔레스 자신의 조어(造語)인 듯하다.

2 여기서 epicheirein(공격하다)은 '논의하다'(argue)라는 의미로 쓰였다.

3 일반적으로 제8권은 '질문과 답변을 통한 문답법적 논의'가 주축을 이루고 있다. 여기에서는 질문을 제기하는 순서가 세 단계로 구별되고 있다. 그 첫 번째 단계는 논의가 성립하는 문제와 이에 관련된 토포스를 발견하는(heurein) 것이고, 두 번째 단계는 해결해야 하는 문제와 관련 있는 여러 가지 질문과 논의의 근거가 되는 여러 가지 명제와 관계있는 질문들을 하나하나 자신의 마음속에 순서 짓는 일(배열; taxis)이

155b

그런데 토포스를 발견하는 데까지는 철학자와 변증론자의 탐구가 마찬가지 방식을 취하지만, 이러한 질문들을 배열하고 고안하는 것은 변증론자〈문답을 통해 논의하는 자〉의 고유한 일이다.[4] 그러한 종류의 모든 것은 다른 사람에게로 향해져 있으니까.[5] 이와 달리, 철학자와 스스로 탐구하는 사람은 그것들을 통해 추론[6]을 구성하는 명제〈전제〉들이 참이고 잘 알

고, 세 번째 단계는 상대방과 대면하게 되면 지금 자기가 세운 순서와 방식에 따라 질문을 던지고(eipein) 논의를 제기하는 것이다. 이러한 일반적인 변증술적 절차와 방식을 통해 변증술의 실제적 수행 과정이 이루어진다. 이 과정은 수사술에서의 논거발견(heurēsis, inventio), 준비(praeparatio), 표현(lexis, elocutio)에 해당한다. '논쟁'적 논의의 부정적 평가에 대해서는 아래의 161a37–b1 참조. '발견', '구성'(배치, diathesis)에 대한 언급은 플라톤의 『파이드로스』 236a에도 나온다.

4 소피스트와 문답을 통해 논의하는 자(변증론자), 그리고 철학자의 임무의 차이에 대해서는 『형이상학』 제4권 제2장 1004b22–26 참조. 거기에서는 다음과 같이 그들의 차이를 구별하고 있다. "소피스트적 기술과 변증술은 사실상 철학과 동일한 유의 것(to auto genos)을 향해 있다. 그러나 철학은 그 능력의 관점에서(tō tropō dunameōs) 변증술과 다르고, 소피스트적 기술과는 그 철학적 삶의 목적(지향)에서(tē proairesei) 다르다. 철학은 앎을 추구하지만, 변증술은 검토하는 기술(peirastikē)이다. 소피스트적 기술은 철학인 것처럼 보이나 실상은 그렇지 않다." 이를 통해서 볼 때, 양자 간의 철학적 삶의 목적이 서로 다름으로 인해 발생하는 그 미세한 차이를 제쳐놓는다면 변증술과 철학은 동일한 영역을 다루고 있음이 틀림없다. 철학의 모든 분야들은 출발선상에서 변증술적 탐구 방법을 택하며, 그 목적은 철학을 지향하고 있다(『토피카』 제1권 제1장 100a27–b23). 문답을 통해 논의하는 자의 임무에 관해서는 『소피스트적 논박에 대하여』 제11장 172a1 아래 참조. 그 밖에도 『분석론 전서』 제1권 제1장 24a22–b1 참조.

5 변증술이 전적으로 타자와 관련을 맺는다는 점을 지적하는 것으로 보이기도 한다. 그러나 여기서 "그러한 종류의 모든 것"은 '질문들을 배열하고 세우는 것'만을 지시하는 것으로 해석된다. 그러니까 이것은 변증론자의 한 측면이기 때문에, '문답을 통해 논의하는 자(변증론자)에게 고유한 모든 것'으로 볼 필요는 없다(아래의 155b26–27 참조).

6 여기에서의 쉴로기스모스는 변증술적 추론에 대비되는 참인 전제들로부터 출발하는 엄밀한 의미에서의 '논증적 추론'에 접근하는 의미를 가진다. 그렇다면 앞서 문답

려진 것이긴 하지만, 그 명제들이 최초에 내세운 것[출발점]에 가까워서 따라 나오게 되는 결론이 예견되기 때문에,[7] 답변자가 그것을 인정하지 않는다고 해도 전혀 개의치 않는다. 오히려 이러한 사람〈철학자〉들은 아마도 자신의 주장들[8]이 가장 잘 알려진 것으로 최초에 내세운 것에 가깝게 다가가는 일에 열심일 것이다. 이 주장들로부터 학문적 추론이 구성되는 것이니까.[9]

을 통해 논의하는 사람(변증론자; ho dialektikos)과 대비되는 철학자, 즉 지혜를 사랑하는 사람은 '논증가'로 볼 수 있겠다. 따라서 '논증가'(ho apodeiktikos)와 '철학자'(ho philosophos)는 이곳에서는 동일한 것을 지시한다. 변증술적 전제와 논증적 추론의 전제 간의 차이에 관해서는 『분석론 전서』 제1권 제1장 24a22-b15 참조.

7 '최초에 내세운 것'(to ex archēs)은 증명해야 할 명제를 가리킨다. 논증가와 변증론자는 결론을 가지고 출발하며, 그것을 위한 논의를 발견하려고 시도한다. 문답법적 추론인 변증술은 애초에 증명해야 할 명제가 부여되고, 다시 그것을 결론으로 하는 추론을 구성한다. 질문자의 임무는 이것들을 통해 결론으로 나아가는 추론을 구성하는 것이다. 답변자가 그 결론을 예견하고 거부한다고 해서, 철학자(논증가)가 그 행위를 전혀 개의치 않는 이유는 '스스로 탐구하는 자'이며, 또 자신의 추론 과정에서 타자의 선택이 개입되지 않기 때문이다.

8 원어로는 ta axiōmata이다. 여기서는 수학적이고 기술적인 의미에서의 '공리'라기보다는 일반적으로 '승인된 명제' 혹은 '주장'이라고 옮길 수 있다. 이것은 『토피카』에서 '전제명제'와 동일한 의미로 사용된다. 『분석론 후서』에서의 기술적인 의미는 아니다(제1권 제2장 72a17; "무엇이든 배우려는 사람이 반드시 가지고 있어야만 하는 것을, 나는 '공리'라고 부른다.").

9 철학자('논증가')와 변증론자는 다 같이 주어진 결론을 확립하는 전제를 탐구한다. 토포스는 그들의 탐구에 다 같이 유용하다. 변증론자는 상대방이 받아들이는 전제를 사용하지만, 철학자에게는 참이면서 이해 가능한 전제가 필요하다. 변증론자는 질문과 답변을 통해 상대방으로부터 '결론을 확보하는 것'을 목적으로 한다. 이와 반대로 상대방은 논의의 결론 및 결론으로 이끄는 전제를 받아들이지 않는 것이 그 목적이다.

155b

질문을 어떻게 만들 것인가에 대해(제1장–제3장)

(1) 필요한 전제와 다른 전제와의 구별

그런데 명제들을 확보할 때 출발점이 되는 공격하는 토포스들에 대해서는 이미 논해졌다.[10] 이제 필요한 전제명제들 이외에 확보해야만 하는 전제명제들을 구분한 다음에, 일련의 질문을 배열하고 고안하는 것에 관해 논의해야만 한다. (그것을 통해서 추론이 생겨나는 전제들을 '필요한 전제명제들'[11]이라고 부른다.) 이 필요한 것들 이외에 확보되는 전제명제는 네 가지이다. 즉 (1) 보편을 주기 위한[12] 귀납의 목적을 위한 것,[13] 혹은 (2) 논의에 두툼함을 주기 위한 것,[14] 혹은 (3) 결론을 숨기기 위한 것,[15] 혹은 (4) 논의를 더 명확하게 하기 위한 것[16] 등이다. 이것들 이외에는 다

---

10 『토피카』 제2권–제7권까지.

11 '필요한 전제명제'란 결론이 그것을 통해서 반드시(강제적으로) 따라 나오는 전제이다(아래의 156a8, 20 참조). 요컨대 그 전제를 받아들이면 도리 없이 결론을 승인할 수밖에 없는 그런 전제를 '필요한 전제들'(anangkaia)이라 한다. 논리학적으로는 한 논의의 형식적 타당성을 가져올 수 있는 전제를 말한다. 『분석론 전서』에서는 전제들을 양상적으로 '가능한 전제', '정언적 전제', '필요한 전제' 등으로 특징짓고 있다.

12 베르데니우스(와 브룅슈빅)은 로스가 ⟨kai⟩를 삽입하는 것을 불필요한 것으로 보고, tou dothēnai에서 tou를 '목적'을 표시하는 소유격으로 파악한다. 그는 이 밖에도 『동물의 발생에 대하여』 제2권 제4장 740a26, 투키디데스, 『역사』 제1권 제4장, 보니츠, 『색인』 149b13 등을 들고 있다. 브룅슈빅(2007), 해당 주석 참조.

13 귀납을 통한 보편명제의 확립을 말한다.

14 원어로는 eis ogkon tou logou(논의의 폭)이다. ogkos는 '무게, 크기, 폭'을 의미한다. 이 말은 『수사학』에서는 '숭고', '위엄'으로 이해된다(제3권 제6장 1407b26 참조). 157a6에 나오는 kosmos(꾸밈)와 어울리는 말이다. 결론을 숨기기 위해 논의를 장황하게 이끈다든가, 필요하지 않은 것을 논의 속에 끼워 넣든가 하는 것을 말하며(157a1–5), 또 논의를 꾸미는 것을 의미한다(157a6–13).

15 결론을 숨기는 기술에 대해서는 아래의 155b26–28과 156a7–157a5 참조.

16 아래의 157a14–17 참조. 제시된 명제의 의미를 명확히 함으로써 답변자가 동의하

른 어떤 전제명제도 확보하지 않아야 하며, 오히려 이것들을 통해서 논의를 전개하고 일련의 질문을 고안하는 데 힘써야만 한다. 숨기기 위한 명제들은 경쟁을 목적으로 하는 것이다.[17] 그러나 이러한 작업 모두는 다른 사람을 향해[18] 이루어지는 것이기 때문에 그러한 명제들을 사용하는 것은 또한 필연적일 수밖에 없다.

필요한 전제 이외의 다른 전제의 사용에 대해

(가) 귀납을 위해서

그런데 질문자는 추론을 구성하는 필요한 전제를 곧장[19] 제시해서는 안 되고, 오히려 가능한 한 위쪽으로[20] 거리를 떼어 둬야 한다.[21] 예를 들면

게 하거나 파기하게 만드는 것을 말한다.

17 아래의 159a25-37 참조.

18 '경쟁술'(쟁론술)과 변증술 모두 상대방의 논의를 목적으로 하는 점에서는 같다. 그러나 경쟁술이 결론을 숨기기 위한 것이나 변증술은 그렇지 않다는 점에서 차이가 난다. 경기가 승리를 목적으로 하듯이 경쟁술은 승리를 목적으로 한다. 그러나 변증술은 '훈련'에 그 목적이 있다. 변증술과 경쟁술의 차이에 대해서는 『토피카』 제8권 제5장 159a26-36, 제11장 161a37-b1 및 『소피스트적 논박에 대하여』 제2장 165b8-11, 제34장 183b2("변증술은 소피스트적 기술이 가까이 '이웃하고' 있는 까닭에") 참조. 플라톤은 소피스트가 개와 늑대를 닮았다고 말한다(플라톤, 『소피스테스』 231a 참조). 그렇지만 변증술에서도 결론을 숨기는 것이 필요한 상황이 발생할 수도 있다.

19 즉 처음부터.

20 포스터는 anōtatō(위쪽으로) 대신에 apōtatō(멀찍이)로 읽고 있다(피카드-케임브리지의 번역 참조). 한편 베르데니우스는 『국가』 제10권 613b12에서 경주에서의 반환점을 ta anō라고 부르고, '위로 아래로 (걷는다는)' 의미에서 anō katō를 떠올리게 된다는 것을 들어 전자로 읽는다. 브룅슈빅(2007) 참조.

21 거리두기(apostasis)를 다시 언급하는 아래의 155b38-156a2 참조. 이 방법은 직접적으로 필요한 전제를 제시하지 않고 도달해야 할 결론과 '거리'가 떨어져 있는 것을 제안하는 것이다(155b29-34). 이를테면 증명해야 할 전제를 갖는 추론을 'P1, P2,

155b

‘동일한 지식이 반대되는 것들에 관계한다’는 명제를 확보하고자 한다면, 그 명제에 대한 동의를 바로 요구하지 않고 오히려 ‘동일한 지식이 대립되는 것들에 관계한다’는 명제에 대해 동의를 요구해야만 한다.[22] 왜냐하면 이것이 승인된다면, 반대되는 것은 대립되는 것이기 때문에 ‘동일한 지식이 반대되는 것들에 관계한다’는 명제를 추론한 셈이 되었기 때문이다. 그러나 답변자가 이것을 승인하지 않는다면, 개별적으로 반대되는 것들에 대해 명제를 제시하면서 귀납을 통해서 전제명제를 확보하도록 해야만 한다.[23] 왜냐하면 필요한 전제들을 추론을 통해 혹은 귀납을 통해 확보하든가,[24] 또는 필요한 전제의 일부는 귀납으로 혹은 나머지 필연적 전제는 추론으로 확보해야만 하기 때문이다. 물론 너무도 명백한 명제들은 곧장 제시함으로써도 확보해야 한다. 왜냐하면 거리두기(apostasis)를 하거나 혹은 귀납을 이용하는 경우에 따라 나와야 할 결론이 언제나 더 불명확하지만,
156a 동시에 또한 그러한 방식으로[25] 전제명제를 확보할 수 없다면 도움이 되는

그러므로 C'라고 하자. P1(혹은 P2)을 결론으로 이끄는 추론 'P3, P4, 그러므로 P1'에서, 전제 P3 혹은 P4를 문제 삼는 것과 같은 방법을 말한다. 여기서 상대방이 P1을 문제 삼을 경우와 비교하여 C에서 '거리두기'인 셈이다. 논증(apodeixis)에서 논증식의 '압축화'(katapuknousthai)라는 방법이 '거리두기'에 해당한다(『분석론 후서』 제1권 제13장 79a30; J. 반즈[1993_2], 162-163쪽 참조). R. 스미스(1997) 주석 109쪽 참조.

22 이 토포스에 대해서는 앞서 제1권 제10장 104a16에서 언급되었다.

23 상대방이 거리두기에 필요한 더 보편적인 전제를 승인하지 않는다면, 귀납을 통해 필요한 애초의 전제를 확보하도록 시도해야만 한다. 귀납에 대해서는 105a13-16 참조.

24 답변자가 대전제를 거부해서 연역 추론 과정이 막히면 질문자는 귀납에 의지할 수밖에 없다. 즉 '동일한 지식이 반대되는 것들에 관계한다'이거나 '반대되는 것은 대립되는 것이다'를 거부하면, 귀납을 사용해서 '정의와 부정의는 하나의 동일한 지식에 속한다.' 마찬가지로 유용한 것과 해로운 것도 그렇다. 그러므로 '반대되는 것들은 동일한 지식에 속한다'는 전제를 추론해 내는 것이다.

전제명제들을 곧장 제시하는 것도 온전하게 열려 있기 때문이다.

그러나 그것들[필요한 전제] 이외에 언급된 전제명제들[26]은 필요한 전제들을 위해서 확보되어야 하고, 그 각각은 다음과 같은 방식으로 사용되어야 한다. 질문자가 귀납을 행할 때는 개별적인 것들에서 보편적인 것으로, 또 잘 알려진 것에서 잘 알려지지 않은 것으로 논의를 이끌어 가야 한다. 더구나 감각에 의한 전제명제들이 무조건적으로 혹은 많은 사람들(多衆)에게서 더 많이 알려진 것이다.

(나) 자신의 결론을 숨겨 두기 위해서

또 질문자가 결론을 숨겨 두려고 할 때는 최초에 제시된 것을 이끌어 내려는 추론을 구성하는 것을 통해서 전제명제에 대해 예비 추론[27]을 해 둬야 하고,[28] 예비 추론은 가능한 한 많으면 많을수록 좋다. 질문자가 필요한 전제명제들뿐만 아니라 그것들을 확보하는 데 도움이 되는 얼마간의 전제명제를 예비적으로 추론할 수 있다면 이것[29]은 그렇게 될 수 있을 것이다. 게다가 예비 추론의 결론은 말해져서는 안 되고, 오히려 나중에 한꺼번에 모아져서 추론되어야 한다.[30] 그렇게 한다면 최초의 입론(테시

---

25 거리두기와 귀납에 의한 방식을 말한다(155b29-37).

26 방금 155b19-24에서 언급된 4종류의 전제명제들로서 필요하지 않은 것들을 가리킨다. R. 스미스는 이것을 바로 직전에 언급한 '거리두기와 귀납에 의해 이끌려진 전제명제'를 지시하는 것으로 본다.

27 원어로는 prosullogizesthai(예비 추론하다)이다. 주된 추론의 전제를 이끌어 내기 위한 일종의 예비적 추론이다.

28 질문자가 원하는 결론을 추론하는 것을 말한다.

29 결론을 숨기는 일.

30 이를테면 (P1, P2, 그러므로 C1), (P3, P4, 그러므로 C2), (C1, C2, 그러므로 C3)가 아니라, (P1, P2, P3, P4, 그러므로 C3)로 추론해야 한다. 즉 중간의 결론들은 논의 끝까지 언급하지 않아야 하고, 결론들이 아니라 전제들을 모아 한꺼번에 추론해

156a

스)[31] 으로부터 답변자는 가장 멀리 거리를 두고 떨어져 있게 될 것이기 때문이다.

(ㄱ) 결론을 나중으로 미룸

일반적으로 말해서 질문자가 자신의 결론을 숨길 때에는, 논의 전체가 물음의 형식으로 제시되었고 또 결론이 말해진 뒤에,[32] '왜 그렇게 되는지'[33]를 탐구하는 듯한 방식으로 물어야만 한다. 이것은 방금 말한 방식을 통해서 가장 잘 성취될 수 있을 것이다. 왜냐하면 최종의 결론이 말해진 것만으로, 결론 이전의 추론이 명확하게 구분되지 않은 경우에 답변하는 사람은 그런 결론이 어떤 명제들에서 따라 나오는지 미리 볼 수 없었기에, 어떻게 해서 그것이 따라 나오는지가 분명치 않게 남아 있기 때문이다. 그리고 그 결론을 이끌어 내는 추론이 가장 명확하게 구분되지 않은 상태가 되는 것은, 우리가 결론을 위해 필요한 직접적인 전제명제들[34]을 제시하

야 한다는 것이다.

31 즉 논의되는 문제로 '증명해야 할 것'이다. 문제와 입론은 상호 교환 가능한 기술적 용어이다(『토피카』 제1권 제11장 104b34-36).

32 이 역할은 당연히 결론을 알지 못하는 답변자일 것이다. 그는 왜 결론을 받아들여야만 했는지를 알고자 할 것이다.

33 원어로는 to dia ti(무엇 때문이라는 것)이다.

34 '직접적인 전제명제들'로 옮긴 원어는 lēmmata이다. 단수형인 lēmma는 추론에서의 '승인된 전제' 혹은 추론을 구성하는 '가정'(명제)(『토피카』 제1권 제1장 101a14)을 의미한다. 아리스토텔레스의 논리학 저작에서 드물게 사용되는 말이다. 따라서 이 말은 질문자가 '묻고 받아들인 것', 다시 말해 '확보하고 승인된 것'(lambanein)이기 때문에 '전제'로 사용될 수 있다. 브륑슈빅은 여기서 lēmma를 '결론에서 멀리 떨어져 있는 것'과 대조되는 '직접적인 전제들'(premisses immidiates)을 의미하는 것으로 해석한다. 그렇다면 '직접적인 전제들'은 각주 30에서 결론(C3)과 '거리를 두고' 있는 P1, P2, P3, P4가 아니라 C1, C2인 셈이다(266-267쪽 주석 참조).

지 않고 오히려 그것으로부터 추론이 이루어질 수 있는 것들을[35] 제시하는 경우이다.

(ㄴ) 주장들을 다양한 순서로 취급하는 논의의 구성

또 추론을 구성하는 주장〈공리[36]〉들을 연속적인 방식으로[37] 확보하지 않고, 오히려 이런 결론을 목적으로 하는 주장과 저런 결론을 목적으로 하는 주장을 교차해서 확보하는 것도 유용하다.[38] 왜냐하면 어떤 특정한 추론 [25] 에 고유한 전제명제들[39]을 나란히 내세운다면 이것들로부터 따라 나올 것은 더욱 명백해질 것이기 때문이다.[40]

(ㄷ) 명사의 동계열어에 관계된 정의식에 의한 보편적 전제의 확립

또한 가능한 경우라고 한다면 정의식에 의해서 보편적 전제명제를 확보해야만 하는데, 명제가 표현하는 것들〈名辭〉 자체에 대해서가 아니라 그것들과 동계열의 것들에 대해서 정의식을 사용할 필요가 있다.[41] 왜냐

---

35 추론에서 전제 혹은 명제들로 사용되는 것이긴 하지만, 결론과 필연적인 관계를 유지하고 있는 전제명제들은 아니다.

36 수학이나 아리스토텔레스의 자연 철학에서 말하는 의미로 '공리'를 이해할 필요는 없다. axioma는 원래 '요구하고 주장한다'(axioun)는 의미이다. 주장을 받아들인 상대방에게 요구되는 것으로, 결론을 위해 필요한 가정(전제)을 말한다. 이 장의 각주 8을 참조.

37 '적절히 순서를 정해'라는 의미이다.

38 예를 들면 전제의 순서를 'P1, P4, P2, P3' 하는 식으로.

39 적절하고 밀접하게 관계 맺는 전제(명제, 공리)들을 가리킨다.

40 그 결론이 이미 빤히 드러나 보인다는 의미이다.

41 이 토포스는 'X와 Y가 동계열의 것이라면, X의 정의는 Y의 정의에 상응하고, 그 중 어느 쪽에 동의한 사람은 다른 쪽에도 동의한 셈이 된다'는 것이다(『토피카』 제7권 제3장 153b25-35 참조). 본문 아래에서 든 예를 생각해 보자. 질문자는 '화난 사람은

하면 동계열의 것에 대해서 정의식이 확보된 경우에 자신이 보편적인 것으로 동의하지 않는다고 생각하고 사람들은 그릇되게 결론을 이끌어 내기 때문이다. 예를 들면 '화난 사람은 노골적인 경멸 때문에 보복을 원한다'는 명제를 확보해야만 하고, 또 '화는 노골적인 경멸 때문에 [생겨난] 보복에 대한 욕구이다'란 주장을 확보할 수 있는 경우가 그렇다.[42] 후자가 확보된다면 우리가 원하는 것을 보편적으로 가질 수 있을 것이라는 점은 분명하니까. 그러나 그 표현 자체를 포함하는 명제를 내놓는 사람들에게는, 답변자가 그것들에 대해 더 많은 반론을 가질 수 있을 것이기 때문에 그것들을 부정하는 일이 자주 생겨난다.[43] 예를 들면 답변자는 다음과 같이 말할 것이다. '화난 사람은 보복을 원하지 않는다. 우리는 부모에 대해서 화를 내지만 보복은 원하지 않을 테니까 말야'라는 반론은 아마 충분한 것이 아닐 것이다.[44] 몇몇 사람들에게는 괴로움을 주고 후회를 일으키는 것
156b 만으로 충분히 보복하는 것이니까. 그럼에도 그러한 반론을 주장하는 사람들은 전제로 제안된 것을 부정하는 것이 이치에 어긋나는 것이라고 생각하지 않도록 하는 설득적인 무언가를 가지고 있다. 그러나 '화'의 정의식에 대해서는 반론을 찾아내는 것은 이와 마찬가지로 쉽지 않다.

보복을 원한다'는 주장을 확보하고자 한다(156a30-32). 답변자는 어떤 경우에는 화난 사람이 보복을 원치 않는다고 반대할 수 있다(156a34-b2). 아마 답변자는 '화'의 정의를 '보복의 욕구'로서 쉽게 인정할 수 있을 것이다. 여기서 '화'와 '화난 사람'은 동계열의 말이기 때문에 한쪽의 정의에 동의하게 된다면 다른 쪽에도 동의한 셈이 된다.

42 '화'의 정의에 대한 언급은 제4권 제6장 127b28-32, 제6권 제13장 151a14-19 등에도 나온다. 이 밖에도 친구가 포함된 '화'의 정의에 대해서는 『수사학』 제2권 제2장 1378a31-33 참조.

43 실제로 사용되는 그 '명사의 일상적 용법 내지는 의미'를 염두에 두면 이해가 쉬울 것 같다.

44 ouk alēthēs('참이 아니다'; AB Wz 사본, 로스) 대신에 ouk hikanē로 읽는다.

(ㄹ) 의도를 숨김으로써 전제를 확보하는 방법

게다가 전제 그 자체를 인정받으려 하기 때문이 아니라 다른 것을 위해서 하는 것인 양 전제를 제시해야 한다. 사람들은 입론(테시스)을 위해 유용한 것들에 대해서는 경계를 늦추지 않으니까.[45] 한마디로 말해서, 질문자는 제안된 명제를 확보하기 바라는지 혹은 그것에 대립되는 명제를 확보하기 바라는지 최대한 불명확하게 만들어야 한다. 왜냐하면 논의를 위해 유용한 것이 불명확하게 남아 있다면 사람들은 그들 자신이 옳다고 생각하는 명제를 더 잘 인정하는 경향이 있기 때문이다.

(ㅁ) 유사성에 의한 명제의 확보

게다가 유사성을 통해 [계속적으로 물음을 던짐으로써] 답을 추구해야 한다.[46] 유사성은 설득력이 있으며, 또 그 안에 함축된 보편적인 것을 사람들이 알아채기 더욱 어렵게 하니까. 예를 들면 '지식과 무지가 반대되는 것에 대해 동일한 것처럼, 그와 같이 또한 감각도 반대되는 것들에 대해 동일하다.' 혹은 역으로, '감각이 동일하기 때문에, 지식도 또한 동일하다'고 하는 경우가 그렇다. 이 과정은 귀납과 유사하지만 적어도 동일하지는 않다. 왜냐하면 귀납에서는 개별적인 것들로부터 출발해서 보편적인 것이 확보되지만, 유사한 것들의 경우에는 확보된 것은 모든 유사한 것들이 그 아래에 포섭되는 보편적인 것은 아니기 때문이다.[47]

---

45 "사람들은 다른 것 때문에 제시된 명제와 그 자체로 유용하지 않은 명제를 더 쉽게 인정하는 경향이 있기 때문이다."(아래의 156b25-27 참조)

46 '답을 추구한다'의 원어는 punthanesthai(답을 구한다)이다. 이 말은 '듣는 과정을 통해 알아낸다'는 의미를 가지고 있다. 때때로 문답에서 질문자에게 사용하기도 한다(『분석론 전서』 제1권 제1장 24b10).

47 귀납에 대해서는 『분석론 전서』 제2권 제23, 24장 참조. 유사성을 사용해서 보편적인 것으로 나아가는 '예를 통한 논증'에 대해서는 『수사학』 제1권 제2장 1357b26-

156b

(ㅂ) 문답을 통한 변증술적 논의를 전개하는 여러 방법에 대해

또한 질문자는 때때로 자기 자신을 향해 반론을 제시해야만 한다. 답변자는 올바른 방식으로 공격을 하고 있다고 생각되는 사람들에 대해서는 의심을 품지 않으니까. 또한 '그런 것은 익숙한 일이다' 또 '그런 것은 일반적으로 말해지는 것이다'라고 덧붙여 말해 두는 것도 유용하다.[48] 왜냐하면 반론을 갖지 못했을 때 사람들은 관용적인 의견[49]을 바꾸는 것을 주저할 뿐만 아니라, 이와 동시에 그들 자신도 그런 관용적인 의견을 이용하고 있으므로 그런 관용적인 의견을 바꾸는 것을 경계하기 때문이다.

게다가 그것이 전반적으로 도움이 되는 명제라고 할지라도 그것에 대해 너무 집착해서는 안 된다. 사람들은 오히려 집착하는 사람에 대해 더 맞서는 경향이 있으니까. 또 비교로서 제시된 것인 양 전제를 제시하는 것이 도움이 된다. 사람들은 다른 것 때문에 제시된 명제와 그 자체로 유용하지 않은 명제를 더 쉽게 인정하는 경향이 있기 때문이다.[50]

게다가 확보되어야만 하는 그 명제[A]를 내세우지 말고, 그 명제가 필연적으로 수반하는 다른 명제[B]를 전제로서 제시해야만 한다. 왜냐하면 다른 명제[B]로부터 따라 나올 것이 앞의 명제가 제시되는 경우와 마찬가지로 분명한 것은 아니므로 사람들은 그것에 더 쉽게 동의할 것이고, 그리

36 참조.

48 『수사학』에서도 이와 동일한 전략으로 '누가 모르겠는가?', '누구나 아는 것처럼'이란 말을 덧붙이는 것을 언급하고 있다(제3권 제7장 1408a32-36). 이것은 전문적 연설문 작성가가 흔히 사용하는 수법으로, 아리스토텔레스는 크게 중요한 것으로 간주하지 않는다.

49 원어로는 to eiōthos이다.

50 바로 앞 대목의 156b4-5 참조. 알렉산드로스는 이런 예를 들고 있다. '자제력은 덕이다'를 인정받으려면 '자제력이 덕인 것처럼, 마찬가지로 용기와 정의도 덕으로 생각되는지'를 물어야 한다(531쪽 3-5행).

고 일단 이것[B]이 인정된다면 앞의 명제[A]도 확보되는 셈이 되기 때문이다.

또한 질문자는 가장 확보하기를 원하는 명제를 맨 나중에 가서 물어야 한다. 사실상 대부분의 질문자들은 자신이 가장 집착하는 명제를 맨 처음[51]에 말하기 때문에, 사람들은 특히 최초의 질문들을 거부하려는 태도를 가진다. 그러나 어떤 사람들에 대해서는 그러한 명제를 맨 처음에 제시해야 한다. 왜냐하면 성미가 꾀까다로운 사람[52]들은 따라 나오는 것이 완전히 분명하지 않은 경우에 최초에 제시된 명제들을 가장 선뜻 인정하지만, 맨 나중에 가서는 꾀까다로운 태도를 드러내기 때문이다. 답변하는 점에서 예민하다〈날카롭다〉고 스스로 생각하는 사람들도 역시 마찬가지이다. 왜냐하면 대부분의 명제들을 인정한 후에도 끝에 가서는 그 인정된 것들로부터는 결론의 명제가 따라 나오지 않는다고 말하면서 수작을 부리곤 하기 때문이다.[53] 그러나 그들이 당장에 선뜻 승인하는 것은 자신의 재능을 확신하고 결코 어떤 명제에도 설득되지 않는다고 생각하기 때문이다.

게다가 마치 잘못 그려진 도형에 기초해서 기하학의 문제를 푸는 사람들이 하는 것처럼,[54] 논의에 대해 전혀 소용이 되지 않는 명제들을 집어

---

51 여기서 이 말은 '중요성'이나, '제일의 원리'와 같은 것을 말하는 것이 아니라 단순히 '먼저'라는 의미로 쓰였다.

52 duskolos는 비사교적이고, 반사회적 성격을 갖는 사람이다. 메난드로스는 그런 사람을 "평생 동안 누구에게 다정하게 인사하거나, 먼저 인사한 적이 한 번도 없는" 사람으로 묘사한다(메난드로스, 『부루퉁한 사람』(*Duskolos*) 9-10행). 메난드로스에게서 'duskolos'는 '사람을 싫어하는 사람', '심술궂은 사람', '성깔이 더러운 사람', '지저분한 사람'의 모습을 하고 있다. 변증술의 영역에서는 기술적인 의미로 사용된다(160b1-13, 161a21-b10). 이 책에서는 쓸데없이 '고집부리며 반대하는 사람'(quibbler)의 모습으로 읽힌다.

53 혹은 억지스런 변명을 늘어놓는다. 원어로는 terthreuonthai(기만하기 위해 떠벌리며 책략을 사용한다)이다.

157a

넣고, 또 논의를 길게 끄는 것도 도움이 된다. (지엽적인 많은 것들이 있다면 어느 곳에 허위가 있는지가 분명하지 않으니까.) 바로 이런 이유로 질문자들이 그 자체로[55] 내세운다면 인정받지 못할 것 같은 전제를 논의의 한 모퉁이에 보태 덧붙여도 때로는 눈치채지 못하고 넘어가는 수가 있는 것이다.

(다) 논의의 꾸밈을 위하여

그렇기에 숨기기 위해서는 앞에서 언급한 것[과정, 방식]들을 사용해야 하지만, 한편으로 꾸밈(粧飾)[56]을 위해서는 귀납과 그와 같은 부류의 것들[57]의 분할을 사용해야만 한다. 그런데 귀납이 어떤 종류의 것인지는 분명하지만, 분할하는 것은 다음과 같은 것이다. 예를 들면 '어떤 지식이 다른 지식보다 더 나은 것은 더 엄밀하다는 점 때문인가, 아니면 더 나은 대상이라는 점 때문인가'라든가,[58] 또 '지식 중에 어떤 것은 이론적〈관조적〉이고, 어떤 것은 실천적이고, 다른 어떤 것은 제작적이다'라고 하는 경우

---

54 잘못 그려진 도형에 기초하는 오류들에 대해서는 『토피카』 제1권 제1장 101a5-17, 제5권 제4장 132a31-34, 제8권 제10장 160b36 참조. 히포크라테스의 도형, 즉 '초승달 모양에 의해서 원을 직선으로 된 도형으로 만들기'(求積法; tetragōnismos)를 비롯한 기하학자의 오류에 대한 언급은 『소피스트적 논박에 대하여』 제11장 171b12 아래, 171b34-172a7, 172b1-4 참조.

55 '그대로' 혹은 '단독적으로'.

56 장식(kosmos)은 앞서 제8권 제1장 155b22에서 언급된 "논의에 두툼함을 주기 위한 것"에 상응한다. 이런 전제들은 네 종류의 전제들 중 두 번째 것으로 필연적인 전제는 아니다.

57 원어로는 tōn suggenōn으로 밀접하게 '관련된' 부류들을 의미한다.

58 어떤 지식이 다른 지식보다 더 나은 것은 (1) 그 결과의 정확성과 (2) 그 대상의 뛰어남 때문이다(『영혼에 대하여』 제1권 제1장 402a1-2 참조). 이 밖에도 『동물의 부분에 대하여』 제1권 제5장 644b24-645a23 참조.

이다.[59] 사실상 이런 것들의 각각은 논의를 꾸미는 데 이바지하지만, 결론을 얻기 위해서 말해야만 하는 필연적인 것은 아니다.

(라) 명확성을 위하여

명확성을 위해서는 예들과 유비를 내놓아야만 하지만, 예들은 논의에 고유한 것으로 우리가 잘 알고 있는 것들에서 취해져야 한다. ('호메로스가 말한 것처럼'은 좋지만 '코이리로스[60]가 말한 것처럼'은 안 된다.) 그와 같은 식을 따른다면 내세워진 전제는 한결 더 명확해질 수 있을 테니까.

제2장 변증술적 논의에서 물음의 방법 (II)

(2) 귀납

묻고 답하는 경우에,[61] 다중(多衆)에게보다는 문답을 통해 논의하는 자[62]

---

59 C 사본에는 '실천적인 것'이 빠져 있다. 세 가지로 학문을 분류하는 것에 대해서는 『토피카』 제6권 제6장 145a18 및 『형이상학』 제6권 제1장-2장, 제7권 제1장 참조.

60 아리스토텔레스 당대의 사모스 출신 서사 시인(기원전 413년-399년)으로, 크세르크세스에게 승리한 아테네인을 찬양하는 「페르시카」(*Persika*)라는 시를 썼다고 하는데, 단편적으로 남은 시행만이 전해진다. 아리스토텔레스의 『수사학』 제3권 제14장 1415a3-4, 17-18에서는 역설적이고, 진부한 표현을 사용하는 시인으로 거론되고 있다. 옮긴이는 처음 번역판에서(까치, 1998) 이름이 같은 이아소스 출신의 서사 시인으로 착각해서 '나쁜 시인'으로 기술했는데, 이는 불어판 번역자인 트리꼬의 설명을 받아들이다 범한 실수였다.

61 문답을 통한 변증술적 논의에는 귀납과 추론(쉴로기스모스)의 두 방식이 있다(『토피카』 제1권 제12장 105a10-12). 이 밖에도 『수사학』 제1권 제2장 1356b1-2에는 '변증술의 논의에는 귀납과 추론이 있는 것처럼'으로 같은 주장이 반복되고 있다.

62 토론에 능수능란한 사람.

에 대해서 추론을 사용해야만 하지만, 이와 반대로 다중에 대해서는 귀납을 사용해야만 한다. 이 점에 대해서는[63] 또한 앞서 말한 바 있다.[64]

어떤 경우에는 귀납을 행하면서 보편적인 것을 묻는 것이 가능하지만, 다른 어떤 경우에는 유사한 것 모두에 공통으로 받아들여지는 이름이 없기 때문에 그렇게 하는 것이 쉽지 않다.[65] 하지만 이런 경우에 질문자는 반드시 보편적인 것을 확보해야만 할 때, '이러한 것들 모든 경우에 이와 같다'라고 말한다. 그러나 제출된 것들[66] 가운데 어떤 것이 '이와 같은 것'이고, 어떤 것이 '이와 같지 않은 것'인지를 규정하는 일은 가장 다루기 어려운 일 중의 하나이다. 또 이 어려움 때문에 사람들은 자주 논의에서 서로를 속이는[67] 것이다. 한쪽의 사람들은 실제로 비슷하지 않은 것을 비슷한 것으로 주장하고, 다른 쪽 사람들은 비슷한 것들을 비슷하지 않다고 반론을 제기하는[68] 식으로 그렇게 하는 것이다. 이런 까닭에 '이러한 것들의

---

63 원어는 드물게 쓰인 huper toutou이다.

64 『토피카』 제1권 제12장 105a16-19. 제8권 제14장 164a12-16, 『수사학』 제1권 제2장 1356b18-26 참조.

65 귀납의 유용성에 대해서는 『토피카』 제1권 제1장 108b7-12 참조. '원리'(아르케)의 탐구를 위한 귀납의 역할에 대해서는 『분석론 후서』 제2권 제19장 참조.

66 ta propheromena는 귀납을 지지하기 위해 예로서 제시되는 개별적 명제들(a, b, c 등) 혹은 명제 중에 표시되는 요소들.

67 원어로는 parakrouontai이다. '[그런 식으로] 서로서로가 상대방의 논봉(論鋒)을 받아넘긴다'는 정도로 이해하면 되겠다. 이 말은 대개 속임수 혹은 거짓의 논의를 통해서 상대방을 기만한다는 의미로 사용된다. 『소피스트적 논박에 대하여』 165a13-17에서는 숫자 계산에 밝지 못한 사람을 속이는 '숫자 계산에 능숙한 사람'에 대해 이 말을 사용하고 있다(『정치학』 제4권 제12장 1297a10 참조). R. 스미스는 '눈 가리고 아웅 하다'(hoodwink)로 옮기고 있다.

68 원어로는 amphisbētountes(논봉[論鋒]을 받아넘기다, 반론하다)이다. 여기에서는 표면적으로 점잖은 표현으로 우리말로 옮겼으나 논박을 주고받을 때의 결렬한 말투가 오고 가는 상황과 그에 부수하는 제스처까지 연상하면 이 대목은 더 잘 이해될

모든 경우에' 질문자 자신이 그 이름을 만들어 내서,[69] 그래서 답변자가 귀 [30] 납의 결과로 내놓은 것[70]이 모든 경우에 동일하게 말해지지 않았다고 반론을 할 수 없도록 힘써야만 하고, 또한 질문자도 동일하게 말해지지 않은 많은 것들이 동일하게 말해진 것처럼 보이기 때문에, 제안된 것이 동일하게 말해진 것인 양 트집 잡히지 않도록 힘써야만 한다.[71]

수 있을 것이다. 이 말의 참된 의미는 '반론을 외치고, 부르짖으면서'로 새기면 그 원래의 뜻이 되살아날 수 있다.

69 동일한 속성인 F를 갖는 a, b, c, … 등을 지시하는 공통의 이름이 없을 경우에 이것들을 총칭하는 새로운 말 N을 만들어 내야 한다. 이에 대해서는『분석론 후서』제1권 제5장 74a6-32,『분석론 전서』제1권 제35장, 제39장 참조.

70 to epipheromenon은 귀납을 통해 귀결된 것을 지시한다. epiphora는 스토아 논리학에서 쉴로기스모스(추론)의 '결론'을 지시하는 기술적 명사(名辭)이다. 귀납을 지지하기 위한 개별적 경우들을 말하는 157a25-26에서의 ta propheromena와 대조된다.

71 여기서 일어나는 귀납의 절차는 이런 것이다. 어떤 경우들에 대해 일련의 연속된 '물음'으로 귀납적 논의는 진행된다. F는 속성을 가리킨다.

a는 F인가? 그렇다.
b는 F인가? 그렇다.
c는 F인가? 그렇다.
…

그런 다음 질문자는 보편적 명제의 형식으로 '그러므로 모든 G(a, b, c, …)는 F인가?'라고 묻는다. 답변자는 이미 개별 사례에 대해 동의하고 있었으므로 이 보편적 물음을 인정하든가, 아니면 이 사례들에 대한 반론(반증 사례)을 제시해야만 한다. '반증 사례'의 논의에 대해서는 아래의 제8권 제8장을 참조. 그런데 G는 '유사성' 때문에 공통의 이름으로, 예를 들면 '동물'이라고 불린다. 예를 들어, 개, 돼지, 소, 말 등이 영양을 섭취하기 위해서 입을 가지고 있으며, 또 소화하기 위해서 위를 가지고 있다고 귀납을 통해 이끌어 냈다면, 우리는 이것들을 '동물'이라는 '공통의 이름'으로 부를 수 있다. 그래서 동물은 이러한 목적을 위해서 위를 가지고 있다고 결론 내릴 수 있다. 그러나 어떤 다른 동물은 위가 아니라 혀를 통해서 소화한다는 점을 지적함으로써 '동물은 이러한 목적을 위해서 혀를 가지고 있다'고 이끌어 내는 것은 적절하지 않

157a

(3) 반론들

질문자가 많은 사례들로부터 귀납을 행한 후에 답변자가 그 보편적인 것을 인정하지 않을 경우, 질문자가 답변자의 반론[72]을 요구하는 것은 언제나 정당하다. 그러나 질문자 자신은 어떤 경우들에서 그런지를 말하지 않으면서, 답변자에 대해서는 어떤 경우들에서 그렇지 않은지를 말하도록 요구하는 것은 정당하지 않다. 자신이 먼저 귀납을 행하고, 비로소 그런 식으로 반론을 요구해야만 하기 때문이다.[73]

또 '2는 짝수 중 유일한 소수'[74]라는 명제의 경우처럼, 그러한 것이 단지 하나만이 있는 것이 아닌 한, 질문자는 제시된 명제 자체에 대해[75] 반론을
157b 내놓도록 요구해서는 안 된다.[76] 왜냐하면 반론을 제기하는 사람은 다른 경우에 근거해서 반론을 내놓거나, 아니면 '단지 그것만이 이런 것'이라고 주장하는 것이어야만 하기 때문이다.

다는 것을 말하고 있다. 이는 '어떤 것이 이러한 것이다' 또 '어떤 것이 이러한 것이 아니다'를 쉽사리 가릴 수 없기 때문이다. 이 대목은 바로 이 점을 주의해야 한다고 지적하고 있다.

72 반론(enstasis)은 거짓을 포함하는 일반화, 즉 보편명제에 대한 '하나의 반증 사례'를 말한다. 『토피카』에서 '반론'은 '반례'(counterexample)를 의미한다.

73 답변자가 귀납의 과정을 인정하나 일반화를 거부하는 경우, 그 경우에만 질문자가 반증 사례를 요구하는 것이 정당화될 수 있다.

74 아마 다음과 같은 귀납일 것이다. '2는 소수가 아니다, 4는 소수가 아니다, 6은 소수가 아니다 … 그러므로 어떤 짝수도 소수가 아니다.' 반론은 '2는 짝수이면서 소수이다.' 그런데 '2는 이러한 유일한 수이다.'

75 원어로는 ep' autou tou proteinomenou이다. tou proteinomenou(제시된 명제)에서 proteinomenou는 proteinein(앞에 펼쳐 놓다, 명제로서 내놓다)에서 온 말로, 전제와 명제를 의미하는 protasis도 이 말에서 유래했다.

76 '(1) a is F, (2) b is F, (3) c is F, … 그러므로 모든 H는 F이다'라는 귀납이 있다고 하자. 이 경우에 (1), (2), (3) 전제들 중의 하나에 반론하는 것이 아니라, 답변자는 a, b, c와 구분되는 x를 내놓고 'x는 F가 아니다'라고 해야 한다는 것이다.

한편 보편적인 것에 대해 반론을 제시하지만 해당하는 그것 자체에 대해서가 아니라 그것과 동명이의적인 것에 대해서[77] 반론을 제기하는 사람들, 예를 들면 '사람은 자신에게는 없는 색, 또는 발, 또는 손을 가질 수 있다. 화가가 자신에게 없는 색을 가지기도 하고, 요리사가 자신에게 없는 발을 가질 수 있을 테니까'[78]라고 반론하는 사람들에 대해서는 그와 같은 동명이의적인 것들을 구별하고 나서 질문을 던져야만 한다. 그 동명이의를 알아채지 못하는 한 답변자는 전제명제에 대해 적절하게 반론했다고 생각할 테니까.

그러나 답변자가 동명이의적인 것에 대해서가 아니라 해당하는 그것 자체에 반론을 제시하면서 질문을 가로막는다면, 질문자에게 도움이 되는 명제를 확보할 때까지 질문자는 반론의 대상이 되는 것을 제거하고,[79] 남아 있는 것을 보편적인 것으로 만들어서 전제를 제시해야만 한다. 예를 들면 '잊어버림'과 '잊어버렸다'는 것의 경우가 그렇다. 사실상 [지식의 대상

---

77 여기서 아리스토텔레스는 두 가지 유형의 반론을 제시한다. 하나는 "모든 G는 F이다"에 대해 F이지 않은 '하나의 G'인 경우를 주장함으로써 반론한다. 그 경우에는 보편적인 것이 받아들인 것과 동일하지 않은 F의 의미에서이다("동명이의적인 것에서"[en tō homōnumō]). 다른 하나는 F이지 않은 '하나의 G'인 경우를 주장함으로써 반론한다. 그러나 이번에는 보편적인 것이 받아들인 것과 동일한 F의 의미에서이다("그것 자체에서"[en autō]).

78 다음과 같은 논리 형식(if X has a Y, then this Y is his Y)의 귀납일 것이다. '누군가가 아들을 가졌다면, 그 아들은 그의 것이다.' '무언가가 색을 가졌다면 그 색은 그의 것이다.' 이에 대한 반례는 이런 것이다. '화가는 화실에서 그의 **색**이 아닌 **색**을 가졌다.' '요리사는 그의 냄비 안에 그의 **발**이 아닌 돼지의 **발**을 가졌다.' 이 반례는 '가짐'(echein)이란 동사의 동명이의에 근거하고 있다. '가짐'은 귀납에서는 '속성 혹은 관계로서의 가짐'이고, 반례에서는 '소유'의 의미이다. 이런 예들은 『토피카』 제9권으로 알려진 『소피스트적 논박에 대하여』에서 논의된 전형적인 소피스트식 논의(sophism)이다.

79 '반론이 되고 있는 논점을 그대로 놔둔 채로'.

인] 사물(프라그마)이 변화했기 때문에 지식을 '잃어버린' 것이지 '잊어버린' 것이 아니기 때문에, 사람들은 '지식을 잃어버린 사람은 그것을 잊어버렸다'는 것을 동의하지 않을 테니까.[80] 그렇기에 질문자는 반론의 대상이 되는 것을 제거한 채로 나머지 것을 말해야만 한다. 예를 들면 '사물이 그대로 남아 있는데도 지식을 잃어버린다면, 그것은 잊어버렸기 때문이다[81]'라고 하는 것처럼 말이다. 또한 '더 큰 선에 더 큰 악이 대립된다'[82]는 명제에 반론을 제시하는 사람들에 대해서도 마찬가지로 대처해야 한다. 사람들은 '신체의 튼튼함보다 작은 선인 건강에 튼튼함보다 더 큰 악[질병]이 대립한다'라는 반론을 내놓기 때문이다. '질병은 허약함보다 더 큰 악일 테니까'. 그렇기에 이 경우에도 반론의 대상이 되는 것을 제거해야 한다. 그것이 제거된다면 답변자는 그 명제를 선뜻 승인할 것이기 때문이다. 예를 들면 '튼튼함이 건강을 수반하는 것처럼, 한쪽의 것이 다른 쪽의 것을 수반하지 않는다면, 더 큰 선에는 더 큰 악이 대립한다'는 것을 인정하듯이.

이것은 단지 답변자가 반론을 내세우는 경우에만 행해지는 것이 아니라, 또한 반론을 하지 않더라도 그러한 유형의 무언가를 미리 볼 수 있기

---

80 『토피카』 제7권 제3장 153b27-31 참조. '무언가의 지식을 잃어버린 것은 잊어버린 것이다'라는 질문자의 명제에 대해, 그것은 '무언가'(사물, 사안)가 변화했기 때문에 지식을 잃어버린 것이라는 반론이 있을 수 있다는 것이다. 즉 지식을 잊어버린 것은 아니라는 주장이다. 그러나 아래에서 논의되듯이, 만일 '무언가'가 '존속'하는데도 지식을 잃어버린다면 그것은 '잊어버린 것'이 되는 것이다. 그렇다면 그 대상이 변화하는 모든 지식은 '지식'이 아닌 것일까? 불변하는 필연적인 것에만 '지식'은 보존된다는 주장이 나올 수 있다(『분석론 후서』 제1권 제6장 74b23 아래, 특히 32-37 참조).

81 대부분의 사본에 따라 hoti를 dioti(157b17)로 읽는다(베르데니우스, 26쪽 참조).

82 로스는 〈ou〉(not) 부정어를 삽입하지만 불필요해 보인다. R. 스미스가 "Why is it that to a greater good is opposed to greater evil?"로 옮기는 것 역시 마찬가지다. 이에 대해서는 브룅슈빅 270-271쪽 참조.

때문에 제안된 명제를 답변자가 거부하려는 경우에도 행해야만 하는 것이다. 왜냐하면 반론의 대상이 되는 것이 제거된다면, 답변자는 나머지 것에서 어느 경우에 그렇지 않은지를 미리 볼 수 없으므로 해당하는 명제를 도리 없이 승인할 수밖에 없을 것이기 때문이다. 만일 답변자가 전제를 승인하지 않을 경우에는 반론을 요구받더라도 전혀 반론을 내놓을 수 없을 것이다. 이와 같은 전제명제들이야말로 어떤 경우에 대해서는 거짓이지만 다른 경우에 대해서는 참이 되는 그런 종류의 명제들이다.[83] 사실상 이러한 경우들에서 〈어떤 것(ti)을〉 제거함으로써[84] 남아 있는 것은 참으로 남아 있을 테니까.

하지만 질문자가 많은 사례에 의거하여 전제를 제시했을 때 답변자가 반론을 내놓지 않는다면, 답변자가 전제를 인정했다고 요구해야만 한다. 왜냐하면 변증술적 전제명제는 많은 사례에서 얻어진 것이며, 그것에 대해 아무런 반론이 없는 그러한 것이기 때문이다.[85]

---

83 '어떤 경우에 대해서는 참(혹은 부분적 참), 어떤 경우에 대해서는 (부분적으로) 거짓'(epi ti alēthēs, pseudēs)은 '전체적인(holos) 참과 전체적인 거짓'에 반대되는 것이다. 가령 참인 보편적 명제에 반대되는 보편적 명제인 '모든 인간은 동물이 아니다'(No man is an animal; 즉 '주어와 술어는 전혀 포함관계가 없다')는 '전체적인 거짓'이다. 그러나 참인 개별적 명제와 모순되는 보편적 명제인 '모든 인간은 희지 않다'는 '부분적으로 거짓'이다. 여기서 희지 않은 어떤 사람들을 '제거'한다면 '그 나머지', 즉 '어떤 인간은 희다'는 참인 것이다. 부분적으로(어떤 경우에) 거짓인 명제는 부분적으로 참이다. 그 역도 마찬가지다.

84 원어로는 〈ti〉 aphelonta이다. 베르데니우스는 ti의 삽입(로스)을 불필요한 것으로 본다. 이 말은 단독으로(절대적으로) 사용되기 때문이라는 것이다. 그런 용법의 예로 그는 『소피스트적 논박에 대하여』 180a20(ei pote ti sēmainomen aphelontes)을 들고 있다.

85 『토피카』 제1권 제10장 104a8-11에서 "변증술적 전제명제는 모든 사람에게서 혹은 대다수의 사람에게서 혹은 지혜로운 사람에게서(다시 말해 지혜로운 사람들 모두에게서 혹은 그 대다수에게서, 가장 저명한 지혜로운 사람에게서) 그렇다고 생각되는

157b

(4) 불가능한 것으로의 환원(reductio per impossible)

또 동일한 결론을 추론하는 것이 불가능한 것으로의 환원[86]에 의하지 않고도, 불가능한 것으로의 환원에 의해서도 가능한 경우에, [문답을 통해 논의하는 것이 아니라][87] '논증하는' 사람에게는[88] 이런 식으로 추론해도 또는 저런 식으로 추론해도 아무런 차이가 없지만, 다른 사람과 문답을 통해 논의하는 사람은 불가능한 것으로의 환원에 의한 추론을 사용해서는 안 된다. 왜냐하면 불가능한 것으로의 환원에 의하지 않고 추론하는 사람에 대해서 답변자는 논쟁을 제기할 수 없지만, 그러나 질문자가 불가능한
158a 것을 추론한 경우에는 추론한 그것이 거짓인 것이 너무나 명백하게 되지 않는 한, 답변자는 그것이 '불가능하지는 않다'라고 말할 것이기 때문에,[89]

것〈통념〉이 질문의 형식으로 나오는 것"이라고 정의한 바 있다. 그렇다면 여기서 제시된 이 정의는 변증술적 전제의 정의일 수 없을 것이다. 다만 아리스토텔레스가 이것을 통해 문답법에 의한 변증술적 맥락에서 확보되어야 할 전제가 보편적 성격을 가져야 한다는 점을 지적하는 것으로 이해할 수 있겠다. 만일 이 정의를 받아들이면 변증술적 전제는 규범적인 것(de droit)이 아니라 사실적인 것(de fait)이어야 한다.

86 원어로는 '불가능한 것으로의 환원에 의하지 않고도 또 불가능한 것으로의 환원에 의해서도'(aneu tou adunatou kai dia tou adunatou)이다. 『분석론 전서』 제1권 제23장 41a22-b3, 제44장 50a29-38 및 제2권 제11장-제13장 참조. '불가능한 것으로의 환원'은 다음과 같은 논리적 절차를 밟는다. 결론 C1을 간접적으로 증명하는 방법이다. 증명하고자 하는 결론(C1)의 부정을 참으로 간주하고 notP로 해서 다른 전제들에 포함시켜 추론을 전개한다. 일련의 전제들과 notP에서 '불가능한' 결론이 나온다면 notP가 거짓이라는 것이 증명된다. 그러므로 간접적으로 C1이 참이라는 것이 증명된 셈이다.

87 대부분의 사본과 달리 알렉산드로스에게 지지받는 C사본은 삭제하고 있다. 바로 아래의 37행에 나오는 dialegoumenō(변증술적으로 논의하는 자)를 생각해 보라.

88 원어로는 apodeiknunti이다. 어쩔 수 없이 '논증하는'이라고 옮겼지만, 공리적 체계에 근거하는 학적 탐구의 방법으로서의 '논증'(아포데잌시스) 이론에 상당하는 것에는 아직 이르고 있지 않다.

89 '불가능한 것으로의 환원'의 추론에 따라서, 예를 들어 증명하고자 하는 결론(C1)

따라서 질문자들은 자신들이 원하는 바를 얻지 못한다.

또 질문자는 많은 경우에 이와 같이 두루 적용되지만, 반론이 전혀 있지 않거나 혹은 그리 손쉽게 식별할 수 없는 그러한 전제들을 제시해야만 한다. 왜냐하면 그 전제들이 어떤 경우에 그렇지 않다는 것을 식별할 수 없다면, 답변자는 그것을 참으로 인정하기 때문이다.

(마) 질문의 형식으로 내놓는 것에 대한 여러 가지 권고

그러나 결론을 질문으로 만들어서는 안 된다. 그렇지 않으면, 답변자가 그것을 거부하는 경우에 추론이 이루어지지 않았다고 생각되는 것이다. 실제로 질문자가 결론을 묻는 것이 아니라, 따라 나오는 것으로서 그것을 내놓더라도, 답변자는 종종 그것을 거부하고, 또 그렇게 함으로써 이미 인정된 명제들로부터 그 결론이 따라 나오는 것을 간파하지 못하는 사람들에게는 답변자가 논박된 것으로 생각되지 않기 때문이다. 그렇기에 결론이 그것으로부터 따라 나온다고 주장하지 않고 질문자가 그것을 묻고, 또 답변자가 그것을 거부할 때에는, 거기에 추론이 이루어졌다고는 전혀 생각되지 않을 것이다.

보편적인 모든 것이 변증술적 전제명제[90]라고 생각되지는 않는다. 예를 들면 '인간이란 무엇인가' 혹은 '좋음은 얼마나 많은 방식으로 말해지

에 대립되는 주장을 전제(notC1)로 내세워 추론을 전개하는 경우, 불가능한 결론(C2)이 '명백히' 따라 나오지 않는다고 하면 그것이 반드시 불가능한 것은 아니라고 주장할 수 있을 것이다. 그런데 "그것이 거짓인 것이 너무나 명백하게"는 무슨 의미일까? 일반적으로는 이것은 질문자가 자신이 파괴하기를 원하는 'notC1' 가정에서 이끌어 낸 불가능한 결론인 C2로 생각한다. 포스터는 C2의 불가능성에 대한 거부인 notC2로 생각한다. 이에 대한 보다 심도 있는 논의에 대해서는 R. 스미스(1997) 119-121쪽 및 브룅슈빅(2007) 272-273쪽 참조.

90 변증술적 전제명제에 대해서는 『토피카』 제1권 10장 참조.

158a

는가'와 같은 것이 변증술적 전제명제는 아니다. 사실상 변증술적 전제는 '예' 혹은 '아니요'로 답할 수 있는 명제들이니까.[91] 그러나 방금 언급한 명제에 대해서는 그렇게 답할 수 없기 때문이다.[92] 이런 이유로 이런 종류의 질문은 질문자 자신이 규정하기도 하고 구분하기도 해서, 예를 들면 '좋음은 이런 의미로 또는 저런 의미로 말할 수 있는가?'라고 말하지 못한다면
[20] 변증술적인 것이 아니다. 사실상 이런 질문에 대해서는 긍정하거나 부정하는 경우에 답하는 것이 손쉽기 때문이다. 이런 이유로 질문자는 그러한 종류의 전제명제들을 그러한 방식으로 할 수 있도록 시도해야만 한다. 이와 동시에 또한 질문자 자신이 구분해서 전제를 제시하지만, 답변자가 결코 그것을 동의하지 않을 때는 답변자에게 좋음이 얼마나 많은 방식으로 말해지는지를 추궁하는 것이 아마 정당한 일이겠다.

---

91 『토피카』 제1권 제10장 및 『명제론』 제11장 20b27.

92 '…인지 … 아닌지'(poteron … ē … ou)라는 형식화된 물음은 변증술적 물음의 전형적인 예이다(『토피카』 제1권 제4장 101b30). 변증술적 전제명제는 '예' 혹은 '아니요'라는 답변을 요구한다. 아래의 예에서도 드러나듯이, 문답을 통해 논의하는 자는 '인간이란 무엇인가?', '좋음은 어떤 방식으로 사용되는가?'라는 방식으로 묻지 않고, '좋음은 이런 방식으로 사용되는가, 아니면 저런 방식으로 사용되는가?' 혹은 '인간은 두 발을 가진 육상의 동물인가 혹은 아닌가?'라고 묻는다. 이러한 물음의 제기 형식과 탐구할 문제의 설정은 동일한 방식으로 진행되는 작업이다. 결국, 변증술은 어떤 종류의 물음을 제기하고, 어떻게 그 답변을 검토할 것인지를 탐구하는 방법이다. 또한 물음의 제기와 문제를 제기하는 아리스토텔레스의 방식에는 항시 반복적으로 aporeō라는 동사를 사용하고 있다(『동물의 발생에 대하여』 제2권 733b24, 735a30, 736a23-25, 740b3, 741a4, a6, 743b33, 제3권 752a4, 754b20, 755b1, 757a14, 제4권 770b30, 771b15). 예를 들면 『동물의 발생에 대하여』 제2권 735a30에서는 변증술적 물음과 철학적 문제를 동시에 내놓고 있는데, '누군가는 정액의 본질에 관해서 물음을 제기할 수 있을 것이다' 하는 것이 그 대표적인 문제 제기 방식이다. 아리스토텔레스는 모든 철학적 탐구에서 매번 새로운 물음을 물으면서, 동시에 탐구될 문제를 제기하는 방식을 택하여 계속되는 논의 가운데에서 적절한 음미 과정을 거쳐 답변을 찾아내고 있다.

하나의 논의를 긴 시간을 들여서 묻는 사람은 누구든지 서투른 방식으로 답변을 구하는 것이다.[93] 왜냐하면 질문받은 쪽이 답하는 동안 그렇게 한다면,[94] 분명히 질문자가 많은 질문을 하고 있든가 혹은 동일한 질문을 여러 번 묻고 있는 것이어서, 따라서 질문자는 실속 없는 말을 쉴 새 없이 이야기하고 있거나 혹은 추론을 가지고 있지 못하든가 하는 것이기 때문이다(모든 추론은 소수의 명제로 구성되는 것이니까). 이와 반대로, 만일 질문받는 쪽이 답하지 않을 때 그렇게 한다면,[95] 그는 답변자를 제대로 비판하고 있지 못하거나 혹은 논의를 포기하지 않았기 때문에 [분명히 서투른 방식으로 답변을 구하고 있는 것이다.][96]

---

93 시간에 관련된 질문자의 문제에 관해서는 『토피카』 제8권 제10장 161a9-12 참조.
94 아리스토텔레스 문체의 아름다운(?) 경제성을 보여주는 특징이긴 하지만, 이 대목('ei men … ei de …' 구문으로 된 절대 2격; 여기서 "그렇게 한다면"은 '질문자가 하나의 논의에 대해 오랫동안 질문한다면'을 의미한다)은 너무도 압축적이고 간결하게 되어 있어서 해석하기가 어렵다(브룅슈빅과 R. 스미스 번역의 차이점 참조). 포스터의 추정(hoti 대신에 dia ti로 추정하고, 문장 맨 뒤에 의문 부호를 사용하는 것)은 불필요한 것으로 보인다.
95 '질문자가 하나의 논의에 대해 오랫동안 질문한다면.'
96 맥락의 의미는 이렇게 이해될 수 있다. 상대방이 답을 하지 못하는데도 상대방을 비난(비판)하지도 않고 논의를 중단하지도 않았기 때문에, 질문자는 어쩔 수 없이 형편없는 질문자로 떨어질 수밖에 없다는 것이다. 이런 경우에는 상대방을 비난하거나 논의를 중단하고 떠나감으로써 그 오명을 회피할 수 있다는 말이다. 『토피카』 제8권 제10장 161a9-12 참조. 이 대목은 다음과 같이 분석될 수 있다. (1) 답변자가 질문에 계속 답변한다. (2) 답변자가 답하고 있지 않다. (1)이라면 (1a) 질문자는 다른 많은 질문을 하고 있거나, 혹은 (1b) 질문자가 반복적으로 동일한 질문을 하고 있다. 그러나 (1a)라면 그는 추론을 갖고 있는 것이 아니다. 어떤 논의라도 많은 전제를 갖고 있는 것이 아니니까. (1b)라면 그는 장황하게 떠드는(adoleschein; '실속 없는 말을 쉴 새 없이 이야기하다', 'rambling', 'talk idly') 것이다. 이 둘 중 어떤 경우이든 질문자는 서투른 방식을 행하고 있다. 만일 (2)라고 하더라도 질문자는 역시 서투른 방식을 행하고 있다는 것을 피할 수 없다는 것이다. 왜냐하면 질문자가 해야만 하는 일은 답

158a

제3장 문답을 통한 변증술적 논의에서의 여러 곤란한 점들 에 대해

(1) 최초의 것들과 최종적인 것들을 확립하는 것은 쉽지만 뒤엎는 것은 어렵다

공격하는 것은 어렵고 지지하는 것은 손쉬운 동일한 가정들이 있다.[97] 본성상 최초의 명제들과 본성상 최종의 명제들이 바로 이런 것이다. 왜냐하면 최초의 명제[98]들은 정의를 필요로 하지만, 반면에 최종의 명제들은 최초의 명제들로부터 출발해서 일련의 명제들로 연속되는 논의를 확보하기를 원하는 사람에 의해 많은 단계를 통해서 끝에 가서 도달되는 것이기 때문이다. 그렇지 않으면 공격하는 논의[99]는 소피스트적인 것으로 보일 수 있다. 고유한 원리들로부터 시작해서 최종의 명제들까지 연결하지 못한다면 무언가를 논증하는 것은 불가능하니까. 그런데 답변자들은 최초의 것들을 정의해야 한다고 요구하지도 않고, 또 질문자가 정의하는 경우에도 그것에 주의를 기울이지 않는다. 그러나 제안된 문제가 도대체 무엇인가 하

변하지 못하는 것에 대해 그 잘못을 지적(비판)하거나 혹은 그 논의를 포기하는 것이기 때문이다. 단 논의를 길게 끄는 것(157a1-5)과 '매우 긴' 논의는 다른 것임을 주의해야 한다.

97 여기서 '가정'('밑에 놓은 것', hupothesis)은 '전제'(명제)와 같은 의미로 사용되고 있다. '공격하는 것'(epicheirein)은 질문하는 것(erōtan)을, '(방어하고) 지지하는 것'(hupechein)은 답변하는 것(apokrinesthai)을 의미한다.

98 여기서 언급된 최초의 것들(ta prōta)은 원리들(archai)과 다르다. 최초의 것들은 구체적 논의에서 출발점이 되는 명제들로, 논의에서 상대적인 우선성을 가진다. '원리들'은 절대적으로 '제일의 것'이 되는 것이다.

99 질문자가 행하는 epicheirein(공격하는)은 질문을 통해 '논의를 구성하는 것'을 말한다. 이 말에서 나온 epicheirēmata는 '공격하는 논의'라고 말할 수 있다. R. 스미스는 'argumentative attempts'로 옮기고 있다.

는 점이 명백하지 않다면 그것을 공격하는 것은 쉽지 않다. 이런 일은 특히 원리들에서 일어난다. 왜냐하면 다른 명제들은 이 원리들을 통해서 증명되고, 이 원리들은 다른 명제들을 통해서 증명될 수 없지만, 오히려 이러한 원리들 각각은 정의식에 의해 필연적으로 인식되어야만 하기 때문이다. 158b

(2) 원리에 너무 가까운 것들도 공격하기 어렵다

또 원리에 너무 가까운 명제들도 공격하기가 까다롭다. 왜냐하면 이것들과 원리 중간에 있는 명제들은 소수이므로—이것들을 통해 그 뒤에 이어지는 명제들이 필연적으로 증명되어야만 하는데[100]—이것들에 대한 많은 논의를 만들어 낼 수 없기 때문이다.

그러나 모든 정의들 중에서 가장 공격하기 어려운 것은 다음과 같은 말〈이름〉을 사용하고 있는 것들이다. 첫째로 정의에서 사용된 말이 단순하게[101] 말해졌는지, 아니면 다의적으로 말해졌는지 분명하지 않은 것들과, 이에 더해서[102] 그 정의에 사용되는 말이 정의하는 사람에 따라 본래적인 의미로 말해졌는지, 그렇지 않으면 비유적으로 말해졌는지를 알 수 없는 것들이다. 결국 말이 불명확하기 때문에 공격하기 위한 논의를 가질 수 없는 것이며, 한편 비유적으로 말해졌기 때문에 그런 것인지 아닌지를 모르기 때문에 비판의 여지를 가질 수 없다.

---

100 앞선 명제들에 의해 뒤를 잇는 명제들이 '논리적 필연성'으로 따라 나온다는 것을 의미한다.

101 '말 그대로'(문자적으로).

102 "첫째로 …, 이에 더해서"(prōton **men** … pros **de** toutois).

158b

(3) 적을 공격하는 데에서의 여러 난점

일반적으로 말해서 공격하기 어려울 때는 모든 문제(프로블레마)가 다음과 같은 방식으로 생겨난다고 가정해야만 한다. 즉 그것들이 (1) 정의를 필요로 하거나, (2) 다의적으로 말할 수 있는 것이거나 비유적으로 말할 수 있는 것들에 속하거나, (3) 원리로부터 멀리 떨어져 있지 않은 것이라거나, 혹은[103] (4) 애초에 난제를 생기게 하는 것이 앞에서 언급된 것들 중 어느 방식에 있는가 하는 바로 그 점이 우리에게 분명하지 않았기 때문이다. 왜냐하면 그 방식이 명백했다면 정의하는 것, 분류하는 것, 중간에 있는 전제명제들을 만드는 것(최종의 명제들은 이 명제들을 통해 증명되는 것이니까)이 필요할 거라는 건 분명하기 때문이다.

(4) 올바르게 정의되지 않은 입론을 공격하는 난점

정의식이 적절하게 부여되지 않았다면 논의하고[104] 공격하는 것이 쉽지 않은 많은 입론(테시스)들이 있다. 예를 들면 '하나의 것에는 하나의 반대인 것이 있는지, 아니면 여러 개의 반대인 것이 있는지' 하는 입론이 그것이다. 그러나 '반대되는 것'들이 알맞은 방식으로 정의되었다면, 동일한 것에는 여러 개의 반대인 것이 있는지, 아니면 그렇지 않은지를 이끌어 내는 것은 쉽다. 정의식을 필요로 하는[105] 다른 것들에서도 마찬가지이다.

또 수학에서도 정의식이 결핍되어 있기 때문에 어떤 것에 대한 도형 그리기〈작도를 이용한 증명〉[106]가 쉽지 않은 경우가 있는 것처럼 보인다. 예

---

103 로스식으로 dia가 아니라 ē dia로 읽는다(벡커, 브룅슈빅, 바이츠).

104 dialegesthai는 질문자와 답변자가 한 쌍으로 묶여서 문답을 통해 진행하는 논의를 말한다.

105 C사본에 따라 브룅슈빅은 삭제한다.

106 토마스 히스는 이 말(graphesthai)을 단지 '도형을 그리는' 것만을 의미하는 것

를 들면 '한 변에 평행으로 평면을 자르는 직선은 변과 면적을 같은 방식으로[107] 나눈다'는 것이 그것이다. 그러나 이 경우에 정의식이 말해졌다면 즉각적으로 말한 것이 분명해진다. 면적과 변은 동일한 '상호공제'[108]를 가

이 아니라, 때때로 아르키메데스(Archimēdēs)에서 볼 수 있는 것처럼 '기하학적인 속성을 증명하다'를 의미한다고 해석한다(T. Heath, *Mathematics in Aristotle*, Oxford, 1949, pp. 80-81; W. R. Knorr, *The Evolution of Euclidean Elements: a study of the theory of incommensurable magnitudes and its significance for early Greek geometry*, Dordrecht, 1975, pp. 69-74). 기하학에 연관된 이 말의 의미에 대해서는 『형이상학』 제13권 제2장 1077a9 및 보니츠의 『색인』 162b6, 178a6-7 참조.

107 아래 158b35에서의 '동일한 비율로'와 같은 의미이다.

108 '상호공제'(antanairesis, reciprocal subtraction)는 임의의 두 개의 동등하지 않은 양(수)의 최대 공약의 양을 구하는 유클리드의 알고리듬(연산방식)이다. 두 개의 선분 A, B가 있다고 하자. 단 크기는 A가 B보다 길다. (1) A로부터 n배의 B를 빼 가도록 하자. 반복적으로 이 연산을 하다 보면, (A-nB)가 B보다 작아지는 경우에 다다르게 된다. 이때의 나머지를 C라고 하자. (2) 다시 B로부터 남아 있는 것(C)의 n배를 뺀다. 이때의 나머지를 D로 하자. (3) 마침내 마지막 남아 있는 것이 나머지를 남기지 않을 때까지 계속 해 간다. 그 직전의 단계에서 나타난 나머지가 A와 B의 최대공약수가 된다. 이렇게 해서 우리는 두 양의 최대공약수(common divisor)를 결정하게 된다. 두 쌍의 크기 A, B와 A′, B′는 위와 같은 과정이 적용되었을 때 그 끝에 가서 각 직선의 뺌의 수가 동일하게 된다면 동일한 '상호공제'를 갖는 것이다.

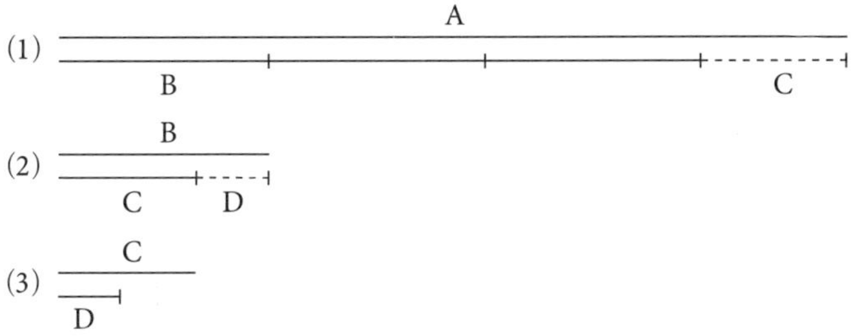

예를 들어 평행사변형(parallēlogrammon)에서 다른 변에 평행하며 나누는 한 평행사선에 의해 결정된 부분과 평행사변형 자체에서 동일한 평행 사선에 의해 결정된 면적의 경우도 마찬가지로 적용된다(W. R. Knorr[1975], pp. 257-261 및 R. 스미스의

지니까. 이것이 '동일한 비율'의 정의식이다.

단순하게 말하자면, 예를 들어 '직선이란 무엇인가', '원이란 무엇인가'와 같은 정의가 인정된다면 요소 명제〈정리〉들[109] 중 제일의 것은 중간에 있는 명제가 많지 않기 때문에[[단 이것들 각각에 대해 공격하는 방식이 많지 않은 경우는 제외한다]],[110] 그것을 증명하는 것은 매우 간단하다. 그

주석 126-127쪽 참조). 비율에 대한 정의와 유클리드와의 관계는 수학의 역사에서 수없이 논의되어 왔던 주제였다. 이에 대해서는 W. R. Knorr(1975) 참조. 아래에 R. 스미스가 그린 도형의 모습을 덧붙여 둔다.

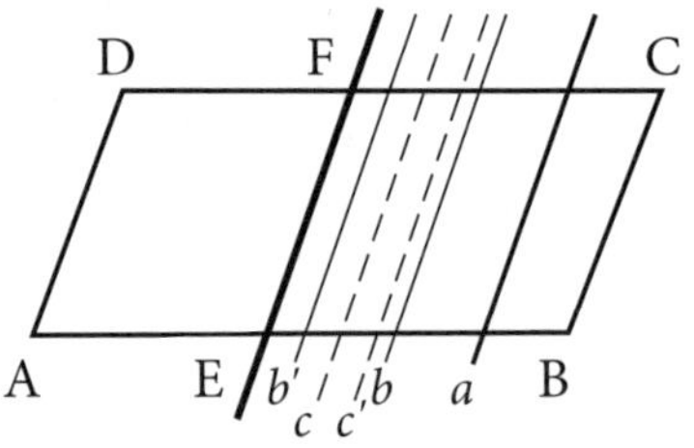

Note. Reciprocal subtraction of line segments AE, EB: (1) mark off on EB at *a* a segment equal to AE, leaving remainder *a*B less than AE; (2) from *a*, mark off at *b*, *b*′ segments equal to *a*B, leaving remainder *b*′E; (3) from *b*′, mark off at *c*, *c*′ segments equal to *b*′E, etc. The process continues until a remainder is reached which exactly divides the preceding segment.

109 여기서 stoicheia(요소 명제들, 기본 명제들)는 '절대적인 제일원리'(아르케)가 아니라 '요소 명제' 혹은 '정리'로, 일련의 중간 명제들을 통해 추론되는 것이다. 이것들 중 ta prōta(158b35)는 일련의 중간 명제들을 통해 원리들로부터 추론될 수 있는 것이다. 베르데니우스는 이것을 '가장 중요한 것'으로 새기고 있다. 이와 유사하게, 예를 들면 『천체론』 제3권 제1장 298b6, 『기상론』 제1권 제1장 338b21 등에서는 에테르가 to prōton tōn stoicheiōn(요소들 중 가장 중요한 것)이라고 말해진다.

110 C 사본에 따라 삭제한다(브룅슈빅 참조). 이 대목은 기하학적 증명이 문제가 되고 있는데, '공격한다'는 것이 나올 대목이 아니다. 게다가 알렉산드로스 주석에는 'plēn … epicheirein'을 읽지 않은 채로 'rhadia deichthēnai, ou dia pollōn de tō mē pollōn tōn mesōn'으로 나온다(546쪽 6-7행). 삭제된 부분은 앞서 158b5-8에 연관된 것처럼 보인다.

러나 원리들의 정의식이 인정되지 않는다면 그것들을 증명하는 것은 어렵고, 어쩌면 일반적으로 말해서 불가능하기까지 하다. 문답을 통한 논의에 따른 명제들에서도 또한 마찬가지이다.

(5) 입론보다도 전제를 만드는 것이 더 어렵다

입론을 공격하기 어려울 때는 방금 언급한 어느 한 가지 상황[111]에 처해 있다는 것을 간과해서는 안 된다. 그렇지만 입론[112]보다는 주장(axiōma), 즉[113] 전제명제에 대해 문답을 통해 논의하는 편이 더 큰 일일 때는, 답변자는 그런 전제들을 인정해야 할지, 아니면 인정하지 않아야 할지 하는 문제를 누군가가 제기할 수 있을 것이다. [그 경우에 답변자는 그런 전제명제를 인정해야 할 테지만,] 답변자(질문자[114])가 그런 전제명제를 인정하지 않고 그것에 대해서도 논의할 것을 요구한다면, 애초에 제기했던 것[입론]보다 더 큰 것을 질문자에게 부과하는 것이 될 것이다. 그러나 답변자가 인정하게 된다면 보다 덜 믿어지는 명제들로부터 그것을 믿게 될 것이다. 그러므로 문제를 더욱 곤란한 것으로 만들지 않아야만 한다면 답변

---

111 『토피카』 제8권 제3장 158b16-21.

112 여기서 입론(thesis)은 문제(problēma)와 같은 의미로 사용되고 있다.

113 원어로는 kai이다. 여기서 주장(axiōma)은 kai('또는, 즉')에 이어지는 전제명제(protasis)와 같은 의미로 사용되고 있다. 포스터는 주장을 전제를 구성하는 '가정적 원리'로 번역하고 있다. '주장'은 증명을 요구받지 않는 보편적 원리이다. 이를테면 배중률, 모순율, 기하학의 원리('같은 것에서 같은 것을 빼면 나머지는 같다') 등이 그렇다. 여기서도 문제를 증명하기 위해서 승인받아야 하는 전제이고, 상대방에게 인정받아야 한다면 전제를 증명해야 하는 어려움이 생기게 된다. 그래서 여기서 '주장'(공리)은 그런 전제를 구성하는 '가정적 원리'인 셈이다.

114 이와는 달리 베르데니우스는 맥락상 thēsei의 주어를 상대방(답변자)이 아니라(피카드-케임브리지, 포스터, 콜리) 방어자, 즉 질문자(바이츠, 롤페스, 트리꼬)로 본다. 이에 대한 해석에 대해서는 브륑슈빅(2007), 278쪽 참조.

자는 그것을 인정해야만 한다. 그러나 더 잘 알려진 명제를 통해서 추론해야만 한다면 답변자는 그것을 인정해서는 안 되는 것이다. 혹은, 배우는 사람은 그것이 더 잘 알려진 명제가 아니라면 인정해서는 안 되지만, 반면에 훈련을 하는 사람은 그것이 단지 참인 것처럼 보이기만 하면 그것을 인정해야만 한다.[115] 따라서 질문자와 가르치는 사람이 동일한 방식으로 답변자에게 그것을 인정하도록 요구하지 않아야만 한다는 것은 명백하다.

제4장 질문에 답변하는 방법; 질문자와 답변자의 구실

그래서 어떻게 일련의 질문을 세우고 그것을 배열해야만 하는지는 앞에서 말한 것으로 거의 충분하다. 그러나 답변에 관련해서, 첫 번째로 적절히 답변하는 사람의 구실이 무엇인지를 규정하는 것뿐만 아니라 적절히 묻는 사람의 구실이 무엇인지도 규정해야 한다. 질문자[116]의 구실은 입론을 통해 필연적으로 따라 나오는 명제들 중에서 가장 통념에 어긋나는 것[117]을 답변자가 말하도록 논의를 이끌어 가는 것이다. 이와 달리 답변자의 구실

115 배우는 사람과 지적 훈련을 하는 사람의 구별에 대해서는『토피카』제8권 제5장 159a25-37 참조. 대화의 쌍이 '가르침'의 관계라면 답변자는 배우는 사람이고(159a11), 질문자는 가르치는 사람이다(159a13). 이 경우에 답변자는 결론보다 확립하기가 쉽고, 더 잘 알려진 전제들에만 동의해야만 한다. 그것이 학(學)이 성립되는 순서이니까. 그러나 훈련하는 사람과 질문하는 사람 간의 '훈련'을 목적으로 하는 대화의 쌍은 문제가 복잡하지 않다. 통념(endoxa)에 일치하는 한 요구되는 전제를 인정하기만 되는 것이다(159a12-13).

116 입론(주장)을 공격하는 사람을 말한다.

117 원어로는 adoxotata(가장 역설적인 것들)이다.

은 불가능한 것이나 통념에 거스르는 것[118]이 따라 나오는 것이 답변자 자신의 탓이 아니라, 입론 때문이라는 것을 보여주는 것이다. 왜냐하면 내세우지 않아야만 하는 것을 최초에 내세우는 것과 일단 내세운 다음에 마땅한 방식으로 방어하지 못하는 것은 아마도 별개의 잘못이기 때문이다.[119]

제5장 훈련과 검토를 위한 논의에서의 규칙의 결여; 답변자의 규칙 (1)

그러나 이러한 점들이 훈련과 검토[120]를 위해서 논의를 전개하는 사람

---

118 원어로는 paradoxon이다.

119 아리스토텔레스가 제시한 답변자의 구실(ergon)을 통해 우리는 소크라테스의 문답법과의 차이를 짐작해 볼 수 있다. 소크라테스의 논박은 자신이 지지하는 입론이 논박되면 자신의 인생에서의 '도덕적 선택'까지 논박당하는 것이 되고 만다. 이런 태도와 달리 아리스토텔레스의 경우에는 도덕적으로 의문시될 수 있는 입장이나, 문답을 통해 방어하기 힘든 주장을 변증술적 논의의 시작에서부터 선택할 수 있다. 아무리 나쁜 선택이라도 일단 선택했다면, 자신에게 남아 있는 일은 논의에서 자신의 논리적 일관성을 유지하는 것(제1권 제1장 100a20-21)과 논의를 통해 필연적으로 따라 나오는 불가능성과 역설을 보여주는 것이다. 그 논의에 따르는 큰 잘못은 자신의 탓이 아니기 때문에 도덕적 비난을 받을 필요가 없다. 여기서는 참여자 자신이 변증술적 논의에서 승리하든 패배하든 관계없이, 자신의 인격과 자신이 선택한 주장은 별개의 것으로 분리되고 있다. 이 점이 소크라테스의 입장과 대조되는 아리스토텔레스 변증술의 '비인격화'적인 특징을 보여준다고 하겠다. 다음의 두 논문을 참조하라. J. Brunschwig, Aristotle on Arguments without Winners or Losers, in P. Wapnewski ed., *Wissenschaftskolleg Jahrbuch*, 1984/1985. L.-A. Dorion, La 'depersonnalisation' de la dialectique chez Aristote, *Archives de Philosophie*, 60, 1997, pp. 597-613.

120 원어로는 gumnasia와 peira이다. gumnasia([철학적 또는 지적] 훈련)에 관해서는 『토피카』 제1권 제2장 101a29-30에서 이미 언급된 바 있다. peira(검토, 음미)

들에게 규정되지 않았기 때문에[121](실제로[gar] 가르치는 사람들이나 배우는 사람들은 경쟁에 참여하는 사람들과 동일한 목표를 갖지 않으며, 또한 경쟁에 참여하는 사람들과 고찰을 위해서 함께 더불어 시간을 보내는 사람들도 동일한 목표를 갖지 않는다. 배우는 사람은 늘 자신이 옳다고 믿는 것을 인정해야만 하니까. —사실상 누구도 거짓을 가르치려고 시도하지 않으니까 말이다. —반면에 경쟁하는 사람들의 경우 질문자는 무슨 수를 써서라도 답변자에게 무언가 작용을 미치고 있는 듯이 보여야만 하고, 답변자는 어떤 작용도 받고 있지 않은 듯이 보이도록 해야만 한다. 그러나 경쟁에서 승리하기 위해서가 아니라 검토와 고찰을 위해 논의에 참여하는 사람들의 변증술적 모임[122]에서는, 자신의 입론을 적절한 방식으로 혹은 [적절하지 못한 방식으로][123] 옹호하기 위해 답변자가 무엇을 목표로 해야만 하는지, 또 어떤 종류의 명제를 인정하고, 어떤 종류의 명제를 인정하지 않아야만 하는지가 아직 또렷하게 밝혀져 있지 않기 때문이다), 그렇기에 이런 사안에 관해서 우리가 다른 사람에게서 물려받은 바를 전혀 갖고 있지 않으므로 우리 자신이 그것에 관해서 무언가를 말하도록 시도해 보기로 하자.[124]

라는 말은 여기서 처음으로 나타나고 있는데 뒤에 가서는 peirastikē(검토술)로서 변증술의 특수한 분야가 된다(『소피스트적 논박에 대하여』 제34장 183a37-184b8). 『형이상학』 1004b22 아래에서 '변증술은 검토술'이라는 점을 명확히 밝혀 주고 있다.

121 이 문장은 여느 문장의 시작처럼 epei de(그러나 …이기 때문에)로 시작하고 있으나 그 끝이 어디인지가 명확하지 않다. 게다가 바로 a26에서 설명적 gar(왜냐하면)가 이어지기 때문에 우리말로 옮기기가 어렵다. 나는 a26에서 159a36까지 ( ) 안의 전체가 바로 앞 문장을 받아 그 이유를 설명하는 a26의 gar의 영향을 받는 것으로 보았다.

122 원어로는 en tais dialektikais sunodois다. 내용적으로는 문답을 통한 '변증술적 논의'를 가리킨다.

123 브룅슈빅은 난외 주석이 끼어든 것으로 본다.

124 이곳은 변증술의 목적을 분류하는 중요한 대목이다. 여기서 아리스토텔레스는 경쟁적 논의와의 차이를 지적함으로써, 변증술의 목적이 지적 훈련(gumnasia), 다른

(1) 통념적인 것 (2) 통념적이지 않은 것 (3) 이것도 저것도 아닌 것

그래서 답변자[125]는 필연적으로 '통념에 따른 입론'이나 '통념에 어긋나는 입론', 혹은 '그 어떤 쪽도 아닌 입론'[126]에 동의한 후에 변증술적 논의

사람의 견해에 대한 검토(peira), 가르침과 배움(didaskalia, mathēsis), 고찰 또는 탐구(skepsis)라는 축으로 묶어지는 기능에 있다고 규정함으로써 변증술의 고유한 학문적 역할을 다시금 자리매김하고 있는 것으로 보인다. 또한 이 점이 플라톤적 변증술과의 차이를 가진다는 점을 아리스토텔레스는 분명히 밝히고 있다. 골케 같은 학자는 이 장 전체를 후에 삽입된 것으로 보고 있다. 이 대목은 『토피카』의 부록으로 알려진 『소피스트적 논박에 대하여』 맨 끝에 이르러 아리스토텔레스 자신이 그의 작품 어디에서도 접할 수 없는 자부심과 긍지를 가지고 '변증술의 탐구의 중요성과 독창성'에 대해 연설하는 독송으로 끝맺고 있는 마지막 대목을 연상하게 한다.(184b1-끝)

125 답변자는 기본적으로 자신의 의견에 따라 답해야 한다. 그러나 이 장에 들어서는 엔독사(통념)를 받아들이고 시작하는 문답의 절차와 실행을 언급하고 있다. 이를 위해서는 답변자는 엔독사를 체계적으로 모으고 정리해 둬야 한다. 그런데 여기서는 질문자의 임무의 본질이 앞장에서 규정한 것에 비교해 '아리스토텔레스의 관점에서' 변화하고 있음을 알 수 있다. 이 관점의 변화는 답변자에 부여한 지침에 의존하고 있다. 제4장에서(159a18-20) 질문자의 구실(임무)은 "입론을 통해 필연적으로 따라 나오는 명제들 중에서 가장 통념에 어긋나는 것을 답변자가 말하도록 논의를 이끌어 가는 것"이었다. 그런데 여기선 '다른 관점에서' 질문자의 목표가 '답변자가 승인한 다른 전제들로부터 답변자의 입론과 모순되는 것을 추론하는 것'이다. 이것은 논박(elengchos)의 일반적 정의와 부합한다. "논박은 [상대방이 이끌어 낸] 그 결론의 모순을 동반하는 추론(연역)이기 때문이다."(『소피스트적 논박에 대하여』 제1장 165a2-3) 전자는 답변자의 입론의 모순에 의해서 논박을 하는 것이고, 후자는 동일한 입론에 대한 직접적 논박이다. 그렇다면 전자의 경우는 질문자가 답변자의 입론을 전제로서 사용해서 역설적인 결론을 이끌어 내는 것이고, 후자의 경우는 자신의 추론에서 확정된 결론을 내놓아야만 하지만, 답변자의 입론을 전제로 사용하지 않는다. 이 지점에서 통념의 사용과 수집이 문제가 되는 것이다(R. 스미스와 브룅슈빅의 해당 주석 참조).

126 즉 '일반적으로 받아들여지는 것도 또한 일반적으로 받아들여지지 않는 것도 않는' 것을 말한다. 입론(thesis)은 '…인가 … 아닌가'를 제시하는 '문제'(problema)에

159b 를 지지해야 한다. 게다가 무조건적으로 통념에 따른 입론이거나 그렇지 않은 입론, 한정적인 방식으로 통념에 따른 입론이거나 그렇지 않은 입론도 있을 것이다.[127] 한정적인 방식에는, 예를 들면 '어떤 특정한 사람에게서', '그 사람 자신에게서', '다른 사람에게서'가 있을 것이다.[128] 그러나 어떤 방식으로 입론이 통념에 따르든 통념에 어긋나는 것이든 간에 아무런 차이가 없다. 왜냐하면 적절하게 답변하는 방식과 물어진 것을 적절하게 인정하거나 인정하지 않는 방식은 동일한 것이기 때문이다. 그런데 답변자가 세운 입론이 통념에 어긋나는 것이라면 질문자의 결론은 필연적으로 통념에 따른 것이어야만 하고, 한편 입론이 통념에 따른 것이라고 하면 결론은 통념에 어긋나는 것이어야 한다.[129] 왜냐하면 질문자는 항시 입론[답변자의 입장]에 대립되는 것을 결론으로 이끌어 내야 하기 때문이다. 그러나 만일 내세워진 것이 통념에 어긋나는 것도 아니고 또 통념에 따른 것

대해, 답변자가 선택한 명제이다. 『토피카』 제1권 제11장 104b18-20에서 주어진 이 말의 정의와는 다르다. 그러나 아리스토텔레스가 사용하는 일반적 용법을 따르고 있다.

127 『토피카』 제1권 제11장 참조.

128 제1권에서 논의하지 않은 엔독사(endoxa)의 구분을 언급하고 있다. 어떤 명제는 무조건적인 통념이고, 다른 명제는 한정적인 통념이다. 한정적인 통념은 개인들에 의해 피력된 것으로, 예를 들면 권위를 가진 사람, 지혜로운 사람, 헬라스 사람들이 말하는 주장과 같은 것이다. 엔독사는 제1권 제1장 100b21-23에서 "(a) 모든 사람에게 혹은 (b) 대다수의 사람에게 그렇다고 생각되는 것, 혹은 (c) 지혜로운 사람들에게 그렇다고 생각되는 것이지만 — 요컨대 (c1) 그들 모두에게 혹은 (c2) 그 대다수에게 혹은 (c3) 가장 유명하고 평판이 높은 지혜로운 사람들에게 그렇다고 생각되는 것"으로 정의된다. 그렇다면 여기서의 엔독사의 구분에 따르면 (a)와 아마도 (b)는 무조건적인 엔독사이고, (c)는 한정적인 엔독사로 생각된다.

129 여기서 '결론'(sumperasma)은 답변자가 인정한 전제로부터 질문자가 추론해 낸 결론을 말한다. 이 결론은 답변자의 옹호하는 입론에 대해 모순이 된다. 다시 말해 '문제'의 선택지 중 답변자가 선택하지 않은 쪽의 명제를 가리킨다. 물론 그 명제는 질문자가 증명해야 한다.

도 아니라면, 결론도 그와 같은 것이 될 것이다.

그러나 적절하게 추론하는 사람은 더 통념에 따른 것들과 더 알려진 명제들로부터 자신에게 문제로 부과된 것을 증명하기 때문에,[130] (1) 문제로 내세워진 것이 무조건적으로 통념에 어긋나는 것이라면 답변자는 무조건적으로 받아들여지지 않는 명제들도, 받아들여지고 있지만 결론만큼은 받아들여지지 않은 명제들도 인정해서는 안 된다는 것은 분명하다. 사실상 답변자의 입론이 통념에 어긋나는 것이라면 결론은 통념에 따른 것이고, 따라서 질문자가 잘 알려진 명제를 통해 덜 알려진 명제를 결론으로 내리려고 하면, 확보되어야 할 명제들은 모두 통념에 따른 것이어야 하고, 또 그것[131]은 문제로 내세운 것보다 더 통념에 따른 것이어야 한다. 따라서 질문된 것들 중 어떤 것이 이런 것이 아니라면, 답변자는 그것들을 인정해서는 안 된다.

이와는 달리, (2) 입론이 무조건적으로 통념에 따른 것이라고 한다면 [질문자가 목표로 하는] 결론은 무조건적으로 통념에 어긋나는 것임은 분명하다. 그렇기에 답변자는 일반적으로 받아들여지는 명제들 모두와 받아들여지고 있지는 않지만 결론보다 더 통념에 어긋나지[132] 않는다고 생각되는 명제들을 인정해야만 한다. 그러면 만족하는 방식으로 문답이 이루어졌

130 '전제가 결론보다 통념에 따른 것이어야 한다'는 것은 문답을 통한 변증술적 논의의 원칙이다.

131 질문자에 의해서 확보되는 것, 즉 전제.

132 원어로는 adoxa이다. 여기서 우리가 주목해야 할 사항은 endoxa(on)의 반대의 의미는 adoxa(혹은 paradoxa)이지, doxa(의견, 믿음)가 아니라는 사실이다. 아리스토텔레스의 변증술의 학문적 가치를 평가하는 경우에 endoxa(on)의 의미를 플라톤적인 의미에서의 epistēmē(참된 지식)에 반대되는 doxa의 의미로 받아들여서는 안 된다. 그런 의미로 받아들인다면 변증술은 그저 거짓된 견해에서 출발해서 거짓된 견해를 이끌어 내는 지적 유희에 지나지 않는 천박한 학문 방법일 수밖에 없다.

다고 생각될 테니까. (3) 또, 입론이 통념에 어긋나는 것도 아니고, 또 통념에 따른 것도 아닌 경우에도 마찬가지로 대처해야 한다. 이 경우에도 답변자는 '그 경우인 것으로 여겨지는 명제들'[133] 모두와 받아들여지고 있지는 않지만 결론보다 더 통념에 따랐다고 생각되는 모든 명제들을 인정해야만 하기 때문이다. 이런 식으로 논의는 더욱 통념에 따른 것으로 될 테니까.[134]

그런데[135] 만일 제안된 것이 무조건적으로 통념에 따른 것이든가 통념에 어긋나는 것이라고 한다면 답변자는 무조건적으로 받아들여지는 명제들(dokounta)과 관련해서 판단해야만 한다. 이와 달리, 만일 제안된 것이 무조건적으로 통념에 따른 것이 아니거나 통념에 어긋나는 것이 아니

---

133 원어로는 phainomena(그런 경우인 것으로 보이는 것들)이다. 여기서 이 말은 endoxa(on), ho dokein(그렇다고 생각되는 것, 받아들여지는 것), dokounta와 같은 의미로 사용되고 있다. 이 말들은 기본적으로 dokein(생각하다)에 뿌리를 두고 있다. 여기서 나는 endoxa와 dokein을 다 같이 '받아들여지는 것'으로 옮긴다. 이 점은 이어지는 tōn mē dokountōn([일반적으로] 받아들여지지 않는 것들)을 통해서 확인할 수 있다.

134 입론이 무조건적으로 통념에 따르는 경우, 통념과 어긋나는 경우, 통념에 따르는 것도 어긋나는 것도 아닌 세 경우에 문답법적 논의의 규칙은 이렇게 정리된다.

(1) 입론이 무조건적으로 통념에 어긋나는 경우 (그리고 결론은 통념에 따른다) → 통념에 따른 명제와 결론보다 더 통념에 따르는 명제들을 인정.

(2) 입론이 무조건적으로 통념에 따르는 경우 (그래서 결론은 통념에 어긋난다) → 통념에 따르는 명제들이나 결론보다 덜 통념에 어긋나는 명제들을 인정.

(3) 이것도 저것도 아닌 경우 (그래서 결론도 마찬가지다) → 통념에 따르는 것이나 결론보다 더 통념에 따르는 명제들을 인정.

135 베르데니우스는 men oun이 'also, then'의 의미가 아니라고 주장한다. 그 이유를 '현재의 구절이 앞의 대목에서 그 결론과 비교된 명제의 가치를 검사하는 기준을 주는 것'이기 때문이라고 지적하고 있다(『시학』 1460a11, 보니츠, 『색인』(*Index Aristotelicus*) 454a35, 540b58; 데니스톤(J. D. Denniston), *The Greek Particles* 471-472쪽 참조).

라 오히려 답변자에게 그런 경우에는, 답변자 자신과 관련해서 옳다고 생각하는 것과 그렇게 생각하지 않는 것을 판단한[136] 후, 그것을 인정하든가 인정하지 말아야만 한다.[137] 그러나 답변자가 다른 사람의 견해를 옹호하는 경우에는 그 사람의 생각에 주목하면서 각각의 명제들을 인정하기도 하고 혹은 부정하기도 해야 한다는 것은 분명하다. 이런 이유로 다른 사람의 견해, 예를 들면 '헤라클레이토스가 말한 것처럼 선과 악은 같다'[138] 라고 하는 견해를 끌어들인 사람들은 '동시에 반대인 것이 동일한 것에 있을 수 없다'라는 명제를 인정하지 않는다. 이는 답변자 자신이 그것을 그렇다고 생각하지 않기 때문이 아니라, 헤라클레이토스에 따라서 그와 같이 말해야만 했기 때문이다.[139] 서로 간에 입론을 주고받는 문답하는 사람들도 역시 이것을 행한다.[140] 왜냐하면 그들은 그 입론을 인정한 사람이

---

136 이 대목은 변증술의 '검토적', '음미적' 사용을 암시하고 있다. "**검토적 논의는 답변자가 믿음으로 받아들이고**, 또 해당하는 주제(논제)에 대한 학적인 앎을 갖고 있다고 내세우는 사람이라면 반드시 알아야만 하는 것[전제]들로부터 추론하는 것이다."(『소피스트적 논박에 대하여』 165b4-5) "답변자가 믿음으로 받아들이는 것"은 '답변자가 참이라고 믿는 것'을 말한다.

137 즉 '예' 혹은 '아니요'를 말해야만 한다.

138 헤라클레이토스 『단편』 B58과 B102 참조.

139 다른 사람의 생각을 옹호하는 사람은 "그 사람의 생각에 주목"(159b29)해야만 한다. 가령 헤라클레이토스 입장의 옹호자는 헤라클레이토스가 말하는 것처럼(159b33) '그를 따라서 그렇게 말해야만'(lekteon) 했다. 그 사람은 헤라클레이토스가 말한 것이 '무엇을 의미하는지'와 무관하게 주장을 하는 셈이다. 실제로 『형이상학』(제4권 제3장 1005b24-26)에서 아리스토텔레스는 "헤라클레이토스가 그런 말('동일한 것이 있으면서 있지 않다'는 모순율을 부정하는 말)을 했다고 생각하는 사람들이 있지만"이라고 보고하고 있다. 그러면서 아리스토텔레스는 어떤 사람이 "**이 말을 하면서** 그 말을 **믿는 것이** 필연적이 아니다"라고 덧붙이고 있다.

140 이것은 변증술의 '훈련'의 유형을 말하는 것이다. 대화 상대자들이 질문자와 답변자의 역할을 맡아 게임하는 것을 말한다. 이 과정에서 대화 상대자들은 자신의 역할을 교환하기도 한다.

159b

어떻게 말할 수 있을지를 목표로 삼기 때문이다.

제6장 질문된 것에 대해; 답변자의 규칙 (2)

그렇기에 제안된 것이 무조건적으로 통념에 따른 것이든지, 그렇지 않으면 어떤 사람에게 통념에 따른 것이든지 간에 답변자가 무엇을 목표로 하는지는 명백하다. 그러나 질문된 것 모두는 필연적으로 통념에 따른 것이거나, 통념에 어긋나는 것이거나, 그 어떤 것도 아닌 것[141]이어야만 하고, 또 질문된 것은 필연적으로 논의와 관계있는 것이든지 논의와 관계없
160a 는 것이어야만 하기 때문에,[142] (1)[143] 만일 그것이 통념에 따른 것이고 논의와 관계없는 것이라면, 답변자는 '받아들여지는 것'이라고 말함으로써 그것을 인정해야만 하지만, (2) 일반적으로 받아들여지지도 않고 또 논의와 관계가 없다면, 답변자는 우둔한 자로 보이지 않도록 '받아들여지지 않는 것'이라는 언급을 덧붙이고 그것을 인정해야만 한다.

---

141 즉 '일반적으로 받아들여지는 것도 또 일반적으로 받아들여지지 않는 것도 아닌 것.'

142 논의와 관계있는 명제는 결론을 이끌어 내기 위해 도움이 되는 명제를 말한다. 논의와 관계없는 명제는 논의를 길게 끄는 명제라거나(157a1-5), 논의를 꾸미는 명제(157a6-13) 등을 말한다. 논의와 관계없는 명제들은 적절하게 제안된 명제를 부정하는 결론을 이끌어 내는 데 도움이 되지 못하기 때문에, 답변자는 이런 명제들을 인정하더라도 아무런 문제가 되지 않는 것이다.

143 아래의 6가지는 논의와 관계있는 것, 관계없는 것, 여기다가 앞 장에서 논의된 통념에 따른 것, 통념에 어긋나는 것, 이것도 저것도 아닌 것이 결부된 전제들이 만들어 내는 경우들이다. 답변자는 결론보다 덜 통념적인 명제들을 거부할 것이고, 결론으로 나아가는 데 도움이 되는 명제들도 거부할 것이다. (4)와 (6)은 답변자에게서 거부될 것이다.

이에 반해서 (3) 논의와 관계있는 것이고 받아들여지는 것이라면, '받아들여지는 것이긴 하지만 그것이 최초에 제시된 것[144]에 너무 가까이 있으며, 그것이 인정된다면 그 입론은 파기된다'고 말해야만 한다. (4) 만일 주장(악시오마; 질문자의 주장)이 논의와 관계있지만 지나칠 정도로 통념에 어긋나는 경우에는, '그것이 인정된다면 물론 결론[145]이 따라 나오지만 제시된 명제는 너무 어리석은 것에 지나지 않는다'고 말해야만 한다. 그러나 (5) 그것이 통념에 어긋나는 것도 아니고 통념에 따른 것도 아닌 경우에는, 만일 그것이 논의와 전혀 관계없는 것이라면 답변자는 아무런 구별 없이 인정해야만 하지만, 이와는 달리 (6) 그것이 논의와 관계있는 것이라면 '그것이 인정될 때 최초에 제시된 것은 파기된다'는 언급을 덧붙여야만 한다. 왜냐하면 그와 같은 방식으로 답변자는 그렇게 따라 나올 것을 예견하면서 각각의 명제들을 인정한다면 답변자는 자기 자신의 탓으로 해서 곤란한 처지에 빠지게 된다는 것을 생각조차 할 수 없을 것이며, 또한 질문자도 결론보다 한층 더 통념에 따른 모든 명제들이 답변자에게 인정된다면 자신의 추론을 성취할 수 있을 것이기 때문이다. 그렇지만 결론보다 더 통념에 어긋나는 명제들로부터 추론하려고 시도하는 사람들은 적절하게 추론할 수 없다는 것은 분명하다. 이런 이유로 답변자는 그런 사람의 물음을 인정하지 말아야 하는 것이다.[146]

---

144 증명해야 할 명제, '최초에 제시된 것'에 대해서는 『토피카』 제8권 제1장 참조.

145 문답법적 논의를 통해 입론을 공격해서 파기되면서 따라 나온 것.

146 답변자의 임무는 대답을 통해서 질문자의 적절하지 않은 전제로부터의 추론을 제지하는 것이다. 그리고 답변자는 논의와 관계없는 명제를 모두 인정해야 하고, 논의와 관계있는 명제를 인정할 때는 결론으로 따라 나올 것을 예견하고 있다는 점을 분명히 해야 한다. 대화 상대자 간의 공동임무 내지는 공동작업(koinon ergon)에 대해서는 아래의 161a37-38 참조.

160a

제7장 질문은 명확하고 하나의 의미를 담고 있어야 한다; 답변자의 규칙 (3)

그런데 불명확하게 말해지는 명제〈질문〉들의 경우와 다의적으로 말해
지는 명제〈질문〉들의 경우에 대해서도[147] 마찬가지 방식으로 대처해야만
한다. 답변자에게는 명제를 이해할 수 없다면 '나는 이해하지 못한다'라고
[20] 말하는 것이 허용되고,[148] 또 명제가 다의적으로 말해진 경우에는 동의하
거나 거부할 필요가 없는 것이기 때문에, 다음과 같은 점이 분명하다. (1)
첫 번째로 말해진 명제가 명확하지 않다면 '이해가 가지 않는다'고 말하는
것을 주저하지 말아야 한다. 명확하지 않게 물어보는 것을 인정하게 되면
답변자는 자주 불쾌한 상황에 맞닥뜨리게 되니까.[149]

그와는 달리, (2) 잘 알려진 것이긴 하지만 다의적으로 말해진 경우에

---

147 이 두 경우는 다르다. 이 두 경우는 160a18-19, 21, 23-24, 33-34에서 명확하게 구분되고 있다.

148 모호한 질문을 허용하게 되면 누가 논박당하고, 논박당하지 않았는지가 불명확하게 되는 것에 대해서는 『소피스트적 논박에 대하여』 제17장 175b3-14, 28-38 참조. 플라톤, 『에우튀데모스』 295c 참조.

149 "그럼에도 사람들은 모호한 의미를 가진 질문을 알아차리면서도, 그와 같은 명제를 제기하는 사람이 빈번하게 생기기 때문에, 자신이 모든 점에 대해서 까다롭게 군다고 생각되지 않게 하기 위해서 명제의 의미를 구별하는 데에 주저하는 일이 종종 일어난다."(『소피스트적 논박에 대하여』 제17장 175b33-36) "그 같은 질문에 대해 하나의 단일한 답변으로 내놓아서는 안 된다. 왜냐하면 그것은 **묻고 답하는 것**(to dialegesthai)**을 파괴**하기 때문이다. 오히려 이것은 마치 동일한 이름이 다른 사물들에 붙여지는 것과 마찬가지이다. 그렇기에 만일 두 개의 질문에 대해 하나의 답변을 주지 말아야만 한다면, 여러 가지 의미를 가진 말이 사용된 경우에도 역시 '예' 혹은 '아니요'로 말하지 않아야만 한다는 것은 분명하다. 왜냐하면 그렇게 말하는 사람은 전혀 답변을 준 것이 아니라, 단지 언명(言明; 진술, 발언)하는 데 지나지 않기 때문이다."(『소피스트적 논박에 대하여』 제17장 176a11-17)

는 말해진 것이 모든 경우에 참이든가 거짓이라면 답변자는 무조건적으로 인정하든가 부정해야만 하지만, 그것이 어떤 경우에는 거짓이고 다른 경우에는 참이라면 '그것이 다의적으로 말해지고 있으며 또 이것은 거짓이고 저것은 참이다'[150]라는 것을 언급해 둬야만 한다. 왜냐하면 나중에 가서 이 구별을 한다면 애초에 답변자가 그 모호성을 알아챘는지 어떤지는 불분명하기 때문이다. 그러나 답변자가 그 모호성을 미리 보지 못하고 하나의 의미에만 주목해서 인정했다면, 다른 의미 쪽으로 이끌어 가는 질문자에 대해 "나는 의미들 중 그 의미가 아니라 다른 의미에 주목해서 인정했다"라고 말해야만 한다. 왜냐하면 동일한 이름이나 동일한 진술(logos) 아래에 포섭되는 의미들이 많이 있을 때 논란을 벌이는 것[151]은 손쉽기 때문이다. 이와 반대로 (3) 질문이 명확하고 단순하다면[152] 답변자는 '예' 혹은 '아니요'로 답변해야만 한다.

제8장 보편적 명제에 대해 반론과 반증을 허용해서는 안 된다; 답변자의 규칙 (4)

추론을 위한 전제명제 모두는 추론을 구성하는 명제들 중 하나이거나, 아니면 추론을 구성하는 명제들 중 하나를 위한 것이거나 둘 중 하나이기 때문에(이것은 어떤 명제가 다른 명제를 위해 확보될 때 여러 유사한 명

150 로스 비판본과 달리, 베르데니우스의 적절한 지적에 좇아, dioti(이유, 까닭)를 hoti로 고쳐 읽지 않는다(『토피카』 제2권 제3장 110b2; 베르데니우스, 26쪽 참조). 벡커, 바이츠, 브륑슈빅(2007)도 dioti로 읽는다.

151 즉 이의를 제기하는 것. 원어로는 amphisbētēsis(논쟁, 논란, 불일치)이다.

152 일의적(一義的)이라면, 즉 모호하지 않다면.

제를 여러 번 물어봄으로써 분명해진다. 사람들은 대개의 경우에 귀납을 통해서거나 유사성을 통해[153] 보편적인 것을 확보하니까 말이다), 그렇기에 답변자는 개별적인 명제 모두가 참이고 통념에 따른 것이라고 한다면 그것
160b 들 모두를 인정해야만 하지만, 보편적인 것에 대해서는 반론을 내놓도록 시도해야만 한다.[154] (1) 진짜의 반론이든 외관상의 반론이든 간에, 반론이 없이 논의를 방해하는 것은 꾀까다로운 성미를 드러내는 행동[155]이니까. 그렇기에 명제가 많은 것에 해당되는 것처럼 보일 때 반론을 제기하지 않고 또 보편적인 것을 승인하지도 않는다면, 답변자는 꾀까다로
[5] 운 성미를 드러내고 있음이 명백하다. (2) 게다가 그것이 참이 아니라는 것을 보이는 반격〈반증〉을 전혀 내놓지 못한다면 한층 더 꾀까다로운 성미를 보인다고 생각될 것이다.[156] (그렇지만 이것만으로 충분한 것이 못 된

---

153 유사성과 귀납의 차이와 닮은 점에 대해서는 『토피카』 제8권 제1장 156b10-17 참조.

154 여기서는 답변자 편에서 귀납에 의해 획득된 보편적 명제에 대한 반례를 통한 반론을 논의하고 있다. 질문자 편에서 보편적 명제에 대해 답변자의 반론을 요구하는 정당성에 대해서는 앞의 제8권 제2장 157a34-b33에서 논의한 바 있다.

155 원어로는 duskolainein(꾀까다로운 성미를 드러내다, 혹은 그런 언짢은 행동을 하다)이다. 어원적으로는 '나쁜 대장(大腸)을 가진'이다. 이 말에서 dyspeptic(소화불량)이 유래했다. LSJ에는 captious(논의에서 말꼬리를 잡고 늘어지다)로 나온다. 맥락에 따라 '심술궂은 행동'이나 '괜스레 트집 잡는 행동'으로도 새길 수 있다. 이 말은 『토피카』 제2권 제5장 112a12에도 나온다. 이것은 161a21-b20에 가서 변증술적 논의에서 답변자와 질문자의 공동작업을 방해하고 훼방 놓는 모습으로 나타난다. 이런 행동을 하는 사람은 되잖은 이치를 말하거나 아무런 이유도 없이 전제를 인정하지 않은 채로 질문에 대해 불평을 늘어놓기 일쑤다. 대화의 능력을 결핍하고 추론의 능력을 상실한 합리적이지 못한 사람이라는 의미로 다소 경멸적인 색채를 띠고 있다. 이런 사람은 희극에서는 비사교적으로 무뚝뚝한 자세를 취하는 사람으로 묘사된다.

156 epicheirein은 질문자가 답변자의 주장(입론)을 공격하는 것을 지시하는 데 반해, antepicheirein(공격하다, 반격하다)은 질문자가 하는 일을 답변자가 행하는 것을 말한다. 여기서는 '반증을 내놓다'(advance a count-argument)라는 의미로 사용되었

다.[157] (3) 왜냐하면 '운동도 있을 수 없고 경기장을 가로지를 수도 없다'[158]고 주장하는 제논의 논증과 같은, 우리의 믿음에 반하는 해결하기에 곤란한 많은 논의를 가지고 있지만, 그렇다고 해서 이 때문에 이러한 논의들에 대립하는 견해를 인정해서는 안 된다는 것은 아니니까.[159]) 그렇기에 반론도 가지고 있지 못하고 반격〈반증〉도 할 수 없으면서[160] 보편적인 것을 승인하지

다. '반론하는'(enistasthai) 것이 상대방의 잘못된 전제(명제) 자체를 논박하고 부정하는 것이라고 한다면, '반증하는 것'은 상대방의 전제를 논박하지 않고 그 문제에 대한 전혀 다른 논증을 내세워 상대방의 명제를 거부하는 것을 말한다. 답변자가 질문자에게 공격하는(반증을 내놓는, antepicherein) 것이 인정되고 있었을 것으로 짐작된다. 그렇다면 이 대목은 답변자에게도 질문을 묻고 공격하는 것이 허용되었다는 것을 방증하는 것이다. 여기서 반증을 펼친다는 것은 무엇을 의미하는 것일까? '장해'를 뜻하는 반론(enstasis)은 '반대'와 '반례'를 의미한다. '반증'은 '반례'(counter-example)를 내놓는 것과 어떻게 다른 것일까?

157 이 괄호 부분("그렇지만 이것만으로 충분한 것이 못 된다. … 이러한 논의에 대립하는 견해를 인정해서는 안 된다는 것은 아니니까")은 '수정하는 차원에서' 나중에 덧붙여진 것으로 보인다. '충분한 것이 못 된다'는 것은 무엇을 의미하는가? 이어지는 논의에 비추어 보면, 앞에서 언급한 보편적인 것을 거부하는 두 종류의 꾀까다로운 행동 이외의 다른 '세 번째'의 그런 태도가 있다는 것을 의미하는 것으로 이해된다(R. 스미스[135-136쪽]와 브룅슈빅 해당 주석 참조).

158 제논의 운동 이론에 관해서는 『자연학』 제6권 제2장 232a21-31, 제9장 239b9-14 참조. 여기서는 화살의 논증(239b5-9, 30-33)과 경기장의 논증(239b33-240a18)을 염두에 두고 있는 것으로 추정된다.

159 제논의 운동의 불가능성에 대한 논의 자체를 구성하는 명제들에 대해 '반론'을 제기하는 것은 매우 어렵다. 그러나 제논의 논의에 대립되는 반대의 논의를 내세울 수 없다는 것은 아니다. 즉 '반증'은 가능하다는 말이다. 어떤 기발한 논의를 바탕으로 삼아 제시된 명제를 인정하지 않는 태도를 가질 수도 있다는 것이다. 사실상 제논의 운동 불가능성의 논의 자체가 일반적으로 받아들여지는 '운동은 존재한다'라는 명제에 대한 '반증'이기도 하다.

160 로스와 달리 순서를 바꾸어 mēt' enstasin mēt' antepicheirein echōn으로 읽는다.

않는다면, 답변자는 꾀까다롭게 구는 것임이 분명하다. 논의에서 꾀까다롭게 구는 태도는 앞에서 제시했던 여러 방식과 어긋나게 답변하는 것으로, 추론을 망치게 하는 것이니까.

제9장 입론을 방어하는 방법; 답변자의 규칙 (5)

답변자는 속으로(in petto) 자기 자신에 대해 먼저 공격을 한 다음,[161] 입론과 정의식을 지지해야만 하는 것이다.[162] 질문자들이 내세운 것〈입론〉을 파기할 때 그 근거가 되는 명제에 대해, 답변자는 반대해야만 하는 것임은 분명하니까.

통념에 어긋나는 가정〈밑에 놓은 것〉을 지지하는 일이 없도록 주의해야만 한다. ('통념에 어긋난다'란 말에는 두 가지 의미가 있을 수 있다. 즉 그 하나는 그것으로부터 불합리한 말을 하는 것이 따라 나온다는 것, 예를 들면 누군가가 '모든 것은 움직인다'라거나 '아무것도 움직이지 않는다'라고 주장하는 경우가 그것이다.[163] 또 다른 하나는 열등한 성격의 사람이 선택할 수 있는 것과 사람들의 바람[164]에 반하는 것을 의미할 수 있다. 예를 들면 '쾌락이 좋

---

161 『토피카』 제8권 제1장 155b5 참조.

162 좋은 답변자가 되기 위해서는 자신이 스스로 질문자의 입장에 서서 생각하고, 문답을 통한 대결에 앞서 전략을 마련해야 한다는 점을 충고하고 있다. 재빨리 생각하는 능력도 변증술에서는 요구된다.

163 앞엣것은 헤라클레이토스가 그 출전으로, 그 반대의 견해인 뒤엣것은 엘레아 철학자들인 제논과 멜리소스가 그 기원으로 간주된다.

164 boulēsis(바람)는 『토피카』에서 이성적인 윤리적 의지를 말한다. "모든 바람은 [혼의] 생각하고 헤아리는〈이성적〉 부분에 있다."(제4권 제5장 126a13) "바람은 좋음의 욕구이다."(제6권 제8장 146b5-6), 이와 대조적으로 『소피스트적 논박에 대하여』

음이다'라든지 '부정의를 저지르는 것이 부정의를 당하는 것보다 더 낫다'[165] 라고 하는 경우가 그것이다.) 왜냐하면 [그러한 명제를 지지하는 것은] 논의를 위해 지지하는 것이 아니라, 그 사람이 실제로 그렇게 생각하고 있는 것을 그렇게 말한 것으로 간주하고, 사람들은 그러한 명제를 말한 사람을 미워하기 때문이다.[166]

제10장 거짓을 추론하는 논의의 해소책

거짓 결론을 추론하는 논의들에 대해서는 거짓이 생겨나게 하는 원인이 되는 그 명제를 파기함으로써 해소해야만 한다.[167] 왜냐하면 무엇이든지 되는 대로 파기한 사람은 논의를 해소한 것이 아니며, 설령 파기된 것이 거짓이라고 할지라도 그것을 해소한 것이 아니기 때문이다. [25] 사실상 논의는 여럿의 거짓을 포함할 수 있으니까. 예를 들면 '앉아 있는 사람이 쓰고

제12장에서는 '바람'이 도덕적 함축이 없는 실제적인 욕구로 말해지고 있다(『수사학』 제2권 제23장 1399a32 참조). 아래에서 예로 제시된 명제는 특정한 경우에 요구되는 준칙과 어긋나고, 도덕성을 아주 적게 함축하고 있다.

165 이 주장(469c에서 언급됨)에 대한 소크라테스의 비판과 '바람'에 대한 논의는, 플라톤, 『고르기아스』 468b-473e 참조.

166 adoxos는 endoxa에 반대되는 의미로 사용되던 기술적인 용어이다. 여기서는 일상적 의미로 사용된 것으로 보인다. '수치스럽다'는 의미일 수 있다(R. 스미스). adoxos는 실제로 환관에 대해 '경멸하다', '멸시하다'란 의미로 사용되기도 한다(『수사학』 1384b31). 아리스토텔레스는 adoxos(통념에 어긋나는)한, 즉 수치스러운 명제를 옹호하면, 그런 명제를 지지하는 사람 자신이 adoxos하다고 생각되고 증오까지 받을 수 있다는 점을 경고하고 있다.

167 '거짓을 추론하는 논의'는 올바른 추론을 통해서 거짓인 결론을 이끌어 내는 논의를 말한다. 그 해소는 '거짓 결론의 원인'을 찾아내 파기하는 것이다.

160b

있다', '소크라테스는 앉아 있다'는 명제를 전제로서 누군가가 확보한 경우가 그렇다. 이 명제들로부터 '소크라테스는 쓰고 있다'는 명제가 따라 나오니까 말이다. 그렇기에 '소크라테스는 앉아 있다'는 명제가 파기되어도 그것만으로 그 논의는 더 이상 해소된 것이 아니다. 그렇지만 그 주장[168]은 거
[30] 짓이다.[169] 그러나 그것이 논의가 거짓인 원인은 아니다. 왜냐하면 누군가가 공교롭게 앉아 있더라도 쓰고 있지 않다면, 이런 사람의 경우에는 동일한 해소책이 더 이상 적합하지 않기 때문이다. 따라서 파기되어야만 하는 것은 이 전제[170]가 아니라 '앉아 있는 사람이 쓰고 있다'는 명제인 것이다. 모든 앉아 있는 사람이 쓰고 있는 것은 아니니까.[171] 그렇기에 거짓이 생겨나는 원인이 되는 명제를 파기한 사람은 너끈하게 논의를 해소한 것이지만,

---

168 원어로는 axiōma(주장)이다. 이 말은 이 논의에서 소전제를 구성하는 명제('소크라테스는 앉아 있다')를 가리킨다. 답변자에게 동의를 요구하는 것으로, 전제명제와 동일한 의미로 사용되었다. 이런 용례에 대해서는 『토피카』 제8권에서 156a23, 159a4, 『소피스트적 논박에 대하여』 제24장 179b14, 『분석론 전서』 제2권 제11장 62a13 참조.

169 즉 '소크라테스는 실제로 앉아 있지 않다'는 것을 말한다.

170 이것은 앞서 소전제를 구성하던 파기된 전제를 가리킨다.

171 '앉아 있는 사람이 쓰고 있다'는 명제는 그 의미가 모호해서 (1) '앉아 있는 어떤 사람이 쓰고 있다'와 (2) '앉아 있는 모든 사람이 쓰고 있다'를 의미할 수 있다. (2)의 의미로 받아들일 때만, '소크라테스는 쓰고 있다'가 결론으로 나올 수 있다. 이를테면 다음의 논의를 보자. '앉아 있는 사람은 누구든지 쓰고 있다.' '플라톤은 앉아 있다.'(참) 그러므로 '플라톤은 쓰고 있다.'(거짓) 요컨대 부정 단칭 명제의 의미의 모호성을 지적해서 논의를 해소하는 것이다. 보편명제의 모순 진술들 중 하나가 참이면 다른 하나는 거짓이다. 하지만 단칭 진술의 경우, 가령 '어떤 사람이 희다'와 '어떤 사람이 희지 않다'는 동시에 참이다. 그런데 이것은 '**어떤 인간이** 희지 않다'(O 판단)는 동시에 '**어떤 인간도** 희지 않다'(E 판단)를 의미하는 것으로 보이기 때문에, 언뜻 보기에 불합리한 것으로 보인다. 그러나 이것들은 동일한 것을 의미하는 것도 아니고 필연적으로 동시에 성립한다는 것을 의미하는 것도 아니다(『명제론』 제7장 17b29-37).

그 논의가 성립되는 근거가 되는 명제를 알고 있는 사람은 그 해소책을 아는 것이다[172](마치 잘못 그려진 도형의 경우에서처럼[173]). 왜냐하면 파기된 명제가 설령 거짓이라고 해도, 답변자는 반론을 제시하는 것만으로는 충분하지 않고, 오히려 왜 이것이 거짓인지를 논증해야 하기 때문이다.[174] 사

---

172 아리스토텔레스는 여기서 중요한 두 가지 해소책을 구별하고 있다. (1) 거짓이 생겨나는 원인이 되는 명제를 파기해서 논의를 해소하는 것과 (2) 거짓된 결론의 근거가 되는 그 명제의 거짓을 앎으로서 논의를 해소하는 것이 그것이다. 지금까지의 논의를 다시 한번 정리하면 다음과 같다.

앉아 있는 사람이 글을 쓰고 있다(대전제)
소크라테스는 앉아 있다(소전제)
그러므로 소크라테스는 글을 쓰고 있다

주어진 추론 형식에서 소전제가 거짓이라는 것을 지적한다고 해서 이 추론식의 잘못을 모조리 지적한 것은 아니다. 거짓의 전제들로부터 여전히 우리는 타당한 논증을 구성할 수 있기 때문이다. 소전제가 거짓이라고 하더라도 '소크라테스는 글을 쓰고 있다'는 결론을 이끌어 낼 수 있다. 따라서 여기서 문제가 되는 것은 거짓의 전제로부터 거짓의 결론을 형식적으로 이끌어 낼 수 있다는 점이다. 왜 결론이 거짓인가를 명확히 지적해야만, 이 추론식에 함축된 오류에 대한 만족스러운 해결을 기대할 수 있다. 따라서 우리는 결론의 거짓임을 규정하는 것은 소전제가 아니라, 대전제라는 것을 반드시 지적해야 한다. 대전제가 거짓인 까닭은 '앉아 있는 사람 중에 쓰고 있지 않은 사람도 있을 수 있기' 때문이다. 바로 대전제가 거짓이라는 것을 지적할 수 있을 때 비로소 이 논의 전체에 대한 해소책을 알고 있는 셈이 된다.

173 『토피카』 제1권 제1장 101a5-17, 제8권 제1장 157a2-3 참조. 잘못 그려진 도형의 경우는, 논의에서의 형식상의 오류뿐만 아니라 그것과 관계없는 결론에 함축된 실질적인 거짓도 지적해야 한다는 것을 보여준다.

174 gar로 이끌린 160b23-25에서 160b36-37까지 다소 꾀까다롭지만 하나의 일관된 논리의 흐름을 보여주고 있다. (1) 어떤 명제(전제)가 되었든 그것이 설령 거짓일지라도 파기하지 말고, 결론의 거짓의 원인이 되는 명제를 파기하라. 이 점은 'oud' ei pseudos esti to anairoumenon'(b25)과 'oud' an pseudos ē to anairoumenon'(b37)이라는 두 구절의 유사성이 잘 보여준다. 그렇다면 b37의 dioti pseudos apodeikteon(왜 거짓인지를 증명해야만 한다)은 '거짓 결론의 원인이 되는 명제(전

160b

실상 이렇게 함으로써 답변자가 무언가를 미리 보고[175] 반론을 행한 것인지, 아니면 무언가를 미리 보지 못한 채 그렇게 한 것인지가 명백하게 될 것이기 때문이다.

논의의 결론에 이르는 것을 방해하는 네 가지 방법

161a 그런데 논의가 결론에 이르는 것을 방해하는 다음과 같은 네 가지 방식이 있다. 즉 (1) 답변자가 거짓이 생겨나는 원인이 되는 명제를 파기함으로써,[176] 혹은 (2) 질문자에 대해 반론을 개진(開陳)함으로써(왜냐하면 종종 답변자도 논의를 해소하지는 못했겠지만, 답을 찾는 질문자도 논의를 그 것 이상으로 앞으로 끌고 나아갈 수 없기 때문이다),[177] (3) 셋째로 질문된

제)'를 식별해 내는 것이다. (2) 그런데 b36-37은 b33-36에서 거짓의 원인으로 대명제를 지적하는 논의에서('소크라테스는 앉아 있다') 거짓된 결론의 원인이 된 명제를 파기하는 두 가지 구분을 확인해 주는 것으로 보인다. (a) 답변자가 아주 우연히 그것이 왜 그런지를 정확하게 알지 못한 채로 거짓 결론으로 이끈 명제를 파기하는 것을 선택할 수도 있다. 혹은 (b) 이 명제가 거짓이라는 것을 보여줄 수 있기에, 다시 말해 왜 그것이 거짓인지를 알 수 있으므로 그렇게 할 수 있다. 어쨌든 이 논의는, '소크라테스가 앉아 있다'는 예에서 드러나는 것처럼 '왜 대전제가 거짓이고, 설령 소전제가 거짓이라고 할지라도 왜 소전제보다 대전제가 부정되었는지를 알아야만 하는가'를 설명하고 있다(브룅슈빅 주석 참조).

175 '미리 본다'는 말은 '논의에 대해 어떤 점을 지적하고 반론을 가할 수 있을지 하는 질문자의 명백한 의도를 미리 포착'한다는 의미이다.

176 이 방식은 앞서 설명한 바 있다. 이것이 네 가지 방해 방식 중 첫 번째이자 최선의 방법이다.

177 두 번째 방해 방법은 질문자의 '능력'에 의해 좌우되는 것으로서 답변자가 '질문자에 대해' 질문을 던짐으로써 논의를 중단하도록 만드는 것이다. 그러나 답변자는 논의에 대한 어떤 해결책을 내놓아 결론에 도달하게 하는 것이 아니라, 질문자를 향해 당혹스러운 질문을 던진다. 질문자가 능력이 있는 자라면 혼란에 빠지지 않을 것이나, 능력이 없는 자라면 제대로 대처하지 못해서 혼돈에 빠질 것이고, 더 이상 논의는 진전될 수 없게 된다. 그렇다면 그는 중도에 합당한 이유 없이 문답 게임을 포기하고

것들에 대해 반론을 개진하는 것이다. 왜냐하면 질문 방식이 서투르기 때문에 질문자가 원하는 결론이 질문된 것들로부터 생기지 않는다는 것이 따라 나올 테지만, 어떤 명제가 부가된다면 결론이 생기게 될 것이기 때문이다. 그렇기에 질문자가 논의를 더 이상 앞으로 나아가게 할 수 없다면 반론은 질문자에게로 향한 것이 될 것이지만, 반면에 앞으로 나아가게 할 수 있다면 질문된 것들을 향해 반론이 있게 될 것이다. 넷째로 반론 중 [10] 에서 가장 최악은 시간에 관련된 것이다.[178] 왜냐하면 어떤 사람들은 현재 행해지고 있는 토론이 허용하는 것보다 더 긴 시간을 필요로 하는 그런 반론을 끄집어내기 때문이다.

그러니까 우리가 논의했던 것처럼 반론은 네 가지 방식으로 행해진다. 그러나 앞에서 서술한 것들 가운데 첫째 것만이 논의에 대한 하나의 해결책이고,[179] 나머지 것들은 결론을 방해하고 장애가 되는 것들이다. [15]

제11장 논의에 관련된 여러 가지 비판에 대해

(1) 논의에 대한 비판과 논의하는 사람에 대한 비판은 같지 않다

그런데 논의를 논의 그 자체로 비판하는 것[180]과 물음의 형식으로 제시

말 것이다.

178 문답법적 논의에서의 '시간제한'의 문제를 논하는 『토피카』 제8권 제2장 158a25-30 참조. 아테네 법정에서도 발언의 시간제한을 두기 위해 물시계가 사용되었다고 한다.

179 문답법적 논의에서 가장 중요한 전제인 '거짓 결론이 생겨나는 그 전제'를 파기하거나 혹은 논파한다면 답변자는 그 논의를 '해소한' 셈이 된다. 그렇다면 질문자에게는 논의를 전개할 더 이상의 아무런 것도 남아 있지 않게 된다. 바로 이러한 것을 목표로 하는 것이 논의를 방해하는 가장 효과적인 방법이다.

180 '비판'(epitimēsis)은 일련의 문답 과정이 다 마친 후에 내려지는 긍정적인 평가

되었을 때 논의를 비판하는 것은 동일한 것이 아니다. 왜냐하면 질문을 받는 사람은 입론에 대해서 적절하게 묻고 답하는 것을 가능하게 했을 명제들을 양보하지[181] 않는다는 이유로 문답을 통해 논의가 적절하게 이루어지지 못한 것에 대한 책임을 짊어지기[182] 때문이다. 사실상 한 참여자의 능력만으로 공동작업[183]이 적절하게 완결되는 것은 아니니까.[184] 그러므로 때로는, 답변자가 모욕적인 태도를 취하면서 질문자의 입장에 반대되는 것으로 질문자를 훌닦아 세우려는 기회를 노리고 있을 경우에는 입론에 대해서가 아니라 말하는 사람[185]에 대해 공격하는 것이 반드시 필요하다. 그렇기에 이런 식으로 꾀까다로운 성질을 부리게 됨으로써 이 사람은 토론을 변증술적으로가 아니라 경쟁적으로 행하게 되는 것이다. 게다가 그러한 논의들[186]은 가르침을 위해서가 아니라 훈련과 검토를 위해서이기

와 부정적 평가를 다 포함한다. 좁은 의미에서는 비난까지도 의미한다. 누가 심판관의 자격을 갖고 있는가? 대화에 참여한 당사자는 아닐 것이고, 학생들 간의 문답이라면 선생이 심판할 것이고, 대중 앞에서 이루어진 문답이라면 그 자리에 참석한 청중이 심판관이 될 것이다.

181 즉 인정하지.

182 '책임을 짊어지다'의 원어인 aitios는 '…의 탓(원인)이다', '…에 대해 과실이 있는'을 의미한다.

183 문답에 의한 '변증술'과 '경쟁술 혹은 쟁론술'과의 근본적인 차이를 보여주는 '공동작업'(koinon ergon) 개념에 대해서는 아래의 161a37-39 참조.

184 이 대목에서는 좋은 변증술적 논의가 되려면 질문자와 답변자 양자가 각자의 몫을 충실히 이행해야 한다는 점을 강조하고 있다. 답변자가 논의를 망치기 위해 인정해야 할 사항을 거부하는 경우에는 질문자는 경쟁적 논의 전략까지도 사용해야만 한다는 점을 보여주고 있다. 이런 일이 일어난다면 이것은 질문자가 아니라 답변자가 잘못을 범한 것이다.

185 '말하는 사람'(ton legonta)은 '답변자'를 가리킨다.

186 여기서 말하는 '그러한 논의들'(hoi toioutoi tōn logōn)은 무엇을 가리키는가? 변증술은 경쟁술의 논의, 가르침을 위한 논의(159a25-37), 변증술의 철학적 사용(101a27-28, 101a34-b4)을 위한 논의 등 여러 측면에서 그 학적 지향을 설명할 수

때문에, 참인 결론뿐만 아니라 거짓 결론을 추론해 낼 수 있어야 하고, 항시 참인 전제들을 통해서가 아니라 경우에 따라 거짓인 전제들을 통해서도 추론해 낼 수 있어야 한다는 것은 분명하다. 왜냐하면 문답을 수행하는 사람은 종종 참인 전제가 내세워졌더라도 반드시 거기서 따라 나오는 것을 파기할 필요가 있으며,[187] 따라서 거짓인 전제들을 제시해야만 하기 때문이다. 때로는 또한 거짓인 전제가 내세워졌을 때 거짓인 명제들을 통해 [30] 서 그것을 파기해야만 한다.[188] 왜냐하면 어떤 사람에게는 참인 것들보다 진실이 아닌 것들이 더 그런 것으로 생각되더라도 아무런 지장을 주지 않으므로, 따라서 그 사람에게 그렇게 생각되는 것들로부터 논의가 이루어진다면 그 사람은 이득을 얻기보다는 오히려 설득될 수 있을 것이기 때문이다.[189]

있다. 브룅슈빅은 일반적인 변증술적 논의를 가리키는 것으로 파악하고 '훈련과 검토술의 논의'로 이해하려고 한다. 플라톤은 『파르메니데스』 후반부(135d4, 7, 136a2, c5-6)에서 '변증술'을 진리 탐구를 위한 예비적 '훈련'으로서 제시하고 있다. 아리스토텔레스는 『파르메니데스』의 이 부분을 언급하고 있지 않으나, 『토피카』와 『파르메니데스』의 관련성에 관해서는 알렉산드로스, 29쪽 2-5행 참조.

187 실제로는 참인 전제로부터 거짓 결론을 '타당하게' 추론할 수는 없다.

188 거짓 전제로부터 답변자의 입론과 모순되는 참된 결론을 추론할 수 있다. 거짓 전제로부터 참인 결론을 추론하는 것은 논리적으로 가능하다.

189 mallon … ē …('보다 더', '…라기보다는')는 문법적으로 '더 설득되거나 더 이득을 얻을 수 있을 것이다'로 옮길 수도 있다(피카드-케임브리지, 트리꼬, R. 스미스). 일반적으로 훈련하고 검토하는 경우에 답변자의 생각을 그대로 놔두는 것은 답변자에게 '이득'이 되지 않은 것으로 이해된다. R. 스미스는 '검토'(시험, 음미)하는 소크라테스적 방식으로 이해하고, 답변자의 믿음이 참이든 거짓이든 그 논리적 부정합성이 지적받게 되어 '무지'를 자각하게 됨으로써 '이득'이 생긴다고 설명한다. 알렉산드로스는 ē ōphelēmenos(이득을 얻는 것)를 읽고 있지 않다(546쪽 29행 참조). 애초부터 참이라고 믿는 거짓 전제들을 바탕으로 끝에 가서 참인 결론을 인정하게 되는 답변자는 '설득되었다'고 할 수 있을 것이다. 그러나 브룅슈빅은 답변자가 그 결론이 참인 진짜 이유를 알지 못하기 때문에 그것으로부터 실제적인 어떤 '이득'을 얻지는 못

(2) 논쟁적 논의는 가급적 피해야 한다

그러나 타인의 생각을 적절하게 변화시키려는 사람은, 결론으로 이끌어 낸 것이 거짓이든 참이든 간에, 기하학자가 기하학적으로 그렇게 행하는 것처럼[190] 논쟁적으로가 아니라 변증술적으로 생각을 변화시켜야만 한다.[191] (변증술적 추론이 어떤 종류의 성격인지는 앞에서 논의했다.)[192] 공동작업을 가로막는 사람은 열등한 참여자이기 때문에, 논의에서도 그렇다는 것은 분명하다. 경쟁한다는 점을 제외하면, 이러한 논의들에도 어떤 종류의 공동작업의 과제가 있으니까. 그러나 이 사람들에게는 양자가 동일한 목표에 도달하는 것은 가능하지 않다. 한 사람보다 많은 사람이 승리한
161b 다는 것은 불가능할 테니까. 이런 일을 행하는 때에 답변하는 것을 통해서 행하든 질문하는 것을 통해서 행하든 아무런 차이가 없다. 왜냐하면 쟁론적으로 묻는 사람은 열등한[193] 방식으로 문답하는 것이며, 답변함에서

할 것이라고 해석하고 있다(2007, 291쪽).

190 기하학에 고유한 전제로부터 추론하는 것을 의미한다. 변증술의 방법은 '받아들여지는 전제'로부터 추론하는 것이니까.

191 변증술의 방법은 상대방이 받아들이는 의견으로부터 출발해서, 명료하지 않은 의견을 가진 상대방의 믿음을 '바꾸는' 데, 혹은 '수정하는'(metabibazein, 『토피카』 제1권 제2장 101a33-34) 데에 유용하다. '믿음을 바꾸는 것'에 대해서는 『에우데모스 윤리학』 1216b28-30("모든 사람이 우리가 말하고자 하는 바에 동의하는 것으로 드러난다면 제일 좋을 테지만, 그러지 못한다면 적어도 모든 사람이 어떤 방식으로 동의하는 것이, 다시 말해 **마음을 바꾼** 다음에 동의하는 것이 좋다.") 참조. 플라톤, 『파이드로스』 262a-c 참조.

192 『토피카』 제1권 제1장 100a29-b23. 이를 미루어 제1권 제1장과 저술 시기가 동일한 시점에 속한다는 추정이 가능할 수 있겠지만, 결정하기 어렵다. 어쨌거나 제1권과 제8권(159a25-34)이 긴밀한 연관성을 가지고 있다는 점은 무시할 수 없다.

193 '열등한'으로 옮긴 말은 phaulos이다. 나는 처음 이 책을 우리말로 옮길 때 '졸렬(拙劣)하다'로 옮긴 바 있다. '졸렬하다'는 사전에는 '옹졸하고 천하여 서투르다'로 나온다.

도 명백한 것을 승인하지도 않고 질문자가 자신의 질문에 대한 답변에서 구하고 싶어 하는 것은 무엇이든지 받아들이지 않는 사람,[194] 즉 답변자도 열등한 방식으로 문답을 나누는 것[195]이기 때문이다. 그렇기에 방금 말한 것으로부터 논의 그 자체와 질문자를 동일한 방식으로 비판해서는 안 된다는 것이 분명하다. 왜냐하면 그 논의는 열등하다고 해도, 질문자가 가능한 한 최선의 방식으로 답변자와 더불어 문답을 나누는 것은 아무런 지장을 받지 않기 때문이다. 사실상 성미가 꾀까다로운 사람들에 대해서는 아마도 질문자가 원하는 것과 같은 그런 추론을 곧장 만들 수는 없을 것이고, 오히려 가능한 한 추론을 그렇게 만들 수 있을 뿐이니까.[196]

(3) 왜 논의가 열등하게 되는가

또한 이 사람들[197]은 언제 상반되는 것들을 확보해야 하는지, 또 언제

---

194 혹은 '이해하려고 하지도 않는 사람'(ekdechomenos). 예를 들면 질문자가 어떤 질문을 던지든 간에, 답변자는 질문자가 원하는 답변은 주지 않은 채 질문 자체를 무시하거나 '그 질문은 알 수 없는 노릇이군', '그 질문은 성립될 수 없어'라고 말함으로써 질문을 승인하지 않는 태도를 생각해 볼 수 있을 것이다. 브룅슈빅은 'renvoyer'(되돌려보내다)로 옮기면서 주석에서는 '서비스한 공을 되돌려 받아넘기듯'이라는 해석을 덧붙이고 있다. "공처럼 논의(말)를 넘겨받아"(플라톤, 『에우튀데모스』 277b)란 예를 제시한다. "순서를 이어받아"(플라톤, 『향연』 189a 참조).

195 '열등한 방식으로 문답을 나누는 것'(phaulōs dialegetai)은 결국 올바른 변증술적 탐구 방법이 아니라는 의미이다.

196 '오히려' 아래의 의미는 그 앞의 '답변자가 원하는'이란 구절에 대비적으로 '우리가 할 수 있는 한'의 추론만을, 즉 질문자가 원하는 것만큼은 아니나, '가능한 한만큼만을 추론할 수 있다'는 것이다. 답변자로서 성미가 꾀까다로운 사람들은 명제를 거부하는 그 어떤 합당한 이유를 제시하지 않으니까. 사실 이런 사람들과는 문답을 통한 논의를 나눌 필요가 없다(164b8-15 참조).

197 '이 사람들'은 자신의 논의를 펼치는 가운데(kath' hautous legontes) 스스로 모순을 범하기도 하고 또 생각을 바꾸기도 하는 그런 사람들이다. 이 말은 경멸적 색채

최초에 제시된 것들[198]을 확보해야 하는지를 결정할 수 없기 때문에(그들은 때때로 스스로 말할 때[199] 상반되는 것을 말하고, 또 이전에 부정했던 것을 나중에 인정하는 수도 있으니까. 이런 이유로 상반되는 질문을 받더라도, 또 최초에 제시된 것을 물어봐도 그들은 자주 동의하는 것이다[200]), 논의가 열등하게 되는 것은 필연적이다. 그러나 그 책임〈탓〉[201]은, 어떤 명제는 인정하지 않지만 그와 동일한 유형의 명제를 인정하는 답변자에게 있는 것이다.

그렇다고 하면 질문자와 논의를 동일한 방식으로 비판하지 않아야만 한다는 것은 명백하다.[202]

(4) 논의 자체에 대한 다섯 가지 비판

그런데 논의 자체에 대한 비판[203]에는 다음과 같은 다섯 가지가 있다. 첫째로 (1) 결론을 이끌어 내야 할 명제들 모두가 또는 대부분이 거짓이든가 통념에 어긋나는 것이기 때문에, 그 질문된 명제들로부터 제시된 명제가 결론으로 따라 나오지 않을뿐더러 전체로 아무것도 따라 나오지 않고, 그리고 어떤 명제가 제거되더라도, 혹은 어떤 명제가 덧붙여져도, 혹은 어떤 명제는 제거되고 다른 명제는 덧붙여지더라도 결론이 생기지 않

를 띠고 있다.

198 "최초에 제시된 것"은 질문자가 목표로 하는 결론으로, 답변자의 입론과는 모순되는 것이다. '상반되는 것'은 모순되는 명제들을 말한다.

199 즉 그들 자신의 명제를 내세울 때.

200 동의한다는 것은 '답변으로서 인정한다'는 의미이다.

201 이 말은 앞서 161a18에서 언급된 바 있다.

202 161b11에서 시작된 짤막한 단락의 결론이 아니라, 제11장 처음부터 시작해서 논의된 사항에 대한 일반적 결론이다.

203 논의를 구성하는 전제와 결론에 관련된 비판.

을 때 비판이 이루어진다. (2) 둘째로 방금 말한 것과 같은 그런 종류의 명제들, 그리고 방금 말한 것과 같은 그러한 방식의 명제들로부터 추론이 만들어지지만, 입론에 관련해서는 만들어지지 않는 경우에 비판이 이루어진다. (3) 셋째로 어떤 명제가 덧붙여져서 추론이 생겨나지만, 덧붙여진 명제들이 질문된 명제들보다 떨어지고 또 결론만큼 통념에 따르고 있지 않은 경우이다. 역으로 (4) 어떤 명제가 제거되면 추론이 이루어지는 경우이다. 때로는 질문자들이 필요한 명제들보다 더 많은 것을 확보하는 것이며, 따라서 그 명제들이 성립됨으로써[204] 추론이 성립되는 것은 아니기 때문이다.[205] 게다가 (5) 결론보다 통념에 어긋나는 것들과 신뢰가 덜 가는 명제들로부터 추론이 행해지는 경우, 혹은 참이지만 논증하기 위해서는 제기된 문제보다 더 많은 작업이 요구되는 명제들로부터 추론이 행해지는 경우이다.[206]

---

204 '그 명제들이 생겨남〈성립됨〉으로써'(161b30, tō taut' einai). 직역하면 "이것들이 〈그 경우〉이기 때문에"이다. 『분석론 전서』에도 sullogismos를 정의하는 대목에서 이 말이 나온다(24b18-20). 거의 동일한 sullogismos의 정의가 등장하는 『토피카』(제1권 제1장 100a25-27)에서는 tō taut' einai 대신에 dia tōn keimenōn("그 규정된 것들을 통해서")이 나온다. 이것은 『토피카』에서 문답을 바탕으로 하는 변증술에서의 sullogismos 기능이 『분석론 전서』의 학적 기능으로서의 그것과 다르기 때문인 것으로 추정된다.

205 불필요한 잉여의 명제들이 있다면 그렇게 성립된 모든 전제들로 해서 결론이 따라 나오지 않는다. 결론을 함의한 전제들로부터만 결론이 따라 나와야 한다. 이 조건이 충족되지 않으면 sullogismos가 성립될 수 없다. 아리스토텔레스는 필연적이지 않은 명제(전제)를 네 유형으로 구분한 바 있다(155b20-28). 그런데 필연적 전제란 '그것에 의해 sullogismos가 성립하는' 것을 말한다. 『분석론 전서』에 나오는 tō taut' einai는 불필요한 잉여의 전제들을 분명하게 배제하지만, 『토피카』에서 sullogismos의 정의에 나오는 dia tōn keimenōn("규정된[물어졌던] 것들을 통해서")은 그렇지 않은 것 같다(브룅슈빅 주석 참조).

206 아리스토텔레스가 비판하고 있는 관점으로부터 암묵적으로 함축하고 있는 흠결

(5) 논의 그 자체에 입각한 비판과 문제에 관계된 비판은 같지 않다

또 모든 문제에 대해 추론이 똑같이 통념에 따르는 것이어야 하고 신뢰가 있기를 요구해서는 안 된다. 왜냐하면 그 본성상 애초부터 탐구되는 문제들의 어떤 것은 더 쉬운 것이지만 다른 것은 더 어려운 것이어서, 따라

없는 '좋은' 추론이 가지고 있어야 할 유용한 조건의 목록은 다음과 같다(알렉산드로스, 567쪽 8행-569쪽 8행 참조; R. 스미스, 141-142쪽 참조; 바그너와 랍, 362-363쪽 참조).

(1) 추론이 있어야만 한다. 즉 전제들은 어떤 결론을 함축해야만 한다.

(2) 전제들은 의도된 결론을 함축해야만 한다. 즉 결론은 입론의 반대이다.

(3) 결론을 위한 어떤 필연적 전제도 빠뜨려서는 안 된다.

(4) 불필요한(잉여의) 전제가 있어서는 안 된다.

(5) 전제가 결론보다 더 통념에 따른 것이어야 한다.

(6) 전제가 결론보다 더 확립하기 어려워서는 안 된다. 전제는 결론보다 더 통념적이어야만 한다.

(1)-(4)는 결론에 대한 좋은 추론이 되는 필요조건이다. (4)와 (5)는 추론의 전제에 대한 인식적 조건이다. (2)는 (1)을 함의하며, (3)과 (4)는 각각 (2)를 함의하고, (3)과 (4)는 독립적이다. 이 6가지 조건들에 대응하는 '나쁜' 논의는 다음과 같다(헤리미누스 주석).

〈1〉 어떤 추론도 없다(1 실패). 어떤 결론도 전제로부터 따라 나오지 않는다.

〈2〉 추론이지만 잘못된 결론의 추론이다(2 실패, 1은 아님). 즉 결론은 입론의 반대가 아니다.

〈3.1〉 올바른 결론의 추론이지만 필요한 전제를 빠뜨리고 있다(3 실패, 1과 2는 아님).

〈3.2〉 올바른 결론의 추론이지만 불필요한 전제를 가지고 있다(4 실패, 1 혹은 2는 아님). 즉 어떤 전제는 결론을 위해 필요한 것이 아니다.

〈4〉 결론보다 덜 통념에 따르는 전제를 가진 좋은 추론(5 실패, 1, 2, 3 혹은 4는 아니다)이다.

〈5〉 결론에 못지않게 통념에 따르는 전제를 가진 좋은 추론이나 결론보다 확립하기는 더 어렵다(6 실패).

추론이 빠진 〈1〉은 도대체 논증이라고 할 수 없다. 알렉산드로스는 〈3.1〉과 〈3.2〉를 별도로 다루고, 〈4〉와 〈5〉를 하나로 묶고 있다.

서 질문자가 가장 통념을 따르는 전제들로부터 결론을 이끌어 낼 수 있다면 그는 적절하게 문답을 행한 것이기 때문이다. 그렇기에 논의에 대해서도, 탐구 중인 문제와의 관계에서와 논의 그 자체로는 동일한 비판이 적용되지 않는다는 것은 명백하다. 왜냐하면 논의는 그것 자체에 입각해서 본다면 비난받을 만하지만, 그 문제와의 관계에서 보면 칭찬받을 만한 것이라고 하더라도 아무런 지장을 받지 않으며, 또한 역으로 논의 자체에 입각해서 본다면 칭찬받을 만한 것이지만 문제와의 관계에서 본다면 비난받을 만한 것이라고 하더라도 아무런 지장을 받지 않는데, 이것은 통념에 따르는 다수의 명제〈전제〉들과 심지어 참인 명제〈전제〉들로부터 결론을 이끌어 내는 것이 쉬운 경우에 그렇다. 또한 어떤 경우에 결론을 이끌어 낸 논의라도 결론을 맺지 못한 논의보다 더 뒤떨어지는 수가 있을 것이다. 전자의 논의는, 문제는 어리석은 것이 아니지만 어리석은 전제들로부터 결론이 맺어지고,[207] 반면에 후자의 논의는 통념에 따른 명제들과 참인 그런 명제들을 필요로 하고, 부가적으로 확보된 이들 명제 중에 논의가 포함되지 않을 때 그렇게 될 수 있다.[208]

또 거짓 전제들을 통해서 참인 결론을 이끌어 내는 사람들을 비판하는 것은 옳지 않다. 왜냐하면 거짓 결론은 거짓 전제들을 통해서 추론되는 것

207 원어로는 ex euēthōn이다. 어리석은(euēthēs)은 '통념적이 아닌', 즉 '모든 사람에 의해서 받아들여지지 않는'으로 새길 수 있다. 따라서 '어리석은 전제'는 이어지는 de 아래의 '통념에 따른 참인 전제'와 대조되고 있다. 브룅슈빅이 든 예를 들어 본다. '달은 내 모자와 태양 사이에 있을 수 있다(일식의 경우를 생각하라). 내 모자는 지구와 달 사이에 끼어 있을 수 있다. 그러므로 달은 지구와 태양 사이에 끼어 있다.'

208 R. 스미스는 이 말을 논의 전체가 말해지지 않은 전제들로 구성되지 않아야만 하는 것으로 이해한다. 추론을 구성하는 논의 전체는 추가되어야 할 명제에 포함되지 않는다는 것이다. 추가된 명제들만으로는 애초의 전제들이 추론하지 못하는 결론을 추론하는 데 충분하지 않다는 말일 수도 있다(브룅슈빅).

162a

이 언제나 필연적이라고 하더라도, 참인 결론이 어떤 경우에 거짓 전제들을 통해서 추론되는 수가 있기 때문이다. 이것은 『분석론』[209]으로부터 명백하다.

(6) 철학적 논의, 공격적 논의, 소피스트적 논의, 아포리아를 제기하는 논의

지금 논해진 논의가 무언가의 논증일 때, 그 논의의 결론과 전혀 관계없는 다른 어떤 것이 있다면 그 논의는 그 결론에 대한 추론은 아닐 것이다.[210] 그러나 추론인 것처럼 보인다면 그것은 소피스트적 논의이지 논증은 아닐 것이다.

[['철학적 논의'는 논증적 추론이고, '공격적 논의'는 변증술적 추론이고, 소피스트적 논의[211]는 쟁론적 추론이고, 난제(아포리아)를 제기하는 논의는 모순 명제의 변증술적 추론이다.]][212]

---

209 『분석론 후서』 제1권 제12장 78a6-13 참조. 거짓 전제로부터 참인 결론을 이끌어 내는 추론에 관련해서는 제2권 제2장-제4장도 함께 참조. 알렉산드로스, 570쪽 26행-571쪽 5행 참조.

210 논의의 결론은 전제를 포함하고 있어야 한다. 『분석론 후서』 제1권 제7장 75a38-b20 참조.

211 sophisma(sophism)를 말한다.

212 알렉산드로스가 주석하고 있지 않은 이 대목을 발리스, 트리꼬, R. 스미스, 브룅슈빅(2007) 등은 가짜로 보고 있다. 압축적으로 내용을 정리하고 있다는 점, 간결한 문체로 되어 있다는 점, 아리스토텔레스 저작 어디에도 언급이 없는 '철학적 논의'(philosophēma)와 난제를 의미하는 '아포리아를 제기하는 논의'(aporēma) 등이 그런 추측을 가능하게 한다. 맥락과도 무관하다. 하지만 그런 내용을 언급할 만한 자리인 점을 생각해 보면, 그의 철학을 공부한 사람의 삽입이거나 편집자가 무언가를 기억해 두기 위해 여백에 쓴 글이, 앞 문장에서 '소피스트적 논의'(sophisma)란 말 때문에 딸려 들어온 듯하다(R. 스미스). 아리스토텔레스적 언어 사용법과 어긋나는 미심쩍은 대목이다. "난제(아포리아)를 제기하는 논의는 모순 명제의 변증술적 추론"이

(7) 결론은 전제의 정도에 따른다

또, 그렇다고 생각되지만, 같은 정도로 그렇다고 생각되지 않는 두 전제로부터 무언가를 증명하는 경우에는,[213] 증명된 결론이 전제들 각각 보 [20]
다 더 그렇다고 생각되는 것으로 보이는 것을 방해하는 것은 아무것도 없다.[214] 그러나 (1) 한쪽의 전제가 그렇다고 생각되는 것처럼 보이고 다른 쪽의 전제는 그렇다고도 그렇지 않다고도 생각되지 않는 경우, (2) 혹은 한쪽의 전제는 그렇다고 생각되는 것처럼 보이고 다른 쪽의 전제는 그렇다고 생각되지 않는 것처럼 보일 경우,[215] 만일 두 전제들이 같은 정도로 그렇게 생각되거나 그렇게 생각되지 않는 것이라면, 그 결론은 같은 정도로 그렇게 생각될 수도 있고 또 그렇게 생각되지 않을 수도 있을 것이다. 그러나 (3) 한쪽의 전제가 다른 쪽의 전제보다 더 많이 그렇게 생각되는

라는 구절도 의문시된다. 이것은 대화 상대자가 제시한 테제 P에 대한 nonP를 이끌어 내는 추론을 지시하는 것으로 보인다. "주어진 전제가 결론에 모순되는 것이라면 필연적으로 논박(elengchos)이 생겨난다. 논박은 모순적 결론을 증명하는 추론이니까."(『분석론 전서』 제2권 제20장 66b11-12).

213 일반적으로는 dokoun(그렇다고 생각되는 것)과 endoxon을 동일한 것으로 받아들인다. 하지만 브룅슈빅은 다른 것으로 이해한다. 어쨌든 이것들은 필연성을 확보할 수는 없다(162b8-11, 『소피스트적 논박에 대하여』 제1장 164a23-24). 이 대목(162a19-23)은 불명료하지만, 아리스토텔레스는 다음과 같은 세 가지 점을 명확히 제시한다. 브룅슈빅은 다음 두 가지 관점으로 구분해서 이 단계를 다음과 같이 이해하고 있다. (가) 전제에 대한 그렇다고 생각되는 값; (1) 긍정(그렇다고 생각되는 전제), (2) 중립(전제가 그렇다고도 그렇지 않다고도 생각되지 않는 전제; medeterōs 〈dokoie〉, a21), (3) 부정(그렇다고 생각되지 않는 전제; me dokoiē, a22), (나) 정도의 차(P1은 P2보다 더 많이 그렇다고 생각된다). (나) 이 현상 값은 정도에 종속된다. (다) 두 전제는 다른 정도로 동일한 현상 값을 갖는다(a19-20). 그리고 두 전제는 같은 정도로 다른 현상 값을 갖는다(a21-23).

214 (1) '전제에 대해 그렇다고 생각되는 값'은 같지만, (2) '정도의 차'가 다를 경우.

215 (1) '전제에 대해 그렇다고 생각되는 값'은 다르지만, (2) '정도의 차'는 같은 경우. 첫 번째 경우는 긍정과 중립이고, 두 번째 경우는 긍정과 부정이다.

것이라면, 그 결론은 더 많이 그렇다고 생각되는 전제에 따를 것이다.

(8) 불필요하게 길어진 논의에 대한 비판

또 다음과 같은 것도 추론에 대한 하나의 잘못이다. 즉 실제로 논의에 속해 있는 보다 짧은 단계[명제]를 통해서 추론할 수 있는데 더 긴 단계[명제]를 통해 질문자가 증명하는 경우이다. 이를테면 '어떤 생각이 다른 생각보다 더 그렇다고 생각하는' 경우가 그렇다.[216] (a) '각각의 것 자체[217]가 가장 완전하게 각각의 것이다. 그리고 (b) 참이라고 생각되는 것 자체가 존재한다. 따라서 (c) 그것이 개별적으로 생각되는 것보다 더 많이 그렇게 생각되는 것이다'라고 누군가가 동의를 구하는 증명을 하는 경우가 그렇다. '그런데 더 이것인 것과 관계해서 그렇다고 말할 수 있는 것은 더 많이 그렇다는 것이다.[218] 그러나 참이라고 생각되는 것 자체도 존재하며, 그것은 개별적으로 생각되는 것보다 더 정확한 것일 게다.' 그런데 '(B) 참이라고 생각되는 것 자체도 존재하고, (A) 각각의 것 자체도 가장 완전하게 각각의 것이다'에 동의하도록 질문자는 요구했다. '(C) 따라서 이 참으로 생각되는 것[219]이 더 정확한 것이다.' 이 논의에서의 결함은 무엇인

---

216 계속해서 아래에서 '어떤 생각이 다른 생각보다 더 그렇다고 생각되는 것'은, 그것이 '참이고' 그것보다 더 '정확한'(akribēs) 경우라고 논의하고 있다.

217 원어로 autoekaston(각각의 것 자체)이다. 질문자는 플라톤적인 입장을 선택하고 있다. auto는 '본질' 내지는 '형상'을 의미하는 것처럼 보인다. 이러한 예는 『토피카』 제5권 제7장 137b6 autoanthrōpos(인간 자체), 137b11 autozōon(동물 자체), 『형이상학』 제1권 제9장 990b32, 991a29, b19, 『니코마코스 윤리학』 제1권 제6장 1096a35 등에서 찾아볼 수 있다. 즉 'F의 형상(F 자체)은 가장 완전하게 F이고, 개별적인 F들(ta tina)보다 더 F이다.' 일종의 '형상의 자기 술어'라 할 수 있다.

218 X가 Y와 관계되어 말해지고, Y에 대해 〈더 F이다〉라는 것이 성립된다면, X에 대해서도 〈더 G이다〉라는 것이 성립한다는 것이다.

219 hautē hē doxa로 읽는다(브룅슈빅).

가?[220] 논의가 근거하고 있는 명제가 논의를 성립하게 하는 그 원인을 답

---

220 이 대목에서 이야기되는 논의 속에서 아리스토텔레스가 의도하는 바가 무엇인지를 파악하기란 다소 모호한 형식을 띠고 있다. (1) (a) '각각의 것 자체가 가장 완전하게 존재한다' (b) '참인 의견(참이라고 생각되는 것) 자체가 존재한다' (c) '따라서 이것이 각각의(개별적) 의견보다 더 정확한 의견이다'와, (2) (A) '참인 의견 자체가 존재한다' (B) '각각의 것 자체도 가장 완전하게 존재한다' (C) '따라서 이 의견이 더 정확한 의견이다'라는 각각 하나의 추론을 구성하는 논의로 해석 가능하다. 전통적으로 해석되어 왔던 대로 비판받아야 할 논의로 파악하면, 이 논의[(A) (B) (C)]에서의 잘못은 대전제에 놓여 있다. 이 논의가 근거하는 '그 자체적 존재'라는 것이 정말 존재하는지를 증명하고 있지 못하기 때문이다. 즉 '선결문제의 오류'를 범하고 있다. 즉 이 논의는 '각각의 것 자체', '의견(그렇다고 생각되는 것) 그 자체'와 같은 불필요한 요소들을 도입하여 논의를 복잡하게 만들고, 긴 단계를 거치게 만듦으로써 증명하고자 하는 바('그렇다고 생각되는 것, 즉 의견에는 많고 적음의 정도의 차가 있다')를 성취하지 못하고 있다는 점이 비판적으로 지적될 수 있다. 한편, (a) (b) (c)로 이루어진 논의를 (A) (B) (C)라는 논의로 재구성하게 되면 수정된 논의 그 자체는 논리적으로 별 문제가 없어 보인다. 베르데니우스도 불필요한 요소를 제거하면 이 논의는 비판받아야 할 논의라기보다는 아리스토텔레스 자신의 비판으로 보아야 한다고 해석하고 있다(베르데니우스, 41쪽). 그럼에도 '그 잘못은 논의가 근거하고 있는 토대(이유)를 숨기려고 하기 때문은 아닐까?'라는 완곡한 표현으로 옮길 수도 있지만, 이른바 '이데아적 존재'를 허용하는 플라톤주의자들에 대한 아리스토텔레스 자신의 공격 의도를 전혀 배제하고 있지는 않아 보인다. 한편, R. 스미스(145-146쪽)는 이 대목에서 전개된 장황한 논의를 다음과 같이 재구성하고 있다.

(전제)	(1)	모든 F에 대해, F 그 자체는 가장 완전한 정도에서 F이다.
(전제)	(2)	참인 의견일 수 있는 것 자체가 존재한다.
(1, 2로부터)	(3)	그러므로, 참인 의견일 수 있는 것 자체는 다른 참인 의견일 수 대상(the other truly opinable things)보다도 더 참되게 의견일 수 있다.
(전제)	(4)	만일 x가 y와의 관계에서 G라고 불리고, x′은 y′과의 관계에서 G라고 불리며, 또 y는 y′보다 더 F라면, x는 x′보다 더 G이다.
(전제)	(5)	참인 의견 자체가 존재한다.
(전제)	(6*)	참인 의견은 참인 의견일 수 있는 것(the truly opinable)에 관련해서 참인 의견이다.

변자가 알아채지 못하게 하는 것이다.[221]

제12장 논의의 명확성; 논의의 오류, 논의의 거짓을 검토하는 방법

논의의 명확성; 그 세 가지 종류

논의가 분명하다(dēlos)는 것은, (1) 어떤 방식에서 또 가장 대중적인 방식에서 아무것도 추가로 물어보지 않는 그러한 방식으로 결론을 맺는 경우이다.[222] (2) 다른 방식에서 논의가 분명하다는 것은 이런 유형이 가

(전제) (7*) 참인 의견 자체는 참인 의견일 수 있는 것 자체에 관련해서 참인 의견 자체이다.

(3, 6, 7로부터) (8) 그러므로 참인 의견 자체는 다른 참인 의견보다도 더 참인 의견이다.

R. 스미스는 재구성된 논의에서 원문에 없는 (6*), (7*)을 보충하고 있으며, '참인 의견일 수 있는'(alēthōs doxaston)과 '참인 의견'(doxa alēthēs)을 구별하고 있다. 또, (1)과 (2)로부터 (3)이 따라 나오는 같은 방식으로 (1)과 (5)로부터 동일한 결과를 끄집어낼 수 있다고 지적하고 있다.

221 이 마지막 문장(162a32-34)은 『토피카』에서는 드문, 아주 생동감 넘치는 장면이다. 선생의 생생한 목소리가 짙게 묻어나고 있다. 청강자들이 매개념(meson)의 인과적 기능을 잘 알고 있는 사람인지(『분석론 후서』 제2권 제2장 90a7)를 검사하는 선생의 목소리로 들린다.

222 답변자가 질문자에게 아무런 추가적 질문을 요구하지도 않고 그 결론이 그 전제들만으로도 구속력으로 묶여지는 경우임이 분명하다. 또 결론 없이 불확실하게 질문의 형식으로 질문자가 결론을 제시하는 것을 말하는 것일 수 있는가? R. 스미스는 162a36-37에서의 동사 eperōtan('추가로 물어보다')의 드문 사용을 『수사학』(1419a20-b2)과 연결시켜서 질문 형식의 결론으로 해석의 여지를 남기고 있다. 그러나 브륑슈빅의 지적처럼 아리스토텔레스는 '결론을 질문의 형식으로 내놓아서는 안 된다'라고 명확하

장 엄밀하게 말해지는 것이지만, 결론을 내리기 위해 필연적으로 근거해 162b
야 할 명제들이 확보되고 여러 중간적 결론을 통해 결론 내리는 경우이다.[223] 게다가 (3) 완전하게 통념[224]에 부합하는 전제들을 결여하고 있는 경우도 논의는 분명하다.[225]

논의의 오류

논의는 네 가지 방식으로 거짓이라고 말해진다. 하나의 방식은 (1) 결론 내려지지 않은 것이 결론 내려진 것처럼 보일 경우인데, 이것은 쟁론적 추론이라고 불린다.[226] 다른 방식은 (2) 결론이 내려지지만 제안된 것과 관계없는 결론을 내리는 경우로, (이것은 특히 불가능한 것에로 이끌어가는[227] 사람들에게서 일어난다.)[228] 혹은 (3) 제안된 것과 관계해서 결론 내

게 밝히고 있다(158a7-8).

223 '예비적으로 추론하는(prosullogizesthai) 과정을 통해서 확립되는 여러 중간적 결론'을 가리킨다(『토피카』 제8권 제1장 156a8 참조). 즉 '전제와 결론 사이의 모든 중간적 단계들이 채워진 것'을 말한다.

224 벡커, 바이츠, 브룅슈빅에 따라 endoxōn(162b)으로 읽는다.

225 원문은 eti ei elleipei [ti] sphodra endoxon(ti는 로스의 경우)이다. (수정판의 피카드-케임브리지를 포함하여) 포스터, 베르데니우스, 브룅슈빅 등은 ti를 빼고 읽는다. 로스식으로 읽으면 '대단히 통념적인 어떤 것을 생략한 경우도'로 해석된다.

226 첫 번째 의미는 '타당하지 않으나(오류이나) 겉으로만 타당한 것처럼 보이는 것.' 『소피스트적 논박에 대하여』 제2장 165b7-8("쟁론적 논의는 일반적으로 그렇다고 생각되는 것으로 보이지만 실제는 그렇지 않은 것[전제]들로부터 추론하거나 혹은 추론하는 것처럼 보이게 하는 것이다").

227 원어로는 tois eis adunaton agousin(reductione ad impossibile)이다. 귀류법(reductio ad absurdum)을 통해서 운동의 불가능성을 증명하는 '제논의 역설'을 생각하면 이 논증은 쉽게 이해된다. 이러한 논의에 대해서는 『분석론 전서』 제2권 제17장 65a38 아래, 66a1-15 참조.

228 두 번째 의미는 '타당하나 거짓된 결론을 갖는 것'. 이러한 논의가 불합리한 결론을 추론하는 것과 관련이 없는 전제를 논박하기는 하니까.

려지지만, 고유한 방법에 따라서 결론 내려지지 않는 경우이다.[229] 이것은 논의가 의술에 관한 것이 아닌데 의술에 관한 것으로 생각되거나, 혹은 기하학에 관한 것이 아닌데 기하학에 관한 것으로 생각되고, 혹은 변증술적인 것이 아닌데 변증술적인 것으로 생각되는 경우이다. 게다가 이 경우에 그것에서 따라 나오는 것이 거짓이거나 참이거나 상관이 없다. 다른 하나의 방식은, (4) 거짓인 명제들을 통해 결론 내려진 경우이다. 이러한 논의의 결론은 어떤 경우는 거짓이고 어떤 경우는 참이다. 왜냐하면 앞서 말했던 바와 같이[230] 거짓 결론은 언제나 거짓 명제들을 통해서 결론 내려지지만, 참인 결론은 참인 명제가 아닌 것들로부터도 결론 내려지는 것이 가능할 수 있기 때문이다.[231]

논의의 거짓을 검토하는 방법

그런데 논의가 거짓인 것[232]은 논의의 잘못보다는 오히려 말하는 사람의 잘못이다.[233] 게다가 (그것도 논의하는 사람의 잘못이 아니라 그 사람이

---

229 세 번째는 논의 주제에 고유한(적합한) 전제를 사용하지 않는 논의이다.

230 『토피카』 제8권 제11장 162a9-11 및 『분석론 전서』 제2권 제2장 참조.

231 네 번째 의미는 현대의 논리적 개념으로는 '타당하기는 하나 건전하지 않은 것'을 말한다. 즉 전제 중의 하나가 최소한 거짓이라는 것이다. 그러나 '거짓 전제들로부터 항시 거짓인 결론이 나오는 것'은 타당한 추론이다.

232 아리스토텔레스는 아래에서 '참', '거짓'을 논의(argument)에 적용하지 않는다. 다만 결론에 비추어 참과 거짓의 논의라고 말하고 있다. 거짓인 결론을 가지면 거짓 논의, 참인 결론을 가지면 참인 논의라고 말한다.

233 이 단락(162b16-24)은 앞 단락과 긴밀히 연결되는 것처럼 보인다. 알렉산드로스는 이 단락의 내용이 앞 단락에서의 네 번째 거짓의 의미를 말하는 것으로 파악한다(575쪽 17-20). R. 스미스는 앞서 언급한 네 가지 의미 이외의 '거짓'의 다른 의미를 논하는 것으로 이해한다. 즉 논의에 적용될 때 '거짓 결론을 갖는' 논의에 적용되는 거짓이라는 것이다. 거짓 결론을 갖는 논의는 논리학적으로 의미 있는 범주를 형성하

그것[그 논의에서의 거짓]을 깨닫지 못하는 경우이다.)[234] 왜냐하면 적어도 이러한 거짓의 논의 그 자체에서는 논하는 사람이 가능한 한 가장 옳다고 생각하는 명제들로부터 출발해서 참인 어떤 명제를 파기하는 경우에, 우리는 많은 참인 논의[235]보다 오히려 그것을 받아들이기 때문이다. 사실상 [20] 그것이 이런 종류의 논의라면 그것은 다른 참인 명제들의 논증이니까. 왜냐하면 제안된 명제들 중 하나는 반드시 전혀 엉뚱한 것이어야 하고, 따라서 이 논의는 그 명제의 논증이 될 것이기 때문이다.[236] 이와는 달리 거짓이면서 게다가 실로 어리석은 명제들을 통해서 참인 결론으로 귀결된다고 하면, 그 논의는 거짓인 결론을 추론하는 논의들보다 훨씬 못한 것이 되고 말 것이다.[237] (그리고 논의가 거짓 결론을 내릴 때라도 여전히 그와 같은 것일 수 있다.)[238]

그러므로[239] 분명한 것은, 논의 그 자체에 대한 첫 번째 검토는 논의가 [25] 결론에 도달하고 있는지 하는 것이고, 두 번째 검토는 그 논의가 참인지 거짓인지 하는 것이고, 세 번째 검토는 어떤 종류의 명제들로부터 그 결론이 나왔는가 하는 것이다. 왜냐하면 거짓이지만 통념에 따른 명제들로부터 결론 내리고 있다면 그것은 논리적인(logikos) 논의이지만,[240] 참이지

지 못한다.

234 ( )는 브룅슈빅의 의견을 받아들였다.

235 즉 거짓이고 어리석은 전제와 참인 결론들을 갖는 논의.

236 다시 해당되는 명제에 대해 '불가능으로의 환원' 논의가 되고 있다. "왜냐하면 적어도 이러한 거짓의 논의 그 자체에서는 논하는 사람이 가능한 한 가장 옳다고 생각하는 명제들로부터 출발해서 참인 어떤 명제를 파기하는 경우에, 우리는 많은 참인 논의보다 오히려 그것을 받아들이기 때문이다."

237 polloōn 대신에 pollō로 읽는다(BAc 사본).

238 논의에서 결론의 참, 거짓의 진릿값은 그 논의가 좋은 것인지 나쁜 것인지를 말해 주지 않는다.

239 이제부터 이 장 전체를 요약하고 있는 것으로 보인다.

만 통념에 어긋나는 명제들로부터라고 한다면, 그것은 빈약한 논의이기 때문이다.[241] 반면에 그 전제들이 거짓이면서 동시에 전혀 통념에 어긋나
[30] 는 것이라고 한다면, 무조건적으로든지 혹은 문제의 사안에 관계하든지 간에 그것은 빈약한 논의임이 분명하다.

제13장 선결문제의 오류와 반대인 것들의 요구

논점절취를 행하는 다섯 가지 방식

또 질문자가 최초에 제시한 것에 대해 동의를 어떻게 요구하는 것[242]과 반대의 명제들에 대해 동의를 어떻게 요구하는가[243]에 대해서는 진리에 따라

---

240 알렉산드로스 이래로 전통적으로 '논리적'인 것과 '토피카적'인 것을 동일한 것으로 생각해 왔다. 여기서 논리적인 논의는 변증술적인 논의의 하부 구분에 놓인 것으로 보인다. 변증술적 논의는 기본적으로 거짓 전제를 가질 필요가 없으며, 참, 거짓과 무관하게 통념에 부합하는 것으로부터 출발하는 것이기 때문이다.

241 왜 아리스토텔레스는 '빈약한'(phaulos)이란 말을 사용했을까? 논증(아포데익시스)의 '제일원리'(아르케)는 교육받지 않은 사람에게는 그럴듯하지 않고 불가능한 것으로 보일 수 있다. 그렇다면 변증술의 관점에서 보자면, 논증은 사람을 설득한다는 측면에서 그 효용성이 떨어지는 빈약한 수단일 수 있다.

242 원어로는 to en archē aiteisthai(최초에 제시된 것에 대해 동의를 요구하는 것)이다. 162b35 아래에서 '요구하는'에 해당하는 원어는 aitēseien이거나 그 변형된 형태이다. 여기서는 '교묘하게 회피하여 그대로 지나치려는'이라는 의미이다. 이것을 우리말로는 흔히 '논점 절취의 오류'(선결문제 요구의 오류, petitio principii)라고 부른다. 영어로는 원래의 의미를 보존하면서 "asking to be granted the question-at-issue, which one has set out to prove"라고 한다(C. L. Hamblin, *Fallacies*, Methuen & Co Ltd, 1970, pp. 32-35). 역사적으로는 petere hoc quod est in principio(Boèce)에서 왔다.

243 반대인 것들의 요구(petition of opposites). 이것을 지칭하는 전문적인 술어는 없다. 이 문제는 아래의 163a14-28에서 논의된다.

서 『분석론』[244]에서 말해졌지만, 이제는 의견에 따라서 설명되어야만 한다.

최초에 제시된 것에 대해 동의를 요구하는 것에는 다음과 같은 다섯 가지의 방식이 있는 것처럼 보인다. (1) 첫 번째로 가장 명백한 것은, 증명이 필요한 바로 그것을 누군가가 동의를 요구하는 경우이다. 그러나 그 명제 자체에 대해서는 답변자가 이것을 알아차리지 못한 채 지나가는 것이 쉽지 않지만,[245] 동명동의적인 명제들에서 그리고 이름과 설명(logos)이 동일한 것을 가리키는 명제들 경우에는 더 쉽게 알아채지 못한 채 지나간다. (2) 두 번째 방식은 부분적인〈개별적인〉 것으로 논증해야만 할 것을 163a
누군가가 보편적인 것으로 동의를 요구하는 경우이다. 예를 들면 '반대되는 것들에 대한 지식은 하나이다'라는 것을 증명하려고 애쓰면서 일반적으로 '대립되는 것들에 대한 지식은 하나이다'라고 요청하는[246] 경우이다. 왜냐하면 그 사람은 그 자체로서 증명해야만 했던 것을 다른 많은 명제들과 더불어 동의를 요구하는 것처럼 보이기 때문이다.[247] (3) 세 번째 방식은 누군가가 보편적인 것을 증명하도록 제기되었던 것을 부분적인 것에 대해 동의를 요구하는 경우이다. 예를 들면 '반대되는 것들 모두에 대해

244 '최초에 제시된 것에 대해 동의를 요구하는 것'에 대한 논의는 『분석론 전서』 제2권 제16장 64b28 아래 참조. '반대의 명제들'에 대해서는 『분석론 전서』 제2권 제15장 참조(64a36-37에는 『토피카』가 언급되고 있다).

245 즉 쉽게 알아차릴 수 있다는 의미이다.

246 aiteisthai(중간태)는 '요구하는'으로, axioun(능동 동사)은 '요청하는'으로 옮겼다. 이 두 말이 같은 문장 안에서 등장하는 경우도 있다(163a1-3, 5-8, 10-11, 17-19). 그래서 어떤 학자들은 동일한 의미로 간주한다(보니츠, 『색인』 70a32). R. 스미스는 aiteisthai를 'to ask'로, axioun을 'to claim'으로 옮긴다. 브륑슈빅은 axioun을 'demander qu'on vous accorde'으로, aisteisthai는 'postuler'로 옮기고 있다. aisteisthai는 질문자가 상대방에서 전제의 승인을 '요구하는' 때 주로 쓰인다.

247 동일한 예를 사용하고 있는 『토피카』 제8권 제1장 155b29-33에서의 토포스와 모순되는 것처럼 보인다.

163a

지식은 하나이다'라는 것이 증명하도록 제기되고 있는데, 어떤 개별적인 것에 대해 동의를 요구하는 경우가 그렇다. 왜냐하면 이 사람 역시[248] 다른 많은 명제들과 더불어 증명해야만 하는 것을 그것 자체만을 떼어내어 동의를 요구하고 있다고 생각되기 때문이다.[249] (4) 또, 누군가가 묻고 있는 문제를 나누어서 동의를 요구하는 경우이다. 예를 들면 '의술은 건강한 것과 질병인 것에 관계한다'는 것을 증명해야 함에도 그 각각을 따로 떼어내어 동의를 요구하는 경우이다. (5) 혹은 누군가가 서로 필연적으로 따르는 명제들 중에서 그 한쪽의 것에 대해 동의를 요구하는 경우이다. 예를 들면 '대각선은 그 변과 같은 단위로 잴 수 없다'는 것을 논증해야 할 때 '변은 대각선과 같은 단위로 잴 수 없다'는 것에 대해 동의를 요구하는 경우이다.[250]

반대인 것들을 요구하는 다섯 가지 방식

또 반대인 명제들을 요구하는 방식은 최초에 제시된 것에 대해 동의를 요구하는 것과 동일한 수만큼 있다. (1) 첫 번째 방식은 누군가가 대립되는 긍정 진술과 부정 진술에 대해 동의를 요구하는 경우이다. (2) 둘째는 대립되는 명제에 따르는 반대인 것을 누군가가 동의를 요구하는 경우로서, 예를 들면 '동일한 것이 좋고 나쁘다'고 말하는 경우이다.[251] (3) 셋째

---

248 두 번째 방식을 행하는 사람과 마찬가지로.

249 이것 역시 귀납의 절차와 모순되는 것처럼 보인다.

250 (2), (3), (4)는 문제가 있는 것들이다. (1)과 (5)는 『분석론 전서』 제2권 제16장에서도 인정될 수 있다. 알렉산드로스는 (2), (3), (4)는 단지 외견상으로만 그렇지 참된 경우일 수 없다고 설명한다. 즉 대부분의 사람들이 논점절취의 경우라고 생각하지만 실제는 그렇지 않다는 것이다.

251 반대 진술은 'X는 좋다'와 'X는 나쁘다'이고, 모순 진술은 'X는 좋다'와 'X는 좋지 않다'이다.

는 누군가가 보편적인 것을 요청하면서 개별적인 것에 대한 모순명제에 동의를 요구하는 경우이다. 예를 들면 '반대되는 것들에 하나의 지식이 관계한다'는 명제를 확보하면서도 '건강적인 것과 질병적인 것에는 각각 다른 지식이 관계한다'는 것에 동의를 요청하는 경우이다. 혹은 (4) 후자에 동의를 요구하면서 보편적인 것에 대해서는 모순명제를 확보하려고 시도하는 경우이다. (5) 또, 누군가가 제안된 명제들을 통해 필연적으로 따라 나오는 것에 반대인 것에 동의를 요구하는 경우가 있다. (6) 게다가 누군가가 대립되는 명제들 자체를 확보하지 않는 경우에, 대립되는 모순명제가 그것들에서 따라 나오게 되는 그런 종류의 두 〈조(組)의〉[252] 명제에 동의를 요구하는 경우이다.[253]

서로 반대인 명제에 대해 동의를 확보하는 것과 최초에 제시된 것에 대해 동의를 요구하는 것이 다른 까닭은, 후자의 경우에는 결론에 관계해서 잘못이 있지만(우리는 결론에 주목해서 최초에 제시된 것에 대해 동의를 요구한다고 말하니까), 이에 반해서 전자의 반대인 명제들에서는 전제명제들이 서로에 대해 어떤 관계를 가짐으로써 그 잘못이 전제들 안에 있기 때문이다.

---

252 R. 스미스의 덧붙임. 여기서 모순은 '하나의 명제와 그 부정으로 이뤄진 짝'을 의미한다.

253 정리해 보면 이렇다. (1) 하나의 전제와 그 부정에 대한 요구. (2) 하나의 전제와 그 반대에 대한 요구. (3) 보편적인 것과 그 개별적 경우들의 하나에 대한 요구. (4) 개별적 명제와 그에 상응하는 보편명제의 부정에 대한 요구. (5) 전제의 결론에 대한 반대의 요구. (6) 대립되는 명제들 자체는 요구하지 않으나 그것들이 따라 나오는 두 전제 쌍에 대한 요구. 그런데 '반대인 명제들을 요구하는 방식과 최초에 제시한 것에 대해 동의를 요구하는 것'은 숫자상 동일하다고 그랬다(163a14). 그런데 왜 6가지일까? 알렉산드로스는 (3)과 (4)를 하나의 경우로 본다. R. 스미스는 (6)을 (5)의 하부 경우의 하나로 다룰 수 있음을 제안한다. 브룅슈빅은 (1)-(5)는 반대의 명제를 직접 인정하게 하지만, (6)은 그렇지 않다는 점에서 예외적이라고 말한다.

163a

제14장 문답을 통한 변증술적 논의의 훈련과 연습

(1) 변증술적 논의에서의 환위의 유용성

이러한 유형의 논의의 훈련과 연습을 위해서는 첫째로 논의를 환위하는 것[254]에 익숙해져야만 한다. 그렇게 함으로써 우리는 논의되고 있는 주제를 더 잘 처리할 수 있을 것이고, 적은 논의를 배움으로써 많은 논의를 철두철미하게 배우게 될 테니까 말이다.[255] 사실상 논의를 환위한다는 것은 결론을 변화시켜서, 나머지의 여러 질문과 결부되어 인정된 명제들 중 하나를 파기하는 것이기 때문이다. 요컨대 전제명제 모두가 세워진다면 결론이 그 경우라는 것이 필연적이어야만 하므로, 만일 결론이 그 경우가 아니라면 전제들 중 어떤 하나가 파기되는 것은 필연적이기 때문이다.[256]

(2) 찬성, 반대의 논의를 검토하는 유용성

모든 입론[257]에 대해, 즉 '그것이 이러하다'와 '그것이 이러하지 않다'는

---

254 한 논의를 다른 논의로 전환하는 것을 말한다. '만일 P_1, P_2, P_3 ⋯ P_n; 그러므로 C'라는 추론이 주어졌을 때, 전제 중 하나인 Pa를 C의 부정(notC)으로 치환하고, 'P_1, P_2 ⋯ P_{i-1}, notC, P_{i+1} ⋯ P_n; 그러므로 notP_i'라는 추론의 형식으로 전환하는 것을 말한다. 전자가 타당한 논의라면 후자도 타당한 논의이다. 이것은 실제적인 참과 거짓과 무관하게 명제들 간의 수반 관계에만 관련 있다는 의미에서 순전히 논리적 특징을 가진다. 환위(antistrephein)는 아래의 163a32-34에서 정의되고 있다. 추론 형식의 환위에 대해서는 『분석론 전서』 제2권 제8장 59b1 아래 및 제8장-제10장 참조.

255 exepistasthai(배우다)는 '기억으로 반복하다', '암기로 배우다'라는 뜻도 있다("적은 논의 속에서 많은 논의를 기억하게 될 것이다"). 우리가 배우는 논의는 이 과정을 통해 다른 여러 형식의 논의로 변환될 수 있으므로, 결국 많은 논의를 배우는 셈이 된다는 것이다(R. 스미스 참조).

256 이것은 직접 논의를 '불가능으로의 환원'으로 치환하는 문제이다. 여기서 '환원'은 애초에 주어진 논의 속의 어떤 전제를 변증술적으로 논박하는 데에 기여한다.

양쪽에 대해 그 공격 수단을 검토해야만 한다. 그리고 그것이 발견되면 163b 바로 해소책을 탐구해야만 한다. 그렇게 함으로써 우리 자신이 묻는 것에 관해서 또 답변하는 것에 관해서도 동시에 훈련하게 될 것이고, 설령 다른 사람을 대해서 훈련을 하지 못하더라도 우리 자신에 대해서 훈련을 해야만 하기 때문이다.

또한 동일한 입론에 대해서는 공격 수단을 선택해서 나란히 서로 비교해야 한다. 왜냐하면 누군가가 '그것이 이러하다'와 '그것이 이러하지 않다'라는 양쪽에 적절하게 논의할 수 있는 수단을 갖췄을 때(결과적으로 〈문답하는 상대방이〉[258] 반대의 명제에 대해 경계하게 되는 거니까), 이것은 논의의 강제력을 위해 많은 적절한 수단을 만들어 냈고, 또 논박하는 경우에는 큰 도움이 되기 때문이다.

또 앎과 철학에 따르는 지혜(프로네시스)와 관계해서, 각각의 가정으로부터 따라 나온 것을 전체에 걸쳐 훑어볼 수 있는 것과 전체에 걸쳐 훑어본 것은 결코 보잘것없는[259] 도구가 아니다. 남은 것은 이 가정들 중 하나를 올바르게 선택하는 것이니까. 또한 이러한 일을 하기 위해서는 자연적으로 타고난 소질이 갖춰져 있어야 하며, 이것은, 즉 참〈진실〉을 적절하게 선택하고 거짓을 회피할 수 있는 능력은 참에 따르는 자연적 소질이다. 이 일이야말로 자연적으로 잘 타고난 소질을 가진 사람들이 잘 해낼 수 있는 일이다. 왜냐하면 자신들에게 제기된 것을 적절하게[260] 좋아하고 싫어함으로써

---

257 입론은 곧 문제(problēma)이다.

258 R. 스미스의 보충이다. R. 스미스는 『소피스트적 논박에 대하여』 제15장 174a25-26("왜냐하면 이와 같이 질문한 결과로, **답변자는** 여러 논의에 대해서 혹은 **서로 반대되는 논의에 대해서 동시에 경계를 서야 하기 때문이다.**")을 동일한 맥락으로 이해하고 주어를 끌어와 이곳에 삽입하고 있다.

259 '매우 중요하다'라는 의미이다.

260 eu를 R. 스미스는 '올바른 방식으로'로 옮긴다.

163b

사람들은 최선의 것[261]을 적절하게 판단하는 것이기 때문이다.[262]

(3) 흔히 대면하게 되는 여러 논의에 대한 숙지

여러 가지 문제 중에서 가장 자주 나오는 것에 대한 논의를 [기억해서] 배워야만 하는데, 제일의 입론들[263]에 대해 특히 그렇게 해야 한다. 이것들의 경우에서 답변자들은 종종 낙담한 나머지 포기하게 되니까 말
[20] 이다. 게다가 정의를 충분히 준비해둬야만 하며, 또 통념에 따른 명제들과 제일의 명제들[264]을 언제나 사용할 수 있도록 수중에 넣고 있어야만 한다. 이것들을 통해서 추론이 성립되는 것이니까. 그러나 우리는 또한 다

---

261 변증술의 철학적 유용성을 말하는 것으로 보인다. "철학적 성격을 지닌 여러 학문에 대해 유용한 것은, 대립되는 양쪽의 입장에서 생겨난 난제를 풀어나갈 수 있다면, 우리가 각각의 사안에 대해 참과 거짓을 판별하는 것이 손쉬울 수 있을 테니까."(101a34-36) 아리스토텔레스가 늘 자신의 논고를 '난제를 통한 논구'로 시작하고 있다는 점을 상기할 필요가 있다. 여기서 논의된 이런 점들(163a36-b16)은, 변증술이 단순히 문답하는 차원에 머물지 않고 학적 인식을 위한 유용한 도구일 수 있음을 보여주는 것이다. 아마도 이 대목은 나중에 덧붙여진 것으로 보인다.

262 이 대목을 학적인 앎과 도덕적 덕 간의 비교에 근거하는 것으로 해석하는 R. 스미스의 주석을 참조하라. 도덕적 덕의 경우에서의 두 가지 요소, 즉 옳은 것에 대한 지적인 이해와 그 행위를 하기 위한 감정적 성향의 연관성을 논하는 주석에서 귀중한 통찰을 얻을 수 있다. '어떤 입론에 대해 찬반을 하기 위한 논의와 친숙하게 되는 기술은 이론적 탐구를 위해 중요한 도구이다. 이론적 탐구의 목적은 참을 발견하는 것이다. 이것은 어떤 문제(problēma)와 연관해서 올바른 선택지를 선택하는 것을 요구한다. 이것을 위한 자연적 재능은 참을 선택하고 거짓을 회피하는 자연적 성향일 것이다. 또 이것은 자연적 덕을 가지고 있는 사람들이 갖추고 있는, 좋아하고 싫어하는 자연적 성향과 비슷한 것이다. 이러한 자연적 성향은 일종의 인식적 건강함일 것이다. 그렇게 성향 지어진 사람은 참인 것과 자연적으로 우선적인 것을 가장 설득력 있는 것으로 간주하는 쪽으로 기울어질 것이다.'(154-155쪽)

263 모든 주제에 공통하는 논의의 출발점이 되는 전제(R. 스미스).

264 출발점으로 사용하는 공통전제들을 말한다.

른[265] 논의들이 그것 안에 매우 자주 포섭되는 것[266]들을 [기억해서] 붙잡아 둘 수 있도록 노력해야만 한다. 왜냐하면 기하학에서는 그 기본 요소들[267]에 관련해 훈련해 두는 것이 도움이 되고, 또 산술에서는 구구단에 익숙하게 숙달해 두는 것이 곱셈의 곱인 기타의 수를 아는 데에도 큰 차이를 가져오는 것처럼,[268] 마찬가지로 논의에서도 여러 출발점에 대해 익숙하게 숙달해 두는 것, 또 전제명제들[269]을 입으로 술술 외울 수 있도록 철두철미하게 아는 것은 도움이 되기 때문이다. 왜냐하면 기억술에서 여러 장소(토포스)가 단지 주어지는 것만으로 기억술을 사용하는 사람에게 즉시 사물들을 기억해 내도록 만드는 것처럼, 이 수적으로 제한되어 있는 출발점들[270]에 주목함으로써 출발점들이 문답을 하는 사람을 보다 추론에 능하도록 만들 것이기 때문이다.[271] 논의를 기억하기보다는 오히려

---

265 hoi logoi(로스) 대신에 AB 사본, 벡커, 바이츠, 브륑슈빅에 따라 hoi alloi logoi로 읽었다. 여기서 '다른 논의'는 '가장 자주 나오는 것에 대한 논의'가 아니다.

266 R. 스미스는 '문제들'을 추가해서 읽고 있다. 그 안에 매우 빈번하게 떨어지는(포섭되는) 것은 알렉산드로스가 제안한 것처럼(585쪽 24행), 동계열의 것과 어형변화로부터의 토포스(『토피카』 제7권 제4장 154a12-15 참조)와 같은 '공통의 토포스들'(koinoi topoi)을 말한다. 패턴이나 스케마 같은 것일 수 있다. 이것들을 아는 것이 유용하다.

267 원, 선과 같은 것.

268 구구단을 자유자재로 구사하는 것이 곱셈을 통한 다른 수의 인식에 큰 도움을 줄 수 있다는 의미로 새길 수 있다.

269 즉 공통명제.

270 autas(163b31)는 archas(163b27-28)를 지시한다. 공통전제들은 상대적으로 수적으로 적으니까.

271 이 대목(163b17-33)은 아리스토텔레스가 생각하는 '토포스' 개념에 대한 중요한 정보를 주는 몇 구절 중의 하나이다. 여기서 그는 토포스를 사용하는 변증술과 기억술의 관계를 언급하고 있다. 토포스란 말은 말 그대로 '장소'를 의미한다. 우리가 한 지역에서 특정한 장소를 목적지로 해서 찾는 경우에 어떤 곳을 '기점'으로 해서 목적지를 찾아가면 쉬울 수 있다. 그 '공간 지표'로서의 기점을 기억해 두는 것이, 다음에

163b

공통의 전제를 기억해야만 한다.[272] 왜냐하면 논의의 출발점과 기본 가정[273]을 충분히 많이 갖는 것은 그다지 어렵지 않기[274] 때문이다.

다시 그곳을 찾아갈 때 유용하다. 그렇듯이 변증술적 토포스들은 '다양한 논의'를 기억하는 기술이 아니라, 그런 논증을 구성하는 기본적 원리, 모든 논증에 공통되는 원리들(추론 규칙; 토포이)을 기억하게 함으로써 어떤 논의에도 대처할 수 있는 능력을 강화시켜 주는 지적인 훈련이다. 결국 문답을 통한 변증술적 탐구 방법은 공통되는 원리를 기억함으로써 그 원리들을 언제, 어디서, 어떤 주제에 적합하게 사용할 수 있는 '사용 비법'까지도 기억하게 하는 것이다. 물론 그런 토포스의 활용에는 논증을 구성하는 전제들의 구성 요소까지도 포함한다. 기억술에 대한 언급에 대해서는 『혼에 대하여』 427b19, 『기억과 상기에 대하여』 452a12-16, 『꿈에 대하여』 458b20-24 참조. 아리스토텔레스의 『토피카』에 관련해서 기억술에 관한 논의를 정리하고 있는 소라비치 참조(R. Sorabji, *Aristotle on Memory*, Duckworth, 1972, pp. 22-34, 2nd ed., 2004, pp. ix-xxvi). F. Solmsen, *Die Entwicklung der Aristotelischen Logik und Rhetorik*, Berlin, 1929, pp. 170-179 참조.

272 『수사학』(제1권과 제2권)에서 아리스토텔레스는 두 가지 추론을 구분한다. 하나는 특정한 주제에 관련된 것이고, 다른 하나는 어떤 주제에도 두루 적용될 수 있는 것이다. 특정한 주제에 관련해서 수사적 논의는 '심의적', '법정의', '과시적인' 것으로 그 종류가 나누어진다. 변증술적 토포스가 근거하는 '공통의 전제'란 어떤 주제에 대해 특정한 관련성을 갖지 않는다. 그러나 수사적 논의는 어떤 특정한 주제에 관한 의견을 받아들이도록 관중을 설득하려고 시도한다. 그래서 수사학자들은 그 주제에 관련된 전제를 사용해야만 한다. 아리스토텔레스 이전에 문답법을 가르쳤던 사람들에 대한 비판('외워야 할 다양한 논의 형식을 제공하는 것에 대한 비판')은 다음을 보라. "어떤 사람들은 수사술적 논의를, 또 다른 어떤 사람들은 문답 형식의 논의를 외워서 공부해야 할 과제로서 부여했기 때문이지만, 그것은 그들 양쪽이 사람과 사람 서로 간에 행해진 논의에서는 대부분의 논의들이 이 두 가지 형태에 포섭된다고 생각했기 때문이다. 그래서 그들에게서 배우려고 하는 사람들에게 내놓은 그들의 가르침은 신속한(손쉬운) 것이었지만, 체계적인 것은 못 되었다. 왜냐하면 그들은 전문 지식(테크네)이 아니라 그 전문 지식에 의해 생겨난 성과를 줌으로써 사람들을 교육한다고 생각했기 때문이다."(『소피스트적 논박에 대하여』 제34장 183b37-184a4)

273 출발점은 기본 가정으로도 불린다. 즉 토포스들이다.

274 베르데니우스는 metriōs를 chalepon이 아니라 euporēsai와 연결시킨다. 그래서 그는 이 말을 '꽤 어렵다'가 아니라, '대체로 어렵지 않은'으로 그 의미를 해석한다. 이

(4) 상대방의 하나의 논의를 여럿의 논의로 나누라

게다가 가능한 한 불명료한 방식으로 논의를 숨기기 위해 하나의 논의를 여럿의 논의로 만드는 데 익숙해져야 한다. 누군가 논의가 대상으로 [35] 삼는 것과 같은 동일한 종류에 속하는 것(suggeneia)으로부터 가능한 한 '거리를 둔다'면,[275] 이러한 일은 성취될 수 있을 것이다. 여러 가지 논의들 중 가장 보편적인 것이 이런 절차를 받아들일 수 있을 것이다. 예를 들면 '여러 개를 대상으로 삼는 것들에는 하나의 지식이 있지 않다'는 경우가 164a 그것이다. 이러한 것은 관계적인 것들, 반대인 것들 그리고 동계열의 것들의 경우에도 적용되는 것이니까.[276]

(5) 논의는 보편적 형식을 띠어야 한다

또한, 설령 부분적인〈개별적인〉 것에 대해서 문답이 행해진 경우에도 그 논의에 대한 기억된 설명[277]은 보편적인 것으로 만들어야만 한다. 이러

러한 예는『동물지』587a1에서 찾아볼 수 있다. 후기 헬라스어에서 ou metriōs는 종종 '대단히'란 의미로 쓰인다.

275 '거리두기'에 대해서는『토피카』제8권 제1장 155b23, 155b29-156a22 참조.

276 이 규칙은 질문자에게 건네는 것이다. '모든 명제는 가장 보편적인 형식으로 받아들여야만 한다. 하나의 명제를 다수의 명제로 만들어야만 한다.'(『토피카』제1권 제14장 105b31-37 참조).

277 R. 스미스는 164a3-11을, 163b34-164a2에서 질문자에게 주어진 지침을 보충하는, 답변자에게 주어진 가르침을 구성하는 것으로 이해한다. 그는 논의에 대한 '기억된 설명'(apomnēmoneusis)으로 옮기며, 이것을 163b17 이래로 논의됐던 '기억에 위임된 논의의 출발점을 비롯한 논의의 소재가 되는 명제들에 속하는 것'으로 이해한다. 한편, 브링슈빅은 질문자의 관점이 여전히 164a3-6에서도 지배적인 것으로 보고, apomnēmoneusis를 논의의 끝에서 질문자에 의해 보편적 형식의 명제로 제시되어 답변자가 인정한 것으로, '기억을 불러일으키는 것'(rappels) 혹은 '기억에 남겨진 요점'(recapitulations)으로 이해해서 옮기고 있다.

한 식으로 하나의 논의를 여럿의 논의로 만드는 것이 가능할 테니까. (수사술에서 엔튀메마[278]의 경우에도 이와 마찬가지이다.) 그러나 자기 자신은 보편적인 것으로 추론을 이끌어 가는 것을 가능한 한 회피해야만 한다.[279] 그리고 사람들이 여럿의 경우들에 대해서[280] 문답하고 있는지를 알기 위해서 항시 논의를 검토해야만 한다. 왜냐하면 부분적인〈개별적인〉 것으로 논의하는 자는 보편적으로 문답하는 것이고, 또 보편적인 것 없이는 아무것도 추론하는 것이 가능하지 않으므로 보편적인 것에 대한 논증은 부분적인 것에 따르는 논증 안에서 이루어지는 것이기 때문이다.[281]

(6) 귀납과 추론의 유용성

귀납적 논의에 능한 사람과의 훈련은 젊은이들[282]에게 할당해야만 하

---

278 엔튀메마(enthumēma; '수사추론', '설득추론')에 관해서는 『수사학』 제1권 제2장, 특히 1357a22 아래의 논의를 참조. 『분석론 전서』 제2권 제27장 70a3-b38 참조. 엔튀메마(수사술적 추론)는 개연적인 것들(eikotōn)과 기호들(sēmeiōn)을 통한 추리를 가리킨다(『수사학』 제1권 제2장 1357a33; 『분석론 전서』 제2권 제27장 70a11).

279 이것은 의심할 바 없이 답변자에게 주어지는 지침이다. 질문자는 보편적 전제를 획득하는 데에 관심이 있고, 답변자는 보편적 전제를 회피하는 데에 관심이 있으니까.

280 혹은 "또한 사람들이 **공통인 것들에 대해서** 문답하고 있는지를 알기 위해서 항시 논의를 검토해야만 한다."(R. 스미스) epi koinōn 대신에 사본(A)과 브룅슈빅에 좇아 epi pleionōn(여럿의 경우들에 대해서)으로 읽는다.

281 바로 앞서 제시한 답변자에게 준 지침에 대한 이유를 설명하고 있다. 모든 추론(연역)은, 그 결론이 개별적인 것이라고 할지라도 보편적 전제를 포함해야만 한다. 엄밀한 의미에서 모든 추론(이른바 '삼단논법')은 적어도 하나의 보편 전제를 포함해야 한다(『분석론 전서』 제1권 제24장 41b6-9 참조). 이와 달리 현대 논리학적인 관점에서는 개별적인 것으로부터 개별적인 결론을 이끌어 내는 추론도 가능하다. '아리스토텔레스는 아테네에서 추방되었다. 아리스토텔레스는 플라톤의 제자이다. 그러므로 플라톤의 제자는 추방되었다.'

282 여기서 '젊다'는 것은 자연적인 나이(年齡)만을 의미하는 것이 아니라, 어떤 주어진 주제에 대해 비전문가로서 깊이 있는 지식을 소유하지 못하고 있다는 것을 의미

고, 추론적 논의에 능한 사람과의 훈련은 경험자에게 할당되어야만 한다. 또 추론에 능한 사람들로부터는 전제명제를, 귀납에 능한 사람들로부터는 예증을 확보하도록 노력해야만 한다.[283] 이 점에서[284] 그들 각자는 훈련되었기 때문이다. 일반적으로 말해서 각각의 문답법적 훈련으로부터, 무언가에 대한 추론 혹은 해소책, 전제명제 혹은 반론, 혹은 (자기 자신이 되었든 아니면 다른 누군가가 되었든) 누군가가 질문을 올바르게 제기했는지 올바르지 않게 제기했는지, 그리고 그 어떤 경우이든 그렇게 된 원인이 무엇인지를 끄집어낼 수 있도록 애써야만 한다. 왜냐하면 이것들로부터 논 164b
의의 능력이 생겨나는 것이고, 훈련은 능력을 기르기 위한 것으로, 이것은 특히 전제명제와 반론에 관한 능력을 기르는 것이기 때문이다. 사실상 한마디로 말해서 전제명제를 제시하고 반론에 능한 사람이 문답을 행하는 사람〈변증론자〉이니까.[285] 전제를 제시하는 것은 다수의 것들을 하나로 만드는 것이지만(논의가 지향하는 대상은 일반적으로 하나의 것으로 확보되어야 하니까), 이와 달리 반론을 제시하는 것은 하나를 다수의 것으로 만드는 것이다.[286] 왜냐하면 답변자는 전제로 제시된 것들 중 한쪽의 것을 승

한다.

283 tōn epaktikōn은 소유격 복수 형태이며, 관사+형용사는 '…인 사람'을 의미한다. 그래서 R. 스미스는 '귀납에 능한 사람'과 '추론(연역)에 능한 사람'으로 옮긴다. 그는 이 둘 간의 구별을 『수사학』에서 '예증을 제시하는 데 뛰어난 연설가'와 '추론에 뛰어난 연설가'에 대비되는 것으로 이해한다(1356b21-23). 한편 브룅슈빅은 이 문장을 '귀납적 추론의 훈련은 젊은이에게, 연역적 추론의 훈련은 경험자에게 할당되어야만 한다'고 옮기고 있다. 이 문제에 대해서는 브룅슈빅의 해당 주석 참조.

284 각각의 분야에서.

285 전제명제를 제시하는 것은 올바른 질문자가 하는 일이고, 반론에 능한 것은 올바른 답변자가 하는 일이다. 변증술적 논의의 훈련을 위한 사용은 "모든 탐구의 출발점(원리)에 이르는 길"에 이바지하는 것이다(『토피카』 제1권 제2장 101b3-4).

286 형상의 분리와 결합을 하는 변증술의 앎에 대한 언급에 대해서는 플라톤의 『소

164b

인하고 다른 쪽의 것을 승인하지 않음으로써 그것을 분할하기도 하고 혹은 파기〈거부〉하기도[287] 하기 때문이다.

(7) 아무하고나 논하지 마라

그러나 모든 사람과 문답을 나눠서는 안 되며, 또한 우연히 마주친 사람[288]을 상대로 훈련해서도 안 된다. 어떤 사람들을 상대하게 되면 논의는 필연적으로 [질적으로] 나빠질 수밖에 없는 노릇이니까. 왜냐하면 온갖 수단을 사용해서 패배로부터 도피한 것처럼 보이도록 노력하는 사람을 상대로 온갖 방식으로 추론하려고 애쓰는 것이 정당하더라도 그것은 모양이 좋지 않기 때문이다. 이런 까닭에 우연히 마주친 사람들을 상대로 경솔하게 논의에 참여하지 않아야만 한다. 그 결과로 질 낮은 논의가 따라 나오는 것이 필연적으로 정해져 있으니까. 사실상 변증술적으로 훈련하는 사람들조차도 경쟁적 방식으로 문답을 나누는 것을 회피할 수는 없는 노릇이니까 말이다.[289]

피스테스』 253d-e 참조. 플라톤의 변증술을 깎아내리는 아리스토텔레스의 입장에 대해서는 『분석론 전서』 제1권 제31장 참조.

287 '분할한다'(diairein)는 것은 명제와 명제 간의 연결을 뒤엎는 것이고, '파기한다'거나 '거부한다'(anairein)는 것은 그릇된 전제를 '논파하는' 것을 말한다. 『소피스트적 논박에 대하여』 제18장 참조.

288 이 말에는 경멸적 색채가 들어가 있다. 모든 것을 심각하게 고려하지 않은 채, 아무렇게나 행동하고 경쟁적 행위를 선택하는 통속적인 사람을 가리킨다. 앞서 제1권 제2장에서 아리스토텔레스는 변증술이 '대중과의 토론'에도 유용하다고 주장한 바 있다. 아리스토텔레스가 여기서 그러한 토론이 지나친 경쟁적 토론으로, 즉 소피스트적 논의로 떨어질 수 있음을 경계하는 것으로 이해할 수 있겠다.

289 변증술이 질문자와 답변자 양자가 좋은 논의를 만들어 내려는 공동의 목표에 이바지하는 상호 간의 '협력적 방법'이라는 점을 명확히 하고 있다. 그럼에도 논의의 바탕에서는 승자와 패자가 있는 경쟁적인 면을 숨길 수 없다는 점을 암시하고 있다. 승

(8) 보편적인 것들을 다루는 데 필요한 부분적인 것들을 준비해 둬야 한다

그러나 또 다음과 같은 유형의 문제들에 대해서는 이미 논의가 완성된 것으로 해야 한다. 즉 그것에 대해서는 아주 적은 수의 논의밖에 갖지 못하는데, 우리가 가장 많은 사안들에 대해 유용한 논의를 갖게 될 문제이다(이것들은 보편적인 논의들이다). 게다가 그것에 대해 당장 그 자리에서 찾아지는 것으로부터 만들어 내기가[290] 상당히 어려울 것 같은 논의가 그러한 논의이다.[291]

리하고자 하는 욕망 때문에 참여자들은 소피스트들에 적합한 논리적 책략을 사용하려는 유혹을 뿌리칠 수 없다. 하지만 변증술은 승자와 패자가 없는 지적인 논의 게임이다. 훈련받지 않은 적대자와 문답을 나누게 되면 나쁜 논의 습관에 물들 수 있음을 또한 충고하고 있다.

290 로스는 hous prosporizesthai로 읽지만, 나는 벡커, 바이츠, 베르데니우스, 포스터, 브륑슈빅 그리고 대부분의 사본에 따라 pros hous porizesthai로 읽었다. 이 동사(prosporizesthai)는 『기상학』 376a14에서만 사용된다. 거기서 그 의미는 '선을 만들어 낸다'(to produce a line)란 의미이다.

291 돌연히 끝나는 마지막 대목(164b16-19)은 163b17-164a2에서 말한 것을 다시 반복하는 부분으로 보인다. 또 문장구조와 언어가 대단히 불분명하며, 전체를 마감하는 대목으로는 대단히 불완전하다. 오히려 『토피카』의 실제적인 끝부분을 읽고자 한다면, 『토피카』와 『소피스트적 논박에 대하여』를 한 권으로 묶는 『소피스트적 논박에 대하여』 제34장 183a37-b16에서 대미를 장식하는 대목으로 가야만 한다. R. 스미스는 이 대목을 고립된 단편으로 후세의 편집자가 삽입한 것으로 간주한다. 그 의미는 이런 것이다. '간결하게 말하자면, 미리 일반적(공통) 논의를 준비해 놓고 기억해 두도록 애써야만 한다. 그런 식으로 기억된 논의가 최적의 유용성을 가지게 될 것이다. 각각의 것을 기억하는 능력은 광범위한 문제들에 대처할 수 있도록 만들어 줄 것이다.'(R. 스미스, 164쪽)

토포스를 마련하기 위한 시도와 탐구 방법의 모색
— 철학 방법론으로서의 변증술의 학문적 기능

아리스토텔레스 철학에서의 논리학의 지위

논리학은 철학의 산물이다. 논리학은 다른 학문뿐만 아니라 철학을 위해서 사용된다. 그럼에도 그 자체는 철학의 부분이 아니며, 철학적 탐구의 고유한 대상이 아니었다. 아리스토텔레스는 논리학이란 말조차 사용하지 않았다. 그는 필요한 경우에 본격 학문을 위한 예비학문으로서 '논리학'을 가리키는 경우에 '분석하는 훈련', '오르가논'(도구)이란 말을 사용했을 뿐이다. logikos란 말을 두고 '논리적 사유'를 떠올릴 테지만, 『니코마코스 윤리학』에 나오는 peri tōn logikōn aretōn(이성적 덕)이란 말은 '사유의 덕'을 가리키는 표현일 뿐이다(1108b9-10). 아리스토텔레스 사후 페리파토스학파(100BC-200AD)에서 사용된 것으로 보이는 logikē(논리학)를 거쳐, 이후 스토아 철학에서 철학의 세 표준 영역 중의 하나로 자리 잡은 '논리학'은 오늘날 우리가 논리학이라 부르는 것뿐 아니라 인식론, 과학철학, 언어 철학, 변증술 등을 두루 포함한다.

logikē라는 말은 여러 철학 학파들에 따라서 다양한 의미로 사용되었다. 스토아학파는 철학을 논리학, 자연학, 윤리학으로 분류했고 로기케를

레토리케와 변증술(dialektikē)로 다시 나누었다. 디알렉티케라는 이름 밑에서 오늘날 논증 형식을 탐구하는 좁은 의미의 논리학이 성립될 수 있었다. 스토아적인 디알렉티케는 '시적 표현'에 대한 연구를 포괄하기 때문에 현대적인 의미의 '논리학'이라는 말에 딱 들어맞지는 않는다. 철학을 삼분하는 전통은 아카데메이아의 3대 수장이었던 크세노크라테스에 기인하는 것으로 믿어지고, 또 아리스토텔레스의 『토피카』 제1권 제14장에서 명제와 문제에는 윤리적, 자연적, 논리적인 것들이 있다는 언급과 일치하는 것처럼 보인다.[1] '논리적'(logikos)이란 말도 『형이상학』 제7권 제4장(1029b13)에서는 사실적(phusikos)이지 않고 '말로써 논의하고 개념적으로 따지는' 방식을 의미한다.

학문적인 의미에서 '논리학'이란 말은 AD 2세기경에 페리파토스학파의 일원으로 아리스토텔레스의 충실한 주석자(ho exēgētēs)로 활동했던 아프로디시아스의 알렉산드로스가 맨 처음으로 사용했다고 한다. "논리학의 과제는 철학에서 오르가논의 자리를 차지한다. 논리학에서 추구되는 것이 무엇이었든지 간에 그것이 철학에 유용한 한에서 추구되는 것이다."[2] '오르가논'이란 말을 아리스토텔레스 저작의 묶음집(*Corpus Aristotelicum*)에 제목으로 사용했던 사람은 그의 저서의 편집자로 기원전 1세기경에 아리스토텔레스 철학의 르네상스를 이끌었던, 로도스의 안드로니코스였다. 그가 제시한 '오르가논'에 속하는 작품들에는 『범주들』(카테고리아이), 『명제론』, 『분석론』, 『토피카』(8권), 『소피스트적 논박에 대하여』 등이 속한다.[3]

---

1 M. F. Burnyeat, *A Map of Metaphysics Zeta*, Pittsburgh, 2001, pp. 88-89 참조.

2 hē gar logikē pragmateia organou chōran echei en philosophia. hosa dē kata tautēn zeteitai, tou pros ekeinēn chrēsimou zeteitai chrin(『토피카 주석』 74쪽 29-30행).

3세기경에 활동했던, 스토아철학의 영향을 받은 것으로 추정되는 디오게네스 라에르티오스의 설명에 따르면 철학이란 학문의 영역은 두 부분으로 나뉘는데, 하나는 실천적 부분이고 다른 하나는 이론적 부분이다. "이론적 부분에는 자연학과 논리학이 포함되는데, 논리학은 학문 전체의 부분이 아니라 오히려 다른 학문을 위한 도구(organon)로서 엄밀하게 연구되는 것이다." 아리스토텔레스는 논리학이 지향하는 두 개의 목표를 설정했다고 한다. 그 목표는 '개연성'(to pithanon)과 '참'이다. 개연성을 위해서는 변증술(문답술)과 수사술의 능력(dunamis)을 사용하고, 참을 위해서는 '분석론'과 철학의 능력을 사용한다. 또 아리스토텔레스는 발견을 위해, 판단을 위해, 사용을 위해 도움이 되는 것들 중 어느 것 하나도 빠뜨리지 않았다고 한다.

발견에 도움이 되는 것으로 『토피카』를, 이 책에서 논의된 여러 가지 논리적 방법인 토포스에 관한 『방법론』과 다수의 '명제'의 논의에 집중하는 『명제들』을 또한 남겼다고 한다. 그는 이 책들로부터 철학적 문제들의 해결을 위한 개연적인 변증술(문답법)의 논변을 찾아볼 수 있다고 설명하고 있다.

판단을 위해서는 『분석론 전서』와 『분석론 후서』를 저술했다. 『분석론 전서』에 의해 전제들(lēmmata)이 판단되고, 『분석론 후서』에 의해 연역(sunagōgē)이 검토된다는 것이다.

실천적 사용을 위한 책으로는 논쟁에 관한 책이나 '질문과 답변에 관련된 책'이 있다고 하는데, 이것은 '변증술의 방법의 실천과 지침'을 논의하는 『토피카』 제8권을 언급하는 것으로 보인다. 이 밖에도 쟁론술과 '소피

---

3 I. Düring, *Aristotle in the Ancient Biographical Tradition*, Göteborgs Universitets, Göteborg, 1957, p. 224.

스트적 논박'에 관한 책 및 이것들과 비슷한 추론(sullogismos)을 다룬 책이 있다고 한다.(『유명한 철학자들의 생애와 사상』 제5권 28-29)

『토피카』의 학문적 성격

아리스토텔레스의 초기 저작으로 알려진 '토피카'(Topika, 단수 Topikē)라는 제목은 중성 복수형으로 '토포스들을 가지고 관계하는 것'을 의미한다. 『자연학』이 '자연(phusis)에 관한 것들'을 다루듯이, 『토피카』는 '토포스에 관한 것들'을 한데 모아 저장해 놓은 하나의 '논거(論據) 방식들의 창고'인 셈이다. 이 책은 아카데메이아 체류 시절 '분리'의 방법을 강조하는 플라톤의 '변증술'의 틀 안에서, 자신의 논리학의 핵을 이루는 쉴로기스모스를 본격적으로 발전시키기 시작할 무렵에 최초의 형태로 쓰인 것으로 믿어진다.[4] 『토피카』는 기본적으로 변증술적 논의와 토론의 규칙을 규정하는 매뉴얼이다. 『토피카』는 진리를 찾아가는 대화술로서의 플라톤적인 변증술을 넘어서 대상을 분류하고 정의하는 문제에 관심을 두고 있다. 여기에다 더 중요한 사항은 대화하는 상대방을 공격하고 또 자신의 입장을 방어하는 일련의 책략이 담긴 토론에 관련된 아리스토텔레스의 이론 저작이라는 점이다. 이런 점에서는 대단히 플라톤의 아카데메이아적이었다. 그렇다면 골케(Gohlke)의 추정처럼 애초에 이 작품의 제목은 모든 종류의 논의를 통해서 진리를 추구하는 문제에 관심을 두는 플라톤적 의미의 디알렉티케(dialektikē)에 들어맞는 것인지도 모르겠다.[5]

---

4 P. M. Huby, The Date of Aristotle's Topics and its Treatment of the Theory of Ideas, *Classical Quarterly*, new series, Vol. XII, 1962, p. 75; L. Elders, The *Topics* and the Platonic Theory of Principles of Being, ed. by G. E. L. Owen, 1968, pp. 136-137.

5 P. Gohlke, *Die Entstehung der aristotelischen Logik*, Berlin, 1936, p. 16.

아리스토텔레스가 이 책의 제목을 언급하는 대목은 『토피카』와 『소피스트적 논박에 대하여』 등 여러 군데에서 발견된다. 이 밖에도 전제를 선택하는 방법을 논의하는 『분석론 전서』 제1권 제30장 46a30에서는 『토피카』 제1권 제14장을 언급하면서 '변증술에 대한 논고'라고 부른다. 『분석론 전서』 제1권 제1장 24b12에는 변증술적 전제를 '질문의 형식'과 '통념(엔독사)의 획득'으로 언급하고 있는데, 이를 『토피카』[6]에서 말했다고 되어 있다. 『분석론 전서』 제2권 제15장(64a36-37)에서는 "다른 질문들을 통해서 대립하는 다른 한쪽의 항을 추론하는 것이나 혹은 『토피카』에서 말했던 것처럼 그것을 확보하는 것"이 가능할 수 있음을 언급했다고 말하고 있다.[7]

『토피카』의 첫 문장이 내세우고 있는 바처럼 변증술의 목적은, "제기된 온갖 문제에 대해서 통념으로부터 (연역적으로) 추론할 수 있는, 또 우리 자신이 하나의 논의를 유지하려는 경우에 모순되는 그 어떤 것도 말하지 않는 탐구의 길을 발견하는 것이다." 『토피카』는 실천적인 목적을 가진다. 『토피카』는 특정한 전문적 지식에 관한 것이 아니라, 무엇이 되었든 누구나 알아야 하는 모든 주제에 대해 개입하고 토론하는 능력을 키우는 지침을 주는 실천적 텍스트이다. 『토피카』의 주제인 변증술은 '질문과 답변을 통해 토론을 수행하는 방법'이다.

정리하자면, 이 책은 질문자와 답변자가 한 쌍의 대화 상대가 되어서 문답을 통한 변증술을 통해 진리를 찾아 들어가는 방법을 기술하고 있는 저작이다. 이 저작의 내용을 한마디로 표현한다면, '이야기 터'를 마련하기 위한 시도요, 그 탐구 방법의 모색이라 할 수 있다. 우리가 어떤 주제를

---

6 『토피카』 제1권 제10장 104a8 아래, 제1권 제1장 100a29 아래 참조.

7 이 밖에도 『토피카』가 언급되는 아리스토텔레스의 저서에 관해서는 브륑슈빅(1967), LXXXV 주석2 참조.

놓고 대화를 나누든 혹은 학문적 토론을 전개하든 간에 그 대화의 장(場)이, 즉 이야기 터(토포스)가 마련되어 있어야 한다. 이 책은 바로 그 이야기 터를 마련하기 위한 절차와 방법을 기술하고 있다.

이 책의 구성 순서와 그 내용

『토피카』는 전체적으로 조망할 때 두 부분으로 나누어진다. 제1권은 변증술, 즉 '토포스를 사용하는 논의들'을 이해하기 위해 도움이 되는 중요한 기본 개념들을 논한다. 제1권의 앞부분 몇 장은 변증술의 정의와 목적, 추론의 종류, 논의의 기본 자료로서 엔독사에 대한 규정, 전제명제들의 선택 문제 등을 다룬다. 이 책의 마지막 권인 제8권은 주어진 결론을 위한 변증술적 논의를 구성하는 능력을 요구하는 지침과 조언을 주고 있다. 제2권에서 제7권까지는 변증술에서 중요한 기능을 담당하는 토포스 목록을 저장하고 있는 토포스의 창고인 셈이다. 이 부분은 토포스의 응용과 적용을 논의하는 부분으로 제1권과 제8권과는 구분된다.

『토피카』에서, 특히 제2권에서 제7권까지 토포스들의 목록을 논의하는 과정에서 가장 많이 사용되는 공식적 어구는 논의 진행과 관련해서 '…인지 아닌지 검토해야 한다(skopein)', '…인지 살펴보아야 한다'와 같은 것이다. 형식화하자면, '다른 토포스는 입론의 어떤 측면과 관련해서 이러이러한 것이 그 경우인지 아닌지를 검토해/고찰해/검사해/살펴보아야 한다'와 같은 것이다.

(1) 『토피카』 제1권은 총론 격으로 변증술적 탐구의 전반적인 성격을 규명하고 또 변증술적 논의의 근본 개념들을 설명하고 있다. 제1장-제3장 도입부에서는 이 책의 목적에 대한 방법론적 토대를 일반적으로 설명한다. 여기에서는 변증술의 목적과 유용성, 추론의 여러 가지 형식들을 구분하고 있다. 추론의 여러 가지 형식을 구분하는 이유는 변증술적 추론이

다른 추론과 달리 '엔독사'로부터 출발하는 추론이라는 점을 밝히려는 목적 때문이다.

(2) 제4장-제8장에서는 변증술, 즉 '문답적 추론의 논의'를 구성하는 기본 요소들인 네 가지 유형의 '술어형식'(praedicabilia)들을 설명하고, 이것들로부터 변증술적 추론을 구성하는 전제들로서 기능하는 명제와 문제를 만드는 절차와 방법에 관해 상세히 논의한다. 논의를 구성하는 변증술적 '문제'와 '명제'는 다음과 같이 규정된다. 변증술적 문제는 '육상의 두 발을 가진 동물은 인간의 정의인가 아닌가'와 같은 선언적 질문이다. 이 질문은 변증술적 논의가 제기되는 최초의 물음이다. 변증술적 명제는 "'육상에 사는 두 발을 가진 동물'은 인간의 정의인가?"와 같은 단적인 질문이다. 이 질문에 대해 긍정적 혹은 부정적으로 답변되었을 때, 이 질문이 본격적 논의에서 비로소 하나의 '전제'가 된다.

하나의 전제를 구성하는 문장은 주어와 주어에 대해 술어가 되는('말해지는') 것으로 이루어진다. 주어와 술어의 관계에 따라서 네 가지 술어 유형의 명제가 만들어질 수 있다. 1) 술어가 주어에 부수하는 것, 2) 술어가 주어의 유가 되는 것, 3) 술어가 주어의 고유속성(proprium)인 것, 4) 술어가 주어의 정의가 되는 것. 이것들이 네 가지 기본적 술어 유형이다. 이것들에 속하지 않는 술어들이 있다. 여기에는 동일성의 술어가 있으며, 또 종차는 유에 속한다고 말해지며, 비교는 부수성에 연결되고, 또 정의는 세 가지 다른 술어(유, 종차, 종)로 이루어진다.

(3) 제9장에서 10개의 범주가 이야기되고 있는데, 이는 앞서의 '술어형식'과 범주를 연관시킬 목적으로 논의된 것으로 보이나 그 의도는 분명하지 않다.

(4) 제10장-제11장에서는 변증술적 문제들과 명제들이 다루어진다. 그것들의 주제가 무엇인지, 어떤 명제가 전제로서 사용될 수 있을지를 논의

한다.

(5) 제12장은 제1장-제3장에서 다루었던 변증술적 추론을 마무리하는 것으로 보인다. 변증술적 추론을 사용하는 논의의 종류에는 '귀납'과 '추론'(연역)이 있다.

(6) 제13장-제18장은 변증술적 도구들(organa)을 논의한다. 도구의 기능은 변증술적 논의의 전제를 발견하는 데 도움을 주는 것이다. 이것을 통해서 우리는 많은 추론을 만들어 낼 수 있다. 추론을 잘 마무리할 수 있는 네 가지 도구로는 첫째, 명제를 확보하는 것, 둘째, 명사의 의미를 구별할 수 있는 능력, 셋째, 종차를 발견하는 것, 넷째, 유사한 것의 검토 등이 있다.

제1권은 이 책의 소개로서 전체적인 성격을 밝히고 있으나, 눈에 띄게 특이한 것은 '토포스'에 대한 정의가 빠져 있다는 점이다. 그러면서도 제2권부터는 네 가지의 술어 유형 각각에 대응하는 다양한 토포스들이 제시되고 있다. 이와 더불어 논의의 확립과 파괴를 본격적으로 다루기 시작한다.

(7) 제2권-제3권은 술어가 주어에 '부수하는'(동반하는) 유형의 변증술적 명제를 다룬다. 제2권 제1장에서는 이런 유형의 보편적 문제(전칭), 부분적 문제(특칭)를 구별한다. 이어서 부수성에 대한 논의가 이루어진다.

제3권 제1장-제5장에서도 이와 같은 명제 형식을 논의한다. 특히 '더 선택될 만한 것', '더 바람직한 것'에 관련된 특수한 토포스들이 논의되고 있다. 그것들은 두 가지 것들 중에서 어떤 것을 선택할 것인가에 대한 물음이나 비교로서 사용된 명제들이다. 제3권 제6장은 특칭 명제와 전칭으로도 특칭으로도 받아들여질 수 없는 무규정적 명제들을 논의한다. 제1권 제5장의 '부수성'(kata sumbebēkos)에 관한 논의와 이곳에서 논의되는 '부수적인 것'을 아리스토텔레스 철학에서 중요한 의미를 갖는 기술적 의미로 받아들일 필요는 없다. 그러나 '부수성'은 '한 술어가 한 주어에 단적으로 속하거나 혹은 속하지 않는 것'을 의미한다는 점은 분명하다. 이 밖의 다른 술어 유형들(고유속성, 유, 정의)에서 그 술어들은 다른 어떤 방식으로 그 주어에 속한다.

(8) 제4권은 그 술어가 그 주어의 유인 명제들에 대한 토포스를 다룬다. 이 권의 처음 부분에서 유와 고유속성은 정의의 요소로서 논의된다. 제1권 제6장에서 이미 네 가지 술어 유형 중에서 정의에 관련된 네 번째 것을 제외하고 나머지 것들은 정의의 가정들이었다. 또 유와 종, 유와 종차에 관련된 토포스들이 논의된다. 제4장의 말미에 이르러 변증술은 '그것이 무엇인가'(본질), 즉 그것의 '정의'를 말한다고 주장되는 명제를 검사하는 것을 목표로 한다는 점을 지적하고 있다.

(9) 제5권은 그 술어가 그 주어의 고유속성이 되는 유형의 명제에 대한 토포스들을 열거하고 있다. 번역상으로 '고유속성'이란 말이 대략 700번 가까이 등장할 정도로 제5권은 그 주제가 고유속성을 논하는 것으로 초점이 모아지고 있다. 이와 대조적으로 제3권, 제4권, 제8권에서는 이 말이 거의 사용되지 않는다. 제1장에서는 여러 유형의 고유속성을 논의하고, 제2장-제3장에서는 한 표현이 '잘 구성된 고유속성'이기 위한 요구 조건을 논의한다. 제4장-제9장에서는 우리가 어떻게 어떤 대상의 고유속성에 관한 명제를 검사할 것인지를 논의한다.

(10) 제6권-제7권 제4장에서는 주로 그 술어가 그 주어의 '정의'인 유형의 명제에 관련된 토포스들을 논의한다. 또 주어와 술어의 같음과 다름을 말하는 명제들의 토포스를 논의한다. 제5권과 달리 여기서는 '파기하는 입장'과 '확립하는 입장'이 대비되어 설명되고 있다. 제6권 제1장에서 정의에 관한 예비적 논의를 하고, 이어서 제2장-제3장에서는 한 표현이 '잘 구성된 정의'이기 위한 요구 조건을 논한다. 제4장-제14장에서는 부정

적 결론으로 이끄는 토포스, 즉 파괴적 토포스를 구성하는 정의를 말하는 명제들을 검토한다. 제7권 제1장-제2장에서는 같음과 다름에 관한 명제들을 다룬다. 즉 'A와 B는 같은가 혹은 다른가?' A와 B는 명사로서, 예를 들면 '감각은 지식과 같은 것인가 다른 것인가?'와 같은 '정의적'(horika)이다. 제7권 제3장-제4장에서는 긍정적 결론으로 이끄는 토포스, 즉 정의를 확립하는 토포스를 논의한다.

(11) 제7권 제5장에서는 네 술어 유형의 명제를 비교함으로써 그것들 각각의 측면에서 어떤 것이 정의를 확립하거나 혹은 파괴하기 더 쉬운지를 논의한다. 여기서 정의는 세 가지의 술어 유형을 전제한다는 점이 밝혀진다. 또 그것들은 정의를 위해서만 파기될 수도 확립될 수도 있는 것들이다.

(12) 제8권은 제1권과 다른 관점에서 『토피카』 전체를 개관하고 있다. 제1권이 변증술에 대해 이론적 측면에서 문답적 추론에 대한 탐구의 유용성, 훈련과 토론, 철학적 탐구를 위한 관점에서 논의하고 있다면, 제8권은 변증술의 외적인 측면에서 문답법적 추론의 실천적 활용과 방법에 관해 기술하는 것으로 논고 전체를 마무리하고 있다. 제1장 첫머리에서 변증론자와 철학자의 차이를 설명한 다음, 제1장-제3장에서는 문답의 논의에서의 질문자의 임무를 논의하고, 제4장-제10장은 답변자의 임무를 논의한다. 제11장-제13장에서는 질문자와 답변자 양편에 관련된 규칙에 대해 설명한다. 제14장은 토론을 하기 위한 예비적 준비 사항과 토론을 전개하는 순서 등에 관한 여러 가지 지침과 충고를 담고 있다. 제8권의 대부분은 변증술의 실천적 활용 방안을 논의하고 있으며, '선결문제의 오류'와 같은 상당한 양의 논리적 문제들도 논의하고 있다.

앞서 언급한 바와 같이 『토피카』란 작품은 체계적으로 한꺼번에 저술

되었다기보다는 여러 시기에 걸쳐 쓰인 작품들이 한데 모아져 하나의 작품으로 완성된 것으로 보인다. 마이어와 같은 학자는 제2권에서 제7권 제2장까지를 가장 오래된 부분으로 보고, 제1권, 제7권 제3장–제5장, 제8권, 제9권(『소피스트적 논박에 대하여』)을 쉴로기스모스 이론을 발견한 이후, 언젠가 나중에 포함된 것으로 간주한다.[8] 마이어는 쉴로기스모스(sullogismos)와 쉴로기제스타이(sullogizesthai)란 동사가 기술적으로 사용되느냐 아니냐에 따라 작품의 시기를 구분했다.[9] 그는 제5권 제2장(130a)에서 유일하게 언급된 쉴로기스모스란 말도 나중에 삽입된 것으로 본다. 또한 그는 제6권에서 사용되는 그 말도 비기술적인 표현으로 간주한다.

『토피카』 제2권에서 제7권 제3장에 걸쳐서 '쉴로기스모스'란 말이 거의 사용되고 있지 않다는 것은 맞다. 그 말은 단지 4번만이 언급되고 있을 뿐이다.[10] 제2권, 제3권, 제4권에서는 전혀 사용하고 있지 않다. 따라서 그 말이 등장한다는 것은 그 부분이 나중에 삽입되었다는 추정을 가능하게 해준다. 졸름젠과 골케는 제1권에서 제7권까지가 초기 부분이고 제8권과 제9권인 『소피스트적 논박에 대하여』는 나중에 덧붙여진 것으로 간주한다. 결국 이들의 주장은 『토피카』가 『분석론』에서의 쉴로기스모스 이론을

---

8 H. Maier, *Die Syllogistik des Aristoteles*, II, 2, Tübingen, 1896–1900, pp. 77–78(n3).

9 논리학 저작을 일컫는 아리스토텔레스의 『오르가논』 작품 전체의 저술 시기에 관한 간략한 논의에 대해서는 『소피스트적 논박에 대하여』(김재홍 옮김, 아카넷, 2020) 「해제」 참조. 논리학 저작 시기를 둘러싼 그동안의 논의를 정리한 J. L. Stocks(The Composition of Aristotle's Logical Works, in *Classical Quarterly* 27, 1933, pp. 115–124)의 글은 여러모로 유용하다.

10 『토피카』 제5권 제2장 130a7, 제6권 제2장 139b30, 제10장 148b8, 제12장 149a37에서 sullogismos란 말이 쓰였고 제2권, 제3권, 제4권에서는 전혀 사용되고 있지 않다.

전제하고 있다는 것으로 요약된다.

마이어는 특별한 증거를 내놓지 않고 아리스토텔레스의 쉴로기스모스의 발견은 플라톤의 후기 사상인 '분리' 이론에 빚지고 있다고 주장한다. 사실상 아리스토텔레스 자신도 한 대목에서 분리(diairesis)가 약한 쉴로기스모스(asthenēs sullogismos)라고 말하고 있긴 하다.[11] 그러나 이 문제에 대해서는 아리스토텔레스의 쉴로기스모스 이론이 무엇인가에 대한 깊이 있는 논의와 더불어 그 기원에 대한 상당한 검토가 필요하다.[12]

『토피카』 제5권은 오래전부터 아리스토텔레스의 작품이 아니라는 주장이 제기되어 왔었다. 특히 제5권은 『토피카』의 다른 작품들과 그 문체에서 현저히 다른 여러 특징이 발견된다. 그래서 한동안 그 전체가 위작이라고 가정되기도 했다.[13] 혹은 적어도 아리스토텔레스가 제5권을 제4권과 제6권 사이에 놓으려고 의도한 적이 없다고 생각되기도 했다.[14] 사실 제4권 제1장 120b11("이와 같은 것들 다음으로 유와 고유속성에 관련된 것들에 대해 검토해야만 한다")과 제6권 139b4-5("정의되는 것을 그 고유한 유 안에 넣고 있지 않은지, 혹은 제시된 설명이 그 정의되는 것에 대해 고유속성이 아닌지는 유와 고유속성에 관계해서 언급된 여러 가지 토포스로부터 검토

11 『분석론 전서』 제1권 제31장 46a32-33.

12 마이어가 제기한 쉴로기스모스의 학적 기원에 관해서는 P. Shorey(The Origin of the Syllogism, *Classical Philology* Vol. XIX, 1924) 참조. 이 밖에도 M. Ferejohn(*The Origins of Aristotelian Science*, Yale Univ. Press, 1991) 참조.

13 J. Plug, *De Aristotelis Topicorum Libro quinto*, Diss. Leipzig, 1908. J. 반즈는 제5권을 위작으로 의심할 여지가 없어 보인다고 주장한다(J. Barns, Property in Aristotle's Topics, *Archiv für Geschichte der Philosophie* 52, 1970. pp. 136-155). 제5권의 진작 여부에 관한 최근의 논의에 대해서는 라인하르트(T. Reinhardt, *Das Buch E der Aristotelischen Topik - Untersuchungen zur Echtheitsfrage*, Göttingen, 2000) 참조.

14 브렁슈빅(1967), LXXIII-LXXIV, LXXIX 참조.

되어야만 한다")의 언급을 고려하면, 제5권에서 주로 다루어지는 고유속성에 관한 논의를 거부할 이유는 없어 보인다. J. 반즈의 제안처럼, 앞서 인용한 두 대목은 제4권과 제6권 사이에 '유와 정의의 설명 사이에 고유속성에 관한 논의'가 끼어 들어갈 수 있음을 함축하는 것으로 받아들일 수 있다.

그럼에도 플루크(Pflug)는 '아리스토텔레스가 제4권과 제6권 사이에 위치하는 고유속성에 관한 책을 썼으나, 그것은 소실되었고 우리가 지금 보고 있는 제5권을 썼던 충실한 아리스토텔레스주의자에 의해서 그 자리에 채워졌다'는 결론을 이끌어 내고 있다. 이에 대해서 J. 반즈는 '제5권의 독특함이 이러한 지나친 가설을 정당화해줄 수 있을 만큼 그리 충분한 것으로 보이지 않는다'고 주장한다.

『토피카』에서 사용된 몇몇 단어들의 빈도수를 조사해서 『토피카』의 저술 시기를 규정하고자 했던 허비가 조사한 바에 따르면,[15] '…임이 명백하다', '…임이 분명하다'를 의미하는 phaneron hoti와 dēlon hoti란 말의 사용 빈도의 수는 재미난 사실을 보여준다. 『분석론 후서』 제1권 제10장 76b17-18에서는 이 두 말이 대비되어 사용되고 있는데, 전자는 감각적 지각을 통한 '명백함'을 의미하고, 후자는 생각에서의 '명확성'을 의미한다. 바이츠도 이 점을 지적한 바 있다(Vol. 2, pp. 326-327). phaneron hoti는 『토피카』의 초기 작품으로 생각되는 책들에서는 드물게 사용되고(제6권에서 1번), 후기로 추정되는 제7권 제3장-제5장에서 3번, 제8권에는 5번, 제9권에 해당하는 『소피스트적 논박에 대하여』에는 18번이 사용되고, 나머지에서는 dēlon hoti가 주로 사용되고 있다. 특이한 것은 제5권에서 이 두 말이 전혀 사용되고 있지 않다는 점이다. 그러나 아리스토텔레스의 다

---

15 P. M. Huby(1962), p. 73.

른 저작에서는 이 두 말이 대체적으로 균형 있게 사용되고 있다. 정작 문제가 되는 것은, 당사자인 아리스토텔레스 자신은 종종 이 구별을 무시한 채로 이 두 말을 사용하고 있다는 점이다.

어쨌든 우리가 분명하게 말할 수 있는 사실은, 『토피카』의 중심이 되는 주제들을 담고 있는 책들이 여러 시기에 걸쳐 독립적으로 쓰였고, 또 그것들이 한 곳으로 '모아졌다'라는 표현이 매우 적절하고 어울린다는 점이다. 독립적이라는 사실은 디오게네스 라에르티오스의 목록에서도 반영될 수 있을 것이다.[16] 그 책들이 아리스토텔레스 자신에 의해 대체적으로 현재의 순서대로 정리 정돈되었을 것이라는 점도 분명하다. 이 점은 제1권에서 지적되고 있으며, 『토피카』의 부록쯤으로 간주되는 제9권 『소피스트적 논박에 대하여』 제34장의 183a37-b15에서 요약되고 있는 프로그램에 의해서도 증명된다.

'변증술'의 철학적 의미 - 플라톤과 아리스토텔레스

앞서 말한 대로 『토피카』가, 아리스토텔레스가 플라톤 만년의 아카데메이아 학원에서 연구 활동과 강의를 담당했던 시기에 적어 둔 작품이라고 한다면, 이 책에서 논의되는 변증술적인 논의의 방법에 대한 여러 고찰은 아카데메이아의 당시 상황을 알려준다는 의미에서도 중요한 자료일 수 있다.

변증술에 관해 논의하는 저작인 『토피카』의 주제가 무엇인가 하는 문제에 관해서는 이제는 다음 내용이 별 이론의 여지 없이 받아들여진다. 토포스란 말은 원래 '장소'와 '터전'을 의미했고, 이 말이 전의된 의미로 논리적 맥락에서 '논의를 위한 터전'이라는 의미로, 수사적 맥락에서는 '설득

16 디오게네스 라에르티오스, 『유명한 철학자들의 생애와 사상』 제5권 22-27 항목에 나와 있는 저서 목록(146개) 참조. 브륑슈빅(1967), LXXIII 주석 2 참조.

을 위해 이용할 수 있는 수단'으로 사용된다. 이런 점을 생각하면,[17] 토포스에서 유래한 『토피카』는 다루어지는 대상의 유와 종의 구분이 없이 어떠한 임의의 물음에도 적용될 수 있는 완전하고, 일반적이고, 형식적 도식인 공격과 방어, 즉 논박을 위한 적절한 '터전들'에 대한 상세한 설명을 담고 있어야 한다(『수사학』 1358a12-30). 아닌 게 아니라, 이 작품의 제2권에서 제7권에 걸쳐 이러한 변증술적 방법의 기술적인 응용을 상세하게 고찰하고 있다. 이 작품은 나중 시기에 '술어형식'이라고 부르게 되는 실체에 대해 말해지는 범주들, 그리고 그것과 구분되는 것들에 대한 근본적인 반성을 포함하고 있다. 그것들은 정의, 고유속성, 종과 유, 부수적인 것 등으로서 『토피카』적 관점에서 이해되어 해석되고 있다. 바로 이러한 용어들의 의미에 대한 올바른 이해가 참된 인식의 문제로 나가기 위한 필요조건이 된다.

'변증술'(dialektikē)[18]이란 명칭은 플라톤에게도 친숙한 말이다. 이 말은 '물음과 답변을 통하여 토론한다'는 것을 의미하는 동사 dialegesthai에서 유래했다. 문답의 방법이 변증술의 기원이 되었다는 주장은 일반적으로 받아들여지는 주장이다.[19] 『국가』를 통해서 보면 플라톤에게서 '변증

---

17 『수사학』 제2권 제22장 1396b20-21, 『형이상학』 제3권 제3장 998a25-27, 제5권 제3장 1014a35-b1 참조.

18 변증술의 기원에 관한 논의는 P. Wilpert, Aristoteles und Dialektik, *Kant-Studien* 48, 1956-57, pp. 247-257; J. D. G. Evans, *Aristotle's Concept of Dialectic*, Cambridge, 1977, pp. 17-30 참조. 그 밖에도 변증술의 역사적인 생성과정에 대한 논의에 관해서는 L. Sichirollo, Διαλέγεσθαι-*Dialektik; von Homer bis Aristoteles*, Hildesheim, 1966; G. B. Kerferd, *The Sophistic Movement*, Cambridge Univ. Press, 1981, 제6장 참조. Jakob L. Fink(ed.), *The Development of Dialectic From Plato To Aristotle*, Cambridge, 2012.

19 『소피스트적 논박에 대하여』 제10장 170b19 아래 참조. 아리스토텔레스의 상실된 대화록인 『소피스테스』와 『소피스트적 논박에 대하여』에 따르면 수사술의 창시자

술'의 철학적 방법은 대화를 통한 논박을 포함하는 일종의 '논변의 방법'이지만, 결국에는 고도의 보편성을 띠는 긍정적 결과들을 이끌어 내는 방법으로 이해될 수 있다. 하지만 플라톤 자신도 일관적으로 변증술의 방법을 사용하지 않았으며, 이에 대한 정확한 규정도 내린 바 없다. 중기 대화편을 볼 때 변증술이 '가설(hupothesis)의 방법'과 연관되어 있음을 찾아볼 수 있다. 특이 이 점은 『국가』 제6권에서 논의되는 '선분의 비유'를 통해서 밝히 드러난다. 인식의 영역에서 선분은 두 부분으로 나누어진다. 한 부분은 감각적 세계에 대응하는 것이고, 다른 부분은 가지적 세계에 대응한다. 전자는 가설을 원리로서 사용하는 수학적 앎을 추구하는 것이고, 후자는 지성을 통한 앎을 추구한다. 후자의 부분이 변증술에 해당한다. 가설을 사용하는 수학자들은 가설 자체를 설명해 주지 못한다. 출발점인 가설을 알지 못하고 이것으로부터 연속적으로 이어지는 논의를 통해 얻게 되는 것은 진정한 '앎'일 수 없다. "따라서 변증술적 탐구 방법만이 가설들을

는 엠페도클레스이고 변증술의 창시자는 제논이다(DK. 29A10, 29). 플라톤도 '변증술'이란 말의 기원을 엘레아의 제논에게 돌리고 있다(『소피스테스』 216b). 디오게네스 라에르티오스는 엠페도클레스가 수사술의 최초의 고안자이고, 제논을 변증술의 창시자라고 보고하고 있다(『유명한 철학자들의 생애와 사상』 제8권 57). 아마도 아리스토텔레스는 제논이 사용하고 있는, 가설적인 방법을 통해 자신의 논의를 전개하는 그 방법을 변증술의 기원으로 보고 있는 듯하다. 변증술의 기원에 관해서 대립되는 견해들이 있는데, 빌라모비츠(Wilamowitz)는 플라톤의 『파르메니데스』를 통해서 볼 때 적어도 제논의 저술이 물음과 답변에 의한 문답법의 형식이었다는 점을 지적한다. 하지만 이 견해에 대해 제논의 방법이 지속적인 대화로써 가능할 수 있다는 점은 인정되나 반드시 대화 형식을 함의할 필요는 없다는 주장도 있다(G. B. Kerferd [1981], pp. 59-60; P. Wilpert [1956-57], pp. 247-257). 변증술의 전사(前史)에 관한 개략적인 보고에 대해서는 G. Ryle, Dialectic in the Academy, in R. Bambrough (ed.), *New Essays on Plato and Aristotle*, R. & K. Paul, London, 1979, pp. 39-68 참조.

폐기하고 확실성을 확보하기 위해 원리 자체로" 나아갈 수 있다.[20]

우리는 『국가』 제7권 534a-e에서 변증술이 모든 학문의 '갓돌'로서, 그리고 참된 철학자의 최종적이며 최고의 탐구로서 언급되고 있음을 찾아볼 수 있다. 플라톤에게서 변증론자는 자신의 논증의 토대를 '믿음'이 아니라, 진리 위에 두고 있는 사람이다. 또 그 자신은 모든 것의 본질 혹은 실재의 파악으로 이끌려야만 하며, 다른 형상들과, 또 그것들을 통해 인간 경험의 세계에 대한 최고의 원인인 '좋음의 이데아'의 파악에 마침내 도달해야 한다. 이런 측면에서 보면 플라톤에게서 '변증술'은 곧 '철학(진리) 그 자체'이다. 그러나 그의 후기 저작에 이르면 그 개념은 상당히 변화되고 있으며, 실제로 그 방법은 전기, 중기 저작의 그것과 다른 것으로 나타난다.

플라톤의 후기에 들어 변증술의 방법은 『파이드로스』와 『필레보스』에서 논의되고, 『소피스테스』와 『정치가』에서 예증되고 있는 나눔과 모음(diairesis kai sunagōgē)의 방법으로 전환되고 있다.[21] 모음의 과정은 명백

---

20 『국가』 제7권 533c.

21 『파이드로스』 266b, 『필레보스』 16c, 『소피스테스』 218e 아래, 『정치가』 258e 등에서 전개된 '나눔과 모음'에 관련된 상세한 논의에 대해서는 이기백(「〈필레보스〉편을 통해 본 플라톤의 混和思想」, 박사학위논문, 성균관대 대학원, 1995) 및 김대오(「플라톤의 후기 변증술 연구」, 박사학위논문, 서울대 대학원, 1996)를 참조. 『필레보스』 편을 주로 다루었던 이기백은 "(플라톤의) 변증술이란 나눔의 대상이 되는 '유(類)'를 확정하는 절차로서의 '모음'과 유를 하위의 '종(種)'들을 거쳐 더 이상 나눌 수 없는 '최하종'에 이르기까지 나누는 절차로서의 '나눔'이라는 두 가지 절차"임을 지적하면서, 『필레보스』를 위시한 『파이드로스』, 『소피스테스』, 『정치가』에 나타난 플라톤의 변증술이란 결국 유와 종들 간의 관계를 분석하는 방법인 것으로 이해한다(24-25쪽). 김대오는 플라톤의 변증술을 다음과 같이 이해한다. "변증술의 좁은 의미에 대한 분석은 앎의 내용과 대상에 관한 분석이다. 나눔의 방법을 통해서 얻어진 지식은 무엇이며, 어떤 성격을 갖는가 하는 것 등이다. 반면에 변증술의 넓은 의미에 대한 분석은 구체적인 앎의 과정을 분석하는 일이다. 어떤 과정을 통해 알려는 자가 알게 되었으며, 그가 지식을 얻도록 끌어들인 보조적 논의들의 역할은 무엇인가, 대체 안다

하게 설명되지 않은 채 불명료하게 남아 있다. 그러나 나눔은 분명하게 가장 일반적인 것으로부터 시작해서 개념들의 이분법에 의해 정의들을 찾아가는 방법이다.

플라톤과 아리스토텔레스의 변증술 및 학문에 대한 견해의 차이를 논하기 위해서는 양자 간의 '존재'에 대한 이해, 학문에 대한 기본적 이해 구조를 상세히 밝히고, 그에 따르는 형이상학적 세계관에 대한 관점을 소상하게 드러내는 긴 작업이 필요하다. 변증술의 개념은 아리스토텔레스에게 이르러 거의 알아차릴 수 없을 정도로 변화했다. 아리스토텔레스에게서 변증술은 한층 더 낮은 단계로 역전되어 그 원래의 의미인 '말하는 데(dialegesthai)에서의 기술'이라는 측면에 더욱 가까워지고, 소피스트들에 의해 주어진 의미에 접근하게 된다. 그럼에도 그것은 여전히 물음과 답변의 방식을 보존하고 있다.

플라톤에게서 변증론자는 '묻고 답할 줄 아는 사람'이다(『크라튈로스』 390c, 『국가』 534d). 아리스토텔레스와 달리 플라톤은 단순히 상대방의 논변에 반대하기 위한 논변에는 찬동하지 않는다. 그래서 플라톤은 "청년들이 처음으로 논변의 맛을 보게 되면, 이를 언제나 반박에 이용함으로써 놀이처럼 남용하네. 이들은 자기들을 논박한 사람들을 흉내 내서, 스스로 남들을 논박하는데, 마치 강아지들이 그러듯, 언제고 가까이 있는 사람들을 논변으로써 끌어당겨서는 찢어발기기를 즐기네"(『국가』 539b2-7, 박종현 역주, 서광사, 1997)라고 말한다. 나아가 이러한 방식으로 행해진 논박이나, 반복된 상호 논박의 결과는 "철학과 관련된 모든 일이 다른 사람들에

는 일이 무엇을 뜻하는가 하는 것 등등이 이런 일이다. 이것들은 변증술과 관련된 인식론적 물음에 속하는 것이라고 볼 수 있다." 결국 김대오에 따르면 대화 자체에 대한 메타 차원의 분석인 넓은 의미의 변증술과 좁은 의미로의 변증술은 다른 차원에서 이루어진다는 것이다.

게는 비방의 대상들로 되네. … 그렇지만 나이가 더 든 사람은 이런 광기에 관여하려고도 하지 않고, 놀이를 위해 놀이를 하며 반박을 하는 자보다는 변증술적 논변을 하며 진실된 것을 고찰하고자 하는 자를 흉내 내려고 할 것이네. 또한 이 사람은 스스로 더욱 절도 있는 사람으로 될 것이며, 이 활동을 불명예스럽기는커녕 한결 더 영예로운 것으로 만들 걸세."[22] 플라톤이 비난하는 것은 경솔한 목적을 위해 사용할 경우의 논박의 남용이다. 그렇지만 본문이 함축하는 바처럼, 플라톤은 그것이 변증술의 목적을 위해 사용되는 경우에는 승인한다. 플라톤의 대화에서 논박의 과정은 많은 형식을 취한다. 가장 일반적인 형식 중의 하나는 주어진 진술이 자기모순으로 이끈다는 것을 보여주는 것이다. 즉 상호 모순적인 두 진술로 이끄는 것이다.

아리스토텔레스에게서 이것은 단순히 그 비철학적인 특징을 강조하는 것이다. 그 방법에 의해 우리는 결코 어떤 사물의 본질(phusis)을 증명할 수 없다(『소피스트적 논박에 대하여』 172a15). 그 주된 목적은 도대체 진리일 수 없다. 재치 있는 대화에서의 승리일 뿐이다. 그리고 그 논의는 항시 사람을 향한 논증(argumentum ad hominem)이다. 『국가』의 철학적 변증론자와 대조적으로 아리스토텔레스적 변증론자는 그의 전제의 진리 여부에 관심을 갖지 않는다. 전문가이든 혹은 비전문가이든 간에 단지 주어진 문제 사항에 해당하는 주장된 견해에 대해 전제들의 정합성의 여부에 관심을 갖는다.[23]

프로타고라스 이래로 소피스트는 '언어적 경연' 혹은 토론의 경쟁에서 자신의 능력을 유감없이 발휘했던 전문가였다. 아리스토텔레스의 보고를

---

22 『국가』 제7권 539c-d(박종현 역주, 서광사, 1997).

23 플라톤과 아리스토텔레스에게 있어서 변증술의 철학적 역할에 관련된 공통점과 차이점에 관한 논의에 대해서는 G. Ryle(1979)을 참조.

통해 우리는 언어적 경연 및 토론이 정교한 규칙에 따라서 그 자신들의 학파에서 행해졌던 상투적인 전략이었음을 알아낼 수 있다.[24] 시간 규정이 정해진다고 해도[25] 그 질문들은 단지 '예', '아니요'라는 답변만을 허용하도록 구성되어야만 한다. 답변자는 어느 한 철학자에게 역설적 이론일 수 있거나 혹은 공통적으로 받아들이는 믿음일 수 있는 주장을 방어하려고 시도한다. 답변자가 명백하게 참이 아니거나 혹은 불합리한 진술을 하도록 함정에 몰아넣는 것이 질문자의 임무이다. 답변자에게는 그 자신의 주장을 선택할 수조차 없을 경우도 일어난다. 코너에 몰리게 되면, 그는 불합리하거나 불가능한 결론은 그의 잘못이 아니라, 그 주제에 있다고 말함으로써 그 자신을 그 주제와 분리시킬 수 있는 길이 열리게 된다. 답변자는 이를테면 헤라클레이토스와 같이 '선과 악은 하나다'라고 주장할 수도 있다. 또한 두 대화 참여자들이 서로 자신의 역할을 바꿀 수도 있다.

아리스토텔레스가 변증술이라는 말을 언급하는 경우에 제논, 소크라테스, 플라톤 혹은 그 자신을 언급하든 하지 않든 간에, 그는 그것을 항시 '하나의 논변의 방법'으로 사용하는 것처럼 보인다. 일반적으로 아리스토텔레스는 거의 통례적으로 당대의 통용되는 철학적 명사나 표현을 취하

---

24 『소피스트적 논박에 대하여』 제11장 171b20-26, 제12장 172b20.

25 『토피카』 제8권 제10장 161a10 아래, 『소피스트적 논박에 대하여』 제33장 183a25. 당시 아테네에서는 우리가 바둑을 즐기듯 말을 통한 싸움, 즉 쟁론술을 통해서 지적 승부를 가르는 게임을 즐겼던 것 같다. 가령 '정의는 더 강한 자의 이익인가?'라는 논제를 내놓고 질문자는 공격하고 답변자는 이 명제를 방어하는 역할을 하는데, '해가 질 때까지'와 같은 일정한 시간제한을 정해 놓고 그 동안에 답변자가 애초의 주장과 다른 주장을 한다든가, 침묵한다든가, 욕을 한다든가 하면 질문자가 승리하는 것이고, 일정한 시간 동안 상대방의 논박에 대해 자신의 주장을 방어하면 답변자가 승리한다. 이 말싸움은 많은 사람들 앞에서 이루어졌는데, 청중의 역할은 승부를 가려 주는 심판관이었다.

고, 그런 다음 그 자신의 분석과 생각이 이미 존재하는 당대에 수용되는 사상 속에 불완전하게나마 어떤 방식으로든 내재하고 있다는 점을 논의하는 방식으로 그것을 정교화한다. 바로 이러한 절차와 과정에서 학문적인 기능과 역할을 수행하는 것이 아리스토텔레스의 변증술의 임무이다. 그래서 아리스토텔레스는 상이한 주제를 다루는 개별 과학에 적용되는 각기 다른 논의의 방식과 다르게 변증술은 "공통 원리에서 이끌려 나와 어떤 특정한 전문 지식에도 포섭되지 않는 논박을 검토하는 것"이라고 변증론자의 일을 설명한다.[26] 또한 그는 변증론자의 임무를 "참된 논박이든 외견상 논박이든, 또 변증술적 논박이든 외견상 변증술적 논박이든 혹은 검토적 논박이든, 그것들이 공통 원리를 통해 몇 가지 논점에 근거해서 생겨나는지를 파악하는" 일이라고 규정한다.[27]

아리스토텔레스에 따르면 '형상'(에이도스)만이 학문적으로 파악될 수 있고 개별적 실체만이 실재적인 것이다. 실재적인 모든 것은 감각에 의해 주어지고 모든 지식은 이성에서 온다. 모든 개별 과학은 엄밀하거나 구체적이다. 구체적인 대상을 다루는 학문은 사물의 실재성을 포함하나 결코 완전한 엄밀성을 가지지 못한다. 개별 학문이 대상으로 취급하는 개별자들은 본질적으로 무규정적인 질료들이기 때문에 완전하지 않다. 그래서 아리스토텔레스에게서 모든 구체적인 학문은 '대부분의 경우들'(hōs epi to polu)과 '경험'으로 특징지어진다. 다만 천문학만은 예외적이다. 그것은 필연적인 사태로 구성된다.[28] 결국 모든 구체적인 학문은 필연적이지 않은 '달리 있을 수 있는 것'(endechomenon kai allōs echein)(『분석론 후서』 제1권 89a3)으로 파악되며, 또한 개별 학문에 귀속하는 특수하면서

26 『소피스트적 논박에 대하여』 제9장 170a38-39.

27 『소피스트적 논박에 대하여』 제9장 170b8-11.

28 『형이상학』 제12권 제8장 1073b5 아래.

도 다른 어떤 엄밀한 지식으로 환원될 수 없는 참은, 참일 수도 거짓일 수도 있는(89a3-4) 불확실한(abebaion; 89a6) 의견(doxa)에 담겨 있기 마련이다. 왜냐하면 이러한 방식으로의 인식만이 근원적으로 주어진 감각적인 것을 통해 성립하기 때문이다.[29]

이러한 아리스토텔레스의 견해와는 달리 플라톤은 변화하는 것에는 epistēmē란 개념을 사용하지 않는다. 그는 이러한 종류의 학문에 관심을 기울이지 않았다. 하지만 아리스토텔레스는 변화하는 것에 관한 학문과 앎을 모두 인정한다. 플라톤주의자들은 플라톤과 같은 방식으로 연역 체계를 선호했다는 의미에서, 아리스토텔레스가 분석론적인 연역적 방법을 변증술적 방법과 다른 것으로 간주했으며, 따라서 『분석론』을 『토피카』보다 높은 학적 위치에 올려놓았다고 말할 수 있을지도 모르겠다.

『토피카』에 대한 역사적 평가

일반적으로, 거의 편견에 가까울 정도인데, 플라톤과 아리스토텔레스의 학적 방법론의 차이를 상례적으로 '변증술'을 학적 인식의 토대로 삼았느냐 그렇지 않았느냐를 판단 기준으로 삼는 것 같다. 이러한 생각은 아리스토텔레스가 결코 변증술을 참된 학문의 방법으로 간주하지 않았다는 강한 주장을 내포하고 있다. 역사적으로 볼 때 고대에는 아프로디시아스의 알렉산드로스와 파키우스가 쓴 훌륭한 주석서가 있었고, 근대에 들어서는 바이츠의 아리스토텔레스의 『오르가논』에 대한 주석이 있었음에도 불구하고,[30] 현대에 이르기까지 해석자들의 주된 흐름은 아리스토텔레스의 학

29 『분석론 후서』 제1권 제33장 89a1-11.

30 T. Waitz, *Aristoteles Organon*, Vol. 2, Leipzig, 1848. 1950년대의 『토피카』에 대한 학문적인 해석에 공헌한 학자들은 보헨스키(I. M. Bocheński, *Ancient Formal Logic*, North-Holland Publishing Co, 1951), 콜리(G. Colli, *Aristotele: Organon*,

적 방법 체계에서 변증술이 차지하는 위치를 미미한 것으로 간주하려 했다는 점은 부정할 수 없다.[31] 변증술이 주요 주제로 논의되는 『토피카』가 서양에서 대학이 성립된 후 아리스토텔레스의 저작이 번역되어 널리 읽히면서 대학의 강의 교과서로서 채택되는 과정을 살펴보아도—학문적인 관점은 제쳐놓는다고 하더라도—현실적으로 매우 등한시되어 왔었다는 것 역시 부인할 수 없다.[32]

17세기로부터 19세기까지 아리스토텔레스 논리학 연구에 가장 영향력을 끼쳤던, 파리에서 일어났던 이른바 'Port-Royal 수사단'의 논리학자들은 『토피카』를 '기묘하게 혼란스러운 작품'으로서 평가하고 아리스토

---

with an introduction and notes, Torino, 1955), 브라운(E. Braun, *Zur Einheit der aristotelischen Topik*, Diss. Köln, 1959) 등이었다.

31 『토피카』에 대해 부정적 평가를 내리는 G. H. Lewes, M. Grene, R. McKeon, I. Düring, W. Jaeger 등의 견해에 대해서는 J. Morsink, *The Mandate of Topics* I, 2, p. 123 n1, in *Apeiron*, V. XVI No. 2, 1982, pp. 102-128.

32 중세를 거쳐 아리스토텔레스 논리학에 대한 탐구가 다시 시작되었을 무렵, 아리스토텔레스의 『오르가논』은 두 부분으로 나뉘어 있었다. 포르퓌리오스(Porphurios)의 『이사고게』(*Isagoge*, '논리학 입문')는 유, 종, 종차, 고유속성, 부수성 등의 의미를 명확히 밝힘으로써 아리스토텔레스의 논리학을 공부하고 싶어 하는 학생들에게 도움을 주려는 목적으로 쓰인 일종의 『범주론』 혹은 아리스토텔레스 '논리학'에 대한 입문서였다. 『이사고게』와 더불어 『범주론』, 『명제론』 등은 '구논리학'(logica vetus)으로 불리고, 『분석론 전서』, 『분석론 후서』, 『토피카』, 『소피스트적 논박에 대하여』 등은 '신논리학'(logica nova)으로 불렸다. 대체적으로 '구논리학'은 12세기에도 이미 알려져 있었고, '신논리학'은 12세기에 들어서 비로소 알려지게 된다. 그런데 대학의 커리큘럼으로서 양 논리학이 채택되었으나 예외적으로 『토피카』만이 제외되었다. 관심의 대상에서 제외되던 『토피카』가 새롭게 주목을 받게 되는 계기는 16세기에 들어 휴머니스트들의 영향 밑에서 이루어진다. 그러나 이 작품에 대한 관심도 그리 오래 지속되지 못했다. 이후의 아리스토텔레스의 논리학의 주석과 그 발전 과정에 관한 자세한 논의에 관해서는 다음의 저서 제6장 「전통 논리학」 부분을 참조(C. B. Schmitt, Q. Skinner [eds.], *The Cambridge History of Renaissance Philosophy*, Cambridge, 1988).

텔레스 논리학의 영역에 포함시키는 것을 거부했다고 한다. 반면 졸름젠은 토포스에 대한 본질을 규정짓는 신뢰할 만한 유일한 진술로 『수사학』 1403a18-19를 지적했다(F. Solmsen[1929], 164쪽). 어쨌든 이러한 해석의 경향은 현대에 이르기까지 대체로 몇몇의 기본적인 전제를 깔면서 이루어지고 있다. 무엇보다도 기존의 연구는,

> "아리스토텔레스의 논리적 이론들의 발전에서 『토피카』의 위치에 대한 역사적인 물음에 관심을 기울여 왔다. 이 작품에 대한 일반적인 경향은, 『토피카』란 작품을 아카데메이아 학원에서 행해졌던 테크닉에 의해 종차와 유개념에 의한 분류에 대한 관심으로부터 삼단논법의 발견과 그 발견에 의존하는 학적 방법론의 발견으로의 발전으로 나아갔던 초기의 단계로 그 위치를 고정시켜 왔다. 졸름젠은 이런 부류의 주장을 하는 학자들 중에서 가장 주목받는 학자였다. 그에 따르면 『토피카』는 후에 『분석론』에서 수정하게 되는 아리스토텔레스의 사유의 초기 단계를 보여준다는 것이다."[33]

이러한 가정은 가장 널리 받아들여지는 입장으로, 기본적으로 『토피카』에서 사용되는 대부분의 기술적 명사들과 그곳에서 발견되는 논리적 전제들은 이미 아카데메이아에서 통용되고 있었던 것이지, 결코 아리스토텔레스의 새로운 고안이 아니라는 것이다.[34] 이를테면 변증술적 전제와 문제

---

33 J. D. G. Evans(1977), p. 1; F. Solmsen, Aristotle's Syllogism and its Platonic Background, *Philosophical Review* 60, No. 4, 1951, pp. 563-571.

34 이러한 입장에 서는 졸름젠의 견해에 관해서는 *Die Entwicklung der aristotelischen Logik und Rhetorik*, Berlin, 1929, pp. 191-192 참조. 이에 대한 베이유(E. Weil)의 비판은 La Place de la Logique dans la Pensée Aristotélicienne, *Revue de Métaphysique et de Morale* 56, 1951, pp. 283-315; 재수록 in *Essais et conférences*, I, Paris, 1970, p. 138 n7 참조.

를 '논리적, 윤리적, 자연적'으로 나누는 것도 아카데메이아의 철학의 구분과 동일하다는 것이다. 따라서 『토피카』에서 논의된 내용은 충분하게 발전된 그의 성숙한 철학적 사고에 따르는 학적 방법일 수 없다는 것이다.

마이어, 스톡스와 로스와 같은 일련의 학자들 역시 『토피카』가 『분석론』에 선행한다는 견해를 받아들인다. 이들의 주장의 근거는 『토피카』가 『분석론 전서』의 이론에 의해 명확하게 대체되는 어떤 유형의 '쉴로기스모스' 이론을 제기하고 있다는 것이다. 이러한 주장을 내세우는 해석자들의 기본적인 입장은, 아리스토텔레스의 논리학의 주된 목적이 『분석론 전서』의 이론, 즉 엄밀한 의미의 학적 '추론'(삼단논법)을 목표로 하는 것이어서 『분석론』적 의미의 쉴로기스모스 이론이 빠져 있는 논구들은, 바로 그 사실 때문에 그것이 나타나고 있는 작품보다는 초기의 저작이라는 판단이 성립한다는 것이다.

이러한 역사적인 해석 경향에 따르는 맥락에서 자연스럽게 다음과 같은 주장이 따라 나올 수 있다. 즉 "『토피카』가 플라톤의 후기 대화편에서의 변증술에 영향받았다는 것은 아주 명백하다. 그러나 이러한 의존성이 (플라톤적인) 변증술로부터 (아리스토텔레스적인) 추론(쉴로기스모스)으로 발전했다고 여전히 믿어지는 아리스토텔레스의 성취를 결코 훼손하는 것은 아니다."[35] 이러한 주장 가운데 암묵적으로 들어 있는 가정은, 『토피

---

35 Anton-Hermann Chroust, The First Thirty Years of Modern Aristotelian Scholarship(1912-1942), *Classica et Mediaevalia* 24(pp. 25-57), Museum Tuscullanum Press, Univ. of Copenhagen, 1963, p. 55(in ed., W. Wians, *Aristotle's Philosophical Development: Problems and Prospects*, Rowman & Littlefield Publishers, Inc., 1996, pp. 41-65, 특히 p. 63). 그 밖에도 이러한 해석 노선을 견지하는 마이어(H. Maier, *Die Syllogistik des Aristoteles*, Bd. I, II, Tübingen, 1896-1900) Bd. II, 제2장 p. 77과 닐 부부(W. & M. Kneale, *The Development of Logic*, Oxford, 1962) p. 33 참조.

카』가 아리스토텔레스 논리적 사유의 발전 과정에서 과도기적 단계를 나타낸다는 것이다.[36]

그런데 현대의 문헌학자들 대다수는 『토피카』란 작품이 시기적으로 다른 여러 논구가 한데 모아져 구성된 작품으로 보는 데에 동의를 표한다. 특별히 『토피카』 제1권과 『소피스트적 논박에 대하여』로 일컬어지는 제9권은 '토포스의 이론'이 논리적 작품 전체에서 한 위치를 확보해 주기 위한 목적으로 쓰였음을 분명하게 보여준다. 그래서 앞서 언급한 마이어와 같은 학자는 『토피카』 제1권과 제8권, 『소피스트적 논박에 대하여』를 『토피카』의 다른 권들보다 더 후기의 작품으로 간주했다. 제2권에서 제7권까지는 sullogizesthai, sullogismos와 같은 표현이 사용되고 있지 않으며, 게다가 제4권에서 사용된 '분유하다'(metechein) 동사에 주목해서 이 부분이 플라톤적인 색채를 띠고 있는 것으로 간주한다. 그렇다면 아리스토텔레스가 『분석론 전서』의 엄격한 형식적 추론인 '삼단논법' 이론과 『분석론 후서』의 '논증' 이론을 발전시킨 다음에 초기의 작품인 『토피카』로 되돌아갔고, 『토피카』를 그의 새로운 '추론' 이론의 발견과 관련해서 새롭게 규정하고 또 개정하기 위해서 충분히 의미를 지니는 작품으로서 고찰하게 되었다는 해석이 가능할 수 있다.[37]

에반스의 지적처럼, 바이츠(Waitz)의 주석의 분량에서 보여주는 것과 같이 앞에서 언급한 아리스토텔레스 사상의 발전과 그의 학적 관심을 '분석론'의 입장으로 강하게 몰아세움으로써, 변증론에 대한 관심을 그의 철

---

36 함브루크(E. Hambruch, *Logische Regeln der platonischen Schule in der aristotelischen Topik*, Wissenschaftliche Beilage zum Jahresbericht des Askanischen Gymnasiums zu Berlin, Programme Nr. 56, Ostern, Berlin, 1904)는 플라톤의 대화편과 아리스토텔레스의 『토피카』의 유사성을 밝혀 주고 있다.

37 E. Weil(1972) 참조.

학의 주된 영역에 대한 주변적이고 부차적인 것으로 간주하는 경향을 한 층 더 심화하는 데에까지 이르게 되었다.[38] 단적으로 로스는 "그 논의[변증술적 추론]는 지나가 버린 사유 방식에 속한다. … 그의 저작인 『토피카』를 시대에 뒤떨어진 것으로 만든 것은 그 자신의 『분석론』"이라고 지적한다.[39] 동시대의 졸름젠은 "분석론이 변증술의 지위를 빼앗는다"고까지 표현한다.[40]

1950년대에 들어 『토피카』에 대한 학문적 관심을 불러일으킨 학자들이 등장했다. 보헨스키는 토포스를 논리적 규칙으로 다뤘으며, 콜리는 『토피카』를 포함한 『오르가논』에 대한 주석을 썼으며, 브라운은 전적으로 『토피카』를 대상으로 삼는 연구서를 저술했다. 그는 『토피카』 전체 8권을 파편적인 작품으로 보지 않고 일련의 통일성을 가진 논고로 해석했다. 그 이후 앞서 언급한 널리 받아들여졌던 소극적인 입장과 달리 아리스토텔레스의 변증술을 그의 학문 탐구에서 중요한 기능과 역할을 담당하는 것으로 해석하는 태도가 등장하기 시작했다. 베이유, 지월 오웬, 르 블롱[41] 등이

---

38 J. D. G. Evans(1977), p. 2.

39 W. D. Ross(1923), p. 57.

40 F. Solmsen(1929), p. 26.

41 E. Weil(1972); G. E. L. Owen, *Tithenai ta phainomena*, in ed. S. Mansion, *Aristote et les problèmes de méthode*, 1961, pp. 83-103; The Platonism of Aristotle, *Proceeding of the British Academy* 50, 1965, pp. 125-150; Dialectic and Eristic in the Treatment of the Forms, in ed. G. E. L. Owen, *Aristotle on Dialectic*, Oxford, 1960; Logic and Metaphysics in some Earlier Works of Aristotle, in ed. I. Düring & Owen, *Aristotle and Plato in the Mid-Fourth Century*, Studia Graeca et Latina Gothoburgensia II, Göteborg, 1960; J. M. Le Blond, *Logique et méthode chez Aristote*, Paris, 1939, 제1장. 르 블롱은 과학과 변증술의 밀접한 관련성을 인정하고(7쪽, 11쪽, 15쪽), 변증술을 학문의 아르카이의 확립에 기여하는 것으로 보고 있다(31쪽). 자크 브룅슈빅은 1967년에 『토피카』 제1권에서 제4권까지 텍스트 편집과 번

변증술의 방법의 중요성을 새롭게 부각시킨 대표적인 학자들이다. 이들은 공통적으로 학문의 '제일원리'의 발견을 위한 철학 방법론에서 변증술에 부과된 역할의 중요성을 강조했다. 또한 그들은 아리스토텔레스의 학적 탐구의 방법에서 그의 실제적 탐구의 태도가 어떻게 이론적 연구 태도와 일치하는지에도 주목했다.

드 바테(de Pater, 1965)의 저작과 브룅슈빅(1967)의 주해서가 나오면서 토피카에 대한 관심은 더욱 고조되었다. 『토피카』에 초점을 맞추었던 '제3차 아리스토텔레스 심포지움'(1968) 이래로 하나의 새로운 경향이 등장하고 있는데,[42] 『토피카』를 그 자체로 학적 정당성을 가지는 작품으로 해석하려는 태도이다. 단순히 플라톤적인 변증술과 아리스토텔레스적 형식화된 추론인 격에 따른 '삼단논법' 사이의 중간적인 것으로 『토피카』를 취급하는 관점에서 벗어나 독립적인 지위를 점하는 작품으로 해석하려는 연구 태도가 그것이다. 하지만 루뱅에서 '아리스토텔레스와 방법의 문제'(Aristote et les problèmes de méthode)라는 토픽을 주제로 삼아 논의했던 '제2차 아리스토텔레스 심포지움'(1960)[43]과 마찬가지로 제3차 심포지움에서도 과학과 변증술 간의 가능한 연결은 무시되었고, 각 개별 학문에서의 아르카이가 어떻게 구체적으로 발견되고 확립될 수 있는가 하는 문제는 논의 대상이 되지 못했다. 변증술의 목적은 아르카이의 발견에 기여하는 것이라는 아리스토텔레스 자신의 분명한 언급이 있음에도 불구하

역, 주석을 담은 기념비적인 저서를 출간했다. 브룅슈빅은 2007년에 와서 비로소 나머지 권 전체를 마무리 지었다.

42 당시 오웬은 『토피카』가 '상당히 풍부한 논쟁거리를 가진 작품이나 상대적으로 주석의 양은 부족했던 작품'이라는 점에 주목한 바 있다. 이 회합에서 발표된 연구 논문들은 오웬의 편집(1968)으로 간행되었다.

43 그 회합에서 논의된 토픽들은 동일한 제목으로 루뱅에서 1961년에 간행되었다.

고, 학자들은 이 점에 크게 주목하지 않았던 것처럼 보인다. 따라서 이 두 모임에서 논의된 문제만을 고려한다면, 변증술은 학문과 전혀 무관하다는 인상을 남겨 주고 말았다.

그럼에도 현대에 들어서면서 『토피카』에 대한 새로운 평가가 가져온 긍정적인 이미지가 있는데, 그것은 구체적인 학문 방법으로서 변증술의 역할을 부각시켰다는 점이다. 오늘에 이르기까지 『토피카』의 학문적 역할에 대한 논의는 여러 학자들에 의해 꾸준히 연구되고, 서로 다른 해석에 대해서는 비판적 검토를 통해 지속적으로 상호 보완하는 노력이 이어지고 있다. 이에 관련된 논의들을 일일이 검토할 수 없을 만큼 풍부한 학문적 업적이 축적되고 있다.

『토피카』에 대한 역사적 평가를 마무리하면서 서양의 『토피카』 수용사를 간단히 언급하고 넘어가기로 하자. 역사적으로 '토피카'란 제목으로 알려진 두 작품을 꼽으라고 한다면 아리스토텔레스와 키케로의 작품일 것이다. 시대를 거치면서 역사적으로 '토포스'란 말의 의미는 다양한 의미로 사용되었다. 아리스토텔레스 시대로부터 르네상스 시대에 이르기까지 '토피카'는 논리학과 언어학의 연구에서 중요한 역할을 담당하였다.[44] 토포스에 관한 연구는 헬레니즘 시대를 거쳐, 키케로, 보에티우스, 중세의 아벨라르두스, 오캄에 이르기까지 그 형식상의 발전 과정이 있었다. 오랜 기간 단속(斷續)적인 연결 과정을 거치다 보니, 그 의미가 바뀌면서 다양하게 그 진상이 변모되는 과정을 거쳤다.[45] 어찌 보면 논리적 형식(logical

---

44 S. Rubinelli, *Ars Topica, The Classical Technique of Constructing Arguments from Aristotle to Cicero*, Springer, 2009.

45 Niels Jørgen Green-Pedersen, *The Tradition of the Topics in the Middle Ages, The Commentaries on Aristotle's and Boethius'* 'Topics', Philosophia Verlag, München/Wien, 1984. 이 책은 아리스토텔레스로부터 15세기에 이르기까지 시대별

form)을 중시하는 현대 논리학의 형식 논리학에조차도 그 영향의 흔적이 남아 있다고 할 수 있다.

우리 학계에서도 최근 이에 관련된 연구가 나왔다. 이태수 교수는 아리스토텔레스 문헌 전승사에 관련해서 아리스토텔레스의 『토피카』와 키케로의 『토피카』의 내용을 비교하면서 몇 가지 흥미로운 결론을 이끌어 낸 바 있다.[46] 이태수의 연구는 추정에 의존하지만, 아리스토텔레스의 『토피카』가 다루고 있는 변증술이 키케로에 이르기까지 어떤 변모 과정을 거쳤는지를, 또 그 변모된 모습을 따져 보는 일을 일차적 목적으로 하는 작업이었다. 추정에 근거할 수밖에 없는 이유는 이 기간 동안 발간된 『토피카』에 관한 주석서나 연구서가 발견되지 않았기 때문이다. 설령 키케로의 서재에 같은 제목의 저술이 있었다고 해도, 또 키케로가 문제의 책이 다루고 있는 내용에 대한 상당한 지식을 알고 있었다고 해도, 사실상 안드로니코스가 편집한 아리스토텔레스 저작을 읽지 않았다는 것이 대체적인 정설이다.[47]

양자의 차이는 기본적 관심의 차이에서 드러난다. 아리스토텔레스의 『토피카』는 철학적 변증술을 주제로 삼는다. 반면에 키케로는 토피카의 활용 분야가 법률 문제를 넘어선다는 사실을 감안하여, 철학이나 수사술 또는 시문학 분야에서 토포스의 활용에 관한 언급보다는 책을 헌정받는 트레바티우스가 법률가라는 사실 때문에 거의 모든 소재를 법률 분야에서 취해 온다. 그 밖에도 아리스토텔레스의 『토피카』에 언급되지 않은 언어

로 토포스(locus)에 관한 설명과 주석을 깔끔하게 정리하고 있다. Otto Bird, The Tradition of the Logical Topics: Aristotle to Ockham, *Journal of the History of Ideas*, Vol. XXIII, 1962, N. 3, pp. 307-323 참조.

46 이태수, 아리스토텔레스의 『토피카』와 그 전승, 『서양고전학연구』 제19집, 2003, 27-50쪽.

47 J. Barnes, Roman Aristotle, in eds. by J. Barnes & M. Griffin, *Philosophia Togata II: Plato and Aristotle at Rome*, Oxford, 1997, pp. 44-57.

를 사용하고, 동일한 기술적 언어를 설명하는 데도 스토아적 의미를 사용한다든가, 기술적 용어들의 의미를 나름의 방식으로 이해하고 있다는 관찰을 하게 되면 키케로가 정작 아리스토텔레스 작품을 읽지 않았다는 간접적인 증명을 보여주는 셈이다.[48]

이태수의 연구는 이런 외견상의 차이 이외에도 양자를 연결하는 접점을 발견할 수 있음을 지적한다. 아리스토텔레스의 분류 기준은 논의의 대상인 사물의 정체성(본질; ousia, to ti ēn einai)을 중심에 놓고 출발해서 그것으로부터 멀어지는 술어 유형으로 나가는 것인데, 바로 이 점을 키케로에게서 찾아볼 수 있다는 것이다.[49] 무엇보다도 논의 첫머리에 늘 정의의 분류가 앞서 선행한다는 점이 그렇다. 어떤 토론이든 간에 논의 대상이 무엇인지에 대한 이해를 공유하지 않으면 토론의 성공을 기할 수 없다. 아리스토텔레스에게는 나타나지 않지만 다른 한 가지는 '전체와 부분'이라는 토포스의 사용이다. 이것도 역시 '정의'에 관련해서 사용되고 있다는 점이다. 집을 정의하기 위해서는 집을 구성하는 기둥, 벽돌과 같은 부분이 있어야 하듯이, 정의를 만들어 내기 위해서도 정의를 구성하는 부분의 열거도 꼭 필요한 일이다.[50] 이것과는 별도로 키케로가 분류(divisio)라고 부른 것은 유와 종, 그리고 개체를 통한 전체를 규정하는 것인데, 이 또한 정의에 관한 토포스와 결코 다른 것이 아니다. 전체가 유라면 종이 모여, 종

---

48 이태수는 키케로가 유와 종을 설명하면서 양자를 notio라고 말하고 그가 헬라스어로는 그 말이 ennoia, prolepsis에 해당한다고 지적하고 있다는 점, 엔튀메마에 대해 전혀 다른 설명을 하고 있다는 점, etymologia에 대한 설명 등을 지적하면서 양자의 괴리를 언급한다(이태수, 앞의 글, 31-33쪽).

49 이태수, 앞의 글, 43-45쪽.

50 키케로는 분리(partitio)라는 말을 사용하는데, 이것은 종과 유 개념을 사용하는 것이 아니라, 하나의 전체를 구성하는 부분들을 끌어들여 하나의 논증을 구성하는 것을 말한다. 예컨대 기둥, 벽돌, 지붕과 같은 부분들을 모아 집을 구성하는 것과 같다.

이라면 개체들이 모여 하나의 전체를 이룰 것이기 때문이다. 이것은 우리가 흔히 매거적 또는 외연적 정의라고 부르는 것이다.

다음으로 이름에 관한 토포스는 이름이 사물의 본질을 어느 정도 반영하고 있다는 생각에서 그 토포스를 제시했을 것이라는 점 등도 아리스토텔레스적 정의 규정과 얼추 맞아떨어질 수 있다. 네 번째로 한 사안이나 사물의 정체성의 전체나 일부를 이루는 것은 아니나, 그것과 어떤 방식으로 관계를 맺고 있는 것을 논증으로 사용하는 경우는 아리스토텔레스의 정의 규정으로부터 이탈하지만, 오히려 더 풍부한 내용을 담아낼 수 있을 것이다.

어쨌거나 아리스토텔레스의 『토피카』의 변모 과정의 중심에는 '토포스의 의미의 변용'이 그 핵을 이룬다. 키케로의 경우에 토포스의 의미는 엄격한 논리적-학문적 의미라기보다는 아리스토텔레스가 명확히 하는 바와 같이 "기억술에서 여러 장소(토포스)가 단지 주어지는 것만으로 기억술을 사용하는 사람에게 즉시 사물들을 기억해 내도록 만드는 것처럼, 이 수적으로 제한되어 있는 출발점들에 주목함으로써 출발점들이 문답을 하는 사람을 보다 추론에 능하도록 만드는 것"에 가깝다.[51] 바로 이 토포스의 의미에 대한 다양한 활용이 키케로의 의도에 더 부합한다고 하겠다. 바로 이 점이 키케로의 『토피카』가 엄격한 학문이 아닌 수사술의 전통 속에서 사용되는 토포스를 언급한다는 사실을 말해 준다.

『토피카』에 대한 철학적 평가와 해석

분석론적인 방법이 변증술보다 더 우월한 것이라고 평가하게 했던 근거는 무엇인가? 그러한 평가는 자연스럽게 분석론적 방법을 이론적으로

51 『토피카』 제8권 제14장 163b29-33.

우월한 것으로 받아들이게 하는 자극제가 되었고, 그로부터 점차적으로 학문의 방법론으로서의 『토피카』 자체에 대한 회의적인 시각을 가져오게 했을 것이다. 그와 같은 학적 평가를 불러일으킨 오해의 철학적 배경은 무엇일까?

방법상의 우월성에 대한 그릇된 이해의 연원에는 아리스토텔레스에게서 수학적인 엄밀한 방법, 즉 『분석론 후서』에서 제시되고 있는 '공리 체계적인 연역적 논증 이론'이 그의 학문 세계를 총괄적으로 지배하고 있다는 생각이 깔려 있다. 그러나 이러한 해석은 『토피카』와 『수사학』 등의 저작을 통해서 보면 적절한 것이 못 된다. 오히려 아리스토텔레스가 변증술에 부여한 중요성은 학문 연구와 진리 탐구라는 측면에서 보면 아리스토텔레스의 다른 학문 방법에 비해서 낮게 평가되어서는 안 된다. 변증술은 『분석론』, 『형이상학』에서 규정하는 학문적 방법과는 명확히 구별된다. 그렇지만 동시에 '쟁론적, 소피스트적 논법'과도 확연히 구별된다. 또 그 학문적 지향과 목적에서도 철학적 방법으로서의 변증술은 그 방법에서 『분석론 후서』에서 언급되는 엄격한 학문 이론인 '논증'과도 구별된다. 일반인들의 통념과 학자와 전문가들의 경험적인 지식에 입각해서 행해지는 변증술적 추론이 제일원리의 직관적 파악에 입각한 전제에서 출발하는 '논증'과는 구별되더라도, 추론으로서의 정당한 논리적 필연성을 가지는 것에는 여전히 변함이 없다. 아리스토텔레스의 변증술의 관심은 경험적 지식의 세계에서 대화를 통해 해소될 수 있는 다양한 영역과 그 영역에 대한 철학적 지식에 대해 발판을 놓는 것이었다. 따라서 변증술의 주제는 어떤 특정한 분야의 전문적 지식을 요구하지 않는다. 모든 사람에게 공통적인 앎의 대상이 되는 것에 관련된다.[52] 이런 의미에서의 변증술적 추론은

---

52 『수사학』 제1권 제1장 1354a1-6.

단순한 언어의 유희에 불과한 것이 아니다.

아리스토텔레스 철학의 해석에 편견을 심어 놓은, 이 같은 『토피카』 외적으로 생겨난 주도적 이유 외에도 내적으로 설명해야 될 몇 가지 문제점이 발견된다. 이 문제에 관해 베이유의 관점에 따라 다음의 세 가지 이유로 정리해볼 수 있겠다(E. Weil, 1972).

엔독사에 대한 오해

변증술의 학적 역할에 대한 오해와 그릇된 해석을 가져왔던 가장 주된 이유는 엔독사란 말의 의미에 직면하는 오해와 아리스토텔레스의 작품에서 독사(의견; doxa)의 학적 의미에 대한 오해였다. 『토피카』는 엔독사라는 말을 일관적으로 사용하고 있다. 그러나 『분석론 후서』에서는 그 말이 거의 사용되고 있지 않으며, 『분석론 전서』에서는 변증술이 언급되는 경우에 phainomenon(현상)과 endoxa라는 말이 함께 나타나는 대목[53]과 ek ton kata doxan에서 doxa라는 말이 사용되고 있다.[54] 그런데 대부분의 주석가들은 그 말들의 의미상의 차이에 주목하려 들지 않았다. 사실상 '화이노메논'과 '엔독사'에 대한 논리적, 개념적 분석을 통해 획득된 그 두 말 간의 긴밀한 연관성과 그 철학적 의미가 함축하는 것에 내포된 새로운 의미를 『분석론』에서는 찾아볼 수 없다. 양 『분석론』에서는, 화이노메논이란 말이 대체로 지각을 통한 '현상'을 의미하고 있음을 명확히 찾아볼 수 있는데, 이를 미루어 『분석론』에는 doxa와 endoxa의 철학적 의미가 혼재되고 있으며, 아직 그 의미가 분명하게 구별되고 있지 않다고 말할 수 있다.

따라서 우리가 『토피카』에 나타난 철학적 이론을 해석하고 이해하는 경

---

53 『분석론 전서』 제1권 제1장 24b12.

54 『분석론 전서』 제1권 제30장 46a10. 앎에 연관된 doxa에 관한 논의는 『분석론 후서』 제1권 제33장에서 개진되고 있다.

우에, '엔독사'의 철학적 의미를 '잘못된 믿음 혹은 짐작'이라는 말로 포착해서는 안 된다. 베이유 역시 아리스토텔레스 해석자들은 플라톤이 그 말을 사용하는 경우에 그 말에 실려 있는 경멸적인 색조에 눈을 돌려서는 안 된다고 경고한다. 『토피카』에 사용되는 논제들을 지시하는 용어를 이해하는 경우에, 엔독사를 흔히 말해지는 '상식적인 믿음' 정도로 해석한다면, 그 말은 플라톤이 그토록 경멸하는, 철학함에서의 '게으른 태도'를 취하는 대중적인 철학자가 자신의 논의를 시작하는 전제로서 '그럼직한 것'으로 이해될 수밖에 없다. 그러나 아리스토텔레스의 철학에서 엔독사란 말은 오히려 '대부분에게서 받아들여지는 견해' 아니면 '통용되는 견해'이거나 '잘 알려진 견해', '일반적으로 그렇다고 생각되는 것'쯤으로 번역되어야만 한다.

아리스토텔레스가 그 말에 부여하는 올바른 의미는 다음의 구절에서 찾아진다. 엔독사는 이렇게 정의된다. "모든 사람에게 혹은 대다수의 사람에게 그렇다고 생각되는 것, 혹은 지혜로운 사람들에게 그렇다고 생각되는 것이지만, ─ 요컨대 그들 모두에게 혹은 그 대다수에게 혹은 가장 유명하고 평판이 높은 지혜로운 사람들에게 그렇다고 생각되는 것들이다."[55] 엔독사의 의미에 대한 오해를 불식하고 그 말에 대해 새로운 학적 가치를 부여한다면, 변증술은 '그럴 수 있음직한 견해나 주장'에 대한 논리로 한정되지 않는다. 오히려 우리는 변증술을 엔독사를 통해 확립할 수 있는 것에 대한 검토술적인 학문적 기술로 파악해야만 한다. "그러한 입장을 통해서 공동 사회의 지적인 삶에 있어서 그럴듯한 혹은 신뢰할 수 있는 견해가 가능하게 된다. 그러한 검토를 거쳐 그것은 그 참에 대한 학문적인 증명을 보존할 수 있다. 『토피카』는 그럴듯한 짐작의 논리가 아니다. 그것은 논의

---

55 『토피카』 제1권 제1장 100b21-23.

를 통해서 논의적 참을 끄집어낼 수 있는 기술임을 말하고, 더 정확히는 논의를 통해 거짓을 제거하는 기술이며, 아리스토텔레스에게서 변증술 없이는 어떠한 학문도 생각될 수 없는, 앞서 존재하는 인식으로 환원되는 것이다."[56] 이 해석은 변증술에 대한 베이유의 평가이다.

빌란트 역시 이와 같은 기조를 유지한다. 그는 아리스토텔레스에게서 원리의 탐구가 인간의 언어에 기반하는 doxa의 영역 안에서 이루어진다는 사실을 승인함으로써 독사에 대한 올바른 학적 평가가 이루어질 수 있다고 본다. 그래서 그는 '독사에 대한 새로운 의미 부여'가 플라톤과 아리스토텔레스의 대립을 다른 그 어떤 내용적인 차이보다도 더 잘 해명해 줄 수 있다고 말한다.[57]

변증술과 『분석론』의 학문 방법에 대한 오해

두 번째로 지적될 수 있는 변증술의 학적 역할에 대한 오해는 변증술과 삼단논법(쉴로기스모스) 간의 관계에 대한 그릇된 해석에 기인한다. 즉 변증술의 방법론은 '그럴듯한 지식'의 영역을 다루고, 분석론의 방법은 '학적 지식'(scientia)의 영역을 다룬다는 것이다. 실제로 『토피카』와 『분석론』이 존재 내지는 실재에 대한 올바른 이해와 설명을 위한 두 개의 방법이고 시도들이라면, 양자의 방법은 기술적으로 구별되어야 할 것이다. 아리스토텔레스의 논의에 따르면, 두 방법의 차이의 핵심은 선생의 강의와 토론 간의 구분이다. 달리 표현한다면 일방적 강의와 학문적 대화 간의 구분이다. 모든 학문적 활동은 최소한 두 명의 대화 상대자를 요구한다.

---

56 E. Weil(1972), p. 155.

57 W. Wieland, *Die aristotelische Physik*, Göttingen, 1962(1970^{2}), p. 221. 아리스토텔레스에게서의 원리의 탐구에 관한 논의에 대해서는 같은 책, 제2장 14절 Die Prinzipien als Topoi, pp. 202-230 참조.

선생과 학생은 제일의 짝이다. 선생은 타자의 설득에 대한 고려 없이 그의 논변을 개별 학문에 대한 고유한 원리로부터 전개한다. 반면 학생은 선생에 대한 존경으로 듣는다. 왜냐하면 학생은 선생이 가르치는 바를 신뢰하고 받아들여야만 하기 때문이다.

두 번째 쌍은 두 사람으로 구성되어 현존하는 혹은 통용되거나 수용되고 있는 관점으로부터 출발하여 함께 공동적 작업을 통해 인간의 대화와 논의에 숨어 있는 모순을 발견한다. 이를 통해 해결되어야만 하는 아포리아가 규정되어 형식화된다.

세 번째 쌍은 한 이론을 주장하고 자신의 주장이 의존하고 있는 학문적 근거를 내세우는 사람과 그것에 대해 공격하는 사람으로 이루어진다.

끝으로 소피스트와 그 대화 상대자의 쌍이다. 전자는 그것이 사실상 그런지와는 상관없이 그 참이 보편적으로 받아들여지는 것처럼 보이는 전제들로부터 기술적으로 위장된 오류에 의해 하나의 결론을 끄집어낸다. 그래서 소피스트들은 상대방의 견해에서 생겨나는 여러 역설적 결과를 들추어내는 추론을 전개해서 이에 성공함으로써 사람들의 찬양을 받게 되고, 이에 따라 소피스트들이 사용하는 그 추론 자체가 우리를 곤경에 빠뜨리게 만든다. 반면 후자는 그들의 논의 속에 자신을 옭아매고 싶지 않기 때문에, 때로는 모순된 주장을 인정하는 결과를 가져오기도 한다. 그러나 소피스트의 대화 상대자는 그 논의에 참여하는 참석자들의 눈에 우스운 꼴을 당하지 않기 위해 있는 힘을 다하여 자신에 주의하면서 방어해야만 한다.

이처럼 학문하는 데에 네 쌍과 그에 따르는 네 종류의 대화의 방법이 있기 마련이다. 따라서 대화를 통해 이루어지는 논의(logos)에는 교수적 논의, 함께 추구하는 방법으로서 변증술적 논의, 주장에 대한 검증 내지는 음미하는 방법인 검토적 논의, 직업가의 게임으로서의 쟁론적 논의 등이

있는 것이다.[58]

아리스토텔레스는 앞에서 언급한 네 가지 논의 방법에 연관해서 준수되어야 할 사항을 상세하게 설명한다. 첫째, 만일 선생이 물음을 제기한다면 자신의 역할을 일단 망각한 것이다. 왜냐하면 그는 청자의 협력 없이 참을 명백히 드러내야만 하기 때문이다(『소피스트적 논박에 대하여』 171a32-171b2). 철학함에 있어 유용성을 갖는 변증술적 방법론—아리스토텔레스의 입장에서 질문을 형식화하고 공격하는 근거를 발견하고, 이것들을 그 적절한 순서로 올바르게 배열하는 것—은 철학자나 변증론자에게서 공통적이다. 물음과 문제들의 계속적인 조정은 변증론자의 독특한 영역이다. 그 자신이 질문과 답변을 통해 이중적인 역할을 행한다는 조건 밑에서 하나의 성공적인 결론을 이끌어 낼 수 있다. 우리가 어떠한 대화 상대자도 발견하지 못한다면, 우리 자신이 논박하는 사람이 되어야만 한다(『토피카』 163b2 아래). 적어도 우리가 그것을 초자연적인 것으로, 다시 말해서 그 자체로 존속하는 추상적인 본질로 존재하는 것을 취급하는 것이 아니라, 살아 있는 인간사의 활동을 탐구한다고 할 경우에는 철학과 변증술의 관계는 근본적으로 하나의 기술적인 유사성을 지닌다.

동일한 관계가 대화와 비판적 검토 사이에서도 성립된다. 대화의 공동 작업이 결실을 맺기 위해서는 적합하고 능력 있는 두 사람이 필요하다.[59] 대화술로부터 peirastikē(검토술, 비판술)를 구분하는 것은, 변증술이 비판적 검토에 적용되는 경우에 사용되는 학문적 기술이 된다는 사실을 증명하는 것이다. 사람들은 하나의 믿음을 옹호하는 사람들을 논박하고 반박하기를 좋아한다. 교육이 없는 사람들조차도 어떤 방식으로든 대화, 탐구

---

58 『소피스트적 논박에 대하여』 제1장과 제2장의 논의 참조.

59 『토피카』 제8권 제11장 161a19 아래 참조.

술, 변증술, 검토술의 기술을 사용한다. 참된 변증론자는 추론적인 기술의 규칙에 따라서 탐구하는 자이다. 일반적으로 인정되는 혹은 다른 근거로부터 신뢰할 만한 주장을 검증하기 위해 사용된 분석적 기술이 변증술적 검토술의 정의인 참된 변증술이다. 『분석론』의 방법이 수학적 인식과 같은 엄밀성을 보장하는 데 비해, 변증술은 그 작업이 결코 딱 부러지게 귀결될 수 없기 때문에, 내재하는 오류만을 제거하고자 하는 그 노력이 항시 부정적으로 간주되어 왔다. 그래서 변증술은 '유용한' 인식을 만들 수 없는 것으로 무시되어 왔다.[60] 이런 측면에서 변증술의 학적 역할은 현대의 언어 분석적인 철학적 장점을 고스란히 지닌다.

『소피스트적 논박에 대하여』에는 분석론과 변증술의 내적인 관련성을 확보해 주는 부가적인 확증이 담겨 있다. 즉 "추론의 기술을 사용해서 검토를 수행하는 사람은 변증론자다"(172a30 아래)란 구절은 쉴로기스모스가 변증술에 그 본래적인 힘(기능)을 덧붙여 주기 위한 적절한 도움 수단임을 명확하게 밝혀 준다.

변증술의 대화법에 대한 오해

셋째는 아카데메이아와 뤼케이온에서 행해진 대화법의 사실적인 역할에 대한 오해이다. 베이유의 주요 관점은 당시의 시대적 상황에 비추어, 왜 아리스토텔레스가 학문의 방법에서 순수한 이상을 따르지 않고 보편적

---

60 베이유는 이 점에 대해 "변증술의 유용성(chrēsimos) 자체의 개념을 적절하고 합리적인 물음에 예속시키는 유일한 수단을 거부하는 사람에 의해서 변증술 자체의 유용성은 정의될 수 없고 또한 판단될 수 없다. 따라서 우리가 이러한 상황에 처해서 학문의 위기에 대해, 보다 정확히는 엄밀 과학의 위기 및 혹은 문명의 위기에 대해 말한다는 사실은 그리 놀라운 일은 아니다. 또한 이론과 대화, 설명과 탐구, 분석론과 『토피카』의 관계가 구분되고 결부된다는 사실이 더 이상 이해될 수 없다는 것은 이상한 일이 아니"라고 말한다(E. Weil[1972], p. 161).

인 실천적 규칙을 주고 있느냐 하는 문제에 초점을 맞추고 있다. 더 중요한 사실은, 당시 아테네에서의 학문적 토론은 지정된 학교에서의 가르침과 배움으로만 이루어지지 않았다는 사실이다. 그곳에는 철학자, 정치가, 소피스테스들을 포함한 재야 인사들 모두가 학문적 토론에 참여하고 있었다. 따라서 교육을 받고, 그 배움으로부터 이익을 구하고자 하는 학생들은 조소거리가 되지 않기 위해 말로써 싸울 수 있어야만 했고, 논증을 구성하는 기술(kataskeuazein), 논증을 부정하는 기술(anaskeuazein), 적을 공격하는 기술(epicheirein), 적을 논박하는 기술(elengchein), 직업적인 논쟁꾼의 기술(agonizesthai)까지도 마스터해야만 했다. 이러한 필요성이 학적 탐구에서 이론적인 탐구 이외에 실제적인 규범으로서 변증술적 방법을 요청했다.

이러한 양 방법의 외견적인 뒤섞임이 아리스토텔레스의 변증술에 대한 오해를 가져오기에 이르렀다. 실제로 우리가 하나의 순수한 방법만을 고집하면서 주어진 원리로부터 연역적으로 모든 문제를 해결하려는 경우에 심각한 문제에 봉착하게 된다. 그렇게 된다면 그 원리를 규정하고, 그 원리가 과연 타당한가를 검증할 수 있는 방법을 발견해 낼 수 없게 되고 만다. 또한 그러한 태도는 모든 것의 근본에 놓여 있는 통일성의 가능성 및 개념을 부정하게 되고 마는 결과를 초래한다. 따라서 모든 인간들이 활동하는 영역 안에는 다양한 기술과 학문이 있어야 하며, 그것들은 삶 가운데에서 포착되어야만 한다. 방법론에서의 순수성의 포기는 학문적인 원리, 영역, 방법 등의 체계에 대한 다양성, 즉 학문의 다양성을 받아들이게 했다. 아리스토텔레스는 이 모든 것에 적용될 수 있는 방법을 변증술을 통해서 다루고자 했다. 하나의 규정된 원리로부터 임의의 허용되지 않는 추론을 배제하고 이론의 여지 없는 주장을 이끌어 냄으로써 하나의 확립된 학문을 올바르게 검증할 수 있는 추론들로 순서 짓는 것은 쉴로기스모스, 즉 형식화된 추리로서의 삼단논법과 논증(아포데잌시스)의 과제이다.

반면 변증술의 학적 역할은 직접적인 명백한 원리가 주어지지 않는 것들에 대한 아포리아를 드러내는 데에 있다. 기하학자는 그의 학문의 근본 원리들을 논의하지 않고, 자명한 것으로 받아들인다. 변증론자는 기하학의 순수 기술적인 물음에 관심을 갖지 않는다. 그러나 변증론자는 수학의 의미에 관한 그 고유한 원리들에 관해 물어야만 하고, 물을 수 있어야 한다. 또한 그 철학적 함의에 관해, 또 그 보편적 적용의 정당성과 정당하지 않음에 관해 물어야만 한다. 이러한 방법은 이미 획득된 지식에 대한 형식화된 추론(쉴로기스모스)적 재현과 같이 추상적일 수 없다. 그것은 변증술적으로 검증된 원리들로부터 형식화되는 추론으로 연역되는 것이 아니라, 오히려 이러한 원리들로부터 출발해서 순서적으로 형식화된 추론에 의해 배열되는 것이다. 인간은 모순을 추구한다. 그러나 우리가 적어도 다른 사람과의 공동작업에서 이러한 방식으로 추구하는 습관을 획득하지 못한다면, 우리는 그것을 제대로 추구하지 못한다. 승리하고자 하는 바람은 모든 탐구 속으로 들어가기 마련이다. 이러한 바람만이 우리가 추구하는 올바른 진리에 도달할 수 있다.[61]

학문에서의 순수한 방법론의 포기와 인간의 상호 모순적인 논의를 기반으로 하는 학문 방법은 외견적으로 소피스트들의 논쟁을 위한 논쟁, 승리라는 목전의 이익을 구하는 학문의 태도와 별반 다르지 않은 것인 양 그 차이를 무력화시키는 것처럼 보인다. 그러나 아리스토텔레스는 학문 방법에 내재하는 철학적 삶의 지향을 분명하게 구별하였다. 그 차이는 진정한 학문 추구의 정신 속에서 드러나기 마련이다. 외견적인 유사성에도 불구하고, 아리스토텔레스는 변증술의 목적과 소피스트적 논변의 목적을 다음

---

61 E. Weil(1972), pp. 167-168.

과 같이 명확하게 구별한다.[62]

> "이러한 점들이 훈련과 검토를 위해서 논의를 전개하는 사람들에게 규정되지 않았기 때문에(실제로 가르치는 사람들이나 배우는 사람들은 경쟁에 참여하는 사람들과 동일한 목표를 갖지 않으며, 또한 경쟁에 참여하는 사람들과 고찰을 위해서 함께 더불어 시간을 보내는 사람들도 동일한 목표를 갖지 않는다. 배우는 사람은 늘 자신이 옳다고 믿는 것을 인정해야만 하니까. ―사실상 누구도 거짓을 가르치려고 시도하지 않으니까 말이다. ―반면에 경쟁하는 사람들의 경우 질문자는 무슨 수를 써서라도 답변자에게 무언가 작용을 미치고 있는 듯이 보여야만 하고, 답변자는 어떤 작용도 받고 있지 않은 듯이 보이도록 해야만 한다. 그러나 경쟁에서 승리하기 위해서가 아니라 검토와 고찰을 위해 논의에 참여하는 사람들의 변증술적 모임에서는, 자신의 입론을 적절한 방식으로 혹은 [적절하지 못한 방식으로] 옹호하기 위해 답변자가 무엇을 목표로 해야만 하는지, 또 어떤 종류의 명제를 인정하고, 어떤 종류의 명제를 인정하지 않아야만 하는지가 아직 또렷하게 밝혀져 있지 않기 때문이다), 그렇기에 이런 사안에 관해서 우리가 다른 사람에게서 물려받은 바를 전혀 갖고 있지 않으므로 우리 자신이 그것에 관해서 무언가를 말하도록 시도해 보기로 하자."

따라서 『토피카』에서의 기술의 의미는 사실적인 혹은 가능한 주장에 대한 검증적 관점에서의 '훈련'이며, 또 학문적 탐구, 진리에 대한 추구의 관점에서의 '검증'인 셈이다. 만일 우리가 변증술적인 게임과 그 심각성, 시합과 탐구의 관계에 대한 한계를 묻는다면, 그것에는 어떠한 한계도 그어질 수 없다. 그러나 매 순간마다의 태도의 변화를 통해 놀이가 심각함이

---

62 『토피카』 제8권 제5장 159a25-40.

되고, 경쟁이 탐구가 된다.[63] 또한 어느새 그것은 진리로 향한 '공동적인 노력의 훈련'이 되기도 한다. 그럼에도 양자는 동일시될 수는 없다. 그 구분은 앞의 인용 대목에서 드러나는 바와 같이 분명하게 그어질 수 있다. 즉 변증론자는 논쟁에서 승리하는 것으로 충분하지 않다. 그는 다른 논변의 오류의 근원을 설명해야만 한다. 요컨대 『토피카』와 『분석론』의 근본적인 차이는 학문과 비학문의 차이가 아니라, 오히려 상호 의사소통에 의한 공동적인 진리 추구와 이론의 여지가 없는 형식으로서의 진리를 탐구하는 것 간의 차이일 뿐이다.

토포스란 무엇인가

토포스는 변증술, 수사학, 정치학, 기하학 등에서 다의적으로 사용되는 말이다. 이 책의 제목으로 '토피카'라는 이름이 붙여진 것은 토포스들이 색인(索引)처럼 쌓여 있는 창고 격인 제2권-제7권에서 유래하는 것으로 판단된다. 아리스토텔레스는 제1권에서 『토피카』에 관련된 일반적인 학적 목적과 전체적인 과제를 제시한 다음, 제2권에서 제7권의 제3장에 걸쳐 다양한 토포스 색인들을 모아 정리해서 제시하고 있다. 이곳은 일반적으로 말하자면 주어진 결론과 관련 있는 많은 전제들을 발견하기 위해 참

63 물음과 답변을 통한 쟁론적 경연이 학문적 논변을 위한 순수한 이론적 체계에 대한 관심으로 이끌렸다는 해석은 길버트 라일의 연구에 의해서도 지지받는다(G. Ryle, in ed. R. Bambrough[1979]). 한편 볼튼은 일반적인 의미에서의 변증술과 철학적 목적을 위한 변증술을 구분하지만, 엔독사로부터 변증술적 방법과 논의를 전개해야만 하기 때문에 그 구분은 받아들이기 어려운 해석이다(R. Bolton, Definition and scientific Method in Aristotle's *Posterior Analytics and Generation of Animals*, in eds. A. Gotthelf & J. G. Lennox, *Philosophical issues in Aristotle's Biology*, Cambridge Univ. Press, 1987, pp. 121-130). 이 점에 관해서는 C. D. C. Reeve, *Practices of Reason: Aristotle's Nicomachean Ethics*, Oxford, 1992, p. 36 n 57 참조.

고할 수 있는 토포스의 창고와 같다.

'장소'(locus)를 의미하는 '토포스'(topos)란 개념은 규정하기가 다소 어려운 말이다. 토포스는 수사술과 변증술에서 연설가나 변증론자가 '어떤 특정한 유형의 상황에서 어떻게 논의할지를 이끌어 나가는 하나의 지침'이 되는 것이다. "어디서부터 공격(혹은 논의)을 시작해야 하는가 하는 토포스를 발견해야만 한다"(제8권 155b4-5)는 말에 비추어 보면 토포스는 논의에서 취해진 하나의 '논점'으로 이해될 수도 있다. 또 공리들이 논증적 추론에서 관계해 있는 것과 같이, 논의의 '공통의 터전'으로서 변증술적 추론에서 그와 동일한 관계를 갖는 개연성의 일반적 원리로서 설명할 수 있다. 달리 말하자면 토포이는 "변증술적 논의가 그것으로부터 그 논의를 이끌어 내기 위한 통로들(pigeon-holes)"인 셈이다.[64] 대부분의 토포스는 논의의 구조가 유사하게 관련되는 경우들에 적용되는 것으로, 그 자체로는 완결된 논의를 포함하지는 않지만, 논의를 구성하는 일반적 도식(스케마, 논의의 패턴)이라 할 수 있다.[65]

이제 몇 가지 관점에서 토포스가 무엇인가를 살펴보기로 하자.

'토포스'는 역사적으로는 '장소-기억술'과 밀접한 관련을 맺고 있었다.[66] 아리스토텔레스는 이에 관련해서 다음과 같이 말한다.[67]

---

64 W. D. Ross, *Aristotle*, Methuen & Co. Ltd., 1923, p. 59.

65 *Aristoteles-Lexikon*, herausgegeben von Otfried Höffe, Alfred Kröner Verlag, Stuttgart, 2005, pp. 605-607, Topos(2) 항목 참조.

66 로마 시대에 들어 기억술을 언급하는 키케로와 퀸틸리아누스(Cicero, *De Oratore* II 86-88, 351-360, *Auetor ad Herennium* III 16-24, 29-40, Quintilianus, *Institutio* XI 2, 11-33)에 대한 언급은 C. Rapp, *Aristoteles Rhetorik* II, Akademie Verlag, Berlin, 2002, pp. 270-271 참조.

67 『토피카』 제8권 제14장 163b28-33. 아리스토텔레스의 기억술에 대한 언급에 대해서는 『혼에 관하여』 427b18-20, 『기억과 상기에 대해서』 452a12-16, 『꿈에 대해

"기억술에서 여러 장소(토포스)가 단지 주어지는 것만으로 기억술을 사용하는 사람에게 즉시 사물들을 기억해 내도록 만드는 것처럼, 이 수적으로 제한되어 있는 출발점들에 주목함으로써 출발점들이 문답을 하는 사람을 보다 추론에 능하도록 만들 것이기 때문이다. 논의를 기억하기보다는 오히려 공통의 전제를 기억해야만 한다."

이 대목은 아리스토텔레스가 생각하는 토포스 개념에 대한 중요한 정보를 주는 몇 구절 중의 하나이다. 그는 토포스를 사용하는 변증술과 기억술의 관계를 언급한다. 토포스란 말은 문자적으로는 '장소'를 의미한다. 우리가 한 지역에서 특정한 장소를 찾는 경우에 어떤 곳을 '기점'으로 해서 목적지를 찾아가면 쉬울 수 있다. 그 '공간 지표'로서의 기점을 기억해 두는 것이, 다음에 다시 그곳을 찾아갈 때 유용하다.

그렇듯이 변증술적 토포스들은 '다양한 논의'를 기억하는 기술이 아니라, 그런 논증을 구성하는 기본적 원리, 모든 논증에 공통하는 원리들(추론 규칙)을 기억하게 함으로써 어떤 논의에도 대처할 수 있는 능력을 강화시켜 줄 수 있는 지적인 훈련이다. 결국 문답을 통한 변증술적 탐구 방법은 공통하는 원리를 기억함으로써 그 원리들을 언제, 어디서, 어떤 주제에 적합하게 사용할 수 있는 '사용 비법'까지도 기억하게 만든다. 물론 그런 토포스의 활용에는 논증을 구성하는 전제들의 구성 요소까지도 포함한다.

아리스토텔레스 이전에 토포스란 말은 수사술에서 흔하게 쓰였던 말이다. 수사술에서는 칭찬이나 비난, 혹은 동정심을 불러일으키는 일련의 연

서』 458b20-24 참조. 아리스토텔레스의 『토피카』에 관련해서 기억술에 관한 논의를 정리하고 있는 소라비치 참조(R. Sorabji, *Aristotle on Memory*, Duckworth, 1972, pp. 22-34, 2nd ed., 2004, pp. ix-xxvi). F. Solmsen, *Die Entwicklung der Aristotelischen Logik und Rhetorik*, Berlin, 1929, pp. 170-179 참조.

설에서 사용되는 상투적인 언어적 수법을 가리키던 말이었다.[68] '그런 경우에는 그런 식으로 말한다'에 딱 어울리는 말이다. 이 경우들에서 그것은 누군가를 찬양하기 위해 어떤 경우에 인용할 수 있는 '일련의 잘 짜인 연설의 패턴'이었다.

아리스토텔레스는 어떤 개별적인 경우에 들어맞는 것이 아니라, 논의에 보편적으로 적용 가능한 방법을 찾고자 했기 때문에, 전통적 의미의 수사술을 비판했다. 그가 비판한 것은 자신의 학생들에게 연설의 상투적 수법과 잘 짜인 연설의 패턴을 기억시켰던 고르기아스의 비체계적 방식이었다. 그래서 그는 고르기아스의 수사술의 가르침을 비체계적인 방식이라고 비난하면서, "어떤 사람들은 수사술적 논의를, 또 다른 어떤 사람들은 문답 형식의 논의를 외워서 공부해야 할 과제로서 부여"했음을 지적한다. "그들에게서 배우려고 하는 사람들에게 내놓은 그들의 가르침은 신속한(손쉬운) 것이었지만, 체계적인 것은 못 되었다. 왜냐하면 그들은 전문 지식(테크네)이 아니라 그 전문 지식에 의한 성과를 줌으로써 사람들을 교육한다고 생각했기 때문이다. … 왜냐하면 이 사람은 그가 필요로 하는 것에 대처하도록 도운 것이지만, 그 전문 지식을 전해 주지는 않았기 때문이다."[69]

수사학자에 대한 아리스토텔레스의 불만은 단순히 '수사 기술'의 가르침(테크닉)만을 기억하게 함으로써 체계적인 전문 지식으로서 그 '가르침 자체'를 공부시키지 않았다는 것이다. 전통적 수사술은 '그런 경우에는 그런 식으로 말한다'는 기술을 가르쳤지만, 그 기술 자체가 형성되는 과정과

---

68 키케로는 프로타고라스와 고르기아스가 찬양과 비판할 수 있는 것들을 포함해서 loci communes를 발전시켰다고 한다(Cicero, *Brutus* 46-48). 찬양을 하는 상투적 어구는 이소크라테스의 경우에서도 찾아진다. C. Rapp, 2002, p. 271 참조.

69 『소피스트적 논박에 대하여』 183b37-184a8.

'이론 자체'에 대한 연구는 등한시하면서 제대로 수행하지 못했다는 것이 그의 불만이다. 아리스토텔레스는 이런 상황을 두고 "마치 누군가가 발을 아프지 않게 하기 위한 앎을 전해 준다고 공언하면서도, 더욱이 제화술을 가르치지도 않으며 또 그것에 따라서 그와 같은 것들을 획득할 수 있는 기술을 가르치지도 않으면서, 그 대신에 모든 종류의 샌들 가운데 다양한 샌들을 주는 그런 상태와 같은 것"이라고 묘사하고 있다.

재미있는 사실은 정작 토포스들의 창고(倉庫)를 다루는 『토피카』에서는 토포스가 무엇인지를 직접적으로 정의하는 대목은 없고, 『수사학』에서 그 말을 정의하고 있다는 점이다. 아마도 이 점은 아리스토텔레스가 『토피카』 강의를 듣던 자신의 청강생들이나 독자들이 이미 토포스란 개념을 익히 알고 있다는 전제 아래 강의를 진행했음을 보여주는 것일 수 있다. 다만 『토피카』에서는 유에 관한 토포스가 '요소'임을 밝히는 대목이 나온다.[70] 『수사학』 제1권 제2장 1358a10-14에서는 "내가 말하는 변증술적 추론과 수사술적 추론이란, 우리가 토포스들이라고 부르는 것에 관련된 것이다. 이 토포스들은 공통으로 적용되는 것들(hoi koinoi)로 정의적인 것, 자연적인 것, 정치적인 것, 그리고 다른 많은 종적으로 차이 나는 것들에 적용된다"라고 말하고 있다.

『수사학』에서 제시하는 토포스의 예를 들어 보자(1363b33-35). 사본에 따라 텍스트 이해를 달리할 수 있지만, 여기서는 크게 문제 삼지 말고 그 골자만 이해해 보도록 하자.

> "(다른 어떤 것보다) 동일한 것을 더 큰 정도로 초과하는 것이 더 큰 좋음이다. 왜냐하면 그것은 필연적으로 (더 작은 정도로) 더 큰 것을 초과하기 때

70 『토피카』 제6권 제5장 143a13.

문이다."(랍)

"더 큰 것과 동일한 어떤 것을 초과하는 것들이 그것보다 더 크다. 그것들이 더 큰 것을 초과하니까."(그리말디[71] 1980, Vol. 1, pp. 150-151, 케네디[72])

"두 개의 것이 동일한 것을 초과할 때, 그것을 더 초과하는 것이 더 큰 좋음이다. 그것이 필연적으로 더 큰 짝의 더 작은 것을 초과하니까."(리브[73])

『토피카』에도 이와 유사한 토포스가 나와 있다(제3권 118b3-4).

"무언가 두 개의 것이 어떤 하나의 것보다 더 선택될 만하다면, 더 많이 선택될 만한 것이 더 적게 선택될 만한 것보다도 더 선택될 만하다."

A가 B에 대해 가지는 바람직한 정도보다 C가 B에 대해 가지는 바람직한 정도가 더 크다면, C가 A보다 더 선택될 만하다. 예를 들면 건강이 부에 비해 선택될 만한 정도보다 덕(德)이 부보다 선택될 만한 정도가 더 크다면, 덕이 건강보다도 더 바람직한 것이다.

앞서 언급한 『수사학』의 토포스를 좀 더 이해하기 쉽게 풀어본다면 이렇게 된다. "두 개의 것이 동일한 것을 초과할 때, 더 큰 양에 의해 초과하는 것이 그 두 개 중 더 큰 것이다." 이것은 하나의 토포스로 다음과 같이 형식화된다.

---

71 W. M. A. Grimaldi, *Aristotle, "Rhetoric": A Commentary*. 2 vols, New York: Fordham University Press, 1980-1988.

72 G. A. Kennedy, *Aristotle, on Rhetoric: A Theory of Civic Discourse*, 2nd ed. Oxford, 2007.

73 C. D. C. Reeve, *Aristotle Rhetoric*, Hackett Publishing Company, Inc., 2018. 리브는 로스(옥스퍼드판)의 meioni 대신에 〈hētton〉 meizonos(R. Kassel)를 받아들인다. 디퍼(M. Defour, 불어판)는 meizonos로 읽는다.

"만일 A(8)와 B(6)가 C(2)보다 크고, 또 A가 C보다 큼(6)이 B가 C보다 큼(4)보다 크다면, A는 B보다 더 큰 것이다."

여기서 알 수 있듯이, 토포스는 두 개의 관계를 다른 어떤 것과의 관계나 술어와 결부해서, 'if-then' 명제를 사용하는 '어떤 종류의 추론'을 구성하는 것이다. 다시 말해서 토포스란 어떤 특정한 종류의 연역 추론, 즉 엔튀메마를 구성하기 위해 사용된 양자의 관계인 셈이다. 엔튀메마는 아리스토텔레스의 새로운 발견으로 돌려져야 한다.

아리스토텔레스는 1403a17-18에서 '내가 요소(stoicheion)라 부르는 것은 토포스와 같은 것이다. 요소와 토포스는 많은 엔튀메마(수사추론)들이 그 아래에 포섭되는 것이기 때문'[74]이라며, 요소와 토포스를 정의하고 있다. '많은 엔튀메마들이 그 아래에 포섭되는 것'이란 말은, 토포스가 일반적인 논리적 형식의 구조를 갖는 것으로, 그것에 상응하는 개별적인 엔튀메마들을 그 아래 포섭하는 것이라는 의미로 이해할 수 있다. 토포스는 제기된 '논의'와 동일한 것이 아니며, 그 아래에 구체적인 논의가 구성될 수 있는 일반적 논리적 패턴을 주는 것이다. 즉 토포스는 그것으로부터 엔튀메마가 구성되는 것으로 엔튀메마의 '요소'가 되는 것이다.

아리스토텔레스의 아래의 언급에서 드러나듯이, 이를테면 제1격의 삼단논식이 다른 격에 속하는 삼단논식들의 타당성을 증명하는 것과 같이, 토포스는 그 논의들 안에 주어진 규칙이 상이한 논의들에서 사용된다는 의미에서 '요소'라고 불린다.[75]

---

74 『수사학』 제2권 제22장 1396b22에서도 "내가 엔튀메마의 요소와 토포스라 부르는 것은 동일한 것이다"라고 말하고 있다. 『형이상학』 998a25-7, 1014a35-b1 등에서도 토포스와 스토이케이온은 동일한 의미로 사용된다. 유클리드 기하학에서의 토포스는 '평행하는 두 선분은 만나지 않는다'와 같은 것이다.

"도형의 요소들과 일반적으로 논증의 요소들도 아주 비슷한 방식으로 말해진다. 왜냐하면 첫 번째인 논증들과 다른 여러 논증들 안에 포함되어 있는 것(구성 요소)들은 논증의 요소라고 불리기 때문이다. 하나의 중간 명사를 통해서 세 명사들로 구성되는 첫 번째 연역들(삼단논식; sullogismoi)이 이러한 종류의 것이다."(『형이상학』 제5권 제3장 1014a37-b2)

원래 장소와 터를 의미하던 '토포스'란 말은 수사술에서 '장소-기억술'을 거쳐 하나의 연설의 기술로서 정착되고, 이어서 아리스토텔레스의 논리적 저작인 『토피카』에 이르러 '논의의 터전' 또는 '논점'을 의미하게 된다. 나아가 그 말의 복수적 표현인 '토포이'는 '논의하는 방법들이나 패턴' 또는 '논리적 규칙들'을 총칭해서 부르는 말이다. 일반적으로 말해서 하나의 토포스는 어떤 유형의 변증술적 논의를 구성하도록 이끌어 간다. 제2권에서 제7권에 걸쳐서 이야기되는 토포스는 주로 'p가 그 결론을 q로 하는 연역적 논의의 전제가 되는 방식으로, 두 번째로 제시되는 p 명제의 도움을 받아 주어진 q 명제를 발견하는 것'이라고 말할 수 있다. 그래서 브룅슈빅은 토포스를 "주어진 결론에서 시작해서 전제를 만들기 위한 장치"(une machine à faire des prémisses à partir d'une conclusion donnée)로 이해한다(1967, xxxix). 또한 토포스는 한 명제를 확립하거나 파기하기에 적절한 방식을 포함한다.

테오프라스토스와 알렉산드로스의 토포스

아프로디아시스의 알렉산드로스는 『토피카 주석』에서 테오프라스토스[76]의

75 C. Rapp, *Aristoteles Rhetorik* II, Akademie Verlag, Berlin, 2002, p. 272.

76 실제로 테오프라스토스는 '토피카'라는 작품을 썼다고 한다(알렉산드로스, 55쪽 24-27행).

정의임을 상기시키면서 토포스를 아래와 같이 정의한다. 또 126쪽 14-16행에서도 "이런 이유로 테오프라스토스는 우리가 앞서 말한 것처럼 토포스를 다음과 같이 정의한다"고 말하면서 거의 동일한 용어로 동일한 정의를 제시하고 있다.

> "테오프라스토스가 말한 것처럼, 토포스는 일종의 **출발점**(원리, archē)이거나 **요소**(stoicheion)이다. 이것으로부터 우리는 **그 범위**(**영역**, **perigraphē**)**에서 한정된**, 생각을 규정하는 **각각의 것**[문제]**에 대한** 출발점들[전제들]을 확보하지만(그것들은 추론들에서 주도적인 것들인 공통적이고 보편적인 명사들을 포함하거나 혹은 그것들로부터(ex autōn) 그러한 명사들을 보여줄 수 있거나 확보할 수 있는 것이니까), 개별적인 것들(kath' hekasta)에 관련해서는 한정되지 않는다. 왜냐하면 이것들로부터 시작해서 **앞에 제시되는 것**(to prokeimenon)을 위한 많은 통념적 전제명제들(protaseis endoxoi)을 얻을 수 있기 때문이다. 이것(touto)이 출발점(원리)이니까."(5쪽 21-27행)

여기서 '각각의 것에 대한 출발점'은 각각의 학문, 즉 의학, 천문학, 기하학에 고유한(oikeios) 원리들을 말한다. 요컨대 토포스는 추론의 전제들, 출발점들이 기원하는 원천이 되는 것이다. '앞에 제시되는 것'은 '문제'(problema)로서 '좋은 것이 유익한지를 탐구하고자 한다면'과 같은 것으로, 이것으로부터 '나쁜 것이 해로운 것이라면, 좋은 것은 유익하다'와 같은 '적합한 전제명제'(prosechē protasis)를 확보하게 된다(126쪽 21-23). 적합한 전제명제는 '적합한 원리', '고유한 원리'에 상응한다.

아래에서 살펴보게 될 '(한 쌍의) 반대되는 것이 (다른 쌍의) 반대되는 것에 속한다면, 다른 반대되는 것에 다른 반대되는 것이 속한다'는 하나의 토포스이다. 이 전제명제는 보편적인 방식으로 규정된 것이다. 반대의 것들에 대해 보편적으로 말해지고 있으니까. 그러나 그것 안에서 '이 것들이나 이 개별적인 반대의 것들에 대해 말해지고'(peri tōnde ē tōnde tōn enantiōn legetai) 있는지는 더 이상 한계지어지지 않고 있다(126쪽 16-20). 이것이 "그 범위(영역)에서 한정된"이란 말의 의미이다.

"그것들로부터(ex autōn) 그러한 명사들을 보여줄 수 있거나 확보할 수 있는 것이니까"라는 문장에서 '그것들'은 토포스를 가리키고, '그러한 명사들'은 '공통적이고 보편적인 명사들'을 지시한다. 그러니까 이 문장은 공통적인 명사, 즉 '대당'(opposition)을 포함하는 토포스로부터 '덜 특수한 명사', 즉 덜 특수한 대당인 '반대되는 것들'을 포함하는 또 다른 토포스를 추론할 수 있다는 것을 말한다. 다시 말해 반대의 것들을 포함하는 토포스로부터 덜 특수한 반대되는 것들, 즉 '좋음과 나쁨'과 같은 것을 포함하는 토포스의 또 다른 예시를 이끌어 낼 수 있다는 것을 의미한다.

"개별적인 것들(kath' hekasta)에 관련해서는 한정되지 않는다"는 것은 '반대의 것들', '동계열어', '보다 많음과 적음' 등과 같은 일반적 명사 자리에 그것들의 예화인 개별적인 것들이 놓여질 수 있다는 것을 의미한다. '이것'(touto)은 '토포스'를 지시하는 것으로 보아야 한다.[77]

요컨대 테오프라스토스나 알렉산드로스에게서 토포스는 '출발점'이며 "탐구 지침으로부터(apo tou paraggelmatos) 오는 전제명제"라는 것이다(135쪽 10행 아래, 586쪽 23행 아래 참조). 테오프라스토스가 들고 있는 탐구 지침의 토포스(topos paraggelmatikos)의 하나의 예를 들자면, '반대로부터, 동계열어로부터 공격해야만 한다'(dei epicheirein apo tōn enantiōn, apo tōn sustoichōn)와 같은 것이다(135쪽 6행 아래). "탐구 지

---

77 P. Slomkowski, *Aristotle's Topics*, Brill, 1997, p. 66. 슬롬코프스키는 '토포스'를 가언적 추론에서의 가설로서 작동하는 '전제'로 강하게 해석한다(67쪽 및 여러 곳). 이 해석은 그의 책의 주된 논제였다.

침(paraggelma)은 더 공통적이며, 더 보편적이고, 더 단순한 말로 말해진 것이다. 그것으로부터 토포스가 찾아진다. 왜냐하면 토포스가 공격적 논의의 출발점(원리)인 것처럼 토포스의 출발점(원리)은 탐구 지침이기 때문이다." 여기서 말하는 epicheirēma, 즉 '공격적 논의'는 '변증술적 추론'이다(『토피카』 제8권 제11장 162a16).

테오프라스토스와 알렉산드로스의 해석에 따르면 토포스는 '대전제'와 같은 기능을 수행하고, 이로부터 변증술적 추론을 구성하게 된다는 것이다. 이 추론 형식은 가언적 전제를 갖는 가언적 추론(삼단논법)이며, 이 추론에서의 결론은 모두스 포넨스와 비슷한 규칙에 의해 전제로부터 확보된다는 것이다.[78]

알렉산드로스는 다음과 같은 토포스의 예를 제시한다(126쪽 16-17행). '만일 (한 쌍의) 반대되는 것이 (다른 쌍의) 반대되는 것에 속한다면, 다른 반대되는 것에 다른 반대되는 것이 속한다'(ei to enantion tō enantiō huparchei, kai tō enantiō to enantion). 언뜻 보기에 이 명제 자체는 무의미한 것처럼 보인다. 어떻게 이 명제를 토포스로 이해할 수 있을까?

『토피카』에 흔히 사용되는 적절한 방식으로 두 개의 구체적인(개별적인) 명사들을 대입해서 논의를 위한 '출발점(원리)'을 만들어 보자. 우선 '반대되는'에 적용되는 두 개의 명사가 필요하다. 그것들은 서로 반대의 관계를 가져야 한다. '나쁜'에 반대되는 '좋은'과 '유익한'이라는 두 개의 명사가 있다고 하자. 이 명사들을 앞서 언급한 토포스에 적절한 방식으로 대입한다. 그렇게 하면 '만일 나쁜 것이 해롭다면(p), 좋은 것은 유익하다(q)'라는 문장을 얻게 된다. 이것은 원리이거나 전제명제로서, 반대의 것으로부터 그리고 '좋은 것은 유익하다'라는 '문제'에 고유한 토포스로부터

78 P. Slomkowski(1997), p. 63.

나온 것이다. 우리가 '좋은 것은 유익하다'라는 명제를 확립하고자 한다면, 주어진 토포스에 대입한 예는 유용할 수 있다. 우리는 단지 '나쁜 것은 해롭다'(p)라는 전제만을 찾으면 된다. 그러면 우리는 논의를 위한 중요한 사항을 갖게 된 것이다.

이 예에서 보여지듯이 토포스란 전제를 발견하는 하나의 절차요, 장치인 셈이다. 이쯤에서 앞서 우리가 'p가 그 결론을 q로 하는 연역적 논의의 전제가 되는 방식으로, 두 번째로 제시되는 p 명제의 도움을 받아 주어진 q 명제를 발견하는 것'이라고 말한 것을 이해할 수 있는 지점에 이른 셈이다. 브룅슈빅 역시 토포스를 "주어진 결론에서 시작해서 전제를 만들기 위한 장치"로 적절하게 이해했다.[79]

도구와 토포스

논의를 마무리하기 위한 '도구(오르가논)'와 토포스의 관계는 아주 밀접하다. 도구는 추론을 잘 해내기 위한 것으로, 『토피카』 제1권 제13장에서 아리스토텔레스는 네 개의 도구를 들고 있다. 첫 번째 도구는 명제의 확보를 위한 것이다(제14장). 명제에는 윤리적인 것, 자연학적인 것, 논리적인 것 등이 있다. 두 번째 도구는 말의 다의성을 탐지하는 방법이다(제15장). 세 번째 도구는 유사한 유들의 종차를 발견하는 것이다. 네 번째 도구는 유사성의 탐구이다(제17장). 유사한 것을 탐구하는 것도 어떤 의미에서 명제를 준비하는 것이다. 그런데 아리스토텔레스는 문제 및 명제가 그것을 요소로 해서 나오는 것들인 '술어형식'(praedicabilia)을 부수성, 유, 고유속성, 정의 등 네 가지로 나눈다. 아리스토텔레스는 이 토포스들

---

79 R. Smith, Dialectic and the Syllogism, *Ancient Philosophy* 14, 1994. pp. 145-147.

각각을 제2권-제3권, 제4권, 제5권, 제6권-제7권에 할당해서 자세하게 논의한다.

토포스는 논증을 성립시키는 명제의 술어 유형에 따라 구분된다. 변증술은 대화를 본령으로 하는 것이기 때문에 어떤 명제이든 질문의 형태를 띠기 마련이다. 논증의 결론이 대화의 시작에서 문제로 제시되고 전제는 질문자에 의해 의문문의 형태로 대화하는 가운데 상대방에게 주어진다. 이렇게 해서 확보된 전제명제(protasis)와 문제(problema)는 명제의 형식으로 주어와 술어로 결합되어 있다. 바로 이 경우에 술어가 네 가지로 구분되는데, 이것들이 바로 앞서 이야기한 정의항 역할을 하는 술어, 고유속성, 유, 부수적인 것이다. 고대로부터 이 네 가지 술어들을 술어형식이라고 불러왔다. 한 사물의 본질을 규정하기 위해서는 정의를 내려야 하는데, 그 정의를 내리는 데 사용되는 것이 바로 이 술어형식이다.

이렇게 술어형식들을 논의한 다음, 아리스토텔레스는 제8권에 접어들어 변증술의 학문적 목표에 관련된 방법과 절차를 자세히 제시한다. 제8권은 '질문과 답변에 대한 논의 실행 방법'이 주로 논의되고 있다. 여기에서는 질문을 제기하는 순서가 세 단계로 구별되고 있다. 그 첫 단계는 논의가 이루어지는 문제와 이에 관련된 토포스를 발견하는 것이고, 두 번째 단계는 해결해야 하는 문제와 관련 있는 여러 질문과 또 논의의 근거가 되는 여러 명제에 관련된 질문들을 하나하나 자신의 마음속에 순서 매기는 일이고, 세 번째 단계는 상대방과 대면하게 되면 방금 자기가 세운 순서와 방식에 따라 질문을 던지고 논의를 제기하는 것이다. 이러한 일반적인 변증술적 절차와 방식을 통해 변증술의 실제적 수행 과정이 이루어지게 된다.

아리스토텔레스가 『토피카』에서 제시한 토포스의 숫자를 정확히 파악하기란 어렵다. 그 이유는 토포스의 주제를 어떻게 분류하느냐에 따라 토포스의 숫자가 달라질 수 있기 때문이다. 개략적으로 파악해 볼 때, '부수하는 것'에 관한 토포스는 103개, '유'에 관한 토포스는 81개, '고유속성'에 관한 토포스는 69개, '정의'에 관한 토포스는 84개이다. 이를 합하면 총 337개에 달하는 토포스가 논의되고 있다.[80] 한편 잉게마르 뒤링은 자연학적인 것, 이데아론에 관한 것, 윤리적인 것, 심리학적인 것, 기타 술어에 관련된 것으로 분류하여 총 145개의 토포스들을 제시하였다.[81] 한편 체클은 2권에서 7권까지 312개의 토포스들을 찾아냈다.[82] 체클이 조사한 바에 따르면, 제2권에서의 부수성에 관련된 토포이 39개, 제3권은 52개의 다양한 토포이가 있고, 제4권에는 유에 관련된 74개의 토포이가 제시되고, 제5권에는 고유속성에 관한 35개의 토포이가 나와 있고,[83] 제6권에는 정의에 관련된 92개의 토포이가 정리되고, 제7권에는 같음과 다름에 대한 14개의 토포이와 정의의 확립과 파괴에 대한 6개의 토포이가 나온다.

토포스의 구체적인 예

아리스토텔레스가 구체적으로 토포스를 제시하는 한 대목을 검토해 보기로 하자. 토포스를 검토하는 상투적인 공식적 어구는 "반대의 것들이 동일한 것에 속한다는 것을 보이기 위해서는 그 유를 검토하는 것이 유용하다"로 시작한다. 『토피카』 제2권 제4장에서 제시되는 토포스는 다음과 같

---

80 L.-M. Régis, *L'opinion selon Aristote*, Paris, 1935, p. 147 n1.

81 I. Düring, Aristotle's use of examples in the *Topics*, in ed. by G. E. L. Owen(1968), pp. 202-229.

82 Aristoteles, *Topik; Topik, neuntes Buch oder Über die sophistischen Widerlegungsschlüsse*, Herausgegeben, übersetzt, mit Einleitung und Anmerkungen versehen von Hans Günter Zekl, Felix Meiner Verlag, Hamburg, 1997.

83 라인하르트는 제5권의 토포이를 유형별로 나누고 49개를 제시하여 논리적으로 분석하고 있다(T. Reinhardt[2000]).

이 정리된다(111a14-33).

(1) 반대의 것(속성, 술어)들이 동일한 것에 속한다는 것을 보이기 위해서는 그 유를 검토해야 한다.

(2) 예를 들면 감각에 대해 옳고 그름이 있을 수 있다는 것을 보이려고 한다면, '감각하는 것은 판단하는 것이고, 또 판단하는 경우에 올바르게 판단할 수도 있고 올바르지 않게 판단할 수도 있기 때문에 감각에서도 옳고 그름이 있을 수 있다'고 말하는 경우가 그렇다.

(3) 여기서는 유로부터 종에 대한 증명이 행해진다. 판단하는 것은 감각의 유이니까. 왜냐하면 감각하는 사람은 어떤 방식으로 판단하는 것이기 때문이다.

(4) 이와는 달리 종으로부터 유에 대해 증명이 행해진다. 종에 속하는 것은 모두 유에 속하는 것이니까.

(5) 예를 들면 열등한 지식과 우수한 지식이 있다면 열등한 성향과 우수한 성향도 있다. 성향은 지식의 유이니까.

(6) 그런데 전자의 토포스(유로부터의 증명)는 하나의 '전제명제'(protasis)를 확립한다는 점에서는 거짓이지만, 후자의 토포스(종으로부터의 증명)는 참이다.

(7) 왜냐하면 유에 속하는 모든 것(속성)이 또한 종에도 속하는 것이 필연적이 아니기 때문이다. 동물은 날개가 있으며 네 발을 가지고 있지만, 인간은 그렇지 않으니까.

(8) 그렇지만 종에 속한 모든 것은 유에도 속하는 것이 필연적이다. 만일 우수한 인간이 있다면, 우수한 동물도 있기 때문이다.

(9) 이와는 달리 하나의 주장을 뒤엎는 데는 전자의 토포스는 참이다. 왜냐하면 유에 속하지 않는 모든 것은 또한 종에도 속하지 않기 때문이다.

(10) 후자의 토포스는 거짓이다. 왜냐하면 종에 속하지 않는 모든 것이 유에 속하지 않는 것은 필연적이지 않기 때문이다.

(1)에서 아리스토텔레스는 문제를 진술한다. 그 경우에는 '부수적인 것'에 관련된다. 이어서 (2)는 구체적 명사를 사용해서 하나의 '논의'의 예를 제공한다. 그는 이것에 관해 (3)에서 우리가 종에 관해서 유로부터의 증명(아포데잌시스)을 행하고 있다는 것을 적시한다. 왜냐하면 그 예들의 명사들이 종과 유로 관계되고 있기 때문이다. 그런 다음 (4)는 그 순서를 바꾸어 종에서 거슬러 유로 논증해 갈 수 있다는 점을 보인다. 이를 통해 종에 속하는 어떠한 것이든지 또한 유에도 속한다는 토포스를 만들어 내고, 그 구체적인 예를 (5)에서 내놓는다.

여기까지 유로부터 종, 종으로부터 유라는 두 가지 증명하는 방식을 준 다음, 그는 이 두 방식의 긍정적-부정적 형식을 고려함으로써 '긍정'과 '부정'에서 사용되는 그것들이 가지는 논리적 효력을 평가하는 것으로 나아간다. 이로써 네 가지 형식을 만들어 내게 된다. 이쯤에서 아리스토텔레스는 각 형식이 필연적인지 아닌지를, 다시 말하여 논리적으로 참인지 아닌지를 따지는 데에까지 나아가게 된다. 이는 우리가 '논리적 형식'을 갖고 있는지를 결정하는 단계에까지 이르렀다는 것을 보여준다.

(A) 유 속에 있는 어떠한 것이든지 또한 종 속에 있다는 것은 필연적이 아니다(7).

예, "만일 동물이 네 발을 가지고 있다면, 인간도 네 발을 가지고 있다."

(B) 유 속에 있지 않은 것은 어떠한 것이든지 종 속에 있지 않다(9).

(C) 종 속에 있는 것은 어떠한 것이든지 필연적으로 유 속에 있다(8).

예, "만일 인간이 훌륭하다면 동물도 훌륭하다."

(D) 종 속에 있지 않은 것은 유 속에도 있지 않다(10).

여기서 아리스토텔레스는 한 유의 모든 하위 집합이 종이라는 잘못을 범하고 있지만, 그의 논리적 의도가 (B)와 (C)의 필연적 참을 말하고 싶어 한다는 점(dictum de omni et nullo)은 명확히 읽혀진다. (A)와 (D)는 항시 참인 것은 아니다. 여기서 (8)은 이른바 일종의 엔튀메마(수사추론; 설득추론)[84]이다.

토포스 구조에 대한 논리적 분석 – 브룅슈빅의 분석을 음미함

브룅슈빅(1967, XL-XLII)은 토포스들이 여러 변형을 가지긴 하지만, 아리스토텔레스의 토포스들이 '동일한 기본적 논리적 구조'로 환원될 수 있다고 해석한다. 즉 모든 토포스는 **구성과정**(procede de construction)과 연결되고, **법칙**(loi)에 토대를 둔 **규칙**(regle)으로서 제시된다는 것이다. 그의 논의를 요약해서 정리하면 이렇다.

규칙은 어떤 명제가 검증될 수 있을지 없을지를 검토하는 것을 규정하는데, 확립하거나 논박될 필요가 있는 것과 구별하기 위해 이 명제를 '두 번째 명제'라 부른다. 그리고 다른 것을 '첫 번째 명제'라 부른다. 구성과정은 첫 번째 명제의 내용을 바탕으로 두 번째 명제의 내용을 구체적으로 규정할 수 있도록 한다. 법칙은 각각 두 번째와 첫 번째 명제인 두 명제적

84 "엔튀메마(수사추론; 설득추론)는 개연적인 것(eikos; 그럼직한 것)과 징표(sēmeion)로부터의 추론이며(10행), 에이코스와 세메이온은 동일한 것이 아니지만, 에이코스는 일반적으로 그렇다고 생각되는 전제(protasis endoxos)이다(3-4행)." (『분석론 전서』 제2권 제27장 70a10, 70a3-4) '개연적인 것과 기호들로 구성된 추론'이라는 언급에 대해서는 『수사학』 1357a32-33, 1359a7-10, 1402b13-20 참조.

도식 간의 함의적 관계(une relation d'implication)가 있음을 가정함으로써 두 번째 문장과 첫 번째 문장 간의 전건과 후건의 관계를 확립한다.

이 관계는 구별되는 측면을 가진다. 두 번째 명제가 첫 번째 명제를 함의하는 경우, 그것은 전건 긍정식(Modus ponendo ponens)에 의해 그 명제를 확립하는 데 기여하고, 이와 반대로 두 번째 명제가 첫 번째 명제에 의해 함의될 때에는 그것은 후건 부정식(Mode tollendo tollens)에 의해 그 명제를 논박하는 데 기여한다. 이 두 명제가 서로를 함의하는 경우, 두 번째 명제는 첫 번째 명제를 확립하고 논박하는 데에 사용될 수 있다.

그래서 토포스의 논리적 절차는 네 단계로 나누어진다.

(1) 명제 P1은 명제적 도식 Σ1의 구체화이다(하나의 구체적 명사가 문자 기호에 의해 표시될 수 있는 것과 같이 마찬가지로, 많은 빈자리에 의해 다른 것으로 대체될 수 있다는 의미에서) (2) 도식 Σ1은 함의 관계에 의해서 도식 Σ2와 연결될 수 있다. (3) 그것을 통해 명제 P1이 도식 Σ1를 구체화했던 것들에 상응하는 구체적 명사의 도움을 받아 도식 Σ2를 구체화함으로써, 우리는 명제 P2를 확보한다. (4) 명제 P2는 사용된 토포스에 따라 명제 P1과 연결되는 전제이다.

브룅슈빅은 이러한 토포스의 절차를 실행하는 예를 들고 있다(123a11-14).

> "그 유에 속하는 어떤 종차도 주어진 종에 대해 술어가 되지 않는다면, 그 유도 역시 술어가 되지 않을 것이다. 예를 들면 '홀'도 '짝'도 혼에 대해 술어가 되지 않으며, 따라서 수도 혼에 대해 술어가 되지 않는다."

구체적 명제가 이 토포스의 적용을 받기 위해서는 그 술어들이 유로서 그 주어에 대해 술어가 되어야 한다. 구체적 명제 P1('혼은 유로서 수를 갖는다')은 명제적 도식 Σ1('S는 유 G를 갖는다')으로 환원된다. 이 명제적 도식은 직접적 함의에 의해 두 번째 명제적 도식 Σ2와 연결된다(이 경우에, "S는 유인 G의 종차들인 'D1이거나 D2', 'D1 그리고 D2'이다"). P1 명제에 의해 주어진 내용을 사용해서 Σ2를 구체화하자. 우리는 두 번째 명제 P2를 얻는다. 즉 '혼은 홀이거나 짝이다.' 이 명제는 P1에 의해서 함의된다. 만일 P2가 부정된다면 명제 P1 또한 부정되어야만 한다. 이것을 명제적 결론을 갖는 것으로 해석하면, 모두스 톨렌스('P1이면 P2이다. P2가 아니다. 그러므로 P1이 아니다') 논리식이 성립하게 된다.

이상의 논의에서 볼 수 있듯이 브룅슈빅은 토포스에 대한 함수적 설명에 더해서, 토포스가 명제적 결론 도식을 사용하고 있다는 주장을 옹호한다. 즉 토포스는 전건 긍정식(Modus ponendo ponens)과 후건 부정식(Mode tollendo tollens)을 사용한다는 것이다.

영혼 있음이 생물에 속한다면 그것은 또한 인간에게도 속한다.	$q \supset p$
영혼 있음은 생물에 속한다.	q
그러므로 영혼 있음은 인간에 속한다.	$\therefore p$

상상력이 생물에 속한다면 그것은 또한 개미에게도 속한다.	$p \supset q$
상상력은 개미에게 속하지 않는다.	$\sim q$
그러므로 상상력은 생물에 속하지 않는다.	$\therefore \sim p$

또 다른 예를 살펴보자.

"이것[B]이 모든 저것[A]에 수반하지만, 저것[A]은 모든 이것[B]에 수반하지 않는다면, 예를 들면 '정지'는 '바람 없음'에 또 '나눌 수 있는 것'은 '수'에 수반하지만 그 역은 참이 아니라면('나눌 수 있는 것'은 모두 수가 아니고, 또한 '정지'도 '바람 없음'이 아니니까), 한쪽의 것[A]이 환위될 수 없을 때 그 사람은 늘 수반하는 것[B]을 유로서 사용해야 한다."(128a39-128b5)

이 토포스는 이렇게 형식화된다. "만일 B가 항시 A에 수반하지만 A는 항시 B에 수반하지 않는다면(즉 B는 A와 환위할 수 없다), A는 B의 유이다." 이 토포스를 사용하여 추론(sullogismos)을 구성해 보면 다음과 같다(Modus ponendo ponens).

만일 B가 항시 A에 수반하지만 A는 항시 B에 수반하지 않는다면, A는 B의 유이다.

나눌 수 있음은 항시 수를 수반하지만, 그 역은 아니다.

그러므로 나눌 수 있음은 수의 유이다.

아리스토텔레스가 들고 있는 '명제적 해석'을 가능하게 하는 하나의 예를 살펴보자(111b16-23).

"논의에서 문제가 되는 사안에 대해 어떤 것[명제]이 성립됨으로써 그 사안이 성립되는지, 아니면 문제가 되는 사안이 성립된다면 어떤 것[명제]이 필연적으로 그런지를 검토해야만 한다. 하나의 입론을 확립하려는 쪽은, 어떤 것[명제]이 성립됨으로써 문제가 되는 사안이 성립되는지를 검토해야만 한다(전자가 성립된다는 것을 보이게〈증명하게〉 된다면 문제가 되는 사안도 보이는 셈이 될 테니까). 한편 그 입론을 뒤엎고자 원하는 쪽은, 문제가 되는 사안이 성립된다고 한다면 어떤 명제가 그런지를 검토해야만 한다. 왜냐하면

> 문제가 되는 사안에서 따라 나오는 것이 성립되는 것이 아니라는 것[즉 '실제로 그렇지 않다는 것.' 가언명제 'p면 q이다'에서 후건이 참이 아니라는 것]을 우리가 보일 수 있다면, 문제가 되는 사안을 뒤엎는 것이 될 것이기 때문이다."

일단 이 대목은 가언적 삼단논법(hypothetical syllogism)의 경우를 염두에 두면 쉽게 이해될 수 있다. 이 대목의 전반부는 전건 긍정식을, 후반부는 후건 부정식을 논의하는 것으로 생각할 수 있다.

입론을 확립하는 경우. B는 확립되어야 하는 입론이라 하자. 그러면 A가 성립됨으로써 B가 성립되는 경우를 찾는다. A가 그 경우라는 것을 증명하면 B가 그 경우라는 것이 증명된 셈이 된다.

입론을 부정하는 경우. A는 부정되어야 하는 입론이라고 하자. B가 타당한 경우를 찾아서, 만일 A가 그 경우라면 B도 그 경우이다. 여기서 단지 B가 그 경우가 아니라는 것을 보인다면, 또한 이것은 A가 그 경우가 아니라는 것을 증명할 것이다.

그런데 이 해석은 스토아 논리학, 특히 크뤼십포스의 '명제 논리학'(propositional logic)의 영향 밑에서 이루어진 것이다. 명제 논리학은 아리스토텔레스가 아니라 스토아 철학에서 성립됐다는 것이 정설이다. 아리스토텔레스 논리학이 기본단위로 단칭명사를 사용하는 데 반해, 스토아 논리학의 기본단위는 명제로서 가언적 삼단논법을 사용한다. 스토아 논리학은 논증과 말할 수 있는 것, 즉 명제로 이루어진다. 명제들은 '~이고(and)', '~거나(or)', '~이라면(If)'과 같은 논리적 연결사를 사용해 단순명제의 결합인 복합명제를 만들어 낸다. 이 연결사 외에도 '부정(not)'을 사용해서 스토아 논리학은 다섯 가지 환원 불가능한 추론 형식을 만들어 낸다. 스토아 논리학자들은 공리적 지위를 가지는 이것들을 증명 불가능한 것(anapodeiktoi)이라고 불렀다. 따라서 모든 논증은 다섯 가지 형식 중의 하나이거나 이 중의 하나로 분석될 수 있다. 다음의 다섯 가지 증명 불가능한 것은 크뤼십포스의 가언 삼단논법의 토대를 구성한다.

1 첫 번째라면 두 번째이다. 그러나 첫 번째이다. 그러므로 두 번째이다(Modus ponendo ponens).
2 첫 번째라면 두 번째이다. 그러나 두 번째가 아니다. 그러므로 첫 번째가 아니다(Modus tollendo tollens).
3 첫 번째이거나 두 번째이다. 그러나 두 번째가 아니다. 그러므로 첫 번째이다(Modus tollendo ponens).
4 첫 번째이거나 두 번째이다. 그러나 첫 번째이다. 그러므로 두 번째가 아니다(Modus ponendo tollens).
5 첫 번째이며 동시에 두 번째인 것은 없다. 그러나 첫 번째이다. 그러므로 두 번째가 아니다.

한편, 프리마베시는 가언명제에 기초하는 이러한 명제 논리학이 스토아 철학에 와서 이루어졌다는 점을 지적하고, 브룅슈빅을 비롯해서 다수의 주석자들이 취하는 명제적 해석보다는 아리스토텔레스의 언어적 용법에 상응하는 술어들 간의 포함관계로의 토포스 해석에 바탕을 두고 집합-논리적 해석을 가하고 있다. 그는 p로부터 q로의 이행은 함의 관계(Implikation)이고(If P implies Q, and Q implies R, then P implies R), 아리스토텔레스는 함의 관계를 '가언적 전제들'(hypothetische Prämisse)로서 도입하지 않았다고 주장한다.[85]

85 이에 대한 더 자세한 논의는 프리마베시 참조(Primavesi, 1996, pp. 87-88 각주

수사술과 변증술; 토포스와 엔튀메마

"수사술은 변증술에 대한 짝패(antistrophos)다." 이 유명한 명제가 『수사학』 첫머리를 멋지게 장식하고 있다. 기하학을 바탕으로 하는 플라톤적인 '변증술'이 수사학과 대등한 위치를 차지하고 있으며 '변증술'이 수사술과 유사하고 이웃하고 있다니, 플라톤의 추종자들이 모인 아카데메이아 학원의 구성원들 입장에서는 기절초풍할 만한 주장인 셈이다.

역사적으로 수사술과 변증술은 어떤 면에서 '짝패'가 되는 것일까? 아리스토텔레스 자신은 단지 부수적인 상황으로 언급하고 있지만, 드라마에서의 전문 용어인 안티스트로포스(화답가)를 사용해서 변증술의 짝패로서 '하나의 예'로 수사술을 거론한다. 그에 따르면 수사술은 이미 발견되어 어느 정도 진전이 이루어지고 있었지만, 변증술은 "전혀 어떤 것도 있어본 적"이 없다. 고르기아스가 취한 훈련 방식을 전수한 내로라하는 수사술 전문가들(소피스트)은 수사술적 논의와 문답 형식 논의를 '외워서' 공부하도록 했으며, '신속하게' 가르치는 것이었지만 '체계적인 것'은 못 되었다. 이에 반해 변증술은 '체계적인 것'이다. 변증술이 전문 지식을 가르치는 데 반해, 수사술은 전문 지식에서 생겨난 '성과'를 제시하는 데 그쳤다. 변증술이 획득 수단으로서의 기술을 가르치는 데 반해, 그들은 완성된 물품으로서 전해 주는 것을 수사술의 교육으로 생각했다. '추론'을 사용하는 전문 기술인 변증술은 이전이라고 언급할 만한 어떤 것도 존재하지 않았다.[86] 물론 이 맥락에서 말해지는 추론(sullogizesthai)은 여전히 변증술의 과제(pragmateia) 안에서 이야기되는 추론이다.

아리스토텔레스에게서 전문가와 비전문가의 구별은 아주 명백하다. 아

14; pp. 160-165). C. Rapp, *Aristoteles Rhetorik* II, Akademie Verlag, Berlin, 2002, pp. 279-280.

86 『소피스트적 논박에 대하여』 183b17-184b3 참조.

리스토텔레스의 눈에 비친 당시의 수사술은 비전문가적인 기능을 발휘하는 수준 정도였던 것 같다.

> "모든 사람은, 심지어 비전문가조차도(kai hoi idiōtai) 어떤 방식에서 변증술과 검토술을 사용한다. 사실상 모든 사람은 어느 정도까지 그 사항을 알고 있다고 공언하는 사람들을 일단 시험해보려고 시도하고 있으니까 말이다. 여기서 그들에게 소용이 되는 것들이란 공통의 원리들이다. 설령 그것들에 대해 그들이 말하는 바는 [해당하는 사항이나 지식에서] 아주 벗어난 것처럼 보이더라도, 그들 자신도 이것들[해당하는 지식에 관련된 공통의 원리들]을 전문가에 못지않게 알고 있기 때문이다. 그러므로 모든 사람이 논박을 행하는 것이다. 왜냐하면 변증술이 **기술(전문가)적으로**(entechnōs) 행하는 것에 대해서 그들은 **비기술(비전문가)적으로**(atechnōs) 관여하기 때문이다. 그리고 [전문가가 관여하는 방식으로] **추론(연역)의 기술**을 사용해서 검토를 수행하는 사람은 변증론자이다."[87]

어쨌든 수사술과 변증술은 많은 면에서 비슷하면서도 또 많은 면에서 비슷하지 않다. 이 둘은 '논의를 만들어 내는 능력'이지만, 또한 '어떤 특정한 주제에도 한정'되지 않는다(1356a33, 1354a3). 두 저술에서 나타나는 표현 방식, 문체, 가르치는 방법, 가르침의 효과와 그 결과 등은 매우 다르다. 또 각각의 기술(테크네)이 목표로 하는 청중도 동일하지 않다. 변증술은 1대 1의 대화이지만, 수사술은 정치적 목적으로 다중을 상대하는 것이었다. 그럼에도 『수사학』이 『토피카』에 의존하고 있음은 틀림없어 보인다. 그 이유는 점차 드러나겠지만, 기본적으로 『수사학』이 토포스의 활

87 『소피스트적 논박에 대하여』 172a29-36.

용에 집중하고 있음은 너무도 자명하기 때문이다.

수사술에서 토포스인 엔튀메마는 기본적으로 변증술에서 '변증술적 추론'의 역할을 담당한다. 『분석론 전서』에 나오는 엔튀메마의 규정을 살펴보자.

> "엔튀메마(수사추론; 설득추론)는 개연적인 것(eikos; 그럼직한 것)과 징표(기호; sēmeion)로부터의 추론이며(**10행**), 에이코스와 세메이온은 동일한 것이 아니지만, 에이코스는 일반적으로 그렇다고 생각되는 전제(protasis endoxos)이다(**3-4행**). 왜냐하면 대부분의 경우에 그렇게 일어났거나 일어나지 않았거나 혹은 있거나 있지 않거나 하는 것을 사람들이 알고 있는 것, 그것은 개연적인 것이기 때문이다. 예를 들면 '시기하는 자들은 미움을 품는다'와 '사랑하는 자들은 애정을 품는다'가 그것이다. 이에 대해 징표는 필연적이거나 혹은 일반적으로 그렇다고 생각되는 것과 같은 논증[88]의 전제를 의미하는 것이다. 왜냐하면 그것이 있다면 어떤 다른 사태가 있거나, 혹은 그것이 생겼다면 그 전후에 다른 사태가 생기거나 하는 경우에, 그것은 다른 사태가 생긴 것의 혹은 그러한 것의 징표이기 때문이다."[89]

엔튀메마를 규정하는 『분석론 전서』의 이 대목은 텍스트가 파손된 것으로 보인다. 앞의 인용구는 옥스퍼드판을 받아들여, 로스(W. D. Ross)가

---

88 『분석론 후서』 제1권 제2장에서 규정한 엄밀한 의미에서의 '논증'은 아니다.

89 『분석론 전서』 제2권 제27장 70a10, 70a3-9(W. D. Ross, *Aristotle's* Prior *and* Posterior Analytics: *A Revised Text With Introduction and Commentary*, Oxford: Clarendon Press, 1949, pp. 500-501). '개연적인 것과 징표로 구성된 추론'이라는 언급에 대해서는 『수사학』 1357a32-33, 1359a7-10, 1402b13-20 참조. 가령 '여성의 가슴에서 젖이 나온다'는 것은 '임신했다는 것'의 징표(기호)가 된다.

재구성한 텍스트 순서대로 읽었다. 물론 R. 스미스와 같은 학자는 로스의 해석을 거부한다(1989, p. 226). 이 대목이 엔튀메마가 아니라 에이코스와 세메이온을 논의하고 있는 것으로 해석한다. 그래서 그는 10행을 괄호에 넣고 있다. 어쨌든 명확히 잘못된 것으로 보이지만 대부분의 사본과 달리 C[1] 사본(11세기)에 10행이 atelēs sullogismos(불완전한 추론)로 나온다는 점이 정작 골치 아픈 문젯거리다. 고대의 주석가들인 알렉산드로스와 필로포노스도 엔튀메마를 결론이기보다는 '대전제'를 생략하는 추론으로 보았다.

알렉산드로스는 엔튀메마를 "완전성이 상실된 것"(aphēirēmenon to teleion)으로 설명한다(『토피카 주석』 62쪽 9-13행). 또 필로포노스는 엔튀메마를 en thumōi가 아니라 enthumeisthai('곰곰히 생각하다', '심중에 놓아두다')에서 유래한 것으로 보고 있다(in *Apo*. 6. 2-3). 즉 "엔튀메마라고 불리는 것은 하나의 전제를 마음에 생각하도록 놓아두기 때문이다."[90] 이런 의미에서 엔튀메마는 일정 수준의 공통감각 내지는 상식을 공유하는 청중의 이해력을 전제로 성립하는 설득의 수단일 수 있다. '불완전'하다는 것도 일련의 전제와 그 내용들이 지적인 능력을 가진 청중에게 적합하도록 잘 짜여진 엔튀메마의 특징으로 이해하는 편이 더 나을 것이다.[91]

추정컨대, 이와 같은 이런저런 이유로 후세의 수사학자들과 논리학자들은 엔튀메마를 흔히 '생략 삼단논법'(sullogismos atelēs[데메트리오스],

---

90 버니엣에 따르면, 아르메니아판으로부터 번역한 러시아판은 대전제가 거짓이기 때문에 숨길 필요가 있다고 말하고 있다(M. F. Burnyeat, Enthymeme: Aristotle on the Logic of Persuasion, pp. 6-7, in D. J. Furley & A. Nehamas(eds.), *Aristotle's Rhetoric: Philosophical Essays*, Princeton, 1994).

91 C. Rapp, The Nature and Goals of Rhetoric, in *A Companion to Aristotle*, ed. by G. Anagnostopoulos, Blackwell, 2009, p. 581.

imperfectus syllogismus[퀸틸리아누스], abbreviated syllogism)으로 불러온 것 같다.[92] 그럼에도 이러한 표현은 아리스토텔레스 논리학의 참모습을 이해하는 데 아무런 도움이 되지 않는다.

아리스토텔레스는 『수사학』에서 이렇게 이야기하고 있다. 수사술의 기술과 관련된 pistis(연설적 논증; 입증)는 '일종의 논증'(apodeixis tis)이다. 무언가가 논증되었다고 생각할 때 가장 잘 믿으니까. 또 '수사술적 논증'(apodeixis rhētorikē)은 엔튀메마이며, 이것이 pistis들 중에서 가장 강력하다. 엔튀메마가 '일종의 논증'이니, 엔튀메마는 '일종의 쉴로기스모스'이어야 한다.[93]

이 대목을 풀어서 이야기하자면, 화자(話者)의 임무는 어떤 사안을 청중이 만족하도록 증명하는 것이다. 이것이 입증(pistis)이다. pistis라는 것은 결국 여러 가지 사안들을 논증하는 문제이다(apodeixis tis). 여러 가지 사안들을 논증하기 위해 내놓은 연설(apodeixis rhētorikē)은 생각해 보도록(enthumēma) 청중에게 생각거리를 제시해 줌으로써 그것을 행하게 되는 것이다. 요컨대 맨 나중에 덧붙인 '엔튀메마가 일종의 쉴로기스모스'란 말(1400b37 참조)은 '엔튀메마가 일종의 논의(a sort of argument)'[94]라는 것을 말하는 것으로 이해된다.

그리고 '입증의 본체'[95]를 형성하는 엔튀메마는 '그럼직한 것들(있을법한 것, 개연적인 것들, eikotōn)과 징표들(sēmeiōn)로부터 나오는 추론'[96]

---

92 마이어(H. Maier) 역시 "사실상 엔튀메마는 하나의 생략 삼단논법(ein abgekürzter Syllogismos)"이라고 말한다(pp. 475-476).

93 『수사학』 제1권 제2장 1355a2-8.

94 M. F. Burnyeat(1994), p. 12.

95 『수사학』 제1권 제1장 1354a15(sōma tēs pisteōs).

96 『수사학』 제1권 제2장 1357a31-32.

으로 정의된다. 즉 개연적 추론이라고 부를 수 있다. 나중에 1393a24에 가서 이것을 두 개의 공통의 '연설적 논증'(입증, pistis) 중의 하나라고도 언급한다. 다른 하나는 예증(예시, paradeigma)이다. 요컨대 수사술에서 엔튀메마는 변증술에서는 쉴로기스모스에 대응하고, 예증은 귀납(epagōgē)에 대응한다(1356a35-b5).[97] 엔튀메마는 쉴로기스모스와, 예증은 귀납과 '동일하다'는 것은 '정의상 동일하다'는 것을 의미한다.

> "예증과 엔튀메마 간의 차이라는 것은 『토피카』로부터 명백하다(거기서 이미 쉴로기스모스와 귀납에 대해서 논해지고 있으니까[98]). 즉 많은 유사한 사안들과 관련해서(epi) 무언가가 실제로 그렇다는 것(hoti houtōs echei)을 보이는 경우 거기서는 귀납이고 여기서는 예증이다. 반면, 어떤 사안을 내놓고(tinōn ontōn), 보편적으로 혹은 대부분에서(hōs epi to polu)[99], 그것들이 그 경우임에 의해서(tō tauta einai) 그것들 이외에(para tauta) 다른 무언가가 [그것들 때문에(dia tauta)[100]] 따라 나올 때, 거기서는 쉴로기스모스이고 여기서는 엔튀메마라 부른다."[101]

---

97 예증과 귀납의 차이에 대해서는 『분석론 전서』 제2권 제14장 69a16-19 참조. 귀납은 개별적인 것으로부터의 일반화이지만("귀납은 개별자들로부터 보편자들로의 통로이다": 『분석론 후서』 제1권 제1장 71a8-9), 예증은 하나, 두 개의 개별적인 것에서 새로운 개별적인 것에 관한 결론으로 추론해 가는 것을 말한다.

98 『토피카』 제1권 제1장에서의 추론의 정의, 제12장에서의 귀납의 정의 참조.

99 '보편적으로 혹은 대개'가 전제('그것들이 그 경우임으로 해서')를 말하는 것일까? 아니면 결론('다른 어떤 것')을 특징지어 주는 것일까?

100 카셀(R. Kassel)은 생략한다(버니엣, p. 19 참조). 누군가가 『분석론 전서』에 나오는 dia tauta(24b20)를 『수사학』 여백에 써놓은 것이 본문으로 딸려 들어간 것으로 볼 수 있다.

101 『수사학』 제1권 제2장 1356b12-18.

결국 수사술적 연역 추론으로서의 엔튀메마는 『분석론 전서』 제2권 제27장 70a8-9에서 정의된 논증적 추론(apodeiktikos sullogismos)에 대응하는 것이다. 이 경우 '논증'이란 『분석론 후서』에서의 엄격한 의미의 '논증 이론'을 말하는 것은 아니다.

이제 다른 각도에서 토포스가 직접적으로 언급되고 있는 『수사학』의 경우를 살펴보자. 이것을 통해서 우리는 토포스와 엔튀메마의 관계에 대한 이해를 넓힐 수 있을 것이다. 앞서 언급한 바와 같이 『수사학』에서는 토포스란 '엔튀메마가 속하는 요소들'이라는 매우 소박한 말만을 전해 주고 있을 뿐, 도대체 '요소'(스토이케이온)라는 것이 무엇인지를 명쾌하게 밝혀 주고 있지 않다. 다만 그 언급이 보여주는 것은 변증술에서 중요한 역할을 담당하는 토포스가 수사술의 영역에서도 중요한 비중을 가진다는 점뿐이다. 이런 측면에서 변증술은 나중에 수사술의 중요 영역인 연설(genus demonstrativum), 심의(genus deliberativum), 변론(genus iudiciale) 중에서도 심의와 변론의 영역과 깊은 연관을 가지게 된다. 이런 관점에서 이해하자면, 상대와 일정한 주제를 놓고 따진다는 측면에서 대화술적인 변증술의 본래 자리를 수사술이 차지했을 가능성이 농후하다.

『토피카』 제8권 첫머리에는 변증술과 수사술의 긴밀한 관련성을 논하는 대목이 나온다. "일련의 질문을 고안하려는 사람은 첫째로, 어디서부터 공격을 시작해야 하는가 하는 토포스를 발견해야만 한다. 둘째로, 자기 자신을 향해 일련의 질문을 고안하고 그것을 하나하나 배열해야만 한다. 끝으로, 셋째로는 그 질문들을 이번에는 다른 사람을 향해 던져야만 한다." 제8권은 이미 언급한 바와 같이 '질문과 대답에 대한 논의'가 주축을 이루고 있다. 여기서는 질문을 제기하는 순서가 세 단계로 구별되고 있다. 그 첫 번째 단계는 논의가 이루어지는 문제와 이에 관련된 토포스를 발견하는 것이고, 두 번째 단계는 해결해야 하는 문제에 관련 있는 여러 질문과 또 논의의 근거가 되는 여러 가지 명제들에 관계된 질문들을 하나하나 자신의 마음속에 순서 짓는 일이고, 세 번째 단계는 상대방과 대면하게 되면 지금 자기가 세운 순서와 방식에 따라 질문을 던지고 논의를 전개하는 것이다. 이러한 일반적인 변증술적 절차와 방식을 통해 변증술의 실제적 수행 과정이 이루어진다. 이 과정은 각각 수사술에서의 논거 발견(inventio), 준비(praeparatio), 표현(elocutio)에 해당한다.

엔튀메마를 『수사학』 제2권 제23-24장에서 열거된 토포이들과 연관시켜 살펴보자.

첫째는 논증적 엔튀메마로서의 토포스이다. 즉 반대들로부터, 어형변화로부터, 다소의 정도로부터 토포스들을 만들어 낼 수 있다.[102] '반대로부터의 토포스'는 '반대'를 이용해서 만드는 토포스이다. '자제는 좋은 것이다. 자제의 부족은 해롭기 때문이다.' 이 명제를 일반화하면, 그 토포스는 다음과 같이 얻어진다. '만일 한 술어가 한 주어의 술어라면, 이 술어의 반대는 이 주어의 반대에 대해 술어가 된다.'

1397a22 아래에는 어형변화의 토포스에 따르는 엔튀메마가 제시되고 있다. '정의로운 것(to dikaion)'은 항시 좋지는 않다. 그렇지 않다면 항시 좋은 것은 정의로운 것(to dikaiōs)이어야 할 테지만 말이다. 그러나 정의롭게(to dikaiōs) 죽는다는 것은 바람직하지 않다.' 이것에 대응하는 토포스는, '어형변화는 동일한 방식으로 한 주어에 속해야만 하거나 속하지 않아야만 한다'이다.

다소의 관점에서도 토포스를 이끌어 낼 수 있는데(1397b12-27), 이를테면 '만일 신이 전지전능하지 않다면, 인간도 분명히 전지전능하지 않다.' 이로부터 따라 나오는 토포스는 '어떤 것에 더 그럼직하게 긍정적인

102 이 토포스들은 『토피카』 제2권에서 자세히 논의되고 있다.

술어가 그것(주어)에 속하지 않는다면, 보다 덜 그럼직하게 긍정적인 다른 것(주어)에도 속하지 않는다는 것은 분명하다'(1397b13-15)이다. '자신의 아버지를 때리는 놈은 이웃 사람 또한 때린다'라는 예를 보자. 이 토포스는 "만일 보다 '덜' 비슷한 것이 참이라면, 보다 '더' 비슷한 것도 마찬가지로 참이다"가 된다(1397b16 아래). 이렇게 되어 하나의 전제와 하나의 결론을 가지는 'P, 따라서 Q'(여기서 P와 Q는 명제)라는 형식의 논증이 구성되고, 이로부터 'P이기 때문에 Q이다'라는 형식의 'If P, then Q'로 하나의 논증을 구성한다. 물론 앞서 예시된 토포스들이 P와 Q 사이에 존재하는 여러 관계를 표시한다는 점에서는 다르다. 첫 번째 경우에 P의 주어와 술어는 각각 Q의 주어와 술어와는 반대이다. 결국 엔튀메마는 토포이들의 '예들'로 여겨진다. 달리 표현하자면 엔튀메마들은 토포스에서 표현된 원리들에 의해 보장된 논증이 되는 셈이다. 이렇게 이해하게 되면 우리가 앞서 『수사학』에서 규정했던 '요소와 토포스는 많은 엔튀메마들이 그 아래에 포섭되는 것'이라는 말을 이해할 수 있는 지점에 와 닿게 된다.

그 밖에도 다른 의미로 이해되는 토포스의 목록들은, 두 번째로 '원리와 전제로서의 토포스'(『토피카』 163b22-33), 셋째로 '추론의 규칙으로서의 토포스'로 현대 논리학으로는 '전건 긍정식'(Modus Ponens), '후건 부정식'(Modus Tollens)과 유사한 추론 규칙들로 이해되는 토포스이다. 이것은 다음과 같은 것이다.

> "만일 더 큰 부정을 행하는 것(A)이 더 큰 악(B)이라면, 부정을 행하는 것(A)은 악이다(B). 더 큰 부정을 행하는 것은(A) 더 큰 악이다(B). 그렇다면 부정을 행하는 것은(A) 악이다(B)."

네 번째로는 '법칙으로서의 토포스'가 있고, 다섯 번째로는 '학문 탐구 방법으로서의 토포스' 등이 있다. 지금까지의 논의를 통해서 볼 때, 결국 아리스토텔레스의 경우에 토포스는 어떻게 여러 가지 술어들이 주어에 귀속되는지를 발견하고 분석하는 논리적 도구였음이 밝혀지게 된다.

'있는 것은 무엇일까'라는 본질적 물음에 대한 '정의'를 통해 학문적 탐구를 추구하는 아리스토텔레스에게서 최종적인 원인(까닭, aitia)을 묻는 그의 학문 방법론은 우리가 생각하는 이상으로 학문적 엄격성을 지닌다. 그러나 각 개별 학문을 동일한 정도의 엄밀성으로 잴 수 없다는 아리스토텔레스의 생각은 변증술적 원리와 방법, 수사술적 원리와 방법에 대한 연구를 진행하도록 이끌었을 것이다.

따지고 보면 수사술도 하나의 '방법론'이기 때문에, 『수사학』이란 작품은 '오르가논'에 포섭되는 다른 저작들과 한데 어울려 있어야 할지도 모른다. 아닌 게 아니라, 심플리키오스와 같은 신플라톤주의 주석가들은 『시학』과 더불어 『수사학』을 '오르가논'에 포함시키려 했다. 이러한 생각은 아랍 주석의 전통에도 살아 있었다. 그러나 그 후의 중세 사본들은 페리파토스의 전통을 따른다. 어떤 의미에서 보면 넓은 의미의 '로기코스'라는 말을 받아들이면, 수사술과 일정 부분의 '시작술'(詩作術)도 '오르가논'에 포함시켜야 할지도 모른다. 길게 끌 얘기는 아니지만, 한편으로 보면 전승된 오르가논의 순서와 저작 모음도 나름대로 정당성을 가지고 있다. 가령 일련의 논리적 작품들의 처음 대목에서 늘 탐구 주제에 연관된 '정의 규정'으로부터 시작한다는 특징이 그 정당성의 하나의 표식이다.

일반적으로 기하학적 방식으로 이론적 태도를 지향하는 '분석론'의 방법과 달리 '변증술'은 보다 실천적인 혹은 실제적인 학문 방법론을 지향하고, 수사술은 기술적인 방법으로 '강한' 실천적 지향을 목표로 한다고 말할 수 있다. 『수사학』의 많은 부분은 『토피카』나 『분석론』이 전제하는 '쉴로기스모스' 이론이 발견되기 이전에 쓰인 것으로 생각된다. 『토피카』 제

1권 제3장에서 드러나는 바처럼 수사술은 개별 학문인 의술보다 변증술과 더 밀접한 관련을 가진다. 수사술과 변증술은 '짝패'이면서, 둘 다 어떤 특정한 학문에도 한정되지 않는(epistēmē aphōrismenē) 그러한 앎들과 관련을 맺는다(『수사학』 1354a3, 1355b7-9, 1356a32-33). 그리고 수사술과 변증술은 논의(로고스)를 만들어 내기 위한 어떤 능력(dunameis tines tou porisai logous; 1356a34)이다. 하지만 변증술이 논의를 만드는 데 관심을 두지만, 수사술은 이보다 더 많은 것을 포함한다는 점에서 차이가 난다. 설득적 논증을 고안하는 것 외에도 연설가는 청중의 심리를 알아야만 하고, 그들이 처해 있는 정치적 상황까지도 알아야만 한다. 이러한 지식은 엄격한 의미에서 보자면 '분석론적인 의미'의 학문일 수 없다.

하지만 수사술적 지식은 '방법론'을 넘어 사실적인 문제에 접근해 가야만 한다. 그 지식은 『수사학』 제2권에서의 '감정'에 대한 해부는 물론, 연설가가 자유롭게 구사할 수 있는 여러 종류의 경제적, 군사적, 법제도적인 정보까지를 포함한다(1359b19-1360b1). 이런 실제적 지식에 대한 요구가 수사술을 변증술의 '곁가지'(paraphues ti)이고, 정당하게 정치학이라 불려질 수 있는 '도덕적 품성에 대한 연구'(tēs peri ta ēthē pragmateias)(1356a25-27)의 곁가지로 규정되게 했을 것이다. 이런 점에서 수사술은 변증술과 다르다. 다시 말해서 수사술의 기예는 심리학과 정치학, 논증의 기술에 대한 실질적 지식을 두루 포괄한다. 이런 관점에서 보자면 수사술은 '학적 방법론'을 지향하는 오르가논에서 제외되어야 하며, 철학적 학문이 지향하는 바를 이루기 위한 '도구'로서 그 기능을 발휘할 수 없는 것으로 보아야 한다.[103]

『수사학』 제1권 제4장 1359b9-12에서 아리스토텔레스는 "우리가 앞에

103 M. F. Burnyeat(2001), p. 105.

서 말한 그것, 즉 수사술이 분석적 학문(analutikē epistēmē)과 성격(성품)에 관한 정치학에 의해 성립되며, 또 어떤 면에서는 변증술과 비슷하고 다른 면에서는 소피스트적 논의와 비슷하다는 것은 참"이라고 말한다. 물론 여기서 '분석적 학문'은 『토피카』, 『분석론 전서』의 형식적 논의인 쉴로기스모스, 아포데잌시스를 포괄하는 말이다. 이렇게 보면 수사술의 상대는 변증술, 정치학, 분석론이고, 이 상대적 짝들의 방법을 통해 수사술은 규정되어야 한다.

엔독사의 철학적 의미

아리스토텔레스의 철학에서 중요한 학적 역할을 수행하는 엔독사와 현상('그러한 것으로 보이는 것', '친숙한 경험', '사실', phainomena)의 철학적 의미에 대한 분석은 학문 활동이 인간의 언어와 그 개념적 정교화에 기반을 두고 있다는 점을 밝혀 준다.[104] 아리스토텔레스가 말하는 '현상', 즉 '그러한 것으로 보이는 것'이란 경험적으로 관찰된 데이터와 다른 사람들의 견해이다. 그렇게 수집된 현상들과 그것들에 개재된 난제(aporia)를 풀어내는 것(euporia)이 아리스토텔레스의 철학적 과제였다. 이러한 기본적인 관심은 아리스토텔레스 철학의 체계 내에서 흔들리지 않았던 굳건한 뿌리가 되고 있으며, 그 자신의 세계관의 반영이자 철학함의 근본적인 경향성이었다. 아리스토텔레스에게서 변증술의 역할은 어떻게 우리에게 주어진 엔독사를 구제하고(sozein ta endoxa), 그것을 통해 현상 세계를 정초하는 그 배후로 나아갈 수 있을 것인가를 밝히는 것이었다. 다시 말하여 변증술은 '현상'과 '구제'라는 양 측면에 관심을 기울인다. 그래서 윤리학을 포함한 그의 학적 방법론은 '우리에게 더 잘 알려진 것들'로부터 '단적

---

104 김재홍, 엔독사와 '현상의 구제', 『서양고전학연구』 제8권, 1994, 321쪽.

으로(그 자체로) 더 잘 알려진 것'에로의 인식적 상승을 목표로 했다.

엔독사에 대한 적절한 선이해는 아리스토텔레스의 학문 방법으로서의 변증술을 파악하는 중요한 열쇠가 된다. 이 기술적 명사(名辭)에 대한 아리스토텔레스의 설명은 100b18 아래에서 주어진다(104a 8-37 참조). 엔독사는 이렇게 정의된다. "(a) 모든 사람에게 혹은 (b) 대다수의 사람에게 그렇다고 생각되는 것, 혹은 (c) 지혜로운 사람들에게 그렇다고 생각되는 것이지만—요컨대 (c1) 그들 모두에게 혹은 (c2) 그 대다수에게 혹은 (c3) 가장 유명하고 평판이 높은 지혜로운 사람들에게 그렇다고 생각되는 것(ta dokounta)이다."

엔독사의 형용사는 endoxos('좋은 평판을 받는')이다. 이 말은 도시와 사람, 공적인 중요한 행위에 대해 사용될 수 있다(크세노폰). 역사에서의 어떤 역할 때문에, 또 부와 고귀함, 외적인 좋음과 권력으로 말미암아 사람들은 명성을 획득할 수 있다. 플라톤은 소피스트를 '부유하고 평판이 자자한 젊은이들(neōn plousiōn kai endoxon)의 사냥하는 기술'로서 정의하고 있다(『소피스테스』 223b5).

아리스토텔레스는 '명제' 차원에서 엔독사란 말을 최초로 적용하고 있는 것으로 판단된다. 그의 경우에 특정한 인간 집단에 관련해서, 예를 들면 대부분의 사람들, 전문가 사회, 좋은 평판을 받는 사람들에 의해서 특정한 주장이 받아들여질 때, 임의의 하나의 주장(견해)은 '좋은 평판을 받는', '정평을 받는', 즉 endoxos하다고 말할 수 있다. 이런 측면에서 엔독사는 명제적 성격을 갖는다. 일상적인 의미로 doxa는 '평판'을 의미한다. 여기서 한 가지 기억해 둬야 할 사항은 플라톤적인 의미에서의 앎(epistēmē)에 대응하는, '무엇일 것이라는 생각을 뜻하는 추측 내지는 판단(믿음, 의견)'으로 doxa를 해석해서는 안 된다는 점이다.

나는 이 책에서 풀어서 번역하지 않는 경우에는 엔독사를 대개 '통념'

으로 번역하고 경우에 따라서 '일반적으로 그렇다고 생각되는 것', '일반적으로 받아들여지는 생각'으로 풀어서 옮겼다. 기본적으로 이 말은 'dokein'(기대하다, 생각하다, 견해를 갖다)에 그 의미상의 뿌리를 두고 있다. 바그너와 랍은 '엔독사'를 '인정된 견해'로 옮기며, 다수로 구성된 집단의 사람들에게 인정받는 주장으로서 '인정받으며 받아들여질 수 있는 문장(Sätze)'으로까지 해석한다.[105] 즉 엔독사는 독립적으로 그 참이 보장되기 때문이 아니라 다수로 구성된 집단의 사람들에게 인정받으므로 '주어진 주장들'로 곧 '문장'이라는 것이다. 앞서 롤페스도 엔독사를 개연적인 문장(wahrscheinliche Sätze)으로 옮긴 바 있다. 조나단 반즈는 '평판을 받는 견해들'(reputable opinions)[106]로 옮긴다. 파올로 파이트(P. Fait)는 『토피카』에서 '엔독사이다'란 말은 일종의 '참으로 보인다'는 것으로 가장 잘 해석된다고 주장한다.[107]

한편 자크 브룅슈빅은 엔독사에 대한 번역어로 1967년 판에는 idées admises(승인된 견해들) 혹은 새롭게 endoxal이라는 조어를 만들어서 사용하기도 했다(113-114쪽 주석3). 그러나 2007년의 번역 주해서에서는 idées autorisées('권위를 갖는 견해들') 혹은 idées qui font autorité('권위 있는 견해들')로 해석한다. 다른 측면에서 리브(C. D. C. Reeve)는 엔독사

---

105 Aristoteles, *Topik*, Übersetzt und kommentiert von Tim Wagner und Christof Rapp, Philipp Reclam jun, Stuttgart, 2004, pp. 268-269. 그리고 'endoxon/anerkannte Meinung, Akzeptables' 항목 참조(in *Aristoteles-Lexikon*, herausgegeben von Otfried Höffe, Alfred Kröner Verlag, Stuttgart, 2005, pp. 177-179).

106 J. Barnes, Aristotle and the Methods of Ethics, *Revue Internationale de Philosophie*, 34, 1980, pp. 490-511.

107 Paolo Fait, Endoxa e consenso: per la distinzione dei due concetti in Aristotele, *Annali dell'Istituto Italiano per gli Studi Storici* 15, 1998, pp. 15-48.

를 '심각하게 문제가 없는 믿음들'로 이해하며,[108] T. 라인하르트는 해당하는 영역에서 다른 엔독사들과 논리적 정합성을 갖는 '일치하는 믿음들'로, 그것들의 정합성 때문에 인식론적인 지위에서는 '참으로 보이는 것'으로 이해한다.[109] 이런 점으로 미루어 보면 이 단어의 정확한 번역이 얼마나 어려운지 짐작할 수 있다.[110]

종합적으로 이야기하자면, 엔독사는 인간이 가지고 있는 믿음의 체계, 견해, 전문가의 이론이나 주장을 내포하는 것으로 이해할 수 있다. 엔독사에 내포된 여러 철학적 의미를 좀 더 세분하면서 '인간의 믿음'에 대해 논의해 보자.

(1) 엔독사는 우리에게 귀속되는 주장(명제)을 포함한다. 『토피카』 104a13-14에서 아리스토텔레스는 그러한 믿음들이 우리가 수용했던 일련의 믿음들에 수반하는, 그것과 모순되는 명제들도 포함한다는 점을 분명히 하고 있다. 다시 말하여, 내가 P라는 믿음을 허용하고, 그 믿음과 여러 측면에서 관련하는 Q라는 믿음을 인정한다면, 나는 또한 Q임을 믿는 것이다. 즉 변증술적 명제는 "일반적으로 그렇다고 생각되는 것(엔독사)과 비슷한 것들, 일반적으로 그렇다고 생각되는 것으로 여겨지는 것에 대한 반대를 부정하는 방식으로 제기된 것들"을 포함하는 명제들이다.[111] 물

---

108 C. D. C. Reeve, Dialectic and Philosophy in Aristotle, in J. Gentzler (ed.), *Method in Ancient Philosophy*, Oxford, 1998, pp. 227-252.

109 T. Reinhardt, On Endoxa In Aristotle's *Topics, Rheinisches Museum für Philologie*, Neue Folge, 158. Bd., H. 3/4, 2015, pp. 225-246.

110 엔독사에 대한 조금씩 다른 다양한 번역을 정리하고 있는 마르타 브워다르치크(Marta Wlodarczyk)의 논문(Aristotelian Dialectic and the Discovery of Truth, *Oxford Studies in Ancient Philosophy*, Vol. 18, summer 2000, pp. 153-210) 각주 4 참조.

111 『토피카』 제1권 제10장 104a13-14.

론 P와 Q는 역설적이어서는 안 된다. 역설적인 엔독사들은 제외된다. 왜냐하면 많은 사람들의 의견(doxa)에 반대되는 것이 아니라면, 사람은 지혜로운 사람들의 견해를 승인할 것이기 때문이다. 또한 엔독사는 '확립된 지식(기술, 테크네)에 합치되는 의견들'일 수도 있다. 반대되는 것들에 동일한 지식이 관계된 것이 엔독사라고 한다면, 반대되는 것에 동일한 감각이 관계된 것도 엔독사인 것처럼 보여질 테니까. 또 이 모든 것들은 유사하고 동류인 것처럼 보이기 때문이다. 이와 마찬가지로 엔독사에 반대되는 것들도 그것을 부정하는 방식으로 제기된다면 통념으로 볼 수 있다. 사실상 '친구에게 선을 베풀어야만 하는 것'이 엔독사라면, '해를 입히지 않는 것'도 엔독사일 것이다.

'변증술적 전제는 두 모순 명제들 중 어느 것이 참인가에 관한 질문'에 대해 선택적 특징을 지닌 것이면서, 변증술적 전제는 대화라는 관점에서는 두 모순 명제 중 어느 것이 참인가에 대한 질문이고, 추론적인 측면에서는 『토피카』에서 밝히고 있는 바처럼 '화이노메논'이거나 혹은 '엔독사'의 가정이라는 것이다(『분석론 전서』 제1권 제1장 24a24-24b13). 즉, "변증술적 전제는 질문자에게는 모순 대립하는 두 명제에 대한 질문이지만, 추론하는 자에게는 『토피카』에서 말한 것처럼 일반적으로 그렇게 보이는 것과 통념(엔독사)을 받아들이는 것이다."[112] 하나는 그 추론의 출발점이 다른 사람에게 질문을 던짐으로써 이루어지는 것이고, 다른 하나는 통념, 즉 엔독사를 추론의 출발점으로서 채택하는 방식이다. 전자는 변증술의 대화술의 측면을 말하고, 후자는 쉴로기스모스의 측면을 말한다.[113]

(2) 엔독사는 인간이 범하는 행위를 통해 드러나는 그 행위자의 믿음까

112 『분석론 전서』 제1권 제1장 24b10-12.

113 『토피카』 제1권 제1장 100a25-30.

지도 포함할 수 있다. '적에게는 해를 끼치나 친구에게는 선이 되는 행위를 하라'라는 명제는 하나의 엔독사이지만, 그 말을 하지 않고도 자신이 옳다고 믿는 행위를 함으로써 자신이 옳다고 믿는 믿음이 무엇인지를 보여줄 수도 있다. 이런 측면에서 인간의 믿음은 행위를 통해서 드러나고, 행위 자체는 행위자의 믿음이 무엇인지를 보여준다.

(3) 우리는 언어를 통해 우리의 믿음을 나타낼 수도 있다. 우리가 믿는 바를 언어로 표현할 뿐만 아니라, 언어는 또한 표현되지 않은 믿음을 표현하기도 한다. 우리가 사용하는 언어는 우리의 내재적 믿음을 표현한다. 토포스에 대한 일상적 언어로 표현된 주장 가운데 내재하는 모호성과 부적절성을 밝힘으로써 우리는 그것에 대해 보다 명확한 믿음에 도달할 수 있다. 천둥에 대한 우리의 언어적 표현('구름 속의 소리')은 그것의 본질을 명확히 밝혀 줄 수는 없지만, 그 현상을 설명하는 언어 형식에는 '그 현상을 설명하는 어떤 이유' 내지는 '믿음'을 내포하고 있다. 그러한 언어 형식들은 '지혜로운 사람들'에 의해 수용되는 엔독사이다.

(4) 엔독사는 과학 이론과 관련된 믿음을 또한 포함한다. 여전히 검토되지 않거나 혹은 적절하게 음미되지 않은 이론과 전문가에 의해 검사받지 않은 새로운 사실들과 자료들은 변증술적 추론에서 엔독사의 후보로 적합한 것이 못 된다. 아리스토텔레스 자신은 여러 곳에서 탐구자가 도달할 수 있음직한 결과들, 즉 모든 현존하는 견해들과 모순되거나 혹은 그 누구에게서도 일어나지 않았던 결과들에 도달할 수 있음을 분명히 하고 있다. 그 탐구자가 '가장 유명하고 명망 있는(권위 있는)' 사람 중에 속한다고 할 것 같으면, 새롭게 관찰된 결과들을 포함하여 그 자신의 견해들 중 어떤 것은 엔독사로서 간주되고, 그것들에 기초하는 그의 논의는 변증술적이라고 말해질 수 있을 것이다. 그렇지만 새로운 경험적 자료들을 사용하는 전문가가 가장 인정을 받는 학자의 집단에 속할 만큼 아직 운

이 좋지 않다면, 그의 새로운 연구 결과들이 경험적으로는 올바른 토대 위에 있었다고 할지라도 변증술적 추론으로 그 새로운 결과들을 사용할 수 있는 권한을 부여받지 못한다. 이것은 물론 아리스토텔레스가 실제적으로 그의 생물학적인 탐구의 많은 부분에서 취하는 자신의 입장이다. 생물학에서 비전문가들의 신뢰할 만한 목격된 보고에 기초하는 새로운 정보 역시—이 결과들이 대부분의 사람들에게 알려지지 않는 한—엔독사로서 간주될 수 없다.[114] 따라서 변증술의 방법으로 수용될 수 없다. 그렇지만 아리스토텔레스는 비전문가가 겪는 경험의 가치에 대해서 의심하고 있는 것 같지는 않다. 사실상 아리스토텔레스는 생물학적인 학문 추구의 과정에서 이러한 생소한 자료들에 대한 설명을 승인하고 있다(『형이상학』 981a12-17, 28-29).

그렇다면 누가 전문가일 수 있느냐 하는 물음은 누가 판단의 주체인가 하는 물음을 함축한다. 즉 "모든 현상이 참이라는 신념을 갖고 있는 사람들과 단지 이러한 견해들을 말로만 내세우는 사람들 중에, 누가 건강한 사람인지 아닌지를 판단할 수 있으며, 일반적으로 각 종류의 물음에 관하여 누가 올바르게 판단하는 사람일 수 있느냐고 물어봄으로써 어떤 의문을 제기하는 사람들이 있다."(『형이상학』 1011a3-6) 이 의문에 관해 아리스토텔레스는 다음과 같은 점을 지적한다. 해당하는 분야에서 실제로 그 일에 종사하는 사람이 바로 전문가이며, 또 그가 우리에게 하나의 믿음에 대한 정당성을 부여할 수 있다는 것이다.[115] 그렇기에 사람들은 특정한 분야를 탐구해 왔던 사람들에 의해 지지받는 견해를 수용한다.

가령 의술적인 문제에 관해서는 의사의 견해에, 기하학에 관련된 문제

---

114 『토피카』 제1권 제10장 104a10-12.

115 『니코마코스 윤리학』 제1권 제3장 1095a1-2에서 아리스토텔레스는 "각각의 개별 분야에서는 그 분야의 교육을 받은 사람이 좋은 판단자"라고 말하고 있다.

에 관해서는 기하학자의 견해에 동의한다. 이러한 사정은 다른 모든 경우에서도 이와 동일하다.[116] 그래서 그는 '건강해질지 혹은 그렇지 못할지에 관한 의사와 (그 방면에) 무지한 사람의 견해가 동일한 무게(권위, kuria)를 갖지 않는다는 것은 확실하다'[117]고 말한다. 이는 특정한 영역에 대한 판단을 보증하기 위해서 무한 소급적으로 다른 판단에 의존하여 그 정당성을 만들어 낼 필요는 없다는 것을 의미한다.[118] 그러한 의문을 제기한다는 것은 "우리가 잠자고 있는 것인지 혹은 깨어 있는 것인지를 묻는 것과 같은 것이다. 이러한 사람은 모든 것에는 반드시 이유가 주어져야만 한다는 것을 요구한다. 왜냐하면 그들은 아르카이(제일원리)를 추구하고, 아르카이를 논증에 의해 찾아내고자 한다. 반면 그들이 그 어떤 신념도 갖고 있지 못하다는 것은 그들의 실행에서 아주 분명히 드러난다. 그럼에도 그들의 잘못은 지적했다시피, 그 어떤 이유도 주어질 수 없는 것들에 대해서도 이유를 찾고 있다는 점이다. 논증의 아르카이는 논증의 대상일 수 없을 테니까 말이다. 다시 말해서 아르카이는 논증을 통해서 획득되는 것이 아니기 때문이다."[119] 이를 통해 우리는 한 믿음의 정당성은 엔독사에 내포된 그 매듭을 푸는 실행 과정(실제적 절차와 방법)의 내부에서 발견되고

---

116 『토피카』 제1권 제10장, 104a12-37.

117 『형이상학』 1010b13-14. "이를테면, 많은 사람들이 말하는 것처럼 건강을 만들어 내는 것이 '건강적'이라고 불려질 수 있다. 그러나 당장에 제기된 것이 건강을 만들어 낼 수 있을지 혹은 그렇지 않을지 하는 것은 더 이상 많은 사람들이 부르는 대로가 아니라 의사가 부르는 대로 명명되어야만 한다."(『토피카』 제2권 제2장 110a19-22)

118 이 같은 생각은 '논증' 이론에서의 아르카이에 대한 무한 소급을 거부하는 아리스토텔레스의 기본적 태도와 일치하는 것처럼 보인다. 이에 관해서는 『분석론 후서』 제1권 제2장 71b20-29 참조.

119 『형이상학』 제4권 제6장 1011a6-13 참조. 이와 더불어 이 논의에 선행하는 『형이상학』 1010b29 참조.

확보된다는 사실을 파악할 수 있게 된다.

문답법적 추론에서의 질문자와 답변자의 규칙과 역할

우리는 『토피카』의 첫 문장에서(100a18-21) 변증술적 추론이 두 측면의 방법이라는 점을 발견할 수 있다. 하나는 엔독사로부터 추론하는 것이며, 다른 하나는 논의를 전개할 때 그 어떤 모순을 말하지 않고 논의를 유지하는 방법이다. 이 목적을 성취하기 위해서 변증론자에게는 세 가지 과제가 주어진다. 첫째는 주어진 결론과 관련 있는 전제들을 찾는 것이다. 둘째는 이런 전제들로부터 엔독사에 부합하는 것을 선택하는 것이다. 셋째는 첫째와 둘째 조건을 만족시키는 전제들을 찾은 후에 그것들을 답변자에게 확증받은 다음, 그것을 통해 질문자는 자신이 '바라는 혹은 의도한 결론'을 갖는 추론을 구성하는 것이다.

변증술이 엔독사, 즉 '우리가 그렇다고 받아들이는 생각'으로부터 논의를 출발한다는 점에서, '자명한 참인 전제'로부터 시작하는 '논증(아포데잌시스)'과는 명확히 구별된다.

> "이 논고의 목표는 제기된 온갖 문제에 대해 일반적으로 그렇다고 생각되는 것〈통념〉으로부터 (연역적으로) 추론할 수 있는, 또 우리 자신이 하나의 논의를 지지하려는 경우에, 모순되는 그 어떤 것도 말하지 않는 탐구의 길을 발견하는 것이다."

여기서 보여지는 대로 엔독사로부터 추론하는 것은 질문자(ho erōtōn)의 역할이고, 논의를 전개할 때 그 어떤 모순을 말하지 않고 논의를 유지하는 것은 답변자(ho apokrinomenos)의 역할이다. 질문자와 답변자는 일정한 권한을 가지며, 각자 지켜야 할 규칙은 의무로서 지워진다. 아리스토텔레스는 질문자의 역할을 제8권 제1장-제3장에서, 답변자의 역할을 제4장-제10장에서, 변증술적 논의에 관련된 여러 사항에 대해서는 제11장-제14장에서 기술하고 있다.

먼저 문답을 통한 변증술적 논의에서 질문자는 답변자에게 'P인가 not P인가?'("두 발을 가진 육상의 동물은 인간의 정의식인가 혹은 그렇지 않은가?", 101b32-33)라는 '문제'를 질문의 형식으로 제시한다. 제기되는 질문은 징벌이나 감각이 아니라 논의를 통해 해소할 수 있는 것이어야 한다(105a5-7). 그런 다음 답변자는 어떤 '입론'을 옹호할 것인지를 결정한다(가령, 'p이다'). 그러면 질문자는 그 입론을 공격하기 시작한다. '공격한다'는 것은 '질문자의 역할을 수행한다'는 것을 의미한다.

질문자는 다음과 같은 조건을 만족하는 전제를 내놓아야 한다.

(1) 질문자가 묻는 전제명제는 엔독사이며, 질문자는 답변자의 긍정인 'p이다'에 반대되는 그 결론이 그 부정인 not P 주장을 확립하는 변증술적 추론, 즉 '타당한 연역 논증'을 구성한다. 답변자가 부정인 명제(not P)를 내세울 경우는 질문자는 그 긍정을 확립함으로써 그 입론을 파괴한다.

(2) 문답적 논의에서의 전제는 질문자에 의해 내세워지는 것이 아니라 답변자가 말한 것으로부터 질문을 구성해서 내놓아야 하며, 반드시 답변자가 동의하는 것이어야 한다. 또한 전제들은 질문자가 '바라는 결론'을 실제로 함의하는 것이어야 한다.

(3) 질문은 '예'와 '아니요'로 답변할 수 있는 'X는 그 경우인가 아닌가?'와 같은 형식을 가져야 한다.

결론적으로 평가하자면, 질문자가 승리한다면 답변자의 입론의 부정을 수반하는 답변을 끄집어낸 것이고, 답변자가 승리한다면 그의 답변은 애초의 입론과 정합적(무모순적)으로 남아 있게 될 것이다(100a20-21).

문답을 통한 논의에서 공격자는 상대방이 제시한 견해를 논박하는 역할을 맡고, 방어자는 모순 없이 자신의 견해를 내세우는 역할을 맡는다. 질문자는 질문의 형식으로 확보하고자 하는 전제를 제시한다. 이러한 역할 구분에서 몇 가지 중요한 측면이 드러난다. 『토피카』 제8권에서 논의되고 있는 바와 같이 변증술적 토론은 소피스트적인 기술이 개입되는 것을 허용한다. 질문자는 연역적인 논의를 구성하는 것 이외에도, 다른 추론의 방식인 귀납을 포함해서(155b21-22), 유비 추론과 같은 것을 사용할 수도 있다(156b10-17). 또한 논의를 늘인다거나 혹은 결론을 은폐할 수 있는 여러 가지 책략을 사용할 수도 있다(155b21-28). 답변자 역시 '예'와 '아니요'라는 답변으로 제한되는 것만도 아니다. 예외적으로 질문들이 다의적(多義的)으로 물어지는 경우에는 '나는 이해하지 못한다'라거나, '이것을 의미하는가 아니면 저것을 의미하는가'(160a23-29)라고 묻는 것이 허용된다(160a17-34). 게다가 답변자는 자신이 어떤 주장을 받아들이지 않는다거나 혹은 그 논의가 타당하지 않다고 생각되면 반론(enstasis)을 제기할 수도 있다(161a1-12). 여기서 반론은 대개 '반증 사례'(counter-example)를 제시하는 것이다.

기만과 책략은 단지 경쟁적 문답적 논의에서만 이루어지는 것이 아니라, 비경쟁적인 변증술적 논의에서도 허용된다(155b26-28). 그렇다고 해서 모든 변증술적 논의가 경쟁적인 것은 아니다. 경쟁적 논의와 변증술적 논의의 기본적 차이는 다음의 언급에서 분명하게 드러난다.

> "경쟁하는 사람들의 경우 질문자는 무슨 수를 써서라도 답변자에게 무언가 작용을 미치고 있는 듯이 보여야만 하고, 답변자는 어떤 작용도 받고 있지 않은 듯이 보이도록 해야만 한다. 그러나 경쟁에서 승리하기 위해서가 아니라 검토와 고찰을 위해 논의에 참여하는 사람들의 변증술적 모임에

서는, 자신의 입론을 적절한 방식으로 옹호하기 위해 답변자가 무엇을 목표로 해야만 하는지, 또 어떤 종류의 명제를 인정하고, 어떤 종류의 명제를 인정하지 않아야만 하는지가 아직 또렷하게 밝혀져 있지 않기 때문이다."(159a30-36)

경쟁적이지 않은 변증술적 논의는 그 목적이 승리가 아니다. 경쟁적 논의에서의 답변자는 '그것이 단지 그렇게 보일 때' 동의하지만, '검토'와 '고찰'을 위해 논의에 참여하는 사람들은 결론보다 '더 통념적인' 경우에만 전제들을 인정한다고 승인한다(159a38-b22). 이러한 규칙 아래에서 논의가 이루어졌다면 패자는 불평을 터뜨릴 이유가 없게 된다. 만일 질문자가 답변자가 승인한 전제를 바탕으로 애초의 입론(테시스)에 반대되는 'not p'를 성공적으로 증명했다면 답변자는 질문자에게 아무런 불만을 터뜨릴 수 없을 것이다. 결론이 답변자에게 강제적으로 부과되거나 강요된 것이 아니니까.

이런 상황에서 질문자는 자신의 전제를 선택할 때, 질문의 형식으로 내놓는 경우에 가장 긍정적 답변으로 받아들여질 수 있는 것을 뽑아내야 한다. 가능한 한, 부정할 수 없도록 '일반적으로 그렇다고 생각되는 것'으로부터 전제를 만들어야 한다. 그래야 누구나 받아들이는 것을 거부하는 경우에 입게 될 사회적 비난을 피할 수 없기 때문에 그것을 쉽게 거부할 수 없다. 이런 이유로 아리스토텔레스는 '일반적으로 그렇다고 생각되는 것으로부터' 전제를 구성해서 진행해 나가는 것으로 변증술적 논의를 특징짓는다. 전제를 구성하는 일반적으로 받아들여지는 '믿음', 즉 엔독사는 참일 수 있는 가능성이 농후한 것으로 변증론자들이 관심을 갖는 것이며, 사회적으로 부정할 수 없는 통념으로 받아들여지는 것이다. 이런 측면에서 아리스토텔레스의 변증술은 지식(학문) 차원의 것이 아니라, 믿음 차원의 것으로 생각되며 이데아 자체를 그 대상으로 하는 플라톤의 '변증술'과도 그 차이가 명확하게 드러난다고 할 것이다.

아리스토텔레스는 변증술적 전제를 이렇게 규정한다.

> "변증술적 전제명제는 모든 사람에게서 혹은 대다수의 사람에게서 혹은 지혜로운 사람에게서(다시 말해 지혜로운 사람들 모두에게서 혹은 그 대다수에게서, 가장 저명한 지혜로운 사람에게서) 그렇다고 생각되는 것〈통념〉이 **질문의 형식으로 나오는 것**으로, 통념에 어긋나지 않는 것이다."(104a8-10)

질문자는 확보되기를 바라는 전제를 질문의 형식으로 내놓아야 한다. 질문의 형식만이 답변자로 하여금 '예', '아니요'라는 답변을 만들어 내기 때문이다. 질문자는 '인간의 유는 무엇인가'라고 묻지 않고, '동물은 인간의 유인가 아닌가'라는 식으로 물어야만 한다. '…인가 … 아닌가'는 전형적인 변증술의 물음의 형식이다.

변증술의 논의에서 답변자의 역할은 전제를 승인하든 거부하든 간에 모순을 범하지 않은 채로, 질문자의 엔독사로부터 논의에 따라 적절히 응대해 가는 것이다. 요컨대 답변자의 역할은 어떤 모순을 말하지 않은 채로, 전제를 인정하든가 부정함으로써 질문자의 엔독사로부터 그의 논의를 따라가는 것이라 할 수 있다.

변증술의 학문 방법으로서의 역할과 기능

아리스토텔레스에게서 변증술의 역할과 그것이 수행되는 영역은 우리가 생각하는 것 이상으로 넓으며, 그 적용 가능성은 포괄적으로 여러 분야에서 그 중요성이 강조되고 있다. 앞에서 언급한 것처럼 변증술적 명제와 문제는 윤리학적인 것, 자연학적인 것, 논리학적인 것 등으로 구분된다.

하지만 그 구분이 그것들의 실재적인 학문 체계의 구분에 따라 이루어지고 있는 것은 아니다.[120] 『수사학』에서는 변증술을 '법률, 자연학, 정치학 등을 위시한 많은 동종의 주제들에 관한 문제에 공통적으로 적용할 수 있는 추론 형식'이라고 기술하고 있다(1358a12-13). 이만큼 변증술이 적용되는 학문의 영역은 넓고 포괄적이다.

『토피카』에서 아리스토텔레스는 변증술의 두 형식을 구분한다.[121]

> "이러한 것들이 규정되었으므로, 이제 문답을 통한 변증술적 논의(로고스)에는 얼마나 많은 종류가 있는지를 구별해야만 한다. 하나는 **귀납**(에파고게)이고 다른 하나는 **추론**(쉴로기스모스)이다. 추론이 무엇인지는 앞에서 말한 바 있다. 귀납은 개별자들로부터 보편자에 이르는 통로이다. 예를 들면 지식을 가진 키잡이가 최고의 키잡이라면, 또 전차를 모는 사람이 마찬가지로 그렇다면, 일반적으로 말해서 각각의 일에 대해 지식을 가진 사람이 가장 뛰어난 사람이다. 귀납은 [추론보다] 더 설득력이 있으며 더 명료하고, 감각에 의해 더 잘 알려지는 것으로 많은 사람에게 공통되는 것이다. 이에 반해서 추론은 더 강제적인 것으로 쟁론에 능한 사람에게 더 효과적이다."

변증술적 추론의 한 형식은 쉴로기스모스이고 다른 하나는 귀납이다. 이 두 방법은 서로 대립되는 것으로 쉴로기스모스는 매개념에 의해 대개념이 소개념에 적용되는 것을 보이고, 귀납은 소개념에 의해 대개념이 매개념에 속한다는 것을 보인다.[122] 전자는 매개념에 의해 추론을 시작하고,

---

120 『토피카』 제1권 14장 105b18 아래 참조.

121 『토피카』 제1권 12장 105a10-19.

122 『분석론 전서』 제2권 제23장 68b32-35; 『분석론 후서』 제1권 제1장 71a5-6; 『토피카』 제8권 제1장 155b29-38, 『수사학』 제1권 제2장 참조.

후자의 경우에는 매개념으로 추론해 들어간다.[123]

변증술적 논의의 학적인 역할과 기능에 관하여 아리스토텔레스는 『토피카』 제1권 제1장 및 제2장에서 가장 분명하게 자신의 입장을 개진하고 있다. 그는 변증술적 추론이 어떻게 형성되며, 그 논증을 구성하는 전제들은 어떤 것이며, 다른 추론의 방식과는 어떤 면에서 차이가 있는지를 명확하게 밝힌 다음, 그것에서 변증술의 학적인 기능을 설명하는 가장 중요한 대목을 기술하고 있다. "이 논고가 얼마만큼의 또 어떤 것에 유용한지를 말해야 할 것이다. 이 논고는 세 가지 것에 대해 유용한데, 즉 훈련을 위해, 다중과의 토론을 위해, 철학적 학문을 위해 유용하다."(101a25-28)

이제 변증술의 세 가지 목적과 유용성을 기술하는 대목을 분석함으로써 변증술의 학적인 기능과 역할을 이해해 보기로 하자.

철학적 훈련; 101a29-30의 분석

> "그런데 훈련을 위해 유용하다는 것은 사안 그 자체로서 명백하다. 실제로 탐구를 위한 방법을 가지고 있다면, 제기된 사안〈주제〉에 대해 더 쉽게 공격할 수 있을 것이기 때문이다."

첫째는 지적인 훈련이다. 아리스토텔레스에게서 논리학이란 학문의 도구[124]이고, 진리를 추구하기 위해서 예비적으로 무장해야만 하는 지적 능력이다. 이런 측면에서 변증술은 논리학의 핵심적인 역할을 수행할 수 있다. 훈련의 기술은 주어진 주제에 관한 상이한 입장들에 대해 우리가 어떻

---

123 『니코마코스 윤리학』 제6권 제3장 1139b28-29, 제1권 제4장 1095a30-32; 『분석론 후서』 제1권 제18장 81a40-b1.

124 알렉산드로스, 『분석론 전서 주석』 1쪽 7행-4쪽 29행 참조.

게 대처할 수 있을지를 보여주는 것이며, 또한 다른 사람의 논의가 잘못된 방향으로 나아갈 수 있는 길을 보여주는 것이다. 훈련은 '논의하는 능력을 키우는 것이고, 전제 명제와 반론에 관한 능력을 기르는 것'을 그 목적으로 한다(164b1-3).

이런 의미에서 변증술적인 추론은 아포데익시스와 달리 '잠정적 시도'이다. 논의에 참여하는 사람들은 경쟁에서의 승리가 아니라, 주어진 문제에 대하여 검토(peira)와 탐구(skepsis), 훈련을 위해서 토론을 행한다. 이를 통해 우리는 한 논의에 내포된 난점을 드러내고, 그것을 해소할 수 있는 능력을 배운다. 변증술의 훈련은 주어진 어떤 주제에 대해서라도 더 잘 논의할 수 있도록 우리를 적합하게 만들어 준다는 점에서 그 기능을 발휘한다. 우리가 거듭된 훈련을 통해 주어진 주제를 탐구하는 가장 적합한 방법론을 배울 수 있게 되면, 이 측면에서 그 적용은 명백하게 드러난다. 우리가 하나의 적합한 방법을 가질 수 있다면 제안된 어떤 주제에 대해 더 잘 논의할 수 있을 테니까.

논의에 대처하는 훈련과 연습의 필요성에 대해서『소피스트적 논박에 대하여』에서는 이렇게 이야기한다.

> "질문자가 논의를 포착해서 그 잘못을 알아내고 또 그것을 풀어내는 것은, 답변자가 질문을 받으면서 그것에 재빠르게 대처할 수 있게 되는 것과 동일한 것이 아니다. 우리가 아는 것도 다른 형식으로 제기되면 종종 알 수 없으니까 말이다. 게다가 다른 경우들에서도 더 빠르다 혹은 더 늦다 하는 속도의 문제는 대개 훈련을 통해서 생겨나는 것처럼 이것은 논의의 경우에도 마찬가지이다. 따라서 설령 논의에서 어떤 문제점이 우리에게 분명하게 드러난다고 할지라도 우리가 연습을 결여하고 있다면, 우리는 종종 적절한 때를 놓치고 뒤처지고 만다."(175a20-26)

이 지적인 훈련은 거듭된 변증술적인 절차를 통해 체득된 '지적 습성화'(ethismos)를 길러줄 수 있는 강한 동기를 부여할 수 있다. 이런 측면에서 변증술은 철학함의 방법을 가르친다. 또한 『토피카』(특히 제2권에서 제7권에 걸쳐)는 변증술적 토론 과정의 연습이 그의 학파의 과목의 일부였음을 예시해 준다. 또 그것들이 어떻게 행해졌으며, 토론에서의 성공의 비책이 어떤 것인지를 상세하게 보여주고 있다. 훈련과 검증하는 훈련으로서 변증술적 토론은 항시 참을 주도록 노력해야만 하는 교육과는 명확하게 구별된다고 아리스토텔레스는 지적한다.

> "그러나 이러한 점들이 훈련과 검토를 위해서 논의를 전개하는 사람들에게 규정되지 않았다. 실제로 가르치는 사람들이나 배우는 사람들은 경쟁에 참여하는 사람들과 동일한 목표를 갖지 않으며, 또한 경쟁에 참여하는 사람들과 고찰을 위해서 함께 더불어 시간을 보내는 사람들도 동일한 목표를 갖지 않는다. 배우는 사람은 늘 자신이 옳다고 믿는 것을 인정해야만 하니까. 사실상 누구도 거짓을 가르치려고 시도하지 않으니까 말이다."[125]

이런 관점에서 논증(아포데익시스)의 학문적 역할과는 달리, 훈련과 검증하는 훈련으로서의 변증술적 논의는 항시 참을 주도록 노력해야만 하는 이론적인 교육과는 명확하게 구별된다는 것이다. 플라톤과는 달리 그는 변증술과 같은 피를 나누는 논쟁에 연관된 자매 기술을 경멸하지 않았고, 그의 대중적 강의에서뿐만 아니라, 그 주제에 관한 실제적인 매뉴얼을 저술하는 일을 계속했던 것이다. 또한 이러한 훈련을 위한 목적에는 『파르메니데스』의 후반부에서(135a-136a) 전개되는 플라톤적 모델이 들어 있

---

125 『토피카』 제8권 제5장, 159a25-29 참조.

기도 하다.

대화로서의 기능; 101a30-34의 분석

> "토론에 대해 유용한 것은, 많은 사람들의 견해를 낱낱이 들어 말한 다음이라면, 우리는 사람들을 상대로 다른 사람의 생각으로부터가 아니라 그들 자신의 믿음으로부터, 그들이 적절하게 논하고 있지 않다고 우리에게 생각되는 점에 대해서는 그들 자신의 믿음을 수정하면서(metabibazontes) 그들과 논할 수 있을 테니까."

변증술은 우리와 직접적으로 관련을 맺는 대화 상대자들에 대해서도 유용하다. 토론(enteuxeis)은 우연히 대면하게 되는 다중과의 사이에서 이루어지는 의사소통 행위이다. 플라톤의 초기 대화편에서 우연한 장소에서, 우연한 일로 만나, 우연한 주제를 놓고 대화하는 모습이 떠오른다. 여기서 언급되는 '다중과 우연히 만나 토론하는 것'은 소크라테스적인 대화 방법을 의미하지는 않는다. 변증술은, 또한 다중을 상대로 하는 토론은 '사회적 교제의 수단'이 되기도 한다. 그렇다고 해도 어떤 특정한 주제와 무관한 단순한 소일거리로서의 대화 상대자와의 토론이 아니라, 그보다는 한층 더 심각한 사회적, 정치적 그 밖의 어떤 주장을 포함하는 주제에 연관된 토론을 의미한다. 『수사학』에서도 『토피카』를 명시적으로 지시하면서 다중과의 토론을 다음과 같이 언급하고 있다.

> "게다가 우리가 가장 엄밀한 지식을 가지고 있다고 하더라도 어떤 사람에 대해서는 그것을 바탕으로 해서 말을 함으로써 그들을 설득한다는 것은 쉽지 않은 일이다. 지식에 따르는 논의(말)는 가르침에 속하지만, 이것은 불가

능하다. 오히려 다중과의 토론에 대해서는 『토피카』에서 우리가 말한 바와 같이, 우리의 설득의 수단(pisteis)과 우리의 논의(logos)는 필연적으로 공통된 전제[믿음]들을 통해서 이루어져야만 하는 것이다."[126]

요컨대 다중을 상대해서 논의하는 경우에는 '모든 사람이 받아들이는 공통 전제'를 사용해야만 한다는 것이다. 많은 사람의 의견을 하나하나 늘어놓는다고 해서 설득력이 강해지는 것은 아니다. 다중을 상대하는 토론에서는 '일반적으로 받아들여지는 의견', 즉 엔독사를 토대로 해서 논의를 구성해야만 한다.

변증술은 기본적으로 질문과 답변으로 이루어진다. 물음과 답변을 통한 변증술적 전개방식은 플라톤에게서 극명하게 드러나듯이 진리 추구의 방식이었다. 우리는 앞서 변증술이 그동안 왜 아리스토텔레스에게서 학문의 방법으로 승인받지 못했는가 하는 이유를 고찰한 바 있다. 그것은 대화법에 대한 오해와 아리스토텔레스의 철학적 세계관에 대한 오해에서 비롯되었다. 아리스토텔레스는 홀로 고립되어 철학을 했던 사람이 아니다. "외톨이로 사는 삶은 힘겹다. 혼자서는 연속적으로 활동하기 쉽지 않으나, 다른 사람과 함께라면 또 타인과 관계 맺으면서라면(pros allous) 쉽기 때문이다."[127] "둘이 함께 가면 사유에 있어서나 행위에 있어서 강해진다."[128] 그는 가능한 많은 경험을 하려고 시도했으며, 간접적으로라도 많은 정보를 수집하려 하였다. 상이한 경험적 근거에 따르는 사람들은 각자 자신의 관점에서 진리의 올바름을 주장할 것이다. 혹은 너무도 자명한 진리를 앞에 두고도 그것을 거부하는 사람들도 있을 것이다. 당시 아테네는

---

126 『수사학』 1355a24-29.

127 『니코마코스 윤리학』 제9권 제9장 1170a4-7.

128 『니코마코스 윤리학』 제8권 제1장 1155a15-16.

특정한 사람들만이 학문의 활동에 참여한 것이 아니다. 여러 계층의 사람들이 공동체를 이루며 그 속에서 학문적 관심을 표명했다. 그래서 공동체 속에서의 삶과 진리의 추구는 명확하게 구분되지 않았다. 삶의 현장이 진리 추구의 현장이기도 했다. 따라서 진리에의 다양한 주장들은 상반되는 입장을 취하지 않을 수 없었다.

그렇기에 변증술의 기술을 숙달한 사람은 다른 사람의 믿음으로부터가 아니라 답변자 자신의 답변에 근거해서, 아직 검증받지 못한 전제로부터 논의를 전개하는 사람들에 대해 변증술적 방법의 도움을 받아 그들에 적절하게 대처할 수 있어야만 한다. 만일 그 논의가 건전하지 않다면, 그들에게 그것을 그대로 노정시켜 보여주어야만 한다. 즉 많은 사람들에 의해 받아들여진 견해들을 '검토하고',[129] '믿음을 수정함으로써'[130] 올바른 방향으로 나아갈 수 있게끔 해야만 한다. 믿음을 수정한다는 것은 '마음을 바꿈으로써'를 의미한다. 그렇게 함으로써 변증론자는 올바른 방향이 어떤 것인지를 보여주며, 나아가 상대방에게 그것이 올바른 방향이라는 것을 어떻게 인식시킬 수 있는지를 파악해야만 한다.

인간은 누구나 본성상 진리로 향하는 '자연스러운 경향을'(pephukasin) 소유하고 있어서 조금씩은 진리에 참여할 수 있다. "인간은 진리로 향하는 자연적인 성향을 충분히 타고났으며, 실제로 대부분의 경우에 진리에 다다른다. 이런 까닭에 엔독사를 목표로 삼을 수 있는 능력은 진리에 관련해서도 비슷한 능력을 가진 사람의 특징"(『수사학』 제1권 제1장 1355a15-18)이라고 말함으로써, 진리로 향하는 인간의 자연 본성적인 경향을 분명하게 지적한다. "각자는 진리와 관련해서 무언가 고유한 것을 지니고 있다"

---

129 『토피카』 제8권 제14장 164a8-15.

130 『토피카』 제1권 제2장 101a30 아래, 『에우데모스 윤리학』 1216b30(metabibazomenoi).

는 그의 말이 함축하는 바처럼,[131] 성실한 믿음을 담지하고 있는 모든 사람은 진리를 받아들이겠다는 마음가짐을 가지고 있는 사람이다. 여기서 말해지는 대화에 참여하는 사람들이란 진리의 핵심을 포함하고 있음을 확인하고자 하는 사람들이라고 말할 수 있다. 따라서 변증술적 훈련으로 무장한 사람은, 그 자신이 그것을 발견한다고 믿으며 그 잘못을 거부하는 것이다. 또한 변증술은 지나친 회의주의적 태도를 취한다거나 너무도 자명한 원리들을 받아들이지 않는 태도를 지니는 사람을 '설득하여' 우리와 '더불어' 공동적으로 진리를 추구하도록 이끄는 데에 매우 유용한 방법이기도 하다.[132]

변증술과 철학의 관련성; 101a35-b4의 분석

"거기다가 또 철학적 성격을 지닌 여러 학문에 대해 유용한 것은, 대립되

---

131 『에우데모스 윤리학』 1216b32-33. 진리를 파악하려는 인간의 자연적인 경향에 대한 소유를 언급하는 대목은, 『형이상학』 제1권 첫머리에서(980a21) '모든 인간은 자연 본성상 앎을 욕구한다'라는 구절과 그 맥을 같이한다. "혼자서는 진리에 기여하는 것이 전혀 없거나 그 기여의 정도가 사소하지만, 그것들이 함께 모이면 그로부터 무언가 대단한 것이 생긴다."(『형이상학』 993a30-b5) "이런 견해들 가운데 어떤 것들은 많은 사람들이 오래전부터 주장했던 것이며, 다른 어떤 것들은 소수이지만 명망 있는 사람들이 주장했던 것이다. 둘 중 어느 것도 전적으로 틀렸을 것 같지는 않고 적어도 어느 한 점에서 혹은 대부분의 점에서 옳았다는 것이 이치에 맞을 것이다."(『니코마코스 윤리학』 1098b26-29)

132 이러한 구체적인 방법이 적용되는 방법에 관해서는 『형이상학』 제4권 제4장, 제5장 참조. 거기서는 너무도 자명하게 주어진 현상을 거부하는 회의주의적 태도, 모순율과 같은 원리들을 수용하기를 거부하는 회의주의자에 대해서 어떤 방식을 통해 설득시킬 수 있는지를 따지고 있는데, 이 대목에서도 다른 어떤 방식보다 변증술이 가장 효과적으로 그 충분한 역할과 기능을 담당할 수 있는 것으로 제시되고 있다.

는 양쪽의 입장에서 생겨난 난제를 풀어나갈(diaporein) 수 있다면, 우리는 각각의 사안에 대해 참과 거짓을 판별하는 것이 손쉬울 수 있을 테니까."

'대립되는 양쪽의 입장'에 대해 논의할 수 있는 능력은 진리를 파악하는 데 도움을 줄 수 있다. 이 능력은 더 쉽게 진리를 찾아내는 데 도움을 준다. 그 두 입장 중 하나는 참이어야만 하니까. 이제 주어진 문제에 대해 양편의 논의를 자세히 살펴본 후, 남은 일은 올바른 쪽을 선택하는 것이다.

"또 앎과 철학에 따르는 지혜(프로네시스)와 관계해서, 각각의 가정으로부터 따라 나온 것을 전체에 걸쳐 훑어볼 수 있는 것과 전체에 걸쳐 훑어본 것은 결코 보잘것없는 도구가 아니다. 남은 것은 이 가정들 중 하나를 올바르게 선택하는 것이니까. 또한 이러한 일을 하기 위해서는 자연적으로 타고난 소질이 갖춰져 있어야 하며, 이것은, 즉 참을 적절하게 선택하고 거짓을 회피할 수 있는 능력은 참에 따르는 자연적 소질이다. 이 일이야말로 자연적으로 잘 타고난 소질을 가진 사람들이 잘 해낼 수 있는 일이다. 왜냐하면 자신들에게 제기된 것을 적절하게 좋아하고 싫어함으로써 사람들은 최선의 것을 적절하게 판단하는 것이기 때문이다."(163b9-17)

그럼에도 변증술 자체는 진리를 발견할 수 없다. 단지 변증술적 논의를 전개하는 과정을 통해 부차적으로만 진리에 기여할 수 있을 뿐이다. 분명한 것은 진리를 향한 철학적 탐구를 하는 변증론자는 양편에서 주어진 문제를 논의할 수 있는 '능력'을 소유해야만 한다는 것이다. 그러나 이러한 능력을 소유했다고 해서 철학적 탐구를 잘 수행할 수 있다는 것을 보장하지는 못한다. 아리스토텔레스가 명확히 표명하는 주장은, 주어진 문제를 양편에서 논의할 수 있는 능력이 철학 활동을 원활하게 만들어 줄 수 있기에, 결코 "보잘것없는 도구"가 아니라는 것이다(ou mikron organon). 그럼에도 그 능력이 중요하긴 하지만, 철학에 반드시 필요한 능력은 아니다.

변증술의 본질이 학문적 지식의 축적에 긍정적으로 기여할 수 없다고 해도, 변증술은 철학과 학문에 대한 유용한 보조물일 수는 있다. 여기서 말하는 '철학적 성격을 지니는 지식'이란 실천적 목적이기보다는 학적 '이해'를 위한 탐구 활동을 말한다. 변증술적 방법은 철학적 진리와 원리의 발견 및 논쟁에서의 승리에 이바지할 수 있다. 한 주제에 관련된 양 측면에서 난제(aporia)를 파악할 수 있게 하는 능력은 거짓으로부터 참으로의 이행을 더 쉽게 하도록 만든다. '난제를 푼다는 것'은 탐구에서 해결해야만 하는 문제에 대한 탐구이다. 어떤 문제에 관련된 전승되는 의견들을 요약하며, 일반적으로 받아들여지는 의견을 검토하고, 나아가 그 문제에 얽혀있는 아포리아를 제시함으로써 자신의 탐구를 시작하는 것은 아리스토텔레스의 전형적인 학적 추구 방법이다. 따라서 아포리아를 해소한다는 것은 철학적 문제에 대한 해법의 발견이고, 나중에 가서 아포리아를 해소한다는 것은 애초의 아포리아를 해소하는 것이다.

우리는 철학적 질문에 대한 이런 방법의 적용을 『형이상학』 제3권에서 찾아볼 수 있다. 특히 995a24-b4에서는 적절한 논의를 통한 아포리아의 발견이 해당하는 사안에 대한 적절한 이해를 확보하기 위한 예비적인 작업으로 기술되고 있다. 우리가 탐구하고자 하는 주제에 대한 논의는 어쩌면 무시될 수도 있는 다른 견해와, 간과될 수도 있는 중요한 사항을 발견하게 할 수 있다. 해당하는 본격적인 탐구에 앞서 난점들을 점검해 보지 않은 사람에게는 그 목표가 분명하게 드러나지 않지만, 이와 반대로 난점들을 샅샅이 훑어본 사람에게는 그 목표가 분명하다. 뿐만 아니라 대결을 빚고 있는 모든 논의를 이미 알고 있는 사람은 판단에 임해서 더 유리한 입장에 설 수 있게 된다. 이런 관점에서 변증술의 역할은 본격적인 학문의 탐구를 위한 예비적 작업인 셈이다.

아리스토텔레스는 변증술의 세 가지 유용성을 제시하는 이 대목에서 멈추지 않고, 계속해서 논란이 많이 벌어지는 사항을 덧붙이고 있다.

> "게다가 또한 그것은 각각의 학문에 관련된 사안들 중 제일의 것들을 위해서도 유용하다. 왜냐하면 각 해당하는 학문의 원리들은 모든 것들 중 제일의 것이므로, 그 학문에 고유한 원리들로부터 원리들 그 자체에 대해 무엇인가를 말한다는 것은 불가능하기 때문이다. 그러한 출발점을 따져 묻는 것은 필연적으로 각각의 것에 관해 일반적으로 그렇다고 생각되는 것(통념)들을 통해야만 하니까. 이것은 변증술에만 특유한, 혹은 적어도 가장 고유한 것이다. 왜냐하면 변증술의 검토적 능력은 모든 탐구의 출발점에 이르는 길을 가지기 때문이다(exetastikē gar ousa pros tas hapasōn tōn methodōn archas hodon echei)."(101a36-b4)

늘 논란의 대상이 되는 제2장의 이 대목과 제1장의 연관성을 부정한다면 변증술의 철학적 역할은 부정될 소지가 있다. 논쟁과 논의에 대한 능력을 계발하기 위한 방법(methodos)에 관련해서 토피카의 목적을 설명하는 제1장을 지나치게 강조하다 보면 당연히 제기되는 질문이 생겨나기 마련이다. 제2장에서의 변증술의 철학적 역할은 무엇이며, 변증술이 "각각의 학문에 관련된 사안들 중 제일의 것을 위해서도 유용하다"는 명확한 주장을 어떻게 설명할 수 있겠는가? 제1장의 논의에서 드러난 것처럼, 꼭 기억해둬야 할 것은 변증술적 논의가 그 본래적인 의미에서 승리를 목적으로 하는 '쟁론술'도 참인 전제로부터 출발하는 '논증'도 아니라는 점이다. 이 점을 논의한 후 아리스토텔레스는 제2장에 들어 곧바로 쟁론술 및 논증과 다른 변증술의 '고유한' 목적을 좀 더 넓은 의미에서 지적할 필요가 있었고, 그래서 그는 변증술이 exetastikē(검토술)이라는 점을 명확히 밝혀 놓았던 것이다.

아리스토텔레스의 변증술의 개념에 대한 발전론적 입장을 견지하는 어윈과 같은 학자들은 이 대목을 강하게 해석한다(Irwin[1988], 37쪽). 『분석론 후서』 제1권에서 개진되고 있는 '논증' 이론 자체가 안고 있는 어떤 난점, 즉 제일원리 자체를 어떻게 확보할 수 있는가, 제일원리를 어떻게 발견할 수 있는가에 대한 하나의 답변으로, 어윈은 『토피카』에서 논하고 있는 '변증술적 방법'이 그 해결책일 수 있음을 언급하는 것으로 이해한다. 변증술이 학문의 원리들을 '발견하는 방법'이라고 '강하게' 해석하는 것이다. 실제로 해당하는 각 학문의 원리들은 모든 것들 중 제일의 것이므로, 그 학문에 고유한 원리들로부터 원리들 자체에 대해 무언가를 말한다는 것은 불가능하다. 요컨대 어윈의 해석에 따르면, '그러한 출발점을 따져 묻는 것은 필연적으로 각각의 것에 관해 일반적으로 그렇다고 생각되는 것(통념)들을 통해야만' 가능할 수 있다는 것이다.

이 대목은 변증술이 원리의 탐구에 있어 모종의 학적 역할을 수행한다는 점을 지적하는 것으로 이해할 수도 있다. 워드는 변증술의 기능을 여러 개별 과학에 공통하는 '하나', '같음', '있음', '반대'와 같은 '술어들의 본질'을 검토하는 것으로 해석한다. 그래서 그녀는 제1장 101b3-4에서 언급되는 '출발점'이 이러한 술어들을 가리키는 것으로 간주한다. 요컨대 엔독사를 전제로 사용하는 논의의 형식으로서 변증술은 공통의 술어들과 기본적인 철학적 명제들, 즉 배중률이나 무-모순과 같은 논리적 원리들에 대한 명제를 검사하는 방법이라는 것이다.[133] 이런 측면에서 변증술은 개

---

133 R. Smith, Aristotle on the Uses of Dialectic, *Synthese* 96, 1993, p. 352.

별 과학의 출발점(원리)의 발견이 아니라, 개별 과학의 출발점에 기여할 수 있는 명제들을 향한 논의의 방식, 즉 변증술의 비판적 기능으로서 모든 학문에 보편적으로 적용 가능한 철학적 방법일 수 있다.[134]

워드는 제1권 제2장의 101a36-b4에서의 논의가 변증술과 그 방법론에 관한 다음과 같은 네 가지의 주된 논점을 확증해 주는 것으로 요약하고 있다. (1) 변증술은 과학의 원리들을 명료화하는 것과 관련해서 유용하다. (2) 이 원리들은 논증에 의해 확립되지 않는다. (3) 과학의 원리들로의 길은 통념적 전제들의 사용을 포함한다. (4) 통념적 전제들의 검사는 변증술에 고유하다(55쪽).

그럼에도 엔독사를 기반으로 하는 변증술적 방법이 진리와 원리를 발견할 수 없다는 점은 명백하다. 변증술적 추론에서 엔독사인 전제로부터 연역적으로 추론된 결론은 여전히 엔독사의 성격을 지닐 수밖에 없다. 그것은 필연적인 참을 보장하지 못한다. 인식론적으로 말하자면, 엔독사는 그 자체로 참도 거짓도 아닌 '중립적인 위치'에 놓일 수밖에 없다. 철학적으로 아무리 유용성을 가지고 있더라도 엔독사는 그 인식론적 지위가 제한적일 수밖에 없으며, 엔독사는 단지 제일원리를 명료화하고 평가하는 보조 수단으로만 작동할 수 있을 뿐이다.

아리스토텔레스는 『분석론 전서』 제1권 제30장에서, 탐구하는 개별 학문에 적합한 아르카이의 발견 문제에 대해 "개별 과학과 연관된 대부분의 원리들은 그 학문에 고유한 것이다. 그러므로 각 개별 과학에 관련된 원리들을 부여하는 것은 경험이다. 내가 말하는 것은, 예를 들면 천문학의 원리를 부여하는 것은 천문학에서의 경험이라는 것이다. 천문학에 대한 논

---

134 J. K. Ward, *Aristotle on Homonymy, Dialectic and Science*, Cambridge, 2008, pp. 52-55.

증(아포데익시스)이 발견되는 것은 그 현상들(phainomena)이 충분하게 파악되었을 때이기 때문이다. 어떤 다른 기술이나 과학에 관련해서도 마찬가지이다"(46a17-22)라고 말한다. 요컨대 논증의 토대가 되는 원리의 발견은 엔독사로부터 시작하는 방법으로 확보되는 것이 아니고, 원리를 찾는 과정에서 감각에 호소하거나 그 밖의 다양한 전략에 의존해서 각 학문에 고유한 여러 유형의 데이터를 수집함으로써 가능할 수 있다는 것이다.

어쨌거나 우리가 변증술이 '어떤 측면에서' 아르카이의 발견에 유용한 방법이라고 말하는 경우 변증술의 방법이 엔독사로부터 출발한다는 기본적인 관점을 고려하게 되면, '원리와의 관계'에서 유용하다는 말은 엔독사를 통한 아르카이의 발견을 그 논의 대상에서 전적으로 제외하지는 않는다는 것으로 이해할 수 있겠다.

그런데 '개별 과학에 관련된 아르카이의 탐구'에 관련해 유용하다고 말하는 경우, 아리스토텔레스는 마치 변증술에 새로운 기능과 역할을 도입하는 것처럼 보인다. 표면적으로 드러나는 논의 구조는 그러한 해석을 가능하게 하지만, 문제는 변증술의 '유용성'에 있다. 101a34-b4의 논의 전체는 단일한 목적에 기여한다. 그것은 변증술이 모든 학문에 공통하는 방법론이라는 점이다. 아리스토텔레스에 따르면 다루어지는 주제의 다양성만큼 그것을 공략하는 데에도 다양한 방법이 있기 마련이다. 그러나 학문의 목표가 체계화인 만큼 그 다양한 방법들이 설 수 있는 토대가 마련되어야 한다. 방법들의 토대가 설 수 있는 토포스가 바로 변증술이다. 변증술이 개별 과학에 대해 제일원리의 발견이란 측면에서 관련을 맺는다는 주장은, 변증술이 철학적 방법론에 대한 보조 역할의 수행을 담당하고 있는 것으로 해석되어야 한다. 특히 이는 엄밀성(to akribes, akribeia)을 추구하는 '논증' 이론 안에서 부딪치는 아르카이에 대한 앎을 획득하는 방법으로서 변증술이 일정한 몫을 수행할 수 있다는 관점을 제시한다. 이 대목에서 언급되는 '아르카이'는 변증술적 추론의 출발점으로서의 '엔독사'와 대비되는 것으로서의 논증 이론에서 말해지는 아르카이(제일원리)에 근접하는 지위를 누리는 것처럼 보인다.

그러나 변증술이 어떻게 그러한 학문적 지위를 누리는 아르카이를 발견할 수 있는지, 그 과정 자체에 대한 논의는 『토피카』에서는 선언적인 정도로 그치고 있다.[135] 아리스토텔레스는 논증 이론과 변증술이 다루는 명제들의 차이를 지적하면서도, 이 양자의 방법이 상호 긴밀한 관련성을 가질 수 있다는 측면을 빠뜨리고 있지 않다. 변증술은 자명한 명제가 아닌 아포리아를 가지는 문제들(엔독사)로부터 출발한다. 그렇다고 해서 모든 명제들이 문답법을 통한 변증술의 논의 대상이 되는 것은 아니다.

> "모든 문제와 모든 입론을 고찰해야만 하는 것은 아니다. 고찰해야 할 것은 상대방으로부터 논의〈설명〉를 요구받고 있는 사람이 당혹해할 수 있는 것이지 징벌이나 감각을 필요로 하는 것은 아니다. 왜냐하면 '신들을 공경해야만 하는지 또 부모에게 감사를 표해야만 하는지 하지 않아야만 하는지'를 당혹스럽게 생각하는 사람들은 징벌이 필요하고, 또 '눈이 흰지 혹은 희지 않은지' 당혹스럽게 생각하는 사람들은 감각이 필요하기 때문이다. 또한 고찰해야 할 것은 그 학적 논증(아포데잌시스)이 가까이 있는 것도 아니고, 너무 멀리 떨어져 있는 것도 아니라는 것이다. 왜냐하면 전자는 난제를 갖지 않으며, 후자는 변증술적〈문답법적〉 훈련을 위해서 너무 많은 것을 가지기 때문이다."[136]

---

135 이와 비슷한 해석을 피력한 J. K. Ward, *Aristotle on Homonymy, Dialectic and Science*, Cambridge, 2008, pp. 50–52, 특히 p. 52의 견해 참조.

136 『토피카』 제1권 제11장 105a1–10.

이러한 측면에서 변증술이 '학문'의 제일원리의 발견에 일정한 역할을 수행한다는 점은 명백하다. 어쨌거나 아르카이에 대한 앎은 논증 이론 자체에 의해서 확보될 수 없으니까. 사실상 논증(아포데익시스)은 그것들을 전제한다. 그래서 아리스토텔레스는 '변증술의 검토적 능력은 모든 탐구의 출발점에 이르는 길을 가진다'(101b3-4)고 말하는 것이다. 바로 이 점에서 변증술은 논증의 방법과 어떤 특별한 연관성을 맺는다.[137]

요약하자면 101a35-b4에서 아리스토텔레스가 변증술적 탐구 방법에 부여하는 주요 기능은 네 가지로 정리된다. 첫째, 변증술의 방법은 학문 제일원리를 명료하게 하는 데 유용하다. 둘째, 제일원리들 자체는 '논증' 이론에 의해 확립되지 않는다. 셋째, 학문의 제일원리에로 나아가는 길은 엔독사를 포함하는 전제들을 사용할 수 있다. 넷째, 엔독사를 포함하는 전제들을 검토하는 일은 변증술에 고유한 것이다.

변증술의 철학적 역할에 관한 종합적 평가

앞서 논의한 변증술의 철학적 역할에 관한 세 가지 서로 다른 임무들은 서로 밀접하게 관련되어 있다. 특히 세 번째로 논의된 철학적 기능은 앞서의 두 기능에 의존한다. 이에 대해서는 설명이 좀 더 필요하다. 아리스토텔레스는 『토피카』 159a25-28에서 변증술적 논의를 지적 훈련, 검사(비

137 이런 입장과 달리 변증술의 아르카이에 관련된 역할을 부정하는 카바스키(J. Karbowski)는 이렇게 주장한다. "기껏해야 전문적 변증론자들은 그 원리들이 어떤 개인이나 집단의 믿음과 어울린다는 것을 보일 뿐이다. (원리를 포함해서) 특정한 입론의 참을 확립하는 것은 변증술적 기술의 숙달이 줄 수 없는 전략과 능력을 요구한다."(J. Karbowski, *Aristotle's Method in Ethics - Philosophy in Practice*, Cambridge, 2019, p. 41) 그러면서도 그는 변증술의 훈련이 철학적 훈련에 보완적일 수 있음을 인정한다. "아리스토텔레스는 기껏해야 변증술적 훈련이 고유한 철학적 훈련을 대신하기보다는 보족하는 것으로 간주한다."(p. 52)

판)와 검토, 가르침과 배움을 위한 목적 등으로 구분한다.[138] 가르침을 위한 목적은 아르카이를 발견하는 변증술의 세 번째 기능과 대등한 지위를 누린다. 아리스토텔레스는 때때로 가르침과 배움의 기능을 완결된 학문에 대한 설명과 연관시키기도 한다.[139] 따라서 이 기능은 변증술이기보다는 오히려 논증의 학문적 기능과 깊은 연관을 가진다. 그러나 이 맥락에서 배움의 기능에 관련되는 지식은 논증 이론에서 다루어지는 종류의 지식과는 다른 어떤 것이라는 점은 분명하다.

그런데 변증술의 규칙을 훈련과 검토술에 적용하기에는 다소 무리가 따르는 것처럼 보인다. 왜냐하면 검토술은 상대방에게 참인 것처럼 보이는 것, 즉 일방적인 지식에 대한 검사를 시도하기 때문이다. 따라서 검토술의 관점에서 논의되는 전제는 거짓으로 여겨지는 것조차 포함할 수 있어서(『토피카』 161a24-29) 거짓된 결론을 이끌어 낼 수도 있다(『소피스트적 논박에 대하여』 169b25-27). 하지만 변증술은 가르침과 배움에서 꼭 필요한 학문적 진지성에 대한 요구를 하고 있다. 그렇다면 세 번째 기능은 앞의 두 기능을 배척하는 것처럼 보인다. 우리가 이에 대해 줄 수 있는 최선의 답변은 이런 것이다. 앞서 변증술의 철학적 역할에 대한 논의에서 이야기한 바처럼, 변증술적인 게임과 그 심각성, 시합과 탐구의 관계에 한계를 묻는다면, 그것에는 어떠한 한계도 그어질 수 없다는 것이다. 그러나 매 순간마다의 태도의 변화를 통해 놀이가 심각함이 되고, 시합이 탐구가 된다. 또한 진리에 대한 공동적인 노력의 훈련이 되기도 한다. 변증술은 일종의 지적인 게임이니까. 이러한 관점에서 앞에서 논의한 변증술의 세 기능과 목적은 서로 밀접한 관련을 가진다.

---

138 '검토'에 대해서는 161a24, 165b4, 169b24, 170b11, 172a35-36, 183b1에서, '가르침과 배움'에 대해서는 171b1에서 논의되고 있다.

139 『소피스트적 논박에 대하여』 제2장 165a38-b12.

변증술이 대화에 토대를 두는 논의에 터 잡고 있다고 해도, 모든 변증술이 경쟁적인 것만은 아니다. 변증술적 논의는 적대적인 것이 아니라, '검사하고 탐구하는 것'이 그 주된 기능이다. 아리스토텔레스는 그 일을 위한 규칙들을 규정하는 것이 우선하는 것이라고 말한다(159a32-37). 변증술의 기능의 두 가지 측면이 '검사/검토'(peiras)와 '검토/탐구'(exetastikē[101b3]; skepheōs)이다(159a33).[140] 이것은 비판적으로 검사하거나 증명하고, 검토하는 것을 의미한다. 검토술은 플라톤적 의미에서 이데아로부터 출발하는 '변증술'의 이론이라기보다는 오히려 사람들을 테스트하고 스스로 철학적 삶을 지향하게 하는 실천적 절차이다. 이런 점에서 변증술은 교수적 학문 방법인 '논증'과 달리, 생생한 삶의 현장에서 이루어지는 탐구 방법으로 하나의 구체적인 주제를 던져 놓고 대화를 본령으로 해서 일반적 원칙에 따라 검사하고 검증하는 방법이라고 말할 수 있다. 이런 측면에서 구체적 학문 방법론으로서의 변증술의 '유용성'이 밝혀질 수 있다.

결론적으로 변증술은 명백하게 철학자에게 도움을 줄 수 있는 학문 방법으로서, 일반적으로 정신적 능력과 명석한 사고를 위해, 요컨대 명제의 모호성을 탐지하고 명제들 간의 유사성과 차이점을 감지함으로써, 엔독사로부터의 논의를 통해 고찰함으로써 올바른 탐구의 방향으로 나아가게 하는 논리적 훈련에 도움이 된다. 동시에 아리스토텔레스의 대부분의 지침과 충고는 질문자와 답변자 두 사람의 규정된 규칙에 따라서 행해진 격렬한 경쟁적인 추구로도 보여질 수 있다. 논쟁의 대상으로 어떤 적대자도 찾아낼 수 없다면, 우리는 우리 자신과 논쟁할 수밖에 없다(163b3). 철학은 지식의 추구이다. 반면에 최선으로 그 기능을 수행하고 있는 변증술적 방법은 지식이라 불리는 것, 즉 주장된 지식, 아직 '검토 과정을 거치지 않은

---

140 『소피스트적 논박에 대하여』 제11장 172a27-36 참조.

지식'에 대한 비판적 작업이다.[141]

물론 『형이상학』에서 아리스토텔레스는 철학의 여러 분야와 각 분야마다 그 지향의 차이에 관해 다음과 같이 개략적으로 언급한다. "소피스트적 기술과 변증술은 사실상 철학과 동일한 유의 것을 향해 있다. 철학은 그 능력의 방식에서 변증술과 다르고, 소피스테스적 기술과는 그 삶의 목적에서 다르다. 변증술은 철학이 앎(gnōristikē)을 추구하는 것들에 관한 검토하는 기술(peirastikē)이지만, 소피스테스적 기술은 [앎을 추구하는] 철학인 것처럼 보이나 실상은 그렇지 않은 것이다."[142] 이 대목은 양자 간의 상이한 목적으로 해서 발생하는 그 미세한 차이를 제쳐 놓는다면, 변증술과 철학은 동일한 영역을 다루고 또 동일한 방법을 사용하고 있다는 점을 명시적으로 밝혀주는 곳이다. 문답을 통해 논의하는 자(변증론자)의 방법과 철학자의 방법은 동일하다. 다만 전자는 논쟁에서 승리하려는 데 그 방법을 사용하고, 후자는 진리를 확인하려는 데 그 방법을 사용한다는 점을 제외하고는 방법상의 차이는 없다.[143] 다시 말해 모든 철학적 분야들은 변증술적 방법을 택하며, 그 목적은 철학을 지향한다.[144]

---

141 변증술의 논리학에서의 위상과 종합적 평가에 대해서는 다음의 두 논문을 참조. Eric Weil, La place de la logique dans la pensée aristotélicienne, in *Revue de Métaphysique et de Morale* 56, 1951, pp. 283-315; Paul Moraux, La joute dialectique d'après le huitième livre des *Topiques*('The dialectical joust according to the eighth book of Topiques'), in ed. G. E. L. Owen, *Aristotle on Dialectic*, Oxford, 1968, pp. 277-311. 변증술을 경쟁술적인 측면보다는 '승자와 패자가 없는 논의'(arguments without winners or losers)로 평가했던 브룅슈빅의 주목할 만한 논문 참조(J. Brunschwig, Aristotle on Arguments without Winners or Losers, *Wissenschaftskolleg Jahrbuch* 1984/5, Berlin, pp. 31-40).

142 『형이상학』 제4권 제2장 1004b22-26.

143 『토피카』 제8권 155b7-10, 제1권 105b30.

144 『자연학』 제1권, 제2권의 논의는 이러한 철학적 방법의 특징을 잘 보여준다. 『자

철학적 방법론으로서의 변증술의 역할에 대한 해석의 차이

앞서 간헐적으로 언급한 바 있는 변증술의 철학적 역할에 대한 상이한 해석과 주장들을 정리해 보자. 변증술의 목적에 대한 해석은 두 가지 입장으로 나누어진다.

한쪽은 변증술이 엔독사를 취급하며, 아리스토텔레스가 철학 저술에서 실제적으로 어떤 철학적 문제에 직면해서 논의하는 경우에 항시 다른 사람들의 견해에 대한 변증술적 방식을 채택한다는 점을 강조한다. 다른 쪽은 변증술이 실제적인 대화술로 행해지며, 변증술은 늘 문답법적 대화를 언급하는 것으로 사용된다는 점을 지적한다. 한쪽이 철학적 방법과 변증술을 일치시키는 데 반해서, 다른 쪽은 토론하는 훈련이란 측면에서 변증술의 철학적 사용은 중요하지 않은 것으로 간주한다. 변증술이 대화의 영역에서 이루어지는 질문하고 답변하는 방식으로 국한되는 것이라면 철학적 활동과는 무관할 것이다. 그래서 이 입장을 옹호하는 사람들은 변증술의 논의가 질문과 답변하는 절차라는 점과 나아가 변증술적인 전제 자체도 질문으로서 정의된다는 점을 강조한다.

지윌 오웬[145]은 고전적 논문으로 평가받는 '현상을 놓음'(tithenai ta phainomena)을 통해 아리스토텔레스의 철학에서 사용되는 전문적 용어인 '현상'(화이노메논)에 대해 '개념과 경험'으로 이분법적인 구분을 지었다. 하나는 화이노메나의 (1) 본래적 의미로 순수한 경험적 자료로서 경험적 현상이고, (2) 화이노메나의 다른 의미로 인간의 언어, 일상적 믿음,

---

연학』에서의 논증은 논리적이며, 그 방법은 변증술이고, 그 논의의 목적은 철학적이다. 즉 진리 추구를 목표로 한다.

145 G. E. L. Owen, *Tithenai ta phainomena*, in ed. Mansion, *Aristote et les problèmes de méthode*, pp. 83-103, 1961. 오웬의 논문의 논지 요약에 대해서는 김재홍의 「엔독사와 '현상의 구제'」(『서양고전학연구』, 1994), 특히 284-286쪽 참조.

전문, 해당하는 주제에 관련된 공통의 개념이거나 언어 사용에 의해 포착된 개념적 구조와 연결되는 것이다. 전자는 과학의 탐구 대상이고, 후자는 변증술의 탐구 대상이 된다. 이런 구분을 토대로 오웬은 순수 현상을 기반으로 하는 자연 과학은 변증술이 확립하는 개념 체계 안에서 작동한다는 주장을 펼친다. 이렇게 함으로써 변증술과 자연 과학은 독립적인 학문의 영역이면서도 상호 보완적인 역할을 한다는 것이 그의 철학적 해석이다. 요컨대 오웬의 논의를 받아들이면, endoxa(통념), legomena(말해진 것들), phainomena(현상들)는 모두 하나이자 동일한 것이 되고 만다.

오웬의 직접적인 영향을 받은 여러 학자들(예를 들면 M. 누스바움, T. 어윈, J. 쿠퍼, E. 베르티, J. D. G. 에반스, P. 스롬코프스키 등)[146]은 (1) 윤리학의 방법론이 변증술이라는 주장을 펼쳤다. 어윈은 아리스토텔레스의 윤리적 탐구 방법은 『토피카』 제1권 제1장-제4장, 제10장-제12장에서 기술된 변증술적인 방법이라고 주장한다.[147] 나아가 어윈은 변증술적 방법이 개별 과학의 '원리'(아르케)에 대한 탐구와 발견에도 그대로 적용된다고 말한다.[148]

---

146 이들 각각의 논지에 관련된 책과 논문들에 대해서는 '참고 문헌' 참조.

147 T. H. Irwin, *Aristotle's First Principles*, Oxford, 1988.

148 반즈(1980), 누스바움(1986), 어윈(T. H. Irwin, Ways to first principle: Aristotle's methods of discovery, *Philosophical Topics* 15, 1987, pp. 109-134; *Aristotle's First Principles*, Oxford, 1988) 등은 변증술적 방법과 절차에 대해서는 기본적으로 동의하면서도 다른 각도에서 이 문제에 접근해 들어간다. 누스바움은 아리스토텔레스가 '현상'에 집착하는 태도를 퍼트남적인 '내재적 실재론'(internal realism)과 연결시켜 받아들이는 데 반해, 반즈는 그 방법이 '제한적'이고 '순환적'일 수밖에 없으므로 '발견의 방법'으로서 충분하게 활용되고 있지 못한다는 점을 지적한다. 누스바움이 말하는 내재적 실재론이란, '실재하는 것과 실재하지 않는 것은, 단지 어떤 이론이나 기술(記述), 이미 수용되는 믿음의 체계 안에서 결정될 수 없으며 또 독립적이며 외적인 방식으로도 결정될 수 없다'는 이론이다. 이 이론은 칸트에게서 기원

하지만 카바스키(J. Karbowski)는 아리스토텔레스의 윤리적 출발점이 엔독사라는 점을 인정하면서도 『니코마코스 윤리학』 제1권에서의 출발점은 엔독사가 아니라 '사실'(to hoti; 1095b6, 1098b2)이라는 점을 밝힌다. 좋은 습관과 양육을 통해 획득된 '사실'이 윤리학 논의의 출발점이 되어야 한다는 것이다. 과학적 탐구가 출발점으로서 '사실'을 사용하듯이 실천적 문제에 대해 안성맞춤이게 해주는 출발점은 변증술적 탐구가 아니라 과학적 탐구의 대상이라는 것이 카바스키의 해석이다.[149] 그렇다면 윤리학의 방법론은 엔독사를 출발점으로 삼는 것과 사실을 출발점으로 삼는 것, 두 종류가 있다는 말인가?

어쨌든 이 문제에 관한 한, 원조격인 오웬의 해석에 대한 반대의 입장도 만만치 않았다. 오웬에 대한 비판적 논의는, (2) '변증술이 이론학문의 원리를 확립한다는 주장을 거부하면서도, 변증술이 윤리학에 적용되는 주된 방법'이라고 주장하는 R. 볼튼과, '변증술을 추론의 방식과 성공적인

한다(H. Putnam, *Reason, Truth and History*, 1981, Cambridge, pp. 49ff., p. 60). 누스바움의 내재적 실재론적 해석에 대한 쿠퍼의 비판 참조(J. M. Cooper, Review of Martha Nussbaum's *The Fragility of Goodness*, *Philosophical Review* 87, 1988, pp. 543-564; Aristotle on the Authority of "Appearances", in J. M. Cooper, *Reason and Emotion: Essays on Ancient Moral Psychology and Ethical Theory*, Princeton, 1999, pp. 281-291). 한편 어윈은 무차별적으로 선택된 엔독사의 집합으로부터 추론하는 '순수 변증론'에서 적절하게 선택된 엔독사의 하부집합으로부터 추론하는 '강력한 변증론'으로의 방법론적인 이행이 있었다고 본다. 엔독사 간의 '정합성의 확립'은 '제일원리'에 대한 지식을 줄 수 없다는 것이다. 아리스토텔레스는 '순수 변증론'이 '제일원리'에 대한 지식을 제공할 수 없다는 것을 깨닫고 방법론적 이행을 했으며, 제일원리에 대한 지식을 확보할 수 있는 엔독사를 통한 더 '강력한 변증론'으로 전환했다고 해석하고 있다.

149 J. Karbowski, Endoxa, facts, and the starting points of the *Nicomachean Ethics*, in D. Henry, & K. M. Nielsen(eds.), *Bridging the Gap between Aristotle's Science and Ethics*, Cambridge, 2015, pp. 113-129.

추론 형식을 목표로 하는 기술'로 나누고 변증술은 진리의 발견과는 아무런 관계가 없는 것으로 해석하는 R. 스미스가 대표적이다.[150] 볼튼은 과학적 방법은 경험에 근거하는 것이며, 이 방법과 변증술적 방법은 구별된다고 주장한다. 요컨대 그는 "개별 과학에 관련된 원리들을 우리에게 부여하는 것은 경험(empeiria)의 역할"[151]이라고 강조한다.[152]

최근의 연구는 (3) 아리스토텔레스의 윤리적 방법론이 변증술적이라는 일반적 규정과 『니코마코스 윤리학』 제7권 제1장에서의 엔독사에 기반하는 방법이 아리스토텔레스 윤리학의 중심적 방법과 절차라는 주장에 대해 의문을 표명하기 시작했다.[153] 도로테아 프레데는 아리스토텔레스의 해석자들 사이에 두루 퍼져 있는 엔독사를 둘러싼 학문 방법론에 관한 '신화'를 벗겨 냄으로써 아리스토텔레스의 철학 방법론을 제대로 정립하고자 시도했다. 그녀는 그 과정에서 오웬의 입장과 달리 변증술에서 사용되는 중요한 용어들인 endoxa, legomena, phainomena의 철학적 의미를 분석적으로 준별해 내고자 시도한다. 또 이 세 가지 서로 다른 중요한 용어들을 '하나의 동일한 것'을 의미하는 것으로 다루기보다는 아리스토텔레스 자신이 행하고 있는 바와 같이 그 의미의 차이를 세심하게 구별해 내는 것이 중요하다고 그녀는 주장한다.

나아가 윤리학에서 전개된 방법론은 변증술이 아니라, 『분석론 후서』

---

150 R. Smith, Aristotle on the Uses of Dialectic, *Synthese* 96, 1993, pp. 335-358; R. Smith(1997), 해제 참조.

151 『분석론 전서』 제1권 제30장 46a17-18.

152 R. Bolton, The Epistemological Basis of Aristotelian Dialectic, in Devereux, D. et Pellegrin, P.(eds.), *Biologie, logique et métaphysique chez Aristote*, Paris, 1990, pp. 185-236.

153 D. Frede, The Endoxon Mystique: What Endoxa are and what they are not, *Oxford Studies in Ancient Philosophy* 43, 2012, pp. 185-215.

제2권에서 기술된 학문 방법론이라는 주장을 펼치는 학자들이 등장하기 시작했다.[154] 그들은 윤리적 문제에 관련된 논의는 언어적 개념, 많은 사람들이나 지혜로운 자의 믿음이기보다는 윤리학에 고유한 '출발점'에서 시작된다고 주장한다. 또 거기서 따라 나오는 정의는 엔독사에 의해 제기된 아포리아를 해소하는 그 능력에 의해 정당화되지 않는다고 주장한다. 그래서 아리스토텔레스의 철학적 방법은 '본질적으로 정합론자이기보다는 토대주의자'라고 주장한다.[155] 이러한 주장을 펼치는 살미에리(Salmieri)는 '엔독사와 대부분의 전-반성적인(pre-reflective) 윤리적 믿음은 출발점은 아니지만, 윤리적 탐구와 무관한 것으로 포기될 수는 없다'는 단서 조항을 삽입한다. 요컨대 윤리적 탐구에서 엔독사와 아포리아는 출발점으로 향해 가는 데 기여하는 일정한 역할을 담당한다는 것이다.

한편 나탈리(C. Natali)는 『니코마코스 윤리학』 제1권-제4권에서 아리스토텔레스가 윤리학의 방법으로서 이른바 제7권 제1장에서의 '엔독사에 의한 변증술적 방법'을 사용하지 않았으며, 그 대신에 '학문적 정의'를 찾는 방법, 즉 『분석론 후서』 제2권 제1장-제3장과 제8장-제10장에서 제시된 방법을 사용한다고 해석한다.[156] 그에 따르면 그 방법은 3단계로 구

---

154 '토피카가 변증술의 지침서라면 분석론은 철학의 지침서이다.'(J. Karbowski, *Aristotle's Method in Ethics - Philosophy in Practice*, Cambridge, 2019, p. 53) 이에 관련된 C. Natali의 논문은 '참고 문헌' 참조; G. Salmieri, Aristotle's Non-'Dialectical' Methodology in the *Nicomachean Ethics*, *Ancient Philosophy* 29, 2009, pp. 311-335; D. Henry, & K. M. Nielsen(eds.), 2015에 실린 일련의 논문들.

155 G. Salmieri, Aristotle's Non-'Dialectical' Methodology in the *Nicomachean Ethics, Ancient Philosophy* 29, 2009, p. 334.

156 C. Natali, The search for definitions of justice in *Nicomachean Ethics* 5, in D. Henry, & K. M. Nielsen(ed.), 2015, pp. 148-168.

성된다. 첫째로 정의되는 대상이 존재하는지의 여부를 발견하는 것이다. 정의 대상이 존재한다는 것을 확립한 다음, 이어서 '그것이 무엇인지'를 살펴보는 것이다. 이 절차를 수행하기 위해선 우선 그 대상의 '명목적 정의'(niminal definition)를 발견해야만 하고, 그 후에 이 정의가 무엇을 의미하는지를 설명해야만 한다. 이 절차가 그 사물의 학적 정의, 즉 본질에 대한 개략적 설명이다. 그 대상에 대한 어떤 지식을 갖는 것이 그 대상의 본질을 발견하기 위한 필요적 단계이다. 그러면서 나탈리는 이것이 다른 유형의 논증이긴 하지만, 엔독사의 충분한 사용을 배제하지는 않는다고 주장한다.

굳이 분류하자면 (4) 브륑슈빅은 변증술을 '철학적 탐구와는 무관하고 승자와 패자가 없는 게임'과 같은 것으로 해석한다. 그는 『토피카』 제8권에서 주로 논의되고 있는 바와 같이 '질문자와 답변자의 협력적 활동'을 변증술의 주된 기능으로 이해한다. 문답을 통한 '변증술'과 '경쟁술 혹은 쟁론술'과의 근본적인 차이를 보여주는 질문자와 답변자의 '공동작업'(koinon ergon)에 관련된 아리스토텔레스의 입장은 161a37-b10에서 논의되고 있다. 그럼에도 변증술적인 논쟁 게임은 어느 선에 이르면 철학적 문제의 심각함에 개입되는 단계로 나타날 수 있다. 그러니까 논쟁의 게임도 질서정연한 공동작업을 통해 얼마든지 심각한 철학적 논의로 접어들 수 있다. 요컨대 잊지 말아야 할 것은, 거듭 이야기한 것이지만 문답을 통한 변증술적 방법을 논쟁에서의 승리만을 위한 '순전히 경쟁적'인 것으로만 간주해서는 안 된다는 점이다.

바그너와 랍은 『토피카』를 여러 측면에서 그 성격을 규정지을 수 있는 것으로 해석한다(2004, 38쪽). 변증술의 개념과 방법이 여러 발전 단계를 거치는 논구인 『토피카』라는 작품은 여러 다른 방식으로, 즉 (1) 플라톤의 아카데메이아에서의 논쟁을 위한 지침서로서, (2) 형식 논리적 추론의 전

단계로서, (3) 논증 이론의 기본적 텍스트로서, (4) 학문적 논쟁의 수사술로서, (5) 아리스토텔레스의 중심적인 철학적 방법을 기술하는 것으로서, 그리고 (6) 어떤 측면에서 이 모든 특징을 기술하는 것으로 매력적이며 다층적인 작품으로서 특징지을 수 있다는 것이다.

철학적 방법과 관련해서 변증술의 학문적 역할에 대한 나의 해석과 철학적 입장은 이런 것이다. 변증술이 지니는 여러 가지 학문 방법론적 특성 중에서 원리를 탐구하는 방법으로서 그 '학문적 역할'이 어느 정도 자리매김될 수 있는 것으로 받아들인다. 다시 말해 제일원리를 발견하는 데 주된 역할은 수행할 수 없다고 해도, 변증술이 철학적 탐구에서 최소한 진리 탐구를 위한 보조적인 도구로서 검토적 역할을 충분히 수행할 수 있는 것으로 해석한다.[157]

마무리하며; 변증술과 개별 과학

실천철학에 속하는 정치학, 윤리학에서의 방법론이 다양한 방식으로 획득된 엔독사를 통해 이뤄진다는 점은 의심의 여지가 없어 보인다. 그것이 좋은 양육, 습성화, 혹은 교육을 통해 형성된 공동체 전체의 컨센서스를 이룬 가치와 규범과 일치하는 한, 윤리적 문제를 해결하는 실마리를 제

---

157 버니엣은 '제일원리의 차원에서 앎을 얻기 위해서 우리에게 필요한 것은 더 큰 친숙성, 아마도 더 많은 변증법적 실행일 것이다. 요컨대 지적인 습성화(intellectual habituation)'라고 주장한다(M. F. Burnyeat, Aristotle on Understanding Knowledge, in E. Berti, 1981, p. 131). 맥키라한은 "변증술이 관찰로부터 따라 나온 상충하는 견해들을 분석하는 체계적 방법으로서 과학적 참에 도달하는 데에 유용하다는 점을 증명한다"고 말하면서, "변증술은 전적으로는 아니지만 이 작업(즉 원리의 발견)에 대해 많은 정도로 책임을 맡고 있다"고 주장한다(R. McKirahan, *Principles and Proofs: Aristotle's Theory of Demonstrative Science*, Princeton University Press, 1992, 261쪽).

공해 줄 수 있다는 점도 명백해 보인다. 물론 이 엔독사도 보다 정밀한 검토를 거쳐야 하는 것임은 이론의 여지가 없다.

엔독사에 기초하는 윤리학의 방법론이 모든 학문에 두루 적용될 수 있는지 하는 물음에 직면하게 되면 엔독사의 인식론적 지위를 뒤돌아보아야 한다.[158] 아리스토텔레스는 개별 과학이 기초하는 사실과 경험적 탐구를 중시했으며, 관찰을 연구의 출발점으로 삼았다. 이 '현상과 사실들'은 아포리아의 해소를 통한 검토를 거쳐야 하는 좋은 평판을 받는 견해, 즉 '엔독사'의 모음일 수 없다. 엔독사와 우리에게 친숙한 사실인 '현상'은 분명히 다른 것이고, 그 인식론적 지위의 차이가 벌어지는 만큼 진리 추구에서도 그 엄밀성의 차이를 가져온다. 윤리학에서의 증명이 '엔독사와 이론의 정합성'을 목표로 하는 데 반해서, 개별 과학의 증명은 '현상'과 객관적 관찰, 경험적 사실의 일치를 목표로 한다. 이런 점에서 윤리학에서의 참은 정합성에 기반하지만, 개별 과학에서의 참은 '토대주의적 인식론'에 기반한다고 말할 수 있다.

우리는 아리스토텔레스의 『토피카』를 통해서 다른 관점에서 개별 과학의 문제에 다가설 수 있는 통로를 준비할 수 있을 것이다. 공통 원리에 기반하는 토포스들은 개별 과학을 분과적으로만 다루지 않고, 개별 과학 전체에 공통하는 원리를 발견할 수 있도록 이끌어 간다. 아리스토텔레스의 학문 방법론에는 자신의 '세계관'과 '형이상학'이 짙게 배어 있다는 점을 주목해야 한다. 학문 방법 그 자체는 우리에게 진리를 가져오지 못한다. 진리는 논리 그 자체에 내재하지 않으며, 다양한 존재의 세계, 존재의 다양성 속에 이미 들어 있다. 엄격한 의미의 '논리 체계'란 많은 방법 중 하

158 실천철학에서의 구체적인 철학 방법론에 대해서는 '정치학과 윤리학에서의 학문 방법론'(「해제」)을 참조(아리스토텔레스, 『정치학』[김재홍 옮김], 도서출판 길, 2017, 703-718쪽).

나의 수단과 방편에 지나지 않는다. 방법으로서의 논리는 우리의 탐구의 주제에 관련된 난제(아포리아)의 발견을 위한 절차이지, 결코 그것을 완전한 모습으로 해소하지는 못한다. 우리가 그것을 찾기 위해 가능하게 접근할 수 있는 길은 다양한 현상 세계에 대한 올바른 이해이다. 따라서 올바른 세계의 모습을 이해하기 위한 열쇠는 '우리'(인간)와 관련 맺고 있는 특정한 분야에 적합한 방법을 발견하는 일이다.

아리스토텔레스의 과학과 현대 과학과의 차이와 구분은 그 형식적 특징이 아니라, 아리스토텔레스가 개별 과학의 방법론적 자율성을 현대 과학자들보다도 더 중요한 요소로 보고 있다는 점에서 드러난다. 아리스토텔레스의 생각에 따르면, 모든 과학은 인간에 대한 그 의미와 관련해서 정당성을 확보해야만 한다. 다시 말하여 과학은 아리스토텔레스적 의미에서 변증술의 도움으로 그 정당화가 성취된다. 그렇다고 해서 과학이 철학으로 환원되어야 한다고 주장하는 것은 아니다. 또한 그 역도 성립하지 않는다. 아리스토텔레스의 변증술에 관한 논의를 통해 우리는 과학의 정당화가 개별 과학자에 의한 것이 아니라, 인간에 의한 비판으로서, 다시 말하여 존재의 특별한 '형이상학적 관점'으로부터 성취되어야 한다는 점을 찾아볼 수 있다. 즉 탐구 방법으로서의 변증술은 우리에게 모든 방법의 원리로 향하는 길을 열어 놓는다. 따라서 그것은 존재('존재자로서의 존재자')에 대한 궁극적인 원인에 대한 물음을 제기한다. 현대의 과학적 반성은 철학으로의 이러한 이행을 거부하지는 않는다. 그러나 아리스토텔레스의 경우에서처럼 필연적으로 '존재에 대한 학문'으로 이끌어 가지는 않는다. 이러한 아리스토텔레스의 학문 방법론을 견지하면서도, 우리는 철학적 탐구가 대상으로 삼는 주제의 차이에 따라 상이한 설명이 주어지는 논리적 과정을 주의하면서 바라보아야만 한다는 단서 조항을 잊지 않아야 할 것이다.

참고 문헌

(1) 『토피카』와 관련된 문헌; 번역과 주해서

Alexanader of Aphrodisias, *On Aristotle's "Topics 1"*, Tr. by J. M. Van Ophuijsen, Cornell Univ. Press, NY., 2001.

Alexandri quod fertur In Aristotelis Topicas Sophisticos Elenchos Commentarium, edidit Maximilianus Wallies, Berolini: Reimer, 1898.

Alexandros Aphrodisias, *In Aristotelis Topicorum Libros Octo Commentaria*, CIAG II 2, edidit Maximilianus Wallies, Berolini: Reimer, 1891.

Aristote, *Topiques* Tome I Livres I-IV Texte établi et traduit par J. Brunschwig, Les Belles Lettres, Paris, 1967.

Aristote, *Topiques* Tome II Livres V-VIII Texte établi et traduit par J. Brunschwig, Les Belles Lettres, Paris, 2007.

Aristote, *Topiques, Réfutations Sophistiques(Organon*, V-VI), Traductions par J. Brunschwig et M. Hecquet, GF Flammarion, Paris, 2015.

Aristoteles Werke in deutscher Übersetzung, begründet von E. Grumach, herausgeben von H. Flashar, erster Halbband, Akademie Verlag, Berlin, 1983(『범주들』(카테고리아이), 『명제론』, 『분석론 후서』, 『분석론 전서』).

Aristoteles, *Topik: Topik, neuntes Buch oder Über die sophistischen Widerlegungsschlüsse*, Herausgegeben, übersetzt, mit Einleitung und Anmerkungen versehen von Hans Günter Zekl, Felix Meiner Verlag, Hamburg, 1997.

Aristoteles, *Topik*, Übersetzt und kommentiert von Tim Wagner und Christof Rapp, Philipp Reclam jun, Stuttgart, 2004.

Aristotelis Opera, I. Bekker, Vols. I. Berlin, 1831. O. Gigon(ed.), Berlin, 1960.

Aristotelis Topica cum Libro de Sophisticis Elenchis, Leipzig, edidit I. Strache et M. Wallies, 1923.

Aristotelis Topica et Sophistici Elenchi. Recognovit brevique adnotatione critica instruxit W. D. Ross, Oxonii, 1958.

Aristotle on Dialectic, The Topics; proceedings of the Third Symposium Aristotelicum, G. E. L. Owen(ed.), Oxford, 1968(J. Brunschwig, Observations sur les manuscrits parisiens des Topiques; W. J. Verdenius, Notes on the Topics; M. Soreth, Zu Topik E 7, 137a8-20 und b3-13 등의 텍스트 주석에 관련된 논문들이 실려 있음).

Aristotle, *Posterior Analytics, Topica* by E. S. Forster, The Loeb Classical Library, Cambridge, Massachusetts and London, 1960.

Bonitz, H., *Index Aristotelicus*. *Aristotelis Opera*, Vol. 5, Berlin, 1870.

Colli, G., *Aristotele; Organon*, Tr. with an introduction and notes, Torino, 1955.

Dorion, Louis-Andre, *Aristote. Les réfutations sophistiques*, Presses de l'Université Laval, Montréal-Vrin, Paris, 1995.

Gohlke, P., *Aristoteles Topik*(Aristoteles Die Lehrschriften I. 3), Paderborn, 1952.

Pickard-Cambridge, W. A., *Topics*, in ed. by W. D. Ross, *The Works of Aristotle* Vol. I. Oxford, 1928; ed. by J. Barnes, *The Complete Works of Aristotle*, Vol. One, Princeton University Press, 1984(피카드-케임브리지 번역의 수정판이 실려 있음).

Rolfes, E., *Aristoteles Topik*(Aristotelische philosophische Werke Band III, philosophische Bibliothek 12), Leipzig, 1920/1968.

Smith, R., *Aristotle Topics*, Book I and VIII, Translated with a Commentary, Oxford, 1997.

Tricot, J., *Aristote Organon V, Les Topiques*, Nouvelle édition(Bibliothèque des Textes philosophiques), Paris, 1965/1984.

Waitz, Th., *Aristotelis Organon Graece, Pars posterior: Analytica Posteriora, Topica*, Leipzig, 1846/1965.

Zekl, H. G., *Aristoteles, Topik; Topik, Neuntes Buch oder Über die sophistischen Widerlegungsschlüsse*, Wissenschaftliche Buchgesellschaft Darmstadt, 1997.

(2) 『토피카』와 관련된 연구서

Bäck, A. T., *Aristotle's Theory of Predication*, Brill, 2000.

Barnes, J., *Aristotle; Posterior Analytics*, Oxford, 1975/1993[2].

Barnes, J., Property in Aristotle's Topics, *Archiv für Geschichte der Philosophie* 52, pp. 136-155, 1970.

Barnes, J., Aristotle and the Methods of Ethics, *Revue Internationale de Philosophie*, Vol. 34, No. 133/134, *La Méthodologie d'Aristote*, pp. 490-511, 1980.

Beriger, A., *Die aristotelische Dialektik: Ihre Darstellung in der Topik und in den Sophistischen Widerlegungen und ihre Anwendung in der Metaphysik* M 1-3, Heidelberg, 1989.

Berti, E., *Aristotle on Science: The Posterior Analytics, Proceedings of the Eighth Symposium Aristotelicum*, Padova: Editrice Antenore, 1981.

Bird, O, The Tradition of the Logical Topics: Aristotle to Ockham, *Journal of the History of Ideas*, Vol. XXIII, N.3, pp. 307-323, 1962.

Bobzien, S., Wholly hypothetical syllogisms, *Phronesis*, Vol. 45, pp. 87–137, 2000.

Bobzien, S., The Development of Modus Ponens in Antiquity: From Aristotle to the 2nd Century AD, *Phronesis* 47, pp. 359–394, 2002.

Bobzien, S., The Stoics on Fallacies of Equivocation, in D. Frede & B. Inwood (eds.), *Language and Learning: Philosophy of Language in the Hellenistic Age*, Cambridge: Cambridge University Press, pp. 239–273, 2005.

Bobzien, S., Aristotle's *De Interpretatione* 8 is about Ambiguity, in D. Scott (ed.), *Maieusis – Essays on Ancient Philosophy in Honour of Myles Burnyeat*, Oxford, pp. 301–321, 2007.

Bolton, R., The Epistemological Basis of Aristotelian Dialectic, in M. Sim (ed.), *From Puzzles to Principles? Essays on Aristotle's Dialectic*, Lexington Books, pp. 57–105, 1999/ in Devereux, D. et Pellegrin, P.(eds.), *Biologie, logique, et métaphysique chez Aristote*, Paris, pp. 185–236, 1990.

Bolton, R., The Problem of Dialectical Reasoning (Sullogismos) in Aristotle, *Ancient Philosophy* 14, pp. 99–132, 1994.

Bottani, A., Carrara, M., Giaretta, P.(eds.), *Individuals, Essence and Identity*, Springer-Science+Business Media B.V., 2002.

Bronstein, D., *Aristotle on Knowledge and Learning: The Posterior Analytics*, Oxford, 2016.

Brunschwig, J., Aristotle on Arguments without Winners or Losers, in *Wissenschaftskolleg Jahrbuch* 1984/5, Berlin, pp. 31–40.

Brunschwig, J., Sur le systeme des 'predicables' dans les *Topiques* d' Aristote, in *Energeia. Etudes Aristoteliciennes offertes a Antonio Janone*, Paris. pp. 145–157, 1986.

Brunschwig, J., Rhétorique et dialectique, *Rhétorique et Topiques*, in D. J. Furley & A. Nehamas(eds.), *Aristotle's Rhetoric: Philosophical Essays*, Princeton, 1994.

Chroust, Anton-Hermann, Die ersten dreissig Jahre Moderner Aristoteles-Forschung. in *Wege der Forshung: Aristoteles in der neueren Forschung*, hrsg. von Paul Moraux, Darmstadt, 1968.

Cooper, J. M., Aristotle on the Authority of "Appearances", in J. M. Cooper, *Reason and Emotion: Essays on Ancient Moral Psychology and Ethical Theory*, Princeton, pp. 281-291, 1999.

Cooper, J. M., *Nicomachean Ethics* VII. 1-2: Introduction, Method, Puzzles, in C. Natali(ed.), *Aristotle's Nicomachean Ethics Book VII. Symposium Aristotelicum*, Oxford, pp. 9-39, 2009.

Crisp, R., Aristotle on Dialectic, *Philosophy*, Vol. 66, pp. 522-524, 1991.

Crivelli, P., *Aristotle on Truth*, Cambridge: Cambridge University Press, 2004.

Crivelli, P., Aristotle's Logic, in C. Shields(ed.), *The Oxford Handbook of Aristotle*, Oxford: Oxford University Press, pp. 113-149, 2012.

Davia, C., Aristotle and the Endoxic Method, *Journal of the History of Philosophy*, Vol. 55, No. 3, pp. 383-405, 2017.

Davidson, J., Appearances, Antirealism, and Aristotle, *Philosophical Studies*, Vol. 63, pp. 147-166, 1991.

Deslauriers, M., *Aristotle on Definition*, Brill, Leiden, 2007.

Devereux, D. et Pellegrin, P.(eds.), *Biologie, logique et métaphysique chez Aristote*, Paris, 1990.

Düring, I., *Aristoteles: Darstellung und Interpretation seines Denkens*, Heidelberg, 1966.

Düring, I., Aristotle's Use of Examples in the *Topics*, in G. E. L. Owen(ed.), *Aristotle on Dialectic: The Topics*, pp. 202-229, Oxford, 1968.

Evans, J. D. G., *Aristotle's Concept of Dialectic*, Cambridge, 1977.

Evert, T., Aristotelian Accidents, *Oxford Studies in Ancient Philosophy* 16, pp. 133-159, 1998.

Fait, P., Endoxa e consenso: per la distinzione dei due concetti in Aristotele, *Annali dell'lstituto ltaliano per gli Studi Storici* 15, pp. 15-48, 1998.

Fink, J. L.(ed.), *The Development of Dialectic From Plato To Aristotle*, Cambridge, 2012.

Frede, D., The Endoxon Mystique: What Endoxa are and what they are not, *Oxford Studies in Ancient Philosophy* 43, pp. 185-215, 2012.

Frede, M., Stoic vs. Aristotelian Syllogistic, in M. Frede, *Essays in Ancient Philosophy*, Oxford, pp. 99-124, 1987.

Freeland, C., Scientific Explanation and Empirical Data in Aristotle's Meteorology, J. Annas(ed.), *Oxford Studies in Ancient Philosophy* 8, pp. 67-102, 1990.

Gohlke, P., *Die Entstehung der aristotelischen Logik*, Junker & Dünnhaupt, Berlin, 1936.

Green-Pedersen, N. J., *The Tradition of the Topics in the Middle Ages - The Commentaries on Aristotle's and Boethius' 'Topics'*, Philosophia Verlag, München/Wien, 1984.

Grimaldi, W. M. A., The Aristotelian Topics, *Traditio*, Vol. 14, Cambridge University Press, pp. 1-16, 1958.

Hadgopoulos, D. J., The Definition of the 'Predicables' in Aristotle, *Phronesis* 21, pp. 59-63, 1976.

Hamlyn, D. W., Aristotle on Dialectic, *Philosophy*, Vol. 65, pp. 465-476, 1990.

Hasper, P. S., Between science and dialectic: Aristotle's account of good and bad peirastic arguments in the *Sophistical Refutations, Logical Analysis & History of Philosophy* 15, pp. 286-322, 2013.

Henry, D. & Nielsen, K. M.(eds.), *Bridging the Gap between Aristotle's Science and Ethics*, Cambridge, 2015.

Höffe, O., *Aristoteles-Lexikon*, Stuttgart, 2005.

Huby, P. M., The Date of Aristotle's *Topics* and its Treatment of the Theory of Ideas, *Classical Quarterly*, New Series, Vol. XII, pp. 72-80, 1962.

Hutchinson, D. S. and Johnson, M. R., *A Reconstruction of Aristotle's Lost Dialogue*, www.protrepticus.info., 2017. (미간행)

Irwin, T. H., *Aristotle's First Principles*, Oxford, 1988.

Irwin, T. H., Ways to first principles: Aristotle's methods of discovery, *Philosophical Topics* 15, pp. 109-134, 1987.

Kakkuri-Knuuttila, Marja-Liisa & Tuominen, M., Aristotle on the Role of the Predicables in Dialectical Disputations, *Oxford Studies in Ancient Philosophy* 43, pp. 55-83, 2012.

Karbowski, J., *Aristotle's Method in Ethics: Philosophy in Practice*, Cambridge, 2019.

Kennedy, G. A., *Aristotle, On Rhetoric: a theory of civic discourse*, translated with Introduction, Notes, and Appendices, 2nd ed., Oxford, 2007.

Kneale, W. & M., *The Development of Logic*, Oxford, 1962.

Knorr, W. R., *The Evolution of Euclidean Elements: a study of the theory of incommensurable magnitudes and its significance for early Greek geometry*, Dordrecht, 1975.

Kraut, R., How to Justify Ethical Propositions: Aristotle's Method, in R. Kraut (ed.), *The Blackwell Guide to Aristotle's* Nicomachean Ethics, Oxford, 2006.

Maier, H., *Die Syllogistik des Aristoteles*, Tübingen, 1896-1900.

Malink, M., A Non-Extensional Notion of Conversion in the *Organon*['Non-Extensional'], *Oxford Studies in Ancient Philosophy* 37, pp. 105-141, 2009.

McKirahan, R., *Principles and Proofs: Aristotle's Theory of Demonstrative Science*, Princeton University Press, 1992.

Mignucci, M., On the Notion of Identity in Aristotle, in A. Bottani, M. Carrara, P. Giaretta(eds.), *Individuals, Essence and Identity*, Dordrecht, 2002.

Mignucci, M., Puzzles about identity; Aristotle and his Greek Commentators, in J. Wiesner(ed.), *Aristoteles Werk und Wirkung*, Mélanges P. Moraux, Vol. I, 1985.

Moraux, P., La joute dialectique d'après le huitième livre des Topiques, in G. E. L. Owen(ed.), *Aristotle on Dialectic*, Oxford, pp. 277-311, 1968.

Natali, C., Rhetorical and scientific aspects of the *Nicomachean Ethics*, *Phronesis* 52, pp. 364-381, 2007.

Natali, C., Particular virtues in the *Nicomachean Ethics* of Aristotle, in R. Sharples(ed.), *Particulars in Greek Philosophy*, Leiden, pp. 73-96, 2009.

Natali, C., *Posterior Analytics* and the definition of happiness in *NE* I, *Phronesis* 55, pp. 304-324, 2010.

Natali, C., The search for definitions of justice in *Nicomachean Ethics* 5, in D. Henry and K. M. Nielsen(eds.), *Bridging the Gap between Aristotle's Science and Ethics*, Cambridge, pp. 148-168, 2015.

Natali, C.(ed.), *Aristotle's Nicomachean Ethics Book VII. Symposium Aristotelicum*, Oxford, 2009.

Nguemning, A., *Untersuchung zur "Topik" des Aristoteles mit besonderer Berücksichtigung der Regeln, Verfahren und Ratschläge zur Bildung von Definitionen*, Frankfurt am Main, 1990.

Nussbaum, M. C., *The Fragility of Goodness: Luck and Ethics in Greek Tragedy and Philosophy*. Cambridge, 1986.

Nussbaum, M, C., Saving Aristotle's Appearances, in M. Schofield and M. Nussbaum(eds.), *Language and Logos: Studies in Ancient Greek Philosophy Presented to G. E. L. Owen*, Cambridge University Press, pp. 267-94, 1982.

Obbink, D., 'What All Men Believe - Must be True': Common Conceptions and *Consensio Omnium* in Aristotle and Hellenistic Philosophy, *Oxford Studies in Ancient Philosophy* 10, pp. 193-231, 1992.

Owen, G. E. L.(ed.), *Aristotle on Dialectic: The Topics*, Proceeding of the Third Symposium Aristotelicum, Oxford, 1968.

Owen, G. E. L., ed. by M. C. Nussbaum, *Logic, Science and Dialectic: Collected Papers in Greek Philosophy*, Cornell Univ. Press, 1986.

Owen, G. E. L., Tithenai ta phainomena, in S. Mansion(ed.), *Aristote et les problèmes de méthode*, pp. 83-103, 1961.

Primavesi, O., *Die Aristotelische Topik: Ein Interpretationsmodell und seine Erprobung am Beispiel von Topik B* (Zetemata 94), München, 1996.

Pritzl, Kurt, O.P., Opinions as appearances: Endoxa in Aristotle, *Ancient Philosophy* 14, pp. 41-50, 1995.

Rapp, C., *Aristoteles Rhetorik* I, II, Akademie Verlag, Berlin, 2002.

Rapp, C., Dialektik und Rhetorik. Über dialektische und topische Elemente in Aristoteles' *Rhetorik, MÉTHEXIS*, Vol. 16, pp. 65-81, 2003.

Rapp, C. & Hasper, P. S.(eds.) *Fallacious Arguments in Ancient Philosophy, Logical Analysis and History of Philosophy/Philosophiegeschichte und logische Analyse*, Vol. 15, mentis, Münster, 2013.

Reeve, C. D. C., Dialectic and Philosophy in Aristotle, in J. Gentzler(ed.), *Method in Ancient Philosophy*, Oxford, pp. 227-252, 1998.

Reeve, C. D. C., *Practices of Reason: Aristotle's Nicomachean Ethics*, Oxford, 1992.

Reinhardt, T., *Das Buch E der Aristotelischen Topik - Untersuchungen zur Echtheitsfrage*, Göttingen, 2000.

Reinhardt, T., On Endoxa In Aristotle's *Topics, Rheinisches Museum für Philologie*, Neue Folge, 158. Bd., H. 3/4, pp. 225-246, 2015.

Robinson, R., The historical Background of Aristotle's *Top*. VIII, in *Proceedings of the VIIth international Congress of Philosophy*, pp. 437-442, 1931.

Ross, W. D., *Aristotle's* Prior *and* Posterior Analytics: *A Revised Text With Introduction and Commentary*, Oxford: Clarendon Press, 1949.

Ryle, G., Dialectic in the Academy, in R. Bambrough(ed.), *New Essays on Plato and Aristotle*, R. & K. Paul, London, pp. 39-68, 1979.

Salmieri, G., Aristotle's Non-'Dialectical' Methodology in the *Nicomachean Ethics, Ancient Philosophy* 29, pp. 311-335, 2009.

Schiaparelli, A., Epistemological Problems in Aristotle's Concept of Definition: *Topics* vi 4, *Ancient Philosophy* 31, pp. 127-143, 2011.

Schiaparelli, A., Platonic Ideas and Appearance in Aristotle's *Topics*, in *Archiv für Geschichte der Philosophie*, Vol. 99(2), pp. 129-155, 2017.

Schofield, M. & Nussbaum, M. C.(eds.), *Language and Logos; Studies in ancient Greek philosophy Presented to* G. E. L. Owen, Cambridge Univ. Press, 1982.

Sedley, D., Aristotelian Relativities, in Monique Canto-Sperber et Pierre Pellegrin(eds.), *Le Style de la pensée, Recueil de textes en hommage à Jacques Brunschwig*, Les Belles Lettres, pp. 324-352, 2002.

Shorey, P., The Origin of the Syllogism, *Classical Philology*, Vol. XIX, pp. 1-19, 1924.

Sim, M., *From Puzzles to Principles? Essays on Aristotle's Dialectic*, Lexington Books, 1999.

Slomkowski, P., *Aristotle's Topics*, Brill, 1997.

Smith, R., *Aristotle: Prior Analytics*, Hackett, 1989.

Smith, R., Aristotle on the Uses of Dialectic, *Synthese* 96, pp. 335-358, 1993.

Smith, R., Dialectic and Method in Aristotle, in Sim, M.(ed.), *From Puzzles to Principles? Essays on Aristotle's Dialectic*, pp. 39-55, 1999.

Smith, R., What Use is Aristotle's *Organon?, Proceedings of the Boston Area Colloquium in Ancient Philosophy*, Vol. IX, pp. 261-285, 1993.

Smith, R., Dialectic and the Syllogism, *Ancient Philosophy* 14, pp. 133-151, 1994.

Smith, R., Aristotle's Logic, in E. N. Zalta(ed.), *The Stanford Encyclopedia of Philosophy*(Feb 17, 2017 Edition), URL = 〈https://plato.stanford.edu/entries/aristotle-logic/〉

Solmsen, F., *Die Entwicklung der Aristotelischen Logik und Rhetorik*, Berlin, 1929.

Spranzi, M., *The Art of Dialectic between Dialogue and Rhetoric: The Aristotelian Tradition*, John Benjamins Publishing Company, 2011.

Vahlen, J., Rhetorik und Topik. Ein Beitrag zur Aristoteles' Rhetorik, *Rheinisches Museum* 22, pp. 101-110, 1867.

Ward, J. K., *Aristotle on Homonymy, Dialectic and Science*, Cambridge, 2008.

Weil, E., La place de la logique dans la pensée aristotélicienne, *Revue de Métaphysique et de Morale* 56, pp. 283-315, 1951. 재수록 *Essais et conférences*, I, Paris, pp. 44-70, 1970. English translation in J. Barnes, M. Schofield, R. Sorabji(eds.), *Articles on Aristotle*, vol. I, London, pp. 88-112, 1975.

Wians, W., Saving Aristotle from Nussbaum's Phainomena, in A. Preus and J. P. Anton(eds.), *Aristotle's Ontology*, Albany, NY, pp. 133-149, 1992.

Wians, W.(ed.), *Aristotle's Philosophical Development: Problems and Prospects*, Rowman & Littlefield Publishers, Inc., 1996.

Wiesner, J.(ed.), *Aristoteles Werk und Wirkung*, Mélanges P. Moraux, Vol. I, Walter de Gruyter, 1985.

Wlodarczyk, M., Aristotelian Dialectic and the Discovery of Truth, *Oxford Studies in Ancient Philosophy*, Vol. 18, pp. 153-210, summer 2000.

Zingano, M., Aristotle and the Problems of Method in Ethics, *Oxford Studies in Ancient Philosophy*, Vol. 32, pp. 297-330, 2007.

김재홍, 엔독사와 '현상의 구제', 『서양고전학연구』 제8권, 1994.

김재홍, 아리스토텔레스의 술어이론과 쉴로기스모스의 연관성 — 쉴로기스모스의 학문적 해명, 『철학논집』 제24집, 2011년.

김재홍, 학문방법론으로서의 '논증' 이론의 역할과 기능 — 〈아르카이〉에 대한 학적 분석, 『대동철학』 제61집, 2012.

디오게네스 라에르티오스, 『유명한 철학자들의 생애와 사상』, 김주일, 김인곤, 김재홍, 이정호 옮김, 나남, 2021.

이재현, 변증술적 토론 훈련의 규칙과 비판적 사고 교육을 위한 응용 가능성 — 아리스토텔레스 『토피카』 제8권을 중심으로, 『범한철학』 제83집, 2016.

이태수, 아리스토텔레스의 『토피카』와 그 전승, 『서양고전학연구』 제19집, 한국서양고전학회, 2003.

플라톤, 『국가』, 박종현 역주, 서광사, 1997(개정증보판 2005).

색인과 주요 용어

* W. D. 로스(Oxford, 1958)와 J. 브룅슈빅(Les Belles Lettres, 2007)의 '색인과 주요 용어'를 참고하여 색인 작업을 수행했다.
* 회페(O. Höffe)의 『아리스토텔레스 용어 사전』(*Aristoteles - Lexikon*, 2005)을 참고했다.
* 아래와 같은 방식으로 벡커의 아리스토텔레스 전집 페이지 숫자를 표기했다.

『토피카』 8권 전체 텍스트 벡커 페이지 100a-164b = 00a-64b

Ⅰ = 00a18-08b33	Ⅴ = 28b14-39a20
Ⅱ = 08b34-15b35	Ⅵ = 39a24-51b24
Ⅲ = 16a3-20b8	Ⅶ = 51b28-55a38
Ⅳ = 20b12-28b10	Ⅷ = 55b3-64b19

[ㄱ]

가능하다(endechesthai) 02b6; 여지가 있다/가능하다(engchōrein) 53a23
가로막는(epiprosthein) 48b27, 30
가로막다/가로막는(empodizein, empodistikos) 18b34, 61a37
가정(hupothesis) 08b8, 12, 17, 19b35, 39, 52b18, 58a32, 60b17, 63b11, 33
가정하다(hupotithenai) 08b17, 20a3, 42b28, 52b22
각각의 것 자체(autoekaston) 62a27, 31
감각(aisthēsis) 02a7, 04a16, 05a5, 17, 28, b5, 7, 06a29-31, b27, 08a4, 9, 11a16 아래, 13a32, 14a10-25, 19b2, 24a38 아래, b6, 25a28, 32, b16 아래, 29b26-34, 31b20-31, 35b33, 41b10, 45b1, 4, 14, 56a6, b12 아래; 감각의 대상(aisthēton) 08a9, 23a27, 14a19-25, 25a29-31, 26a22-24, 31b21, 31, 34, 36b6, 38a23 아래, 42a3; 감각하다(aisthanesthai) 06b23, 11a16, 19, 29b33-35, 33a8, 10, 34b2 아래, 37b24 아래, 38a6 아래, 27 아래
강건함(ischus) 16b18, 21
강렬함(sphodrotēs) 26b15

같은 단위로 잴 수 없다/통약 불가능(asummetros) 06b1, 63a12
같음은 여러 방식으로 말해진다(tauton posachōs legetai) 03a6
개별자/이 무엇(tode ti) 16a23
거짓(pseudēs, pseudos) 01a1, 36, 08a33, 10a1, 11a24, 30, 23a17, 33b12, 36a36, 50b4 아래, 52b22, 57a3, b29, 58a1, 59a30, 60a25-27, b23-61a2, 27-35, b21, 62a8-10, b3, 11-28, 63b14; 거짓을 말하다(pseudesthai) 09a28 아래, 40a14, 49b5, 옳지 못하다 49b8
거친(쉰) 소리(somphos phōnē) 06b8
건강(hugieia) 10a19, 45b8
건강적(hugieinos) 06b35, 10a19, 16b17, 37a4, 39b21, 53b37
걸어감(badisis) 22a25
검은 음성(melaina phōnē) 06a25, b6-9
검토/검토하다(peira, peiran) 59a25, 33, 61a25
검토하다(episkeptesthai) 04a35, 08a18
겉옷(himation) 03a10, 27
견디기 어렵다(dusphorein) 18a24
결론(sumperasma) 55b23, 56a11-25, 57a13, 58a7, 59b4-23, 60a14, 61a7, 15, b22-31, 62a13, b1, 13, 63a25-36; 결론을 이끌어내다(sumperainesthai) 54a33, 59b6, 61a1, b20, 62a3-8, 36, b2-12, 22-25
결부하다(prosaptein) 32a18
결여/결여하고 있음(sterēsis) 06b21, 26, 09b18, 14a7-13, 24a35-b1, 35b28-36, 41a10-14, 43b34, 47b4-48a2, 3-9
결핍한(endeēs) 18a11
경악(ekplēxis) 26b14
경쟁을 목적으로(agōnos chrin) 55b26; 경쟁하다/경쟁적으로(agōnizomai, agōnistikōs) 59a25-37
고역을 마다하지 않다(philoponein) 18a22
고유속성/고유성(idion) 01b2, 17-25, 37, 02a18-27, b5, 12, 22-38, 03a28, b5-24, 07a38, 08b4, 09a13, 17, b9 아래, 16b14, 16, 20b12, 28b14-39a20, a31, b4, 40a33-37, b4-22, 43a31, 48a35, 49b19, 22, 54b2, 13-19, 55a8-23, b9
고찰/탐구(skepsis) 59a28, 33
고찰의 대상/고찰하다/관조하다(theōrēma, theōrein) 04b1, 08a1, b7, 32a24, 살피다 49b27
고통(algēdōn) 45b2, 6
고통이 없음(alupia) 17a24
곱셈의 곱(pollaplasioun) 25a7, 47a26, 63b26
공격받기 쉽다(euepicheirētos) 11a11
공격하기 까다롭다(dusepicheirētos) 58b5, 8, 16
공격하다/공격(epicheirein, epicheirē-

sis) 01a30, 02a13, 10a11, 11b15, 12a32, 15a26, 28b26-32, 29a22, 35a6, 39b10, 46b33, 51b3, 5, 55a7, 17, b5, 56b20, 58a31, 35, b1, 13, 25, 37, 61a22; 공격적 논의/공격 수단(epicheirēma) 11b12, 33, 51b23, 62a16, 63a37, b5
공동작업/공동임무(koinon ergon) 61a 20-21, 61a37-b1
공리/주장(axiōma) 10a38, 55b15, 56a23, 59a4, 60a7, b29
공유하지 않는(akoinōnēton) 17b31
공정(epieikeia) 41a16; 훌륭하다(epieikēs) 13a13
공통된(koinos) 05a18, 08b22, 30b19, 57a23, 61a20, 37-39, 63b32, 64a8
공통된 것을 갖고 있다(epikoinōnein) 23a6
관계(pros ti) 03b22, 05b34, 09b18, 11a7, 14a13, 20b37, 21a1-5, 24b15-22, 25a5, 33, 35b17-23, 42a28 아래, 45a13-19, 46a36, b3-9, 47a23, 49b4-15, 52a39
관조적/이론적(theōrētikos) 41a7-9, 45a15, 49a9-17, 52b4, 57a10
교환(metallagē) 49a15
구구단(kephalismos) 63b25
구분/구분하다/구별하다(diairesis, diairein, diairetos) 20b36, 21a6, 21a29, 28b2, 39b28, 50b33, 55b18, 63a8
구실(skēpsis) 31b11
귀납(epagōgē) 03b3, 05a11-16, b27, 08b10, 11b38, 12a5, 13b17, 29, 15a5, 22a19, 23b7, 55b21, 34-39, 56a1, b14, 57a7, 20, 60a38; 귀납적(epaktikos) 08b7, 9, 64a12, 15; 귀납을 행하다(epagein) 08b11, 56a4, 57a21, 34, 37
규정해 주다(epidiorizein) 49a31
균형/균형적/균형 있게(summetria, summetros, summetrōs) 07b9, 39b21, 45b10
극단/끝(akra) 23b25, 24a7
긁개(stleggis) 45a23
긍정(kataphasis) 43b15, 36, 58a20
긍정(phasis) 36a5, 7, b1, 63a15
기개적(thumikos) 29a12-14
기쁨(chara) 12b23
기억(mnēmē) 25b6
기억된 설명/기억에 남겨진 요점(apomnēmoneusis) 64a3
기억술(mnēmonikon) 63b29
기체/밑에 놓여 있는 것(hupokeimenon) 03b13, 15a3, 32b19-34, 33b22, 36a29, 주어지는 것 23b20, 주어 27b1, 3
기하학자/기하학(geōmetrēs, geōmetria) 10b6, 53a10, 61a34, 63b23
기회를 노리다(paratērein) 61a23

길게 끌다(mēkunein) 57a1
길이 자체(auto mēkos) 43b24, 31
꾀까다로운 성미를 드러내다/언짢은 행동을 하다(duskolainein) 60b3, 6, 61a23, b9, 침착함을 잃다 12a12
꾀까다롭게 구는 것(duskolia) 60b11, 12
꾸밈/장식/꾸미다(kosmos) 57a6; 꾸미다(sunepikosmein) 57a11

[ㄴ]

나란히/평행으로(parallēlos) 58b31, 63b4
나쁜 신체적 상태(kachexia) 13b36
낙담하다(apoduspetein) 63b19
난외에 병기하다(parasēmainesthai) 05b16
난제(아포리아)를 제기하는 논의(aporēma) 62a17
난제/당혹(aporia, aporēma) 45b1, 17, 62a17
난제를 풀어나가다(diaporein) 01a35
날카로운 각/높은(oxus, oxugōnios) 06a13, 14, 07a14, 17
남아도는 것/잉여(periousia) 18a6, 12
낮 동안에 빛나는 별(hēmerophanes) 42b1
낮(hēmera) 42b3
내세워지다/제안되다/관용적으로 확립되다(keisthai) 11b32, 40a3, 59b7, 24, 26, 37
내포하다(sunepipherein) 44b17, 29, 30, 57b23
냉각(katapsuxis) 41a10
넘어서다(huperbainein) 43a15
네스토르(Nestōr) 17b24
논리적/말로서(logikos) 05b21, 23, 62b27; 논의할 수 있는(logikon) 29a29
논리적으로 증명하다(sumbibazein) 54a36, 55a25, 58b27, 61b37
논박받다(parexelegchein) 12a8
논박(elengchos) 30a6
논박하다/논박받고 있다(elengchein, parexelegchesthai) 12a8, 58a10, 63b6
논의(logos) 01a20, 01b12-14, 01b38, 02a1 아래, 03b2, 04b24, 05a4, 10, 07a20-29, 38, b6 아래, 08b5, 09b7, b30-32, 10a5-8, 11b37, 12a5, 22b7, 25b14, 29b32, 30a2, 39, b26 아래, 32b9-14, 34a25, b11, 35 아래, 39a11, 26-b4, 16, 26, 40a34-36, b10-23, 42a15-20, b3, 21, 43b18-22, 45b31, 46a4-14, 34, 47a29, b3, 14-22, 58b6, 25-39, 60b7, 21-23, 61a16, 62a4, 12, 35, b3, 25, 64a4, b10; 변증술적 논의(dialektikos logos) 05a10; 논의를 위해(logou charin)

60b21-22
논의에 참여하다(sunistanai) 64b12
논의의 두툼함(ogkos logou) 55b22
논쟁하다(amphisbētein) 16a8
논증(학적)/증명/논증하다(apodeixis, apodeiknunai) 00a27, 01a27-29, 05a8, 08b19, 11a19, 41a30, 52a7, 27, 62a12, 15, b20, 22, 64a10
놀라움(thaumasiotēs) 26b15
놓다/주장하다/내세우다/간주하다(tithenai) 04a5, 34, 05b11, 17, 9b28, 12a12-15
눈(雪)(chiōn) 27a13
눈썹에 가려진 것(ophruoskios) 40a4
눈앞에 있다(ekkeisthai) 03b29, 30
능력/가능하다(dunamis, dunasthai) 01b6, 19b2, 24-28, 24a25-32, 25b21, 24, 26a30-b5, 28a8 아래, 43a11, 45b36, 46a1, 64b1, 가능성 38b27-39a5

[ㄷ]

다루어지다/연구하다(pragmateuesthai) 05b31, 06a2
다르다/차이가 나다(diaphōnein) 06a12, 23, 11b24, 14b32, 22a7, 34, b10, 30a7, 45b21, 46a35, 47a21, 48a19, 52a36, b26
다른(heteros, thateron) 25a3, 33b15, 34a35
단맛을 좋아하다(philoglukus) 11a3
단위/하나(monas) 08b26
당나귀(onos) 07a19
대각선(diametros) 06b1, 63a12
대립 분할하다/동계열적으로 대립적인(antidiaireisthai, antidiērēmenos) 36b3-9; 대립 분할된 것들(같은 유에서 분할된 것들 간의 동계열적으로 대립하는 구성원들, antidiērēmena) 42b7-10, 43a34-b4, 10, 44a1 아래
대립/대당(antithesis) 13b15, 51b35, 63a16
대립하는 것들(antikeimena) 05b33, 06b13, 15, 09b17, 14a11, 19a37, 24a35-b4, 25a25, 27, 31a14-24, 35b7, 36b23-31, 42a23 아래, 46a27, 47a29 아래, 51b31-36, 53a27 아래, 55b32 아래, 56b7, 59b5, 63a3, 15, 23 아래
대립하는 쌍(suzugia) 13a12
대체하다/치환하다(metalambanein) 30a39, 49a4
대항하다(antitakteon) 34a4
대화를 나누다(homilein) 01a32
더 많이와 더 적게(mallon kai hētton, to) 14b37, 15b3, 19b17, 27b18, 26, 28a6-7, 37b14-27, 28-38a3, 4-12, 13-20, 21-29, 45b34-46a2, 46a3-12, 13-20, 52b6, 54a4-11

뒤엎다/파기하다(anaskeuazein) 02a16, 09a10, b26, 10a16-32, b31, 11a13, 29, b9, 21, 13b6, 15a34, b7, 19b23, 31, 20a6, 22a9, 37, 27b18, 29b3, 30, 30a15, 29, b11, 23, 38, 31a13, 27, b5, 19, 37, 32a10, 27, b8, 19, 35, 33a12, 35, 34a5, 35a9, 20, b8, 17, 27, 36a7, 29, b3, 15, 24, 33, 37a8, 21, b2 아래, 14, 28, 38a4, 13, 30, b6, 16, 27, 39a9, 54b16, 23, b3-55a3, 31
듣기 편한(euēkoos) 07a13
디오뉘시오스(Dionusios) 48a27
따라 나오다(결과로)(sumbainein) 00a 26, 56b38
땅/흙(gē) 30b1, 31b26-30, 32b31, 35b3-6, 46b28, 51a23
떠나다(apoleipein) 31b30

[ㄹ]

라케다이모니아 사람들(Lakedaimonioi) 52a14-16, 20, 22

[ㅁ]

만들다/만들 수 있는(poiein, poiētikos) 06b36, 14a29, 16b26-36, 37a4, 6, 45a16
많이 가지고 있다/풍부하다/쉽게 할 수 없다/수단을 찾다/충분히 다루다(euporein) 01b13, 02a13, 05a22, 08b14, 10b5, 11b33, 12a25, 63b7
말하다(legesthai) 48a3, 51b35
망각(lēthē) 53b27
망각하다(epilanthanesthai) 53b27
먼저 공격을 하다(proepicheirein) 60b15
멜리소스(Melissos) 04b22
명령하는(prostaktikos) 28b19
명백하다(kataphanēs) 01a29, 09b39, 50b10
명백한(periphanēs) 58a1
명예를 사랑하는 자(philotimos) 46b21
명확한/명확성/명확하다(saphēs, saphēneia, diasaphein) 11a9, 31a34, 39b14, 40b6, 49a7, 57a14, 명료성 08a19
명확히 하다(diastellein) 31b17-18, 34b22
모범/전형(paradeigma) 51b20, 예증 05b28, 예(例) 57a14 아래
모상(eikōn) 40a14
모순(명제)(antiphasis) 04a14-26, 06b13, 09b19, 13b16, 25, 62a18, 63a18, 20, 24
모양을 잘 갖추다(suschēmatizein) 51b8
모욕/오만한 태도(propēlakismos) 44a6
모임(sunodos) 59a32
모퉁이에(en parabustō) 57a4
모호하다(amphibolos) 45b24

[ㅂ]

[ㅅ]

성향/심적 상태(diathesis) 21b38, 45a34
3배(triplasion) 14a15
소멸(phtora) 14b16, 20 아래, 17b3 아래, 19b9, 11, 24a20-28, 52a1, 3, 53b31, 33
소멸하다(phtheiresthai) 11b7, 15b18, 24a23-29, 37a23-b1, 39a12, 14, 45b25-28, 50a33-36
소멸하지 않는(aphthartos) 45b22
소유/가지고 있음/상태/품성(稟性)(hexis) 06b21, 26, 09b19, 14a8-13, 21b38, 24b34, 25a1, 35, b15-20, 42b12, 43a16, 44a10-17, 47a12 아래
소크라테스(Sōkratēs) 03a30, 60b27
소피스트(sophistēs) 04b26, 26a31
소피스트적 논의(sophisma) 62a14, 16
소피스트적(sophistikos) 11b32, 33b16
소피스트적인(sophismatōdēs) 58a35
속다(apatē) 32a31-34
속이다(parakrouein) 57a27
속임을 당하다(diapatasthai) 48a7
속지 않는 사람(anexapatētos) 32a32
속한다(huparchein) 02b4-9, 29-35, 09a14, 35, 15a29, 24a2, 54b11, 55a28-36
수(arithmos) 03a9, 23, 40b2, 산수 53a10, 산술 63b24-26
수동적 성질/속성/겪음(pathos) 26b35-27a3, 30a32, 45a3, 4, 33-36, 59a4
수반(따름) 관계(akolouthēsis) 13b16-14a9, 14, 20, b14
수반하다(akolouthein) 13b31-35, 14a4-6, b15, 38, 15a3, 5, 17a9, b32, 18a35, 24a11, 25b20, 24, 27a26, 28b4, 53b26, 따르다 62a23
수사술(rhētorikē) 01b6, 8, 64a5
수작을 부리다/책략을 사용한다(terthreuesthai) 56b38
수정하다/바꾸다(믿음을)(metabibazein) 01a33, 61a33
수집하다(procheirizesthai) 05a35
술어/유(katēgoria) 03b20-29, 39, 07a3, 09b5, 41a4, 52a38
술어가 되다(katēgorein) 02a32, b20, 03b8, 22, 07a26, 28, 09b6, 11a33-38, 20b17-29, 21a18-26, 22a4-6, 13-b2, 9, 23a11-13, 35, 24b12, 26a28, 27a12, 29-34, b6, 29, 31, 28a14-21, 32b7-22, 31, 34, 34a22, 24, b35, 36a6, 14 아래, 40b23, 25, 36-41a6, 43a22, b23, 44a28-b8, 52b3, 25-28, 53a16-22, 38, b1-19, 54a21-30, b1, 8, 10
숨김(krupsis) 55b23, 26; 숨기다(kruptein) 56a7, 14, 57a6, 63b35
쉽다(eupetēs) 05b26, 54a26
시샘/시샘이 심한 사람(phthonos, phthoneros) 09b36
식이요법(diaitein) 10b19
실속 없는 말을 쉴 새 없이 이야기하다/

쓸모없는 말을 하다(adoleschein) 30a34, 58a28
실천적 지혜/슬기/현명함(phronēsis) 08a2, 16b26, 17a28, 18a19, 19b33, 20a28, 31, 21b31-33, 36b8-11, 37a13-16, 41a7, 45a29, 31, 63b9
실체/본질(ousia) 03b28, 31, 20b37-38, 21a7, 30b1-4, 26, 31a4, 35a17, 19, 39a30, 40a34, 37, b5, 43a18, 33, 44b31 아래, 45a4, 10, 46b3, 49b37, 50b25, 51b1, 53b31-33, 무엇임(우시아) 08b5, 있음〈존재〉 39b20
쓸모없다(achreios) 30b12, 28
쓸모없다(periergos) 40a36

[ㅇ]

아는/앎(gnōrimos, gnōsis) 05a17, 10a6, 11a8, 10, 29b3-27, 31a3, 13, 17, 40a9, 11, 41a13, 29-b6, 18-42a25, b21, 49a18-27, 51b4 아래, 55b12, 15, 56a5 아래, 58b11, 59a10 아래, b8-15, 60a23
아름다움/아름다운 것(kalon, kallos, to) 06a22, 10b10, 13b22, 15b23-25, 16b19, 21, 18b21, 28, 32, 21a2, 24b20-22, 28a3, 35a12, 36b17-18, 41a20-22, 46a22
아이아스(Aias) 17b16
아주 명백하다(katadēlos) 00b30
아킬레우스(Achilleus) 17b14 아래, 24
안다(eidenai) 08a27, 28
안다(gnōrizein) 39b14, 41a27, b17, 42a30, 49a26, 58b4; 앞서 알다(prognōrizein) 41b12; 철두철미하게 안다(exepistasthai) 63a32, b18, 28
안성맞춤이다(epikairos) 19a36, 가장 유리하다 54a12
안티스테네스(Antisthenēs) 04b21
액체(hugros) 30b35
약을 복용하다(pharmakeuesthai) 11a2, 15b26
어떠한가/질(poion ti, poion) 03b22, 26, 28, 32, 38, 07b12, 20b28, 22b17, 28a28-29
어형변화(ptōsis) 06b29-07a2, 14a26-b4, 18a34, 24a10, b36, 25a5, 33b36, 36b15-32, 48a11 아래, 51b30, 53b25, 54a13
언급을 덧붙이다(episēmainein) 60a3, 10
얼마인가/양(poson) 03b22, 26, 28, 35, 38
엔튀메마/수사추론/설득추론(enthumēma) 64a6
엠페도클레스(Empedoklēs) 05b16, 27a18
여러 가지 의미로(다의적으로) 말해진다(pollachōs legesthai) 10b16
연결하다(suneirein) 58a37

[ㅈ]

좋은 신체적 상태/튼튼함(euexia, euektikos) 05a31, 06a5, 13b35, 37a5, 53b37, 57b23
좋은/더 나은(agathon, beltion) 07a5-12, 16a14-20, 20a6-31, 제3권 제1장-제3장
주다/인정하다(didonai) 55b22, 60a25, 61b13-17
주목하다(epiblepein) 20a32, b15, 30, 32a27, 54a16
주의하다(eulabeisthai) 08a34, 60b17
주저하다(apoknein) 60a21
죽어야만 하는 것/인간(brotos) 37a35, 49a7
죽지 않는(athanatos) 45b22
죽지 않음(athanasia) 26b36
줌/공여(dosis) 25a16
중간(meson) 06b4-12, 23b13, 49a31
즐거운(hēdus) 05a28, 13b22-24, 14b8, 18b28, 19b7, 24a16, 18, b8-14, 40b28-31, 41a3, 46a22-30, b12, 47a1-14
증대(epidosis) 15a3, 46a8
지나침(huperbolē) 13a6, 26b28, 39a9, 초과 34b24
지성(nous) 04a6, 08a11, 12a19
지시(prostaxis) 03a35
지식/학문; 알다/학문적/학문적으로(epistēmē; epistasthai, epistēmonikos, epistēmonikōs) 01a6, 14, 28-38, b10, 18, 01a27, 34, 02a7, 03a28, 04a16, 05a28, b6, 24, 33, 07b20, 08a4, 9, 09b17, 10b26, 35, 11a21, 37-b2, 12a19, 13b4, 6, 14a18-25, b9, 25, 16a22, 19b4-33, 20a28-31, 21a1 아래, b26-37, 24a13, b19, b33, 25a9, 28-b13, 26a5, 20, b33, 28a32-38, 30a20-22, b8-18, 31a24, 32a20, b1 33b28 아래, 34a2, 15, b1, 17, 37a13-15, 39b32, 40a35, 41a19, 41b16, 42a25, b25, 31, 43a11, 45a15, 27, 36, 46b1-7, 16, 47b30, 48a6, 49a9-17, b6-11, 20-22, 51b1, 52b2, 53b27-29, 55b16, 31, 56b11, 57a9 아래, b12-16, 63a3, 19, 64a1
지지하다/옹호하다(hupechein) 00a20, 12a5, 58a31, 60b14, 17, 22
직접적인 전제/승인된 전제/가정(lēmma) 56a21
진흙(pēlos) 27a14, 16
질 낮은 논의(ponērologia) 64b13
질문을 고안하다(erōtēmatizein) 55b4, 18, 25
질문을 하다(erōtan, erōtēma) 04a8, 55b3, 51b10, 54a25, 56a13-14, 57a4, 22, 32, b7, 58a2, 7, 9, 12, 26-27, 38, 59a15, 18-20, 30, b6, 16, 60a12, 23, 61a2-b27, 62b31, 63b2, 64a18
집어넣다(paremballein) 57a1

56a7
추리(logismos) 45b2, 5, 18
출발점/제일원리/원리(archē) 00a29, b20, 28, 01a38 아래, b4, 05b11, 08b27, 12a21, 21b9 아래, 41b8, 41a3, 47b1, 53a9, 54b27, 55b13, 58a37, b5-7, 39, 62b31, 34, 63a14, 26, 63b27, 33
충분하다(autarkēs) 50b23
충분하다(autotelēs) 02b13
치환(metalēpsis) 49a6

[ㅋ]

코이리로스(Choirilos) 57a16
쾌락/즐거움/즐거운(hēdonē, hēdus) 04b7, 06a37, b1, 07a6, 08b35, 09a1, 12b23 아래, 14b39, 17a23 아래, 18b33, 35, 19a39-b21, 20a7-24, b18 아래, 21a31-36, 24a18 아래, 26a10, 46b12, 26, 60b20
크세노크라테스(Xenoktatēs) 12a37, 41a6, 52a7, 27

[ㅌ]

탐구/탐구의 길/방법(methodos) 00a18, 01a24, b11, 02a10, 37, b36, 39
토론/토론하다(diatribē, diatribein) 61a24, 02a8, 61a12; 시간을 보내다 (diatribein) 59a28
토포스(topos) 08b33, 09a34, b25, 10a12, 28, b34, 11a6, 12, 23, b8, 12a31, b4, 13b8, 14b28, 37, 15a2, 17, 32 아래, b7, 19a2, 12, 34, 37, 25b10, 26a14, 27b27, 28a1, 29a33, b25, 32a25, 33a33, b12, 36a6, 35, b24, 37a19, 38a19, b22, 39a37, b5, 19, 42b20, 43b23, 30, 45b33, 52b36, 38, 53a2, 26, 54a12, 22, 55a37, b4, 8, 17 장소 22b32 아래, 23a5 아래; 확립하는 토포스들(kataskeuastikos topoi) 32a25; 파기하는 토포스들(anaskeuastikoi topoi) 52b38
통념/권위를 가진 견해/일반적으로 받아들여지는 생각(endoxa), 통념적인(endoxos) 00a20, b21-27, 01a10, b1, 04a8, 13, 28, 5b2, 08b13, 12a5, 19a38, b16, 23b20, 59a38-60a16, b1, 61b28-37, 62a3, 7, b2, 27, 63b20
통념에 어긋나는(adoxos) 60a6-14, b14, b17-22, 61b21, 31, 62b28 아래; 역설적인(paradoxos) 04a10, b19, 34, 59a19-39
트리발로이 사람들(Triballoi) 15b23, 26
튼튼하다(euektikos) 53b37

[ㅍ]

[ㅎ]

향락(apolausis) 02b17
헐뜯는 자(diabolos) 26a31, b9
헤라클레이토스(Hērakleitos) 04b22, 59b31, 33
헬라스 사람(Hellēnes) 52a13
현상/표상(phantasia) 00b27
협화음(sumphōnia) 23a34, 37, 39b37
형태/꼴(morphē) 13a32
호메로스(Homēros) 57a15
호흡할 수 있는(anapneustos) 35a33, 38b31
혼(psuchē) 06b24-28, 07a7, 08a11, 10b2-4, 11b5-8, 12a35, 38, 16b13, 18a33, 19b35 아래, 20b3-6, 24, 26, 23a13-26, 24b34, 25a38-b10, 26a23 아래, 27b15-17, 28b18 아래, 29a2, 16, b10-21, 30b20-22, 31a8, 32a15, b16-18, 33a31 아래, 34a33 아래, 37b11-13, 38b12-15, 40b2-7, 45a29-37, 47b33, 50b36, 51a21, b1, 53b8-9
혼의 3분(trimerēs) 13a35, 26a6-13, 28b37-39, 29a10-16, 33a31, 36b10-14
혼의 정의(psuchēs horos) 40b2
혼이 좋은(에우프시코스)(eupsuchos) 12a34
홀수(perittos) 42b8, 49a33
화(orgē) 26a10, 27b30, 51a15, 56a32
확립하는(kataskeuastikos) 09a3, 19a33
확립하다(kataskeuazein) 02a15, 09b26, 10a15, 28 아래, b9, 29-34, 11a12, 24, b9, 12b30, 13b7, 17, 28, 14a27, b17, 19a34, 19b22-29, 20a14, 21b16, 22a10, 39, 24a3, 11, 27, b3, 12, 27b37, 28a13, 34, 29b4, 21, 30a8, 24, b5, 18, 32, 31a6, 20, 37, b14, 30, 32a4, 17, 34, b5, 28, 33a5, 18, 28, b6, 31, 34a11, 35a14, b1, 12, 22, 33, 36a22, 34, b8, 28, 37a1, 18, 30, b8, 20, 33, 38a8, 19, 36, b10, 21, 39a1, 17, 53a4, 24, 54a5, 23, 35 아래, b14-37, 55a18, 28
확보하다/확보(lambainein, lēpsis) 00a22, 03a7, 05a23, 26b39, 46a9, 60b26, 파악하다 13a18, 15a6, 38b24, 획득 17b4, 받아들이다 19a12, 33b16, 얻다 54a25; 부가적으로 확보하다(proslambanein) 62a7; (이런 식으로) 받아들이다(eklambanein) 12a33, 41b4, 51b10
확실성/확신/신빙성(pistis) 00b2, 00b19, 03b3, 7, 25b35-26a2, 26b15, 18-30
확실하게 결정하다(diasaphein) 40b6
환위하다(antistrephein) 02a14, 09a10-15, 26, 09b25-26, 10a28-29, 12a27-31, 13b25, 15a33, b7, 25a6-12, 28a38-b7, 49b12, 54b2, 6, 63a30, 32
활동(energeia) 46b14
활동하다/활용하다/효과적이다(energein,